경계를 넘는 공동체

현대의
고전
19

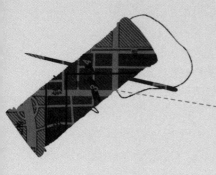

경계를 넘는 공동체

샹뱌오 지음 | 박우 옮김

베 이 징
저 장 촌
생 활 사

글항아리

차 례

제 1 장

서론: 일상행위 중심의 접근   91

이 책을 쓰게 된 이유 ㅣ '특이한' 공동체 ㅣ 현대와 전통 ㅣ 총체적 이해와 구체적 이해

제 2 장

저장촌에 들어가다   116

만들어지는 공동체 ㅣ 계 ㅣ 상호작용하면서 서로를 알아가기 ㅣ '원저우에서 온 대학생' ㅣ 이 책이 쓰인 방식

제 3 장

저우가(周家)의 하루   154

그림 보고 말하기: 구역과 확장 ㅣ 두 그룹의 사람 ㅣ 각자의 연보 ㅣ 주택, 시설과 투자 ㅣ 하루 일과 ㅣ 일간 손님 ㅣ 2년 뒤 ㅣ 작은 매형네 집

제 10 장

미래: 신사회공간   787

신공간 | '덧씌우다套' | 경계를 넘는 공동체

도판 목록

주변의 중국과 삶

　나의 앞의 책이 『주변의 상실』이라는 제목으로 한국에서 번역 출판되었다. 『주변의 상실』이 말하고자 하는 내용 중 하나가 우리가 세상을 인식할 때 점점 더 추상적인 개념에 의존하는 반면, 우리 주변의 구체적인 삶에 대한 인식은 점점 더 희박해지고 있다는 점이다. 예를 들어, 우리는 이웃이 무엇을 하는지, 아래층의 환경미화원은 어디에서 왔는지, 그들의 고민과 꿈이 무엇인지에 대해 잘 알지 못한다. 우리는 두 개의 극단에 경도되어 삶의 의미를 찾아간다. 한쪽 극단에는 개인의 관심사가 있고(학업 및 업무 성과 향상, 주택 구입, 결혼, 직업 선택 등), 다른 쪽 극단에는 일반적으로 이념적 입장과 얽혀 있는, 먼 곳에서 벌어지는 거대한 사건(지정학, Chat GPT, 인류의 미래 등)이 있다. 그러나 중간에 위치한 주변은 텅 비어 있다. 우리가 구체적인 경험보다 추상적인 개념으로 사물을 판단할 때, 대중적인 소통은 적대적이고 양극화되기 쉽다.

일종의 태도로서 '주변'은 국가 간 교류에도 반영된다. 한국과 중국은 지척에 있는, 떼려야 뗄 수 없는 서로의 주변이다. 주변이라는 태도는 서로를 이웃처럼 대할 수 있게 해준다. 이웃 사이에는 서로 닮은 점 못지않게 다른 점도 많기에 서로 간에 궁금한 것도 많다. "이웃은 멀리 떨어질 수 없다"는 말이 있듯이, 우리는 상대방을 더욱 잘 이해하고 행복하게 함께 살 수 있는 구체적인 방법을 찾아야 한다. 주변이라는 태도는 우리에게 다른 나라 사람들의 삶의 애환과 생활의 지혜를 알아차리고, 다른 사람의 지혜를 더 잘 배울 수 있게 한다. 주변의 정신세계에서는 민중의 삶이 운명의 주체이고, '나라'는 이러한 삶의 운명을 포함하고 운명을 위해 봉사하는 존재다. 그러나 최근 국제 정세의 변화는 '한국'과 '중국'을 포함한 '나라'들을 대중의 의식 속에서 명확한 경계를 가지는, 본질적으로 다른 주체로, 심지어는 서로 상반된 입장을 대변하는 정치적 상징으로 만들어버렸고, 나라가 존재함으로써 생명의 경험도 가능해질 수 있는 것으로 만들어버렸다. '주변' 의미의 해체는 근본적으로 세계를 관찰하고 세계를 구성하는 주체로서 평범한 사람의 해체를 의미한다.

주변의 매력은 삶의 경험과 사소한 것에 대한 관심에서 비롯된다. 사소한 것이 부족하고 구체적인 운명에 대한 관심이 없다면 주변은 무미건조하고 우리가 세상을 바라보는 기준이 될 수 없다. 『경계를 넘는 공동체』가 중국이라는 주변에 대한 한국 독자들의 감각을 키우는 데 도움이 되길 희망한다. 『경계를 넘는 공동체』는 1992년부터 1998년까지 베이징의 이주민 공동체인 '저장촌'을 대상으로 실시한 사회조사를 기반으로 작성되었다. 이 책은 많은 사소한 내용을 통해 1980~1990년대 개인의 삶의 경험을 포함하여 사회생활 수준의 변화를 자세하게 설명한다. 1980~1990년대의 중국, 특히 중국에 대한 국내외의 서술은 주로 국가 정책과 주요 사건에 초점을 맞추었기 때문에 이러한 사소한 일들은 종종 간과되었다.(2000년 이후 영화 및 텔레비전의 콘텐츠가 소개되고, 인적 교류도 증가함에 따라 중국에 대한 국제 학계의 관심도 일상생활의 차원으로 확대되었다. 그러나 문예 작품과 관광객의 교류를 통해 형성된 서로에 대한 상상은 종종 일방적이고 취약하며, 이데올로기적 풍파에 효과적으로 저항하기 어렵다.) 이 책에 묘사된 사소한 것들, 즉 평범한 사람들이 삶을 이해하는 방식, 대인 관계를 다루는 방식 등은 쉽게 변하지 않는다. 프랑스의 역사학자 페르낭 브로델이 말한 대로, 사람들은 종종 밤의 장막에서 꺼져가는 불빛밖에 보지 못하지만 진정한 역사는 바로 그 장막 안에서 벌어진다고 했다. 사소한 것들의 기본 논리는 사회적 삶을 영속케 하는 핏줄이자 지속적인 사회 변혁의 씨앗이 될 수도 있다. 이 층위를 봐야만 우리는 '중국'과 그 14억 인구를 단순히 최고 지도자의 틀에 갇힌 존재로 상상하지 않을 것이고, 그들의 삶이 바다에 띄워져 있는 작은 배에 불과해서 불어오는 바람과 밀려오는 파도에 즉시적이고 급격한 변화를 가져올 것으로 생각하지 않을 것이다. 또한 평범한 사람들의 자율성과 삶의 본질적인 동기를 외면하지 않을 것이다.

'주변'에 대한 나의 생각은 '저장촌'을 관찰하면서 떠올랐다. 저장촌은 1980년대 후반 중국 동남부 저장성의 농촌 지역에서 이주한 사람들이 자발적으로 형성한 베이징의 한 집거지다. 초창기에는 베이징의 여러 정부 부처에서 강제 퇴거 조치를 취했지만 10년이 채 되지 않아 6가구에 불과했던 저장촌이 10만 명이 거주하는 공동체로 성장했다. 가족공방과 소규모 무역에 의존하던 저장촌은 중국 북부와 동북부 전역에 중저가 의류를 공급하는 중심지가 되었다. 저장촌은 어떻게 이런 발전을 이룰 수 있었을까? 1990년대 중반 이전까지 그들은 주로 번화가의 노점에서 옷을 판매했다. 당시에는 불법이었다. 주변이 그들에게 매우 중요했다. 그들은 옷을 팔기 쉬운 곳을 알아가야 했고, 공중화장실이 어디에 있는지 기억해야 했으며(당시에는 공중화장실을 찾기 매우 어려웠다), 무엇보다도 도시 경찰을 피하는 방법을 알아야 했다. 그들은 차츰 동네에 있는 국영상점 직원들과 친해지고 심지어 친구가 되었다. 이를 통해 나중에 이 상점들과 협력하고 나아가 상점의 매대를 임대할 수 있는 기반을 마련했다.

동시에 저장촌의 유동인구도 저장촌 주변의 복잡성을 의도적으로 활용하기 시작했다. 베이징 남쪽에 위치한 저장촌의 토지와 주택은 중앙정부 부처, 베이징의 시, 구, 가도, 향진, 주민위원회, 군부 등 여러 기관에 속해 있었다. 이러한 기관은 서로 다른 이해관계가 있었고, 서로 다른 지침을 따랐다. 예를 들어, 저장촌이 위치한 구정부가 이주민을 추방하고자 할 때 구정부의 통제를 받지 않는 부처(예를 들어 베이징시의 회사들)는 이주민에게 건물을 계속 임대해줬다. 수도의 특히 복잡한 행정 관계는 유동 인구가 활용할 수 있는 공간이 되었다. 유동인구는 주변의 다양한 빈틈을 발견하고 촌민위원회와 성공적으로 합작하여 주택 단지와 간이 공장을 건설했으며, 파산한 국유기업과 의류 및 직물 시장을 건설하는 데 합의했다. 행위자들이 자신을 주변의 깊숙한 곳까지 들이밀수록 새로운 활동 공간이 더 크게 열렸다. 『경계를 넘는 공동체』에서 묘사한 것처럼 저장촌이 베이징성 바로 남쪽이라는 이 주변에 자리하여 전국적인 의류 생산 및 무역 연결망을 구축한 것이다. 『경계를 넘는 공동체』는 평범한 사람이 어떻게 주변을 통해 사회를 변화시켰는가에 대한 이야기다. 보잘것없는 작은 인물도 큰 힘을 가질 수 있었다. 평범한 사람들이 세상을 보기 위해, 그리고 역사를 만들기 위해 의지하는 것이 바로 주변이다.

이러한 주변의 이야기는 역사를 서술하는 한 가지 방식을 제공한다. 이러한 역사 서술의 방식은 그것이 서술한 역사만큼이나 중요하며, 서술 속에 등장한 당사자가 역사 속에서 자신을 볼 수 있게 해준다. 2023년 가을, 나는 저장에서 고등학교 선생님 한 분을 만났다. 그녀의 부모와 이모 일가 모두 베이징 저장촌에서 살았다고 했다. 그녀가 어렸을 때 부모는 패거리들이 싸운 일, 옷을 팔 때 사기 당한 일 등 마을에서 일어난 일들에 대해 이야기해주었지만 모두 특별한 사건의 단편일 뿐 당시의 삶과 노동이 실제로 어땠는지는 그녀 자신도 매우 모호했다. 그녀는 『경계를 넘는 공동체』에서 풍부하게 기록된 사소한 것들을 보았다.

그녀는 책을 부모에게 소개했다. 부모는 글을 읽을 줄은 알았지만 책 읽는 습관은 없었다. 그래서 그녀는 책을 읽어주었다. 어머니는 듣다가 책에 나오는 인물들을 알아보고, "이 사람의 자녀는 나중에 베이징에 남았어, 교육에 돈을 아끼지 않은 덕분이야" "이 사람은 나중에 평범해졌어"라고 말했다. 그녀는 보통말로 책을 읽었고 부모는 홍차오 말로 대답했다. 선생님은 이모부에게 책에 대해 어떻게 생각하는지 물었다. 이모부는 "이 책은 다른 책과 달라, 이 책은 진짜야"라고 말했다. 선생님이 진짜라고 말했을 때 그녀와 나는 모두 감격했다. 그녀는 자신의 17세 자녀를 언급하면서 "이 책은 나의 다음 세대에게 그들의 할아버지와 할머니의 모습을 엿볼 수 있게 해줘. 요즘은 평범한 사람들에 대한 (들을 수 있는) 이야기가 줄어들고 있고 아이들도 이런 것들에 대해 알지 못해"라고 말했다.

열일곱 살 중국 청년과 한국의 동년배 간의 근접성은 그들과 부모 사이의 근접성보다 더 크다. 한국과 중국의 젊은 친구들에게 『경계를 넘는 공동체』를 추천하고 싶다. 구체적인 삶의 방식을 통해 사회 변화를 이해하는 관점을 제공함으로써 거대한 역사적 변화 속에서 자신 및 자신과 역사의 관계를 어떻게 이해해야 하는지에 대한 영감을 줄 수 있기 때문이다. 또한 이러한 시각은 국제 교류에서 서로를 '나라'의 연장이 아닌, 서로의 삶으로 이해할 수 있는 영감을 가져다줄 것으로 기대한다.

마지막으로 역자인 박우 선생께 특별히 감사의 말씀을 전하고 싶다. 『경계를 넘는 공동체』를 한국어로 번역하는 작업은 많은 시간과 정성이 필요한 작업이다. 한 사람의 진심이 담긴 작업은 다른 사람의 마음에도 울림을 준다고 믿는다. 이 책이 한국 독자들의 마음속에서 잔잔한 물결이 되어 평범한 한국 사람과 중국 사람 사이에 따뜻한 대화의 소재가 되기를 바란다.

2023년 10월 24일
독일 할레에서
샹뱌오

그들이 내실 있는 자신을 보게 하자

『경계를 넘는 공동체』의 원고는 1998년에 완성했고 출판은 2000년이었다. 지금 독자들 앞에 놓인 책은 나의 두 번째 수정본이다. 첫 번째 수정본은 2001년에 나왔다. 서구의 학술적 규범에 충격을 받았던 나는 영문판 출판을 위해 당시 원고의 3분의 1을 삭제했다.[1] 나는 이론적으로 중요하지 않다고 생각되는 많은 사소한 내용을 과감하게 버렸다. 규범적 훈련이 부족해서 그런 사소한 설명을 한 것 같았다. 이는 내가 학술적 귀납 능력이 부족하다는 것을 반증하는 것이기도 했다. 이번 개정판은 부끄러운 삭제 표기로 가득했던 2001년의 원고에서 시작했다. 이

---

[1] 2005년 네덜란드 브릴출판사에서 짐 웰던Jim Weldon이 번역한 영문판 *Transcending Boundaries: Zhejiangcun-the Story of A Migrant Village in Beijing*이 출판되었다. 2001년 수정 당시 나는 옥스퍼드대학의 박사 논문 작성을 위해 호주에서 인도 국적의 컴퓨터 엔지니어를 면담하고 있었다. 당시 나의 학술적 관심에 관한 내용은 다음을 참조하기 바란다. 「一個陌生者的探險」, 『全球'獵身': 世界信息産業和印度的技術勞工』, 北京: 北京大學出版社, 2010

번의 주요 작업은 굵은 선으로 삭제 표기했던 내용을 되살리는 일이었다. 이론에 대한 불안감을 조금 내려놓고 역사적 시각을 조금 더 쌓으면서 나는 사소함의 가치에 대해 새롭게 인식하게 되었다. 우선, 당시 내가 사소함을 추구한 것은 전적으로 이론이 없어서가 아니었다는 것을 깨달았다. 만약 독자를 설득하기 위한 도구로 이론을 이해한다면, 사소함은 나에게 또 다른 형태의 이론이다. 나는 충분히 사소한 내용을 통해 독자들에게 아래로부터의 상향식 사회 변화가 가능하다는 것과 그로 인한 사회적 자율성이 허용되고 심지어 장려되어야 한다는 것을 설득하고 싶었다. 내가 당시 사소한 내용을 정리하고 기록하는 데 열중했던 이유는 눈앞에서 새로운 역사가 만들어지고 있다고 생각했고, 그 생생함과 선명함에 깊이 매료되어 전 세계가 이 사소한 내용을 알 수 있기를 강력히 희망했기 때문이었다. 비록 사소함은 통상적 의미의 이론은 아니지만 사람들이 어떻게 행동하고 어떤 행동이 어떤 결과로 이어지는지를 보여주는 '말이 되는' 논리다.

나는 내가 독자와 저장촌 사이의 중개인이라고 생각하기 때문에 사소한 내용을 많이 기록했다. 내가 저장촌에 대한 모든 사실을 아는 것도 아니고 이곳의 대변인은 더욱 아니다. 다만 내가 하고 싶은 것은 독자를 저장촌으로 안내하는 일이다. 내가 '저장촌 사람'과 소통하는 방식을 읽음으로써 독자들도 그들에게 손쉽게 다가갈 수 있기를 바란다. 이 책은 나와 저장촌 사람의 대화에 기초한 나와 독자 사이의 대화라는 이중 대화에 가깝다. 독자들이 나와 저장촌 사람의 상호작용과 나의 사고 과정에 들어갈 수 있도록 대화의 개방성을 유지하고 싶었다. 만약 사소한 내용이 없었다면 이 대화들의 전개는 불가능했을 것이다. 이번 개정판에는 한때 삭제했던 비학술적(예를 들어, 정책제언, 사회평론, 그리고 개인적 느낌) 언어를 그대로 유지했다. 물론 이러한 사고와 깨우침은 얄팍하고 보잘것없었지만 개방된 대화를 구성하기 위해서는 꼭 필요한 유기적 부분이었다.

당시 기록된 사소한 내용은 이런 충동에 기반했기 때문에 20년 가까이 지난 지금 다시 읽어도 그때 뛰었던 맥박을 여전히 만질 수 있었다. 뿐만 아니라 더 큰 힘을 느낄 수도 있었다. 조사과정의 이런 사소한 내용은 나를 놀라게 하고 흥분하게 한, 쫓아가서 주워 담고 싶은 색색의 구슬과도 같았다. 2001년 당시에는 땅 위의 잡초처럼 보였다. 하지만 지금 이런 사소한 내용은 흙 속 깊은 곳에서 솟아오른 새싹마냥 산만하지만 굳센 생명력을 품고 있어 내가 예전에 보지 못했던 것을 보게 해준다.

예를 들어, 2001년에 나는 생활체계(6장)에 대한 설명을 대부분 삭제했다. 하지만 지금은 사람들이 어떻게 장을 보고 병원에 가고 아이를 키우는지가 그들의 사업 방식보다 더 중요해진 것 같았다. 저장촌은 물질적 생산(옷 만들기)과 인적 생산(생활체계)을 같은 방식으로 조직했다. 이 두 체계가 중첩된 부분이 바로 그들의 독특한 생명력이 위치한 곳이었다. 저장촌은 무엇보다도 하나의 통일된 사회체社會體였다. 우리 일상에서의 먹고 싸는 일이 우리가 하는 일들을 지원하듯이 생활체계도 경제활동을 보조하기 위해 존재한다고 생각할 수 있다. 하지만 사람 중심의 관

점에서 볼 때 꼭 마치 사람들이 어떻게 먹고 싸는지를 이해해야
만 '일'이 그들에게 어떤 의미인지 제대로 이해할 수 있는 것처럼
의류사업도 이 공동체가 스스로 영속하는 과정의 일부였다. 사
실 2000년 이후 저장촌 변화의 핵심은 경제활동 속에 있었던 것
이 아니라 주거단지가 사라지고 외부 시장에 의존하여 교육과
의료 수요를 충족시키게 된 것과 같이 생활체계의 변화 속에 있
었다.

　또 다른 예로, 『경계를 넘는 공동체』는 지역 거물과 패거리,
다양한 위계의 정부 사이에 얽혀 있는 복잡한 관계를 포함하여
공동체의 비공식적 권위가 형성되는 복잡한 과정을 자세히 기
록했다. 권위의 자발적 형성은 폭력적이고 약탈적인 측면이 있지
만, 공동체 내부에 공공재(특히 주거 및 생산 공간으로서의 단지大
院)를 제공함으로써 풀뿌리 권위를 양성화하는 경향도 동반했다.
가장 권위 있는 거물급 인사는 패거리 권력에 맞서 싸우는 힘의
주축이 되었고, 동시에 기층정부와 활발하게 교류했다. 지난 20
년간 저장촌의 주목할 만한 변화 중 하나는 거물급 인사들의 풀
뿌리 성격이 약화되었다는 점이다. 차세대 엘리트가 추구하는
목표는 부와 체제가 가져다주는 후광이었다. 대중으로부터 오
는 명성은 그다지 중요하지 않았다. 사소한 역사를 다시 읽으면
서 차세대 엘리트의 풀뿌리 성격이 약화되는 과정을 저장촌의
자율성이 파괴되는 과정으로 이해할 수 있다는 것을 깨달았다.
나쁜 젠트리가 좋은 젠트리로 대체되었다고 볼 수 없을 뿐만 아
니라 전통이 현대로 대체되었다고 볼 수도 없다. 자율성의 파괴

로 인해 체제의 통제력이 확대된 것은 맞지만 그렇다고 해서 사회에 대한 체제의 흡수 능력이 커진 것은 아니었다. 차세대 엘리트는 체제를 따랐고 기존의 거물들에 비해 대중적 기반을 구축할 의지와 능력은 모두 없었다.

이러한 사소한 내용의 가치를 다시 주목하게 된 이유는 나와 저장촌 사람의 관계를 새롭게 인식했기 때문이다. 나는 여태 저장촌의 그 어떤 친구에게도 『경계를 넘는 공동체』를 선물할 용기가 없었다. 그 이유는 이 사람들에 대한 칭찬보다 다중적인 성격을 강조했기 때문이다. 그리고 나는 저장촌 사람과 같은 유동인구에 대한 주류사회와 체제의 시각을 바꾸고자 했기 때문에 내 마음속의 청중은 주류사회와 체제였다. 저장촌 사람들이 이 책을 읽을 것이라고 생각해본 적도 없었다. 하지만 내가 놀라고, 더욱이 기뻤던 것은 많은 저장촌 사람이 이 책을 구입했을 뿐만 아니라 일부는 한 번에 수십 권을 구입한 일이었다. 2016년에도 책을 어디에서 살 수 있는지 물어보는 친구들이 있었다. 저장촌 사람들은 책에서 자신을 보았다. 나는 바로 이 사소한 내용들이 그들로 하여금 텍스트와 실제적이고 구체적인 관계를 맺을 수 있게 했다고 추정한다. 동시에 말이 되는 사소함은 자신의 행동의 의미를 볼 수 있게 해주었다. 그들은 단순히 사업가나 시장원리주의자가 아닌 주류사회와의 대담자로서 자신을 보았다.

가오젠핑高建平(8장 참조)은 오늘날 저장촌의 가장 중요한 엘리트 중 한 사람으로서, 베이징 정부의 해산 계획을 활용하여 허베이성에 새로운 저장촌을 건설할 계획을 세웠다. 이 거대한 계획은 동시에 거대한 압력에 직면했다. 2016년 그는 나에게 대중 매체를 통해 자신이 추진하는 프로젝트의 실현 가능성을 설파하고 베이징과 펑타이구豐台區 정부에 이 프로젝트에 우호적인 건의를 해달라고 부탁했다. 나는 그럴 수 없다고 솔직하게 말했다. 나는 그의 프로젝트가 성공할 수도 있고 실패할 수도 있고, 내가 해야 할 일은 그가 추진하는 프로젝트를 꼼꼼하게 기록하여 수년 후 다른 사람들이 그의 성공이나 실패에서 새로운 이치를 발견할 수 있게 하는 것이라고 말했다. 왜냐하면 사회는 바로 이렇게 흘러왔기 때문이다. 그는 잠시 침묵하다가 나를 쳐다보며 '다음에 베이징에 오면 꼭 좋은 대화를 나누고 싶어!'라고 진지하게 말했다. 나를 감동시킨 순간이었다. 보통 그들은 눈앞의 사업이 당장에 성공할지 실패할지에만 관심이 있고 동시에 정부로부터 인정받기만을 강하게 희망하는 것처럼 보였다. 하지만 그들도 자신이 역사적 주체로 보여지기를 간절히 바랐고, 성공과 실패 이면의 이치를 깨닫고, 자신과 사회 전체의 관계를 보고 싶어 했던 것이다. 그들은 내실 있는 자신의 모습을 보고 싶어 했다.

이번 개정판에서 이러한 사소한 내용을 유지하게 된 이유는 나의 연구 방식을 기념하기 위해서였다. 당시에는 사회과학 연구와 교육이 정규화되지 않았기 때문에 나는 계획도 없이 6년을 저장촌에서 보낼 수 있었다. 학교생활은 시험에 대한 부담을 주지 않았고 발표를 요구하지도 않았다. 만약 『경계를 넘는 공동체』가 특별한 장점이 있다면 아마도 연구대상에 대한 나의 남다른 친숙함과 친밀감일 것이다. 이 친숙함은 열린 마음가짐으로 서두르지 않고 장시간 '빠져' 있어야 얻을 수 있다. 친숙함이 없으면 진정으로 적합하고도 풍부한 분석이 나올 수 없다. 책에서 말했듯이 "내 마음 속에서 저장촌은 글을 쓰기 위한 제목보다 현실에 더 가깝다."(2000:521) 이 책 신판의 두 번째 서문에서는 경제사회의 '공식화正規化'의 측면에서 저장촌의 변화를 분석한 내용을 담았다. '공식화'에 관한 연구는 지난 20년 동안 사회 연구 분야에서 출현한 중요한 변화이기도 하다.[2] 연구비 신청 규정, A급 출판물에 대한 요건, 분석틀, 가설, 문헌 리뷰 등 끈적한 용어와 수식된 논증은 대화를 막고 사고를 질식시켰다. 이러한 공식화된 텍스트에서는 사회적 행위자들이 자신을 보지 못할 뿐만 아니라 연구자조차도 살아 있는 존재로서 자신을 보지 못한다. 최근에 부상한 하층민에 대한 글쓰기는 이런 경향을 바로 잡기 위한 문학계와 사상계의 소중한 시도인 것은 맞지만 이 텍스트들에서도 하층민은 다면적이고 입체적인 집단적 역사 주체가 아니라 대부분 개인적 피해자로 등장한다. 감동적인 한숨은 많지만 발랄하고 굳건한 생명은 부각되지 않는다. 이런 텍스트는 지식인의 취향에 맞을지 모르지만 대중이 읽고 싶어하는 내용은 아니다.[3] 대중이 내실 있는 자신의 모습을 온전히 볼 수 있게 하려면 그들의 경험과 고민을 직시하고, 이 경험과 고민들

2 1990년대 이후 중국 사회과학계의 변화는 나의 졸고를 참조하기 바란다. 「中國社會科學'知靑時代'的終結」, 『文化縱橫』, 2015년 12월호, 70~79쪽
3 최근 서구의 '피해 민족지'에 대한 필자의 논평 및 민족지적 분석이 어떻게 사회 변동에 참여할 수 있는지에 대해서는 다음을 참조하기 바란다. 「我們如何敍述當下, 進入歷史: 兼論人類學的現實角色」, 『考古人類學刊』(台灣), 2015년 12월호(제83기), 89~102쪽

이 어디에서 왔는지 설명하고, 그들의 강인함, 끈기, 지혜와 희망을 부각해야 한다.

　이번의 수정 작업도 모두 사소한 내용에 관한 것이었다. 세부 정보를 확인하고 맞춤법을 수정하고 잘못된 문장을 수정하고 앞뒤가 일관되지 않는 서식을 통일했다. 이 자리를 빌려 세심하게 작업해준 베이징 싼롄서점三聯書店의 편집인 쑤이蘇毅와 그의 동료들에게 특별히 감사의 인사를 전하고 싶다. 모든 것이 거품 같은 오늘, 사소함에 대한 그들의 관심은 특히 감동적이었다. 이번 '개정판 서문(서문 1)' 외에도 서문2와 서문3이 추가되었다. 독자들에게 전달하고 싶었다. 20년 전의 일들이 오늘날 우리에게 시사하는 바는 무엇일까? 이러한 이유로 나는 2015년과 2016년에 세 차례에 걸쳐 저장촌을 재방문했고, 이전 방문 내용과 결합하여 지난 20년의 저장촌과 중국사회의 변화를 회고하는 서문2를 작성했다. 지난 20년 동안 중국사회에는 역사적 단절은 물론 대형 사건이라고 할 만한 일도 없었다. 하지만 일상의 사업과 생활—진학, 구직, 치료, 연애와 결혼에 이르기까지—의 많은 규칙이 크게 달라졌다. 일부 변화는 형식적인 측면에서 내가 기대했던 것이지만 실제적인 효과는 예상치 못한 경우가 많았다. 또한 일부 변화는 예상했던 것과 매우 달랐다. 『경계를 넘는 공동체』에 기록된 많은 사소한 내용은 당시 사회 발전의 다양한 가능성을 보여준다. 그렇다면 왜 한 가지 가능성이 여타의 가능성을 가로막게 되었을까? 오늘날에도 여전히 다양한 가능성이 존재할까? 나는 애초에 왜 그런 기대가 생겨났고, 오늘날 그 기대가 이루어지지 못한 것을 어떻게 이해해야 할까? 이번 개정판에서 이 문제를 다룰 수는 없지만 독자들이 이러한 질문을 가지고 읽어주기 바란다. 서문3은 2003년의 영문판을 위해 썼던 것으로서 당시 호구제도 개혁에 대한 나의 대답이기도 했다. 서문3도 독자들이 이 책의 역사성을 인식하면서 더 잘 읽을 수 있는 단서가 되길 바란다.

초판에 사용되었던 사진은 여러 번 이사를 하면서 잃어버렸다. 이 책의 본문에 사용한 사진은 같은 시기(1992~1998)에 내가 직접 찍은 사진이다.

신판의 마지막에 '색인(찾아보기)'을 추가했다. 색인은 독자를 텍스트로 초대하거나 텍스트를 읽은 후 다른 관점에서 사소한 내용을 경험하게 하는 뒷문이다. '차례'를 읽는 것은 멀리서 집을 바라보는 것과 같아서 집이 몇 층인지, 얼마나 큰지, 어떻게 지어졌는지 알 수 있게 한다. 반면 색인은 사회적 연결망, 지방정부의 행위 등의 주제어를 통해 책이 내포하고 있는 구체적인 주제를 전시한다. 주제는 여러 장에 흩어져 있는 경우가 많고, 동시에 하나의 문단에 여러 주제가 포함될 수도 있다. 색인은 민족지적 사소함에 끼어 있는 여러 주제의 윤곽을 그려준다. 색인은 또한 한 채의 집과 다른 한 채의 집을 연결하는 통로이기도 하다. 향진기업, 국유기업 개혁, 토지 관계 등과 같이 색인에 포함된 주제어는 지식계와 대중이 관심 있다고 생각하는 주제다. 이 책이 반드시 각 주제에 대한 모든 전문적인 분석을 한 것은 아니지만 주제와 관련된 고유의 소재를 제공했다. 색인은 이러한 주제에 관심 있는 독자들이 관련된 사소한 내용을 찾고 책과 다른 문헌 간의 연관성을 확인하는 데 도움을 준다.(색인에 가장 많이 포함된 항목이 사람, 장소, 특별한 사건 등과 관련된 고유명사인 것도 아마 이런 이유 때문일 것이다. 역사, 인문지리, 국제관계 등 학문 분야에서 이러한 고유명사는 지식을 체계화하는 연결점이다.) 만약 목차가 한 그루의 나무가 어떻게 독립적으로 구성되었는지를 보여준다면 색인은 나무에서 숲을 볼 수 있게 해준다.

이러한 이해를 바탕으로 이 책의 색인은 개념화된 주제를 강조하고자 했다. 예를 들어, 노무중개, 임금, 작업반장 등은 모두 '노동'이라는 범주로 분류했고, 계약, 합작경영, 정리해고 등은 '국유기업 개혁'이라는 범주에 넣었다. 또한 연락사무소, 경비원, 청소(외래인구) 등 추가 논의가 필요한 몇 가지 주제를 특별히 선정했다. 이 주제들은 아직 사회과학에서 널리 사용된 주제어에 포함되지 않았지만 중국 역사와 현재에 있어 비교적 중요하면서 특징적인 현상을 대표한다. 이 주제들은 다른 연구에서도 종종 언급된다. 이러한 잠재적 주제를 드러내고 다른 연구의 저류와 수렴될 수 있게 하면 우리가 비교적 탄탄한 중국 문제와 중국적 시각을 발전시키는 데 도움이 될 것이다.

마지막으로 나의 이름에 대해 자세히 설명하고 싶다. 나는 수년간 이름 '샹뱌오項飚'를 사용했고 여권에도 그렇게 기재되어 있다. 하지만 최근 원저우의 고향집 호적에는 '샹뱌오項飆'로 등록되어 있다는 사실을 확인했고 신규 발급된 신분증에도 '飆'로 표기해야 했다. 변경하지 않으면 귀찮은 일들이 나를 계속 쫓아다닐 것이라고 경찰이 알려줬다. 따라서 이번 개정판은 '項飆'로 서명했다.(그러나 책의 초판을 포함하여 이전 출판물을 인용할 때는 원래 이름을 사용한다.) 이런 일 자체가 어쩌면 중국의 사회 거버 넌스의 공식화를 보여주는 사례이기도 하다. 인구 관리의 대상 으로서 項飆는 이제 명확하고 일관되게 기록될 수 있지만, 저자 로서 나는 40년 넘게 사용해왔던 문자의 생명에 무거운 작별을 고해야 한다.

2017년 6월, 도쿄에서

공식화의 모순:
베이징 저장촌과 중국사회 20년의 변화[4]

1990년대 이후의 중국 대륙 사회에서 일어난 변화는 쉽게 말로 표현할 수 없다는 느낌을 준다. 한편으로 우리는 이러한 변화가 정상적이고 합리적이라고 느끼지만(예를 들어, 시장원리의 지속적인 일반화), 종종 예상치 못한 이상한 현상(예를 들어, 의료제도 개혁으로 인한 진료의 어려움과 비용의 인상)의 출현을 목격하곤 한다. 이런 일들을 기괴한 현상이라고 하는 이유는 이 현상들이 비합리적이고 예상 밖의 일일 뿐만 아니라 우리의 습관적인 사고방식으로 설명하기 어렵기 때문이다. 기괴한 현상의 비합리성은 뻔히 보이지만 우리는 선택의 여지가 없는 것처럼 생각한다.

---

4 이 서문의 초고는 내가 홍콩중문대학 당대중국문화연구센터에서 「거품, 뿌리, 후광: 베이징 저장촌과 중국사회 20년의 변화泡沫, 盤根和光環: 北京'浙江村'和中國社會二十年來的變化」 라는 제목으로 강연(2016년 2월 19일)한 내용이다. 수정 원고는 『二十一世紀』, 2017년 2월호, 81~97쪽에 실렸고 약간의 수정을 거쳐 이 책에 수록했다.

역사는 겉보기에만 합리적인 길을 따라 실제로는 잘못된 방으로 걸어 들어갔다. 이제 우리는 무엇을 기대해야 할지, 어떻게 기대해야 할지 모른다. 심지어 감히 기대조차 못한다. '모순糾結'이 21세기 초에 가장 많은 사용빈도를 보인 신조어 중 하나가 된 것은 놀라운 일이 아니다.

지난 20년 사이 베이징의 성곽 남쪽에 위치한 저장촌의 변화가 바로 이 '모순적 중국糾結中國'의 일부다. 저장촌은 1980년대 중반 저장성 원저우溫州 출신 의류 가공 종사자 및 사업자들에 의해 형성된, 한때 인구가 10만 명에 달했던 곳이다. 저장촌은 정부의 계획과 완전히 무관하게 출현한, 대부분 등록되지 않은 가족 사업체로 구성된 치안과 환경이 '어지럽고 불결'한 전형적인 비공식 경제였다. 비록 비공식 경제는 전 세계, 특히 개발도상국에서 흔히 볼 수 있는 현상이지만 저장촌은 자신만의 독특한 특징이 있었다. 톈안먼 광장에서 5킬로미터도 채 떨어지지 않은 곳에 무일푼인 이주 농민들이 모여 형성한 이 공동체는 엄격한 사회 통제와 지방정부의 끊임없는 철거와 정리(베이징 정부는 생계수단 몰수, 수도와 전기 차단, 기한 내 이사, 강제 퇴거 등의 방식으로 베이징의 외래인구를 추방했는데 그중 1995년 11월의 대철거가 가장 강력했다)에 맞서 성장했다. 반대로 이 공동체는 도시 사회의 변화를 끊임없이 추동했다.

나는 1992년부터 1998년까지 6년간 저장촌을 조사하면서 이 공동체가 당시 중국의 엘리트주의적 개혁 사고, 특히 위로부터의 합리적 설계에 대한 강조와 '중국인은 소양이 낮아 개혁이 어렵다'는 등의 논조에 실천적이면서 힘 있는 반박을 하고 있다는 것을 발견했다. 당시 나는 저장촌과 같은 '신사회공간新社會空間'[5] 이 점차 공식화되어 도시 사회가 발전하는 데 지속적인 원동력이 될 것이라고 기대했다. 내가 이렇게 예상한 이유는 무엇보다도 시장화라는 거스를 수 없는 흐름 속에서 저장촌의 경제는 더 큰 규모와 더 높은 수준으로 업그레이드 될 것이라고 보았기 때문이다. 저장촌의 경제가 지역사회 조직에 깊이 내재되어 있기 때문에 경제의 성장은 더 높은 수준의 사회 조직화로 이어질 것이고, 이는 결국 그들이 자신의 이익을 표현하는 능력을 제고함으로써 정부로부터 더 높은 수준의 인정을 받을 수 있게 한다.

---

5 신사회공간은 『경계를 넘는 공동체』에서 저장촌을 묘사하는 하나의 핵심 개념이다. 이 개념은 1990년대 '시민사회' 논의의 영향을 받은, 목적론적 색채를 띠고 있다. 그것을 장리張鸝 교수의 저장촌에 대한 훌륭한 연구와 비교해보면 그 한계는 두드러진다. 장리의 연구도 공간을 핵심 개념으로 삼고 있지만 그 의미는 완전히 다르다. 르페브르와 푸코의 영향을 받은 장리는 물리적 공간이 어떻게 권력 투쟁의 장이 되는지를 강조한다. 내가 모호하게 설정한 사회공간이 국가와 대응하는 개념이라면 장리는 국가, 공동체 지도자, 일반 사업가 등의 세 개 층위의 복잡한 비호庇護 관계를 강조한다. 나는 왜 권력의 다층적 관계에 주목하지 않고 공동체와 국가의 분리만을 강조했을까 자문하지 않을 수 없었다. 사실 권력의 다면성을 보지 못한 것은 아니었다.—나는 당시 저장촌과 정부 간의 중개자 역할을 했고 애심협회를 조직하여 언론사에 연락하거나 정부 부처에 보내는 편지를 썼다. 공간 개념을 단순하게 사용한 것은 무엇보다도 실증적 판단의 문제일 수 있다. 장리가 강조한 비호관계는 술자리에서 분명하게 드러났다. 정부 관리, 저장촌의 거물과 일반 사업가가 함께 앉으면 누가 높고 누가 낮은지 한눈에 알아볼 수 있었다. 그러나 현실에서 주로 거물들은 자신의 아래 사람(일반 사업가)에 책임을 졌다. 이는 그들의 권위의 기초였다. 지방정부는 이 주민들을 추방할 수 있었지만 구체적인 운영 과정에는 항상 수동적이고 끊임없이 타협해야 했다. 동시에 나의 연구는 1990년대 중국 지식인들의 자율적 사회를 건설하려는 노력의 일환이었지 현존하는 이론과 대화하려는 목적이 아니었다. 내가 관심을 기울인 것은 새로운 구조적인 사회관계가 형성되었는지 여부이지 물리적 공간에 대한 분석적 함의가 아니었다. 관련 연구는 다음을 참조하기 바란다. Li Zhang, Strangers in the City: Reconfigurations of Space, Power, and Social Networks Within China's Floating Population, Stanford: Stanford University Press, 2001; 張鸝 著, 袁長庚 譯, 『城市裏的陌生人: 中國流動人口的空間, 權力與社會網絡的重構』, 南京: 江蘇人民出版社, 2014

동시에 도시 관리체계의 개혁은 정부의 권한을 더 제한적이지만 더 효과적으로 만들어 저장촌이라는 새로운 공간과 더 잘 연결될 수 있게 한다. 나는 당시 지역 최대의 의류도매시장(징원시장京溫市場)과 저장촌 사람들이 건설한 최대 주거 및 가공 단지(JO단지)에서 '애심협회愛心小組'라는 민간 조직을 설립하는 데 도움을 주었다. 그들이 스스로 조직하고 공식권력과 교류할 수 있는 역량을 증진할 수 있기를 기대했다.[6]

20년 뒤의 저장촌은 분명히 '공식화'되었다. 대형 고급백화점이 허술한 도매시장을 대체했다. 생산액이 수천만 위안에 수백 명의 노동자를 고용하고 자신만의 브랜드를 보유한 의류기업이, 밤하늘의 별처럼 촘촘하게 자리 잡고 있던 기존의 가내수공업

---

6 나의 이러한 행위 지향적 연구는 찰스 헤일Charles Hale이 말하는 '분석적 폐쇄'를 초래할 수 있다. 행위 지향적 연구는 현상을 넘어선 분석이 아니라 특정한 시간과 장소에서 문제에 대한 명확한 판단을 추구한다. 중요한 것은 미시적 수준에서의 분해가 아니라 총체적 상황을 파악하는 것이고, 해체가 아닌 구축을 지향한다. 행위 지향적 연구는 하나의 현상을 이론적으로 개방된 문제로 전환하지 않기에 '폐쇄'적이다. 이럴 경우 쓸 내용이 많지 않고 쓰인 글도 목적론적이고 환원론적인 색채의 피상적 설명으로 간주되기에 문헌들과의 대화가 어려워질 수 있다. 그러나 20년이 지난 지금 돌이켜보면 '분석적 폐쇄'가 일종의 '역사적 개방성'을 가져다줬음을 깨닫게 한다. 즉, 당시의 '폐쇄적' 판단이 그 시절 우리의 이해의 한계, 그리고 역사의 궤적이 얼마나 예측 불가능한지 등을 분명하게 드러냄으로써 우리를 부득이 반성하게 만들었던 것이다. 폐쇄적 판단이 그 시절의 한계와 흔적을 고스란히 담고 있기에 우리가 한발 더 나아가 사고하는 데 하나의 주춧돌이 될 수 있다. 위안창경袁長庚 선생은 이 '역사적 개방성'을 다음과 같이 정교하게 설명했다. "『경계를 넘는 공동체』는 색인과 같고, 그의 문제의식, 관심, 텍스트 너머의 정치적 호소, 심지어 연구자의 참여 방식과 경로 모두 그 시대의 '중국적' 문제. 어려운 학술적 논의를 뒤로 하고, 언제나 개방적인 이 텍스트는 서로 다른 세대의 독자들을 다시 그 순간으로 돌아갈 수 있게 하는 책이다." 그는 동시에 『경계를 넘는 공동체』가 보여준 행위 지향성과 역사적 감각은 1990년대 중국 대륙 학술 저작의 특색 중 하나로 젊은 지식인의 연구 스타일을 어느 정도 계승한 것으로 보고 있다고 했다.(2016년 6월 8일과 10월, 필자에게 보내온 전자우편에 근거) Charles Hale, 'Activist Research v. Cultural Critique:Indigenous Land Rights and the Contradictions of Politically Engaged Anthropology,' *Cultural Anthropology* 21, no.1(2006): pp.96-120

을 대체했다. 2006년 초, 펑타이구는 '11차 5개년' 계획에서 다훙먼大紅門을 '패션 수도의 핵심 지역'으로 건설해 펑타이구 '4대 경제블록' 중 하나이자 '베이징시에서 여섯 번째로 큰 상권'으로 만든다고 발표했다. 2008년 베이징시는 다훙먼 지역을 시급 문화혁신산업밀집지역, 영어로 CBCClothing Business Center로 지정했다.[7] 2016년, 다섯 번째로 저장촌을 방문하여 차세대 엘리트들과 이야기를 나눌 때 심지어 한 여성 행정 보조원이 옆에 앉아 기록을 하고 있었다. 사회생태적으로 2000년대 중반 이후 무허가 건물은 거의 사라졌다. 교통, 위생, 치안도 모두 크게 개선되었다. 베이징에 남아 있는 대부분의 저장촌 사람은 중상급 부동산을 구입했고, 이 고층건물에서 재봉틀이나 다리미틀을 설치한 후 옷을 만드는 사람도 없었다. 그들의 생활방식은 다른 도시 주민과 다르지 않았다.[8] 도시화와 시장화가 확실히 통합—體化을 촉진한 것으로 보인다.[9]

그러나 저장촌의 사회적 자율성, 즉 아래로부터 스스로 조직하고 혁신하는 능력도 사라졌다. 1995년 이전처럼 주택단지의

7　베이징 다훙먼 의류협회의 「다훙먼 의류상업무역지대 소개」(2008)를 보면 다훙먼 상업무역지대를 다음과 같이 소개하고 있다. 상업무역지대에는 장쑤, 저장, 푸젠, 광둥, 홍콩, 마카오의 대형 의류업체 자본과 공급원이 모여 있다. (…) 39개 대형 의류·직물 시장이 위치했고, 사업 면적은 약 100여 만 제곱미터, 일평균 화물 물동량은 1600톤, 연간 거래액은 도시 동종 상품 거래액의 절반 이상을 차지한다. 5만여 사업체가 이곳에서 경영 활동에 종사하고, 의류와 방직산업에 종사하는 사람은 1만 명 이상에 달한다. 베이징시가 중점적으로 발전시키고자 하는 '두 축, 두 벨트, 다 중심지역'에서 중요한 위치를 차지하고 있는, 허베이 및 국내외에 이름을 떨친 의류도매업을 위주로 하는 의류 상권이자 펑타이구가 중점적으로 육성하는 4대 핵심 산업 중 하나다. http://www.bj.xinhuanet.com/bjpd—wq/2008—12/30/content_15321309.htm.(2016년 4월 1일 최종 참고)

자발적 건설이나 애심협회 결성 등은 오늘날 상상할 수 없는 일이 되었다. 대다수의 저장촌 사람이 집을 사고 입주했음에도 여전히 베이징 호구가 없고, 자녀가 학교에 가려면 고액 등록금의 사립학교나 높은 후원금을 지불해야 진학할 수 있는 공립학교에 가야 했다. 우리가 보게 된 통합은 저장촌 사람과 도시 사회의 통합이 아니라 부동산 소유주 및 사립교육의 소비자로서 그들과 도시 시장의 교환관계였다. 동시에 현지의 구와 향鄕 정부는 이전보다 더 큰 행정 개입 및 자원 추출 권한을 가졌지만 저장촌은 정책 변화를 '역진'할 수 있는 모든 능력을 상실했다. 1990년대, 저장촌과 관련된 보도의 대부분이 도시정부에 대한 비판이었다면, 2000년대 중후반 이후 저장촌 관련 보도는 정부의 산업 고도화 및 도시 재개발 정책에 대한 일방적인 호응과 선전으로 압도되었다.

---

8 2015년이 되자 1980년대와 1990년대에 베이징에 왔던 저장촌 사람의 대다수가 일을 그만두고 원저우 고향집으로 돌아갔다. '저장촌 사람'의 직업 생애는 가족 생명주기에 따라 결정되었다. 사람들은 보통 3세대가 태어나면 일을 그만둔다. 원저우 사람들은 일을 그만두는 것을 '일어서다站起來'라고 하고 열심히 일하는 것을 '드러눕다躺下來'(혹은 '부어 넣다다進去')라고 부른다. 드러누워 열심히 일하고, 몸을 일으켜 아무것도 하지 않는 특징이 어쩌면 원저우 사람들의 연결망 관계에 대한 민감성을 보여주는 것이기도 하다. 중요한 것은 혼자서 일을 하느냐 마느냐가 아니라 몸 전체를 이 연결망 속에 다 넣었는지 여부다. 이들의 자녀에 대해서, 나는 『경계를 넘는 공동체』(2000: 508)에서 베이징에서 교육받은 원저우 청소년들이 저장촌으로 '회귀'하는 추세에 대해 언급했다. 후속 연구는 이 문제가 기존에 이해했던 것보다 더 복잡하다는 것을 보여주었다. 성인이 된 자녀의 입장에서 저장촌의 동년배는 그들에게 가장 중요한 친구였다.(남성일수록 더욱 그러하고, 그들은 서로를 '죽마고우發小'라고 불렀다.) 하지만 취업의 측면에서 볼 때 아버지의 사업을 이어받고 저장촌에 남아 있는 사람은 매우 드물었다. 성공한 저장촌 사람은 일반적으로 자녀가 대학을 졸업한 후 국유기업이나 외국계 대기업에 취직하기를 바라고 있었다.

9 최근의 비슷한 시각에 대해서는 리충잉李瓊英을 참조하라. 「從並存到同化: 一個中國移民村的變遷之路—以北京'浙江村'爲例」, 『江淮論壇』, 2013년 제2기, 136~141쪽

저장촌에 대한 관찰을 바탕으로 나는 1990년대 말에 이런 판단을 했다. "특정 영역 내에서, 중국에는 이미 국가와 사회의 분절 현상이 나타났지만, 이 분절은 '유실무명'한 것으로서 실재적으로 존재하지만 정책, 법률 및 통상적인 사회의식에서는 명시적으로 인정되지 않는다."(2000:499) 20년이 지난 지금, 상황은 오히려 '유명무실'에 더 가까워졌다. 등록된 투자자, 주택 구매자로서 저장촌 사람들은 명목상으로 독립적인 경제 및 법률적 주체이지만 더 이상 실제적인 사회적 힘을 구성하고 있지 않다. 저장촌이 경험한 공식화는 중국 대륙 사회 변화의 보편적 추세였다. 1990년대 이후 모든 종류의 인증이나 승인 절차는 갈수록 투명해졌지만 행정 권한은 점점 더 커지고 피해갈 수 없게 되었다. 정부와 국유기업은 대학 졸업생들이 가장 선호하는 직장으로 다시 부상했다. 사회구조의 불균형은 일상생활의 형식적 질서, 거리의 정돈 및 승차의 편리함 등과 함께 발생했다. 심지어 이러한 후자를 통해 내재된 모순을 은폐하는 것이 가능해졌다. 중국의 대규모 비공식 경제는 최근 학계의 이목을 끌었다. 황중쯔黃宗智는 중국 도시의 50퍼센트 이상의 노동자가 비공식 취업 상태에 놓여 있다고 지적했지만,[10] 나는 우리가 주목해야 할 부분은 비공식 경제의 지속적 존재 여부가 아니라 '피공식화被正規化'여야 한다고 생각한다. 그 이유는 첫째, 소규모 사업은 점점 더 어려워지고 개체사영경제[자영업자 또는 소상공인]는 시장에서 밀려

---

[10] 黃宗智, 「中國被忽視的非正規經濟: 現實與理論」, 『開放時代』 2009년 제2기, 51~73쪽

나고 있다. 둘째, 비공식 경제는 공식 경제의 일부로 흡수되었다. 예를 들어, 과거에는 작업반장이 동향 지인을 데리고 편하게 일 자리를 구할 수 있었지만 이제는 면허 및 자격 요건 때문에 정식 으로 등록된 인력회사를 통해 일자리를 구해야 한다. 파견제도, 겹겹의 외주, 기업이 '실습'의 명분으로 기술학교 학생을 활용하 는 등의 공식적인 절차가 여기에 해당한다. 궈위콴郭宇寬이 지적 했듯이 공식적 지위를 차지한 기관과 개인의 지대추구행위 때문 에 건설업, 드라마 제작, 학계 등에서 갈수록 외주가 인기를 얻 고 있었다.[11] 공식적 절차를 통해 마련된 일자리는 과거에 비해 실제 조건은 물론 보수도 더 나빠질 가능성이 높다.

따라서 비공식 경제의 피공식화는 형식의 문제이기도 하지만 피상적인 포장이 아니라 복잡한 사회적 과정이기도 하다. 이 과 정에는 새로운 제도(예를 들어 인력파견회사)가 도입됨으로써 새 로운 경제 및 사회적 관계가 형성된다. 동향 사람이 동향 사람을 데리고 일자리를 구하는 비공식 취업과 인력파견회사를 통한 비공식 취업 사이에는 질적인 차이가 있다. 전자는 복지 보호가 없는 고용을 의미하고, 후자는 착취의 정당화와 제도화를 의미 한다.

공식화는 새로운 사회경제적 질서의 형성, 그리고 무엇을 육 성하고(예를 들어 대기업과 공식적 관리를 받는 비공식 경제), 무엇을 도태시키고(예를 들어 자율적 비공식 경제), 어떤 일이 다른 일들을

---

11 郭宇寬, 「資本的屛蔽還是權力的屛蔽?: '包工制'的理論縱深和中國實證」, 『領導者』 2011년 8월, 총41기, 162~167쪽

위해 서비스해야 하는지 등을 모두 재설정한다는 것을 의미한다. 이러한 '질서'의 형성—구체적인 정책이나 제도가 아님—은 당대의 정부가 사회를 관리하는 주요 수단이기도 하다. 2013년 중국공산당 제18기3중전회의 유행어를 빌리자면, 공식화는 '국가 거버넌스 체계와 국가 거버넌스 역량 현대화'의 핵심 내용 중 하나로 간주될 수 있다. 그러나 공식화는 전적으로 정부가 혼자 추진할 수 있는 것이 아니라 많은 당사자와의 상호작용 결과라는 점에 주목할 필요가 있다. 시장법칙의 역할은 정부의 역할 못지않게 중요하다. 현재 진행 중인 공식화 과정을 하나의 도식적 모델로 요약하기는 어렵지만, 저장촌 사례에 대한 민족지적 기술은 오늘날 우리가 중국의 얽히고설킨 모순을 이해하는 데 도움을 준다.[12]

'분할-수탈' 모델

저장촌의 공식화는 '전통'에 대한 '현대'의 대체로 이해될 수 없다. 오히려 '사회분할-가치수탈社會分割-價値擭取'이라는 더 큰 발전의 맥락에서 검토되어야 한다. 이른바 '분할-수탈'이란 강자가 사회집단을 분열시킴으로써 가치를 수탈하는 것을 의미한다. 물

---

12 1998년에 『경계를 넘는 공동체』를 완성한 후에도 나와 저장촌 친구들은 계속 연락을 주고받았다. 2003년, 2005년, 2015년과 2016년에 다섯 차례 저장촌을 재방문하여 개별 심층 면접과 그룹 토론을 진행했다. 나는 영국과 일본에서도 저장촌에서 태어난 2세대 저장촌 사람을 인터뷰했다. 본문의 이름은 모두 가명이다.

론 이는 인류사회의 일반적인 현상이지만 구체적인 분할-수탈의 방식은 끊임없이 변화하고 있다. 개혁 이전에는 국가가 행정적 수단을 사용하여 도시와 농촌사회를 분할하고 농촌의 잉여가치를 수탈하여 도시공업을 육성했다. 저장촌 사람이 문화대혁명 기간 아무도 모르게 고향을 떠나 외딴 지역에서 생활을 영위했던 일들은 이들이 체제에서 탈출하고 반항하기 위한 시도였다. 1980년대 초부터 정부는 농민들의 이주를 허용했지만 도시에 정착하는 것은 불허했다. 도시와 농촌의 분할상태는 느슨해졌지만 유동인구의 경제적 속성과 사회적 속성이 분할되었다. 즉, 시장에서 노동력을 자유롭게 판매할 수 있게 되었지만 의료 및 자녀 교육과 같은 사회적 권리는 출신지인 농촌에 돌아가야만 실현할 수 있었다.(물론 여전히 매우 제한된 범위에서만 가능하다.) 도시에서 유동인구는 노동력에 불과했고 고향에 돌아갔을 때만 사회적 존재였다.[13] 그 어떠한 사회적 보호도 제공하지 않는 노동시장이 가치수탈의 주요 경로였다. 이 상황에서 저장촌은 가장 직접적인 방식으로 분할에 대응했다. 즉 자신들만의 공동체인, 경제적 생산과 사회 재생산(자체 유치원, 병원 운영 등)을 통합한 '공동체-산업형社區-産業型'의 도시 이주 모델을 만들었다.[14] 이

---

[13] 왕젠화 등은 이 현상을 '분리형 노동력 재생산 모델拆分型的勞動力再生産模式'이라고 부른다. 다음을 참조하라. 汪建華·鄭廣懷·孟泉·沈原, 「在制度化與激進化之間: 中國新生代農民工的組織化趨勢」, 『二十一世紀』 2015년 8월(총제150기), 4~18쪽, 頁4及注2. 그 외 다음 연구를 참조하라. Claude Meillassoux·Maidens, *Meal and Money: Capitalism and the Domestic Community* (Cambridge:Cambridge University Press, 1981)

[14] 王漢生·劉世定·孫立平·項飆, 「'浙江村': 中國農民進入城市的一種獨特方式」, 『社會學研究』 1997년 제1기, 56~67쪽

것이 저장촌의 특별히 강한 사회적 자율성과 그것을 해체하기 어려운 중요한 이유다.

1995년 이후의 공식화는 분할-수탈 논리의 연속이었지만 주안점은 사회적 신분(호구의 유무)에 따라 사람을 구분하던 방식이 아니라 자산과의 관계에 따라 사람과 산업을 나누고, 도시자산(특히 토지)의 가치 상승에 도움이 되면 육성하고 그렇지 않으면(예를 들어, 과거에 저장촌의 주류 산업이었던 소규모 작업장, 자영업, 집을 살 수 없는 사람) 도태시키는 데 초점을 맞추었다. 2009년 베이징시는 시와 펑타이구 및 여타 현이 3년 동안 500억 위안을 투자하여 도시 남부를 재개발한다고 했고, 그중 저장촌이 주요 대상이라고 발표했다.[15] 정부가 500억 위안을 투입할 수 있었던 것은 그동안 저장촌이 납세를 통해 기여한 측면과 떼어놓을 수 없었다. 정부가 또한 난청南城에 500억 위안을 투입하려는 이유는 저장촌 경제가 난청을 엄청난 부가가치의 잠재력을 지닌 상업지대로 만든 것과 떼어놓을 수 없었다. 재개발 과정에 대다수의 저장촌 생산업체는 더 높은 수준의 기업에 자리를 내줘야 했다. 2016년까지 대부분의 저장촌 기업은 그대로 남아 있었지만, 이 재개발 계획은 저장촌 기업의 강력한 공식화의 수요를 양산했다. 특히 투자 입찰에 참여하여 정부가 할당한 토지를 얻는 것이 기업들이 가장 희망하는 바였다. 이러한 수요는 지가의 상승과 함께 지방정부의 지대추구 여건을 만들어주기도 했다. 2015

---

15 北京市發展和改革委員會, 『促進城市南部地區加快發展行動計劃』, 2009년 11월 5일. http://zhengwu.beijing.gov.cn/ghxx/qtgh/t1094011.htm.

년부터 시작된 '비수도기능해산非首都功能疏解' 계획은 다훙먼 지역의 의류 가공 및 도매업을 대표적인 '비수도 기능'으로 규정하고 고부가가치 산업의 입주를 위해 베이징 외곽으로 이전한다고 했다. 이는 분할-수탈 논리의 승격된 버전으로 볼 수 있었다. 분할과 수탈은 구조적일 뿐만 아니라 과거를 지우고 은폐함으로써 실현되는 시간성이기도 했다.

분할-수탈 방식의 변화에 대응하여 저장촌 경제는 지난 20년 동안 '수평적平鋪式' 발전에서 '수직적垂直式' 발전으로 바뀌었다. 저장촌의 공동체화가 수평적 발전 모델을 만들었다. 먼저 온 사업가들이 나중에 온 사람을 이끌었고, 자본이 없는 소상공인은 친척이나 동향관계를 통해 생산과 판매 연결망 속에 진입함으로써 다른 사람들의 사업 규모에 빠르게 도달할 수 있었다. 저장촌 경제 규모의 확장은 주로 인구 증가에서 기인했다. 사업 효율성의 증가는 주로 분업의 세분화와 대다수 상공인의 수평적 참여덕분이었다. 자본의 집중도가 낮았고, 큰 물고기가 작은 물고기를 잡아먹는 현상은 더욱 없었다. 외부 사람들은 원저우 사람들의 사업가적 성향을 강조하는 것을 좋아하지만, 기실 그 시절 원저우 농민의 이주는 시장 기반의 경쟁과 거리가 먼, 일종의 '우리가 남이가同去同去' 식의 동향 우정에 기반한 관계였다.

'저장촌의 수평적 발전은 이른바 전통적 연결망의 자연스러운 확장뿐만 아니라 유동인구의 경제적 생산과 사회 재생산을 분할하려는 체제에 대한 반항이기도 했다. 수평적으로 발전하게 된 이유는 사람들이 친구와 동향 사람을 중심으로 한 집단적 발전을 추구했기 때문이었다. 누구나 돈을 벌어야 하지만 동시에 좋은 친척, 좋은 동향으로 남아 있어야 했다. 친구나 동향이 착취당하는 노동자로 전락하는 것을 보고 싶어하는 사람은 아무도 없었다. 다른 말로 하면, 경제활동은 사회관계 재생산의 일부였고 전자가 후자를 위해 봉사했던 것이다. 이러한 수평적 발전은 1980년대 중국 농촌 개혁(향진기업 발전 포함) 논리의 연장선으로 볼 수 있었다. 수평적 발전은 매우 강한 사회 흡수 능력이 있었고 기층 민중들에게 발전의 기회를 제공했다. 보편주의적 개혁 배당은 오늘날의 중국에도 중요한 영향을 미치고 있다. 여러 차례의 경제적 충격이 대규모 사회 위기로 이어지지 않은 이유가 바로 기층 민중이 생활에 필요한 기본적인 자원을 이미 축적했기 때문이었다.

2000년 이후, 자산의 중요성이 커지면서 저장촌의 발전은 수직적 발전으로 전환되었다. 다양한 사업에 투입되었던 자본이 집중되기 시작하면서 자기 자본이 없는 소상공인의 진입은 어려워졌다. 저장촌 경제는 명확하게 두 부분으로 나뉘었다. 하나는 임대용 매대시장을 짓는 일이다. 이는 본질적으로 높은 투자, 높은 수익률과 함께 높은 위험성과 투기성을 지닌 부동산 사업이다. 다른 하나는 의류 생산 및 부대 산업(직물 도매)으로서 수익률이 낮고 생산주기가 길고 위험성이 낮지만 매대시장을 짓는 것과 마찬가지로 대규모 자본 투자를 필요로 했다. 자본 규모가 작으면 생산 규모가 너무 작아 가격 우위를 차지하지 못하고 도태될 가능성이 컸다. 공식화와 규모화가 반드시 더 높은 안정성

을 보장하지는 않는다. 사회연결망 속에 깊숙이 얽혀 있고 사회
관계로부터 보호를 받던 기존의 경제관계보다 이러한 대규모 사
업은 여러 측면에서 견고하기는커녕 더 취약했다. 저장촌의 수
직적 발전은 사회적 관계에도 반영되었다. 차세대 엘리트들은 기
존의 거물들처럼 대중적 기반이 탄탄하지 않았다. 반대로 그들
은 자산을 기반으로 하고 공산당 지부조직을 중심으로 한 반 폐
쇄적인 그룹을 형성했다. 엘리트와 엘리트 사이의 관계가 엘리트
와 대중 사이의 관계보다 훨씬 더 중요했다.

수평에서 수직으로의 전환은 과거의 '우리가 남이가' 식의 사
회관계가 와해되는 동시에 자산과 공식권력의 중요성이 증가했
음을 의미한다. 분할-수탈의 방식이 원시적이었을 때(예를 들어,
행정 통제의 도농〔도시와 농촌〕 이원 구조) 저항은 상대적으로 쉬웠
고 저장촌도 따라서 더욱 강한 자율성이 보장되었다. 하지만 분
할이 정교해지고 추상적일수록 저항은 어려워졌다. 정부의 손과
시장의 손은 서로 얽혀 있어 눈에 보이지만 잡을 수 없었다. 가
치의 수탈은 더 이상 한 강의 물을 다른 강으로 퍼 나르는 식이
아니라 모세혈관 같은 관들을 통해 유기체의 모든 부분에서 영
양분을 뽑아내는 식이었다. 1980년대 초, 도농 분할 상태에 대
한 저장촌의 전략은 탈출이었다. 1980~1990년대, 도시의 차별
적인 정책에 대한 반응은 단결과 의사 표현이었다. 2000년 이후
우리는 원래의 사회적 성격이 위축되거나 심지어 사라지는 것을
목격했다.[16]

아래에서는 시장 경영, 의류 가공, 거물의 역할 등 세 가지 측

면을 통해 저장촌의 공식화가 대체 어떻게 이루어졌는지 자세히 회고하고자 한다.

도매시장: 토지의 자산화

저장촌 공식화의 시작은 1995년에 정부가 추진한 대대적인 철거사업부터였다. 1995년의 철거와 과거의 여러 번의 추방은 질적으로 달랐다. 첫째, 과거의 철거는 향, 구 혹은 시정부의 특정 부처(보통 경찰 또는 공상업 부문)가 주도했고, 외래 인구만을 대상으로 한, 베이징 현지의 기타 부처와 연동되지 않은 사업이었다. 반면 1995년의 철거는 국무원 최고지도부의 직접적인 지시에 따라 집행되었다. 이는 사업의 강도가 클 뿐만 아니라 저장촌이 기반하고 있는 복잡한 지역관계를 건드렸다는 것을 의미하기도 했다. 복잡한 베이징의 행정체계는 저장촌 발전의 중요한 공간이었다. 예를 들어, 베이징 저장촌의 토지는 현지 주민은 말할 것도 없고 중앙정부, 시정부, 구 소속 기업, 군 및 준 군사 부문이 소유하고 있다. 이 부문들은 서로 다른 체계에 속해 있었기 때문에 상대방을 인정하지 않았다. 또한 지방정부는 조정 능력이 없었기에 저장촌 사람들은 다양한 방법을 동원하여 서로 다른 부문으로부터 임시 토지사용권을 얻을 수 있었다. 저장촌

---

16 저장촌의 초기 대응 전략에 대해서는 필자의 다음 연구를 참조하라. 「逃避, 聯合與表達」, 『中國社會科學季刊』(香港), 1998년 1월호(제22기), 91~112쪽

사람들은 현지에서 해결할 수 없는 문제가 발생하면 향 정부를 찾아가고, 향 정부가 안 되면 구 정부, 구 정부가 안 되면 시정부, 또 중앙정부까지 갔다. 기획 부문에서 일을 해결하지 못하면 상공 부문으로 가고, 정부가 반대하는 일이면 언론을 찾아갔다. 제도가 복잡하다는 것은 제도 밖의 저장촌 사람을 위한 틈새가 많다는 것을 의미했다. 이런 식으로 시와 구 정부의 추방사업이 잠잠해지면, 다른 부문에서 저장촌 사람에게 토지를 임대해줬다. 1995년의 철거에서 실무진은 먼저 베이징시의 모 부문이 소유한 불법건물을 철거한 후에 저장촌 사람의 단지로 향했다. 철거 이후에는 지역사회가 외래 인구에게 집과 비어 있는 토지를 임대하는 것을 불허했다.

철거와 함께 현지의 토지관계에도 큰 변화가 생겼다. 1995년, 저장촌의 중심인 난위안향南苑鄕 귀위안果園 행정촌은 '자산을 지분으로, 구성원(촌민)을 주주로 전환'한다는 원칙에 따라 집체자산과 비농업용지를 주식으로 전환하여 구성원들에 나누어주었다. 행정촌은 토지자산을 관리하기 위해 투자회사를 설립했다. 촌민들은 주주가 된 후 '주식을 가지고 건물에 입주', 즉 무상으로 투자회사가 지은 고층 아파트에 입주하는 동시에 자신이 보유한 토지를 투자회사에 맡겨 이 회사가 통일적으로 개발하게 했다.[17] 이를 통해 토지는 사회적 관계에 내재한, 이동이 어려운 특정 사용 가치를 지닌 자원에서 수익 극대화를 위해 운영되는 자산으로 탈바꿈했다. 투자회사는 합작, 양도 등의 방식을 통해 다른 정부부처가 소유한 인근 토지까지 편입시켰다. 긴밀하게 연결되었던 토지 점유 관계가 변화하면서 저장촌 사람들은 더 이상 사적인 관계를 통해 토지를 확보한 후 단지와 임시시장을 건설하는 것이 불가능해졌다.

1995년의 철거가 절정에 달했을 때 베이징시정부는 23만 제곱미터가 넘는 다훙먼 의류무역센터의 건설계획을 공표했다. 1995년 이후에도 여러 차례의 철거(예를 들어, 베이징올림픽 준비를 위한 대규모 철거)가 있었고 매번 철거 때마다 촌 혹은 향 정부 산하의 대형 무역, 개발 혹은 투자회사가 출현했다. 철거는 지방정부 산하의 회사가 체계적으로 저장촌 자산을 통제하는 수단 중 하나가 되었다.

토지의 자산화는 시장의 법칙이 행정체계로 인해 야기된 토지의 세분화된 상태에 충격을 가했다는 것을 의미하지만 그렇다고 하여 행정권력이 여기에서 철수했다는 의미는 아니었다. 오히려, 자산화는 권력의 집중을 초래했다. 예를 들어, 기존에는 촌민회가 '저장촌 사람'에게 직접 토지를 임대해주거나, 단지에 물과 전기를 공급하고, 이들이 사업을 추진하거나 주변 치안질서를 유지할 때 협조하는 등 상당한 자율성을 행사했고 이를 통해 수입을 얻었다. 그러나 투자회사가 설립된 이후에는 투자회사가 모든

---

17 '토지경영'과 '농민의 건물 입주'는 2000년 이후 중국의 도시화 과정에 출현한 일반적인 현상으로서 학계와 정책 제정자들 사이에서 많이 논의된 현상이다. 대표적인 연구는 다음을 참조하라. 如 周飛舟·王紹琛, 「農民上樓與資本下鄉:城鎭化的社會學硏究」, 『中國社會科學』 2015년 제1기, 66~83쪽. 하지만 전형적인 토지 경영과 달리 저장촌에 소재한 투자회사는 토지를 양도하지 않을뿐더러 토지를 담보로 은행 대출을 받아 인프라 건설에 투자하지도 않았다. 오히려 회사가 토지에 직접 투자하는 방식을 취했다. 이런 차이가 생기게 된 이유 중 하나는 투자회사가 저장촌의 사업체들과 합작할 수 있었고, 후자가 대규모의 민간자본을 조달할 수 있었기 때문이다.

것을 결정했기에 개별 농민과 촌민회는 직접 참여하여 혜택을 얻을 수 없었다. 토지의 자산화는 행정촌의 권력 구조에도 변화를 가져왔다. 기존의 '당위원회와 촌민위원회'의 구조는 '당위원회와 회사'가 되었다. 회사의 기능과 권한은 촌민회를 훨씬 능가했다. 궈위안촌 당서기가 30년의 근무를 마치고 은퇴할 때 후임 서기와 투자회사의 사장은 각각 그의 아들과 딸이 맡았다. 이렇게 '당위원회와 회사의 가족 구조'도 생겨났다.

이러한 배경에서 볼 때 공식화는 합리적으로 보인다. 현지의 투자회사들에게 있어 대형시장의 건설은 토지를 통해 수익을 창출하는 가장 빠른 방법이었다. 그들은 직접 투자하거나 저장촌의 사업가들과 합작했고, 고층 상가로 전통 집산시장을 대체했다. 공식 시장의 발전은 또한 초기의 자발적 시장의 '분할-수탈'과 떼어놓을 수 없었다. 다훙면 아침 시장의 변화가 대표적인 예다. 1995년의 철거가 잠잠해 진 후 '저장촌 사람'들은 새벽 4시부터 7시 사이에 다훙면 도로변에 노점을 설치하여 자발적으로 매우 활발한 의류도매 아침 시장을 만들었다. 1996년, 다훙면 동사무소는 저장촌의 한 사업가와 합작하여 노점상을 금지하고 이들을 채소밭에 임시로 건설한 시장에 들어가 임대료를 지불하면서 물건을 판매하게 했다. 난위안향 정부 산하의 투자회사가 DH의류쇼핑센터를 건설한 후 세입자 모집에 어려움을 겪자 난위안향 정부는 채소밭에 건설된 임시 아침 시장을 불법으로 규정하고, 입주한 사람들을 임대료가 더 높은 DH의류쇼핑센터에 입주하게 했다. 이것이 쇼핑센터의 본격적인 발전의 시작

이었다.[18]

시장의 공식화는 저장촌 내에서의 가공과 판매의 분리를 초래했다. 고가의 제품을 추구하기 위해 시장 투자자들은 각 매대가 대형 브랜드의 전문매장이 되도록 장려하면서 저장촌의 의류 생산과 단절시켰다. 2015년에는 시장 내 상품 중 약 25퍼센트만 저장촌에서 생산되었고 동시에 이곳에서 생산된 의류의 25퍼센트만 이 시장에서 판매되었다. 이는 저장촌의 '매대 주인'과 '대리 판매代銷' 관계의 종말을 의미했다. 매대 임대업은 저장촌의 수평적 발전 모델에서 중요한 부분을 차지했고 새로 이주한 많은 사람의 첫 번째 직업이기도 했다. 새로 이주한 사람들은 임시시장에서 매대를 임대한 후 의류를 만드는 친구나 친척으로부터 물건을 받아 판매하고, 물건을 다 판매한 후 돈을 지불했다. 따라서 이 대리 판매는 기본적으로 본전이 거의 들지 않는 사업이었다. 판매 규모가 커지면 이들은 위탁 판매經銷의 방식(즉, 제품을 가져갈 때 가공업자에게 지불)으로 의류 가공업에 새로 입문한 사람을 도와주는 차원에서 그들이 충분한 자본을 확보할 수 있게 했다. 일반적으로 매대를 가지고 있는 사람은 가공업체들을 방문하여 옷을 수집하고 동시에 최신 시장 동향을 알려줬다. 이렇게 공급과 판매 사이에 긴밀하고 지속적으로 확장하는 연결망이 형성되었다. 그러나 고가 상품 시

---

18 2000년에 출판한 책에서 내가 "1997년 4월, 다훙먼 도로변의 DH시장은 기존의 고정매대를 철거한 후 홀을 만들어 사람들에게 스프링 침대를 설치해줬다. 이렇게 공식 시장은 아침 시장으로 '퇴화'했다"라고 한 말(2000: 443)이 바로 이 일을 말한다. 하지만 나의 설명이 정확하지 않았다. 2016년의 재조사에서 당시의 '퇴화'는 행정적으로 강요된 측면이 있다는 것을 발견했다.

장에서는 임대료가 높을 뿐만 아니라 외부에서 들여온 의류는 일반적으로 대리 판매를 할 수 없고 무조건 선금을 받아야 했다. 2000년대 후반부터 국가경제가 침체기에 접어들면서 하도급 업체(즉, 허베이 등지에서 들어오는 소매업체)의 대금 결제가 전반적으로 늦어지기 시작했다. 공식 시장에 입주한 매대 주인들은 대규모 자본을 투입하는 동시에 높은 위험을 감수하게 되면서 이 시장은 새로 유입되는 창업자들의 발판이 될 가능성이 점차 희박해져 갔다. 매대 주인들의 시장 입주 동기 또한 달라졌다. 그들은 이제 더 이상 대리 판매자도 아니고 생산과 시장 사이의 연결고리도 아니었다. 그들이 이 매대를 매입하거나 임대하는 이유는 자신의 사업을 위해서가 아니라 나중에 높은 가격에 재임대하거나 양도하기 위해서였다. 현재 시장에 있는 대부분의 매대는 원저우 상인들이 먼저 임대하거나 구입한 이후 전국 각지에서 온 상인들에게 재임대한 것이다. 즉, 사람들은 매대의 미래가치를 좇아갔다. 따라서 시장 투자자든 매대 소유자든 그들이 하는 일은 본질적으로 자산 경영이 되었다. 자산 경영은 거품을 초래했다. 첫째, 시장 투자는 단기간에 높은 수익률을 보장했기 때문에(일반적으로 시장은 건설되면 바로 임대 계약이 이루어졌고 동시에 건설사에 대한 지불 지연을 통해 비용을 빠르게 회수할 수 있었다) 저장촌의 대규모 자본은 시장 건설에 투입되기 시작했다. 하지만 2015년에 이르러 시장의 공간은 현저하게 남아돌았고 매대 가격도 하락했다. 둘째, 시장 건설을 통해 취득한 막대한 이익은 2009년부터 전국의 다양한 광산과 부동산 개발 진출에 사용되었다. 저장촌 사람들이 광업에 관심이 있었던 것이 아니라 향후 광물 가치의 상승 가능성을 염두에 둔 투기에 관심이 컸던 것이다.[19] 이는 중국의 거시경제와 밀접한 관련이 있다. 2008년, 국가가 4조 위안 규모의 양적완화를 하면서 화폐 유동성이 과잉되었고, 이로 인해 2014년까지 다양한 자산(광산, 토지, 서화, 골동품 등. 저장촌 사람들 중 서화를 수집하는 사람도 출현했다)의 가격이 모두 급등했다. 저장촌의 투기와 거품은 전적으로 '공식' 경제의 일부였다.

자산 경영과 투기는 금융활동을 자극했다. 1995년 이전의 저장촌에서는 모든 사람이 채무 관계 속에 있었다. 이 관계는 개개인의 독립적인 금융활동에 기반한 관계가 아니라 대리 판매 과정의 현물을 매개한 관계에 기반했다. 2010년 이후 저장촌에는 금융 '보증회사'가 출현했다. 일부 대규모 사업가는 공동으로 은행에 1000만 위안 이상을 예금한 후 다른 기업이나 개인이 이 은행으로부터 대출할 때 보증을 서주고 대출 금액 3퍼센트를 수수료로 받았다. 더 흔한 방법은 보증회사가 자신의 예금을 담보로 같은 은행에서 대출을 받은 다음 제3자에게 높은 이자율로 대출해주는 것이다. 이런 식으로 보증회사는 '공식'적인 고리대금업 조직이 되었다. 하지만 전반적인 경제적 불안정으로 인해

---

19 저장촌 사람들의 사업은 주로 탐사와 국가의 허가 절차 등의 초기 단계에 집중되어 있었고 이를 하나로 묶어 다른 사람에게 고가로 양도했다. 광산 개발은 채굴권, 환경, 안전 등 여러 방면의 국가의 관리와 지방정부와의 장기적인 교섭을 필요로 한다. 사람을 찾는 일은 일부 저장촌 사람의 특기였다. 광산 이외에, 전자 상거래의 확대로 인한 택배사업의 발전은 저장촌의 자금 문제를 해결하는 또 하나의 출구였다.

10개 보증회사 모두 2015년에 위기를 맞았다.

활발한 금융활동의 또 다른 부산물은 대규모 도박 행위의 출현이었다. 도박은 1990년대 초부터 있었지만 참여하는 사람의 수는 제한적이었다. 초창기에는 도박이 일종의 구제 수단으로 사용되기도 했다. 예를 들어, 한 사람이 사업에서 적자를 보면 친구들이 그에게 도박장을 만들 것을 제안하고, 사람들이 일부러 도박하러 가서 이 친구가 한몫을 챙길 수 있게 했다. 도박은 때로는 패거리들의 갈취 수단이기도 했다.(이른바 '도박 선금倒款'을 말하는데 7장을 참조하라.) 그러나 2000년 이후의 도박은 민간 및 패거리 조직과 큰 관계가 없는 일상적인 일이 되었다. 도박에 관련된 사람의 수와 금액이 너무 커서 저장촌의 경제 운영에도 영향을 미쳤다. 도박은 자산화와 금융화의 필연적 결과는 아니지만 '저장촌 사람'의 말에 의하면 이들은 모두 같은 '사회적 분위기'의 영향을 받았다고 한다. 만약 시장투자와 광산의 수익성이 운에 달려 있다면 이런 허울뿐인 사업과 도박은 무슨 큰 차이가 있을까? 자산화와 금융화는 부의 윤리적 의미를 불확실하게 만들었다. 즉, 부의 획득과 노동의 투입, 그리고 개인의 사회에 대한 실제 공헌 사이에는 거의 관계가 없게 되었다. 조급증이 만연했다. 이러한 이유 때문인지 저장촌의 사업가들 사이에서는 유명 사찰을 방문하여 주지스님과 대화를 나누는 것이 새로운 유행이 되었다. 특히 베이징의 탄저사潭柘寺에 가서 차를 마시는 일이 대표적이다. 이렇게 하면 자신을 '착실하게接地氣' 만들고 재부를 보우해준다고 했다. 착실함은 저장촌에서 완전히 새로운 개념이었다. 한때 가장 실용적이었던 공동체가 이제 스님들로부터 '착실함'의 가르침을 바라기 시작했다.

의류 가공: '탈사회성去社會性'의 공식화

그럼에도 생산 능력의 확대 덕분에 저장촌의 경제는 여전히 성장할 수 있었다. 저장촌 사람들의 말을 빌리면 의류 가공은 이곳에서 '진짜 돈이 되는' 사업이다. 가공업자들은 일반적으로 정직하고 책임을 다하는 사람으로서 '자기 호주머니에 들어간 돈만 진짜 돈'이라고 생각했다. 이들은 시장과 광산에 투자한 사람들을 '작은 물에서만 놀 줄 아는' 사람이라고 생각했다. 제한된 자원을 굴려서 이윤을 챙길 생각만 할 뿐 실물경제의 규모를 확대할 생각이 없는 사람이라는 의미였다. 가공업자들의 이러한 보수적인 성격 덕분에 저장촌 경제의 상대적 안정성도 보장될 수 있었다.

하지만 저장촌 생산체계의 변화는 도매시장의 변화 못지않게 컸다. 2000년 이후, 고용 규모가 10인 이하이고 특정 공정만 전문으로 하던 작업장은 대부분 사라지고 공식적인 기업이 그 자리를 대체했다. 기존 작업장들은 서로 세밀한 분업과 긴밀한 협력 관계를 맺었고 거래 비용도 매우 낮았는데 왜 1995년 철거 이후 대규모 기업이 등장하게 되었을까? 이 코즈Coase 식의 질문에 잘 답하려면 더 많은 역사적 연구와 데이터가 필요하다. 하지만 그럼에도 지금까지 관찰한 바에 따르면 이러한 변화는 자연스러운 진화 과정이라기보다 여러 요인이 복합적으로 작용한 결과였다.

우선, 기업이 부상한 이유는 철거정책이 기존의 합작 연결망을 중단시키고 희석했기 때문이었다. 철거 이후 많은 작업장이 저장촌 중심에서 멀리 떨어진 다싱현大興縣에 옮겨 가게 되면서 지퍼, 자수 등의 공정을 완성하는 데 필요한 작업장과의 효과적인 소통이 불가능해졌다. 기업들은 점차 생산과정을 내부화하거나 통합했다.[20]

다음, 철거 이후 비공식 도매시장은 상당히 위축되었고, 동시에 시장의 공식화는 판매되는 제품이 반드시 정식으로 등록된 상표와 제조업체가 있어야 한다는 것을 의미했다. 2000년 초 다싱현 정부는 '마을마다 불을 지피고 가구마다 연기 나게' 하는 공업 발전 정책을 추진하면서 기업의 등록 허가 신청과 상표 등록을 장려했다. 2016년 중반 저장촌에서 수백 명의 노동자를 고용하면서 정상적으로 운영 중인 기업은 1000개 미만이었지만 저장촌 사람이 등록한 제조업체는 5000개에 달한 것으로 추정된다. 등록된 상표의 수는 훨씬 더 많았다. 한 기업이 여러 개의 상표를 등록, 한 계열의 옷에 하나의 정식 상표를 등록한 경

---

[20] 생산 과정의 통합부터 기업의 내부화까지 당연히 기술적인 문제의 원인이 있었다. 의류생산의 기계화는 분업을 선호하지 않지만 생산라인은 생산 과정을 수평적으로 통합하고자 한다. 기술은 당연히 중립적이지 않다. 통합된 기술이 분산화된 기술을 대체할 수 있는 이유는 그 자체가 기술적 문제가 아니라 자본 운용의 논리에 의해 결정되기 때문이다.

우도 있다. 만약 등록을 공식 경제의 기준으로 삼는다면 저장촌의 제조업체는 '지나치게 공식화된' 것으로 보인다. 지나친 공식화는 한편으로 중저가 공식시장의 특성을 반영하고 있었다. 모두가 아는 대형 브랜드를 만들 수 없다면 하나의 제품에 하나의 브랜드를 만드는 것도 나름 좋은 방법이었다. 소비자에게 참신함을 선사하기 때문에 잘 팔렸다. 다른 한편, 저장촌 사람들은 등록을 통해 생존의 합법성을 부여 받고자 했다. 정부가 또 철거하려고 할 때 이 합법적인 사업자등록증을 보유하고 여러 개의 등록 상표를 보유한 기업에는 자비를 베풀지 않을까? 화려하게 꾸며진 응접실에는 사업자등록증, 상표등록증, 납세증명서, 심지어 토지임대차계약서까지 모두 정중하게 액자에 넣어 벽에 높이 모셨다.

저장촌 기업의 확장에는 우연한 요소도 있다. 1990년대 후반, 중앙정부는 국유기업 개혁을 심화했다. 저장촌을 비롯하여 베이징 근교의 소규모 국유기업들이 파산했다. 이 기업들은 저장촌의 가공업체들에 공장 부지를 임대해주고 그 임대료로 직원들의 월급을 지급했다. 정부는 국유기업의 개혁과 사회 안정에 도움이 된다고 보았기 때문에 이러한 임대를 막지 않았다. 이렇게 토지자산화의 배경하에 기업은 생산에 필요한 토지를 확보할 수 있었을 뿐만 아니라 상당히 유리한 조건으로 이러한 희소 자원을 획득할 수 있었다.

공식기업이 단기간 내에 소규모 작업장을 압도하는 규모가 될 수 있었던 가장 큰 이유는 대규모 잉여 노동력을 확보할 수 있었기 때문일 것이다. 2015년까지 저장촌에서 수백 명의 노동자를 고용한 1000개 가까이 되는 기업 중 노동자와 정식 고용 계약을 맺은 기업은 거의 없었다. 놀랍게도 생산의 공식화가 노동자와 고용주가 공식적인 교섭체계를 형성하거나 공회[노조]를 형성하는 등 고용관계의 공식화로 이어지지는 않았다. 오히려 고용관계는 이전보다 덜 공식화되었다. 과거에는 월급 또는 월급과 생산건수임금計件工資[합격품에 근거한 임금]이 혼합되어 노동자 보수가 지급되었지만 지금은 거의 전적으로 생산건수임금을 적용하고 있다. 과거에는 대부분의 고용관계가 1년 이상 지속되었지만(부분적으로 사장이 매달 생활비만 지급하고 월급은 연말에 취합하여 정산하기 때문이다) 이제 노동자는 '자유'이며 언제든지 그만둘 수 있었다. 때로는 회사들이 표준화된 생산건수임금을 적용하여 노동자가 생산의 필요에 따라 회사를 옮겨 다닐 수 있게 했다. 노동자들이 일감이 있는 회사에서 일하고 일이 끝나면 떠날 수 있도록 허용했던 것이다. 이론적으로 노동자의 임금은 낮은 수준은 아니었지만—매일 일할 경우 한 달에 7000위안 이상을 번다—대신 매우 불안정했다. 과거에는 노동자와 사장(특히 사장의 아내와 다른 여성 친척)이 함께 먹고 생활하고 일하면서 사장이 노동자에 대한 착취와 사장 자신 및 가족 구성원에 대한 자기착취가 혼합된 일종의 유사 가족 관계를 형성했다. 하지만 지금은 순전히 노동력의 교환관계로서 착취만 있고 자기착취는 없다. 몇몇 사업가가 자신의 생산 규모를 소개할 때 첫째는 공장이 임대한 부지 면적이 얼마인지, 둘째는 생산액이 얼마인지를 자랑

한다. 내가 구체적으로 질문하자 비로소 사람을 몇 명 고용했는지에 대해 말했다. 이는 토지가 자산화되는 상황에서 토지에 대한 사업가들의 민감성은 증대되는 반면 노동자의 지위는 더욱 주변화되었음을 동시에 말해준다. 보호받지 못하는 값싼 노동력은 기업 이윤의 주요 수입원이고 기업 공식화의 중요한 기반이었다.

물론 제조업체의 공식화가 사회적 관계망의 완전한 소멸을 의미하는 것은 아니었다. 그러나 자본 규모가 커지면서 호조적 연결망도 기업화의 방향으로 움직이고 있었다. 예를 들어, 천과 가죽시장은 상인들이 서로 돈을 단기대출해주고 원단을 넘겨받는 등 고도의 연결망을 이룬 분야였지만, 관련된 자본의 규모가 커지면서 기존과 같은 쪽지에 글 몇 자 쓰거나 구두로 진행하던 방식은 더 이상 통하지 않았다. 대신 지분 참여 방식으로 사업이 유지되는 경우가 더 많아졌다. 1989년에 태어난 한 청년이 2012년에 100만 위안을 들고 저장촌의 원단사업에 뛰어들었다가 2014년 원단 적체로 인해 큰 손실을 입은 적이 있다. 같은 시장에서 사업을 하던 그의 고모와 한 친구가 재정적 지원을 통해 문제를 해결해줬다. 파산하는 것을 볼 수 없어 친구와 친척이 도움을 준 측면도 있지만, 이들은 사실 천과 가죽사업의 손익은 패션 유행에 대한 예측에 달려 있고, 초기 예측이 정확하면 시장을 선점한 직물은 큰돈을 벌 수 있으며, 반대로 빗나가면 큰 손실을 입을 수 있다는 것을 알고 있기 때문이었다. 또한 이러한 예측의 성공과 실패는 대부분 무작위적으로 일어나는 일이고,

여러 번의 실패 이후에는 항상 행운이 따른다고 믿었다. 이 청년의 사업이 번창하던 2015년 말, 고모와 친구의 투자금이 대부분을 차지하고 있었다. 청년은 자신을 '자본 매니저'라고 부르며 회사 사장과 비슷한 역할을 수행하고 있었다.

저장촌 내부 경제의 공식화는 어떤 의미에서는 사회연결망의 '탈사회성' 과정으로 볼 수 있었다. 이 '탈사회성'의 의미는 두 가지였다. 첫째, 사회관계망이 더 이상 기업 존립의 기반이 아닌 기업에 서비스를 제공하는 도구가 되었다는 것이다. 과거 '대리 판매'와 같은 관계는 풀뿌리 성격이 짙었다. 이 대리 판매가 없으면 작업장과 매대 모두 운영이 어려웠을 것이다. 하지만 이제는 기업이 기초가 되고 연결망은 기업 사이의 연결망이 되었다. 과거에는 한 사람이 친인척이나 동향관계만 있으면 이러한 사회적 특성을 빌려 사업을 시작할 수 있었지만 지금은 대규모 자본이 없으면 연결망 진입 자체가 어렵다. 사회관계망이 분쟁을 해결하고, 권위를 형성하고, 허용되는 행동과 허용되지 않는 행동에 대한 판단이 이루어지는 공공생활 조직 과정의 기초가 될 때 이 연결망의 사회적 속성은 우선시 된다. 그러나 개인의 이익 극대화가 기본원칙이 되고 기업이 기본적인 경제조직이 될 때 연결망의 작동은 경제적 이익의 계산에 종속된다. 둘째, '탈사회성'은 노동자와 고용주의 관계가 순전히 경제적 관계가 되는 동시에 사회적 관계가 약화되고 파편화 된다는 것을 의미한다. 허쉬먼Hirschman의 말을 빌리자면, 노동자들은 끊임없이 이동하고 발로 뛰면서 투표를 해야만 기회를 찾고 문제를 해결할 수 있다. 이들은 '충성'은커녕 '외침'(협상)도 할 수 없다.[21] 사회적 관계가 취약해지면서 사회적 혁신의 기반도 사라졌다.

'탈사회성'의 추세는 거물들의 역할 변화에서도 드러났다.

거물: 명성에서 후광까지

2015년 6월 30일, 내가 류스밍劉世明을 만나러 갔을 때 그는 이튿날의 일정 때문에 갈등하고 있었다. 러칭시樂淸市 외지 당위원회 위원이자 청관城關 당지부서기인 그는 2002년부터 매년 7월 1일에 지부회원을 조직하여 전국 각지의 혁명성지를 방문하는 홍색관광을 조직해야 했다. 하지만 동시에 그는 JD시장의 회장이기도 했다. 그와 함께 시장을 설립한 주주 중 한 명의 어머니가 원저우에서 돌아가셔서 7월 1일에 발인이 예정되어 있었다. 원저우의 풍습에 따르면 친구 부모의 장례식은 매우 중요한 행사다. 더 중요한 것은 이 주주가 JD시장의 발전에 크게 기여했다는 점이다. JD시장 개업 초기, 상황이 좋지 않아 일부 입주한 매대 주인들이 시장에서 나가겠다고 한 적이 있다. 한 명이 그만두면 다른 사람도 흔들릴 수 있었기에 경영진은 매우 불안했다. 이때 이 주주가 나서서 일을 해결했다. 한때 사부拳師였던 그는 저장촌에서 무술을 배우는 제자들을 거느리고 있었는데 그중 일

---

21 Albert O. Hirschman, *Exit, Voice, and Loyalty*(Cambridge, Mass.: Harvard University Press, 1970)

부가 이 시장에서 매대를 운영했다. 그는 제자들에게 흔들리지 말고 굳건하게 자리를 지킬 것을 당부했고 흔들릴 수 있는 매대 주인에게 제자들과 함께 찾아가 '의형제結拜兄弟'를 맺자고 요청했다. 매대 주인들은 이들의 체면을 구길 수 없었다. 그렇게 해서 시장은 안정되었다. 6월 29일, 류스밍은 밤잠을 설쳤다. 그는 홍색관광과 백회白喜[장례식] 사이에서 갈등하다가 결국 가족을 대표하여 배우자를 장례식에 참가하게 했다. 필경 당무가 더 중요했다.

류스밍이 사부와 당무 사이에서 균형을 맞추어야 했던 이 일은 저장촌 거물급 인사의 역할에 미묘한 변화가 생겼음을 시사한다. 사부가 권위 획득의 민간경로를 대표한다면 당무는 공식 체제 내에서 권위를 취득하는 방식을 말해준다. 풀뿌리 성격은 저장촌 거물들의 기본 속성이었다. 그들의 권위는 분명한 경제적 분화가 발생하지 않은 상태에서 형성되었다. 이 권위는 기층 대중으로부터 오는 신망, 특히 '계系'를 통한 영향력에 기반한 것이지 유형자원의 소유 여부에 기초하지 않았다. '계'는 가족과 친구 및 비즈니스 관계의 중첩으로서 저장촌 공동체 형성의 핵심 단위였다. 모든 사람이 자신만의 계가 있고 동시에 이 계는 다른 사람의 계와 겹쳐 있다. 한 사람의 계가 넓어지면 이 계 안에 있는 사람의 사업은 더욱 번창해진다. 계 안의 사람과 다른 영향력 있는 계가 섞이면, 그 사람은 상당한 사회적 영향력을 행사할 수 있다. 이런 측면에서 초기 저장촌의 권위 형성 과정은 '수평적'이었다고 말할 수 있다.

둘째, 거물들의 풀뿌리 성격은 평범한 저장촌 사람들과의 관계에서도 볼 수 있었다. 1995년 이전, 저장촌의 대다수 소상공인들이 전국시장을 상대로 사업을 할 때 거물들은 오히려 공동체 내부에서 공공자원의 제공에 앞장섰다. 일종의 '작은 주인이 외부를 향하고 큰 주인이 내부를 향하는' 양상을 보였던 것이다. '작은 주인이 내부를 향하고 큰 주인이 외부를 향하는' 대부분의 이주민 공동체와 정반대였다. 보통은 일반인의 활동이 공동체 내부에 국한되고 공동체의 리더가 일반인을 대표하여 외부세계와 교섭했다. 이런 특징으로 인해 해외의 화인들은 거주국의 언어를 사용할 필요 없이 차이나타운에서 평생을 보낼 수 있었다. 저장촌의 '내부를 향한' 거물들은 당연히 현지 정부와 교류해야 했다. 하지만 이 교류는 그들이 공동체 내에서 얻은 권위에 기반한 것이지 정부와의 관계 때문에 얻은 권위에 기반하지 않았다. 이러한 특성으로 인해 저장촌은 생산과 생활과정에 자립적이면서도 매우 개방적일 수 있었고, 내부 결속과 외부 개방의 관계를 변증법적으로 통일할 수 있었다.[22]

철거 이전의 저장촌에서 거물들이 제공한 공공자원은 담장이 있는, 인원 출입을 통일적으로 관리할 수 있는 폐쇄적인 주거와 생산의 공간이었다. 그들이 이런 단지를 건설한 이유는 돈을 벌기 위한 목적만이 아니라 공공관리에 대한 그들의 관심을 충족시키려는 더 큰 목적에서였다. 단지는 이후의 부동산 투자와 본

---

22 필자의 연구를 참조하기 바란다. 「社區何爲」, 『社會學硏究』, 1998년 제6기, 54~62쪽

질적으로 다른 사회 프로젝트였다. 단지가 부상한 이유 중 하나는 1990년대 초의 심각한 위생 상태, 그리고 더 중요한 것은 악화된 치안 문제 때문이었다. 당시 전국을 배회하는 저장 출신의 범죄 조직과 저장촌의 마약 중독자들이 공동체 내에서 약탈을 일삼았는데 이로 인해 저장촌 사람들은 통일적으로 계획되고 안전이 보장된 주거환경을 강력하게 희망하게 되었다. 단지의 소유주들은 내부의 치안과 보안, 단지 안팎의 도로계획, 물과 전기 등의 기초시설, 소형전용버스 운영 등에 큰 관심을 보였다. 류스밍의 주도로 건설된 JO단지가 종합적인 관리방식을 도입한 대표적인 단지였다. 이런 이유로 JO단지는 1995년 철거의 중점 대상이 되었던 것이다.[23] 철거되는 과정에서 류스밍과 그 일행은 단지를 '보존'하기 위해 모든 관계를 동원했다. 그는 치안을 강화할 필요성을 강조하면서 강도 집단에 이 불확실한 상황을 이용할 틈을 주지 않도록 해야 한다고 했다. 단지의 주주들이 교대로 야간순찰을 돌았다. 나는 당시 단지 내에 거주하면서 야간순찰에 참여했던 일을 생생하게 기억하고 있다.

1995년의 철거는 저장촌에서 '큰 주인이 내부를 향하는' 패턴을 깨버렸다. 대형시장이 거물들이 경영하는 유일한 사업이 되었다. 시장을 건설하려면 대규모 자본을 확보해야 할뿐만 아니라 배짱도 두둑해야 했다. 여기서 핵심 전제는 지방정부 및 국유

---

23 1995년 국무원과 베이징시가 저장촌이 불결하고 지저분해서 철거한 것이 아니라 내부의 조직화를 우려해서 철거했다. 단지가 중점 대상이 된 이유가 바로 이것이다. JO단지에 대한 관리의 시도에 관해서는 다음을 참조하라. 項飆, 2000: 405~412쪽

기업과 긴밀한 관계를 맺고 토지를 확보하는 일이었다. '수단'—예를 들어, 단기 대출, 다른 사람에게 특혜를 주거나, 경쟁자를 무마하기 위해 압력을 행사하는 등의 방식—이 매우 중요해졌다. 거물의 권위 기반은 대중적 명성에 뿌리를 두던 것에서 보다 개인화되고 경쟁적인 '세력勢力' 기반에서 출발하는 것으로 바뀌었다. 이 세력에 대한 저장촌 사람들의 정의는 '시장을 건설하려고 할 때 감히 경쟁하거나 방해하는 사람이 없다'는 것이다. 세력은 전혀 새로운 개념이 아니다. 저장촌 초창기에도 거물들 간의 권력 다툼이 있었고 다양한 패거리 집단도 개입했다. 하지만 단지가 조성되면서 점차 가장 성망이 있는 거물이 패거리 집단들을 견제하는 힘이 되었다. 일종의 지역 '젠트리화'의 현상이 출현한 것이다. 철거는 이 과정을 역전시켰다.

미래를 이야기할 때 류스밍은 자신이 "반 은퇴" 상태에 접어들었고 "미래는 다음 세대에 달려 있다"고 했다. 현재 그의 가장 큰 소원은 자신이 운영하는 시장을 상징적인 고층건물로 만들어 "우리의 후대가 이곳을 지나갈 때 모두 볼 수 있도록" 하는 것이었다. 하지만 과연 류스밍이 후대에게 가장 기억되기를 바라는 것이 상가 건물일까? 그는 자신이 단지를 지을 때가 베이징에서 "가장 잘나갔던" 시기였다고 말했다. 그 이유는 "혼신의 힘을 다해" 일했기 때문이었다. 그러나 그는 이런 방식은 이제 더 이상 통하지 않기 때문에 이야기를 더 해봤자 입만 아프다고 했다. 물론 그 당시 '혼신의 힘을 다해' 일을 하지 않았더라면 지금의 다훙먼도 없었을 것이다. 하지만 다년간 누적된 가치가 철근 콘

크리트 속에 굳어진 후, 밑바닥에서 시작하여 갈고 닦았던 그의 선구자 흔적은 그림자조차 남지 않은 채 사라졌다.

내가 가장 놀란 일은 저장촌의 거물들이 앞서거니 뒤서거니 입당했다는 것이다. 2001년, 중앙정부가 모든 현급 이하 정부의 베이징사무소를 폐지하라고 하자 저장성 러칭시(현급)도 사무소 문을 닫았다. 기존 사무소의 기능은 당위원회로 대체되었다. 이렇게 지방정부의 당위원회가 전면에 등장했다. 저장촌 사람들의 입당 열기는 예상외로 높았다. 2015년 말까지 저장촌에는 1400명의 러칭 출신 당원과 12개 지부가 있었다.[24] 러칭시의 한 진에서 당서기를 역임한 린林 서기가 2010년에 베이징사무소 당서기로 임명되었다. 첫 당원대회를 열었을 때 그는 참석 인원이 전체 당원의 3분의 1을 넘지 않을 것으로 예상했지만, 70퍼센트 이상이 참석하여 행사장은 발 디딜 틈이 없었다. 내가 거물들의 초대를 받아 참석했던 2005년 이후의 연회는 거의 모두 당원들이 테이블에 둘러앉은 지부 모임이었다.(이런 연회에 개인 자격의 손님으로—비서나 가족이 아닌—여성 저장촌 사람이 참석한 것을 본 것도 그때가 처음이었다. 그녀는 사업에 성공한 여성당원이었다. 저장촌에는 경제적 실력이 우수한 여장부가 적지 않았지만 공식석상에서 남성과 대등한 자리에 앉기 위해서는 당원 지위를 이용해야 했다.)

---

24 지부는 세 가지 유형이 있다. 첫째는 출신지의 향진에 근거한 조직, 둘째는 현재 입주하고 있는 시장에 근거한 조직, 셋째는 다훙먼가에 위치한 의류 가공공장에 당원이 비교적 집중되어 있었기에 이들을 하나의 지부로 조직하는, 즉 베이징의 지역에 근거한 조직이다. 지부마다 1년에 3명 내지 4명의 당원을 입당시켰다. 2014년 당중앙에서 당원 확장 기준을 높이면서 이 규모는 축소되었다. 지부마다 1년에 최대 1명을 확장할 수 있다.

거물들이 적극적으로 입당하는 이유는 무엇보다도 저장촌이라는 존재 자체가 성공과 영광을 의미하기 때문이었다. 류스밍은 "우리 지부에 속한 사람들은 경제적으로 성공했고 명성이 있고 유명한 사람들이야. 그래야 다른 사람들도 가입하고 싶어해"라고 말했다. 개인의 경제력은 당원 자격과 지부서기 선출에 가장 중요한 기준이었다. 따라서 린 서기의 말처럼 지부서기는 경제력이 가장 월등한 사람이 "민주적이고 자연스럽게 선출"되었다. 성공에 대한 인정으로서 당원 자격은 예상치 못한 정화 효과를 가져왔다. 저장촌 사람인 한 노인은(비당원) 당 조직의 발전이 저장촌의 가장 큰 자랑이라고 했다. 힘 있고 유능한 많은 사람을 "바른 길로 인도"했기 때문이었다. 적지 않은 차세대 거물들은 밝은 세상에서 온 사람과 어두운 세계에서 온 사람 모두 있었고 자신의 이런 배경을 이용하여 세를 키웠다. 하지만 당원 신분은 이들을 더 '공식적'인 사람이 되게 했다.

당 지부는 저장촌에서 가장 영향력이 큰 조직이 되었다. 이 공동체에서 차세대 주자로 인정받는 한 1970년대 생은 다음과 같이 말했다. "과거에는 친척들이 서로 교류했지만 요즘 젊은이들은 그런 것에 신경을 쓰지 않아. 사업이 잘 되는 사람이든 그렇지 않은 사람(친척)이든 서로 말을 섞지 않아. 지금은 주로 지부(회원)들이 모여서 이야기를 나누면서 어떤 새로운 계획이 있는지 정보를 교환해." 그는 특히 이런 그룹의 중요성을 강조했다. 하루 1000만 위안에 달하는 융자도 이 그룹을 통해 가능하고, 이러한 자금 조달 능력은 프로젝트 확보 경쟁에서 "상대방에게 생각할 여지조차 주지 않는다"라고 했다. 그러나 저장촌에서 당 지부의 영향력이 대중적 기초에서 출발하지 않았다는 점은 분명하다. 당 지부는 대중과 거의 관련이 없을뿐더러 심지어 비대중적 성격을 강조하고 있었다. '7월 1일' 관광, 지부가 조직한 정책학습행사(주로 러칭 당위원회에서 보낸 학습 자료에 근거), 정부 공무원 접대, 전국에 소재한 빈곤학교를 돕기 위한 모금, 러칭 정부에 협조하여 베이징에 상방上訪[지방정부를 우회해 중앙정부에 청원하러 가는 것]한 사람을 억류하는 등 주요 활동은 회원들에게만 국한되었다. 과거 거물들의 협력관계는 '서로 다른 거물 개인들의 연합이라기보다 거물 각자의 계의 중첩'이었지만(項飆, 2000:456) 지금은 상황이 완전히 달라졌다.

거물들도 상류사회의 인정을 받고, 특히 정치적 상층과 관계를 맺는 데 도움이 될 것이라는 기대 때문에 입당했다. 한 차세대 거물은 저장촌 안팎에서 여러 회사를 소유한 이사장이지만 당 지부서기를 자신의 가장 중요한 신분으로 여겼다. 그는 지부서기로서 원저우시 당대표대회의 대표가 되어 당 및 국가 지도자들과 함께 두 차례나 외국 출장을 다녀왔다. 이 차세대 거물은 '하늘과 통하는(최고지도부와 대화할 수 있다는 뜻) 사람으로 불렸다. 모 정치국 상무위원 집의 가구는 아무개가 제공했고, 또 다른 상무위원 처남 집의 커튼은 아무개가 사줬다는 소문이 많이 돌아다녔다. 갑자기 저장촌 사람들이 중국공산당 지도자 가정의 인테리어에 필요한 기물들은 모두 설치한 것처럼 말이다. 물론 사실의 진위 여부는 확인할 수 없다. 하지만 이런 소문은 거물들이 세를 불리는 데 필요했고 또한 야심 있는 젊은이들의 마음을 사로잡았다. 당원 신분은 사람들에게 말로는 설명할 수 없는 뿌듯한 '느낌'을 준다. 린 서기는 고향에서 설을 쇨 때 "사람들이 당신을 샹 사장님, 샹 이사장님 혹은 샹 회장님이라고 부르면서 건배 제안할 때보다 '샹 서기'라고 부르면서 건배 제안할 때 그 느낌은 완전히 달라"라고 했다. 많은 거물에게 이런 느낌은 매우 중요했다.

우리는 이러한 당원 신분을 공식적 권력이 부여한 매우 선명한 영예로서 '후광'이라고 부를 수 있다. 명성은 일상생활에서 드러나는 것이다. 거물들이 아낌없이 사람을 돕고 공정하게 분쟁을 해결하는 등 쉬지 않고 좋은 일을 하고 좋은 사람이 되어야만 이 명성을 공고히 하거나 만들 수 있었다. 반면 후광은 외부에서 부여한 것으로서 그들의 일상생활에서의 행동방식과는 거의 관련이 없었다. 단지의 사장이 나쁜 짓을 하면 '창피'를 당하고 명성은 바닥에 떨어진다. 하지만 후광은 영향을 받지 않는다. 2000년에 출판한 책에서 나는 왜 거물들을 '엘리트'라고 부르지 않는지 그 이유를 설명한 바 있다. '엘리트'는 외부 연구자들이 붙인 기호인 반면 '거물'은 공동체 구성원들이 부르는 자신들만의 개념이기 때문이다. 정부와의 관계가 밀접하거나 사업을 크게 하면 외부인에게는 엘리트로 보이겠지만 저장촌 사람에게 반드시 거물인 것은 아니다.(項飆, 2000:451) 만약 이 기준을 따른다면 오늘날의 거물들은 이미 전형적인 '엘리트'다.

후광은 전통적인 초안招安이나 책봉冊封과 같은 편입수단과 크게 다르다. 초안과 책봉은 점에서 시작하여 면으로 확장한다. 즉 비공식적인 리더를 등용하여 그를 따르는 사람까지 끌어들이는 것이다. 하지만 후광은 거물과 권력체계 사이의 연결점일뿐 일군의 사람(예를 들어, 거물들의 '계')까지 체제 내부로 편입하는 것은 아니다. 당원 후광이 있는 거물도 제도적으로 공적 업무에 참여할 수 없기에 이들은 중국 전통사회의 젠트리와 매우 다르다.

풀뿌리 명성에서 체제의 후광으로의 변화는 돈을 버는 방식, 행동하는 방식, 공식적인 인정을 받는 방식 등에 대한 사람 각자의 원칙이 분리되거나 심지어 모순되기 시작했다는 것을 의미한다. 노동과 부, 성망과 권력, 일상생활의 의미와 이데올로기적 프로파간다 사이의 거리는 점점 더 멀어지고 있는 것 같다. 좋은 사람이 아니어도 품위와 존엄 있는 삶을 살 수 있고, 때로는 좋은 사람이 아니어야만 체면과 존엄이 생길 수 있다. 경제적 '분할-수탈'이 이데올로기 영역에 미친 영향으로 이해할 수 있는 부분이다.

결론이 없는 반성

물론 저장촌이 공식화되었다고 해서 저장촌 사람들도 교과서에서 가르치는 것처럼 말과 행동이 공식화되었다는 것은 아니다. 시장 경영과 의류기업의 발전은 여전히 다양한 비공식적 행위들과 떼어놓을 수 없다. 후광을 입은 엘리트들 중에는 여전히 패거리 세력의 그림자가 따라다니는 사람도 있었다. 어떤 의미에서 공식화는 비공식적 요소를 공식적인 형식(등록된 회사, 대형 공장)에 편입시킨 것에 지나지 않았다.

공식화는 전체 질서의 변화를 의미했다. 또한 일반인의 발전과 연결된 사회기반이 축소되었다는 것, 그리고 자본 및 공식권력과 연결되지 않은 일반인은 부득이 '그룹 퇴출'을 당한다는 것을 의미했다. '그룹'에 남아 있는 성공한 사람들도 여전히 매우 불안정한 위치에 있고 항상 탈락의 위험에 처해 있다. 풀뿌리적 특성으로 자신의 입지를 다졌던 과거의 거물들과 달리 오늘날의 엘리트들은 두 눈으로 위에 있는 사람을 바라보면서 그들의 통제를 받고 있었다. 물론, 사람이 퇴출되었다고 해서 굶어죽는 것은 아니다. 기본적인 생명을 보호하는 국가의 능력은 실제로 강화되고 있었다.—이는 공식화의 또 다른 측면이다.

저장촌 공식화의 최대 수혜자는 토지를 점유하고 있는 정부와 기업화된 다양한 지방정권이다. 이들은 자산의 약탈이라기보다는, 가치를 창출한 사람들의 사회적 주체성이 해체됨으로써 수혜를 보았다. 한 세대의 저장촌 사람의 노동과 사업이 막대한 토지 차액지대를 만들었지만, 저장촌 사람은 하나의 주체로서 이 가치의 공유를 요구할 수 없었다. 공식화는 명목상 비공식적 실천에 대한 부정이자 이 실천에 대한 사실상의 침범이었다. 저장촌의 공식화는 싹트는 '신사회공간新社會空間'을 하나의 물리적 공간으로 환원시켰다. 사회적 공간의 주체는 사람이고 이 공간은 복잡하게 얽힌 관계들로 구성된다. 물론 가끔은 어지러운 관계도 있다. 물리적 공간의 주체는 땅이고 이 공간의 지배적인 힘은 행정적 틀 아래에서 작동하는 단일화된 시장법칙이다. 사회적 공간을 대할 때 정부는 협상, 타협, 공존하는 법을 배워야 하지만, 물리적 공간을 대하는 방법은 단순명료하다. 즉 철거, 이전, 매각이다.

지난 20년간 중국의 경험을 놓고 볼 때, 공식화는 경제의 쇠퇴를 의미하지 않았다. 반대로, 비공식 경제의 공식화는 1990년대 이후의 성장 엔진 중 하나였음이 증명되었다. 개혁 초기의 발전 원동력과 크게 달랐다. 1980년대의 발전의 주축은 개체호(자영업자), 향진기업, 그리고 저장촌과 같은 이동사업가로 대표되는 비공식 경제였다. 많은 자원이 효율성이 낮은 국유기업에서 이러한 비공식 부문으로 흘러 들어가 충분하게 재활용되었다.(예를 들어, 상하이 등지의 국유기업에서 나오는 불량품은 한때 원저우의 향진기업과 가족기업의 주요 원자재였다.) 하지만 이제 자원은 사회에서 공식 부문, 특히 국유 부문으로 다시 회수되고 있다. 공식화가 흩어져 있는 자원을 한곳에 모은 데다가, 자산화는 거래를 촉진하는 한편 자산의 규모를 확대하는 동시에 기존의 다양한 비공식적 수단(예를 들어, 노동, 환경 등 규제의 회피)에 대한 제어도 동반하지 않았기 때문에 일정 기간 통계적으로는 강력한 성장세를 기록할 수 있었다. 1980년대의 비공식 경제가 민간의 적극성을 동원하여 사람들을 빈곤에서 부유의 길로 들어서게 했다면, 1990년대 이후의 공식화는 빈부 격차를 더욱 확대하여 '국부민궁國富民窮'(국가는 부유하고 인민은 빈곤함)의 상황을 만들었

을 가능성이 크다. 전자의 특징이 광범위한 포용이라면 후자는 분리와 구분이었다.[25]

나는 왜 20년 전에 공식화의 이러한 결과에 주목하지 못했을까? 우선, 당시 '시장 메커니즘'에 대한 인식이 지나치게 낙관적이고 단순하여 시장 메커니즘을 도입하기만 하면 다양한 문제가 저절로 해결될 것이라고 믿었기 때문일 수 있다. 나는 시장 자체가 거대한 '분할-수탈'의 충동을 내재하고 있다는 것을 간과했다. 당시의 연구에서 나는 '연결망이 기업을 대체'한 저장촌의 완전한 시장화의 성격을 강조하는 한편 1995년 이후 공식 기업의 부상을 저장촌 시장경제의 진보라고 보았다. 하지만 양자 사이의 논리적 모순과 이러한 변화의 사회적 결과를 의식하지 못했다. 당시 나의 이해가 얼마나 일방적이었는지 보여준다. 또한 당시에 광범위하게 이루어진 합작과 완전한 거래 등 내가 '시장법

---

[25] 황야성黃亞生은 거시경제 수치에 근거하여 1990년대 초 이후 국가의 정책적 개입 때문에 경제발전의 중심이 사회 하층과 농촌에서 연해 지역, 도시의 국유 및 외자 부문으로 옮겨갔음을 논증했다. Yasheng Huang, *Capitalism with Chinese Characteristics: Entrepreneurship and the State*(Cambridge: Cambridge University Press, 2008). 황의 연구에 대한 논평 중 조엘 안드레아스Joel Andreas는 이 변화는 국가의 개입이 아니라 자본주의 법칙의 본질 때문에 발생했다고 주장했다. Joel Andreas, 'A Shanghai Model?' *New Left Review*, no.65(2010), pp.63-85. 나는 이 두 사람의 관점이 모두 근거가 있다고 생각한다. 국가의 개입과 자본주의 법칙은 이미 불가분의 관계가 되었고, 어느 것이 더 주도적인 힘인지는 구체적인 경제 부문을 봐야 답할 수 있다. 다만 이번 연구가 강조하는 것은 '공식화'는 국가의 개입과 자본주의를 서로 얽히게 한 핵심 메커니즘이라는 점이다. 황쭝즈黃宗智는 지방정부와 기업의 특수한 관계로 인해 파생된 지방정부 보호 하의 비공식 경제(자본 유치 정책 하에서 기업의 납세, 노동, 환경 등의 법률로부터의 도피)가 1980년대 이후 중국의 경제발전을 견인한 주요 원동력이라고 한다. 黃宗智, 「有計劃的非正規性」, 『開放時代』, 2011년 제1기, 1~3쪽. 하지만 내가 주목한 것은 자본 유치 과정의 불법적 행태가 아니라 정부가 이런 행태에 대해 오히려 보호하고 격려했다는 사실이다. 핵심은 불법행태가 아니라 이런 행태의 공식화라는 점이다. 이것이 바로 이 책이 분석하고자 하는 공식화의 한 양상이다.

칙'의 표현이라고 생각했던 것들은 사실 저장촌공동체의 사회적 성격을 드러내는 현상으로서 어떤 의미에서는 반시장적이었다.

둘째, 시장경제와 행정체계를 분리, 심지어 대립시키기만 했을 뿐 이 행정체계가 시장을 그 정도로 효과적으로 활용할 수 있을 것이라고는 전혀 예상하지 못했다. 행정의 힘이 시장이라는 수단을 활용하는 이유는 행정체계를 시장화 한다거나 정부의 이익을 극대화하려는 것이 아니라 이러한 이익수단을 통해 기존의 권력관계를 유지하고 심화하기 위해서였다. 따라서 행정의 개입이 시장법칙을 '왜곡'했는지 여부는 말하기 어렵다. 저장촌에서 매대의 임대와 구매, 노동력 고용, 의류무역 등은 모두 시장법칙에 따라 이루어지지만, 누가 어느 시장에 진입할 수 있고, 어느 시장에서 어떻게 사업을 해야 하는지는 나름의 법칙이 있다. 이 모든 것을 종합해볼 때 이익 흐름의 방향은 매우 선명해진다.

셋째, 가장 큰 문제는 아마도 내가 '사람'의 복잡성과 다면성을 간과했다는 점일 것이다.[26] 예를 들어, 나는 저장촌 사람들이 체제로부터 인정을 받고 싶어 하는 욕구를 눈치 채지 못했다. 또 다른 예는, 나는 호구 신분을 매우 중요하게 생각하면서 도농 간의 신분 차별을 타파하는 것을 하나의 궁극적 목표로 삼을 정도였지만 사회의 발전과 사람의 발전은 결국 사람과 사회의 능동성—즉, 사람들의 끊임없는 집단적 혁신, 차별과 수탈에 저항하는 능력—에 근거하고, 또한 공식적 신분은 이러한 능동성을 약

---

26 이 문제에 대한 나의 반성은 다음의 졸고를 참조하라. 「普通人的'國家'理論」, 『開放時代』 2010년 제10기, 117~132쪽

화시킬 수 있다는 사실에 대해 충분히 인식하지 못했다. 나는 당시 사회 변화를 일방향적이고 단선적인 진화 과정으로 상상했고 저장촌을 지속적인 투쟁이 아닌 하나의 과도기로 보았기 때문에 '어떻게 할 것인가'라는 문제, 즉 하나의 잠재적 가능성을 자극하고 다른 가능성을 방지하는 방법에 대해 진지하게 토론하지 않았다.

공식화의 추세 아래에서 저장촌 사람과 같은 집단의 주체성─즉, 목전의 사회 변화 속에서 그들은 어떤 힘인지, 또는 어떤 힘이 될 것인지─을 어떻게 이해해야 하는가의 문제는 한층 더 복잡해졌다. 이론적으로, 공식화의 추세는 그들이 완전한 공민[시민] 혹은 계급으로서 사회운동에 참여하는 공식화된 대응으로 이어져야 한다.[27] 1980년대에 연줄이나 뒷거래를 통해 문제를 해결했다면 오늘날에는 공식적인 협상, 법적 계약, 심지어 사회단체를 통해 해결해야 한다. 하지만 이런 공식화의 전략은 현실적일까? 다른 한편, 저장촌이 나에게 가르쳐준 가장 큰 계시는 사회의 자율성과 능동성은 동향이나 친척관계, '계'와 '계'의 중첩, 일반 사업가와 그를 대표하는 단지의 책임자 등의 구체적인 사회관계를 통해 구현되어야 한다는 것이었다. 이러한 실재적이면서 비공식적인 사회관계가 와해되면, 우리가 그들을 무엇으로 부르든─시민, 공민, 계급 혹은 단체─사회적 행동은 기반

---

27 예를 들어 판이潘毅 등의 학자는 중국의 노동자들이 의식이 있는 계급적 주체가 되고 있다고 생각한다. 潘毅·盧暉臨·張慧鵬, 「階級的形成: 建築工地上的勞動控制與建築工人的集體抗爭」, 『開放時代』, 2010년 제5기, 5~26쪽. 하지만 궈위콴郭于寬은 노동자는 먼저 하나의 공민적 주체가 되어야 한다고 본다. 郭于寬, 『資本的屏蔽還是權力的屏蔽?』

을 잃고 사회의 자기 보호와 저항 능력 또한 상실될 수밖에 없다. 하지만 비공식적 사회관계가 자발적으로 발전할 수 있는 공간이 있을까? 우리는 양자가 합쳐져서 두 발로 걷는 모습을 기대한다.

20년 전 내가 저지른 실수 중 하나는 당시 하나의 단면에 불과한 현상을 역사의 '필연'적 추세라고 본 것이었다. 현재의 추세도 변동의 또 다른 단면일 뿐이고 그 발전의 가능성은 여전히 다양하다. 철거계획 아래에 놓인 저장촌 기업가, 전국 각지에서 온 노동자, 저장촌을 떠난 2세들의 생각과 행동을 더 면밀히 조사할 필요가 있다. 하지만 한 가지 분명한 것은 그들의 생각과 행동은 모순으로 가득 차 있다는 것이다. 모순이 우리의 이 시대의 정신이라면 우리는 자기 자신과 대중이 느끼는 모순을 진지하게 다루어야 한다. 모순에 주목하고, 그 안에 내재한 갈등을 더 깊이 파고든다면 미래를 예측하고 대응책을 수립하는 방법을 찾을 수 있을 것이다.

2015~2017, 베이징에서 집필,
원저우와 홍콩에서 완성, 도쿄에서 수정

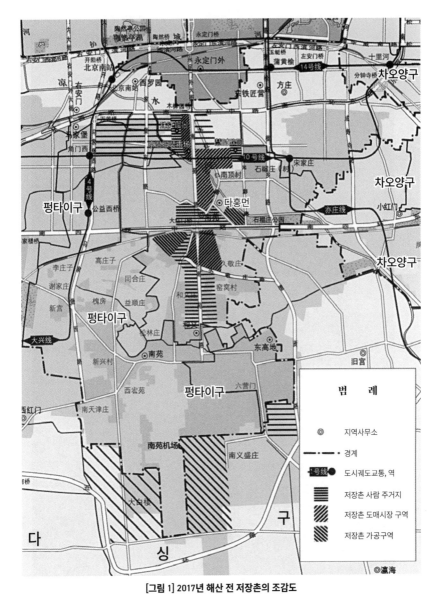

[그림 1] 2017년 해산 전 저장촌의 조감도

기본 지도 출처: 베이징시 기획및국토자원관리위원회, 베이징시 민정국, 도판 번호: 京S(2016)024號

2000년 이후 대다수 저장촌 사람이 거주하던 곳이다. 일부 건물에는 의류기업의 모델 하우스 또는 사무실이 입주했기 때문에 건물 옥상에는 '정품복장'이라는 큰 간판이 설치되어 있다.

공식화된 시장, 인기는 예전보다 못하다.

임시매대를 임대해주던 직물 소상인들이
지금은 공식화를 거쳐 회사를 운영하고 있다.

2017년 초 '수도 해산' 계획에 따라 철거된 시장

정부가 요구하는 저장촌의 모범시장이다. 고급스러우면서 공식적이지만 점포가 없고 손님도 없다.

중공원저우시제10차당대회   **대표**
중공러칭시주경연락처위원회   **위원**
중공러칭시러청진주경리부   **서기**

주소 : 베이징시 펑타이구 난위안로 66호   전화 (TEL) :
ADD : No.66 NanyuanRoad FengtaiDistrict Beijing   휴대폰 (MB) :
우편 (PC) : 100075
Http://www.zlhd.com   팩스 (FAX) :

류스밍의 접이식 명함의 앞면이다. 펼치면 그의 9개 직위가 적혀 있다. 상회 회장, 상무위원부
터 제일 마지막에는 이사장과 사장 직위가 나온다.

2005년 영문판 서문(부분 발췌)[28]

2001년 10월 1일, 중국 정부는 호구제도로 인한 규제 완화 계획을 공식 발표했다. 전국의 2만 여개 소도시에서 합법적인 거소와 안정적인 소득만 증명할 수 있으면 이주민은 현지의 도시호구를 신청할 수 있게 되었다. 이 정책 개혁은 기념비적인 일이라고 칭찬을 받았고, 많은 사람이 중국의 인구 이동에 큰 영향을 미칠 것으로 예상했다. 그렇다면, 이런 연장선에서 저장촌 사례도 제도적 차원과 정치적 측면에서 연구할 만한 가치가 있지 않을까? 개인적인 견해는 긍정적이다. 저장촌 사람의 삶의 경험 및

---

28 나는 영문판 서문에서 내 연구에 물심양면으로 지지해준 옥스퍼드대학의 프랭크 피케Frank Pieke 교수에게 특별히 감사의 인사를 전했다. 우리는 1995년 베이징에서 처음 만났다. 그는 나의 저장촌 연구에 큰 관심을 가지고 있었을 뿐만 아니라 심도 있는 연구에 필요한 통찰력을 제안해주었다. 이 인연 덕분에 나는 1998년에 영국에 가서 그의 학생이 될 수 있었다. 중국어판 『경계를 넘는 공동체』가 출판된 이후 피케 교수는 이를 바로 영어로 번역할 것을 제안했다. 그의 전폭적인 도움이 없었다면 이 책의 영문판도 없었을 것이다. 나는 동시에 영문판 서문을 중국어로 초벌 번역해준 중앙민족대학의 류저劉喆 박사에게도 감사한다.

정부와의 관계를 통해 중국의 인구 이동이 야기한 다양한 사회적 긴장의 양상을 볼 수 있었다. 호구제도의 완화는 이런 긴장관계를 해소하기보다 오히려 더 분명하게 드러낼 수도 있다. 여기에는 여러 가지 이유가 있다.

우선, 호구제도 자체는 사회적 긴장의 주된 원인이 아니라는 점을 인식해야 한다. 왜냐하면 호구제도는 개혁개방 이후 사람들의 실제 이동을 막지 못했기 때문이다. 1978년의 개혁개방 이전, 호구제도는 생활필수품에 대한 준공급 제도와 연계되어 있었기 때문에 사람들의 생활을 직접적이고 전면적으로 통제할 수 있었다. 도시에 살지만 호구가 없는 사람은 음식, 옷감, 연료 등의 생필품을 구할 수 없었다. 이제 대부분의 생필품은 개방된 시장에서 구매할 수 있는 상품이 되었다. 대도시의 대다수 유동인구는 비국가 부문에서 일하거나 소규모 자기고용을 하기 때문에 호구가 그들에게 미치는 영향은 훨씬 적었다.

오늘날, 호구는 유동인구가 도시에서 영구적으로 정착하거나, 자녀를 정규적인 국가교육제도 속에 진입시키거나, 정부 부문에서 일하거나, 집이나 땅을 구입하려는 경우에만 문제가 된다. 그러나 중국의 농촌 출신 유동인구는 대도시에 정착하기를 그다지 열망하지 않는다. 중국이 실시한 토지의 집체소유[지역공동체가 공동으로 소유]와 가정연산승포제家庭聯産承包制[가족농에 기반한 생산책임제] 덕분에 토지를 잃고 도시로 몰려드는 사람이 없었다. 많은 유동인구는 도시와 농촌을 오가며 두 곳에서 모두 수입을 얻고 있었다. 주장삼각주珠江三角洲의 농민공을 조사할 때 나는

'프티부르주아지화'의 추세 즉, 유동인구가 소상공인이 됨으로써 자신의 처지를 개선하는 현상을 발견했다. 이들의 가장 이상적인 정착 지역은 소도시 혹은 출신 농촌에서 멀지 않은 신도시였다. 이런 지역은 시장의 진입장벽이 낮기 때문에 유동인구의 제한된 재산도 효용을 발휘할 수 있었다. 또한 현지의 정부도 이런 외래인구를 열렬히 환영하면서 정착비용을 받고 호구를 발급했다. 저장촌의 경우, 호구가 없다고 하여 원저우 상인들이 자신들만의 전국적인 상업연결망을 구성하고 공동체 내에서 자기 관리를 시작하는 데 문제가 되지 않았다.(심지어 이들은 공식적인 합법성이 부족했기 때문에 부득이 자기들만의 체계적인 조직을 형성했다고 할 수도 있다.) 이들은 이미 사실상의 베이징 '정주자'가 되었다. 지난 20년 다양한 개혁이 추진되어온 점을 감안할 때 호구제도 개혁 하나만 가지고 유동인구로 인한 사회적 긴장을 완화하기는 어렵다는 것이 입증되었다. 내가 보기에 인구 이동의 추세는 앞으로 중국 경제가 얼마나 지속적으로 성장할 수 있는지, 도시와 농촌이 균형 있게 발전할 수 있는지 등에 달려 있다.

둘째, 자발적 인구 이동으로 인한 사회적 긴장의 촉발은 행정체계의 총체적 특징에서 비롯된 것이고, 호구제도는 이 행정체계의 한 작은 부분에 불과하다. 중국의 행정체계는 엄격한 지리적 경계(특히 성급 행정구)를 기준으로 권리와 책임을 구분한다. 예를 들어, 1995년 저장촌을 철거할 때 베이징시정부는 베이징의 모든 구와 현이 저장촌 사람의 입주를 엄격하게 금지한다는 특별금지령을 공표하여 이 유동인구를 베이징의 행정적 경계 밖으로 완전히 밀어내려고 했다. 이해할 수 없는 것은 이 정책이 심지어 국무원의 승인까지 받았다는 것이다. 보아하니 중앙정부도 이 유동인구가 중국 공민이고 중국에 거주할 것이라는 사실, 이들을 단순히 한 행정구역에서 다른 행정구역으로 추방한다고 해서 문제가 해결되지 않는다는 사실을 깨닫지 못한 것 같았다. 행정체계의 높은 수준의 '지역화'는 호구제도가 효과적으로 기능하기 위한 조건이었다. 이런 이유 때문에 1980년대 이후부터 지역화된 계획경제가 통일된 전국시장으로 점차 대체되면서 호구제도는 인구 이동을 통제하던 기존의 효력을 상실하게 되었던 것이다. 같은 이유로 인구 이동으로 인한 사회적 긴장 역시 지역화된 행정체계에서 비롯된 것이기 때문에 호구제도를 완화하거나 폐지한다고 해서 문제가 저절로 사라지지 않는다. 정부가 1995년에 저장촌을 철거한 이유는 유동인구가 호구를 갖고 있지 않아서가 아니라 이들의 집거지를 통제할 수 없다고 느꼈기 때문이었다. 만약 도시관리체계를 개혁하지 않으면 범죄 집단, 불법 건축과 불결함 등의 저장촌 사회문제는 해결할 수 없다. 또한 저장촌에 거주하는 모든 유동인구가 하룻밤 사이에 베이징의 호구를 가진다고 해도 달라지는 것이 없다. 저장촌의 사업들은 전국적인 이동성에 기반했기 때문에 그들에게 어느 도시의 호구를 주든 그들과 지역화된 행정체계 사이에는 긴장이 영원히 존재하기 마련이다.

셋째, 더 근본적인 이유는 사회에 대한 국가의 뿌리 깊은 불신이다. 지역화된 행정체계 하에서 지역과 공간적 경계는 그 자체만으로는 중요하지 않다. 지역이 중요하게 보이는 이유는 사람을 명확한 행정적 경계가 있는 지역 내에 가두는 것이 이들에 대한 가장 효과적인 통제 수단이라고 체제가 믿기 때문이다. 따라서 중요한 것은 한 지역과 다른 지역의 관계가 아니라 국가와 사회의 관계다. 이런 입장이 변하지 않는 한 호구제도 개혁은 자발적인 유동인구의 증가로 인한 사회적 긴장을 줄일 수 없을 것이다. 저장촌을 놓고 보더라도, 단지(유동인구가 자발적으로 건설한 주거와 생산이 통합된 단지)는 정부와 유동인구 사이에서 중재자의 역할을 하는 동시에 관리도 최적화할 수 있는 하나의 특수한 공간이다. 현지의 다훙먼파출소 역시 이러한 잠재력을 인식하고 단지를 통해 저장촌의 범죄 집단을 억제하고자 했다. 그러나 단지를 하나의 독립적인 사회관리 단위로 인정하고 단지의 사장들과 협력하려는 시도는 상급당국의 승인을 받을 수 없었다. 그 이유는 이러한 협력관계가 지역화된 행정관리체계에 적합하지 않기 때문이 아니라, 정부가 단지의 사장들이 결과적으로 더 많은 권력을 갖게 될 것을 우려했기 때문이다. 사회의 자치권을 높이기 위한 모든 조치는 범죄율을 낮출 수 있지만 장기적으로는 국가와 사회관계의 구조적 변화를 야기할 수도 있었다. 정부가 선택을 해야 할 때가 있다. '압력'을 통해 돌발적인 문제를 해결하는가 아니면 구조의 조정을 통해 해결하는가다. 정부는 종종 전자를 편애한다. 다른 말로 하면, 진짜 문제는 사실 국가와 사회의 관계에서 비롯된다.

저장촌 사례는 자발적 이주가 체제에 도전하고 있음을 보여주었다. 유동인구가 행정적 경계를 넘어선 것뿐만 아니라 정착한 곳에서 자기들만의 '뿌리 내린' '지역화'의 새로운 공간을 형성했기 때문이다. 한쪽에서는 사람, 돈과 정보가 지역을 넘어 이동했고, 다른 한쪽에서는 실체적 지역공동체가 성장했다. 이 둘은 사실 하나의 과정이었다. 저장촌이 완벽하게 철거될 수 없는 이유이기도 했다. 뿌리 내린 실체적 공동체는 거대한 빙산의 일각에 불과했다. 왜냐하면 이 빙산의 아래에는 전국적인 관계망과 이동의 체계가 자리했기 때문이다.

———

저장촌을 조사할 때까지만 해도 나는 서구의 사회학 이론을 거의 몰랐다. '초국적 공동체transnational communities'라는 용어는 알고 있었지만 '초국가주의transnationalism'를 접한 것은 내가 옥스퍼드대학에서 박사 공부를 할 때 『경계 없는 국가Nations Unbound』(Basch 외, 1994)과 같은 책을 읽은 후였다. 이런 문헌들과 나의 연구 사이에는 분명한 공통점이 있었다. 하지만 차이점이라면 '초국가주의'의 기본 전제는 국내의 자유로운 이주를 정상적인 현상으로 보는 반면 국가 간 이주는 특별한 현상으로 간주하고 있다는 점이었다. 저장촌 사례는 국제 이주와 국내 이주는 과연 어떤 수준에서 본질적인 차이가 발생하는가 라는 문제를 제기한다. 인구 이동의 관점에서 볼 때, 국내의 초지역적 이주와 국제의 초국가적 이주가 반드시 질적으로 다른 것만은 아니다. 실제로 많은 경우, 우리가 국내 이주 측면을 이해하지 못하면 초국적 이동도 잘 이해할 수 없다. 예를 들어, 베이징에는 신장 위구르족이 형성한 '신장촌新疆村'이 두 곳 있다. 신장촌은 위구르족 유동인구와 비즈니스 활동의 중심지로서 국내적이면서 동시에 국제적인 공간이다. 이 공간은 위구르족 사람들에게 비자 서비스를 제공하고, 국제무역에 필요한 서류를 제공하며, 베이징과 다른 지역 기업과의 사업연결망을 형성하는 것을 도와준다. 또한 위구르족 사람들이 메카 성지순례를 가고, 서구와 중앙아시아로 섬유 및 의류를 수출하고, 동시에 이런 국가로부터 카펫을 수입하고, 때로는 마약을 밀무역하는 것을 돕기도 한다. 또다른 사례는 인도 남부 안드라프라데시주다. 이곳은 내가 연구하고 있는 컴퓨터 기술 숙련노동자의 지구적 이주의 발원지다. 지역사회의 주류인 캄마Kamma 카스트 출신의 젊은이들은 더 나은 교육을 받기 위해 농촌에서 도시로, 더 나은 직업과 삶의 기회를 위해 인도에서 서구로 향한다. '안드라 지역(안드라프라데시주의 연해 평원 지대로 인도에서 제일 비옥하다)에 땅이 있고, 하이데라바드(안드라프라데시 주도, 안드라 지역과 300킬로미터 떨어져 있다)에 집이 있고, 미국에 직업이 있는' 삶이 그들의 가정이 분투하는 목표였다.

　확실히 국가의 내부 구성과 초국적 연결 사이의 관계는 초국가주의 연구에서 쉽게 다룰 수 있는 문제가 아니다. 한편으로 초국가주의 연구는 민족국가를 오늘날 세계의 기본 구성단위로 전제하고 있기 때문에 초국적 이주의 관계에 특별히 주목해야 한다고 주장한다. 하지만 다른 한편, 이 연구들은 세계 인구의 일부에 불과한 초국적으로 연결된 인구집단에만 관심이 있다. 따라서 초국적 이주의 과정이 세계 인구의 대다수를 차지하고 있는, 민족국가 내부에 살고 있는 사람들에 어떤 영향을 미치고 있는지에 대해서는 분명하게 밝혀진 바가 없다. 만약 국내 및 국제적 이주 인구를 연결한다면 우리는 보다 완전한 그림을 그릴 수 있을 것이다. 예를 들어, 1990년대 초 소련의 붕괴—소련은 그 자체가 동유럽, 중앙아시아를 횡단한 초국적 현상이다—는 경공업 제품을 구매하기 위해 중국으로 향한 러시아 개별 상인들의 초국적 국경 무역을 촉발했다. 이들은 저장촌의 가죽재킷 산업을 급성장시켰고 저장촌으로 하여금 자신만의 전국적 요소시장 연결망을 형성하게 했다. 일부 저장촌 상인들은 아예 러시아와 몽골의 접경도시에 이주하거나 심지어 러시아 국내로 직접 진출하여 사업을 시작했다. 인도의 컴퓨터 기술 숙련노동자의 사례도 유사한 현상을 보여주고 있다. 컴퓨터 생산의 세계화가 안드라프라데시주의 숙련 노동자를 서구로 이동하게 했다는 점에서다. 또한 현지의 부유한 농촌 가정은 농촌의 산업을 포기하고 대도시로 이주하여 자신의 자녀가 더 좋은 기술교육을 받아 하루 빨리 지구적 컴퓨터 산업에 합류하기를 바라고 있었다. 해외에서 일하는 숙련 노동자들은 더 나은 삶을 누리는 동시에 농업보다 수익성이 좋은 도시 부동산에 투자하기 위해 부모를 설득하여 농촌에서 도시로 이사하게 했다. 따라서 국경을 넘는 활동과 연결은 국내 활동과 연결의 연장선에 있었다. 만약 국경을 넘나드는 부분에만 초점을 맞추면 실제로 무슨 일이 일어나고 있는지 이해하기 어렵다. 국내 및 국제 인구 이동 사이의 관계를 연구하면 초국적 이주의 과정이 어떻게 글로벌 수준에서 발생했고 동시에 어떻게 풀뿌리 수준의 사회변동과 상호작용하는지 파악할 수 있게 해준다.

'초국적 공동체' 개념과 관련된 또 다른 주제는 '공동체' 연구 방법에 관한 것이다. 이 책의 방법은 '관계적 접근'에 가깝다. 관계적 접근과 고전적인 공동체 연구 방법의 결정적 차이는 '전체성整體性'에 대한 이해다. 고전적 공동체 연구에서 전체성은 상이한 부분들이 논리정연하게 분명한 경계를 가진 전체 또는 실체로 통합되는 것을 말한다. 그러나 관계적 접근은 이러한 관계가 반드시 하나의 실재적 전체가 될 것이라고 가정하지 않는다. 대신 관계적 접근은 서로 다른 사회관계가 상호작용하면서 어떻게 확장, 축소, 변화하는지에 주안점을 둔다. 예를 들어, 저장촌의 사업은 친족관계에 깊이 내재되어 있지만 저장촌 사람들은 보통 같은 친척과 너무 오랫동안 함께 사업하는 것을 꺼리면서 다른 환경에 있는 새로운 사업 파트너를 끊임없이 찾고 있다. 이러한 내재와 '이탈脫離' 사이의 균형이 저장촌이 연결망을 확장할 수 있게 한 주요 원동력 중 하나였다. 요컨대, 저장촌 사람의 눈에 저장촌은 하나의 실체보다 넓게 상호작용하는 '관계총關係叢'이고 동시에 하나의 구조가 아닌 과정이었다. 저장촌 조사를 마친 후 꽤 상당한 시간이 지난 후에 비로소 '다현장민족지多點民族志'가 서구 인류학에서 한창 유행하고 있다는 사실을 알게 되었다. 그렇다면, 이런 맥락에서 중국식의 '전면적이지만 전체를 추구하지 않는' 혹은 보편적인 연결을 강조하지만 전체를 전제하지 않는(holism without wholeness) 시각은 공간적으로 끊임없이 확장하는 사회적 구성을 이해하는 데 도움이 되지 않을까? 흥미로운 질문이 될 수 있다.

마지막으로 이 책의 한계와 편향성에 대해 반성하고자 한다. 우선, 이 책은 저장촌의 무역체계와 국가의 상호작용은 자세히 설명했지만 저장촌의 생산과정은 충분하게 서술하지 못했다. 예를 들어, 작업장의 노동자들이 어떻게 조직되었고 어떻게 관리되었는지, 나아가 이들의 노동력이 어떻게 상품이 되었는지 등의 과정이 대표적이다. 또한 나의 설명에는 젠더적인 시각이 결여되었다. 비록 여성의 일부 구체적인 역할(예를 들어, 친척 사이의 상업적 합작을 촉진하고, 인력회사를 운영하고, 금융 상조회를 조직하는 등)은 언급했지만 여성이 사회관계를 형성, 육성, 유지하는 데 있어서 핵심적인 역할을 수행하고 있는 것에 비해 그들의 생생한 경험과 생각에 대한 기술은 분량이 너무 적었다는 점을 인정한다. 노동자를 간과하고 여성을 간과한 것은 기실 서로 연결되는 지점이 있다. 저장촌의 생산은 안주인과 다른 지역에서 채용된 여성노동자 등 두 그룹의 여성에 의해 유지되었다. 안주인은 한편으로 여성노동자들의 신체를 직접적으로 감독하는 것을 통해 전체 생산과정을 통제한다. 다른 한편, 이들은 열심히 일하는 내조자로서 이미지를 만들어 여성노동자에게 간접적이고 정신적인 영향을 미친다. 젠더관계를 소홀히 하면 생산과정의 사회문화적 의미도 알 수 없게 된다. 이 책은 가족 기반의 사업체가 맺은 상업적 관계에 대해서는 많은 관심을 기울였지만 가족 내부의 권력구조는 지나칠 정도로 소홀히 다루었다.

이런 단점을 인식한 나를 발견했을 때 조금은 놀랐다. 왜냐하면 내가 인도의 컴퓨터 기술 숙련 노동자를 조사할 때에는 너무 자연스럽게 생산과정의 젠더관계를 주목했기 때문이다. 나의 핵심 논지 중 하나는 불평등한 젠더관계가 현지 자원을 동원하고 나아가 세계시장에 값싼 숙련 노동력을 공급하는 데 중요한 영향을 미쳤다는 것이다. 또한 이 값싼 노동력이 노동력 시장의 높은 수준의 유연화를 가능하게 했고, 이는 역으로 세계화를 촉진했다는 것이다. 나는 이 두 연구에서 특별히 다른 이론 틀을 사용하지 않았다. 나의 시각을 바꾼 것은 아마도 연구의 사회적 환경과 연구의 원동력 때문일 것이다. 내가 저장촌을 연구하던 시기(1992년부터 1998년 사이), 중국 지식계의 주류적 흐름은 엘리트주의였다. 이 엘리트주의는 중국은 전반적으로 낙후하고, 특히 인구의 소양이 너무 뒤떨어져 있고, 서구의 자유시장 모델만이 중국의 유일한 발전 목표라고 생각했다. 저장촌 연구를 통해 이런 인식에 도전해보고 싶었다. 이렇게 나는 '낮은 소양'의 전형인 저장촌이 어떻게 상업과 국가 사이에서 상호작용을 통해 성공할 수 있었는지를 민첩하게 포착할 수 있었다. 하지만 여성과 노동자가 어떻게 이 비좁은 작업장에서 경쟁력 있는 제품을 생산하는지, 특히 고용주와 노동자 사이의 불평등, 남성과 여성 사이의 불평등은 놓치고 말았다. 이와 대조적으로, 인도 연구는 지식이 가장 중요한 생산요소이고, '신경제'에서 노동관계는 중요하지 않다거나, 유연한 노동시장은 생산력을 높이기 위한 필수 조건이라는 등의 20세기 말의 세계 주류담론을 배경으로 하고 있다. 이러한 지배적인 시각에 대해 나는 유연한 노동관계 이면의 비용을 밝혀내고자 했다. 즉 이 숙련 노동자는 어떻게 양성되는지, 왜 한 사람에 대한 고용과 해고는 이토록 쉬운지, 비용을 부담하는 사람과 혜택을 가져가는 사람은 누구인지 등을 밝히는 것이 목적이었다.

내가 저장촌으로 돌아갔을 때 과거에 미처 발견하지 못했던 문제를 발견할 수 있었던 것은 아마도 인도 연구 덕분일 수 있다는 점을 특별히 언급하고 싶다. 2003년 5월에 다시 방문했을 때, 나는 저장촌 남쪽의 다싱구大興區에 의류산업단지가 건설되었고 40여 개 기업이 입주했다는 사실을 알게 되었다. 1995년 철거 이전 내가 베이징시정부에 제안했던 사업이었다. 하지만 나의 친구들은 내가 이 사업을 오히려 걱정하고 있다는 사실에 놀라는 기색이 역력했다. 왜냐하면 행정적 경계를 허물어 베이징 호구가 없는 저장촌 업주들을 계속 수용할 수 있게 했다는 점에서는 긍정적이지만, 이 정책의 혜택은 이미 충분한 부를 축적한 대형 사업체에만 돌아가게 된다는 사실 때문이었다. 성공한 사업가들은 세계 어디서든 환영받는 반면 저장촌에 고용된 사람들을 비롯하여 일반 이주노동자는 여전히 강력한 행정적 장벽과 사회적 차별 앞에 놓여 있다. 소수의 사람들을 위한 경계 허물기는 나머지 대다수 사람에게 더 많은 장벽을 만들어준다. 예를 들어 중국에서, 정부의 환영을 받는 성공한 경제인의 이동은 대도시 부동산 가격의 급격한 상승을 야기하고 이는 일반 이주민 집단의 생활을 더욱 어렵게 하는 조건으로 작용한다. 나의 저장촌 연구는 자유방임적 정책 편향성을 띠고 있지만 내가 우려하는 현실적 위험은 정부가 성공한 인사들만 지나치게 환영한 나머지 다른 인구집단의 복지를 손상시킬 수 있다는 점이다.

2003년 싱가포르에서

제 1 장

서론: 일상행위 중심의 접근

이 책을 쓰게 된 이유

1980년대, 유명 대학에서 교육관리제도의 개혁을 시도했다가 실패한 한 저명인사를 나는 똑똑히 기억하고 있다. 그는 언론에 실패의 원인이 "교원의 자질 부족"이라고 했다. 이 일이 나에게 깊은 인상을 남긴 이유는 그 배후에 명백한 역설이 있기 때문이다. 개혁안은 예술품이 아니고, 다른 사람이 받아들일 수 없다는 것은 이 방안의 설계자가 스스로 신중하지 못하거나 심지어 무능하다는 것을 보여준다. 어떻게 상대방에게 책임을 전가할 수 있을까? 그러나 이러한 논리는 하필이면 꽤 오랫동안, 그리고 지금까지도 성행하고 있다. '자질 부족'은 거의 모든 사람이 입버릇처럼 하는 말이자 여러 가지 문제를 설명하는 가장 단도직입적인 방법이 되었다. 하지만 나는 이 개혁가와 '자질 부족'을 한탄하는 대부분의 사람이 존경스럽다. 필경 그들은 이 사회에서 일어나는 일들에 대해 진지하게 생각하고 있기 때문이다. 더 큰 세계사의 맥락에서 우리는 종종 이런 경우를 목격한다: 대중의 복지를 위해 노력하는 열정적인 사회과학 전문가와 혁명가들이 오히려 대중에게 고통을 야기하는 일들 말이다.

이를 비장한 실패자의 '어리석음'으로 간주할 수는 없다. 그들은 종종 사회에 대한 체계적이고 이성적인 인식과 계획을 가지고 있다. 사람들이 '자질 부족' '너무 낙후되었다' 등을 말할 때 그의 마음속에도 이론이 있다. 사람들이 '자질 부족'으로 보이는 것은 바로 그의 마음속의 이성적 인식과 비교한 결과였다. 그들은 이성이 부족한 것이 아니라 지나치게 이성적이어서 그렇다. 더 정확하게 말하면 경직된 이성을 고수했기 때문이었다.

이러한 사고방식 하에서 우리는 종종 불안감을 느끼고 심지어 낙담하기도 한다. 산더미처럼 쌓인 문제 앞에서 우리는 종종 '시장(메커니즘)을 이용해 문제를 해결하자!'라고 말한다. 하지만 문제는 '어떻게 시장을 형성할 것인가?'다.—왜냐하면 우리는 아직 완전한 시장이 없기 때문이다. 우리가 개념이나 일부 이론의 관점에서만 문제를 바라보면, 우리가 '후진적'인 동시에 '정상적'인 형태에서 벗어났다고 느끼게 되고: '시간적 여유가 있으면' 바로 따라잡을 수 있는 것이 아니라, 철저한 변화 없이는 희망도 없다고 생각하게 된다.

이러한 불안감과 낙담은 위험할 수 있다. 필경 '우환의식'도 중요하지만, 그보다 더 중요한 문제는 우리가 현 상황에서 어떻게 해야 하느냐다. 개인이든 민족이든, 발전은 한 꾸러미의 사전 설계보다 지속적인 탐색에서 비롯된다. 설계는 이성에 기반할 수 있지만, 탐색은 반드시 자신감으로 뒷받침되어야 한다. 내가 보기에, 우리의 불안과 낙담은 현존하는 세계 담론체계의 지나친 단조로움의 반영이다. 선진국들이 자신의 제한된 실천을 바탕으로 만들어낸 개념이 보편적으로 받아들여지는 이념이 되고, 비선진국 사람들은 이러한 개념의 관점에서 출발하여 스스로를 생각한다. 다른 사람의 이념이 잣대가 되고, 자신은 측정의 대상이 된다. 자아를 상실하는 동시에 진정한 발전의 가능성도 상실한다.

이 책의 첫 번째 목적은 철저하게 우리의 일상적인 행위에서 출발하여 우리 사회의 현상을 살펴보는 것이다. 오늘날 중국의 유명한 이주민 밀집지역—베이징의 저장촌이라는 이 '특이한' 공동체에서 6년 가까이 지낸 것도 바로 이런 생각에서 비롯되었다. 나는 장기간의 관찰만이 사실의 미세한 메커니즘을 이해하는 유일한 신뢰할 수 있는 방법이라고 믿는다.

이 책의 핵심 의제는 저장촌이 어떻게 형성되었는지를 이야기하는 것이다. 나는 그것의 형성 과정이 개발과 취합聚合의 변증법적 과정이라고 제안한다. 저장촌의 실제 생활체계는 일종의 전국적인 '이동 사업 연결망流動經營網絡'이다. 우리가 보고 있는 공동체는 해수면 위 거대한 빙산의 한 귀퉁이에 불과하다. 공동체 내부의 취합은 이 공동체 뒤의 개방적인 체계를 떼어놓고 이해할 수 없다. 이는 다른 이주민 집거지, 그리고 우리가 과거에 이

주민 집거지에 대해 생각했던 것과 매우 다르다.

그렇다면 이 과정은 도대체 어떻게 조금씩 일어났을까? 이 책은 구조, 역할, 법칙 등과 같은 개념에서 출발하지 않고 인간의 구체적인 행위에 대한 직접적인 관찰을 바탕으로 일상생활에서 '관계'가 어떻게 중첩되어 하나의 공동체가 되는지를 묘사한다. 이 '관계'는 구조주의와 같은 이론에서 말하는 '관계'와 다르다. 하나의 사유체계 속에서의 사물의 상대적 위치를 의미하지 않는 것은 물론 사람 사이의 일반적인 '연결'을 의미하지도 않는다. 여기서 말하는 것은 오히려 독특한 내용과 의미를 가지고 있는, 중국 사람들이 일상생활에서 '관계'[중국사회 문화 연구에서 자주 등장하는 꽌시를 말한다. 전체 책을 관통하는 저자의 문제의식을 반영하여 꽌시가 아닌 관계로 번역했다]라고 부르는 것이다. 나는 '계系'라는 개념과 '관계총'이라는 시각을 제시하는 것을 통해 저장촌공동체의 형태를 그려보고 관계에 대한 그들의 사용과 의식을 표현하고자 한다.

최근 몇 년 동안 관계에 대한 연구가 없었던 것은 아니다. 그러나 세 가지 주목할 만한 문제가 있다. 하나는 중국인의 관계를 '특수화特例化'하는 경향이다. 특수화의 경향은 한편으로 '관계'를 서구사회에는 존재하지 않는 중국만의 독특한 것으로 취급하고, 다른 한편으로 연구 관심을 관계의 특별하거나 '특이한' 부분에 집중시키면서 중국사회에서 보여지는 관계의 일반적인 특징은 간과한다. 요점은 중국사회의 구성방식을 설명하는 것이 아니라 중국사회가 '서구와 대체 어떻게 다른가'를 강조하는 것이다. 오늘날의 서구중심주의西方中心論는 서구의 인종적 우월 감이나 서구적 관점을 강요하는 것을 말하지 않는다. 대신 의식 적 또는 무의식적으로 서구사회를 기준으로 삼고 다른 문화를 바라보는 경향을 말한다. 관계에 대한 시각은 외국인만 그런 것 이 아니라 중국인 스스로도 그렇게 보는 경향이 있다. 두 번째로 주목할 만한 문제는 중국사회의 특정 범위 내에서만 '관계'를 일 반화하고 실질적인 현상으로 이해한다는 점에서 첫 번째 문제의 연장선상에 있다고 볼 수 있다. 꼭 마치 중국인은 관계를 위해 관계를 맺고, '관계'가 모든 것을 압도하는, 사회를 조직하는 원 칙 중 하나인 것처럼 간주한다. 세 번째는 관계의 한 측면만 보 는 단편화片面化의 문제다. 전형적으로 관계를 특수한 '자본', 특 수한 '연결망'의 방식 등으로 보는 경향이다. 이 경향은 한편으로 관계의 형식적인 특수성을 강조하고 다른 한편으로 서구의 개념 체계에 편입되려고 노력한다. 우리가 '관계'라고 부르는 것이 이 런 식으로 취급되면 완전히 '맛을 잃고' 기껏해야 그것의 작은 측면만 설명되기 때문에 나는 이를 '단편화'라고 부른다. 관계를 자본과 같은 개념으로 단순히 '환원'할 수 있다는 생각 또한 관 계의 이론적 잠재력을 억압한다.

내가 보기에 관계는 객관적인 행위 규칙이라기보다 사회와 대 인관계에 관한 중국인의 민간이론이다.[29] 관계는 사람들의 행동 의 목적이 아니고 자본과 같은 요소로 환원될 수 있는 수단도

---

[29] 영국 옥스퍼드대학의 피케 박사에게 특별히 감사한다. 그와의 토론은 나의 이 생각을 더욱 명료 하게 만들었다.

아니다. 그것은 한 가지 표현 방식이다. 관계는 대인관계에 대한 관점이면서 '사람' 자체에 대한 관점이며 동시에 사회구조 차원에서의 관점을 포함한다. 나는 서구사회 이론을 기본으로 삼는 경향 아래에서는 '관계'에 대한 이해가 매우 제한적일 수밖에 없다고 생각한다. 핵심은 사실 그 자체로 돌아가야 한다는 것이다.

인류학과 사회학은 사람과 사람의 관계를 연구하는 학문이다. 중국인들은 50개 세기를 거치는 문명화 과정에서 풍부하고 독특한 실천방식을 형성했을 뿐만 아니라 대인관계에 대한 자신만의 이해를 형성했다. 이는 인류학과 사회학 발전의 이론적 자원 중 하나가 될 것이다. 과거 서구적 인지에서 발전된 이론과는 일정한 거리를 두고, 먼저 중국적 사실에서 소박하게 가장 단순한 것을 발굴한다. 다음 이러한 사실에 기반한 이해를 가지고 비중국사회로 가져가 거기에서 보편적인 학문적 개념으로 발전시킬 수 있는지 확인한다. 이렇게 하는 것이 중국의 학문이 자주성을 찾고, 국제학계에 진정으로 기여할 수 있는 중요한 길일 것이다. 이것이 바로 이 책을 쓴 나의 '이론적 방향감'이기도 하다.

'특이한' 공동체

사실로 돌아가보자.

베이징의 저장촌은 자연 촌락도 아니고 행정조직은 더욱 아닌, 베이징에 이주한 저장 사람(사실 거의 대다수가 원저우 지역 출신)들이 자발적으로 형성한 집거지다. 베이징시 펑타이구 다훙먼 지역에 위치한, 전형적인 도시와 농촌의 결합 지역에 위치했다. 26개의 자연 촌락을 포함하고 있으며 현지의 인구(베이징 사람)는 1만4000명, 외래인구는 10만 명에 근접한다.[30] 원저우 사람들이 이곳에 세들어 살고 있고, 의류생산과 판매가 지역의 주요 산업이다. 펑타이구 정부가 베이징시 정부에 제출한 공식문서는 이런 내용으로 시작한다: 난위안향南苑郷을 모르는 베이징 사람은 있어도 저장촌을 모르는 사람은 없다. 저장촌은 품질이 좋고 가격이 저렴한 의류 덕분에 전국적으로 유명한 곳이 되었지만 더럽고 무질서하며 열악한 외관과 혼란스러운 사회 치안 때문에 베이징에서도 유명한 곳이 되었다. 저장촌은 이렇게 베이징 도시 생활에서의 전문적인 개념으로 사용되었다.

톈안먼 광장에서 남쪽으로 5킬로미터, 난싼환南三環을 지나자마자 당신은 교통 체증의 소용돌이에 빠지게 된다. 크고 작은 자동차와 인력거, 그리고 가끔씩 보이는 베이징의 오래된 당나귀 수레까지 뒤엉켜 도로는 엉망진창이다. 크고 작은 가방을 든 행인들이 당신의 옆을 빠른 걸음으로 지나가고, 빅 브라더(초기 휴대폰)를 들고 다급하게 통화하는 사람이 앞에서 다가온다. 남북의 억양이 뒤엉켜 소란스럽다. 어깨가 부딪히고 발뒤꿈치가 차이는 골목에는 어우어甌語(원저우 지역의 방언)만 들리고, 마주 오는 사람은 거진 얼굴과 몸매가 깡마른 남방 사람이다. 마치 다른

---

[30] 1994년 10월 관련 정부부처에서 제공한 자료에 근거했다. 이후 등장하는 저장촌 관련 수치 중 특별한 설명을 추가하지 않은 것은 모두 현지에서 수집한 샘플과 추정치임을 밝힌다.

세계에 와 있는 듯한 기분이 든다. 도로변에 진열된 '수정고水晶糕'는 원저우 사람들이 뒷마을에서 직접 만들었고 '분건粉幹' '면건面幹'은 원저우에서 직접 가져왔다. 거리의 미용실은 모두 원저우 스타일로 꾸며져 있다. 마촌 채소시장의 임시 막사, 나무 조각과 대나무 기둥으로 지탱된 선반 위에는 해파리, 새우, 맛조개, 생선, 용안, 말린 리치 등 원저우 사람들이 즐겨 먹는 식품이 진열되어 있다. 이곳의 해산물은 대부분 러칭 사람들이 칭다오青島, 친황다오秦皇島 등지에 차를 보내 구입한 것이고, 일부는 원저우에서 특별히 운반해온 것이다. 만약 1995년 이전에 이곳에 왔다면, 무시위안木樨園에서 저장촌의 한 가운데까지 당신을 데려다준 교통수단은 대개 원저우에서 온 붉은색의 페달 삼륜차인 경우가 많았을 것이다. 이 모든 장면은 이역 타향에 온 듯한 느낌을 주기에 충분하다.

이곳의 미용실은 줄지어 나란히 있고 경쟁적으로 화려하게 꾸며졌다. 하지만 미용실 문 앞에는 쓰레기 더미와 코를 막을 수밖에 없는 썩은 생선이 널브러져 있다. 1995년, 전국적으로 알려진 대철거를 비롯하여 정부 당국은 이곳에서 사람들을 여러 번 추방했지만 '병영에 드나드는 군인'마냥 매번의 철거와 추방은 오히려 더 많은 사람을 모여들게 했다. 여기 사람들은 하나같이 베이징 시민보다 훨씬 더 차려 입었지만 임시로 지어지고 붐비는 작은 단층집에서 살았다. 돈이 많은 사람은 벤츠나 도요타를 몰고 다니면서 이곳을 떠나지 않으려고 했다.

'이런 사람들이 어떻게 저장촌을 만들 수 있었을까?'

베이징 시민, 시정부, 심지어 많은 원저우 사람까지 입만 열면 던지는 질문이다. 이 질문은 저장촌이 과연 어떻게 생겨났는지 알고 싶다는 호기심이 아니라 불가사의하다는 감탄이다. 오늘날 우리는 1997년 동남아시아의 금융위기, 중동 정세, 여기저기서 범람하는 마이크로소프트사의 제품, 국유기업 개혁, 국내 농민들의 이동 등에 대해서는 '현대화' 과정의 불가피한 현상으로 보면서 '이해할 수 있다'는 입장이다. 하지만 수도에 출현한 저장촌 같은 공동체에 대해 사람들은 다소 놀랍다는 분위기다. 나는 조사 과정에 (저장촌이) 수도의 이미지, 그리고 현대적 대도시와 전혀 어울리지 않는다는 말을 많이 들었다. 많은 사람들이 내가 이렇게 많은 시간과 정력을 할애하면서 이 공동체에 들어가 온몸으로 부대끼면서 조사하는 것을 이해할 수 없다고 했다. 왜냐하면 그들은 과연 이곳이 우리 사회 발전의 어떤 주류적 방향을 대표하고 있는가라는 질문에 대해 부정적인 답을 생각하고 있기 때문이다.

그들의 놀라움이 내가 이 조사를 하고 동시에 이 책을 쓰게 된 가장 중요한 동기 중 하나이기도 했다. 사람들이 '불가사의' 하다고 생각한 이유는 그곳이 단순히 낯설고 희귀하기 때문만이 아니라 저장촌이라는 사실 자체가 사회에 대한 우리의 보편적 인식과 부합하지 않았기 때문이었다. 그런 의미에서 저장촌은 우리에게 새로운 인식을 제공한다고 볼 수 있다.

현대와 전통

    저장촌의 특이점은 이런 질문에서 시작되었다. 인구 이동이 시장 통합과 문화 통합의 가장 중요한 원동력 중 하나라고는 하지만, 지구 전체를 '촌'이라고 부르는 시대에 왜 인구 이동은 저장촌과 같은 후진적이고 불편한 '촌'을 출현시켰을까? 저장촌의 내부 생활을 다시 살펴보면 이곳의 사람들은 모두 '낡은土' 방법, '낡은' 관계, '낡은' 관념을 사용하고 있지만 어떻게 수도와 같은 국제 대도시에서 발을 붙이고 발전할 수 있었을까?

    퇴니스가 공동체Community와 사회Society를(비슷한 용어에는 '통체사회通體社會'와 '연체사회聯體社會', '예속사회禮俗社會'와 '법리사회法理社會'가 있음〔퇴니스의 공동체와 사회를 중국어로 '통체사회'와 '연체사회'라고 부르고, 페이샤오퉁은 『향토 중국』에서 '예속사회'와 '법리사회'라는 용어를 사용함〕) 구분한 이래 사람들은 이 이분법을 사용하여 사회의 기본 특징을 설명했다. 예를 들어, 뒤르켐의 '기계적 단결機械團結'과 '유기적 단결有機團結'〔기계적 연대와 유기적 연대를 말함〕, 베버의 '실질적 합리성實質合理性'과 '형식적 합리성形式合理性' '전통성통치傳統性統治'와 '합법성통치合法性統治'〔전통적 지배, 합법적 지배를 말함〕, 그리고 쿨리의 '초급군체初級群體'와 '차급군체次級群體'〔1차 집단과 2차 집단을 말함〕 등이 해당한다. 루이스의 전통 부문-자본주의 부문의 구분도 이러한 사상에 포함시킬 수 있다. 이러한 '대립쌍'들은 구체적인 내용은 다르지만 모두 '전통-현대'의 구분을 기반으로 하고 있다. 파슨스가 제기한 이른바 '모식변

항模式變項〔가변적 계수를 말함〕이 가장 전형적이다. 이미 많은 학자가 지적했듯이 이러한 이해 모델이 우리에게 주는 인상은 두 가지다. (1)현대와 전통은 본질적으로 대립한다. 만약 한 사람이 현대 사회에서 전통적인 특징을 고집하면 '실패'하거나 내면의 갈등과 긴장에 빠지게 된다. (2)전통적 상태에서 현대적 상태로의 발전은 필연적이다. 현재 우리의 눈앞에 놓인 다양한 사회형태는 두 극 사이에 위치한 서로 다른 단계일 뿐이다.

이런 사상은 인구 이동 연구에 광범위하게 적용되었다. 최초의 사회학적 실증 연구로 알려진 것은 토마스 등(Thomas and Zanaiecki)의 『미국의 폴란드 농민』에 관한 연구였다. 도시와 이주 연구에 큰 영향을 미쳤던 시카고 학파는 '도시 공동체'와 '전통 공동체'의 차이를 강조하는 것을 특징으로 한다. 워스wirth는 '도시성城市性, urbanism' 개념을 제안했다. 파커의 후계자인 레드필드Redfield는 '민속-도시 연속체folk-urban continuum'를 제안했다. 이들의 접근법을 워스-레드필드 모델이라고 부른다. 워스-레드필드 모델에 따르면 농촌에서 도시를 향한 이동은 기존의 대인관계가 해체되고 이민자들이 지속적으로 개인화되어 최종적으로 자신의 고유한 문화적 특성과 사회적 관계를 상실하는 과정으로 간주된다.(Kearney, 1986) '동화 가설' 역시 인구 이동 연구에서 '전통-현대' 모델의 대표적인 예다. 이 가설은 시간이 지남에 따라 전통문화에서 온 사람들은 필연적으로 '과거와 결별'하고 '특수한 집단 감각'을 잃으면서 결국 현대문화에 융합될 것이라고 가정한다.(Sauvy, 1966; Price, 1969: 181-182)

전통과 현대의 이분법에 대해 아무도 의문을 제기하지 않은 것은 아니다. 우리가 잘 아는 것처럼 현재 중국 사회과학계에서 가장 비판당하는 빈도가 높은 표적 중 하나가 되었다. 하지만 문제는 우리가 단순히 전통과 현대가 서로 대립하지 않는다고만 선언해서도 안 된다는 것이다. 우리는 사실 속에서 '현대화'의 추세를 분명히 느끼고 있고, 오늘날의 생활이 과거와 다르다는 것도 분명히 느끼고 있다. 파슨스 등이 주장한 이론이나 우리가 과거에 형성한 인상 모두 완전히 일리가 없다는 것은 아니다. 중요한 것은 이러한 추세와 관련된 구체적인 과정을 분석해야 한다는 점이다.

인구 이동 연구에서 현대화와 전통의 대립관계를 극복하기 위한 몇 가지 구체적인 노력이 있었다. 첫째는 내가 주장하는 '병존並存, coexisting' 모델이다. 예를 들어, 이주민 공동체, 이주민 연결망의 발견에 기초하여 '현대화 없는 이주'를 제안함으로써, 전통 사회의 요소와 현대적 요소의 공존 가능성을 강조한다. 이를 통해 단순한 '동화 가설'을 반박한다. 그러나 이 '병존'의 내적 메커니즘을 이해하기 위해서는 충분한 설명이 필요해 보인다.

두 번째로 중요한 모델은 '종속依附, dependency'과 '연결聯結, articulation' 모델이다. 현대화 이론은 인구 이동이 '현대적' 사회 형태를 '낙후' 지역으로 확산시킬 것이라는 다소 낙관적인 전망을 가지고 있다. 하지만 프랭크(Frank, 1967)는 발달한 지역과 낙후한 지역은 '중심-주변'의 구조를 형성했다고 주장했다. 카스텔(Castell, 1975), 캐슬릿(Caslets, 1973), 웨이스트(Weist, 1979) 등에 따르면 중심부 생산체계의 확장으로 인해 주변부의 전통 경제 구조와 조직이 파괴되고 노동력의 실업이 증가한다. 중심부의 발전은 점점 더 많은 양의 값싼 노동력을 필요로 하기에 대규모의 인구가 주변부에서 중심부로 이동한다. 이런 이주민들은 값싼 노동력을 제공하고 노동력의 가격을 낮출 뿐만 아니라 기존의 노동자 계급을 정치적으로 해체함으로써 자본주의 핵심 영역에 진입하는 데 유리하다. 청장년 노동력의 대규모 유출은 유출지의 생산 능력을 위축시키고 소비 인구의 비율을 증가시키기에 인플레이션이 심화되고 발전이 정체된다. 또한 이러한 이동으로 인해 중심부에 대한 주변부의 이데올로기적 의존성이 강화되면서 발전의 기회를 잡을 수 있는 자신만의 인식과 역량을 상실한다. 이 이론에 기대어 보면 이동을 더 이상 단선적인 '현대화 과정'으로만 볼 수 없다는 점은 분명해진다. 또한 이론적으로 종속이론은 인구 유출지와 유입지를 하나의 전체로 연구할 수 있는 통합적 분석틀을 제공한다.

그렇다면, 인구 이동 과정에 현대적 요소와 전통적 요소가 병존할 수 있었던 이유는 무엇일까? 종속이론이 말하는 중심-주변 구조는 도대체 어떻게 유지될까?—구체적으로 말하면, 왜 주변부는 지속적으로 저렴한 노동력을 제공하고 가치는 중심부에 수탈당할까? 프랑스에 살고 있는 아프리카 노동자에 대한 메이야수(Meillassoux, 1981)의 탁월한 연구는 주변부와 중심부 사이의 진정한 분업을 주변부가 중심부를 위해 노동력을 생산 또는 재생산하는 관계로 보고 있다. 주변부의 경제는 시장화되지 못했기 때문에 노동력의 생계비용이 매우 낮았다. 농촌 노동력이 도시에 진입할 때, 실제로 많은 숨겨진 가치도 가지고 간다. 이 노동력이 노쇠해지면 그들은 다시 농촌으로 돌아간다. 노동력의 생산과 사용의 분할이 중심부가 지속적으로 경제적 잉여를 가져갈 수 있는 비결이었다. 또한 사람들은 점점 더 많은 이주민이 공식적인 자본주의 부문이 아닌 이른바 '비공식 경제'로 진입하고 있다는 점에 주목했다. 나아가 사람들은 비공식 경제와 공식 경제가 모순되지 않을뿐더러, 오히려 공식 경제가 비공식 경제에 크게 의존하고 있다는 것을 발견했다. 경제의 발전 및 산업화의 진전과 함께 후자는 사라지지 않았다.(Fernanderz—Kelly, 1983)이러한 연구들은 인구 이동이 다양한 사회형태와 계층(자산계급, 무산계급과 전통적인 소작농)을 '연결'시켰다고 주장한다. 연결 모델의 맥락에서 '큰 체계 하에서의 작은 사회' '두 세계에 걸친 가족과 공동체'에 관한 많은 연구가 등장했다. 한편으로 연결되고, 다른 한편으로는 기존에 형성된 사회적 경계를 넘는다. 내가 저장촌을 '경계를 넘는 공동체'라고 부르는 이유가 바로 이 연결 모델의 연구 아이디어를 어느 정도 계승하기 때문이다.

그러나 종속이론과 연결이론은 사실상 '전통적 지역'과 '현대적 지역'의 관계는 설명 가능하게 해주지만 행위의 법칙까지 설명해준다고 보기는 어렵다. 이와 대조적으로 이주 연구에서의 '배태' 모델은 훨씬 더 깊숙이 들어간다.

배태嵌入 이론은 경제사회학의 일반적인 이론 주제이지만 이주와 종족성ethnicity 연구에서 오히려 더 많은 성과를 내고 있다.(Merton, 1993) 경제적 거래 행위는 항상 특정 사회구조에서 이루어져 거래의 방식과 결과에 영향을 미친다는 것이 배태 이론이 말하고자 하는 것이다. 폴라니가 이 아이디어를 최초로 제안했다. 그는 시장은 '자고이래 있었던' 자연물이 아니고, 과거의 경제행위는 다른 사회적 관계 속에서 배태되었다는 점을 강조하고자 했다. 오직 자본주의적 조건에서 시장은 다른 사회적 관계로부터 '이탈脫嵌'하여 자율성이 있는 것처럼 보이는 영역이 되었다. 그래너베터(Granovetter, 1985)는 이 개념을 한층 더 발전시켰다. 그는 자본주의 이전의 경제가 특정 사회구조에 의해 형성되었을 뿐만 아니라 자본주의 사회에서도 다르지 않다고 주장했다. 경제활동을 다른 활동이나 일반적으로 말하는 사회활동과 분리시켜 생각하는 주류경제학의 상상과 달리 그래너베터는 연결망의 역할을 매우 강조한다. 이주민 경제가 '비현대'적인 방식으로 현대 경제에서 생존할 수 있고 또한 강한 생명력을 보일 수 있었던 이유가 바로 그것의 경제가 특정한 연결망에 더 잘 뿌리내릴 수 있었기 때문이었다.

하지만 배태 이론에도 문제는 있다. 즉, 그것이 말하는 이 모든 일은 도대체 어떻게 일어났을까? 첫 번째 문제는 '배태' 자체의 과정이 어떻게 발생하는지 명확하게 설명하지 못한다는 점이다. 예를 들어, 이 이론은 신뢰를 제도나 '보편적 도덕'의 힘으로 귀결시킬 것이 아니라 사회적 관계에서 배태된 결과라고 강조한다. 하지만 여전히 다음의 질문에는 답하지 못한다. 즉, 왜 연결망은 사람들을 더욱 신뢰하게 만드는가? 포르테스(Portes, 1993)

는 강제적 신뢰enforceable trust라는 중요한 개념을 제안했다. 이 개념은 긴밀하게 단결된 집단에서 사람들은 당장의 개인적 이익보다 집단적 규칙을 우선시한다는 점을 강조한다. 이렇게 되면 일반적인 시장 조건보다 거래행위에 대한 감독 권한이 많아져 상호 신뢰도 더욱 견고해진다. 그렇다면 왜 그것이 가능할까? 포르테스(Portes 1993: 1325)는 두 가지 이유를 제시했다. 하나는, 사람들은 그것이 장기적인 이익을 가져올 것이라고 믿기 때문에 집단이 개인에게 제약을 가하면 이익이 된다는 것을 '알고' 있다. 더 중요한 이유는 집단적 규칙을 어기면 추방되기 때문이다.(그래너베터도 이 '추방법驅逐法'의 문제를 언급한 적 있다.) 하지만 아쉽게도 이 두 가지 해석 모두 사실 자체의 논리라고 보기 어렵다. 위의 첫 번째 이유를 보자. 한 사람이 어떻게 하면 합리적인지 알기 때문에 그러한 행동을 한다는 말인데, 이는 아무것도 말하지 않는 거나 다름없다. '추방'으로 신뢰를 해석하는 것은 동어 반복일 뿐만 아니라 심지어 순환 논증적이다.—한 집단 내에서 개인 사이의 기본적인 신뢰가 먼저일까, 아니면 집단의 공동 의지가 먼저일까?

분명한 것은, 하나의 안정적인 연결망은 필연적으로 신뢰에 기반하여 출현한다는 점, 또는 안정적인 연결망이 곧 신뢰와 같다는 점이다. 만약 한 집단이 '추방'을 통해 개인을 억제할 수 있을 만큼 강력하다면, 이 집단 내부의 신뢰 수준은 이미 상당히 높다고 볼 수 있다. 따라서 신뢰는 연결망으로 설명할 수 없다.

두 번째 문제는, 배태 이론은 '배태' 상태에서 경제 운영의 실제 과정이 어떻게 일어나고 어떻게 변화하는지, 그리고 우리가 과거에 이해했던 것과 어떻게 다른지를 설명하지 못한다. 그래너 베터가 전자본주의 경제와 현대 경제 사이의 간극을 해소했지만, 우리는 여전히 이 두 경제 사이에는 본질적인 차이가 있다고 느낀다. 이것이 바로 전임자(폴라니)가 배태와 비배태로 구분하고자 했던 것이기도 하다. 만약 과거의 구분이 잘못된 것이라면 이 중요한 변화를 어떻게 배태의 관점으로 설명할 수 있을까?

배태 이론은 우리에게 관계망의 중요성을 일깨워주었다. 그러나 '관계'에 대한 그것의 이해는 경직되어 있다. 포르테스는 이주민 집거지를 통해 다음과 같은 분명한 관점을 제시했다. 집거지가 자신의 경제를 발전시킬 수 있었던 이유는 바로 그것의 폐쇄성으로 인해 내부의 사람들이 공동체의 독특한 구조에 의존하면서 풍부한 '사회적 자원'을 마련할 수 있었기 때문이라고 한다. 그는 '이보다 더 배태된 경제행위는 드물다'라고 강조했다.(Portes 1993: 1322) 하지만 이 주장은 일종의 '예외주의'로 이어진다. 이러한 개별적인 사례에서(이주민 집거지의 상황은 당연히 오늘날 사회의 일반적인 상황을 대표할 수 없다) 배태성이 더욱 두드러진다면, 점점 더 개방적이고 통합된 사회에서 배태성은 폴라니의 말처럼 오히려 사라져야 하지 않을까? 배태 이론은 과거 사람들의 이론적 편견, 특히 경제학 분야의 일부 가설을 수정하려고 했지만 실제로는 생활의 논리를 간과하고 있었다. 이것이 어쩌면 그것의 이론적 어려움의 근원일 수 있다. 그것은 여전히 방법론적 개인주의를 고집하면서 이 방법을 서로 다른 개인 사이의 관계로 옮겨놓았다. 만약 우리가 실제 사실에서 출발하고 사회학적 시각에서 접근한다면 질문은 오히려 거꾸로 해야 한다. 즉 경제적 행위가 사회적 관계에서 '배태'된 것이 아니라, 사람들이 사회적 관계에 의존하여 자신의 경제적 행위를 '전개'한다는 것이다.

총체적 이해와 구체적 이해

'혼란'은 저장촌에 대한 도시 주민들의 기본적인 인상 중 하나다. 한 현지 간부에게 나는 "이곳의 치안이 이토록 나쁜 이유는 무엇이라고 생각하는가?"라고 물어본 적이 있다.

"관리할 수 없어. 다른 곳이면 이미 진즉 정리했을 거야. 하지만 여기는 사람이 숨죽여 살 수 있어. 저장 사람들은 당해도 신고하는 걸 꺼려해. (…) 나쁜 놈들은 어디에나 있지만, 하필 이곳에서 '온상'을 찾았어!"

"그럼 어떻게 해야 해?"

"어려워! 내쫓을수록 많아져. 쫓아내는 것 외에 다른 방법도 없어. 다리에 종양이 생겼는데, 상처를 내지 않고 종양만 도려내는 것은 불가능하잖아, 다리와 한 몸이니까. 급하면 다리를 잘라야 해, 암세포가 다른 곳으로 퍼지지 않게 말이야. 개인적으로도 이 방법이 정말 최선이라고 생각하지 않지만 정부도 어려움이 있어."

저장촌을 잘 아는 주민과 정부 관계자들이 이 공동체에 대해 공통적으로 하는 말이 "사실 이곳의 95퍼센트, 98퍼센트는 실제로 열심히 사업하는 사람인데 문제를 일으키는 소수의 사람들이 문제야"다. 여기서 '95퍼센트와 5퍼센트'는 사람들의 구체적인 관찰을 통해 도출한 결론이다. 위의 간부는 또한 5퍼센트가 존재하고 동시에 우려를 자아내는 이유는 이들이 기타 95퍼센트와 함께 100퍼센트, 즉 하나의 전체를 형성했기 때문이라고 했다. 이 견해는 사회학적 맛이 짙다. 그러나 동시에 이 비율은 그에게 새로운 어려움을 가져다주었다. 구체적 이해에서 출발하면 추방은 좋은 방법이 아니지만, 총체적 이해에서 출발하면 추방밖에 답이 없었다. 즉 100퍼센트를 추방 대상으로 삼는 것을 통해 5퍼센트의 문제를 해결한다는 것이다.

이는 하나의 보편적인 문제로 이어진다—우리 자신의 삶을 이해할 때 우리는 종종 눈으로 본 것(사회의 구체적인 생활)과 직접 느낀 것(사회 총체의 얼굴)을 통합하는 데 실패한다.

정부기관이 저장촌에 대한 공식적인 결정을 내릴 때 저장촌은 하나의 총체적 현상으로 간주된다. 하지만 그 결정을 실행할 때는 구체적인 사람과 사건을 마주하게 된다. 총체적인 접근을 통해 도출한 결정을 구체적인 사람과 사건에 적용할 때, 결국 남는 것은 일률적으로 '단칼에 베는' 방법뿐이다. 다른 경우는 오히려 정반대다. 예를 들어, 저장촌의 마약 문제를 다룰 때 정부는 이 구체적인 문제를 겨냥하여 정책 결정을 내렸다. 하지만 정작 실행에 옮기고 난 후 이 문제가 공동체 내의 다른 영역과 밀접하게 연관되어 있는, 하나의 총체적인 문제라는 것을 발견했다. 이로 인해 부득이 임시방편만 만들고 근본적인 문제는 해결하지 못했고, 심지어 형식적인 절차만 집행하고 진짜 중요한 일들은 그냥 넘어갔다.(이런 일이 실제로 너무 많았다!)

　사람들이 저장촌에 대해 궁금해하는 점이 또 있다. 외지의 농민들이 여기에 모여 마을을 형성한데다 규모도 날로 커지고 쫓아내도 다른 곳에 가지 않는다. 그렇다면 이들의 '조직적 능력과 규율적 자각'은 어디에서 왔을까? 저장촌의 촌민, 특히 1992년 이전에 베이징에 온 사람들은 대부분 특별한 기술이 없을뿐더러(대부분의 상공인은 옷을 재단할 줄도 몰랐다) '주류사회'와 특별한 관계는 더욱 없다. 이들은 적게는 수천 위안, 많게는 수만 위안을 들고 처자식과 함께 베이징에 왔다. 현재의 제도를 기준으로 볼 때 이들이 전형적인 약자이자 소외계층이라는 것은 의심의 여지가 없다. 그러나 수년에 걸친 축적으로 저장촌이 이제 그 지역의 주인이 되었다. 이는 우리 개혁의 전반적인 과정과도 많이 닮아 있다. 우리는 사회의 전반적인 지형이 매우 빠르게 변화하고 있음을 느꼈고, 현실에서는 정부 책임자들로부터 "지금 정부는 뒤로 밀려나고 있다" "우리를 정신이 하나도 없게 만든다"는 탄식을 자주 듣는다. 그러나 눈여겨보면 제도를 조정하도록 '압박'하는 사람은 많은 경우 자원이 거의 없거나 심지어 법적 지위조차 분명하지 않은 '약자'인 경우가 많다. 마지막에 드러나는 사회 지형의 변화는 눈길을 끌지만 이 변화가 도대체 어떻게 일어났는지는 답하기 어려운 문제다.

　'구체적 이해'와 '총체적 이해' 사이의 단절은 사회학의 오래된 문제이기도 하다.

내가 앞의 간부의 견해에서 사회학적 맛이 난다고 한 이유는 사회학의 핵심 개념인 창발 현상과 가깝기 때문이다. 이 개념은 사회가 분산된 개인의 무기無機적 조합이 아니라 개인 이상의 것이라는 사실을 깨닫게 해준다. 그렇다. 일반인의 사회에 대한 감지든 학자의 연구든 이 개념은 우리가 사회를 총체적으로 이해하는 데 도움을 주고 있다. 하지만 '창발'이 본질적으로 사실 자체가 아닌 만들어낸 개념적 도구라는 것을 종종 잊어버리는 것 같다.

내가 본 설명들 중 블라우(1987[1964]: 4)의 '창발'에 대한 설명이 가장 명확하고 이해하기 쉽다. 그는 다음과 같이 말했다. 하나의 삼각형은 세 개의 변으로 구성되었지만 삼각형이 하나로 등장하는 순간 이미 세 변을 넘어섰기에 더 이상 각각의 변으로 전체 삼각형을 설명할 수 없게 된다. 이때 '창발'은 '갑자기' 발생한다. 그런데 사실 각 변마다 어떤 것은 이 각도로 기울어져 있고 어떤 것은 저 각도로 기울어져 있는데, 그렇다면 이것들이 모두 삼각형 전체의 정보를 담고 있다고 볼 수 있지 않을까? 교과서에서 '창발' 개념을 설명하는 데 자주 사용되는 또 다른 예는 교육 수준(또는 연령 등 기타 변수)의 분포다. 한 개인은 자신만의 특정 교육 수준을 가질 수 있지만, 교육 수준의 분포는 사회에만 속하며 개인의 실재를 초월한다. 그러나 중요한 것은, 이 '분포'는 사실 사회학자들이 사회를 관찰하고 설명하기 위해 만든 도구라는 점이다. 그렇다면, 사회 분포를 통해 우리는 어떻게 살아 있으면서 사회운동의 상태까지 반영하는 '사회성격'을 찾아낼 수 있을까? 이때 부득이 개인의 특질과 총체의 분포를 연관지어 살펴볼 수밖에 없다. 예를 들어, 개인의 교육 수준을 논할 때 우리가 말하는 것은 단순히 교육받은 햇수가 아니다. 이 수치는 사회에 따라 매우 다른 사회적 의미를 가진다. 그러나 특정 개인의 교육 수준의 사회적 의미를 이해하려면 사회의 교육 수준 분포를 이해해야 한다. 대학원 진학 여부를 결정할 때 학부 졸업생은 이렇게 생각한다. 현재의 교육 수준 '분포'를 볼 때 학부 졸업만으로 충분할까? 우리는 자신의 삶을 이해할 때 결코 개인 변수와 '창발' 상황을 완전히 분리하여 보지 않는다. 따라서 현실에는 갑자기 나타나는 '삼각형'은 존재하지 않는다. 창발은 갑작스러워서는 안 된다. 정말 중요한 것은 각 변의 관계다. 마지막으로 떠오르는 '삼각형' 형태는 이러한 관계들의 하나의 총체적 표상일 뿐이다. 배태 이론이 사람들에게 분명한 무언가를 남기지 못하는 이유가 바로 삼각형이라는 총체로 각 변의 관계를 설명하고, 총체와 구체의 관계를 잘 해결하지 못했기 때문이다. 삼각형의 독립적인 존재를 지나치게 강조했을 뿐만 아니라 각 변에 대한 개별화된 이해도 과도했다.

과거에 나는 정부든 개인이든 총체적인 결정이나 인식의 '정확성' 여부가 일을 잘 해결함에 있어 가장 중요한 것이라고 생각했다. 지금은 이것이 핵심이 아닌 것 같다. 첫째, 이른바 총체적으로 정확한 판단이라는 것이 있는지 말하기 어렵다. 같은 사안이라도 보는 관점에 따라 다르게 보일 수 있기 때문이다. 둘째,

추상적인 사유와 개념에 의해 형성된 총체적 판단과 문제를 잘 해결하는 것은 별개의 일이다. 실제 문제는 항상 더없이 구체적인 많은 사소한 내용으로 구성된다. 필연적으로 나타날 수밖에 없는 저장촌이란 존재하지 않는다. 이곳이 득보다 실이 더 큰지, 실보다 득이 더 큰지는 중요하지 않다. 중요한 것은 당신이 이 사소한 내용들이 어떻게 서로 맞물려 있는지 파악하는 것이다.

　이주 연구가 연결망을 중시하는 이유 중 하나가 바로 총체적 이해와 구체적 관찰 사이의 단절을 극복하기 위해서이기도 하다. 우드wood가 지적했듯이 기존의 이주 이론은 두 개의 경향적 극단을 형성했다. 하나는 개인을 분석 단위로 하는 신고전주의 미시적 접근(예를 들어, 균형 분석과 현대화 모델)이고, 다른 하나는 국가와 지역을 분석 단위로 하는 구조기능주의 거시적 접근(예를 들어, 역사-구조 이론)이다. 전자는 미시적인 메커니즘을 설명하는 데 적합하고 후자는 전체적인 형태를 그리는 데 적합하지만 양자는 이론적으로 상호 보완적으로 반응하지 않는다. 학자들은 이 두 극단을 조화시킬 적절한 분석 단위를 찾는 노력을 지속해왔다. 해리스는 일찍이 개인주의 모델은 지나치게 단순하다고 지적했다. 왜냐하면 한 사람이 어떠한 결정을 내릴 때 친척과 친구, 특히 이미 이주했거나 일자리를 찾은 친척에 크게 의존하기 때문이다. 따라서 의사결정의 단위는 (심지어 더 많은 경우) 반드시 개인일 필요는 없으며 가족, 친척 연결망, 혹은 공동체 등이 될 수도 있다.(Harris, 1978) 맥도널드(MacDonald, 1964) 등의 연구자들은 이주의 의사결정에 있어 연결망의 중요성을 지적했다. 마인즈(Mines, 1981), 커니(Kearney, 1986), 특히 매시(Massey, 1988) 등의 후속 연구는 연결망(또는 가족, 소규모 공동체)이 개인의 이주 의사결정에 미치는 영향을 지적했을 뿐만 아니라 연결망이 전체 이주과정이 발생하고 지속되는 기초임을 강조했다. 그러나 이러한 이론은 연결망과 개인의 관계를 잘 다루지 못한 것으로 보인다. 집단행동에 관한 초기 사회학 연구처럼 연결망이나 가족을 개인의 단순한 총합으로 간주하거나 연결망을 의사 결정과 행위의 단위 그 자체로 간주한다. 예를 들어, 우드(Wood, 1981)는 이주를 가족의 생존 가능성과 삶의 질을 향상시키기 위한 외부의 다양한 환경에 대한 집단적 반응으로 보고 있다. 이에 대한 로스(Rouse, Goldering, 1992에서 재인용)의 비판이 많은 아이디어를 제공한다. 그는 가족을 이주과정의 궁극적인 사회적 단위로 볼 수 없고 가족은 인간 행동의 산물이며 가족 내부의 관계는 고정적이지 않고 끊임없이 수정되고 창조되고 유지된다고 지적했다.

사람들은 이주에 대한 연결망의 중요성을 인식하고 있지만 이론적 수준에서의 총체적 이해와 구체적 이해 사이의 관계는 여전히 잘 다루지 못하고 있다. 이를 통해 우리가 얻을 수 있는 교훈 중 하나는 개인을 연결망으로 전환시키듯이 분석 단위의 변화에만 의존하여 계속 논의할 것이 아니라 새로운 개념을 탐구해야 한다는 것이다. 내가 하고 싶은 것은 연결망을 행위자의 외부에 있는, 대인관계의 '표현'으로 보는 것에서 벗어나 우리의 '관계'적 시각을 빌려 연결망과 개인 사이에 더 깊숙이 내면화된 관계를 구축하는 것이다.

총체적 이해와 구체적 이해 사이의 단절은 전통과 현대에 대한 이해 단절과 직접적으로 관련이 있다. 사회의 총체적 측면을 지나치게 강조한 나머지 '전통'을 하나의 별개의 모습으로 상상하거나 '현대'를 또 다른 별개의 모습으로 상상하면서 총체적 모습이 사실 매우 구체적인 내용으로 구성되어 있고 동시에 이 구체적인 내용과 저 구체적인 내용은 연결되었을 수 있다는 사실을 간과했다.

저장촌이 특이한 것은 바로 우리의 이러한 이해의 단절을 어느 정도 부각시켰기 때문이다. 내가 서문에서 말했듯이 이러한 단절이 우리에게 당혹감을 가져다주었다. 이 책은 '특이함'에 주안점을 둔다. 사람들의 일상행위에 대한 관찰로 돌아가 이러한 단절을 극복하고자 한다. 한편으로 이주와 공동체 연구의 맥락에서 저장촌의 주목할 만한 특징과 중국인들의 관계 '구성' 방법을 설명하고, 다른 한편으로는 일상행위의 과정을 통해 사회를 분석하는 방법과 서술의 방식을 탐구한다.

제 2 장

저장촌에 들어가다

일반적으로 잘 훈련된 인류학자의 조사와 달리 나는 이론적 지식이 거의 없는 상태에서 조사를 시작했고 나의 생각들은 전적으로 조사과정에서 형성되었다. 돌이켜보면 내 생각은 두 가지 특징이 있었다. 하나는 '과정'을 묘사하는 데 주안점을 두었다는 것이고, 둘째는 일상생활을 매개하는 개념을 발굴하는 데 주안점을 두었다는 점이다.

만들어지는 공동체

1992년 저장촌 조사를 시작했을 때 나는 이 작업을 일종의 '지역공동체[이하 공동체] 연구社區研究'로 생각했다.

말리놉스키가 공동체 연구를 개척했고 중국의 공동체 연구에도 직접적인 영향을 미쳤다는 사실은 모두가 아는 바다. 공동체에 대한 중시와 구체적인 이해는 그의 인류학 이론과 직접적인 관련이 있다. 그는 문화를 하나의 총체로 바라볼 필요성을 강조했다. 공동체가 바로 이러한 문화관을 검증하기에 가장 좋은 장소가 된다. 경계가 명확하고 스스로 통합된 사회적 단위를 통해 다양한 문화적 요소가 어떻게 개별적으로 기능하면서 총체를 이루는지 명확하게 관찰할 수 있다. 동시에 다양한 유형의 공동체 안에서 다양한 현상들은 모두 쉽게 관찰하고 기록할 수 있으며 이는 그가 주창하는 현장 연구와도 일치한다. 그래서 그는 "시공간적으로 엄격하게 정의된 개별 사회의 인간적 삶에 대한 묘사를 매우 중요하게 여겼다."(王銘銘, 1996: 113)

중국 인류학계에 중요한 영향을 미친 또 다른 사람은 브라운이다. 브라운과 말리놉스키의 이론은 다르다. 하나는 아래에서 위로 관찰하고(말리놉스키), 다른 하나는 위에서 아래로 관찰한다(브라운). 또한 하나는 제도 등은 인간의 수요에 의해 파생된다는 것을 강조하고, 다른 하나는 구조 자체의 의미, 사회의 각 부분이 총체에 대해 모두 '기능'을 가지고 있고 결합하여 하나의 총체를 구성한다는 점을 강조한다. 그러나 둘 다 사회 통합을 강조하고, 혼잡한 사회적 현상 이면에는 보이지 않는 손이 있으며 사회의 각 부분이 항상 상보적으로 구성된다는 점을 강조한다.

1930년대 중국의 학계는 "현장조사는 공동체에서 시작해야 한다"는 말리놉스키의 생각에 응답했다. 1936년, 당시 중국의 사회학 및 인류학의 선도적 인물이었던 우원자오吳文藻는 말리놉스키에게 기능주의 이론에 기초하고 공동체 연구를 방법론적 기초로 하는 '중국 사회학파'의 설립을 자신이 기획하고 있다고 했다.(王銘銘, 1997: 30-31) 그는 "내가 제안하고 싶은 새로운 관점은 공동체를 주목하는 것을 통해 사회를 관찰하고 사회를 이해하는 것이다" "사회는 집합적 삶을 묘사하는 추상적 개념으로서 모든 복잡한 사회적 관계의 전체 체계에 대한 총칭이다. 하지만 공동체는 특정한 지역 인민들의 실제 생활을 반영하는 구체적인 용어로서 물질적 기초가 있고 관찰 가능하다"라고 했다(吳文藻, 1935, 王銘銘, 1997: 30에서 재인용) 공동체는 "사회생활의 모든 측면이 밀접하게 연관되어 형성된 하나의 총체"이고, "사회 기능과 사회 구조가 결합"된 "사회체계"다.(吳文藻, 1988) 페이샤오퉁(費孝通 1985: 94)은 전체 사회 구조의 형식을 연구 대상으로 삼을 때 이 대상은 개연적인 것이 아니라 구체적인 공동체여야 한다고 했다. 그 이유는 사회제도와 연결되어 있는 것은 인민의 삶이고 인민의 삶이 시공간적으로 자리 잡으면 그것이 곧 공동체이기 때문이었다.

이렇게, '공동체' 개념은 네 가지 함축적인 의미를 담고 있다. (1)구조적으로 하나의 총체를 구성한다. (2)기능적으로 독자적이다. (3)일정한 경계가 있다. (4)큰 사회의 '구체적이고 미시적인' 부분이다.

나는 공동체에 대한 이러한 이해를 염두에 두고 조사를 시작했다. 브라운의 "(사회의 각 부분은) 각자의 기능이 있고 결합되어 총체를 이룬다"는 말에 깊은 인상을 받았다. 나는 스스로 두 가지 기본 과제를 설정했다. 첫째는 저장촌 사람들이 수행하는 구체적인 역할과 그들이 형성한 안정적인 관계와 법칙을 정리하는 것이고, 둘째는 이러한 서로 다른 부분이 어떻게 '결합'되어 하나의 총체를 구성했는지 확인하는 것이었다. 나는 이것이 저장촌이란 무엇인지 설명하는 가장 명확한 방법이라고 생각했다. 당시 직접 참조한 두 개의 연구가 있는데, 하나는 페이샤오퉁(1986)의 『강촌경제江村經濟』이고, 다른 하나는 화이트(Whyte, 1981)의 『길모퉁이 사회街角社會』[영어 원저명은 *Street Corner Society: The Social Structure of an Italian Slum*]다. 첫 번째 책을 참고하여 나는 저장촌의 각종 제도와 다양한 행위가 어떻게 '의류 생산과 판매'라는 이 기본적인 행위와 수요에 기반하여 전개되었는지 설명하고자 했고, 두 번째 책을 참고하여 안정적인 사회 구조가 어떻게 일상적인 상호작용을 통해 유지 및 표현되는지 살펴보고 싶었다.

이러한 접근 방식은 초반의 연구에 크게 도움이 되었고 덕분에 비교적 빠르게 이 공동체의 대략적인 윤곽을 파악할 수 있었다. 그러나 자신감 있게 이 윤곽을 통해 깊이 들어가 미세한 것을 보려고 할 때마다 점점 더 힘들어지고 있다는 것을 느끼게 되었다. 나는 종종 낮에 그들을 따라다녔고 새롭게 확인한 사실에 흥분했다. 하지만 밤에 이러한 사실을 기록하거나 회상할 때 그 사실들의 '이론적 함의'를 찾을 수 없어 고뇌에 빠졌다. 이러한 어려움 때문에 1993년에 저장촌에 관한 첫 번째 간략한 예비 보고서를 작성한 후 3년이 넘도록 단 한편의 학술논문도 쓰지 못했다.

우선 나는 나 자신에게 저장촌의 구조를 묘사하기 위한 검증 방법을 설정했다. 사람을 만날 때마다 이런 생각을 했다. 이 사람은 내가 이해하는 역할 체계와 구조 속에서 어디에 위치해 있을까? 그의 이런 저런 행위의 구조적 의미는 무엇일까?(구조에 의해 어떻게 결정되고 또한 구조를 어떻게 유지시키는가) 초기의 이런 검증 방법은 나름 효과가 있었다. 그러나 나와 그들의 교류가 깊어질수록—나에게 그들의 가족 간 분쟁을 중재해달라는 요청을 할 때까지—나는 내가 미리 설정한 그들의 위치가 정확하지 않을뿐더러 그들의 위치를 단순하게 설정하는 것은 거의 불가능하다는 것을 점차 깨닫게 되었다. 또는 특정 기준에 따라 설정한 위치는 그들의 실제 행위를 정확하게 파악할 수 없게 했다. 그들의 행위와 의식은 미묘한 변동들로 가득 차 있었다. 그 사람은 어느 한 시점에서는 특정한 위치에 있겠지만 이는 그가 그 위치에 있도록 남에 의해 결정된 것이 아니라 잠시 그 위치를 '선택' 한 것이라고 보는 것이 더 적합했다. 면전에서의 열정과 돌아선 뒤의 의심, 지금의 관대함과 조금 뒤의 속셈, 동일한 취향과 실리적 목적은 (…) 내 시야를 크게 넓혀 주었다. 나는 여전히 좁은 의미의 '구조'로 저장촌 사회를 설명할 수 없었다.

'분류법歸類法'이 도전받을 뿐만 아니라 '결합법搭配法'도 어려움이 있다. 이 지역 공동체 내의 다양한 부분 및 상이한 집단이 어떻게 하나로 조합되었는지 문자상으로는 설명할 수는 있지만 이러한 결합이 '필연적'이라는 점, 즉 이른바 내부적으로 통합되었다는 것을 증명할 수는 없었다. 저장촌의 경제와 일상생활의 상당 부분은 외부에 의존하고 있었다. 공동체 내의 일부 새로운 영역의 출현, 예를 들어 1996년 이후의 장식용 직물시장은 공동체 내의 생활과 직접적인 관련이 없었고, 이 공동체의 특정 기능적 수요를 충족시키기 위해 출현한 것은 더욱 아니었다. 나는 조사를 시작한 첫 3년을 주로 공동체 내부에서 보냈고 이후에는 외부에서 조사했다. 저장촌의 많은 일은 저장촌 안에 있을 때 이해하기 더욱 어렵다는 것을 알게 되었다. 이야기들은 공동체 안에서 만들어지지만 이야기의 기원과 결과는 종종 이 공동체 외부에 있었다. 저장촌은 내부 통합의 필연성이 아니라 필연적인 대외 개방성을 지니고 있었다. 내가 '경계를 넘는 공동체'라는 몇 글자로 저장촌의 특성을 요약한 것도 이런 이유에서다.

저장촌을 처음 방문했을 때 나는 노트에 이렇게 적었다.

"이곳은 생물학에서 말하는 원형질체를 방불케 한다. 단순한 분화는 존재하지만 서로 다르고 구조를 형성하지도 못한다. 효과적인 통합이 없고 연결들은 느슨하다 (…) 만약 각각의 개인이 자신이 살고 있는 집단에 대한 소속감을 갖지 못하면 그 집단은 하나의 총체가 되어 발전하기 어렵다. 그 안에서 생활하는 사람들은 안전하다는 느낌도 받지 못한다. 소속감이 없으면 이곳을 그들의 집이라고 생각하지 않는다. 저장촌이 혼란스러운 이유가 바로 이것이다. (…) 나는 개별적인 협회, 상회 등 자생적인 중개조직이 출현하여 핵심적이고 조직적인 역할을 수행할 수 있기를 기대한다."

우리는 항상 명확하고 '사리에 맞는' 사회의 형태를 보고 싶어 하고, 또한 잠재적으로 결국 그렇게 될 것이라고 생각한다. 하지만 저장촌의 발전은 나의 기대를 '만족시키지 못했다. 이를 통해 나는 부득이 공동체의 '총체성'에 대한 상상을 다시 생각하게 되었다. 오늘날 사람들의 사회생활은 작은 영역에서 형성된 총체를 통해 유지되지 않는다. 우리는 시각을 바꿀 필요가 있고 관찰과 설명의 방법을 바꿀 필요가 있다.

나의 혼란스러움은 '공동체' 개념에서 비롯된 것뿐만 아니라 내가 배운 인류학의 일반적인 시각과 관련이 있었다. 인류학의 핵심 개념은 '문화'다. 인류학은 완전히 객관적인 '사회적 사실'이란 존재하지 않으며 사람은 항상 자신이 이해하고 구성하는 의미의 세계 속에서 살아간다고 주장한다. 사람의 행위는 바로 인위적으로 만들어진 문화에 의해 조절된다. 따라서 문화는 넓은 의미에서 사람의 생활 모습으로 이해될 수 있다. 그러나 이러한 넓은 의미의 이해를 통해 문화를 연구하는 것은 분명 어려운 일이다. 인류학자들은 연구적 실천 속에서 다음과 같은 인식을 형성한 것 같다. 총체적 문화는 특정한 사실 혹은 특정한 장소에서 두드러지게 표현될 수 있고, 집중적으로 문화의 내부 정보를 드러낸다는 것이다. 예를 들어 의식, 구전 이야기 등과 같은 두드러진 문화의 형태는 인류학자들이 특별히 주목하는 대상이다. 하지만 저장촌은 나에게 어려운 문제를 내주었다. 이곳에는 의식도 없고 상징도 없다. 춘절에도 가볍게 식사를 하고 마작을 할 뿐이다. 내가 상대하고 있는 사람들은 일군의 '문화 없는 사람'들이었다!

　페이샤오퉁이 서술한 '강촌'과 저장촌의 차이점에 대해 생각했다. 둘의 차이점을 말하자면 하나는 '일상적 상태常態'이고 다른 하나는 '치우친 상태偏態'다. 더 중요한 것은 강촌은 오랜 세월의 생활이 축적된 이미 형성된 자신만의 모습이지만 저장촌은 끊임없이 변화한다. 강촌은 자신만의 명확한 경계가 있고 그것이 위치한 땅의 깊은 곳까지 뿌리내리고 있는 반면 저장촌은 그와 정반대다. 인구 이동의 산물로서 외형적으로는 요동치지만 확고히 땅을 붙잡고 있는 뿌리 하나 없다.

　강촌과 저장촌의 차이는 우연이 아니다. 공동체의 폐쇄성이 약할수록 '뿌리'는 얕고 강렬하면서 빈번한 변동이 '대세'가 된다. 총체적 사회로 볼 수 있는 구체적이고 미시적인 공동체는 실제로 사라지고 있다. 게다가 사회의 여러 영역은 서로 점점 더 얽혀가고 있다. 정적인 시각을 통해, 그리고 상대적으로 고립된 상태에서 관찰할 수 있는 연구 대상이란 존재하지 않는다. 콜만은 고층빌딩이 점점 더 원시림을 대체함에 따라 "사람들이 다양한 목적을 위해 만든 사회조직들이 사회가 발전하는 과정에 의존했던 다양한 원시적 사회조직을 대체하고 있다"고 지적했다.(1990: 원저의 서문) 지금은 급격한 변화의 시대이자 개인의 주관적 능동성이 크게 발휘되는 시대다. 사회의 작동원리는 더 이상 '장기적 공동생활'을 통해 축적된 구조가 아니라 사람들이 습득한 지식과 전략을 사용하여 '구성'하는 것이다. 강촌 연구의 핵심이 '사회 구조'였다면 저장촌 조사의 주안점은 아마도 '사회 구성'이어야 할 것이다.

'구조'에서 '구성'으로의 전환은 사회의 변화뿐만 아니라 우리가 사회를 이해하는 방식의 변화를 말해주기도 한다. 1930년대의 사람들은 중국의 농촌을 어떻게 볼 것인지에 대한 기본적인 이해가 부족했다. 사람들에게 하나의 사회적 실재로서 농촌이 어떻게 조직되고 작동하는지 알려주는 것이 첫 번째 과제였다. 물론 현재에도 사람들은 저장촌에 대해 잘 모른다. 하지만 정부든 사회의 다른 집단이든, 심지어 저장촌 사람 자신이든 '어떻게 된 일인가'라는 질문은 직접적으로 '어떻게 해야 하는가'와 연결되어야 한다는 점을 알아야 한다. 사람과 사람의 관계가 점점 더 넓어지고 동시에 더욱 긴밀해지는 사회에서 어떠한 일을 마주치면 우리는 '현재적 맥락에서 어떻게 이해할 수 있을까?'라는 생각을 하게 된다. 각각의 기관과 집단의 역할은 무엇인가? 이 일과 '나'(혹은 내가 속한 집단이나 기관)는 어떤 관계인가? 우리는 이러한 '움직이는 생각'을 통해 문제를 이해했다. 만약 사회를 하나의 정적인 체계로 생각해도 우리는 하나의 명확한 그림을 그릴 수 있다. 그러나 그것의 본질을 건드리지는 못한다.

또한, 이 구성의 과정은 다양한 요소들이 공동으로 작용하는 과정이어야 한다. 나는 오늘날의 사회에 '총체적 제도'와 '지방의 제도'의 구분이란 없다고 본다. 적어도 평행적인 관계에 있는 이러한 두 제도는 존재하지 않는다. 중국사회를 하나의 '큰 사회'라고 본다면 베이징이나 저장촌 같은 '작은 사회'는 모두 그것의 직접적인 구성 부분이지 서로 다른 층위의 '구체적이고 미시적인'

사회가 아니다. 공동체를 그저 큰 배경 하에서 바라보는 것만으로는 충분하지 않고 이 공동체와 큰 사회의 관계에 대한 새로운 이해를 형성해야 한다. 우리가 주목할 부분은 사실 경계를 넘는 다양한 사건들이 서로 오가고 얽히면서 함께 영향을 주고받는 과정이다.

계

저장촌의 과정은 정말 흥미로우면서도 난해하다. (1)초기의 여섯 가구가 어떻게 지금과 같은 복잡한 체계를 파생시켰을까? (2)저장촌은 어떻게 후진적으로 보이는 방법을 사용하여 현대적인 사회에서 자신의 세계를 개척할 수 있었을까?

물론 우리는 여러 가지 구체적인 측면에서 해석할 수 있다. 그러나 저장촌의 발전에 결정적인 하나의 핵심적인 연결고리는 없을까?

저장촌과 기타 다른 유동인구 집단을 관찰하면서 나는 행위의 새로운 단위를 발견했다. 나는 이것을 '계系'라고 부른다. 간단하게 말해 '계'는 한 명의 행위자를 중심으로 한 다양한 관계의 조합으로서 '관계총關系叢'이라고 부를 수도 있다. 우리가 일반적으로 부르는 '권자圈子'와 유사하다.[권자는 특정한 연결망을 통한 일정한 범위의 울타리 내부를 말한다] ('권자'와의 차이는 책의 「토론」에서 다루었다) '계'는 사람들의 원래의 사회관계를 기반으로 하고,

이동과 사업의 과정에서 형성되었다. 바로 '계'가 저장촌 내부의 기초적인 생활을 구성했다고 볼 수 있다. '계' 내부의 변화와 다양한 '계' 사이의 상호작용이 저장촌의 형성을 촉진했고 현재의 특징을 만들었다.

처음 이 범주의 존재를 어렴풋하게나마 접할 수 있었던 계기 중 하나가 베이징의 보모들에 대한 나의 관찰에서 비롯되었다. 나는 '보모방保姆幫'이 흔한 현상이라는 것을 발견했다. 그녀들은 종종 일요일에 큰길과 인접한 공원에서 만나 담소를 나누면서 고향의 새로운 소식, 최근에 경험한 일들을 주고받았다. 겉보기에는 별 내용이 없어 보였지만 이를 통해 도시 사회에 대한 기초적인 이해를 구성했고 나아가 그녀들 자신만의 행위의 전략과 방식을 결정하는 데 사용했다. '보모방'은 불안을 해소하고 인식을 개선해주고(특히 '자존심'에 대한 이해) 외부 세계와 교류하는데 중요한 매개역할을 했다. 베이징의 한 주부는 자신이 고용한 보모 두 명의 성격이 완전히 달랐다고 말했다.

"첫 보모는 동네 주민위원회 부주임처럼 동향들의 크고 작은 일을 모두 챙겼고 일요일만 되면 우리 아파트 아래에 모였다가 어딘가 산책하러 갔어. 평소에 동향들은 무슨 일만 있으면 우리 집에 왔는데 작은 일이면 한 명이 오고 큰 일이면 우리 집 주방에서 작은 회의를 열었어. 그다음 보모는 하루에 말을 세 마디도 하지 않았어. 그런데 그녀도 이 그룹의 일원이야. 일요일만 되면 밖에 나갔어. 나는 그녀를 좀 더 챙기려고 했어, 그녀가 뭔가 고민거리가 있으면 나와 이야기도 하곤 했지만 꼭 진심으로 나의 이야기를 듣는 것은 아니었어. 그런데 외출하고 돌아오면 달라지는 거야. 자기만의 생각이 생기더라구."

이렇게 집단은 외부에서 일어난 사건을 해석해주고 이 해석을 개인의 인식 전환으로 이어지게 해주었다. 동시에 어떠한 문제에 직면하면 구체적인 전략을 수립하여 외부에 대응할 수 있게 해주었다. 보모 집단은 동향을 기반으로 했고 보모가 아닌 동향과도 비정기적으로 연락을 주고받았다.

1994년, 둥관東莞의 농민공을 대상으로 현장조사를 하는 과정에서 유동인구의 동향관계는 내가 생각했던 것보다 훨씬 복잡하다는 것을 알게 되었다. 나는 이 관계를 동향방老鄕幇, 동향권老鄕圈, 동향파老鄕派 등의 3가지 유형으로 나누었다. '동향방'은 사람들이 많이 주목하는 이른바 비공식조직이다. 일반적으로 15명을 초과하지 않고 상대적으로 명확한 '큰형님'이 있으며 내부관계가 밀접하고 집단의 경계도 분명하여 무슨 일이 생기면 집단 전체가 움직인다. 주로 '품팔이散工'[31] 집단에서 보인다. '동향파'는 하나의 작업단위 내에서 출신 지역 별로 형성된 패거리를 말한다. 그렇다고 해서 엄밀하게 하나의 출신 성省이 하나의 파를 형성하는 것은 아니다. 보통 큰 성이 하나의 파를 독립적으로 형성하고(같은 회사 내에서 출신 성이 같은 사람들) 작은 성끼리는 연합하는 경우가 많다. 파와 연합의 중요한 기준은 언어다. 예를 들어, 구이저우貴州와 광시廣西는 언어가 서로 통해 나은 반면 후

---

31 '품팔이'는 도시에서 일정한 직업이 없이 길거리나 다리 아래에 모여 언제든지 호출되기를 기다리는 노동력을 말한다. 주로 운송업이나 실내 인테리어 등에 종사한다.

난湖南과 광시는 의사소통이 어려워 갈등이 자주 발생한다. 또한 광시 사람들은 둥관 현지와 마찬가지로 바이화白話(지역 방언)를 사용하기 때문에 후난 출신들에 비해 쉽게 승진할 수 있었다. 동향파 내부의 관계는 느슨해서 같은 파의 사람이라고 해서 꼭 모두 다 알고 지내는 사이는 아니었다. 하지만 파와 파 사이는 경계가 분명했다. 한 공장 내에서 서로 다른 지역 출신 농민공 사이에 대규모 갈등이 발생하는 것은 흔한 일이었다. 동향파가 요구하는 것은 '당연 회원제'였다. 사람들은 출신 지역에 따라 동향 사람과 동질성을 보여야 하고 그 외에는 선택의 여지가 거의 없다.

사실 여러분은 별로 주목하지 않지만 내가 보기에 가장 중요한 관계는 '동향권'이다. 하나의 동향권은 대여섯 명으로 구성된, 고향에서부터 알고 지내던 관계로서 외지에서 더욱 긴밀하게 연결되어 있다는 느낌을 준다. 동향권의 내부 관계는 매우 안정적이고 서로에 대한 의무감도 매우 강하다. 하지만 대외적으로는 그 경계가 분명하지 않다. 만약 새로 온 사람이 있다면 모두와 잘 어울리고 자연스럽게 구성원이 될 수 있다. 동향권의 존재는 잘 드러나지 않는다. 왜냐하면 각자 다른 공장에 분산되어 있고 휴일도 적어서 집단행동을 자주 할 수 없다. 그러나 이는 농민공의 정서적 교류를 가능하게 하고 생활상의 도움을 제공하고 다양한 위기를 해결하는 첫 번째 심지어 유일한 통로다. 더욱 중요한 것은 동향권 내의 상호작용은 특정 사안에 대한 구성원들의 공통된 견해를 형성하고 또한 모든 구성원의 행위에 영향을 미친다는 점이다. 동향방과 동향파의 행위 모델은 기본적으로 고정적이고 의식을 '형성'하는 기능이 없다. 예를 들어, 어느 농민공이 업신여김을 당하면 같은 방에 속해 있는 '방원'들은 주저하지 않고 그의 분풀이를 위해 발 벗고 나선다. 주로 사용하는 방법은 싸움이다. 만약 이런 일이 출신 성이 다른 사람들 사이의 갈등이 되면 동향파 사이의 갈등으로 번진다. 한 파가 공장 측에 다른 파를 고발하거나 심지어 파업을 통해 압력을 행사한다. 만약 그 농민공이 동향권에 도움을 요청하면 상황은 달라진다. "우리 동향들은 모여서 의논할 거야. 만약 그쪽이 너무 화가 나서 꼭 싸우겠다고 해도 우린 가지 않지. 일을 키우지 말라고 설득하거나 정말 화날 만한 일이면 연배 있는 동향에게 부탁해 상대방을 찾아가 잘잘못을 따져보지. (…) 주로 그에게 앞으로 어떻게 행동할지에 대해 우리의 생각을 말해줄 거야."[32] 세 가지 유형의 동향관계는 모순되지 않았다. 동향파와 동향방은 모두 동향권에 기초했다. 만약 내부의 동향권들의 역할이 없다면 다른 두 유형의 동향관계는 유지될 수 없다.

보모방과 동향권은 모두 실제 행위 영역이었고 유동인구의 입장에서 이 범주들은 그들의 작업장, 가정과 공동체 등의 명확한 사회 조직보다 더 중요했다. 그러나 다른 한편으로 그것은 조직이 아닐뿐더러 단순한 의미의 집단도 아니었다. 나는 이러한 '권자'의 중요성을 깨닫기 시작했다.[33]

---

32 劉子榮, 東莞台聯紙盒廠, 1994년 8월. 그 외 다음을 참조하라. 項飆, 1995.

'계'라는 단어가 머릿속에 처음 떠오른 것은 저장촌 사람의 이동 역사를 정리하는 과정에서였다. 인터뷰에 응한 많은 이가 자신의 이동은 친우[친척과 친구를 모두 포함하는 단어]와 밀접한 관련이 있다고 했다. 한 사람이 다른 사람을 이끄는 전형적인 '사슬형 이동鏈式流動' 형태를 보이고 있었다. 베이징에 온 뒤에는 같은 '이동사슬流動鏈'의 구성원들끼리 서로 사업을 돕고 생활을 지원하면서 권자를 형성했다. '계'라는 단어에는 어느 정도 '사슬'과 '꿰미串'의 의미가 있다. 나중에는 비록 이동이 사슬형 이동을 초월했지만 사람들은 여전히 작은 권자의 습관에 따라 베이징에 올지 여부와 베이징에서 무엇을 할지를 결정했다.

'계'의 가장 중요한 특징은 다양한 관계의 조합이라는 점이다. 저장촌에서 하나의 계는 두 개의 '아계亞系'를 포함하고 있다. 한쪽은 친우관계를 중심으로 하는 '친우권親友圈'이다. '친우권'은 세 가지 유형이 있다. 첫 번째는 친척관계, 두 번째는 같은 마을 출신의 동년배 혹은 동급생 관계, 세 번째는 '문혁' 시기의 같은 파벌의 동지다. 다른 한쪽은 사업적 협력관계를 중심으로 하는 '사업권生意圈'이다. '사업권'의 사람은 고객이다. 고객은 지인이지만 친우 수준에는 미치지 못한다. 두 개의 아계는 중첩되는 부분이 있다. 친우면서 사업적으로 협력관계를 형성하기 때문이다. 이 부분이 사람들의 일상생활에서 가장 중요한 관계다. [그림 2]

---

33 많은 사람이 유동인구의 조직화에 관심이 많다. 하지만 나는 눈에 보이지 않는 관계 연결망이 더 중요하고 보편적인 사실일 수 있다고 생각한다. 이런 연결망은 공식적인 조직보다 유연하고 능동적이며 개인과 사회에 대한 역할도 크다.

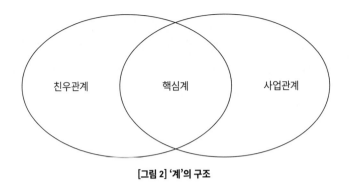

[그림 2] '계'의 구조

와 같다.

[그림 2]는 단순화한 계의 구조다. 사실 계와 계의 경계는 명확하지 않다. 보다 포괄적인 그림은 제9장의 [그림 8]을 참조하기 바란다.

특별히 강조하고 싶은 부분은 '계'를 서로 다른 관계의 '중첩'으로만 볼 것이 아니라 이런 관계의 '상호작용'으로 이해해야 한다는 것이다. 핵심 계의 중요성은 그것이 이 두 관계를 '겸'한데서 비롯된 것이 아니라 이 두 관계의 상호작용을 조정하기 때문이다. 친우관계와 사업관계의 상호작용의 과정이 바로 이 책을 관통하는 실마리다.

'계'의 이러한 구조는 경제적 관계와 비경제적 관계를 구분함으로써 한편으로 경제적 관계의 기본적인 작동방식이 방해받지 않도록 보장하고 다른 한편으로 비경제적 관계가 경제적 관계의 작동에 큰 편의를 제공할 수 있게 한다. 특히, 계는 경제적 관계에 대한 잠재적인 감독 가능성을 제공한다. 책에서 나는 '잠금鎖住'이라는 단어로 이러한 감독 능력을 표현했다. 이것이 공동체가 자신만의 질서를 유지하면서도 경제적으로 빠르게 성장할 수 있는 가장 큰 이유라고 생각한다.

하나의 계에 포함된 서로 다른 관계들은 반드시 연결되는 것은 아니다. 또는 서로 다른 관계 사이에는 정보의 완전한 전달이 이루어지지 않을 수도 있다. 친구 A와 친구 B는 동시에 누군가의 친우권에 있지만 이 두 사람은 친밀감이 크지 않을 수 있다. 하나의 계의 서로 다른 고객 사이에도 관계가 전혀 없을 가능성이 높다. 이것이 바로 계와 일반적으로 말하는 '집단群體' 또는 '권자'의 차이점이다. 이는 옌윈샹閻雲翔이 말하는 관계 연결망으로 구성된 '준집단准群體'과 유사하다.(Yan, 1992) 계는 구체적인 사람들에 의해 조직된다. 우리는 갑과 을이 동일한 계에 있다고 말하기는 어렵지만 그들이 동시에 '누군가의' 계에 있다고 말할 수는 있다. 사람들이 누군가를 나에게 소개할 때 종종 "그와 아무개는 같은 '반班'이야"라고 말했다.(원저우 방언은 '방幇'과 '반'의 발음을 정확하게 구분한다. 방의 의미는 보통말[푸퉁화, 즉 중국 표준어]에서 사용하는 방과 비슷하며 비교적 강한 조직적 성격을 강조한다. 반면 반은 느슨한 권자로서 내가 말하는 계와 매우 비슷하다.) 이는 그들의 중요한 신분적 표시가 된다. 이렇게 사람에 의해 계가 결정되면 필연적으로 계와 계의 교차관계가 맺어질 것이고 나아가 총체적 구조를 형성하는 중요한 기반이 된다.

계는 동시에 사람들의 일상행위의 주요 단위이자 사회적 의식

을 형성하는 기반이다. 1994년, 저장촌의 한 도매상이 패거리에
게 강도를 당했다. 도매상은 보복할지 아니면 그냥 지나갈지 친
우들과 함께 고민을 거듭한 끝에 결국 '지나가기로' 결정했다.
나에게 자신의 생각을 설명할 때 다음과 같은 세 개 단계의 논
리에 근거했다고 말했다. 만약 우리가 이 일에 개입하면 어떻게
될까—우리가 지금까지 어떻게 일관되게 일을 해왔는가—그래
서 우리는 이런 결정을 내렸다. 여기서 문제가 어떤 식으로 확대
될지에 대한 예측과 자신의 위치성에 대한 인식('우리'는 어떤 사
람이고, 어떻게 일을 처리하는가)은 모두 그의 계 내에서 공통적으
로 형성된 것이었다. 또 다른 집단강도 사건의 경우 피해자는 다
른 결정을 내렸다. 자신의 인맥을 동원하여 보복하거나 예방조
치를 취했다. 나는 이들의 서로 다른 결정을 두 당사자 간의 성
격과 생각의 차이 때문인 것으로만 보기 어려웠다. 오히려 이들
이 형성한 계가 서로 다른 '공공의식公共意識'을 형성했기 때문이
라고 보는 게 더 적합했다.

계는 사람에 의해 구성된 산물이다. 1997년 춘절, 러칭에서
조사할 때 인터뷰 대상자의 '신년주新年酒'[34]에 초대받은 적이 있
다. 테이블을 두고 마주한 나는 손님들의 복잡한 관계에 깜짝
놀랐다. 남자 측의 친척, 여자 측의 친척, 초대한 주인의 장모의

---

34 원저우의 춘절연회는 두 종류가 있다. 새해 전에 먹는 분세주分歲酒와 새해에 먹는 신년주新年酒
혹은 정월주正月酒다. 일반적으로 분세주를 함께 먹는 사람은 가족 내의 작은 규모이고 정월주에
는 사람을 초대해야 한다. 나의 인터뷰 대상자는 설이 지나서 고향에 돌아가기 때문에 이 두 잔치
가 합쳐졌다.

이웃과 친구들까지 있었다. 관계가 밀접한 많은 친척은 참석하지 않았다. 일반적으로 이런 연회는 가족으로 제한되고 남자 측의 친척과 여자 측의 친척은 별도로 초대한다(따라서 장저〔장쑤성과 저장성 지역〕일대에서 한 가족은 종종 여러 번의 신년주를 먹는다). 또한 모든 사람을 초대하는 것이 중요하고 그렇게 하지 않으면 큰 금기를 어기는 것으로 간주되었다. 나는 주인한테 손님 구성에 대해 물었다. 그는 이 사람들이 친척보다 가깝다고 말했다. 저장촌에서 사람들은 종종 친우의 중요성을 강조했는데 이 친우관계는 사실 원래부터 존재한 고정적인 친우관계가 아니라 사람들의 실천적인 필요에 의해 변화하는 관계였다. 친우관계는 겉보기에는 과거와 동일해 보이지만 기능과 사람들이 이 관계를 대하는 방식은 많이 달라졌다. 나는 이를 '전통적 연결망의 시장화傳統網絡的市場化'라고 일단 불렀다. 그렇다면, 관계 연결망이 본래의 모습을 유지한 채 새로운 기능을 수행할 수 있었던 이유는 무엇일까? 중요한 것은 사람들이 서로 다른 관계를 결합했고 이 관계들이 서로 상호작용을 했기 때문이었다.

최근 들어, 사회학 연구에서 '맥락context'의 중요성을 강조하지만 맥락은 여전히 모호한 개념이다. 몇 사람이 모여앉아 이야기를 나누는 환경도 맥락일 수 있고 국가의 정책적 환경도 맥락일 수 있다. 그렇다면, 과연 어떠한 맥락이 인간의 행위를 결정할까? 너무 거시적이거나 또는 미시적으로 정의하는 것 모두 적절하지 않다. 우리는 일상생활의 환경을 두 개의 층위로 나눌 수 있다. 하나는 '접근 불가능한 환경不可及環境'이고 다른 하나는 '접근 가능한 환경可及環境'이다. 접근 불가능한 환경은 개인의 조작 가능한 범위를 벗어난 맥락으로서, 예를 들어 법률, 국가의 정책, '사회적 형세' 등을 말한다. 접근 가능한 환경은 행위자가 직접 참여하거나 그 속의 일부가 될 수 있는 맥락을 말한다. 접근 가능한 환경은 또한 두 개의 층위가 있다. 하나는 즉각적이면서 완전히 현존하는 구체적인 맥락이다. 예를 들어 사무실에서 하는 대화나 일은 집에서 하는 것과 다르다. 다른 하나는 완전히 현존하는 형태가 아니라 개인의 기본적인 일상생활의 맥락을 관통하는, 우리가 흔히 말하는 '대인관계'의 환경이 이런 맥락의 전형적인 표현 방식이다. '계'가 바로 이런 유형의 맥락이다. 일반인에게 있어 국가의 정책과 규정, 사회적 형세의 변화는 막연하고 모호하며 자신의 일상적인 업무와 직접적으로 연결시키지 못한다. 저장촌의 30세 이상 남성 사업가들은 대부분 '문혁' 말기에 거주하던 성을 떠나 이동한 경험을 가지고 있다. 당시의 이동의 원인에 대해 사람들은 도처에서 혁명을 하고 있었기 때문에 혼란한 틈을 타 아무도 모르게 나갔다고 추측한다. 내가 보기에 여기서 가장 중요한 것이 바로 이러한 추측의 형성 과정이다. 이러한 추측은 '권자' 내부의 교류와 상호작용을 통해 형성된다. 원저우 현지와 저장촌의 발전 과정에는 수많은 '엣지볼'(국가의 규정에 부합하지 않는 관행)[엣지볼은 법, 정책, 규정을 교묘하게 피해 간다는 의미로 탁구의 규칙에서 유래함), 심지어 국가가 명시적으로 금지한 관행도 있었다. 당시의 거시적 맥락을 사람들이 모르는 바는 아니었다. 그들도 '국가가 간섭하지 않을까?'라는 걱정을 했다. 하지만 이러한 것들은 사람들의 행위를 직접적으로 결정하지는 않았다. 사람들은 '협상'했다. 이 협상을 통해 국가의 정책, 또는 자신의 행위와 국가 정책 사이의 관계를 재해석하고 재정의하며 나아가 사람들의 실제 행위를 구성했다. 서로 다른 계는 서로 다른 협상의 결과를 만들고 서로 다른 행위로 이어진다. '아는' 것은 이해와 다르고 '인식'은 판단이 아니다. 계는 외재적인 맥락을 구체적이면서 사람들의 일상 업무의 구성 부분이 되도록 재정의한다.

내부적으로, 계는 외재적인 사건을 사람의 구체적인 의식으로 '번역'한 후 외부로 '수출'한다. 동시에 사람들은 계 자체를 끊임없이 변화시킨다. 사람들의 일상행위에서 보이는 이러한 범주는 분석 과정에서 개인과 사회 사이의 중간 단계가 될 수 있다.

상호작용하면서 서로를 알아가기

저장촌을 관찰하면서 나는 '과정'이라는 시각을 형성했고 '계'를 발견했다. 동시에 이러한 이해를 바탕으로 그것을 더 깊이 파고들고자 했다. 이 이해의 과정은 저장촌에 대한 나의 참여, 나와 저장촌의 상호작용을 끊임없이 심화하는 과정이기도 하다.

우리는 상호작용을 통해서만 서로를 알아갈 수 있다. 이 말은 상식처럼 들리지만 그동안 봐온 사회학 조사의 신조는 전혀 그렇지 않았다. 일반적인 통념은 조사자는 피조사자와 일정한 거리를 유지해야 하고 피조사자가 다른 사회적 요소의 영향을 받지 않도록 '보호'해야 한다는 것이다. 조사자가 피조사자를 위해 무언가 하고자 할 때 종종 '비과학적'이라고 비난 받는다.

나는 '관찰을 초월한' 이론을 강조하는 것을 이해할 수 없다. 외부인의 눈과 귀로 한 사람의 삶을 이해한다는 것은 크게 잘못된 처사다. 상대방의 삶에 실제로 관여하지 않고서는 그저 자신의 기존 삶의 경험에 근거하여 상대방을 상상할 수밖에 없다. 삶은 본래 끊임없이 영향 받는 하나의 과정이다. 만약 행동이 적절하고, 무엇보다도 그들의 삶과 조화를 이룬다면 왜 꼭 당신의 방문을 그의 다른 친구의 방문보다 더 파괴적이라고 할까? 오히려 일부러 외부인처럼 행동하면서 "나는 당신을 연구하러 왔고 나와 당신은 다르다"라고 강조하는 것이 어쩌면 그들을 더 긴장하게 만들지 않을까?

저장촌 조사과정에서 나는 네 가지 역할을 수행했다. 1992년부터 1993년까지는 '논문을 쓰는 학생'이었다. 이 기간에는 주로 두 가지 포인트에 의존하여 돌파구를 찾았다. 하나는 당시 이미 부상하기 시작한 거물大人物, 특히 류스밍을 통해 그의 '계'에 속한 사람들을 알아갔다. 다른 하나는 나와 나이가 비슷하거나 어린 저장촌 사람을 알아가는 것이었다. 나는 저장촌 젊은이들의 '정신 연령'은 많은 부분에서 나보다 조숙하고, 그들은 매우 강한 자율적 참여와 공동체 생활의 열망을 가지고 있다는 것을 발견다. 그들은 하고 싶은 말이 많았고 나를 적극적으로 그들의 친구에게 소개해줬다. 젊은이들은 공동체의 주류집단은 아니지만 내가 공동체의 생활을 관찰하는 중요한 창구였다. 그 이유는 첫째, 나와 나이가 비슷한데다 경계심도 거의 없었기에 무슨 일이 있으면 먼저 나에게 알려주었다. 둘째, 앞에서도 언급했듯이 동년배 집단의 관계는 '계'를 구성하는 중요한 요소였고, 이 집단은 주로 청소년기에 형성되었다. 셋째는 성장하고 있는 청소년은 한창 눈을 크게 뜨고 자신의 세상을 바라보는 시기를 보내고 있었기에 그들도 나처럼 사람에 대한 조사를 하는 중이었고, 다양한 사람들에 대한 그들의 생각은 공동체 내의 구조와 관계를 매우 정확하게 반영할 수 있었다. 내가 여기서 얻은 한 가지 작은 경험은 공동체의 역사를 조사하고 싶으면 노인을 찾고 공동체의 살아 있는 생활을 보고 싶으면 공동체에 아직 정착하지 못한(그리고 아직 가정을 꾸리지 않은) 청년과 이야기해야 한다는 것이다.

하지만 이러한 '친구 사귀기' 방법에도 한계는 있다. 내가 이 공동체에 들어간 1992년은 저장촌이 이미 꽤 큰 규모로 성장한 이후였다. 따라서 서로 교류가 없는 여러 청소년 집단과 동시에 관계를 맺는 것은 매우 어려운 일이었다. 초기에 만난 청소년 친구는 저우취안위周權禹였고, 그를 통해 대여섯 명을 더 만났다. 한번은 내가 저장촌의 길거리에서 알게 된 지 얼마 안 되는 두 남자와 이야기를 나누고 있었다. 이때 저우의 친구가 보여 내가 인사를 건넸는데 그는 그냥 무시하며 지나갔다. 이튿날 저우가 나에게 물었다. "너 어제 아무개랑 함께 있었어? (…) 너 걔네랑 뭐했어?" 나는 아무 일도 없었다는 식으로 길을 가다가 마주쳤다고 말할 수밖에 없었다. 그 후 저우는 괜찮아졌지만 그의 친구들은 며칠간 나에게 조금은 냉담했다. 그때부터 나는 먼저 알게된 친구를 따라 '눈덩이 굴리듯' 다른 친구를 만났다. 조사자의 행동이 오히려 피조사자에 의해 제한되었던 것이다. 이렇게 공동체의 특정 부분의 규칙을 비교적 깊이 이해하는 것은 가능해졌지만 공동체의 '큰 그림'을 파악하는 것은 오히려 어려워졌다. 이곳에 처음 들어간 사람에게는 분명 아쉬움이 남을 수밖에 없다.

1993년 이후, 나는 '논문 쓰는 학생'의 역할을 유지하는 동시에 저장 러칭현의 베이징 연락사무소(제7장 참조)에서 '일손 돕기'를 시작하면서 임시 비서 역할을 수행했다. 이 연락사무소에서 다양한 사람을 만났고 또한 온갖 종류의 일을 겪었다. 이를 통해 저장촌에 대한 나의 이해 범위가 더욱 넓어질 수 있었다. 연락사무소에서 저장촌과 관련한, 동시에 저장촌 공동체를 넘어선 정보들을 접하기 시작했다. 연락사무소에서의 경력 덕분에 나는 더 큰 신뢰를 얻을 수 있었다. "쟤는 연락사무소에서 일했던 친구야"—최소한 내가 조사 대상자의 '꼬투리'를 잡으러 온 게 아니라는 것은 증명되었다. '친구 사귀기' 경험이 저장촌의 미세한 규칙을 알 수 있게 해주었다면 연락사무소에서 일한 경험은 저장촌에 대한 광범위한 지식을 얻을 수 있게 했다. 이후 나는 사람들과 이야기를 나눌 때 상대방도 아는 사람에 대한 일화를 들려줬고 그들도 매우 즐거워했다. 조사를 해본 사람이라면 다들 이런 경험을 해봤을 것이다. 일문일답의 방식은 사람들과 담소를 나누는 것과 차원이 전혀 다르다. 안타깝게도 요즘 우리는 이런 부분을 별로 강조하지 않는다.

1994년 말부터 나에게는 사회사업자社會工作者라는 새로운 역할이 주어졌다. 구체적으로 말하면 '베이징대학(학생) 저장촌 사회사업단北京大學 (學生) '浙江村'社會工作小組'의 책임자였다. 주된 일은 징원센터京溫中心의 상공업자를 도와 '애심협회'(제8장 참조)를 조직하고, 이 협회의 운영과 발전에 아이디어를 제공하는 것이었다. 앞의 두 역할이 '외부인'으로서 친구 아니면 도움을 주는 사람이었다면 사회사업자 역할은 그들의 생활에 더욱 깊숙이 관여할 수 있게 했다. 이 경험은 내가 저장촌을 이해하는 데 필수적이었다. 이 역할을 통해 세밀하고 생동감 있게 저장촌 사람이라는 집단의 잠재적 염원을 볼 수 있었고 현존하는 제도에 대한 그들의 전략과 생각을 읽을 수 있었다. 이 경험을 통해 나는 '사회'는 절대 한 눈에 전부 들어올 수 있는 평면이 아니라 무수히 많은 가능성을 내포하고 수시로 변화할 수 있는 것이라는 사실을 깨달았다. 이를 이론적으로 추론하기는 매우 어렵다. 당사자도 이러한 가능성을 미리 알지 못한다. 이러한 잠재적 가능성을 이해하는 것이야말로 사회과학자가 해야 할 일이다. 이러한 '잠재적 가능성'은 '눈을 이용한 관찰觀察'이 아닌 '몸을 이용한 관찰體察'을 통해서만 얻을 수 있다.

연락사무소에서의 경험과 마찬가지로 '애심협회'의 사회사업 덕분에 나는 공동체 내에서 비교적 넓은 신뢰와 인지도를 얻을 수 있었다. 이후의 조사과정에 나는 모르지만 그쪽은 나를 아는 만남이 자주 이뤄졌다. 적지 않은 사람들이 내 손을 잡고 "너는 우리를 위해 좋은 일을 한 사람이야'라고 말했다. 말로 표현할 수 없는 큰 감동을 받았다. 인류학 연구는 연구자가 조사 대상 공동체의 모든 구성원을 알고 그들 사이의 모든 관계를 이해해야 한다고 요구했다. 하지만 저장촌에서 이는 불가능한 일이다. 그러나 내가 공동체 내에서 어느 정도 '공인'이 되면서 전체 공동체와의 관계를 설정할 때 기존의 이 요구에 한발 더 가까이 다가갈 수 있었다. 구체적으로 말하면 쉽고 편리하게 언제든지 내가 궁금한 것을 알려줄 수 있는 사람을 찾을 수 있었다. 나아가 내가 굳이 저장촌에 가지 않아도 친구가 전화를 주거나 찾아와서 공동체의 최신 동향을 알려주는 정도였다. 그저 친구 몇 명을 사귄다고 해서 되는 일이 아니었다.

이 책을 쓰는 1년 여 동안 나에게는 공동체 일부 기업의 '고문'이라는 또 하나의 역할이 주어졌다. 그들이 나를 '고문'으로 위촉한 이유는 경영이나 관리를 잘 안다거나 정부와 특별한 관계가 있어서가 아니라 내가 저장촌의 복잡한 관계를 잘 이해하고 있다고 생각했기 때문이었다. 나는 몸둘 바를 몰랐다. 고문은 '관여'와 '초월' 사이의 어딘가에 놓인 역할이다. 장점이라면 새로운 인물의 부상이 다른 사람들에게 위협이 되는지, 서로 어떤 대책을 세우는지 등의 공동체 내의 보이지 않는 관계까지 더 깊이 이해할 수 있다는 점이다. 집필과정에서 이러한 역할이 추가되면 내가 이미 조사를 통해 형성한 관점을 일정하게 검증할 수 있다는 장점도 있다. 나는 내 이해를 바탕으로 그들에게 제안하고 그들이 내 생각을 어떻게 분석하는지 살펴본 다음 이 생각이 조작 과정에서 검증될 수 있는지 확인했다.

'원저우에서 온 대학생'

그러나 이 모든 구체적인 역할 또는 저장촌에서의 특정 위치는 나 자신이 베이징에서 공부하는 원저우 출신 학생이라는 기본적인 신분과 분리될 수 없다. 이게 나에 대한 저장촌 사람의 기본적인 정의다.

태어나서 대학에 가기 전까지 나는 원저우에서 18년을 살았다. 나는 지금도 '공장厂'이란 단어를 어떻게 처음 알게 되었는지 기억하고 있다. 한 이웃이 알려주기를 과거에는 '厂' 아래에 '敞'이 있었고[번체자에서 공장 창은 廠으로 표기되었다], 열려 있다는 의미였는데 나중에 [간체자가 되면서] '敞'이 없어지자 공장 문을 닫게 되었다고 했다. 그런데 당시엔 안에 '사람人' 글자가 남아 있었는데[35] 나중에 그 '사람'도 없어지고 나서는 공장이 완전히 망해버렸다고 했다. 그러자 모두 자신에게 의존할 수밖에 없었다. 이와 같이 글자의 변화로 시절을 비유한 것은 당시 원저우의 국영 및 집체기업[생산 수단에 대한 소유권을 인민들이 함께 소유하는 형태의 기업]의 쇠퇴를 대표적으로 보여주었다. 기술자와 노동자는 앞서거니 뒤서거니 집에 돌아가 자신만의 '제2의 경제第二經濟'를 시작

---

35 문혁 중후반, 한동안 일련의 신규 간체자가 유행했다. 당시 '廠'은 '仄'으로 표기했다.

했고, 공소원供銷員〔계획경제 시기 상품의 공급과 판매를 책임진 직원, 현재의 판매원 또는 영업사원과 비슷하면서 다른 역할〕은 공장과 했던 거래업무를 자신의 집으로 가져갔다.

어린 시절 기억 중 하나는 어른들이 했던 '개인사업做私工'이다. 1978년이나 1979년이었던 것 같다. 친척은 어디서 그런 일거리를 가져왔는지 집에서 플라스틱 안경테를 조립하고 있었다. 낮에는 공장에서 일하고 저녁에 집에 돌아와 밤늦게까지 그 일을 했다. 집안에서 작업이 '시작'되면 외할머니는 대문 밖에 나가 주변을 살폈다. 얼마 지나지 않아 금은 액세서리를 만드는 일로 바꿨다. 평소와 마찬가지로 일을 시작하면 문을 잠갔다. 액세서리는 금속을 녹이는 작은 화로를 사용했다. 한번은 이웃이 창문으로 불씨를 보고 '불이야'를 외쳤다가 안에서 친척이 나오자 상황을 파악하고 웃으면서 돌아간 일이 있다. 얼마 지나지 않아 나는 그 집도 '개인사업'을 하고 있다는 사실을 알게 되었다. 굳이 말을 하지 않아도 모두가 서로의 마음을 읽고 있었다. 나중에 알게 된 사실이지만, 도시 사람들이 여전히 개인사업을 경계하고 있을 때 러칭이나 창난蒼南 등 농촌 지역에서는 지하공장이 이미 활발하게 발전하고 있었다.

1980년대 중반에 이르러 '개인사업'이라는 단어는 자취를 감췄고, 대신 '선대제外加工'(이 용어는 현재도 사용중이다), 즉 개인이 작업장을 열고 공장이 주문한 특정 공예품 가공을 맡아 하는 일이 이를 대신했다. 각 가정은 한두 대의 기계만 있는 작은 규모였지만 다른 작업장과의 서로 긴밀한 합작관계를 통해 거대한 조립 라인을 형성했다. 나는 그때 당시 이미 '연결망'이라는 개념을 알았고 동시에 인품이 좋아야 사업도 잘 된다는 이치를 알았다.

나는 중학교 교사 집안에서 태어났고 어려서부터 중앙인민방송국의 뉴스를 들으며 자랐다. 그러나 부모님께 듣거나 학교에서 배우는 것과 토요일과 일요일에 외할아버지 댁에 가서 이웃들에게 듣는 것은 전혀 달랐다. 이웃들의 이야기는 두 가지 특징이 있었다. 하나는 모든 일이 '이익' 두 글자로 귀결되었고, '정치적 의미'와 같은 것에 대해서는 개념이 전무했다. 나는 너무 어려서 논쟁에 참여하지는 못했지만 옆에서 들을 때 뭔가 불편하게 느껴졌다. 하나의 예외는 1970년대 말과 1980년대 초, 지금부터 국내 발전 촉진에 집중하고 과도한 국제 원조는 지양하겠다고 한 중앙정부의 발표에 대한 사람들의 반응이었다. 사람들은 지지했다. "자신도 가난해 죽을 지경인데 남을 돕다니. 남이 좋아해봤자 무슨 소용이 있겠어!" 다른 하나의 특징은 대책 의식이 매우 강하다는 점이었다. (국가가) '거두어들이는지 여부'(긴축이나 통제 강화를 말함)가 그들이 자주 논의하는 주제였다. 국영상점에서 일하면서 집에서 식품매대를 운영하는 이웃은 '거두어들이는 것'에 특히 민감했다. 매번 정세를 논할 때면 그는 위에서 '거두어들일 것' 같아서 조만간 그만두겠다고 했다. 나는 지금도 그들이 어떻게 '좋은 정세'에 대한 똑 같은 선전을 접하고도 그렇게 다른 결론에 도달했는지 의아하다.

이러한 개인 기억을 통해 나는 원저우 사람들이 체제 밖에서 자립했다는 점(당지 지방정부의 말을 빌리면, 원저우 인민들은 국가를 바라보며 '기다리거나 의존하거나 요구'한 적이 없다)과 소규모적이면서 연결망화된 경제를 발전시킨 경험을 일찍 알 수 있었다. 이를 통해 나는 저장촌의 형성은 국가의 외부에서 형성된, 오래된 줄로(원래의 사회적 관계로) 새로운 그물을(새로운 사업과 사회적 공간을) 짜는 과정이라는 것을 일찍 깨달을 수 있었다.

원저우에 대한 이러한 기억을 통해 나는 내가 원저우 사람은 맞지만 전형적인 원저우 사람은 아니며, 적어도 내가 지금 연구하고 있는 원저우 사람은 아니라는 점을 말하고자 한다. 많은 사람이 내가 원저우 사람이라서 저장촌에 들어가는 데 전혀 문제가 없었다고 하지만 사실 그렇지 않았다. 나의 친척 중 누구도 저장촌 사람과 친분이 있는 이는 없다. 나는 1993년 춘절에 러칭에서 일하는 친척의 도움으로 꽤 힘들게 류스밍을 만났다. 이렇게, 한편으로 나는 '세상에서 가장 어렵다'고 알려진 원저우 방언을 알고 있다는 점에서 그들과 어느 정도는 공통된 지식적 배경이 있다고 할 수 있지만 다른 한편 베이징 생활에 대한 그들의 구체적인 생각과 경험은 나에게 완전히 낯설고 심지어 충격으로 다가왔다. 익숙하다고 해서 묵과할 수 있는 것은 아니었다.

나의 '대학생' 신분(이후 '대학원생'으로 바뀌었고, 그들의 시각에서 심지어 '학자'가 됨)은 나와 그들의 구분을 두드러지게 했다. 나는 와이트가 길모퉁이 사회 연구에서 "사람들은 내가 그들과 똑같기를 기대하지 않고, 사실 내가 그들에게 우호적이고 관심을 보이면 내가 그들과 다르다는 점에 대해 오히려 흥미로워하고 기뻐한다. 따라서 나는 더 이상 그들의 생활에 완전히 융합되려는 노력을 하지 않아도 된다"고 말한 것에 동의한다.(懷特. 1994: 343) 저장촌의 진이궈金一國는 나의 친한 친구다. 우리가 서로 알게 된 역사는 다소 극적이다. 당시 나는 저장촌 입구의 타오위안 여관桃源旅館에 묵었다. 진이궈 어머니의 친한 친구가 남편과 다툰 뒤 자신이 대단히 화났다는 걸 시위하기 위해 진씨의 집에 며칠 묵고 있었다. 진이궈는 자신의 침대를 양보하고 여관으로 옮겼고, 이렇게 우리는 우연히 같은 방을 사용했다. 나는 그가 원저우 사람이라는 것을 알고 기쁘게 말을 걸려고 했지만 그는 차분하게 "왜, 지금 두 번째 논문을 쓰는 중이야? 지금 무슨 인터뷰 하고 싶어?"라고 말했다. 나는 깜짝 놀랐다. 나중에 알고보니 그는 여관 직원을 통해 나를 알았고, 그 직원도 신문 기사를 보고 나를 알게 되었던 것이다. 그 전까지만 해도 나는 부득이한 경우에만 나를 소개했고 "여기 동향들이 많다고 해서 놀러왔고 사업을 어떻게 하는지 배우고 싶기도 해"라는 말로 나의 목적을 일부러 흐렸다. 진이궈의 말을 듣고 나는 난감해졌다. 그런데 그가 더 관심을 보이면서 오히려 이것저것 묻기 시작했고 '거물'과 패거리에 관한 적지 않은 민감한 주제도 알아서 나에게 들려주었다. 그 이후로 나는 조사과정에서 '긴장 푸는 법'을 배우기 시작했다. 내 개성을 보여줄 필요가 있는 장소나 주장을 드러낼 필요가 있을 때 적절히 나를 보여줬다. 동시에 나는 사람들을 베이징대학에 초대했다. 나와 그들의 다른 점을 유지했더니 그들의 생활체계에 더욱 쉽게 들어갈 수 있었다. 이 경험을 통해 조사자가 피조사자를 이해하려고 할 때 피조사자도 조사자에 대한 인지능력이 있다는 사실을 알게 되었다. 만약 당신이 상대방 마음속에서 모호한 이미지라면 당신도 그 상대방을 진정으로 명확하고 깊이 이해할 수 없다.

구체적인 조사방법을 놓고 볼 때 나는 참여관찰에 주안점을 두었다. 그 외에, 일반적인 요해, 심층 인터뷰, 문헌연구, 소규모 통계 조사 등 사용할 수 있는 것은 모두 사용했다. 1993년부터 1998년까지 6년 내내 원저우의 러칭과 융자현永嘉縣(저장촌 사람의 주요 출신지)을 다니면서 현장조사를 했다. 또한 베이징시정부와 원저우시정부가 조직한 관련 조사에도 참여했다. 서로 다른 상호작용을 통해 얻을 수 있는 것은 서로 다른 이해였다. 만약 자신을 전문가라고 생각하면서 특정한 이른바 교조적인 조사방법에 따라 상대방과 상호작용을 하면 얻을 수 있는 것은 이 교조적 방법 자체와 그 부산물밖에 없다.

조사의 첫 5년 동안만 해도 나는 이 책을 쓸 생각을 해본 적이 없다. 오로지 이 현상에 관심이 있었을 뿐이고 우리가 그들에 대해 더 많이 이해해야 한다고 생각했을 뿐이었다. 내가 오랫동안 관찰을 지속할 수 있었던 것은 그들의 생활에 '들어갔기' 때문이다. 많은 부분에 대해 나는 쫓아가서 분석해야 할 의무가 있다고 생각했다. 그래서 전체 조사를 미리 설계되지 않은 철저히 개방된 과정으로 만들었다. '비규범적'이거나 '비과학적'이라고 볼 수도 있지만 이 조사의 독특한 점이 바로 여기에 있다.

이 책이 쓰인 방식

민족지적 글쓰기는 (1)사실 자체의 논리, (2)연구자가 사실을 발견하는 과정의 논리, (3)작문의 논리 등 세 가지 논리를 조화시켜야 하는 문제에 직면하곤 한다. 이른바 작문의 논리는 하나의 서술의 틀을 빌려 사실을 더욱 분명하게 전달하고 동시에 이론적 논증에 유리하게 하는 것이다. 이 책은 '일상행위 중심의 접근'에서 출발하여 나의 서술의 논리를 앞의 두 가지 논리에 복무하게 한다.

나는 다양한 집필 방식을 시도해보았지만 모두 너무 어렵다는 느낌을 받았다. 주된 이유는 다양한 현상과 변화가 모두 종합적으로 발생한다는 데서 비롯되었다. 저장촌 사람의 이동, 사업, 대인관계, 분쟁, 거물의 출현 등을 분리하기 어려웠다. 이러한 연결과 얽힘은 특별히 주의를 기울여야 하는 부분이었다. 결국 나는 '연보年譜'식의 집필 방법을 선택했다. 그들의 '생활사' 서술이 중심이 되었다. 시간의 흐름을 따라가보면 마침내 상대적으로 쉽게 사실 변화의 논리를 보여줄 수 있다고 보았다.

그러나 완전히 사실적 논리에 따라 글을 쓸 수 있는 가능성이란 존재하지 않는다. 사실은 한번 지나가면 다시 돌아오지 않는, 복잡하게 얽히고설킨, 말로 표현할 수 없는 과정이다. 예를 들어, 저장촌 내의 의류업 노동력 시장의 형성과 변화는 하나의 일관된 과정이다. 그러나 나는 책의 '1984: 베이징에 오다'와 '1986~1988: 입지를 굳히다'의 두 개의 장에서만 언급했다. 이 두 시기는 노동시장의 변화가 가장 뚜렷하고 다른 분야에 대한 영향도 비교적 컸던 시기다. 이 부분을 집필할 때는 앞뒤를 고려하면서 전체 노동력 시장의 변화 과정을 함께 보았기 때문에 '1984: 베이징에 오다'에는 1984년의 이야기만 있는 것이 아니다. 다른 현상에 대한 서술도 비슷하다.

앞서 '서론: 일상행위 중심의 접근'과 '저장촌에 들어가다'에서 연구의 기본 방향과 방법을 설명했다.

'저우가의 하루'는 저장촌의 한 평범한 가정의 2년의 일상생활을 묘사함으로써 그들 생활의 기본 패턴과 변화를 직관적으로 보여줄 수 있기를 기대했다. 그들의 생활에 대한 사소한 묘사 뒤에는 시간 순서, 공간 구조, 기본적인 관계 연결망 등의 세 개의 변수가 있다.

'1984: 베이징에 오다'는 저장촌의 '전사'와 사람들이 어떻게 베이징에 오게 되었는지를 통해 저장촌의 형성은 단순한 '개혁 정책에 고유의 전통이 추가된' 산물이 아님을 설명한다.

'1986~1988: 입지를 굳히다'에서는 저장촌 사람이 어떻게 도시의 공식적 상업체계에 진입했는지에 관한 이야기다. 이 과정은 저장촌이 베이징에서 발전하는 데 기초를 마련해주었다. 공동체 내에서는 '대리 판매' 관계가 출현했고 만드는 사람(가내 가공업자)과 파는 사람(진열 매대) 간의 초기 분업이 시작되었다. 이렇게 외부 시장에 대한 점유율의 증가는 내부 연결망의 발전을 촉진했고 내부 연결망의 발전은 사람의 이동을 체제의 제약으로부터 어느 정도 독립시킴으로써 자율적으로 발전할 수 있는 하나의 과정이 되게 했다.

'1988~1992: 확장'은 이 책에서 가장 분량이 많고, 윈저우 사람들의 '전국 이동 사업 연결망'이라는 개념을 제안했다. 나는 이 연결망의 형성을 저장촌 공동체가 진정으로 형성되었다고 볼 수 있는 상징적인 현상으로 보았다. 이 장에서는 연결망 형성의 과정 및 그것과 공동체 내부 관계들과의 변화하는 관계를 설명했다. 이 시기, 사람들의 사업권과 친우권은 초기의 중첩된 관계에서 분리되기 시작했다. 그러나 다른 측면의 친우권의 중요성은 줄어들지 않았고 '계'의 구조에 의해 오히려 강화되었다. 동시에 '계'와 '계'의 중첩도 확대되기 시작했다. 이러한 공동체 내부에 새로운 규칙이 생겨났다. 특히 분쟁 해결 과정은 이후 공동체 내의 '거물'의 등장에 필요한 조건을 제공했다. 요컨대, 사람들은 더욱 밀집되고 복잡한 결합 형태를 통해 자신의 손이 외부를 향해 더 멀리 뻗을 수 있도록 했다. 이 장에서는 또한 이주 연구에서 다루는 세 가지 중요한 의제를 논의했다. 외래인구와 현지인의 관계, 저장촌과 출신지 공동체 및 가족의 관계, 저장촌과 국가의 관계다.

'1992~1995: 혼돈 속에서 돈을 벌다'는 제목이 조금 이상하지만 당시 저장촌의 두 가지 특징을 강조하고 싶어서였다. 하나는 공동체 내에서 출현한 '큰 사업'—단지나 도매시장 건설—이다. 이 큰 사업을 시작한 '거물'들은 자신의 '계'는 물론 다른 사람의 '계'와 중첩하면서 등장했다. 두 번째는 패거리 세력이 창궐하는 '혼란'으로 특징지을 수 있다. 이 장에서는 패거리의 형성,

조직적 특징과 행동의 방식을 기술했다. 거물과 패거리는 내적인 관계가 있었다. 이런 관계는 저장촌 공동체의 중요한 특징 중하나이기도 했다. 이 장의 또 다른 중요한 내용은 다양한 정부부처의 개입과 관련된 내용이다. 정부가 건설한 징원의류도매센터는 저장촌의 새로운 전환점이었다. 하지만 다른 방식의 정부개입과 타 지역 정부와의 협력은 대체로 효과적이지 못했다.

'1995: 굴곡과 역조'는 두 개의 사건을 다루었다. 하나는 '애심협회'의 설립이고 다른 하나는 대철거다. 이 두 사건은 저장촌으로 하여금 내부의 조직 방식, 저장촌과 체제의 상호작용의 관계를 전형적이고 심지어 극적인 방식으로 표출하게 했다. 내가 말하고자 하는 요점은 저장촌의 반항과 표현 능력이 매우 미약하다고 해서 그것이 결코 기존의 체제에 의존하고 있다는 것을 의미하지는 않는다는 점이다. 그것은 이익에 대한 매우 강한 독립적인 인식이 있고 실제로 체제에 대해서도 분명한 견제의 역할을하고 있었다. 이것이 아마도 오늘날 중국에서 상대적으로 독립된 '사회'가 평화롭게 성장하는 방식일 것이다.

'토론: 관계총'은 저장촌의 발전 과정을 요약하고 개별 사례에서 보편적인 개념을 도출하려고 시도했다. '계'의 개념과 '관계총'의 시각을 집중적으로 논의하면서 그 어떠한 안정적인 관계도 '단선적인 관계'로 이해할 수 없다고 보았다. 신뢰 문제에 대한논의에서는 '잠금鎖住'이라는 개념을 제안했다.

마지막 장인 '미래: 신사회공간'은 체제 변혁의 시각에서 저장촌의 역사와 미래를 논의했다. 저장촌이 형성되는 구체적인 방식과 그것이 처한 체제의 배경은 직접적인 관련이 있다. 저장촌은 지리적, 체제적, 신분적 등 일련의 사회적 경계를 넘음으로써 체제의 외부에 존재하는 '신사회공간'이 되었다. 이 공간은 이를테면 사회의 조직 방식과 생활방식의 가능성을 우리에게 보여주었다. 그것은 엄청난 역동성을 가지고 있다. 이러한 '신공간'은 역으로 체제의 변혁을 촉진하고 기존의 사회적 경계를 변경하는 등 오늘날 중국 사회 변동의 하나의 중요한 경로가 되었다.

나는 책에서 저장촌 사람의 말을 많이 인용했다. 엄격한 의미에서 이 말들은 모두 본래의 말은 아니다. 그 이유는 일단 원저우 방언의 단어, 문법은 보통말과 크게 다르고 '번역'하기 쉽지 않은데다 사람들이 일상에서 사용하는 말들은 대부분 연속적이지 않고 또한 길게 늘어지고 논리적이지도 않기 때문이다. 따라서 나는 어순 등을 조정했다. 둘째, 더 중요한 것은 인터뷰가 나에게 있어 중요한 연구방법이 아니었다는 점이다. 사람들은 특정 사건에 대해 다양한 장소에서 산발적으로 나에게 알려주었고 이 사람들의 서술은 동시에 매우 강한 장소성을 띠고 있었다. 예를 들어, 그들은 내가 알고 있다고 생각되는 부분은 대화에서 생략했다. 만약 내가 이러한 산발적이면서 즉각적인 논의를 필요에 따라 편집하지 않는다면 독자들은 내용을 이해할 수 없게 된다. 편집하면 자료의 진실성이 손상되지 않을까 라는 의문이 생길 수도 있다. 이 문제는 토론의 여지가 있지만 여기서 나는 그들의 말을 조정했음을 독자들에게 분명히 밝힌다.

책 속의 이름은 가명이고, 단지와 시장은 대부분 병음 이니셜로 표기했다. 책 속의 수치와 사소한 이야기들이 전부 정확하다고 볼 수는 없다. 이는 한편으로 내가 일부 수치에 대한 통계를 만들 수 없었고 다른 한편으로는 보안상의 이유로 일부 구체적인 내용을 의도적으로 모호하게 했기 때문이다. 하지만 이 모든 것이 저장촌에 대한 우리의 이해에 영향을 미치지 않을 것이다. 저장촌에 대한 조사 시간이 길어질수록 정확성을 추구하고자 했던 나의 의지도 점차 약화되었다―생활에 대한 우리의 진정한 이해는 사실 한 번도 기술적 의미의 '정확성'을 통해 이루어지지 않았다.

제 3 장

저우가周家의 하루

그림 보고 말하기: 구역과 확장

〔그림 3〕은 베이징에 있는 저장촌의 위치를 보여주고 있다. 나는 두 가지를 강조하고 싶다.

1. 그림에서 볼 수 있듯이 저장촌은 베이징의 유일한 외래인구 집거지가 아니다. 그림에서 표기한 부분도 전체 집거지의 일부에 불과하다. 예를 들어, 저장촌과 비슷하게 저장 사람들이 형성한 이른바 '옌징촌眼鏡村'〔옌징은 안경이라는 뜻임〕과 '무차이촌木材村'〔무차이는 목재라는 뜻임〕(푸젠 사람으로 구성)도 있다. 다양한 집거지를 비교하면서 나는 공동체의 내부 결속력이 강할수록 외부 세계에 더 개방적이라는 결론을 내릴 수 있었다.(제10장을 참조하라)

2. 그림에서 표기한 저장촌도 베이징의 유일한 원저우 사람

집거지가 아니다. 1990년을 전후하여 이 책이 중점적으로 연구한 다훙먼 저장촌 외에도 베이징에는 궁주펀公主墳 서쪽의 사와沙窩, 하이뎬구海澱區의 다중사大鍾寺, 하이뎬구 우다오커우五道口 및 차오양구朝陽區 다자오팅大郊亭과 진숭둥커우勁松東口 등의 원저우 의류개인상공업 집거지가 4개나 더 있었다. 1993년을 전후하여 스징산구石景山區의 구청古城에 또 다른 작은 원저우 사람 공동체가 생겨났다. 이러한 집거지 외에도 적지 않은 원저우 사람들은 첸먼前門, 톈차오天橋, 둥단東單, 시쓰西四 일대에서 철물가전제품을 판매하거나 중관춘中關村 전자제품 거리와 시쓰, 충원먼崇文門 일대에서 전자부품을 판매하거나 충원구崇文區 사즈커우沙子口에서 구두나 아동복을 판매하는 등 베이징시의 다양한 구에 흩어져 살았다. 만약 전국을 살펴본다면 거의 모든 도시마다 원저우 사람들이 사업을 하고 있고, 저장촌이나 '원저우가溫州街' 등의 공동체가 있는 도시도 적지 않다는 것을 발견할 수 있다. 란저우蘭州, 스자좡石家莊, 타이위안太原, 쿤밍昆明, 청두成都, 사오싱紹興 등에 특히 많다.

따라서, 이 책에서 말하는 저장촌은 오늘날 중국사회의 유일무이한 '특수 사례'가 아니다.

우리는 이 그림에서 집거지들 사이의 공통점을 확인할 수 있었다. 즉, '신장촌'을 제외하면 모든 집거지는 도시와 농촌의 접경지역에 위치했다는 점이다. 여기에는 네 가지 이유가 있다.

1. 가장 간단한 이유는 이곳에 많은 미사용 주택이 있었다는 것이다. 중국 도시의 주택은 '단위單位'[계획경제 시기의 직장을 말함]

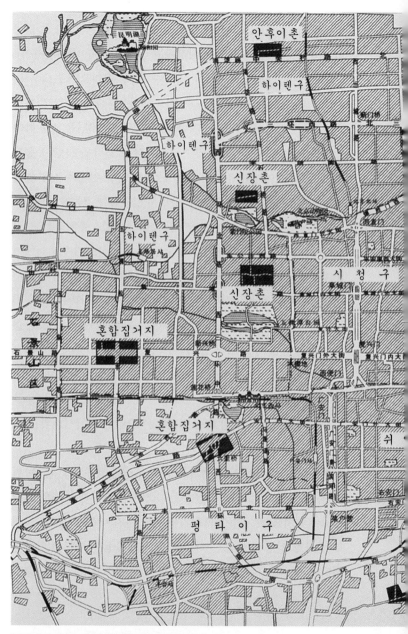

[그림 3] 베이징의 저장촌 및 기타 이주민 집거지 위치

北

둥청구

차오양구

허난춘

충원구

범례 — · — · — 구 및 현의 경계
〰〰 주거지
■ 경계를 넘는 공동체

에서 분배한 것으로서 임대할 수 없다. 그러나 도농 접경 지역에는 상당한 규모의 '농민'이 사는데 이들은 자신의 '사유 주택'이 있고 자유롭게 처분이 가능하다. 사실 비록 시내에도 외래인구가 많지만 대규모로 이런 주택이 밀집된 지역이 없기 때문에 '촌'과 같은 구조를 형성할 수 없었다.

2. 왜 미사용 주택이 더 많은 교외나 농촌에 가지 않았을까? 그 이유도 매우 간단하다. 외래인구들은 상업과 소규모 공업에 종사해야 했기에 도심에서 너무 멀리 떨어지면 안 되었다.

3. 도농 접경 지역의 행정관리는 상대적으로 취약한 경우가 많았다. 도시의 행정관리는 기본적으로 '단위와 가도街道[한국의 '동'과 비슷한 지역사회]—주민위원회'를 통해 이루어지고 농촌에도 비교적 성숙한 '향진-행정촌-자연촌'의 관리체계가 있다. 하지만 도농 접경 지역에는 이 두 체계가 섞여 있었다. 1호에 사는 주민은 모 단위에 근무하기에 현지의 가도와 주민위원회의 관리 대상이지만 2호에 사는 주민은 명목상으로는 여전히 농민이고(비록 이 지역의 농민은 이미 오래 전부터 농업에 종사하지 않았지만) 향촌 체계 내에 있는 사람이다. 한 가족 내에서 아버지는 '촌'의 사람이고 딸과 아들은 주민위원회의 관리 대상이 될 수 있다. 이러한 혼잡성은 두 개의 관리의 힘을 상호 강화시킨 것이 아니라 오히려 책임을 서로에게 전가함으로써 행정관리상의 공백을 양산했다. 주민위원회와 촌민위원회가 비록 같은 마당에 있더라도 거의 교류하지 않았다. 이 책에서 보겠지만, 두 행정체계에 대해 외래인구들은 관리구조가 한 겹 더 많아졌다고 생각한 것이 아니

라 오히려 이용 가능성이 더 커졌다고 느꼈다.

4. 세 번째 이유와 관련하여, 도농 접경 지역의 토지 점유의 양상이나 이용의 패턴은 도시나 농촌보다 훨씬 다양하고 복잡했다. 현지 정부는 나에게 다음과 같은 '저장촌 기본 정보 일람표'를 보여주었다.

1. 저장촌 지역 총 면적 약 7500무畝(1무는 약 666.7제곱미터)
2. 농촌 집체 총 점유 토지 면적 약 4039무
3. 농촌 주택 총 점유 토지 면적 472무, 건축 면적 49만6800제곱미터
4. 농촌 현재 경작지 면적 844무, 채소밭 8844무
5. 농촌 기업 점유 토지 면적 896무, 건축 면적 26만3400제곱미터
6. 농촌 녹지 점유 면적 280무
7. 농촌 기타 용지 면적 457무, 건축 면적 9만5000제곱미터
8. 농촌 농민 가구 수 5608호, 인구: 1만4301명
9. 촌 주민 가구 수 7251호, 인구: 2만3313명
10. 촌 외지인 약 11만 명
11. 중앙 직속 단위 약 30여 개, 용지 면적 약 3만4161무

토지와 인구의 이러한 혼잡한 양상은 외래인구가 생존할 수 있는 큰 틈새를 만들어주었다. 이 부분을 우리는 저장촌의 단지와 시장의 건설 과정을 통해 더 잘 볼 수 있을 것이다.

아래 〔그림 4〕를 보자. 이것은 두 개의 내용을 담고 있다. 첫째, 저장촌의 기본 범위는 두 개의 동사무소街道辦事處(다훙먼과 양차오洋橋)와 한 개의 향(난위안향)을 포함하고 있다. 저장촌의 중심 지역은 스촌時村, 덩촌鄧村, 마촌馬村과 허우촌後村 등 지역이고 이 네 개의 촌 모두 스촌 행정촌 소속이다.

둘째, 저장촌의 지역 공간적 확장 과정을 보여준다. 그림의 화살표 1은 1986년부터 1988년까지의 확장 양상을 가리킨다. 사람들이 처음 베이징에 도착했을 때 마촌과 하이후이사海慧寺 일대에 먼저 모였다가 도시 방면으로 확장했다.

화살표 2: 1988년부터 1992년까지, 확장의 방향은 앞의 단계와 달랐다. 확장의 원동력은 정부의 추방과 이주 인구의 '도주'에서 비롯되었다.(제6장 참조)

화살표 3: 1992년부터 1995년까지, 저장촌은 전례 없는 속도로 남쪽과 동쪽으로 확장했다. 이유는 세 가지였다. 첫째는 저장촌 인구의 급증, 둘째는 정부와 유동인구 사이 '추방-도주'의 공방전(제6장 참조), 셋째는 가장 중요한 것으로서 촌의 거물들이 주징좡久敬莊에 단지를 건설했기 때문이었다.(제7, 8장)

화살표 4: 1995년의 대철거는 저장촌을 축소시킨 것이 아니라 오히려 확장시켰다. '서진' 이유 중 하나는 다훙먼가도의 서쪽에 위치한 양차오가도가 비록 작은 규모이지만 저장촌 사람에게 개방했기 때문이었다.

그러나 저장촌이 다훙먼 지역에서 형성되고 빠르게 확장될 수 있었던 것은 이 지역의 특수성 때문만은 아니었다. 원저우 사람들은 처음에는 이곳이 도시와 가깝다는 장점을 알지 못했을 뿐만 아니라 이곳의 복잡한 토지 점유 방식이 그들에게 '큰 사업'(단지와 시장 건설)의 기회를 제공해준다는 것은 더욱 몰랐다. 당시 그들은 시내에서는 못 살게 할 테니 부득이 '변두리'(변두리 지역)에서 살아야 한다는 생각뿐이었다. 적지 않은 사람들이 다홍먼의 교통 여건을 저장촌을 출현시킨 중요한 이유라고 생각했다. 왜냐하면 이곳에 하이후툰海戶屯 장거리버스터미널, 첸먼과 둥화먼東華門으로 직행하는 2번 버스 정류장이 있었기 때문이다. 하지만 사실 하이후툰 장거리버스터미널은 1989년 이전까지만 해도 초라한 주차장에 불과했고 2번 버스 정류장도 1992년에야 비로소 무시위안스마펀난木樨園石馬墳南에서 하이후툰으로 옮겨졌다. 원저우 사람들이 이곳에 처음 왔을 때 합리적인 '부지 선정' 이란 존재하지 않았다. 저장촌의 급속한 확장은 외래인구의 '후천적 노력'의 결과였다.

따라서 중요한 것은 역시 그들의 행위 자체다. 이제 저장촌의 한 평범한 가족의 일과 생활 이야기를 시작해보자.

두 그룹의 사람

저우가周家는 나와 비슷한 시기에 저장촌에 들어갔다. 신병의 신고절차를 알면 병영생활의 규칙을 알게 되듯이 처음 도착한 가족을 관찰하면 그 공동체 내부의 생활을 집중적으로 들여다

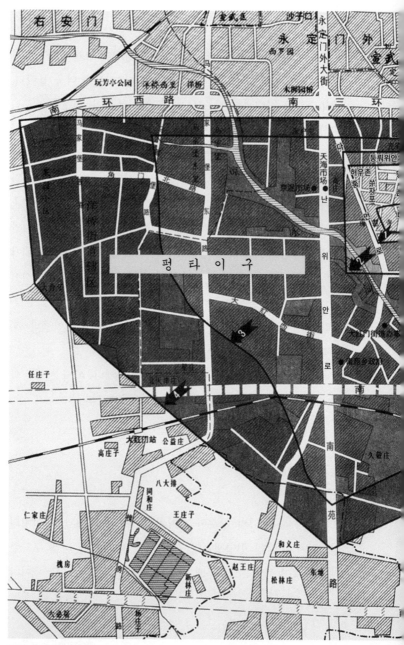

[그림 4] 저장촌의 범위

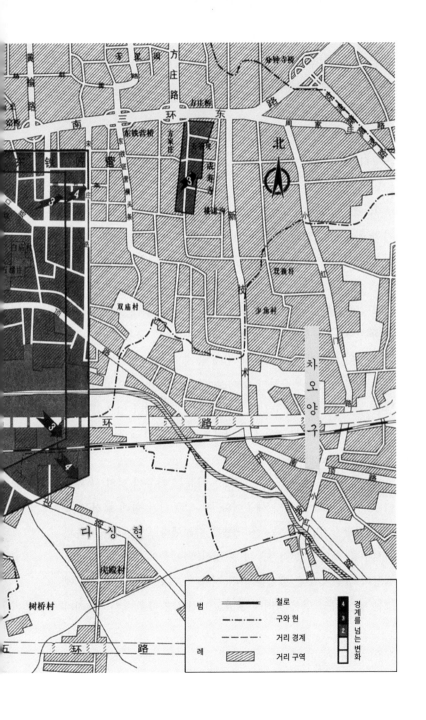

볼 수 있다. 저우의 사촌동생은 베이징대학에 있는 나의 친구였고 나는 이 베이징대학 친구처럼 그들을 '큰누나' '큰 매형'이라고 불렀다.

'저우가'는 엄격한 의미에서의 '가家'〔전통 의미의 가족〕라기보다 정확하게는 '호戶'〔가구의 의미에 근접함〕에 가까웠다. 내부 관계는 〔그림 5〕와 같다.

이 호는 '집안사람'과 도우미의 두 그룹으로 나눌 수 있었다. 가족 구성원을 놓고 보면, 두 개의 독립적인 가족으로 구성된 하나의 연합형 가족이었다. 이 구성은 전적으로 베이징에 오기 위한 목적으로 형성한 새로운 조합이었다. 두 가족은 오기 전에 각각 2만5000위안을 출자하여 하나의 '공동 기금'을 조성했다. 두 가족은 하나의 장부를 사용하면서 모든 수입, 물품 구입, 출장 및 일상의 식료품 구입과 손님 접대 등에 필요한 돈을 함께 관리했다. 만약 돈이 부족하면 양쪽은 함께 출자했다. 연말이 되면 남은 돈을 똑같이 나누었다. 자녀의 학비, 자신이 입을 옷(비록 그들은 옷을 만들지만 거의 모든 사람들은 시장에서 옷을 사 입었다) 등은 각자의 돈에서 지출했다.

내가 그들을 '저우가'라고 부르는 이유는 저우씨 성의 큰 매형이 가구주 역할을 했기 때문이다. 두 남동서가 함께 물건을 들여오고 팔았지만 장부는 큰 매형이 관리했다. 큰누나는 가족의 의식주를 책임졌고 작은누나는 생산과 여공의 관리를 맡았다. 일상의 업무에서 큰 매형은 가장 여유 있고 한가했다. 식사할 때 그는 항상 제일 먼저 자리에 앉았고(내가 처음 갔을 때 나에게 자리를 먼저 양보한 적은 있다), 먼저 반주를 하고 항상 식사는 제일 늦게 마쳤다. 밥상에 둘러앉은 사람들은 주로 그의 의견에 귀를 기울여야 했다.

그들은 도착한 이후 후난湖南, 후베이湖北, 저장에서 온 남자한 명과 여자 네 명, 총 다섯 명의 노동자를 불렀다. 저장촌에서이런 기능공을 '라오쓰老司'라고 부른다.[36] 라오쓰에게 지급하는임금을 '라오쓰톈老司鈿'이라고 한다. 보수는 원칙적으로 각 개인의 기능적 수준에 따라 결정했다.

1번 기능공이 맡은 일은 재단이다. 기술 노동이자 전체 공정에서 가장 중요한 작업이었기에 임금도 월 400위안으로 제일 높았다. 2번은 저장 리수이麗水에서 왔고 '생활'(솜씨)이 매우 좋아서 월 350위안을 받았다. 5번은 큰 매형의 먼 친척이었고 월급은 300위안이다. 나는 작은누나에게 조용히 이 여자애 실력이어떤지 물었고 누나는 고개를 저으면서 "그럭저럭 쓸 만해. 그런데 친척이잖아, 아무리 그래도 저 장시江西 사람[37]과 같은 취급하

---

36 원저우 방언의 '라오쓰'는 기술을 보유한 사람을 말한다. '티터우라오쓰剃頭老司[이발사]' '차오차이라오쓰炒菜老司[요리사]' 등의 표현이 있다. 흥미로운 것은 베이징 사람들이 현재 이런 기능공을 '라오쓰老師[선생님]'라고 부른다는 점이다. 원저우 사람을 따라 불렀다는 것은 확실한데, 어느 단어가 어원인지는 잘 모르겠다. 원저우 사람들도 '라오쓰'가 어느 한자인지 잘 모를 때가 많다. 이들은 보통말을 할 때 오히려 베이징 사람을 따라서 자기가 고용한 기능공을 '라오쓰'라고 부르기도 했다.

37 여기서 말하는 '장시 사람'은 품팔이의 총칭이다. 아마도 저간철로浙贛鐵路[저장성과 장시성을 잇는 철도, 간은 장시성의 지역 표기명이다] 노선 때문에 원저우의 외래 이주노동자 중 장시성 출신이 가장 많았다. 비록 나중에 후베이, 안후이安徽, 심지어 둥베이 지역 사람도 유입되었지만 모두 '장시 사람'으로 불렸다. 다른 지역 출신의 '외지인'과 비슷하게 원저우에서의 '장시 사람' 이미지는 '더럽고', 하층 육체노동에 종사하는, 심지어 경계해야 하는 사람이다. 원저우 사람들은 비록 자신도 밥 먹듯이 이주하지만 자신과 이런 '장시 사람'은 분명히 '다르다'고 생각했다.

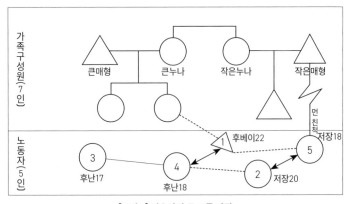

[그림 5] 저우가의 두 그룹 사람

면 안 되지"라고 말했다. 하지만 이런 편애는 매우 제한적이었다. 큰누나가 옆에서 끼어들면서 "가족, 때로는 가족이 제일 힘들게 해! 아무리 많이 줘도 적게 준다고 한다니까"라고 했다. 후난에서 온 두 자매는 한 달에 260위안을 받았다. 남은 한 명은 130위안을 받았다. 작은누나는 "쟤는 처음 와서 할 줄 아는 게 거의 없어. 가끔 사람들이 자기 일을 멈추고 알려 줘야 해. 이 정도 월급이면 딱이야!"라고 말했다.

〔그림 5〕의 양방향 화살표는 상대적으로 안정적이면서 친밀한 관계를 나타내고, 점선은 일반적인 우호적 관계를 나타낸다. 이 그림에서 볼 수 있듯이 여기에는 동년배 권자가 형성되어 있음을 알 수 있다. 아핑阿萍은 비록 가구주의 딸이지만 노동자들과 똑같은 일을 했다. 노동자들과 큰 소리로 웃고 떠들거나 귓속말을 주고받는 것을 좋아하지만 부모와는 대화를 거의 하지 않았

다. 실제 상호작용의 관계에서 볼 때 이 가구는 주인집과 노동자의 관계가 아닌 성인과 청소년이라는 두 개의 권자로 보는 것이 더 적합했다.

고용주와 노동자 사이의 친숙함과 친밀감은 저장촌에서 흔히 볼 수 있는 현상이었다. 아무 집이나 문을 열면 방을 메워 함께 일하는 사람들을 볼 수 있었고 누가 라오쓰고 누가 사장인지 구분할 수 없었다. 상대적으로 큰 기업에서도 사장은 노동자와 함께 있어야만 안정감을 느꼈다. 그렇다고 해서 양쪽 모두 고용주-고용자의 관계를 의식하지 않는다는 것은 아니다. 나는 고용주가 노동자들에게 "왜 이렇게 게을러!"라든가 "남한테 월급을 받으면 열심히 해야 돼"라고 훈계하는 것을 자주 들었다. 하지만 그들은 또한 종종 이 관계를 친우관계로 표현하기도 했다. 예를 들어, 노동자와 사장은 함께 명절을 보내거나 가끔 쇼핑을 하기도 했다. 만약 사장의 손윗사람이 오면 노동자들은 후배로서 존중을 표하는 등의 행동을 보였다.

각자의 연보

이 사람들의 삶의 궤적이 어떻게 이들을 최종적으로 한 곳에서 모이게 했는지, 그리고 어떻게 여기서 새로운 생활을 시작하고 새로운 공동체를 형성할 수 있게 했는지 함께 보도록 하자.

큰 매형

1957년 훙차오둥롄향虹橋東聯鄉 옌첸촌沿前村에서 태어났다. 저장촌에서 이 촌 출신 사람들은 5개의 방房으로 나뉘고 사오백 가구 규모다. 그가 30분 동안 세어봤는데 현재 다훙면 앞뒤 거리에만 93가구가 살고 있다.

1973~1975년. 16살에 중학교를 졸업하고 처음 집을 떠났다. 같은 촌의 사부를 따라 저장 룽취안현龍泉縣에서 목수일을 했다. "당시 집에서 농사일을 한다는 것은 노는 거나 다름없었어. 목수는 '자본주의 꼬리표'와 달랐어 (…) ('자본주의 꼬리표'는) 아마도 돈은 많이 벌겠지. 목수는 체력이야, 오래된 수공업이잖아. 당시 농촌에서 인기 많은 아가씨(처녀)가 배우자를 찾을 때 '직업이 목수야?'라고 물을 정도였어. 우리 그 지역에서 목수하는 사람이 많았어. 다들 외지에 나가서 일했지."

그 이후로 큰 매형은 농사일을 하지 않았다. 그와 큰누나는 자신의 명의로 된 토지 1.9무를 가지고 있다. 1992년과 1993년에 그는 연간 무당 170위안의 '비용倒貼費'을 지불하면서 대리경작을 했다. 연간 소득과 투입은 모두 '대경농代耕農'[다른 사람의 경작지를 대신 경작하는 농민]의 몫이었다. 이런 유형의 농민은 주로 같은 현의 동부 산지대에서 내려온 사람이거나 장시에서 온 농민이었다.

1975~1976년. 룽취안에서 개인가게를 개업했다. 고향에서 '동업자'(협력자) 한 명을 데려와 함께 가구를 만들었다.

1976년. 고향에 돌아가 사촌 여동생(내가 아래에서 부르는 '큰누나')과 결혼했다. 룽취안에서 1년 동안 번 돈의 거의 전부를 결혼식에 썼다.

1977~1978년. 같은 촌의 몇몇 목수와 함께 칭하이青海에 가서 1년 동안 가구를 짰다.

1978~1981년. 아내와 처남(사촌 남동생)을 데리고 간쑤성 둔황敦煌에 가서 가구를 짰다. 사촌 남동생은 그때 처음 집을 떠났다. 이 기간에 일어난 '천재지변'의 개혁은 큰 매형에게 별 영향이 없어 보인다.

1981~1984년. 큰 매형의 아버지는 생산대 대장生産隊長[계획경제 시기 인민공사 체계에 있는 생산의 단위. 생산대대, 생산대 등으로 구성되었다]이었고 이 생산대에서 운영하는 어분창魚粉廠을 관리했다. 아버지는 본인이 관리가 힘들어지자 큰 매형을 고향에 불러들였다. 1981년에 이 기업을 도급承包맡았고 향에서 가장 잘나가는 공장으로 만들었다. 그러나 타지에서 납품받는 어분의 품질을 보장할 수 없었기 때문에 공장이 위축되어 1984년에 문을 닫았다.

1984~1988년. 다시 외지로 나갔다. 자싱과 사오싱에서 동시에 저혈창豬血廠을 설립했다. 바로 이어 항저우 근교에도 공장을 세웠다. "세 곳을 오갔어. 3년 연속 설에도 집에 못 갔지. 너의 큰누나도 마찬가지였어."

1989년. 저혈창을 포기했다. 광시에 가서 사업을 도급받았다.

1990년. 자싱에 가서 가구를 조립했는데, 1년을 넘기지 못했다.

1990~1992년. 사촌 매형과 함께 원링현溫嶺縣으로 가서 기동차 부품을 생산하는 촌판공장[촌에서 운영하는 기업]을 도급했다. "그 공장은 규모가 너무 작았어. 운영 자본도 고작 몇 만 위안이었고, 2년 했는데 재미를 보지 못했지."**38**

큰 매형은 "1990년, 1991년 이때 적지 않은 동향들이 베이징에 가서 옷을 만드는 걸 내가 봤는데 벌이도 꽤 좋았던 것 같아. 1992년 내가 업무로 출장을 자주 다닐 때였는데 산둥성 지닝濟寧에 갔다가 매부와 여동생과 상의하고 1992년 말에 집에 돌아가서 (베이징에 가는 일을) 결정했지.—다른 사람들에게 먼저 배운다는 생각이었어!"라고 했다.

"내 다른 사촌 매형은 베이징에 온 지 5년이 됐어. 내가 먼저 그에게 연락했지. 우리가 살 집을 찾는 걸 도와달라고 했어. 그가 주변에 물어본 거야. 여기서 멀지 않은 곳에 살고 있거든. 우리 옌첸 출신들은 다들 멀지 않은 곳에 살고 있어. 올해 정월이 지나자마자 나와 너의 큰누나가 여기에 왔고, 집도 이미 구해놓은 터라 매부네도 오라고 바로 산둥에 전보를 보냈지."

큰누나는 학교를 2년밖에 다니지 않았다. 결혼 전에는 농사일을 했고, 결혼 후에는 집에서 돼지를 키운 1990년(당시 촌에서는 갑자기 새끼돼지 양식 붐이 일었다)을 제외하고는 모두 큰 매형과 함께 분주하게 뛰어다녔다.

---

38 당시의 도급 방법은, 원청자[도급을 제공하는 사람]가 공장, 설비, 노동자, 자본을 제공하고, 하도급자[도급을 받는 당사자]가 판매 권한을 책임졌다. 일반적으로 공장 자체에는 추가적 자본을 투입하지 않았다.

작은 매형(정鄭씨)

1965년 훙차오 푸후향樸湖鄉 푸후촌樸湖村에서 태어났다. 이 촌은 큰 매형의 옌첸촌과 멀지 않은 곳에 있었다. 이 촌의 인구 규모와 유출 상황도 옌첸과 비슷하다. 작은 매형의 집은 4형제였는데, 맏형은 1993년 당시 산둥에 있었고 둘째 형은 시안西安, 하나 남은 남동생은 집에 있었다. 작은 매형의 말에 따르면 밖에 나가지 않은 사람은 '밥벌이를 못한' 것으로 간주되었다.

1984~1986년. 작은 매형은 중학교를 졸업하자마자 집을 떠나 형과 함께 신장新疆 자치구 이리伊犁에 가서 목수 일을 배웠다. "우리 같은 젊은이들이 목공을 배우고 싶어도 고향에서 좋은 사부를 찾기가 쉽지 않았어. (왜냐하면) 다들 밖으로 빠졌으니까!"

1986년. 동향과 함께 후베이에 가서 목수를 했다. 거저우댐葛洲塲 건설사업이 시작되자 원저우에서 건축일을 하던 적지 않은 사람들이 거기로 갔고, 후베이에 가서 일하는 전통까지 만들어 냈다.(제4장 참조)

1986~1989년. 동향의 소개로 다른 동향들과 함께 항저우 근교의 집체공장에 가서 소파를 만들었다. "반년 정도 했는데 나랑 몇 사람만 계속 나왔어. 다른 사람 밑에 있는 건 괴로운 일이지. 혼자 할 때는 생활(업무)이 버거운 게 문제야. 중간에 닝보寧波에 가서 또 일을 했어." 1987년 집에 돌아갔을 때, 지인의 소개로 작은누나를 만났다. 2년 뒤에 결혼했다.

1989~1991년. 형, 형수, 아내 그리고 '라오쓰' 두 명과 함께 시안에 가서 옷을 만들었다. 이듬해, 14살의 큰 여조카(아핑)도

시안에 합류했다. 같은 해 형 및 형수와 분리하여 느슨한 합작관계를 맺었다. 형과 형수는 계속 옷을 만들었고, 자신은 매대를 도급했다. 아핑은 계속 형과 형수와 함께 일했다. 1991년, 형 일가는 시안을 떠나 산둥성 지닝으로 옮겼다. 1992년 작은 매형도 지닝에 합류하면서 라오쓰 두 명을 다시 불러 옷을 만들었다.

작은누나(주朱씨)

1966년 훙차오 다시향大溪鄕 쓰차오촌四橋村에서 태어났다. 이 촌에는 삼사백 가구가 살았다. 유출 인구 규모는 인근 다른 지역에 비해 적은 편이다. 큰언니 외에 오빠와 남동생이 한 명씩 있다. 오빠는 1994년 4월에 후베이 징저우荊州에서 베이징으로 옮겼고, 무시위안의 매대를 임대했다. 나중에 매대 비용이 너무 크다고 생각하여 징저우로 돌아갔다. 현재 양복을 판매하고 윈저우와 베이징에서 물건을 구입한다. 남동생은 중학교를 졸업한 후 고향에서 운수업에 종사하고 있다.

1983~1984년. 중학교 중퇴 이후 큰 형부(사촌오빠) 인맥으로 어분창에 들어갔다. 처음 집을 떠난 것은 1983년 형부와 함께 자싱에 어분을 팔러 갔을 때였다. 그 후 일 때문에 항저우, 닝보, 사오싱 등 지역에 가기도 했다.

1985년. 어분창이 폐업한 후, 같은 촌의 사람들과 함께 광시 옌핑에 가서 옷 만드는 일을 배웠다. 1980년대 초와 중반, 남자 아이가 목수일을 배우는 것은 새롭지 않았지만 여자 아이가 재봉일을 배우는 것은 농촌에서 작은 유행이 되었다.

1986년. 동향인 처녀들과 산시성 다퉁大同에 가서 옷을 만들었다. 동향 사람이 운영하는 가게에서 일을 했다. "지금 우리 이라오쓰처럼 말이야!"

1988년에 약혼했다. 자싱에 있는 큰 매형의 저혈창에서 판매업무를 도왔다. 당시 작은 형부는 항저우와 닝보에서 가구를 만들고 있었다.

1989년에 결혼하고 작은 매형과 함께 시안에 갔다.

아핑阿萍(큰누나의 큰딸)

18살이다. 1988년 중학교 1학년 때 중퇴하고 원링에 있는 아버지의 부품공장에 가서 몇 달을 일했다. 1990년에 시안에 갔다. 이후 지닝으로 옮겼다.

아링阿玲(큰누나의 둘째 딸)

11살이고 초등학교 3학년이다. 1993년 9월 훙차오에서 저장촌 인근의 모 초등학교로 전학했다. 큰 매형의 사촌형이 베이징에서 6년 넘게 산데다 자녀도 이 학교에서 공부하고 있었기 때문에 교장 선생님과 담임선생님 모두와 좋은 관계를 맺고 있었다. 덕분에 아링의 후원금은 절반으로 감면될 수 있었다. 학교에 500위안을 한 번만 냈다.

나는 저우가에서 아링 반의 반장을 만났는데 그녀도 원저우에서 온 여자애였다. 그녀의 반 30여 명 학생 중 원저우에서 온 친구는 남자 3명과 여자 4명으로 총 7명이었다.

아윈阿雲(막내딸)

5살이다. 고향에서는 할머니가 키웠다. 1993년 베이징에 온 이후, 펑타이구의 모 유치원에 등원시켰다. 입학금은 700위안, 기타 학비는 월 170위안으로 베이징의 아이들과 똑같이 냈다. 이 가격이면 전혀 비싸지 않다. 유치원에 들어가는 것이 학교에 들어가는 것보다 훨씬 어려웠다. 다행히 작은 매형 친구의 형제가 베이징에 오래 살았고 매우 활동적인데다 유치원 선생님들을 잘 알고 인맥도 '확실'했다. 마침 이 친구도 자기 아이를 유치원에 입학시키려던 참에 아윈도 운 좋게 차를 얻어 탔던 것이다.

라오쓰1

남성이고 22살, 후베이 마청시麻城市 투산향兔山鄉 바오자둔춘鮑家墩村 사람이다.

중학교를 졸업한 이후 외지에 나가 일할지 말지 망설였다. "내가 집에서 막내라서 외지에 나가는 것을 걱정했어. (⋯) 한쪽으로 농사일을 하면서 친척들에게 재봉을 배웠어."

"나는 운이 좋았어. 재봉을 배운 지 얼마 되지도 않았는데 원저우에서 일하다 온 동향이 '리틀 원저우'에서 너희 같은 옷을 만드는 사람을 필요로 한다는 거야. 우리는 원저우를 '리틀 홍콩', 홍차오를 '리틀 원저우'라고 불렀어."[39]

---

[39] 원저우 현지에서는 이 용어가 사용된 적이 없다. 나는 노동력을 인솔하는 '작업반장'(제6장 참조)이 노동력을 유인하기 위해 만들어낸 말이라고 추정한다. 원저우를 향하는 노동력이 증가하면서 이 용어는 더욱 널리 확산되었다.

그가 '리틀 원저우'의 인력소개소에 도착하자마자 작은 매형과 마주쳤다.

라오쓰3과 라오쓰4

한 명은 17살, 다른 한 명은 18살이다. 같은 촌 출신이고 '창사'에서 왔다는 말만 한다.

라오쓰3은 중학교 1학년 때 중퇴하고 집에서 농사일을 했다. 1992년, 같은 촌의 몇몇 처녀와 함께 원저우에 갔다. 먼저 원저우 시내에 있는 인력소개소를 찾아가 가족 공방에서 케이크 만드는 일자리를 구했다. 반년 정도 일하고 이 공방은 문을 닫았다. 8월에 같은 소개소를 다시 찾아갔다. 이때 노동력을 구하기 위해 원저우 노무 시장에 간 홍차오 소개소의 사람을 만났다. 옷을 만들 줄 아느냐는 질문에 이 처녀들은 자신이 예전에 재봉을 배운 적이 있는 셈치고 할 수 있다고 답했다. 그는 이들을 홍차오에 데려가 스자촹에서 일하는 사장에게 소개했다. "나는 스자촹에서 하반기를 보냈어. 힘들어 죽는 줄 알았어. 할 줄 모르니까 사장도 조급해지고. 마지막에 1000위안밖에 못 받고 집에 돌아갔어. 하지만 옷을 만드는 일이 꽤 좋다고 생각해. 올해 나는 다시 홍차오로 달려가 다른 소개소를 찾았어. 거기서 저들을 만난 거야."

그녀는 두 번째로 집을 나설 때 라오쓰4를 데려갔다.

나머지 라오쓰들은 소개소에서 소개 받았거나 저장촌의 친척들이 소개한 사람이었다. 그들은 우리가 일반적으로 들어본 '민공'과 비슷한 유형으로서 개인적 경험도 비슷했다.

주택, 시설과 투자

1993년, 저우가는 다훙먼 뒷길의 한 단지院子[여러 채의 집으로 구성된, 마당이나 정원이 있는 거주 공간]에서 살았다. 출입구가 두 개인 이 단지에는 원저우 사람 9가구에 주인까지 포함해 총 40여 명이 살았다. 저우가는 앞마당 북쪽에 위치한, 작은 방이 4칸 있는 30여 제곱미터의 집에서 살았다.

작은누나와 작은 매형의 침실은 가장 서쪽에 있는 작은 방이다. 원래는 앞뒤 마당을 잇는 통로였는데 집 주인이 저장 사람들이 무시위안과 마촌 일대에서 뒤쪽으로 '철퇴'하는 것을 보고 서둘러 4제곱미터도 안 되는 이 작은 방을 추가로 만들었다. 방에는 침대를 하나 놓을 공간밖에 없고 TV는 놓을 자리가 없어 나일론 밧줄로 묶은 후 기둥보에 매달았다.

작은 방의 동쪽은 '확조간鑊灶間', 즉 주방이다. 방은 5제곱미터도 안 되는 사다리꼴 모양이다. 원래는 담장이거나 화장실이었을 것으로 추정한다. 주방은 매우 단조로웠고 기물이라고는 전기밥솥, 가스통과 가스레인지, 석탄난로(가스를 살 수 없을 때를 대비해 준비한 동시에 난방용으로도 사용됨), 그리고 원저우에서 들고온 구식 찬장과 4각밥상 하나 등이었다. 보온병이 없어서 그들은 매일 점심 큰 플라스틱 물통에 차를 우려내고 목이 마르면 알아서 이 물통의 물을 부어 마셨다. 식으면 석탄 난로 위의 뜨거운 물을 부어넣었다. 이듬해 춘절에 둘째 누나네 집에 갔을 때 그들은 녹차와 계화桂花를 우린 끓는 시럽차를 마셨다.

주방과 연결된 곳이 그들의 작업실이다. 이곳은 사람들의 절대적인 활동공간이다. 아침에 눈을 떠서부터 저녁에 자기 전까지 식사를 포함해 하루 종일 이곳에서 시간을 보낸다. 이웃들도 이곳에 와서 이야기를 나눈다. 작업실은 약 15제곱미터다. 대형 재단틀이 방의 4분의 1을 차지하고 있다. 처음 왔을 때 4명의 여공이 이 재단틀 아래에서 잤고 남공은 문 옆의 바닥에 임시침대를 만들어 잤다. 나중에 그들은 280위안을 들여 '격자침대'(2층 침대)를 샀다. 지금 이 4명의 여공은 2층 침대에서 자고 남성 라오쓰들은 재단틀 아래에서 잔다.

4대의 재봉틀이 남은 공간의 절반을 차지했다. 구식 서랍장 위에 널판지를 올려놓고 다림질을 했다. 문 옆의 작은 상은 가죽 깔개를 대고 옷의 단추 구멍을 내는 데 사용했다. 의자 몇 개와 바닥에 쌓인 옷 원단까지 합쳐져 사람들의 자유로운 활동이 불가능했다. 하지만 입체적 공간을 충분히 활용할 필요가 있었다. 네 갈래의 가로 세로 얽힌 전선을 집안으로 끌어들였다. 가지각색의 실타래, 길이가 서로 다른 바코드(옷에 부착하여 옷의 사이즈를 표기하는 용도), 대형 전구와 가스램프를 걸었다. 이곳의 모든 가정이 전기를 과도하게 사용하기에 자주 정전이 발생하면서 가스램프가 필요했다. 그 외에 흔들거리며 걸려 있는 스팀조절다리미까지 있었다. 머리를 들어 천장을 둘러보면 나무보와 기와에 검게 그을린 자국이 선명하다.

더 동쪽에는 큰누나와 큰 매형의 방이 있다. 침대 두 개(아핑도 이 방에서 잔다) 외에 오래된 재봉틀 6대가 놓여 있다. 나는 그곳에 자리한 설비의 규모에 놀랐다. 하지만 큰 매형은 웃으면서 "여기 처음 왔을 때 마침 홍차오 고물시장에서 이 물건들을 발견해서 일단 사고봤어"라고 말했다. 2년이 지나서야 나는 그의 깊은 뜻을 깨달았다.

두 가족이 베이징에서 발전하기 위해 처음 지불한 일회성 지출은 다음과 같다. 재봉틀 11대, 그중 2대는 신제품, 3대는 산둥에서 가져온 것이고 6대는 원저우에서 가져왔다. 지금 사용 중인 것은 앞쪽에 놓인 5대다. 기계와 운임을 합치면 약 3500위안이 들었다. 스팀다리미 2개에 460위안이 들었다. 모터 6대(재봉틀에 장착하여 페달을 돌리는 역할)는 360위안이었다.

라오쓰를 추천해준 소개소에 중개수수료 700위안을 냈다. 자신과 라오쓰의 교통비는 1150위안이었다.

가족의 일상 지출은 두 부분으로 나눌 수 있다. 하나는 일반적인 일상 지출이고 다른 부분은 정책이 요구하는, '외래인구'로서 지불해야 하는 추가 지출이었다.

생활 지출은 주로 다음과 같다.

① 집세. 1993년, 방 네 칸의 월세는 450위안이다. 전기와 수도 요금은 별도였고 월 80~90위안 정도가 나갔다.

② 하루 식비는 30~50위안이다. 하루에 미원만 1위안어치 먹고, 석탄은 하루 1.6~1.7위안, 기름은 3~4위안 든다.

그러나 이러한 생활필수품을 구입하는 데 전혀 어려움이 없었고 심지어 고향에 있을 때보다 더 편리했다. 예를 들어, 여기서 가스를 개인한테 구입하면 38위안이지만 윈저우에서는 50위안을 줘야 했다. 쌀은 1근〔1근은 500그램〕에 8마오〔1마오는 0.1위안〕, 윈저우에서는 1.1위안 정도였다.

③ 매월 초, 라오쓰에게 지급하는 생활비는 170위안(실제 월급의 10분의 1, 제6장 참조)이다. 이렇게 연말에 총 2만400위안을 지출했다.

그 외에, 앞에서 언급한 것처럼 아이의 유치원이나 학교 후원금도 있다.

정책이 요구하는 지출은 다음과 같다.

① 잠주비暫住費.〔호구가 없는 사람들에게 임시 거주 자격을 부여하고 받는 돈〕 다훙먼파출소 잠주인구판공실〔임시거주자 관리사무실〕에서 징수했다. 1인당 월 20위안이다. 반년 또는 1년에 한 번, 보통 임시 거주증을 신청하거나 갱신할 때 징수한다. 라오쓰의 잠주비는 일반적으로 고용주가 대신 낸다.

② 세수. 가공업자를 비롯하여 그 누구도 자신의 정확한 생산액과 이윤을 파악할 수 없었기 때문에 스촌時村세무소(저장촌의 출현으로 특별히 신설함)는 새로운 방법을 고안해냈다. 가동 중인 재봉틀을 기준으로 매달 징수했다. 한 대당 징수액은 50위안이다. 두 당으로 하는 경우 노동자 한 명당 17위안을 부과했다.

③ 위생비. 베이징의 생산대, 즉 촌공소村公所〔인민공사 해체 이

후 촌 단위의 공적 권한을 이행하는 기관이었고 나중에 촌민위원회로 대체됨]에서 징수했다. 처음에는 1인당 월 5위안이었다가 10위안으로 올랐다. 명목상으로는 쓰레기 처리비용이었지만 사실 별다른 서비스를 받지 못했다. 1인당 월 5위안을 더 내면 집 앞의 쓰레기는 치워준다. 나중에는 이 10위안과 5위안이 합쳐져서 반드시 납부해야 하는 위생비가 되었다. 현지인은 이 비용을 지불할 필요가 없었다.

④ 벌금. 저우가는 도착하자마자 벌금을 물었다. 총 12명 가족구성원 중 10명이 임시 거주증 등록을 해야 했지만(아원과 아링은 16세 미만이어서 필요 없었음), 큰 매형과 작은 매형, 노동자 두 명만 파출소에 신고했다. 사실 이런 일은 저장촌에서 관행적으로 내려오던 일이다. 파출소에 적발될 줄은 몰랐고 남은 사람을 등록하는 동시에 벌금 1200위안을 부과했다. 큰 매형은 과거 판매직에 종사하던 시절의 말주변을 활용하여 최종 600위안으로 '협상'을 끝냈다.

정책이 요구하는 지출 중에는 수납원의 '꼼수'도 한몫을 했다. 큰누나는 "생선 싫어하는 고양이가 없지. 너한테 200위안을 받아가고 100위안짜리 영수증을 끊어줘. 그 사람한테 따지고 들면 바로 400위안을 요구해. 다른 방법이 있어? 다 나를 생각해서 그런다고, 다른 데 가서 절대 소문내지 말라고 하잖아"라고 했다.

생산과정의 세세한 지출은 큰 매형도 잘 몰랐다. 1993년 이곳에 도착한 후 위에 나열한 일회성 지출을 제외하고 두 가족은 총

4.3만 여 위안을 투자했다. 주로 원자재 구입비용이었는데 한 달여 만에 본전을 찾았다. 자본의 흐름이 얼마나 빠른지를 보여주는 대목이다.

1994년 춘절, 나는 원저우에서 이 두 자매 가족을 만났다. 그들은 대외적으로 총 4만 위안을 벌었고 2만 위안씩 나누었다고 했다. 하지만 친척들은 믿지 않았고 두 배로 늘려야 한다고 했다. 나도 저 친척들의 추측에 동조하는 편이다.

하루 일과

1993년 3월 29일. 날씨는 이미 많이 따뜻해졌다.

저우가는 당시 여성용 파란색 워싱 원단의 짧은 코트와 붉은색 나사 재질의 롱코트를 만들었다. 파란색 워싱 원단 코트를 만든 이유는 지난해에 저장촌에서 불티나게 팔렸기 때문이다. 사람들은 '베이징 백화점에서 잘 팔리는지 여부'에 근거하여 어떤 옷을 만들지 결정하지 않았다. 오히려 '저장촌에서 잘 팔리는지 여부'가 '백화점에서 잘 팔리는지 여부'보다 더 중요했다. 붉은색 나사 롱코트는 작은 매형이 산둥에서 가지고 온 옷의 스타일이었다. 이런 스타일의 옷은 저장촌에는 많지 않았지만 산둥에서는 많이 팔렸다고 한다. 만약 저장촌에서 잘 팔리면 여기를 주무대로 하고 잘 안되면 산둥 고객들이 사가서 팔게 한다는 생각이었다.

아침 7시, 두 남동서는 전날 밤에 만든 옷을 안고 경공업시장으로 향했다. 붉은색과 파란색 옷을 각 10벌씩 챙겼다. 그들은 경공업시장에 매대가 없었다. 다른 매대에 걸려 있는 옷을 둘러보면서 자신이 만든 옷을 어디에 걸면 좋을지 낮은 소리로 의논했다.

결국 나사 재질의 옷을 파는 매대를 발견했고, 작은 매형은 옷을 꺼내 보여주면서 "라오쓰, 우리 옷을 여기서 대리 판매해 줄 수 있어?"라고 물었다.

상대방은 가격을 물었다. 큰 매형은 붉은 나사 옷은 50위안, 워싱 옷은 35위안이라고 했다. 늘 그렇듯이 상대는 가격이 너무 높다고 말했다. 워싱 옷은 '촌'에서 정해진 가격이 있었기 때문에 가격 협상은 그리 어렵지 않았고 최종적으로 붉은 나사 옷을 45위안으로 정했다.

상대방은 자기 장부를 꺼내 날짜, 받은 옷의 수량과 스타일, 가격 등을 적었다. 큰 매형은 옷 공급자란에 자기 이름을 적었다. 영수증은 총 3부였는데 매대 주인이 원본과 사본 1부를 가지고 남은 사본 1부는 매형이 가져갔다.

그런 다음 시장을 돌면서 새로운 스타일의 옷을 발견하면 가격과 잘 팔리는지 여부를 문의했다. 이미 그들의 일상 습관이 되었다.

한 바퀴 돌고 나면 9시가 된다. 집에 돌아가 아침 먹을 시간이다.

이때쯤이면 가족들도 대부분 이미 일어났고 큰누나는 아침을 준비하느라 바쁘다. 일어나는 순서는 대략 이렇다. 두 남동서는 일찍 자고 먼저 일어나 시장이 문을 여는 시간에 맞춰 옷을 가지고 나간다. 다음은 큰누나가 일어나 밥을 하고 밤늦게까지 바쁘게 일한 작은누나와 라오쓰들이 가장 늦게 일어난다.

앉을 자리가 없어 다들 그릇을 들고 왔다갔다 했다. 15분 만에 나를 포함한 12명은 모두 아침 식사를 마쳤다.

두 남동서는 바닥에 놓여 있던 옷 더미 두 개를 집어들고 시장에 다시 갔다. 오늘이 월말이었고 정산을 해야 했기 때문이다. 필경 베이징에 온 지 얼마 되지 않아 불안한 마음이 여전했기에 두 사람은 돈을 모두 받을 때까지 시장에 머물기로 결정했다.

집에 남아 있는 사람도 게으름을 피울 시간 없이 빈 밥그릇을 대야에 담그자마자 바로 일을 시작했다. 아핑, 작은누나와 라오쓰들은 각자 할 일을 했고 큰누나는 옷을 만들 줄 몰라서 완성된 옷에 상표와 바코드를 부착하는 일을 했다. 상표는 원저우에서 가져왔고 남부 모 도시의 '위투표玉兔牌'를 사용했다. 오늘 만들 옷의 사이즈는 'XL'다. 안타깝게도 큰누나가 영어를 몰라 'XL'를 거꾸로 부착하는 바람에 검은색 실을 빌리러 온 이웃이 발견하고 한바탕 크게 웃고 난 후 떼고 다시 붙였다.

갑자기 '아무개, 전화!'라는 소리가 들렸고 작은누나가 뛰어가서 받았다. 저장촌에는 곳곳에 베이징 사람이 설치한 전화기가 있다. 베이징 사람들은 상대방이 남긴 전화번호를 적어주고 건당 1.5위안씩 받았다. 작은누나가 가서 그 번호로 다시 걸면 5마오를 더 냈다.

작은 매형이 시장에서 걸어온 전화였는데 사오싱紹興 커차오진 柯橋鎭에서 옷감 사업을 하는 사촌형의 상황을 물었다. 그들은 시장에서 어떤 정보를 알아냈고 이 사촌형을 통해 원단을 바로 주문하여 새 옷을 만들기로 결정했다.

1시 반이면 점심을 먹는다. 큰 매형과 작은 매형은 아직 돌아오지 않았다. "기다리지마, 시장에 가면 언제 올지 몰라." 밥 한 끼는 여전히 15분이었다.

오후 2시쯤 두 남동서가 돌아왔다. 남은 밥을 대충 먹고 정산을 시작했다. 그리고 나서 두 사람은 또 급하게 나갔다. 처리할 일이 세 개였다. 하나는 시장에 가서 옷을 다시 한번 둘러보는 것, 사오싱의 사촌형에게 전화를 걸어 거기서 대기하라고 전하는 것, 세 번째는 물건 사러 커차오에 가기 위해 이튿날 진화金華에 가기로 했던 기차표를 환불하는 것이었다.

작은누나는 아들을 데리러 유치원에 가야 했다. 나가기 전에 생글거리며 립스틱을 바르고 외투를 걸쳤다. 공방에서 일하던 모습이 전혀 아니었다.

5시가 되어 공을 안은 아원과 매형들이 속속 돌아왔고 집안은 시끌벅적해졌다. 작은누나는 신이 나서 유치원 선생님이 들려준 아원의 유치원 생활을 이야기했다.

이 와중에도 비교적 공식적인 저녁식사는 빠지지 않았다. 8시 정도에 시작했고 점심보다 풍성했다. 생선찜, 석육臘肉 볶음 등의 요리 7개가 올라왔다. 저녁을 잘 먹여야 하는 이유는 두 가지였다. 하나는 보통 오후에 장을 보기에 저녁에 신선할 때 먹어야 한다는 점. 두 번째는 저녁식사 후 야간작업을 해야 하기 때문에 저녁은 당연히 중요하다.

큰 매형의 저녁식사는 1시간 정도다. 다른 사람들은 하던 대로 그릇을 놓고 일을 시작했다. 일은 새벽 2시까지 이어졌다.

작은누나와 작은 매형은 과거에 옷을 만들던 사람들이었기에 이런 일상에 적응한 지 오래다. 큰 매형은 나를 보고 웃으며 고개를 저었다. "여기서 완전히 신입생 훈련을 받고 있어. 낮에 자고 밤에 일하고, 완전히 거꾸로야. 처음엔 나도 이러고 싶지 않았고, 나나 너의 큰누나나 모두 너무 힘들었지. 그런데 막상 일을 시작하고보니 한 벌을 만들면 하나 더 만들고 싶고, 그래서 조금만 더 참자는 생각으로 버텼지. 밤새 작업하면 가장 좋은 점은 오늘 다 만들면 내일 아침 나와 너의 작은 매형이 바로 시장에 가져가서 팔 수 있다는 점이야. 양식(옷의 스타일)도 잘 따라가야 해. 일반 공장처럼 낮에 일하고 이튿날 내놓으면 신선도가 떨어지지." 아니 옷을 만드는데 두부를 만드는 것처럼 시간 효율성을 따지다니!

그날 그들은 붉은색 코트 12벌과 워싱 외투 18벌 총 30벌을 만들었다.

일간 손님

오전 11시 반쯤 옆집에 사는 남자가 놀러 왔다. 홍차오진 사람이고 베이징에 온 지 6년이 되었다. 이야기를 나누고 있는데 서너 살쯤 되는 꼬마가 뒤뚱거리며 들어와 "엄마가 걸어오라는데"라고 했다. 앞부분은 보통말, 뒤의 '걸어오라는데'는 훙차오 방언이었다. '집에 돌아오다'의 뜻이다.

오후 3시가 조금 지나 뒷단지에 사는 젊은 부부가 찾아왔다. 남편은 1984년 초에 처음 베이징에 왔고 하이뎬구 우다오커우에서 옷을 만들었다. 1989년 베이징의 '상황이 긴장'되자 고향에 돌아갔다. 향진기업에서 '업무원'(공소원이라고도 부르는데 사실상의 판매원임)을 하다가 지금의 아내를 만났다. 부부는 최근에 왔다. "우리는 둘뿐이고, 지금은 아무 일도 하지 않고 그냥 베이징에 여행하고 있다는 마음으로 살고 있어. 우리는 아직 라오쓰를 고용하지도 않았어." 그의 아내는 임신한 게 분명했다. "아기도 가졌는데 왜 나왔어?" 남자가 답했다. "우린 이제 막 약혼했는데 고향에서 사는 게 더 불편해." 올해의 계획에 대한 나의 질문들은 그들을 성가시게 했다. "괜찮아, 할 일이 떠오르면 그걸 하면 돼." 부부는 6시가 되어서야 돌아갔다.

4시가 조금 넘어 중년 남자 한 명이 서류가방을 팔에 끼고 들어왔다. 그는 노크하지도 않고 곧장 들어와 벽에 걸려 있는 옷을 만져보았다. 큰누나가 주방에서 나와 가격 두 개를 제시했다. 사려고 온 사람 중 직접 카트를 끌고 온 사람에게 제시하는 가격과 파는 사람이 물건을 운반까지 해주는 경우의 가격이 있었다. 이두 개의 가격은 큰 차이가 없었다. 남자는 들으면서 고개만 끄덕일 뿐 아무 말도 하지 않았다.

큰누나가 부른 값은 아침에 두 매형이 부른 값보다 낮았다. "집에 찾아온 사람한테 높은 가격을 부를 수 없어. 찾아오는 사람은 물건도 많이 요구한단 말이야, 한번 가져가면 이후에도 자주 와."

5시 반쯤, 키 큰 남자 한 명이 매형들과 함께 들어왔다. 작은 매형과 같은 촌 출신, 예전에 생산대기업에서 일을 한 적 있어서 기계를 조금 다룰 줄 안다. 매형들은 그를 불러 어제 고장난 스팀다리미를 좀 손봐달라고 했다. 한참을 고생하고 결국 내일 저쪽 골목에 있는 원저우 사람이 운영하는 수리소에 맡기는 게 좋겠다고 했다.

6시 15분, 후이족回族 흰 모자를 쓴 베이징 아주머니가 편지를 가져왔다. 그는 이 촌의 '우편배달부'다. 하나의 번지수에 수십 명의 원저우 사람이 살았기 때문에 편지는 꼭 매 집마다 문 앞까지 배달해야 했다. 아주머니는 당연히 면전의 이 집 사람의 성과 이름을 몰랐고, 아링이 나와 편지와 사람을 일일이 확인했다. 편지 한 통의 배송비는 2마오, 3마오, 1위안 등 다양했고 일반편지, 등기, 속달편 등이 있었다. 전보는 1회에 2위안이었다. 아주머니는 이 일을 처음 시작할 때 마촌의 경험에 대해 배웠다고 나에게 알려줬다.

8시, 저녁을 먹고 있는데 다른 집에서 일하는 여자애 한 명이 왔다. 그녀는 후난에서 온 노동자의 동향이었다. 큰누나가 그녀를 불러 밥을 함께 먹자고 했는데 이미 먹었다고 답했다. 큰누나는 3번에게 "쟤를 불러 여기서 함께 먹자고 해"라고 했고 후난 방언으로 통역까지 했지만 여전히 사양했다. 큰누나는 홍차오 방언을 보통말보다 더 많이 사용했지만 이 여자애는 다 알아들었다. 오래 일한 노동자들 중에는 유창한 원저우 방언을 할 줄 아는 사람도 있었다. 여자애는 한담하러 왔던 것이다.

다른 이웃인 중년 아주머니가 면이 담긴 그릇을 들고 와서 먹으면서 이야기를 나누었다. 그도 홍차오 출신이고 남편은 큰 매형의 옆 촌에 살았다.

오후에 왔던 젊은 부부가 또 왔다. 이번의 주제는 드라마 「여섯 개의 꿈六個夢」이었다. 큰누나와 작은누나는 가끔 한두 번 보는 수준이었다. 처음부터 끝까지 다 본 이 부부는 큰누나와 작은누나가 보지 않은 부분을 자세히 설명해줬다.

9시가 조금 지나 40대 아주머니가 책자와 볼펜을 들고 들어왔다. 작은누나는 그녀를 보고 깜짝 놀랐다. "왜, 지금 정산하려고?"

아주머니는 난감한 웃음을 지으면서 "그런 게 아니고. 미안한데 오늘 장부를 봤는데 뭔가 잘 안 맞아. 그래서 물어보려고 왔어. 이제 나도 머리가 안 돼, 이런 것도 계산을 못해. 우리 집 그이(남편)와 아들한테 '놀림'(나무람)이나 받고 말이야……"

작은누나는 그녀의 말을 끊었다. "괜찮아. 계산이 잘 안될 수도 있지. 어떻게 잘 안 맞는데?"

가죽재킷을 제외하고 저장촌의 의류 가공업체는 다음의 몇 가지 공정을 외주에 맡겼다. 칼라 안감 작업(칼라 안쪽에 얇은 천을 붙여 빳빳하게 만드는 일), 단추 구멍 작업(옷에 단추 구멍을 파는 일, '일자형 단추 구멍'과 '원형 단추 구멍'으로 나뉨), 밴딩 작업(벨트와 비슷한, 소매 또는 허리 부분을 줄이는 역할) 등이다. 오늘 온 아주머니는 이 골목에서 이런 공정을 전문적으로 하는 사람이었다. 저우가의 옷은 모두 그녀의 집을 통해 만들어졌다. 가공이 끝나면 쌍방은 함께 장부에 적고 일정한 규모의 작업이 끝나거나 또는 연말, 단오, 추석 등 명절이 되면 서로 정산했다.

문제를 찾았다. 아주머니가 32를 23으로 잘못 적었던 것이다. 그녀의 장부를 수정하고 큰 매형더러 다시 서명하게 했다.

9시 반이 조금 안되어서 낯선 젊은 부부가 들어왔다. 벽에 걸린 옷을 유심히 살펴보더니 "이 옷을 외부에 얼마에 팔아?"라고 물었다. 작은누나는 잠시 머뭇거리더니 미간을 찌푸리며 "옷 보러 왔어?"라고 되물었다. '옷 보러'의 뜻은 매대를 임대한 사람이 가공업체에 와서 물건을 고른다는 의미다. 이 사람들은 그저 옷만 보면서 "그래, 보러 왔어, 보러 왔어"라고 했다. 작은누나는 "남들이 얼마에 팔면 우리도 얼마에 팔아"라고 했다. 이 사람들이 가고 난 뒤 방에 있던 사람들은 모두 의심하는 분위기였다. "뭘 하러 왔는지 모르겠어. 저장촌에서 견본 스타일을 훔치는 일이 꽤 많거든."

9시 반, 또 다른 이웃이 소고기 육포 한 움큼을 들고 와서 그 젊은 부부와 농담을 주고받았다.

2년 뒤

1995년 춘절, 큰누나와 작은누나는 분가했다. 분가는 어려운 일이 아니었다. 왜냐하면 처음부터 양쪽은 똑같이 돈을 내고 함께 쓰고 수익도 똑같이 나누었기에 정산도 매우 쉬웠다. 더욱 중요한 것은 분가가 새로운 결정이 아니었다는 점이다. 처음부터 양측은 분명하게 '분가할 수 있을 때 바로 분가하자'는 의사를 공유했다. 그제서야 나는 저 여분의 중고 재봉틀의 의미를 깨달았다. 분가할 때 유일한 어려움이 누군가는 설비를 다시 구입해야 하는 일인데 그들은 이미 다 준비를 해놓고 있었던 것이다!

그들의 친척은 나에게 두 가족의 1년 동안의 합작에서 이미 명백한 모순이 있었다고 말했다. 저장촌 사람들은 합작과정의 모순은 불가피하다고 생각했고 이것이 '분가할 수 있을 때 바로 분가하자'는 심리적 기초이기도 했다. 친척들은 큰 매형이 잘못했다고, 돈을 좀 벌었다고 자꾸 남의 흉을 보고(큰 매형은 춘절에 고향에 가 있는 동안 계속 작은 매형이 너무 게으르다고 나무랐다), 남의 체면을 세워줘야 할 때에도 세워주지 않았다고 했다.

큰 매형 일가는 JX단지로 이사했다. 단지(제7장 참조)의 집은 역시나 넓었다. 집은 상하 복층으로 설계되었고 위층은 널판자로 공중에 지은, 방바닥 면적의 약 3분의 1 정도 되는 임시 공간이다. 노동자들이 반층짜리 다락방 같은 곳에서 잠을 잤다. 이런 식의 진정한 '복층 침대 복층 방'이 단지의 일반적인 주택구조다. 수직 사다리를 판매하는 허베이 사람이 있었는데 저장촌에서 돈을 많이 벌었고 나중에는 결국 그도 의류사업에 뛰어들었다는 이야기를 들었다.

큰누나는 '유행복'을 만들었다. 저장촌 사람들은 옷을 세 부류로 나눈다. 가죽재킷, 양복, 유행복이다. 패딩, 아동복 그리고 앞에서 말한 나사 롱코트, 워싱 코트 모두 유행복에 속한다. 하지만 단지에 이사한 이후, 큰누나는 1995년부터 부득이 가죽재킷을 만들어야 했다. "처음에는 잘 몰랐는데 단지 내 모든 사람이 가죽재킷을 만들었고, 단지에 와서 옷을 보는 사람이든 옷을 가져가는 사람이든 모두 가죽을 원했어. 우리만 혼자서 (유행복) 할 수 없었지." 물론 생산의 전환도 어렵지 않았다. 유행복과 가죽재킷을 만드는 기계는 거의 동일했다. 실을 더 굵은 것으로 교체하고 재봉틀 테이블의 금속 '노루발'을 플라스틱으로 교체하기만 하면 된다. 큰 매형은 "가죽 옷은 가죽을 볼 줄 아는 게 가장 어려워. 너의 큰누나의 원저우에서 온 옆집(이웃)도 이 단지에 사는데 그가 잘 보거든. 나는 처음에 그를 따라 (허베이) 류스까지 갔어. 두 가족이 공동으로 좀 구입하고 (…) 어쨌든 옆집과 이웃 모두 가죽옷을 하니까, 하루 종일 그들이 류스에 가서 물건을 어떻게 들여오는지 말하는 것을 들었어. 옷 만드는 일은 너처럼 공부하는 것만큼 어렵지는 않아, 몇 번 딱 보면 머릿속이 정리 돼."

1995년 10월 16일 오전 10시가 좀 넘어 나는 저우가에 왔다.

두 딸을 제외하고 저우가에서 일하는 여공 다섯 명이 더 있었다. 한 명은 저장 진화金華 출신, 두 명은 장시 안지吉安 출신, 남은 두 명은 안후이 푸양阜陽 출신이었다. 나는 처음부터 이 다섯 명 노동자의 관계가 이전과 다르다는 것을 눈치챘다. 진화와 안지는 하나의 권자였고 아핑과 아링도 그들과 이야기를 더 많이 나누었다. 하지만 안후이에서 온 두 명은 자기들끼리 함께 어울렸고 만든 물건도 다른 사람과 구분했다. 나는 나중에야 그 이유를 알았다.

큰 매형은 한창 만들고 있던 옷을 나에게 보여주면서 "올해 이런 스타일의 가죽재킷이 엄청 인기몰이 중이야, 옆집은 하루에 최소 30~40벌을 내보내고 있어 (…) 안후이에서 온 이 여자애들은 뒤 촌에서 집을 빌려 살면서 고용해주기를 기다리는 사람들이야. 사람이 필요하면 거기로 가면 돼. 월급은 건수로 계산해. 가죽재킷 한 벌 만들면 10위안이고 15위안을 달라고 하는 사람, 8위안을 달라고 하는 사람 다양해. 5위안 아래는 없어. 식사는 우리 집에서 제공하지. 점심에 왔다가 이튿날 아침에 자러 집에 가. 가끔 중간에 야식을 달라고 할 때도 있어."

나의 뒤를 따라 머리가 헝클어진 젊은 여성이 들어왔다. 그녀는 손에 작은 냄비를 들고 큰 소리로 웃으면서 "밥 동냥이야 밥 동냥! 남은 밥 좀 있어?"라고 했다. 이 젊은 여성은 JX단지의 저우가와 같은 줄에 살고 있다.(단지의 집은 줄로 나뉘어져 있다.) 아이들이 배고프다고 하는데 어른이 밥하기 귀찮아서 '동냥'하러 저우가에 온 것이었다. 이웃 사이의 이런 '동냥'은 저장촌에서 흔하게 볼 수 있었다. 하지만 농촌에서 가까운 친척이 아닌 이상, 밥 짓기 귀찮다고 다른 사람한테 밥을 달라고 하는 일은 '문제 있는 집안(가정)'처럼 비쳐진다.

12시가 좀 넘은 시점, 문 밖은 갑자기 소란스러워졌다. "이쪽으로 들어와, 이 집도 잘해." 단지 주인이 서너 명을 이끌고 들어왔다. 단지 주인의 얼굴은 매우 진지했고 따라 들어온 몇 사람은 위엄이 있었다. 대충 봐도 원저우 사람이 아니고, 혹은 원저우 사람들의 말을 빌리면 딱 봐도 '녹을 먹고 사는' 사람이었다. 단지 주인은 큰 매형한테 "저기, 이 분들이 총후(해방군총후근부)에 있는 친구들인데 가격이 괜찮은 옷 몇 벌을 사려고 왔어"라고 했다.

큰 매형이 주인한테 말했다. "가죽재킷을 살 거면 저분들을 모시고 아성阿生한테 가. 우리 여기 오면 저분들이 재수 없어져倒楣."[40]

"당신 집이 뭐 어때서! 기계도 이렇게 많은데. 아성네 집은 이미 보고 왔어, 이분들이 신상이 더 있는지 보고 싶다고 해서."

아성은 당시 단지 내에서 사업 규모가 가장 컸고 고용한 노동자는 10명이었다.

"어서 들어와." 큰 매형이 정중하게 안내했다.

일행은 안쪽으로 들어갔다. 그중 한 중년 남성이 갑자기 바닥에 쌓인 가죽 원단과 벽 모퉁이의 난로를 가리키면서 큰 소리로 말했다. "당신들 불조심해야 돼! 지금 겨울이라 베이징에서 이미 여러 곳에서 화재가 났어. 전국적인 이슈야. 불티가 튀면, 당신

---

40 원저우 방언에서 '재수 없다'는 체면을 구긴다는 의미다.

여기 가죽 원단 타버리면 큰일이잖아."

큰누나와 매형은 모두 어떻게 대답해야 할지 몰라 당황했다.

이 중년 남성은 또 단지 주인이 담배를 피우는 것을 발견하고 "그만 피워! 불나면 다 끝이야!"라고 했고, 주인은 웃으면서 피우던 담배를 밖으로 버렸다.

방문객들은 일가족으로 보였다. 일행 중 중년 여성이 남성을 향해 "정말 어딜 가든 다 훈수질이네!"라고 핀잔을 놓았다.

이 남성이 계속 자기 말을 하고 있을 때 여성은 벽에 걸려 있던 큰 사이즈의 가죽재킷을 남성에게 입혀주면서 고개를 돌려 큰 매형한테 "사장, 이 옷 한 벌 만드는 데 얼마야?"라고 물었다. 큰 매형이 입을 열기도 전에 단지 주인이 먼저 "얼마긴! 몸에 맞으면 주인이지! 어디를 좀 수선하면 될까?"라고 했다. 큰 매형은 미안하다는 듯이 웃으면서 "아이고, 이 옷은 아침에 이미 (누가) 가져가려던 것이어서 ······" "알았어!" 단지 주인은 더 이상 말을 하지 않고 손님들을 향해 "이 집에서 한 벌 만들어서 내일 내가 직접 가져갈게!"라고 했다.

"불조심해야 돼!" 남성은 신신당부했고 일행은 돌아갔다.

이튿날, 옷을 가져가면서 단지 주인은 큰 매형에게 옷값을 건넸다. 나중에 나는 저우가와 주인은 꽤 친한 사이라는 것을 알았다. 큰 매형은 "이게 그(단지 주인)의 인정이야. 친구의 인정을 우리가 너무 차갑게 대하면 안돼. 그건 잘못하는 거야. 그렇다고 해서 너무 열정적으로 대할 필요도 없어. 만약 특별한 일(그가 특별히 나서서 성의를 표시해야 하는 일)이 있다면, 그가 먼저 우리를 찾아와서 알려줬을 거야"라고 했다.

1시에 식사를 시작했다. 먹는 모양은 예전과 크게 다르지 않았지만 음식은 많이 간단해졌다. 밥을 제외하고 따뜻한 음식이 없었다.

식사가 끝나자마자 큰 가방을 멘 한 남성이 빠른 걸음으로 들어왔다. 큰누나와 매형은 그를 보자마자 매우 반가워하면서 "오늘은 왜 오후에 왔어?"라고 했다. 이 사람은 탕산唐山 방언으로 "오전에 징원(의류도매센터)에 가서 둘러보고, 다른 곳도 몇 군데더 둘러봤어." "오" 큰누나는 조금 탐탁지 않아 하면서 주제를 바꿨다. "요구한 것들 다 준비해놨어. 요 몇 벌은 신상이야. 좀 볼래?"

그 남자는 쪼그리고 앉아 맞춤 제작한 옷을 하나씩 살펴보며 총 20벌임을 확인했다. 그 자리에서 바로 계산해서 돈을 건넸다. 한 벌에 500위안이었다.

큰누나는 다시 안내했다. "이것 좀 봐." 상대는 신상을 보더니 물었다. "그럼 대리 판매?"

큰 매형이 답했다. "당신처럼 크게 하는 사장도 대리 판매를 하네."

"우리 거기는 베이징과 달라, 작은 동네야, 사람이 다 거기서 거기지 뭐."

"대리 판매, 560위안."

쌍방은 가격 흥정도 없이 일곱 벌로 정했다. 큰 매형은 싼롄三聯〔브랜드 이름〕장부를 꺼내 스타일, 수량, 미지급 금액 등을 적었다. 허베이 손님이 서명한 후 사본 한 부를 가져가갔다.

가죽재킷 27벌의 부피는 결코 작지 않았다. 가방의 지퍼는 이미 고장 나서 끈으로 묶어야 했다. 나는 큰 매형을 대신하여 허베이 손님과 함께 옷을 단지 대문 앞까지 내갔다. 대문 앞에는 이미 빨간 텐트의 삼륜차 서너 대가 이용해달라는 듯이 대기 중이었다. 우리는 힘을 다해 가죽재킷을 삼륜차 한대에 올려놓았다. 허베이 고객은 그 위에 올라타고 곧장 하이후툰 장거리버스 터미널로 향했다. 그곳에서는 허베이행 버스가 만석이 되면 바로 출발한다. 허베이 손님은 내일 아침 이 옷을 매대에 걸 수 있다.

얼마 지나지 않아 다른 손님이 들어왔다. 큰누나네 집에는 처음 온 것 같았다. 장쑤 사람이라고 했고, 둥베이 지역에서 가게를 운영 중인데 저장촌은 이번이 두 번째라서 집집마다 돌아다니며 물건을 보는 중이라고 했다. 그는 단지의 다른 쪽을 가리키며 "염색을 하는 저 집이 규모가 크던데"라고 했다. 누나는 "그 집이 크지, 그런데 당신은 당일에 물건을 못 받아. 오래 기다려야 할지도 몰라"라고 답했다. 큰 매형이 누나에게 눈치를 줬다.

장쑤 손님이 돌아가자 큰 매형은 "말을 왜 그렇게 해, 아성阿生네가 알면 어떻게 하려고? 우리가 그 집 장사를 가로챈다고 할 거 아니야. 옷을 사가는 사람과 척을 지더라도 우리가 한 말에 화를 낼 게 뻔한데 말이야!"라며 큰누나를 나무랐다.

저녁 7시, 러칭 방언을 사용하는 중년 남성이 빠른 걸음으로 들어왔다. 주변을 둘러본 후 작업 중인 옷을 가리키며 "이런 스타일 몇 벌 있어?"라고 물었다.

"이게 전부야. 오후에 허베이 사람이 7벌을 가져갔어."

"내일 점심까지 몇 벌 가능해?"

"얼마나 필요한데?"

이 사람은 속사포처럼 말을 이어갔고 쌍방은 전혀 어색하지 않았다. "베이징에서 온 양반이 우리 매대에 와서 이런 옷을 60 벌 주문했는데 내가 지금 겨우 40벌을 모았어. 아펑阿峰이 이 집 으로 가보라고 해서 온 거야. 내일까지 20벌만 만들어주면 다른 사람 더 찾지 않으려고."

큰 매형: "오, 홍펑洪峰이 소개했구나. 좋아, 20벌."

"이 집은 가격이 어떻게 돼? 다른 집은 520위안이었어."

"뭐 길게 말할 필요가 있겠나. 다 홍펑의 친구인데."

원저우에서 온 붉은색 인력 삼륜차는 저장촌의 가내공방에서
생산한 옷을 언제든지 인근 시장으로 운반할 수 있다.

이러한 거래에서 쌍방은 일반적으로 허위 가격을 제시하지 않는다. 큰 매형은 마지막에 장부에 서명하기 전까지 찾아온 청년의 이름을 물어보는 것조차 잊고 있었다. 어쨌든 자기 발로 찾아온 사업이니 좋은 일이었다. 30분 뒤 훙펑이 와서 물었다. 큰누나와 매형은 당연히 반갑게 맞이했지만 그렇다고 해서 특별히 감사를 표한 것은 아니었다. 큰 매형은 "쟤네 형과 난 어려서부터 함께 자랐어"라는 말만 했다.

큰누나가 갑자기 소리 질렀다. "엄마야(큰일 났어)! 단추알(단추)이 없어! 당신 스진世鎭네 가서 좀 빌려올래?"

스진네가 바로 오전에 '동냥'하러 온 그 집이다.

큰 매형과 나는 스진의 집에 갔다. "단추 좀 가져갈게"라고 하면서 한 움큼 잡았고 옆에서 내가 세었다.

"세긴 뭘 세냐, 다 가져가, 내일 아침에 사면 되는데!"

그럼에도 큰 매형은 60개를 세었다. 1995년, 단추와 같은 보조품도 저장촌에서 구입이 가능해졌다. 단추를 수십 개 백개를 잠시 빌리는 것은 특별한 인정을 주고받는 일이 아니었다.

매형은 스진에게 "단지를 철거한다는 얘기가 들리던데? 마촌에서 다들 이 얘기를 하고 있어. 경찰이 집집마다 돌아다니면서 공지했다고 하던데"라고 했다.

"그냥 말 뿐일 거야. 이렇게 많은데 어떻게 철거해!"

"철거하지 말았으면 좋겠어, 철거하면 물건을 어디로 옮겨야 할지 모르겠어."

"철거할 테면 하라고 해. 지난 몇 년 동안 항상 그랬던 거 아니었어? 철거하고 내쫓고를 반복했잖아. 철거하면 가면 돼."

큰 매형은 한편으로 자신보다 경험이 많은 사람 앞에서 자신의 미숙함을 많이 드러내고 싶지 않았을 것이고, 다른 한편으로 생각해봤자 소용없기 때문에 이렇게 담담하게 말하는 것을 통해 크지도 작지도 않은 이런 소문에 대한 불안감을 마음속으로 정리하려고 했을 것이다.

저녁식사는 10시가 되어서야 끝났다. 소박하고 간단하고 빨리 먹는 등 2년 전과 크게 달랐다. 큰 매형은 더 이상 술을 마시지 않았고 밥상에서의 기회를 이용하여 자신의 생각을 설교하지도 않았다. 심지어 나와 대화할 때도 예전과 같은 철학적 냄새를 풍기지 않았다. 과거에는 뭔가 결정을 내리기 위해서는 두 남동서가 반나절을 의논해야 했는데 지금은 그냥 추진했다.

나는 조심스럽게 큰 매형에게 물었다. "지금이 2년 전보다 낫지?"—나는 그들의 분가 전후를 비교해보고 싶었다. 큰 매형은 나를 남으로 생각하지 않았다. "아무리 자매라고 해도 사업을 하다보면 합의가 안 되는 부분이 있어. 올해는 그다지 좋은 편은 아니지만, 전년도에 비해 두 배는 되는 것 같아."

다음날 아침 8시까지 작업이 이어졌고 가죽재킷 20벌을 결국 만들었다. "내일 사람이 오면 나와서 맞이해야 할 사람은 있어야 하니"라면서 큰누나가 먼저 자러 갔다. 큰 매형은 서둘러 단추 구멍을 팠다.

다음날 아침 8시, 밤새 일한 큰 매형은 졸린 눈으로 사람들을 보며 말했다. "점심까지 몇 벌 더 만들까 하는데. 오전에 사람들이 더 올 것 같은데." 여공들은 고개를 숙인 채 아무 말도 하지 않았고 두 안후이의 여공은 불만과 황당하다는 표정을 지었다. 큰 매형은 결국 한발 물러났다. "그래, 가서 자. 오후 2시에 다시 와."

잠에서 깬 큰누나는 서둘러 옷을 하나씩 문지르며 울퉁불퉁한 곳을 잡아당겼다.

자려고 누웠던 큰 매형이 갑자기 안방에서 "당신 아펑 친척에게 전화 한 통 해, 어떤 상표를 원하는지 알아봐"라고 외쳤다. 큰누나가 반응하기도 전에 그는 일어나서 전화하러 달려갔다.

잠시 뒤에 돌아왔다. "통화를 못했어. 우리가 해오던 것(오래된)으로 해." 큰 매형의 소심함 때문이었다. 옷을 가지러 오는 사람들은 보통 상표에 대해 요구하지 않는다.

작은 매형네 집

작은 매형은 1995년에 라오쓰 4명을 고용했다. 3명은 장시성 출신, 1명은 후난성 출신으로 인력사무소 두 곳으로부터 소개받았다. 작은누나는 이렇게 말했다. "장시에서 온 사람들 괜찮은 사람들이야. 처음에 모두 장시 출신들을 찾으려고 했는데 같은 곳에서 온 사람들이면 관리가 어려워질 것 같았어. 그들이 뭉쳐서 너를 애먹이면 어떻게 할 방법이 없어." 라오쓰의 월급은 큰 매형네랑 비슷했다. 재단은 1600위안, 재봉은 1000위안, 다른 두 명은 800위안씩 받았다.

아침 7시가 조금 지나, 작은 매형은 베이징에 처음 왔을 때처럼 먼저 일어나 어제 밤에 만든 코트 32벌을 들고 징원시장으로 향했다. 징원시장은 새벽 5시에 문을 열었고(주요 고객이 외지에서 온 도매상이어서 문을 일찍 열고 일찍 닫았다), 나와 작은 매형이 도착했을 때는 이미 사람들로 엄청 붐볐다. 작은 매형은 곧장 2층에 있는 매대로 올라갔다. 매대에는 20살 정도의 처녀가 있었다. 잘 아는 사이로 보였다. 작은 매형이 옷을 바닥에 내려놓자 이 처녀가 세기 시작했고 다 세어본 후 장부에 기록했다. 작은 매형에게는 쪽지 한 장을 건넸다. 쪽지는 이전보다 훨씬 더 간단했다. 날짜, 옷의 수량, 스타일 등만 적었다. 다른 내용은 모두 생략했다.

물건을 맡긴 후 작은 매형은 나를 데리고 다른 매대에 무엇이 있는지 구경하러 다녔다. 그가 관심 있게 둘러보는 것은 두 가지였다. 하나는 매대에 걸려 있는 옷이고, 다른 하나는 외지에서 온 손님들이 어떻게 장사하는가였다. 내가 주변을 둘러보고 있을 때 작은 매형이 나를 손으로 쿡쿡 찌르며 "봐봐, 이 사람들이 뭘 살 것 같은지 맞춰봐"라고 했다. 매대 주인과 고객이 돈에 대해 이야기하는 소리만 들렸다. "3만 위안이 넘어. 수표를 주지 말고, 우리는 현금을 직접 받아." 나는 매형의 의도를 알고 있다. 이런 큰손들이 무엇을 선호하는지 잘 파악할 필요가 있었던 것이다.

장을 다 본 이 고객은 시장 밖으로 나갔다. 내가 따라가려고 하자 작은 매형은 의아해 하며 나에게 물었다. "저 사람 알아?" 나는 고개를 저었다. 그는 황급히 손을 흔들었다. 이런 경험은 이후에도 몇 번 반복되었다. 그는 이런 사람들에 관심은 있지만 항상 가볍게 관찰하기만 했다. "다른 사람의 속셈을 함부로 물어봐서는 안 돼. 다른 사람이 우리한테 물어봐도 기분 나쁘잖아."

다음 YXD경방〔경공업 및 방직물 제품〕시장으로 향했다. 이 원단 전문시장은 저장촌 가공업체를 대상으로 하기에 문을 여는 시간이 징원보다 서너 시간 늦었다. 우리가 도착했을 때는 한창 '시장 입주자들이 차례로 개장'하는 시간대였다. 작은 매형은 걸으면서 둘러봤고 징원에 있을 때보다 더 자세히 관찰했다.

한창 보고 있을 때, 누군가 뒤에서 작은 매형을 툭 쳤다. 매형은 뒤돌아 보고 바로 얼굴을 찌푸리며 말했다. "뭐가 이렇게 굼떠, 그 천은 언제 오는 거야?"

그 사람은 웃으면서 "어제 전화 왔어, 오늘 아침 일찍 출발했는데, 1~2주 안에 도착할 거야"라고 했다.

작은 매형은 또 "우리 매형이 저번에 가져온 물건은 잘 팔리지?"라고 물었다.

"당연하지. 당신 집안 안목인데 설마 문제 있겠어?"

두 사람은 대화를 주고받으면서 이 청년의 매대 앞까지 걸었다. 원단 매대는 의류 매대와 달랐다. 우선 더 컸다. 원단 롤이 벽에 기대어 세워져 있거나 매대에 누워 있었다. 매대의 입구에는 일반적으로 탁자가 있고 전화기, 장부, 계산기 등이 놓여 있다. 이렇게 배치한 이유는 원단 거래가 일반 의류 장사보다 훨씬 더 복잡하기 때문이다. 이곳에서 현금으로 천을 살 수 있을 뿐만 아니라 원단을 선주문할 수도 있다. 원단은 의류처럼 현지에서 들여올 수 있는 것이 아니기 때문에 매대 주인은 저장이나 광둥에서 물건을 보낼 수 있는 고정 파트너가 있어야 하고 장부도 그때그때 잘 적어두어야 했다. 사람들은 원단 장사가 돈도 많이 벌고 여유롭지만 동시에 교육 수준도 높아야 한다고 말한다. 원거리에서 대량으로 이루어지는 장사를 잘 관리할 수 있어야 했기 때문이다.

작은 매형은 이 천이 얼마인지, 저 원단이 잘 팔리는지 묻기만 할 뿐 자기의 생각은 거의 말하지 않았다. 돌아갈 때도 잊지 않고 말했다. "물건 들어오면 바로 알려줘!"

알고 보니 징원의 매대와 이 원단 매대는 작은 매형의 고정 파트너였다. 징원의 매대는 작은 매형이 1995년에 8만 위안을 들여 다른 사람으로부터 임대한 것이었다. 작은 매형도 이 매대가 자기 수중에 들어오기까지 몇 사람을 거쳤는지 몰랐다(제7장 참조). 그는 이러한 고액의 임대료에 대해 불평하지 않았다. "장사를 하려면 투자는 필수이고 늦게 뛰어들면 그럴 수밖에 없어. 그런데 어쨌든 돈을 벌 수 있잖아."

하지만 1995년 10월, 의류 성수기가 시작되자 작은누나와 매형은 만들기도 하고 판매도 하는 것이 힘들어져 이 매대를 예전에 옆집에 살았던 젊은 부부인 정화正華에게 양도했다. 어떻게 양도했는지 물어보지는 못했지만 아마도 당연히 돈을 올린 것으로 보인다. 왜냐하면 작은 매형이 임대할 때는 성수기가 아니었는데 지금과 같은 상황에서는 물건을 진열만 하면 돈을 벌 수 있을 것 같았기 때문이다. 작은 매형이 나에게 "어쨌든 돈을 벌 수 있잖아"라고 말한 것도 양도를 생각하면서 한 말이었던 것 같다. 양도 이후, 작은 매형이 만든 옷은 대부분 이 매대에서 팔았다.

원단 매대 주인은 작은 매형과 직접적인 관계는 없었지만 사오싱에서 그에게 물건을 보내는 파트너는 앞에서 말한 작은누나의 사촌오빠였다. 작은 매형은 원단을 여기서 구입했고 가격은 다른 매대보다 조금 저렴할 뿐 큰 차이는 없었다. 작은 매형은 전혀 개의치 않았다. "어떻게 친척과 친구들이 돈을 벌지 못하게 할 수 있어."

원단은 왜 꼭 이 매대에서 구입하는가에 대한 나의 질문에 작은 매형은 "저 사람 나랑 잘 맞아"라고 답했다. 그에 따르면 이곳에서 천을 사는 일은 잘 아는 사람 집에 놀러 가는 것이나 마찬가지였다. 가끔 다른 매대에 가서 천을 살 때는 그 사람과 동행하기도 한다. "사람은 말이 통하는 사람과 함께 있는 것을 좋아하지. 하지만 장사는 각자 자기 것을 해야 해." 사업관계와 친척 또는 친구관계는 겹치기도 하지만 동시에 쉽게 분리될 수도 있었다.

집에 도착했을 때는 거의 점심이었다. 작은 매형은 집에 들어가자마자 다림질을 하고 옷을 개기 시작했다.

한 시간쯤 지나 할머니 한 분이 음식 그릇을 들고 들어오면서 말했다. "밥 먹자! 누가 가서 좀 가져올래." 할머니는 작은누나의 어머니였다. 나는 그녀를 따라 작은누나의 남동생 집에 갔다.

남동생은 1994년에 베이징에 왔고 이웃 단지에 살고 있다. 어머니는 1995년에 왔고 아버지도 와서 몇 달을 머물렀지만 불편해서 고향으로 돌아갔다. 어머니는 매일 점심과 저녁을 차렸고 두 가족이 함께 먹었다. 작은누나와 남동생은 어머니에게 매달 400위안의 식비를 보냈다. 직접 해먹는 것보다 확실히 돈이 절약되었다.

3시가 조금 넘어, 작은 매형과 비슷한 또래의 청년이 문을 열고 들어왔다. 작은누나와 매형은 고개를 들어 보기만 할 뿐 앉으라고 인사하지도 않았다. 청년은 먼저 나를 가리키면서 물었다. "이 라오쓰는 어디에서 왔어?"

"대학원생이야!" 작은 매형이 큰 소리로 말했다.

청년은 영문을 몰랐다.

"친구야!" 작은 매형은 한마디 추가했다.

'친구'라는 단어 하나로 상황이 정리되었다. 청년은 더 이상 묻지 않고 고개를 돌려 작은 형부에게 "스푸時福가 산타나(상하이 폴크스바겐이 생산한 승용차 브랜드) 산 거 알아?"라고 했다.

"어느 스푸?"

"그 비쩍 마른, 옌안촌에 있다가 시단에서 매대를 하는, 아둥阿東 친척 말이야. (…) 지금 징어우단지에 사는 (…) 몰라?"

"보면 알 것 같은데. 신안信安의 그 벤츠도 거짓말이라고 하던데. 진짜야 가짜야?"

"중고야! 신안 이 사람 약삭빨라. 베이징 사람을 만나서 쓸 만하다고 생각하면 들러붙어. 그 차도 내가 보기에 30만 위안밖에 안 해."

청년은 말을 이어갔다. "내 친구가 운전학원에 있어. 다른 사람들이 배우러 가면 사례를 해야 하는데 내가 가면 필요 없다고 했어. 어때, 운전 배우지 않을래?" 운전학원 말이 나오기 바쁘게 작은누나는 "지금 바빠 죽을 지경인데 배우긴 뭘 배워!"라고 했다.

그러나 2년이 지난 후(1997)에도 작은 매형은 그의 말을 잊지 않았다. 두 사람은 춘절(춘절은 비록 의류판매의 최대 성수기이지만 의류 가공의 경우 섣달부터는 휴식기나 다름없다)을 이용하여 운전을 배웠다.

청년은 할 말을 다 했는지 돌아갔다. 문을 나서면서 고개를 돌려 나에게 "친구! 나도 요 앞에 살아, 시간 나면 놀러 와!"라고 했다.

이 청년도 작은 매형과 같은 촌 출신이었고 동년배 친구그룹에 속했다.

사람을 '친구'라고 직접 부르는 것은 원저우 관습에 맞지 않았다. 전통적인 향촌 사회에는 '친구'라는 인식이 거의 없었다. 하지만 저장촌 청년들 사이에서 그것은 기본적인 사회적 용어가 되었다.

7시에 또 다른 청년이 문을 열고 들어왔다. 작은누나와 매형은 먼저 온 사람과 같은 방식으로 대했다. "오늘 번 돈이 호주머니에 다 들어가지 않을 지경이지?" 작은누나가 농담을 건넨 차이만 있을 뿐이었다.

청년은 웃으면서 "팔리지 않아서 너무 힘들어. 예전에는 너희처럼 옷을 만드는 사람이 우리 매대하는 사람한테 부탁했는데, 이제는 우리가 너희한테 부탁하잖아!"라고 했다.

청년은 왔다가 3분도 안 있다가 돌아갔다. 그는 왕푸징王府井에서 매대를 임대하고 있는, 작은누나의 먼 친척이다. 상점에서 정산하고 집에 가는 길에 얼굴이나 보려고 들렀던 것이다.

잠시 후 정화正華가 들어왔다. 정화는 이틀만에 보는 나를 반갑게 대했다. 작은 매형에 따르면 그는 머리로 돈을 벌고 게으르기로 악명이 높다고 한다. 대신 매대를 운영하는 사촌 여동생이 바쁘게 움직였다. 그와 사촌 여동생은 이렇게 합의했다. 그가 물건을 들여오는 일과 시장에서의 일들(공상업 관련 담당 부문과의 교섭)을 책임지고, 사촌 여동생은 매대 운영과 장부 기록을 책임진다. (여동생에겐) 이윤의 4분의 1을 보수로 지급하기로 했다. 정화는 "나도 베이징 상가들이 하는 것을 보고 배웠어. 25퍼센트의 이윤底扣을 떼준 거야"라고 했다.

정화가 물었다. "광차이光彩체육관에 가봤어? 어제 내가 친구 두 명한테 끌려 당구 치러 갔더니 당구장에 원저우 사람이 절반이야!"

작은 매형은 "너는 좋겠네, 아내도 고향에 가고 집에 혼자 있으니 자유롭잖아"라고 말했다. 정화의 아내는 2년 전에 출산했다. 저장촌에서 첫 아이를 낳다가 난산 때문에 톈탄병원天壇醫院으로 옮겨 갔고, 이 과정에서 온 가족이 놀라 죽을 뻔했다고 한다. 그래서 둘째는 아예 고향에 가서 낳기로 했다. 고향의 계획생육정책을 우회하는 방법은 따로 있었다.

정화는 오늘 보고 들은 것들을 늘어놓았다. "오늘 봤는데 (징원시장) 2층의 동쪽 끝머리 매대가 파는 옷이 너네 집과 너무 비슷하던데. 그런데 목(칼라)이 더 크고 허리 아래를 좀 더 묶었더라고(슬림하다). 잘 팔리던데. 너도 내일 가서 확인해봐."

"누가 팔아?"

"몰라."

저녁은 점심과 마찬가지로 어머니가 차려줬다.

저녁 8시가 조금 넘어, 베이징의 집주인이 다음 달 월세와 이번 달 전기 수도 요금을 받으러 왔다. 지난 달 수도 요금은 9위안, 전기는 93위안, 별다른 표정도 없이 말했다. 작은누나도 별다른 표정 없이 돈을 건넸다.

작은 매형은 목욕하러 갔다. 2년 전까지만 해도 저장촌에서 목욕이란 매우 힘든 일이었다. 1995년 이후, 원저우 사람들은 촌에 목욕탕 두 개를 직접 지었다. 하나는 마촌, 다른 하나는 덩촌에 있다. 라오쓰들은 너무 빡빡하지 않은 날을 골라 단체로 목욕하러 갔다.

작은누나는 작은 침실의 TV를 최대 볼륨으로 틀어놓고 재봉틀을 밟으며 들었다. TV에서 이상한 잡음이 들리자 나를 불러 빨리 가서 확인해보라고 했다.

제 4 장

1984: 베이징에 오다

전사

　큰 매형은 자신의 과거 경험을 이야기하면서 스스로 감탄했다. 살면서 겪은 일을 책으로 써도 여러 권 쓸 수 있다고 했다. 저장촌에서 나는 이런 감개무량함을 자주 접했다.(일부는 영화로 만들 수 있고 일부는 연극으로 만들 수 있다고 했다.)

　1994년 춘절에 나는 러칭현 공상국〔공업과 상업을 전담하는 정부부처〕 간부에게 러칭의 인구 유출 상황을 문의했다. 그는 입을 열자마자 바로 "러칭 사람들 말이야, 문혁 때부터 이미 전국을 마구 돌아다녔지!"라고 했다. 이 간부는 러칭에서만 일한 현지 출신의 오십 대다. 그의 경력은 그에게 저장촌은 이런 사람들이 '돌아다닌' 결과라는 인상을 주기에 충분했다. 1994년 10월, 나는 베이징시의 모 관계 당국과 함께 저장촌의 외래인구를 조사했다. 결과 이곳의 30세 이상 남성 사업주의 60퍼센트 이상이 1980년대 이후부터 이미 출신 성을 떠나 이동한 경력이 있었다. 왕춘광王春光(1995: 64)의 저장촌 조사에서도 이곳의 32세 이상 남성의 80퍼센트가 개혁개방 이전에 이미 외지에 이주한 경력을 가지고 있는 것으로 나타났다. 많은 연구자는 원저우 지역에 인구 유출의 전통이 있다고 강조했다.(費孝通, 1992; 林白, 1986; 王春光, 1994) 하지만 저장촌의 출현을 단순하게 '전통과 개혁 정책이 합쳐진' 산물로 볼 수는 없었다.

저장촌에 오기 전, 저장촌 사람은 세 가지 유형의 이동을 경험했다.

첫 번째 유형은 '문혁' 후기의 '사부-제자[사부가 제자를 데리고 다닌다]' 혹은 '선행자-후행자[먼저 나간 사람이 나중에 나간 사람을 데리고 다닌다]'에 기반한 이동이었다. 당시 이들은 주로 시베이 지역으로 가서 가구를 짜거나 후베이 등지에 가서 목수, 솜 틀기, 은전 교환을 했고 네이멍구에 가서 사금 채취 등의 일을 했다.

저장촌의 촌민 야오신안姚信安은 나에게 이렇게 말했다. "나는 1971년, 18살에 처음 집을 떠나 간쑤 둔황에 갔어. 우리는 혼란을 틈타 밖으로 샜어. 한동안 기차도 공짜였잖아! 원래 상하이로 가는 원저우 사람이 많았지만 거기가 통제가 심했어. 시베이 지역은 혁명의 소리는 컸지만 실제로 사람들은 별로 관심 없었거든." 1975년에 처음 집을 떠나고 1986년에 베이징에 온 저우녠타오周年滔는 이렇게 말했다. "그때 촌을 떠나는 데 별다른 장애가 없었어. 우리 집은 조상 대대로 내려오면서 남과 척지지 말아야 돈도 벌 수 있다고 했기에 이런저런 운동을 해도 나는 남에게 피해를 주지 않았어. 나올 때 생산대 대장도 우리 가족이었는데 나를 막아봤자 본인한테 이득이 될 게 없었거든. 어차피 집에서 할 일도 없었어. 생산대 대장도 눈감아줬고, 공사[인민공사를 말함]도 관리할 수 없는 상황이었지. 나가면 공분工分[집단농업체계 하에서 각 구성원의 노동을 점수로 환산한 것. 이 점수에 따라 재분배가 이루어짐]은 당연히 없어지고, 매달 2.5위안을 생산대에 내야 했어. 오보호五保戶[지역공동체 내에서 보호하거나 도움을 주는 개인 혹은 가정]를 돕는 데 사용했지. 나는 1978년에 고향에 돌아가 결혼했고 생산대 대장 노릇을 1년 했어. 촌에서 두 파벌 간에 투쟁이 심해져서 사람을 선출하지 못하는 거야. 그래서 나 같은 중도파를 당선시켰어."

문화대혁명이 초래한 혼란은 사람들에게 자발적 외출의 가능성을 제공했다. 이 기회를 잡거나 이용하려면 '사제' 연결망이 없이는 불가능했다. 야오신안은 다음과 같이 말했다.

"내가 집을 나설 때는 돈이 필요 없었어. 당숙 한 분이 해방 초기에 사부를 따라 외지에서 가구를 만든 적이 있는데 그의 집에 공구와 돈이 좀 있었거든. 당숙이 우리 아버지와 분석해본 결과 외지에 나가 시도해보는 것도 좋을 것 같다고 했고, 나를 데리고 가겠다고 아버지를 설득했다. 손재주를 배우는 것은 농촌에서 엄청 좋은 일이었기에 아버지는 허락했어. 외지에서 먹고 자는 것은 그가 다 해줬고 연말에 100~200위안을 내게 줬어."

"우리 이곳에 시베이 변경 지역을 지원하러 간 지식청년知靑[문화대혁명 시기 지역사회 발전을 위해 농촌이나 국경 지역에 간 중학교 또는 고등학교 학력의 청년]들이 좀 있었는데 그들이 자주 편지를 보내왔어. 덕분에 나도 그쪽을 좀 알게 됐지. 그리고 그곳에 가서 힘들면 이 사람들을 찾아야겠다는 생각까지 했어."

'사제'는 중국의 농촌에서 오래된 관계다. 다양한 손재주, 직업 등은 이 관계를 통해 전승된다. 사람들은 이제 이 관계를 새로운 사회질서 속에서 재활용하는 것을 통해 기성세대가 수공업 합작화 이전에 축적한 자원(과거 이동 과정에 축적한 경험, 정보와 자본 등 포함)을 다시 동원했고 나아가 자원을 조직할 수 있는 국가 외부의 경로를 만들었다.

집을 떠난 후, 사람들은 '지하시장' 개척을 통해 생활을 영위했다. 야오신안은 "우리는 대도시에 갈 엄두가 나지 않아서 보통 현이나 근교의 농촌에서 살았고 집집마다 찾아다니며 가구가 필요한지 물었어. 가구를 만들어주는 집에 살면서 집세를 냈어. 쌀과 석탄은 그들에게 사달라고 부탁했어. 시베이 지역 사람들이 가구를 잘 만들 줄 몰라서 일감을 많이 찾을 수 있었지. 당시의 말을 빌리면 우리는 전형적인 투기분자이자 암시장이었어. 그런데 일반인들 중 매일 진지하게 계급투쟁을 벌이는 사람은 없었거든. 아들딸이 결혼하면 장롱, 침대는 있어야 할 거잖아. 우리가 작업을 너무 시끄럽게 하면 '신고'당했기에 늘 조심했어야 했어. 한밤중에 돼지우리나 외양간에 숨은 게 한두 번이 아니었어. 나도 경찰에 두 번이나 연행되었지만 크게 개의치 않았어. 계속할 수 있었으니까."

당시에는 시장에서 목재를 사거나 가구를 파는 것이 불가능했다. 그들은 고객이 제공한 목재를 몰래 사용하여 가공비를 받는 방식으로 돈을 벌었다. 자원의 축적과 이러한 직업 집단의 확장 속도는 매우 느렸다. 러칭, 융자의 항궈杭郭, 첸자청錢家埕, 허선차오河深橋 등의 촌민 회고에 따르면, 당시 외지에 나간 사람은 촌 인구의 약 20분의 1밖에 안 되었고, 1970년대 내내 거의 그대로였다.

야오신안 일행이 꽤 대표적인 이주 그룹으로 보인다:

"내가 처음 나갔을 때 모두 세 명이었어. 보통 두 명에서 다섯 명 사이지. 우리는 계속 숨어 다녀야 했기에 사람이 많으면 불편해. 1973년, 나는 독립해서 사부가 됐고 사촌 남동생과 외조카를 데리고 나갔어. 내 사부와 사형은 모두 집에 돌아갔고 일을 그만뒀어. 외지는 너무 힘들고 몸도 상했던 거야."

'숨어 다니는 것'은 당시 이주의 가장 대표적인 특징 중 하나였다. 신발 수선을 하다가 가구를 만든 저우러진周樂金은 이렇게 회고했다. "그때는 정말 엄청 고생했어. 1974년에 처음 간 곳이 상하이였어.(원저우는 교통이 불편해 외지에 가기 위해서는 먼저 상하이에 가서 환승해야 했다.) 두 달 정도 일하면서 여러 곳을 다녔어, 결국 잡혀서 돌아왔어.(억류 후 송환) 집에서 한 달 가량 지내다가 나는 또 나갔어, 이번에는 충칭이야. 신발 수선을 했는데 어린이 신발을 주로 했어. 한번은 도로 입구에서 제복을 입은 사람들이 오는 걸 보고 물건을 싸들고 냅다 뛰었어. 조금 뛰었는데 건너편에서 또 한 무리가 오는 거야! 다행히 잡히지는 않았지.

충칭이 좀 심했던 것 같아. 그래서 칭하이로 갔어. 당시에는 시베이 지역이 좀 외져서 관리가 느슨할 거라고 생각했거든. 칭하이는 좀 나았어. 숨거나 도망치는 일은 할 수 있는 만큼 다 해야 했어."

이 모든 것이 저장촌 사람들에게는 매우 흔한 경험이었다. 내가 궁금했던 것은 만약 숨지 못하면 어떻게 해야 하는가였다. 거의 모든 사람이 똑같이 답했다. "잡히면 말을 잘 듣고, 바람이 잦아들면 다시 나오면 돼." 야오신안은 "(내가) 두 번 추방되었잖아, 당연히 고생이지, 그런데 무슨 방법이 있겠어?"라고 했다. 진아바오金阿豹의 말은 더 명확했다. "외지인이 일단 잡히기만 하면 그들은 꼭 마치 하얀색 셔츠에 먹물이 튄 것처럼 난리도 아니었어. 하지만 우리는 개의치 않았어, 젊은 사람이라면 돈을 버는 사람이 재주가 있는 사람이거든. 외지에서 장사하다가 집으로 추방되어 온다고 해서 깔보는 사람이 아무도 없어. 다 비슷하거든. 나도 잡히면 그 '관리'들 앞에서는 엄청 고분고분해, 뭘 하라고 하면 바로 하고 말이야. 바보들만 그들을 '들이받아'. 그들의 영역에서 벗어나면 또 다시 시작하는 거야."

두 번째 유형의 이동도 '문혁' 후기에 출현했다. 인민공사 '수건사修建社'〔수리와 건설을 위해 조직된, 인민공사 산하의 작업팀〕라는 이름으로 팀을 묶어 외지에 나가 일했다. 천아자오陳阿釗의 회상을 들어보자.

1973년, 나는 둥롄공사東聯公社의 수건사를 따라 처음 나갔어. 수건사는 1970년에 설립되었고, 우리 촌의 적지 않은 사람이 거기서 목수와 벽돌공으로 일했어. (수건)사의 반장이 일거리를 찾으면 우리를 데리고 나가서 일했어. 수건사가 수시로 촌에서 (사람을) 모집하는 것은 아니야. 수시로 모집하면 너무 번거롭고 간부들에게도 떨어지는 것이 없거든. 노동자가 되기 위해 농민들이 뭔가 잘 보이려고 하는 것도 아니야. (…) 공사에서 일하는 친구가 있었는데 나와 같은 촌 출신이고 나이는 나보다 열 몇 살 위야. '문혁' 시기 우리는 '롄파連派'였어.[41] 그 친구 인맥을 통해 수건사에 들어갔지. 농촌 청년들은 모두 파벌성이 있어서 수건사도 같은 파를 골라서 들어가야 돼. 당시 우리도 대자보를 붙이고 사람을 잡아 조리돌림하는 등 매우 바쁘게 보냈어. 1971년과 1972년의 무투武鬪[문혁 중반의 무장투쟁의 줄임말] 때 제일 떠들썩했고, 1973년에는 좀 조용해졌어. '두파杜派'가 권력을 잡으면서, 우리가 졌으니까 나는 밖에 나갈 생각을 했던 거야. 같은 파에 있던 사람들은 서로 공감해줘. 친구가 100여 명이 되는데 그중 열 명 정도는 사이가 가까웠어.

먼저 후베이 징먼荊門의 우치유전五七油田에 가서 2년 일했어. 한 달에 80위안을 받았어. 집에서는 겨우 1년에 200위안을 벌었거든. 1975년에는 간쑤에 갔어. 수건사 전체가 간 것은 아니야. 같은 팀에 있던 사람의 형이 주취안酒泉과 연줄이 있

---

41 '롄파'와 '두파杜派'는 무투 시기 러칭현의 양대 대립파벌이었다. 두 파벌 우두머리의 성이 롄과 두였기에 그 파벌 이름도 이렇게 불렸다.

었는데, 이 사람이 수건사 명의로 그 지역 공정을 하나 맡으면서 사람 30여 명을 데리고 갔거든. 이 30여 명 중의 10여 명은 또 둔황으로 갔어. 인솔반장이 둔황에도 연줄이 있어서 그곳에서도 공정을 하나 맡았던 거야. 이 반장이 둔황의 공정을 같은 팀에 있는 자기 친척에게 양도하면서 이 친척이 10여 명을 데리고 간 거지. 사람이라는 게 다 똑같아. 자기가 할 수 있으면 일단 하고 본다는 거야.

(둔황) 팀에 선발된 사람은 연줄이 있는 사람들이야. 사람이 적고 임금이 높았기 때문이지. 인솔반장은 이웃 마을 사람인데다가 나와 같은 파였어. 둔황에서 나는 하루 16시간을 일하고, 한 달에 100여 위안을 받았어. 2년을 일했는데, 우리 집 형편이 너무 어려운데다 아버지도 일찍 돌아가서 외지에서 오래 있고 싶지 않았어. 1976년 촌에 돌아가 간부가 되었어. 나와 함께 수건사에서 일하던 여러 친구가 외지에서 각개 전투로 공정을 맡아 했어. 당시 1년 일하면 몇 천 위안을 벌었거든. 내가 집에 돌아간 것은 잘못된 결정이었어.

이러한 수건사의 가장 두드러진 특징은 새로운 공정팀이 지속적으로 파생된다는 점이다. 점점 더 많은 사람이 수건사라는 이름을 빌려 '자신을 위한 사업'을 했다. 이 사람들이 또 새로운 사람을 데려왔다. 앞에서 말한 작은 매형의 초기 이주가 바로 이러한 관계의 연장에서 비롯되었던 것이다. 러칭 사람의 초기 이주와 후베이 거저우댐의 관계도 변화가 생겼다. 처음에는 두 지역의 정부와 단위 사이의 연계가 중심이 되었지만 나중에는 정부와 단위의 이름을 가장한 개인 사이의 관계나 공정과 아무런 관련이 없는 유동 인구와의 관계로 변화했다.

수건사가 공정을 맡는 것과 유사한 사업이 양봉업이었다. 융자 출신의 자오밍주趙明柱는 이렇게 말했다. "당시 국가에서는 외지에 가서 할 수 있는 일 딱 두 가지만 허락했어. 하나는 건설업이고 다른 하나는 양봉업이었어. 양봉은 계절의 변화에 따라, 꽃이 어디 있다 하면 거기로 뛰어갔지. 양봉업을 하는 사람은 공소사供銷社〔계획경제 시기의 상점이나 백화점 역할을 하는, 국가가 운영하는 유통판매기관〕의 소개신介紹信〔신원 보증과 추천의 내용이 있는 증빙서류〕이 있으면 기차표를 살 수 있었어. 꿀벌을 가지고 기차를 탈수 있었던 거야." 양봉업은 주로 융자 사람이 했고 러칭 사람은 별로 없었다. 관계망의 확산이라는 측면에서 볼 때 양봉업은 당연히 공사일보다 한계가 있었다.

세 번째 유형의 이동은 문혁 이후 혹은 개혁개방 초기에 출현한 원저우의 유명한 '공소대군供銷大軍〔구입과 판매라는 용어가 시장경제적 표현이었기 때문에 계획경제 시기에는 공소라고 불렀다. 이 문화가 이어져 개혁개방 초기에도 공소라는 표현이 사용되었다. 공소대군은 대규모로 사고파는 사람, 즉 장사하는 사람이라는 뜻이다〕'이다.

쉬쥔밍許均名은 저장촌에서 연배가 가장 높은 사람 중 한 명이다. 융자현 우뉴진烏牛鎭 시야촌西牙村 출신이다. 해방 이전, 개혁 이전, 개혁 이후의 이주를 모두 직접 겪은 사람이다. 60대인 그는 여전히 말에 힘이 있었다:

나는 1946년 15살 때 삼촌 형제 두 명, 같은 촌민 한 명과 함께 상하이로 갔네. 품팔이였지. 지금 장시 사람들이 우리 이곳에 온 것처럼. 먼저 제분공장에서 일했고 공장을 운영하던 자본가가 도주하는 바람에 부두로 옮겨져 물건을 나르는 일을 했다네. 그러다가 해방 이후에 항만국 노동자로 고용된 것이야. 고향에 돌아가 결혼했고 아내를 데리고 가서 한동안 살기도 했지.

3년 자연재해(1959~1961년 사이 전국적으로 발생한 자연재해, 대약진 운동 시기와 겹치면서 건국 이래 가장 심각한 경제적 어려움을 겪은 시기)가 발생할 줄을 누가 알았겠나. 다시 집에 돌아갔지! 1962년에 촌에 돌아가 공사의 복무사服務社 부주임을 맡았다네. 당시 현에는 수공업연사手工業聯社가 있었는데 복무사는 바로 그 아래 직속이고 철공, 이발, 신발 수선 등 수공업을 관리했지. 외지에 일하러 갈 때 우리한테 와서 소개신을 받아갔지. 외지 일의 규모가 100위안이면 우리는 2~3위안 관리비를 받았어. 물론 영수증도 없었고, 그 사람이 말하면 우리는 대략적으로 추정치를 산출했지. 그들을 힘들게 하지 않았다네. 왜냐하면 우리도 외지를 자주 나가지 않는가! 사람들은 멀리 가지 않고 주로 청관城關과 원저우시로 갔다네.

1976년, 나는 탕진塘鎭(현정부 소재지)에 가서 공소원이 되었네. 사대기업(인민공사 또는 생산대 소속 기업)을 대신하여 전기제품과 밸브를 판매했지. 현에는 공소 경리부가 있었는데, 외지에 가려면 먼저 이 공소 경리부에 가서 저장성의 양표糧票

[식량 배급에 필요한 화폐 대신에 사용하는 교환권]를 전국 양표로 교환한 후 생산 지휘부의 직인(도장)을 찍어야 했어. 현에서 발급받은 소개신과 공장의 샘플, 제품목록 등을 가지고 대기업의 공소과에 가서 제품을 소개했지. 상대방은 일반적으로 매우 열정적이라네. 계약서에 사인하면 돌아와 생산을 했지. 직접 만들 수 있으면 만들고, 못 만들면 상하이에 가서 사왔어. 사고팔고, 그래도 결국에는 남는 장사였지. 물건을 들여올 때 한 번 더 나갔어. 전체 진에 공소원이 30~40명 정도 있었다네.

고정적으로 한 공장을 위해 영업을 뛰는 공소원이 있는가 하면 혼자 영업을 뛰는 공소원도 있었어. 첫 번째 종류는 공장이 고용하고 월급을 줬는데 많지는 않았지. 한 공장에서 공소원 여럿을 고용하기는 어렵거든. 그리고 신뢰하지도 않고 말이지. 공장의 돈을 받고 자기 사업을 하는 경우가 있고, 연결망이 넓어지면 자기가 알아서 공장을 세운단 말이야. 이런 일이 꽤 많았네! 혼자 영업을 뛰는 사람은 공장에서 소개신을 떼어주면 공장을 위해 일감을 가져오고 상응하는 성과급을 받았고 그 과정에서 발생하는 비용은 본인이 부담했지. 처음에는 공장들이 진에서 직접 관리를 했고 공소원도 연줄이 있어야 가능했어. 진에서 그들도 관리했거든. 이후 개혁개방을 했잖나. 누구나 다 할 수 있게 된 거지. 일거리만 가져온다면 말이야. 1981년 한동안은 공매수와 공매도 모두 할 수 없게 되면서 약간 영향을 받았지. 1984년에 정책이 풀리자 외지로 나가는 사람이 다시 많아졌네.

내가 (만약) 공소원을 계속 해도 나쁘지 않았을 거야. 1990
년 이후, 우리 동네에서 베이징에 가서 옷을 만들면 큰돈을
벌 수 있다는 말이 파다했지. 나의 두 딸과 아들 하나가 베이
징에 가고 싶다고 해 나는 좋다고 생각했다네. 공소원 일도
할 만큼 했으니까 나 같은 '늙은이'도 따라 나섰지. 아이들이
나와 함께 하는 게 좋다고 생각하면 함께 하고 아니면 내가
혼자 하면 되니까. 1991년에 나갔고, 지금 나는 아들과 함께
살고 있다네.

큰 매형도 '공소원의 길'을 걸었다.

그러나 공소원 출신의 저장촌 사람은 많지 않았다. 훗날 공
소원은 고향에 돌아가 공장을 운영하는 사람과 외지에서 사업
하는 사람으로 분화했고 후자의 경우에도 저장촌의 사업과 달
랐다. 원저우의 한 중견 간부는 공소원들의 경험을 다음과 같
이 요약한 적이 있다. "초기에는 산을 넘고 강을 건너 방방곡곡
에 제품을 판매하고 원자재를 조달하고 심지어 불법투기까지 했
어. 나중에는 외지의 기업, 고객과 친해지고 관계가 가까워지면
서 명확한 방향으로 달려갔다. 이런 걸 두고 '업무를 뗀다'라고
했어. 더 지나 시장이 개방되자 일반 시장 개척으로 초점이 옮겨
졌고 자신이 확신하는 곳에서 시장을 개척했는데 이를 두고 '판
매를 한다'라고 불렀어. 한발씩 '이동 상인'에서 상대적으로 안정
된 '정주 상인'이 된 거야."

공소원과 저장촌의 주요 차이점은 외지에서 제품을 가공하는 것이 아니라 외지에 있는 원저우 기업의 창구 역할을 한다는 점이다. 베이징에서 대부분의 원저우 공소원은 의류사업에 종사했고 나머지는 전기제품, 건축자재(특히 케이블과 인테리어 자재 등), 안경 등의 사업에 종사했다. 전기제품 판매에 종사하는 사람들은 시쓰西四, 강와缸瓦시 등 일대에 이른바 '전기제품거리'를 형성하기도 했다. 그들의 경영활동은 모두 저장촌 밖에서 이루어졌고 저장촌과의 접촉은 거의 없었다. 예를 들어, 옷을 파는 공소원들 중 처음에 중급 양복을 판매한 사람이 있었는데 이런 유형의 양복은 저장촌에서 거의 생산하지 않았다. 나중에 저장촌이 (특히 1990년 이후) 베이징에서 영향력 있는 시장을 형성하면서 공소원들은 의류가 경쟁이 너무 치열한 산업이라는 것을 깨닫고 전기제품이나 건축자재 등 업종으로 옮겨갔던 것이다.

공소원이 앞의 두 부류의 유동인구에 비해 저장촌과 거래가 적은 이유를 관계망의 발전 특징을 가지고 설명할 수 있다. 세 부류의 이주 모두에서 '관계'의 이용, 생성 또는 변형이 핵심 고리였다. 그러나 앞의 두 유형의 이주에서 관계의 발전은 일종의 '내향'적 특징이 있었다. 즉 사부-제자 관계든 수건사의 노동자 관계든 이주집단 내부의 연결망이 매우 중요했다는 점이다. 하지만 공소원의 관계는 전적으로 '외향'적이다. 이러한 차이에 따라 사제관계를 통해 나간 사람과 수건사를 통해 나간 사람은 함께 모이는 경향성을 보이면서 이후 저장촌의 주력이 된 반면 공소원은 여전히 각자 독립된 사업을 운영하는 경향성을 보였다.

콜럼버스 이야기

누가 저장촌에 가장 먼저 왔을까?

첫 번째 가설은 조금 이상했다.

저장촌의 역사는 1983년에 시작되었다. 인터뷰에 따르면 저장촌 최초 거주자는 원저우시 러칭현의 농촌에서 온 황구이위黃貴餘라는 사람이다. 다른 사람의 소개에 따르면 황씨는 베이징에서 중등전문학교를 다녔고 졸업하기도 전에 지식분자(지식청년)로 동원되어 고향에 돌아갔다고 한다. 대략 1979년을 전후하여 베이징에 와서 의류사업의 가능성을 처음 '조사'했고 1981년부터 저장촌에 정식으로 거주했다고 한다.(曹建春, 1993: 17)

이 전설은 출처가 분명하지 않았고 나도 저장촌에서 확인할 수 없었다. 1979년에 혼자 베이징에 와서 의류사업을 '조사'했다는 것은 상상하기 힘든 일이다. 일부 저장촌 사람들은 자신의 경험에 비춰볼 때 이런 일은 불가능하다고 생각했다.

두 번째는 이곳에 처음 정착한 사람은 러칭 훙차오진 첸자양촌錢家垟村의 첸錢 아무개라는 가설이다. 그는 톈차오쇼핑센터 입구에서 신발 수선 노점상을 운영했다. 1983년, 쇼핑센터에서 인조솜에 대한 공급이 수요를 많이 따라가지 못한다는 것을 발견하고 지인에게 부탁하여 장쑤에서 원단을 들여와 톈차오에서 팔기 시작했다. 사업이 크게 번창했다고 한다. 돈을 어느 정도 벌자 하이후이사 일대에 와서 정착했고 처음에는 니트 코트를 만들다가 나중에는 가죽재킷을 만들었고, 3년 전부터는 매대 임대업에 전념했다고 한다.

이런 말을 하는 사람들은 주로 첸씨와 가까운 사이인, 첸씨를 '인정'하는 두 사람이었다. 나의 언어로 표현하자면 첸씨의 '계'에 있는 사람들이다. 그들은 나에게만 이런 이야기를 한 것이 아니라 다른 사람에게도 똑같이 했다. 그들은 종종 이런 어투로 말을 시작한다. "저장촌은 (첸)아무개가 먼저 시작한 것으로 봐야 해!" 내가 그들에게 근거를 물어보자 자기도 '소문'을 들은 것이라고 했고, 하지만 '기꺼이' 이 가설을 받아들인다고 했다. 아쉽게도 내가 저장촌에 왔을 때 첸씨는 이미 왕푸징으로 옮겨간 상태였고 나는 그에게 톈차오 신발 수선 등에 대해 자세히 물어볼 기회가 없었다. 이후 이 가설은 한 기자에 의해 1993년 저장의 지역잡지에 실리기도 했다.(項飆, 1994: 20~23쪽 참조)

세 번째 가설은 이렇다. 1983년 말, 러칭현 옌푸향雁芙鄉 상구산촌尙古山村의 류씨 형제가 바오터우包頭에서 1년 동안 했던 의류 사업을 정리하고 러칭으로 '철수'하는 길에 베이징에 들렀던 것이다. 당시 베이징 거리에는 가끔 반바지와 양말, 바늘과 실을 파는 노점상이 있었는데 이것을 보고 그들은 가지고 다니던 셔츠, 바지 등 '재고'를 첸먼, 왕푸징 등 번화가의 길가 나무에 걸어놓고 팔기 시작했다. 이곳은 일평균 유동인구가 50만 명이 넘는 큰 시장이었기에 '재고'는 순식간에 다 팔려 나갔다. '단맛'을 본 그들은 러칭으로 '철수'하려던 원래의 계획을 바꿔 베이징 근교 서남쪽의 펑타이 하이후툰으로 향했다. 현지 농민의 마당 있는 집을 각자 임대한 후 재봉틀과 재단대를 다시 설치했다. 이후 그들은 제일 번화한 상업지역—첸먼다자란前門大柵欄의 '루이푸샹 비단가게瑞蚨祥綢布店'의 문 앞에서 매대를 임대하면서 러칭 사람들의 베이징 사업의 서막을 열었다는 것이다.

이 가설은 베이징에서 연수를 하던 러칭현 간부가 처음 기록했고(陳繼明, 1991: 2-3쪽), 이후 많은 신문과 잡지가 인용했다(王建琦, 1993이 대표적임). 비록 저장촌에서 가장 많이 유통되는 가설이지만 그다지 극적인 요소는 없었다.

이와 동시에 자기가 이곳에 가장 먼저 왔다고 하는 사람도 있다. 후胡 아무개는 나에게 이렇게 말했다. "내가 1984년에 왔을 때 원저우 사람 한 명도 없었어. 그런데 얼마 안 지나 다들 올라오는 거야. 류저보劉澤波 쟤네도 사실 나보다 늦게 왔어!" 왕춘광王春光(1995: 35)의 조사에도 1982년에 이미 베이징에서 장사하는 원저우 사람에 대한 기록이 있다.

누가 먼저 왔는지는 정확하게 알 수 없다. 그러나 흥미로운 것은 이미 저장촌은 자기만의 정답을 가지고 있다는 점이었다. 즉 류저보가 그들의 '콜럼버스'라는 것이다. 현지의 베이징 사람들도 류저보를 '류씨 큰형'이라고 불렀다. 베이징의 저장촌뿐만 아니라 외지에 있는 원저우 사람들, 원저우 고향에서도 그렇게 생각했다.

하지만 사실, 아래에서 살펴보겠지만, 류저보는 다른 사람들과 함께 왔는데 현재 공동체 내에서 유통되는 이야기에는 이 다른 사람들의 이름이 온데간데없이 사라진 상태다. 이유 중 하나는 류씨가 근래에 사업이 크게 번창해 촌에서 손꼽히는 사업가가 되었기 때문이다. 사업 규모가 클 뿐만 아니라 친척과 친구 권자도 컸다. 지난 몇 번의 춘절, 류저보는 러칭 지방정부로부터 '출향기업가대표外出企業家代表'로 초청받아 고향의 간부들과 여러 차례 좌담회를 가졌다. 또한 저장촌 사람들은 사람을 두 부류로 나누었다. 한 부류는 1위안을 벌고 5위안을 벌었다고 하는 사람, 다른 한 부류는 10위안을 벌고 5위안을 벌었다고 말하는 사람이다. 류저보는 전형적인 후자에 속했다. 나는 그가 "나는 일생 동안 잠을 몇 시간이나 잤는지 셀 수 있어"라고 무의식적으로 한 말에 감동했다. 근면하고 내향적이며 영리한 스타일의 사람은 저장촌에 많지 않았지만 마침 이런 사람들이 저장촌 사람이 가장 인정하는 유형의 사람이 되었다. 따라서 기억적, 경제적, 정치적, 문화적 등의 서로 다른 공감적 요소가 상호작용하여 저장촌의 주류적 정답을 강화했던 것이다. 나도 한때 '콜럼버스를 발견했다'고 흥분하면서 류저보를 가장 먼저 온 사람으로 지목하기도 했다.(項飆, 1995) 돌이켜 보면 나도 이 공동체의 이야기의 유통과 창작에 어느 정도 참여했던 것 같다. 이와 동시에 짚고 넘어가야 할 부분은, 베이징의 이주민 집거지들 중 저장촌이 유일하게 '촌사村史' 개념이 있는 공동체라는 점이다.

　나는 류저보가 '콜럼버스'인지 확실치 않지만 두 가지는 확신한다. (1)류저보가 도착했을 때 저장촌은 아직 형성되지 않았다는 점, (2)류저보 일행은 자기가 알아서 왔기에 비록 가장 먼저 온 사람이라고 볼 수는 없어도 여전히 '개척'의 공로가 있다는 것이다. 류저보는 1943년생이다.

우리 촌에 100가구가 넘었는데 그 중 7~8가구가 옷을 만들었어. 우리 집은 6남매였고 내가 맏이야. 아버지는 낮에는 생산대에서 집체노동에 종사하고 저녁이면 산에 가서 나무를 나르는(벌목) 일을 하는 매우 근면한 분이셨어. 이런 근면함은 배운다고 해서 되는 일도 아니었는데, 이 때문에 비판의 대상이 되었던 거야. 생산대는 길 어귀에서 기다렸다가 아버지를 붙잡고 전형적인 비판의 대상이라고 몰아부쳤어. 이 분위기에 편승해서 공사는 회의를 열었고, 현에서 사례가 필요하다고 하면 아버지를 끌어냈어. 하지만 할 일은 계속 해야 했어. 형편이 너무 어려워서 돈을 좀 벌어 밥을 먹겠다는 게 다른 이나 국가에 피해를 준 것은 아니잖아!

중학교를 졸업하던 1963년에 다른 사람에게 재봉일을 배웠어. 1년을 배우고 이듬해부터 내가 직접 가게를 열었고 제자도 두 명을 뒀지. 처음에는 집에서 일했어. 1967년 '대대[생산대] 집'[42] 한 칸을 빌려 옷을 만들었어. 지금 말로 하면 대대와 '합작'하는 방식이었어. 대대 집은 진의 시장통에 위치했어. 사람들이 산에서 내려와 장 보러 가는 길에 옷을 주문하고 다음 번 장 보러 올 때 찾아갔어. 당시에는 중산복中山裝[쑨원이 즐겨 입어 쑨중산에서 본 딴 이름이며 유럽 양복, 일본 학생복, 중국 정장 스타일을 접목한 양식]을 만들었어. 매달 대대에

---

42 '대대 집'은 원저우 농촌에서 유통되는 고유명사로서 촌위회 소재지나 대대가 소유한 주택의 총칭으로 사용된다. 현재까지도 저장촌 사람들이 마촌의 첫 번째 단지를 '대대 집'이라고 부르는 이유가 이 단지를 마촌 촌위회가 건설했기 때문이다.(제7장 참조)

30위안을 냈어. 하루 종일 노동하면 공분은 1위안이었거든. 그래서 30위안이면 한 달 일한 것이 되었어. 대대에 돈을 내면 나의 공분을 기록해주고, 남은 돈은 나의 것이 되었지. 연말 식량 배급도 다른 사람들과 똑같이 인원수와 공분에 따라 분배했어.

당시 나름 괜찮았는데 하루 일하면 5위안이 남았거든. 밖에서 일하면 2~3위안 벌고, 제자한테 1위안 받고, 집에 돌아가 추가로 일하면 1위안을 더 받았지. 그러면서 내 머리 속에는 '매대를 빌려 직접 해보자'는 생각이 만들어지기 시작한 거야.

문화대혁명이 농촌을 싹 다 망가트렸어. 1960년대 후반 지부반괴地富反壞[문혁의 일환으로 지주, 부농, 반혁명·나쁜(괴)·우파분자 등을 부르는 용어다. 우파도 포함이 되는데 이 책에서는 생략되었다. 보통 이 다섯 가지 사람을 '흑5류', 즉 어두운 다섯 부류로 불렀다] 투쟁운동이 시작되었는데 대대서기까지 끌려나가 조리돌림 당하고 뭐 아무도 통제할 수 없는 상황이 된 거야! 1970년과 1971년, 러칭의 롄파와 두파가 무장투쟁을 시작했어. 농촌에서 도박하는 문화가 그때부터 시작된 거야. 그 당시 '삼십사문三十四門', '계화회掛花會'가 유행했어. 우리 촌에 이미 그때 외지에 나가 '은번전銀番鈿'(은화)을 판 사람이 있었어. 시베이 지역에서 은화를 사서 현지에서 팔았는데, 그러면서 은전 판매 지하시장이 만들어진 거지. 최종적으로 누구한테 팔았는지는 나도 몰라.

1981년에 처음 집을 나섰어. 우리 촌의 한 지식청년이 1966년에 닝샤 우하이시烏海市(정확하게는 닝샤와 인접한 네이멍구 우하이시)에 변경을 지원하러 갔다가 그곳에서 공소사 사장이 된 거야. 1980년에 집에 왔다가 우리한테 알려주기를 그 친구네 거기서는 옷 한 벌을 만들어도 우리 여기보다 3위안을 더 받는다는 거야!**43** 우리더러 가서 해보라면서 자기 공소사에서 만들 수 있다고 했어.

그(지식청년)가 이러는 이유는 순전히 의무감 때문이었어. 그의 아버지가 지주였는데, 1950~1960년대의 말을 빌리면 성분이 나빴던 거야. 하지만 우리는 모두 그의 가족을 잘 대해줬어. 당시 그의 아버지와 형제들이 모두 촌에 있어서 우리가 돌봐줘야 했거든. 그도 항상 그래도 동향이 좋다고, 같은 편 같다고 말했어. 1978, 1979년 그가 저쪽 공소사로부터 일감을 가지고 촌에 와서 빗자루공장과 밧줄공장을 세웠어. 우하이에 간 이후, 해마다 명절 때면 우리는 기름이나 밀가루 음식을 들고 그를 보러 갔지. 그렇다고 그가 이런 걸 요구했던 건 아니야.

---

43 이러한 가격 차이에 대한 류저보의 분석은 이러했다. "첫째는 우하이는 도시이고 사람들이 월급을 받아 살아서 지역 소비가 고향보다 훨씬 높았어. 거기는 또 광산 지역이 있어서 국가 보조금도 있었어. 그때 그들의 월급은 150위안에서 200위안 정도 했어. 둘째는 우하이에는 재봉사가 적어서 옷을 만드는 사람은 수입이 짭짤했어." 당시 원저우 시내의 재봉사 월급은 우하이보다 조금 낮은 편이었다. 그들에게 왜 애초에 원저우 시내에 가지 않았느냐는 나의 질문에는 이렇게 답했다. "우리가 원저우에 가도 설 자리가 없어, 억양을 들으면 시골 사람이라는 것을 알고 다른 사람들이 싫어해. 다른 성은 남방 사람이라고 말하면 오히려 일 처리가 쉬워질 수 있거든." 도시와 농촌 사이의 장벽이 오히려 더 먼 곳으로 이동하게 만들었던 것이다.

손재주가 좋은 편이 아니고, 집에서 돈벌이도 시원찮은 사람들이 먼저 그를 따라 나섰어. 사람이라면 아무래도 멀리 가는 것에 걱정이 크지. 나는 당시 고향에서는 좀 괜찮은 편이어서 마음이 흔들리지는 않았어. 그런데 연말에 그들이 돌아와서 하는 말을 들었는데(1981년 춘절), 한 사람당 1000~2000위안을 벌었다는 거야! 당시 촌에서는 옷을 만들면 먹고 쓰고 100~200위안 남으면 다 선방한 거라고 했어.

1982년 정월, 나는 나가기로 결심했어. 그 사장이 알려준 대로 우리는 향에 가서 증명서를 뗐어. 나, 아내, 둘째 아들, 내 여동생까지 모두 4명이었어. 여동생이 옷을 잘 만들거든. 처음에는 우리와 함께 가는 것을 꺼려했지만 내가 월급 130위안을 준다고 약속하고 데리고 나온 거야. 여비 등을 다 해서 1000위안을 들고 길에 올랐어.

이곳에 비교적 일찍 정착한 사람들의 인터뷰에 따르면 '600~700위안'이나 '1000위안 정도'를 들고 왔다는 게 일반적인 대답이었다. 이 돈은 그들이 옷을 만들어 번 돈이거나 촌에서 대출한 돈이었다. 이 시기에 비교적 많은 노동력과 자본을 동원할 수 있었던 것은 상황에 대한 사람들의 예측가능성 때문이었다. "당시는 1970년대와 달랐어"라는 확신이 있었고 동시에 "(공사)사장은 국가 간부인데다가 시장을 전문적으로 관리하는 사람이라서 그를 따르는 것은 안전할거야"라고 생각했다.

우하이에 도착한 후 공소사가 그 지역의 일을 주선해줬고, 매대는 공소사 정문 앞에 마련했어. 가공비는 공소사에서 정했고 매대에는 '상하이재봉'이라는 상표를 걸었어. 내가 직접 썼지. 우리는 낮에 공소사가 주선한 일을 하고 여관에 살면서 저녁에는 또 나가 열심히 일했어. 당시 국영복장점〔국영의류회사〕에서 최소 한 달이 걸렸던 옷을 우리는 길어야 이틀 밤이면 만들었어. 우하이 광산에서 사람들이 토요일에 오고 월요일에 돌아가는데 일요일에 옷을 찾아가고 싶다는 거야. 그래서 토요일에 밤낮으로 쉬지도 않고 만들었어. 우리 옷은 스타일이 다양했거든. 사람들이 많이 와서 옷을 가져갔는데 우리를 진짜 상하이 라오쓰라고 생각했어.

나중에 공소사 옆에 작은 시장이 만들어졌는데, 그곳에도 옷을 파는 사람이 있었어. 내가 계산해보니, 우리가 직접 만들어서 팔면 이런 주문을 받는 것보다 더 많이 벌 수 있을 것 같았거든. 그래서 사장을 통해 수속을 하고 공소사가 운영하는 자유시장〔계획경제와 대조되는 의미에서 자유시장이라고 표현함〕으로 옮겨가서 옷을 직접 만들어서 팔았어. 이렇게 직접 만들어 팔았더니 진짜 돈이 많이 들어오는 거야. 그해에 1만 위안 이상을 벌었어. 그래서 재봉틀 외에 단추기계도 구입했지.

1981년 상반기까지 2년(1980, 1981) 사이에 그쪽으로 이주한 집이 정확히 열 가구였어. 이 열 가구가 거진 우리와 같은 촌 아니면 옆 촌이었어. 우리는 잘 단결했고 무슨 일이 생기면 함께 도왔거든. 나가보니 역시 고향에 있을 때보다 친밀감이 더 느껴지는 거야. 매대도 한 곳에 차리고 생활도 같은 곳에서 (…) 아니, 사업은 따로 했어. 좋은 감정과 사업을 함께하는 것은 아무런 관련이 없었어. 1981년 하반기가 되자 우하이의 러칭 사람들은 서른 가구로 늘었고 모두 푸룽芙蓉 사람이었어. 이듬해에는 100가구가 넘었어. 100가구가 되니 한곳에서 살 수 없게 된 거야. 그래도 그룹을 지어 함께 살았어. 서로 잘 아는 사이였고 교류도 했지. 그룹마다 서로 아는 사람들이 겹쳐서 나중에는 모두 서로를 알고 지내게 되었어. 우하이에서 나는 인근의 바오터우가 엄청 크고 물건도 잘 팔린다는 사실을 알게 되었어. 공소사 간부와 이야기하던 중에 공사의 원단은 모두 베이징의 회사를 통해 도매로 들여온다는 것과 이미 개체호[자영업자 혹은 소상공인]도 가서 도매할 수 있게 되었다는 사실을 알았어. 바오터우에 가면 분명 더 많은 돈을 벌 수 있을 거라고 생각했지. 당시 이미 2만 여 위안을 모았거든. 동향들과 바오터우에 갈지 의논했는데, 열 가구 중 반대하는 사람도 있었어, 모험이 크다고 말이야. 그래서 갈 사람은 가고 남을 사람은 남기로 했어.

(류저보를 포함해 총 여섯 가구가 바오터우에 갔다.) 우리 이 여섯 가구가 모두 제일 가까운 친척은 아니었어. 주로 견해가 같았을 뿐이야. 모든 동향과 항상 함께 지낼 의무는 없었어. 더 좋은 곳에 가서 돈을 버는 것에 대해 가족은 물론 외지의 동향들도 뭐라고 하지 않았거든.

우리가 바오터우에 도착했는데 이미 60가구가 넘는 원저우 사람들이 거기에 와 있는 거야! 여관 두 군데 갔는데 모두 자리가 없었어. 고향에서 직접 올라온 사람이 있는가 하면 외지에서 건너온 사람도 있었어. 좌우지간 당시 외지에서 일하는 원저우 사람들은 거진 시베이 지역에 갔으니까. 1982년 말, 바오터우에는 500~600가구로 증가했어.[44]

바오터우에 갈 때는 큰 여동생도 불러냈어. 당시 촌의 공사 선생님(사실 사립교사)이었는데 한 달에 30위안을 받는 거야. 내가 그래서 일단 나오라고 했고, 첫 달에 돈을 벌든 못 벌든 60위안을 주겠다고 했어. 숙식은 당연히 내가 모두 부담했지. 바오터우의 원단은 베이징의 회사에서 가져왔어. 베이징의 원단은 색깔도 다양하고 신상이야. 1982년 말, 내가 가진 걸 모두 합쳐보니 10여 만 위안이 됐어. 1982년에 고향에 돌아가서 집을 지었고 또 일부를 갹출해서 당시 '대회抬會'[저장성 원저우 러칭현에서 시작된, 영리를 목적으로 한 일종의 민간융자다]에 참가했지.(제6장 참조) 결국 망했고 돈도 다 잃었어. 그래서 1983년에 베이징으로 돌아갈 때는 7000위안밖에 남지 않았어.

베이징에서 원단 사러 다니면서 이런 생각을 했어. 베이징에 사람이 이렇게 많이 다니는데다 원단도 많으니 돈도 많이 벌 수 있겠다고 말이야. 1983년에 원단을 도매하러 베이징에 왔

---

[44] 나는 이 수치를 신뢰하지 않지만 그렇다고 현재 검증할 방법이 있는 것도 아니다. 하지만 이 수치는 당시 바오터우에 원저우 사람이 많았다는 점은 잘 보여주고 있다.

다가 쳰먼 일대는 텅텅 비어 있고 녹색 양철판으로 된 가판대만 몇 개 있는 걸 봤어. 이것도 개체업자들이 하는 것 같았어. 이런 광경을 보고는 임대할 방법을 찾았지.

그래서 옷을 파는 매대에 가서 누가 이곳을 관리하는지 물었어. 그리고 쉬안우구宣武區 공상국에 찾아가 물었어. 외지인이 올 수 있는지? 그 사람은 나에게 외출증명서가 있는지 물었어. 증명이야 우리는 항상 있지. 얼마 전까지만 해도 수공업국手工業局에서 떼어줬고, 1983년에 나올 때는 공상국에서 해줬어. 베이징 사람들은 엄청 친절했어. 그러면서 증명서의 서두를 '외성外省' 말고 직접 '베이징'으로 적으면 된다고 하는 거야. 돌아가서 이 일을 말했는데 모두가(함께 살던 여섯 가구) 오고 싶다는 거야. 그래서 나는 일부러 원저우에 다시 가서 여섯 가구의 증명서를 떼어왔어. 이때 큰아들도 학교를 그만둔 상태여서 베이징에 데려왔어.

이제 어디서 살아야 할까? 수도는 우리 같은 농민들이 마음대로 와서 살 수 있는 곳이 아니라고 생각했어. 집은 좀 외딴 곳에서 찾아봤지. 우리는 생각 없이 17번 버스를 타고 몇 정거장을 지나 무시위안에서 내렸어. 그것도 그냥 생각 없이 내린 거야. 대충 감으로 이 정도면 되겠다 싶었지. 차에서 내려 걸으면서 물어보고 다니다가 처음 찾은 집이 하이후툰 4호야. 베이징 사람들은 아주 친절했는데—물론 우리도 작은 소리로 대화하며 최대한 예의를 갖췄지만—그 사람은 공간이 없다고 하면서 9호네가 아들이 결혼하게 되면서 집 하나를 새로 지었는데 임대해줄 수도 있다고 했어. 9호 집에 가서 임대했는데 이 집을 우리 일행에게 양보했어. 나는 9호의 소개를 받아 33호에 짐을 풀었어. 방은 13제곱미터 정도, 월 55위안이었어.

그리고 나서 우리는 증명서를 들고 창춘가長椿街에 가서 매대를 하나 임대했어.

베이징에 오다

가장 먼저 온 사람으로 불리는 첸룽광錢容光은 사실 류저보보다 1년 늦게 왔다. 여기에는 작은 에피소드가 있다. 류저보는 나에게 이렇게 말했다.

룽광과 나는 서로 잘 아는 사이이고, 나를 존중해. 요즘은 가끔 와서 나를 인터뷰(방문을 말한다. 류써는 내 앞에서 좀 더 공식적인 단어를 쓰려고 했다)하기도 해. 그는 '홍차오방'이야. 원래는 간쑤 중웨이中衛(정확하게 닝샤 중웨이시, 간쑤와 네이멍구와 인접해 있다)에서 옷을 만들었는데, 1983년부터 베이징에 가면 돈을 많이 벌 수 있다는 소식이 끊임없이 푸퉁, 홍차오에 전해졌어. 룽광과 함께 중웨이에 있던 사람의 아내가 고향에서 이런 소식을 듣고 중웨이로 달려가 남편에게 당장 베이징에 가라고 말한 거야. 남편은 처음에 내키지 않았지. 그런데 아내가 거기서 난리를 쳤어. 이 소동이 중웨이까지 영향을 미쳤어. 홍차오 출신 10여 가구가 전부 베이징으로 이주한 거지. 그들이 오면서 우리는 푸룽방, 그들은 홍차오방이된 거야. 우리는 먼저 온 두 그룹이야.

류저보와 첸룽광 이 두 '갈래' 외에, 내가 발견한 저장촌 초기에 정착한 또 하나의 '계'는 야오신안을 중심으로 한 사람들이었다. 이러한 '작은 그룹'들은 모두 다양한 관계들의 조합이었다.

나는 다른 일을 하다가 1983년에 옷을 만들기 시작했어. 목수가 너무 힘들고 돈도 많이 못 벌었거든. 아내가 옷을 조금만들 줄 알았어. 그리고 두 사촌 여동생이 옷을 잘 만들었어. 처음에는 이 여자들 몇 명이 의논하고 외지에 가고 싶다고 한 거였어.

아내의 두 친척이 이미 몇 년 전에 나왔어. 한 명은 아내의사촌 여동생이고 다른 한 명은 언니(처형)의 시동생이었어. 둘은 몇 년을 함께 일하며 옷도 만들고 함께 있었어. 나의 사형(같은 스승 밑에서 목공을 배웠던 사람) 한 명도 우리와 함께가겠다고 했어. 그도 자기 친척들을 찾아가 (옷을) 만들었어. 사형제와 아내의 친척들은 서로 모르는 사이였지만 외지에서는 모두 잘 아는 사이가 되지. 친척이든 아니든 상관없어. 아내 언니의 시동생과 나도 사실 친척인데 고향에서는 서로 왕래도 않다가 외지에 와서 가까워졌어.

1983년에 우리가 간 곳은 란저우야. 란저우에 있을 때 베이징에 간 원저우 사람들이 돈을 많이 벌었다는 소식을 들었어. 처음에는 믿기지 않았지. 베이징 같은 곳에서 그런 일이 가능할 리 없지. 1983년 연말에 고향에 갔는데 사람들이 다 이 말을 하더라고. 푸룽에서 가장 먼저 베이징에 간 사람들은 이미 몇 만 위안을 벌었다는 거야! 몇 사람과 의논했어, 베이징에 가자!

두 사람이 먼저 란저우에 가서 전년도에 다 처리하지 못한 일을 마무리하고, 다른 사람들은 바로 베이징에 갔어. 당시 우리는 이미 원저우 사람들이 무시위안에 모여 산다는 것을 알았기 때문에 기차에서 내리자마자 곧장 거기로 갔지.

물론 그들이 저장촌에 가장 먼저 도착한 몇 '갈래"라고 해서 그들과 동시에 또는 더 일찍 온 사람이 없다는 뜻은 절대 아니다. 앞에 나온 천아자오陳阿釗의 경우, 1981년까지 고향에 있다가 다른 사람을 따라 자위관嘉峪關에 가서 목수 일을 배웠다.(당시 이미 32살이었다.) 이후 시짱西藏 라싸拉薩에 가서 옷을 만들다가 돈이 떨어져 고향에 돌아갔다. 1984년, 가족을 모두 데리고 베이징에 왔고 아내의 외삼촌 집에 살았다. 외삼촌은 한때 철도병鐵道兵이었고 제대 후 베이징 지하철역에서 근무했다. 그는 저장촌 사람들과 오랫동안 연락하지 않았다.

하지만 내가 여기서 류, 첸, 야오 등 세 그룹의 역할을 강조하는 이유는 이 세 갈래가 저장촌 사회의 기원을 구성했기 때문이다. 이 세 '갈래'에서 파생된 다양한 '이동사슬'은 '사슬형 이동'을 촉발하여 신규 사업가들을 베이징으로 이주하게 함으로써 저장촌의 기초를 마련했던 것이다. 최소한 1986년 이전까지, 푸룽에서 온 사람들은 모두 류저보와 이러한 관계에 기반했다. 류저보는 자기가 직접 서른 가구를 데리고 왔다고 말했다. 홍차오 일대에 초기 정착한 사람들은 첸룽광과 야오신안이 데리고 온 사람들이었다. 이런 '사슬'은 주거 지역의 차이를 낳기도 했다. 푸룽 사람들은 덩촌, 홍차오 사람들은 마촌과 허우촌에 집중되었다. 그중에서 첸씨와 관련 있는 사람들은 하이후이사에 주로 집중되었고 '야오파'는 마촌에 더 많았다.

느슨한 사슬과 긴밀한 사슬

초기의 세 갈래부터 보더라도 저장촌은 그 누구도 이탈할 수 없는 관계망이었다. 그렇다고 해서 처음부터 단순한 하나의 논리로만 만들어진 관계망도 아니었다.

나는 류저보에게 '사람을 데려오다'(먼저 도착한 사람이 후에 도착한 사람을 이끌어 오는 방식)는 말 속에서 '데려오다'를 어떻게 이해해야 하는지 물었다.

'데려오는' 것도 아니야. '데려오다'가 뭘까? 가까운 친척, 같은 촌의 사이가 가까운 사람들, 그들이 나에게 베이징이 어떠냐고 물으면 나는 실제 상황을 알려주겠지. 어떤 사람은 집을 찾는 것을 도와달라고 하고, 옷을 어떻게 만드는지 물어보고, 나는 다 도와주거든. 대부분의 경우 우리가 고향에 가면 사람들이 물어봤어. 그리고 우리와 함께 나왔지.

(…) 우리는 그런 심리가 없는 것 같아, 자기가 돈을 벌었다고 해서 막 다른 사람을 주동적으로 데려 내오려는 심리 말이야. 그 사람을 오라고 했는데 돈을 벌지 못하면 어떻게 해? 장사라는 게 설득해서 되는 일이 아니야. 집안 형편이 안 좋으면 진심으로 돕겠지. 그리고 친척, 친 형제자매들이 아마 먼저 말을 걸겠지. 물론, 특별히 유능한 사람이어서 함께 일하고 싶은 경우 설득하려고 하겠지. 자신을 위한 일이니까. 사람은 다 생각이 있어. (…) 베이징에서 바지 한 벌에 7~8위안을 버는데 이 돈이면 외지의 두 배야! 1984년 하반기가 되자 이곳의 원저우 사람들은 200가구가 됐어.

저우젠룽周建榮 일가는 첸룽광의 사슬을 따라 베이징에 왔다.

1984년에 베이징에 갔어. 왜냐하면 1983년에 모두가 룽광이 돈을 많이 벌었다는 이야기를 들었거든. 그는 나의 사촌형이야. 그런데 베이징에 갈 때 그와 진지하게 의논한 것은 아니었어. 베이징에서 어려운 일이 생기면 그를 찾으려고 했지. 베이징에 가서도 그와 사업상 연락할 일이 없었어. 도움이 필요할 때 친척에게 말하면 도와주겠지만, 말하지 않으면 상대가 먼저 도와줄 이유도 없잖아.

보다시피, 이 사슬의 주요 기능은 정보 전달과 심리적 안전감의 강화였고, 실질적인 관계는 매우 느슨했다.

하지만 여기서 일종의 '긴밀한 사슬'도 존재한다. 류저보가 말한 '노동력 사슬勞動力鏈'이다. 류저보의 사촌형인 류저량劉澤良은 류저보가 베이징에서 '큰돈을 벌었다'는 소식을 접하고 즉시 자신의 큰아들과 큰딸을 재봉을 배우게 했다. 당시 아들은 배우기 싫어서 가출할 뻔했고 딸은 말을 잘 들어 배운 지 2개월 만에 바로 류저보한테 보내 '실습'하게 했다. 첸룽광과 같은 그룹인 롄아이쑹連愛松은 이렇게 말했다.

원래 옷 만들 줄 아는 여자애들이 적지 않아. 농한기에 조금씩 배워뒀지. 그러다가 그 몇 해는 옷 만들 줄 아는 애들은 전부 보물이 된 거야. 집 식구들만 가지고 모자라서 사람을 부르기叫人 시작했어.[45] 친척이 없으면 친구나 같은 마을 사람을 불렀지. 어떤 사람들은 베이징에 가서도 고향에 돌아와 사람을 찾았어.

여비는 부른 사람이 냈고 숙식은 사장 집에서 했고 연말에 고향에 돌아가 결산할 때 월급을 줬어.

---

[45] 사람을 부르다는 아래에 나오는 '구하다討人'와 뜻이 비슷하다. 모두 '고용'을 말한다.

노동력 사슬의 발전 과정에서 류저보가 자신의 친 여동생을 대하는 태도가 인상적이었다. 그는 전적으로 경제적 인센티브를 지급하는 방식으로 여동생을 동원했다. 사슬은 처음부터 당연히 친척과 동향관계였지만 이 사슬을 출현시키고 움직이게 한 것은 서로 간의 경제적 관계였다. 이때의 이동사슬은 하나의 보이지 않는 노동력 시장이었다.

느슨한 사슬과 긴밀한 사슬을 통해, 펑타이구 정부 관계 당국의 소개에 따르면, 1985년 가을까지 저장촌에는 5000명 이상이 거주했다.

협력

"(…) 여섯 가구만 딸랑 베이징에 왔으니 외롭잖아. 서로 관심을 주고받는 것만으로 부족하지. 협력해야 한다는 생각이 들었어. 모두에게 좋거든."

류저보의 이 담담한 한 마디가 나의 관심을 확 끌어당겼다.—그들이 베이징에 처음 왔을 때의 사업과 생활의 양상을 보도록 하자.

처음에는 (여섯 가구) 모두 떨어져 살았어. (…) 1984년 사업이 호황일 때 다섯 가구가 더 왔어. 우리 열한 가구는 하이후이사 여관을 함께 빌려 사용했지. 방 하나가 85위안이었어. 모두 이웃처럼 가까이 살았어. 우리는 이런 게 좋아. 베이징 사람들 집에 흩어져 사는 게 불편해.

그때 당시 모든 사람이 거의 똑같은 제품을 만들었고, 각자 알아서 자기 것을 팔았어. 비밀이라고 할 것도 없었어. 하지만 사람들이 기술적으로 어려움이 있어서 나에게 물어보면 나는 다 알려줬어.

재료는 함께 들여왔어. 주로 나, 윈성運生, 그리고 훙더紅德라는 친구 한 명 더 있어. 원단 회사나 가게에 가서 샀어. 사오면 다들 나누었지. 열 가구가 한 번에 들여오는 경우는 드물어. 그게 (가구수) 너무 많으면 힘들어. 보통은 대여섯 가구, 서너 가구야.

(나: 먼저 네다섯 가구가 잘 팔리는 어떤 원단을 들여왔는데 다른 가구가 따라서 같은 것을 들여오려고 하는 일은 있어? 이럴 때 그들은 비밀로 하지는 않아?)

없어. 물건을 가져오면 사람들이 묻거든. 그들도 알아서 알려줘. 예쁜 스타일이나 잘 팔리는 지역(매대 매출이 좋은 곳)을 알게 돼도 똑같아. 우리는 봄에 베이징에 왔고 1년 동안 하면서 재료와 스타일을 여러 번 바꿨어. 다 잘 팔렸어. 모두가 스스로 찾고 직접 만들어보고, 잘 만들 수 있으면 또 모두가 하는 거지. (…) 경쟁이 뭐가 두려워. 다 우리 이 몇 집뿐인데. (…) 관계도 비슷해. 열 가구는 사이가 다 좋아. 1984년 한 집에서 노인이 과배過輩(사망)한 데다가 다른 노인도 병에 걸렸어. 우리 모두 돈을 보내줬어. 고향에서 이러면 '인정'[46]이 없다고 해. 재료를 들여올 때 먼저 선금을 대주는 일도 있어.

야오신안

우리 이 몇 집은 재미있는 집이야. 나이도 모두 젊고, 베이징에 온 것은 재미 삼아 온 것도 있거든. 네 가구는 종종 함께 밥도 먹고, 옷도 따라 만들었어. 옷을 사서 해체한 후 샘플로 사용하자는 아이디어는 내가 발명했어! 예전에 왕푸징에 갔다가 큰 칼라의 여성용 셔츠를 봤는데 허리도 줄일 수 있고 사는 사람이 엄청 많은 거야. 어떤 사람들은 한 번에 여러 벌을 사갔어. 나도 분위기를 타서 하나 샀지. 돌아와서 우리도 이 옷을 만들면 부자가 될 거라고 말했어! 그런데 할 줄 아는 사람이 없었어. 난감해졌지. 그런데 옷 만드는 일도 목공과 비슷해. 재료를 해체한 후 조각들을 다시 조립하거든. 그러니까 이 옷도 일단 해체하고 똑같이 만들어서 조립하면 될 거잖아! 첫 번째 옷은 실패했어. 아내가 해체할 때 잘못하는 바람에 밤새 만들었는데 모양새도 다르고 허리도 줄일 수 없었어. 다음날 다시 가서 한 벌 사왔어. 네 가구가 다 따라했어. 그때 돈을 많이 벌었지. 아내가 그 옷을 입고 다녔어. 이

---

46 '인정人情'의 유무는 '우정情義'의 유무와 다른 뜻으로 사용된다. 인정은 관혼상제에 선물을 보내는 문제와 관련 있다. 어떤 유형의 관계에서 인정이 있어야 하는지 그리고 서로 다른 '인정'은 어떻게 표현해야 하는지는 엄연한 규칙이 있다.

일대 꽤 많은 베이징 사람들이 우리한테 옷을 만들어달라고
했어.

여기 한 이웃집의 아버지가 고향에서 올라왔는데, 옷은 만들
줄 모르고 아들과 함께 요리를 했어. 매일 6시에서 9시 사이
에 시단이나 왕푸징에 가서 줄을 서서 옷을 사거든. 사오면
바로 해체해서 샘플을 만들고 빠르게 옷을 만들었지.

천아자오의 경험은 다른 측면에서 초기 저장촌 사람 사이의
'협력'의 의미를 설명해준다.

1986년과 1987년에 크게 밑졌어. 우리는 그저 '어둠 속'에
서 일을 했지 방법이나 길은 몰랐던 거야. 처음에는 내가 혼
자 원단 사러 스스石獅에 갔다가 거기서 몰수[47]당하는 바람
에 수만 위안을 손해보기도 했어. 1987년에는 같은 촌의 친
구와 함께 올라와 매대를 공동으로 임대했어. 돈을 빌려 나
사 코트를 만들었는데 또 팔리지 않아 할인가로 처리해야 했
어. 총 7만 위안 넘게 밑졌어. 매대 임대도 그만 하고 혼자 옷
을 만들어서 베이징의 개체호에 팔았어. 하지만 아무도 어떻
게 해야 하는지 알려주지 않았던 거야! 뭔가 만들어서 사람
을 찾아가면 며칠 뒤에 보자고 해. 그런데 마냥 기다리면서
아무것도 안 할 수는 없잖아. 계속 했지. 그래, 재고가 쌓여

---

47 당시 스스에서는 밀무역이 성행했다. '몰수'는 관리 당국에 의한 몰수를 말한다.

갔어.

장사를 하면서 1989년이 되어서야 저장촌의 동향들을 좀 알게 되었고, 그제야 삶이 안정되었어. 사람들과 의논해봤는데 컴퓨터 자수가 잘 나간대. 저장촌에서는 이미 밖에서 자수를 하는 사람도 있었는데 본전이 많이 들어서 아직 투자를 하기에는 이르다고 판단했지. 이때가 친구들끼리 권자를 막 형성하던 시기였어. 친구권에는 대여섯 명이 있었는데 다들 허난 난양에 있다가 나보다 1년 늦게 온 친구들이야. 저장촌에 살고 있었어. 1991년, 우리 네 명이 3개 주로 나누어 60만 위안을 투자하여 자수기계를 한대 구입했어. 그제야 우리는 대변신을 한 거야.

초기 저장촌 경제생활의 기본 특징은 다음과 같이 요약할 수 있다. 작업장 내부를 보면, 가족 구성원에는 고용된 노동자도 포함되었다. 작업장과 작업장(친우와 친우 사이이기도 함)은 긴밀하게 단결했고 서로 도움을 주고받았다. 하지만 분업과 진정한 의미의 합작관계는 형성되지 않았다. 초기에 온 세 '갈래'는 서로 잘 아는 사이였지만 경제적 측면에서는 서로 교차관계가 없었고 왕래도 많지 않았다.

류, 첸, 야오는 저장촌이라는 교두보를 세웠을 뿐만 아니라 저장촌의 산업적 기초인 의류업을 정립했다. 저장촌 사람이 옷을 만든 것은 이들이 출신지에서부터 옷을 만드는 전통이 있어서가 아니었다. 가장 먼저 온 류저보 등 사람을 제외하고 나중에 온 사람들은 옷을 만들 줄 알아서 저장촌에 온 것도 아니었다. 오히려 이들은 의류시장이 크다고 생각하고 베이징에 와서 이 업종에 '투자'한 사람들이다. 기술이 부족하면 관계로 극복했다. 사람들은 계 내부의 협력을 통해 의류업에 처음 진입하는 사람의 어려움을 도와줬다.[48] 이는 동시에 이동사슬의 발전을 촉진했다.

노점상 유격전

하지만 창춘가에 있는 류저보의 노점상은 기대만큼의 수익을 내지 못했다.

"정부가 사업에 손을 대면 안 돼. 거기는 당시 행인도 없었어, 오가는 게 전부 차야. 그런데 꼭 그런 곳에 노점상을 한 줄 쭉 한단 말이야! 거기서 한번 걸으면서 봐봐. 돈을 벌 수 없어."

"내가 그래서 노점상을 반납하고 아내와 애를 셴눙탄운동장 先農壇體育場 정문 앞에 가서 자체 노점상을 차리고 파이리쓰派麗絲 (당시 유행했던 원단 이름) 바지를 팔게 했어. 엄청 나갔지."

1996년 어느 날, 그의 아들이 셴눙탄 옆을 운전하며 지나가다

---

48 쉬안우구의류회사지宣武區服裝公司志(1995)에는 이렇게 기록되어 있다. "의류산업은 노동밀집형 산업이고 수익성이 낮은 기업들이 포진해 있다. 공업 이윤은 3퍼센트에 불과하고 성수기와 비수기가 분명하다. 직원의 월급이 적고 처우도 낮다. 장기적인 고된 노동, 체력과 설비에 의존하고 있다. 관리 주체가 바뀐 이후 노동조건이 끊임없이 개선되고 있지만 여전히 기반이 얇은 데다 인프라가 열악하고 공장시설도 빈약하여 발전이 느리다." 아래에 더 살펴보겠지만, 저장촌 사람들은 내부의 합작을 통해 공식 기업보다 더 효과적으로 성수기와 비수기의 문제를 해결했다. 이것이 바로 의류업이 저장촌의 핵심 산업이 될 수 있었던 이유다.

창밖을 가리키면서 나에게 말했다.

"그때 아버지가 집에서 만들고 나와 어머니가 여기서 노점상을 차렸어. 매일 아침 일찍 28자전거(자전거 차종이 28형)를 타고 전날 밤에 만든 옷을 메고, 뒤에 어머니를 태우고 왔어. 어머니가 돈을 받았고, 나는 옆에서 돈을 내지 않고 공짜로 가져가는 사람이 없는지 지켜보았어. 점심시간이 가까워지면 몇 원 어치 만두를 사먹었어. 그리고 경찰, 공상을 (있는지 없는지) 살폈지. 뭔가 움직임이 보이면 바로 짐을 챙겨서 도망쳤어. 그들이 멀리 가면 다시 나왔어."

첸룽광 사슬을 따라 베이징에 온 저우주취안周住權은 1985년에 아내, 딸, 큰아들, 그리고 옷을 만들 줄 아는 여조카를 데리고 왔다. 그는 이렇게 말한다.

당시 첸먼에서 노점상 한다는 게 정말 쉬운 일이 아니었어. 경찰이 오면 도망쳐야 했으니까. 때로는 바닥에 있던 물건도 다 줍지 못하고 도망가. 너무 아까운거야. 한 번은 경찰이 오는 것을 보고 옆에 있는 작은 상점의 매대 뒤에 가서 숨으려고 했어. 막 들어갔는데 베이징의 이 판매원이 나를 발로 엄청 세게 걷어차는 거야! 나를 쫓아내려고 한 거지. 엄청 열받았어. 나는 방향을 바꿔 길옆의 화장실로 향했고 30분 넘게 숨어 있다가 겨우 나왔어. 경찰은 돌아갔는데 문제는 아들이 없어진 거야! 겨우 12살인데. 미쳐버릴 것 같았어. 집에 와보니 아내는 울고 난리 났어. 아들은 밤이 되어서야 집에 왔지. 길옆에서 놀았대. 내가 매를 들고 혼쭐을 냈어. 애가 아직 어려서, 오히려 나한테 왜 다른 사람들은 장사를 해도 도망가지 않는데 우리만 그러냐고 되묻는 거야. 아이고, 그때 일은 정말 눈물 없이는 들을 수 없는 이야기야.

이런 식의 유격전은 당시 저장촌 사람들에게 새로운 것이 아니었다. 이는 다른 이주민들에게도 흔한 경험이다. 1979년부터 베이징 근교와 허베이의 농민들이 줄지어 베이징에 들어와 길거리에 노점상을 차렸고, 큰길과 골목을 다니면서 땅콩, 달걀, 생강, 빗자루 등을 판매했다. 공상과 공안 등 당국은 쫓아다니면서 단속했지만 단속하면 할수록 관리가 어려워졌다. 결국 1979년 4월, 베이징시 공상국과 공안국이 나서 공동으로 하이덴, 차오양, 스징산, 펑타이 등의 근교에 열개의 농산품무역시장을 건설했다. 동시에 길거리 행상을 엄격하게 금지한다는 공고도 내보냈다. 시정부는 "주요 거리는 강력하게, 일반 거리는 엄격하게 통제"하라고 지시했다. 하지만 얼마 지나지 않나 농민들의 채소 노점상은 시청, 둥청東城 등 시내로까지 확장했다. 몇 차례 '추방'에도 문제가 해결되지 않자 시청구는 1980년을 전후하여 바이완장百萬莊, 청팡가成方街, 더와이德外, 잔란로展覽路, 둥우위안動物園 등 시장을 개설했다.(時憲民, 1992: 51~53쪽 참조) 이주민이 거둔 첫 번째 대승리였다. 철통같았던 도시의 유통체계를 깨고 자신이 기댈 수 있는 합법성을 만들어냈던 것이다. 분명한 것은 이 '유격전'이 이후 저장촌 발전에 필요한 공간을 제공했다는 점이다.

정부의 의도는 농산품무역시장을 통해 도피 중인 이주민을 자신이 관리할 수 있는 범위 내로 끌어들이려는 것이었다. 초기에는 이주민 상공업자와 정부가 합작관계를 형성하면서 이 정책은 큰 효과를 보았다. 그러나 한편으로 시장의 수용성이 제한적이고, 다른 한편으로 '농산물과 그 부산품(농부산품)'만 판매할수 있었기 때문에 저장촌의 상공업자 같은 다른 부류의 사람들에 대해서는 별 효과를 보지 못했다. 따라서 '유격전'은 지속될수밖에 없었다.

내 조사 과정에서는 이 시기에 베이징에서 살았던 저장촌 사람은 만나지 못했다. 그러나 왕춘광(1995: 35)의 조사는 우리에게 필요한 사례를 보충해준다. 그의 연구에서 1982년에 베이징에 와서 사업을 한 것으로 알려진 러칭 사람 Z.S.M.은 이렇게 말했다.

당시 베이징은 외지에서 장사하러 온 사람을 엄청 심하게 단속했어. 특히 시내가 더 그랬는데 매일 이런 저런 순찰대가 순찰을 했어. 장사를 하는 외지인을 보면 붙잡아다 수용소에 넣고 며칠 지나 물건을 모두 압수하고 베이징에서 추방했지. 나와 동생 둘이서 시내의 개인 집을 빌려 살았는데 한 달정도 살았나 단속반에 발각되어 바로 수용소로 향했다가 곧바로 베이징에서 추방됐어. 그런데 우리는 멀리 가지 않고 허베이 스자좡에서 보름 동안 머물다가 그래도 베이징이 시장이 크고 장사도 잘 되니 몰래 베이징으로 다시 갔어. 이번에는 지난번의 경험을 교훈 삼아 시내에서 집을 찾지 않고 차를 타고 베이징 남역으로 이동한 후 근교의 조용한 곳을 찾아 걷다가 하이후이사 일대에서 집을 구했어. 우리는 자주 옮겼어, 발각되어 물건을 압수당하고 베이징에서 쫓겨나는 게 두려워서.

도주의 경험은 과거에는 물론 이후에도 지속되었다. 나중에 살펴보겠지만 1995년까지 이어진 끊임없는 '도주'는 저장촌 발전의 중요한 실마리였다. '도주'는 원저우 모델溫州模式 발전의 핵심 논리이기도 했다.[49] 집을 떠나 목수일을 했던 야오신안부터 노점

---

[49] '원저우 모델'의 특수성은 개혁 이후의 특징에서 비롯되는 것만은 아니다. 이미 1950년대에 원저우에서는 포전도호包田到戶[농가가 토지를 경영하도록 권한을 주는 것]를 실험했고, 1960~1970년대에는 도시 근교와 농촌에 이미 적지 않은 지하공장들이 운영 중에 있었다. 원저우의 개혁 과정은 지방정부가 상공업자들을 '동원'하는 것보다 '평반'[문혁 이후 명예를 회복하거나 계급 성분을 바로 잡는 등 문혁 시기 억압받았던 사람의 시민권을 회복하는 과정]하는 데 훨씬 더 많은 시간을 할애했다. 내가 개인적으로 수행한 조사에 따르면, 원저우 모델의 발전 원동력은 주로 기층사회에서 비롯되었다. 핵심 논리 중 하나가 기층사회의 '도주' 행위였다. 원저우시 융자현 랴오위안사燎原社가 전국적으로 가장 일찍 '포산도호包産到戶'를 한 지역이다. 현지인의 회고에 따르면 집단화 운동 초기에 현지의 간부들에 대한 농민의 저항적 정서와 행위가 매우 선명했다고 한다. 다시 말하면, 국가권력이 농촌 공동체에 완전히 침투하기 전까지 농민들은 자신의 이익을 보호하기 위해 국가와 대화 심지어 반항하는 전략을 사용했던 것이다. 간부를 공격하거나 현 정부청사 앞에 가서 청원하는 등 방법을 사용했다. 1956년, 농민들의 요구와 실제 상황을 결합하여 랴오위안사는 가장 먼저 포산도호를 도입했고 이후 융자, 러칭 등 현에 빠르게 확산되었다. 1957년이 되면서 포산도호는 엄중한 잘못으로 간주되어 금지되었다. 1958년 이후, 고급사高級社, 정사합일政社合一의 체계가 형성됨에 따라 농촌에 대한 국가의 통제는 전례 없는 수준으로 강화되었고 포산도호는 '반혁명행위'로 간주되었다. 하지만 그 뒤의 20년 동안 원저우의 자발적인 '단독 경작'은 중단된 적이 없었다. 그러나 당시의 분전은 1950년대 초처럼 집단화를 공개적으로 반대하면서 이루어진 것이 아니라 도주의 방식을 통해 작동되었다. 사람들이 크게 신경 쓰지 않으면 나누어서 경작하고 상급 부분에서 눈치 채고 '작업반'을 촌과 향에 내려보내면 사람들은 내통하여 매일 함께 일하는 것처럼 보여주면서 여전히 '공산주의'적인 것처럼 꾸민다. 작업반이 돌아가면 원래 모습으로 돌아갔다. '수년 동안 이런 숨바꼭질'을 했던 것이다. 러칭시 공상국의 한 노 간부는

상을 하면서 큰돈을 번 저우주취안까지, 우리는 이들의 '도주' 전략을 강조한 나머지 당대 중국 연구에서 끊임없이 강조되는 분수령을 조용히 지나쳤다. 바로 1978년의 개혁이다.

저장촌 사람들이 첫 발을 내디딜 수 있었던 것이 결코 토지를 농가에 나눠준 정책이나 도시의 집산시장 정책 때문인 것은 아니다. 그들은 항상 정책의 변화보다 먼저 움직였다. 국가가 농촌과 소도시에서 전통시장을 회복하자 류저보 등은 이를 발판으로 삼고 바오터우, 베이징 등 대도시로 진출했다. 베이징에서 개체호 정책을 시행하자 개인 매대를 개척했고 가장 번화한 지역에 이 매대를 설치하려고 시도했다. 전체 원저우의 개혁도 비슷했다. 한 지역 간부는 나에게 이렇게 말했다. "원저우의 개혁은 국가보다 앞섰고 중앙보다 앞섰어. 중앙의 개혁정책은 원저우의 개

나에게 이렇게 말했다. "러칭은 1978년이 되어서야 공상국이 생겼어. 사실 문화대혁명이 시작할 때부터 러칭과 원저우의 다른 지역에는 지하공방이 적지 않았어. 당연히 잡아야지. 공상국만 잡는 게 아니라 어느 누구나 다 잡을 수 있었지. 당시 이런 걸 두고 불법투기, 자본주의 복벽이라고 했어, 큰 죄야. 그런데 그들이 오면 도망치고, 가면 다시 하고. 잡고 보면 또 엄청 착해, 물건을 몰수하겠다고 하면 알아서 갖다 바쳐. 자기 죄도 인정하고 말이야. '문혁' 시기에는 좀 쉬웠어. 모자를 마음대로 씌울 수 있었잖아. 정 안되면 잡아서 감방에 넣으면 됐지. 1970년대 말, 1980년대 초부터는 함부로 죄를 만들 수 없었어. 그런데 일반 사람들에 대해서도 여전히 많은 것을 금지했어. 우리는 엄청 수동적이 돼버렸지. 누가 소규모 공장을 운영하는지 알아도 가서 조사할 방법이 없었어. 그들은 우리의 총구로 달려들지 않고 숨는 거야. 정부도 막지 못하지. 그래서 결국에는 우리도 어찌 할 방법도 없고 해서, 되레 말을 만들고 데이터를 만들어 우리의 면피용으로 사용하면서 동시에 그들을 변호하기 시작한 거야. 러칭의 발전한 지역에서는 사실 국가가 아직 향진기업, 특히 사영기업을 장려하지도 않았을 때 이미 일정한 규모로 한 단계 발전한 상태였어." 도주는 지방정부의 체면을 조금이라도 살려주는 효과도 있었다. 자기 작업장이 있지만 다양한 정치운동의 전개를 방해하지 않았기 때문이다. 비록 지방정부가 이런 '외도'를 전부 통제하지는 못했지만 그렇다고 해서 상급 부문 앞에서 보고할 내용이 없었던 것은 아니다. 지방정부의 '체면을 살려 주는 것'은 스스로의 안전을 보장하는 일이기도 했다. '국가-개인' 관계를 통해 원저우 민간사회의 어떤 민간이론을 도출할 수 있는지 분석하는 것은 이 책의 범위를 벗어난 일이지만 탐구할 가치가 있는 연구 주제라는 점은 분명하다.

혁을 합법화시켰고 더욱 당당하게 만들었어."[50]

　우리는 단순하게 '전통의 회복'이라는 용어를 통해 저장촌 사람의 '전사'적 경험과 '콜럼버스' 이야기를 요약할 수 없다. 현상만 놓고 볼 때, 원저우는 비록 역사적으로 이주의 전통이 있었지만 과거에는 주로 상하이에 가서 운송업이나 부두노동에 종사했다. 하지만 야오신안, 류저보가 도착한 곳들은 전적으로 이들이 새로운 길을 개척하면서 이동한 지역이었다. 이들은 전통적인 관계를 '기반'으로 삼았지만 그렇다고 해서 특정 전통을 따른 것은 아니었다. '회복'이 아닌 '창조'라고 부르는 것이 정확하다.

　이런 맥락에서, '문혁'이야말로 원저우 사람들의 이주 경험에서 분수령이었다. 문혁의 혼란 속에서 그들은 과거보다 더 쉬운 방법으로 국가의 전면적인 통제로부터 '도주'할 수 있었다. 국가의 외부에서 구성한 자신들만의 연결망이 저장촌 발전의 토대가 되었던 것이다.

　처음부터 개혁은 소수의 엘리트가 주도하고 대중이 '뒤따라가는' 모델이 아니었다. 우리는 공식적인 체제 개혁이 시작되기 전에 이미 기층사회에 상당한 수준의 개혁적 에너지가 축적되었다는 것을 보았다. 공식적 체제에 대한 조정은 새로운 변혁의 요구를 자극했다.

---

50 1996년 춘절, 원저우의 한 정부 산하 연구기관의 전임 간부와 인터뷰를 했다. 같은 해, 원저우 지방정부에서 요직을 맡고 있는 간부도 나에게 비슷한 말을 했다. "원저우에서 개혁을 견지하는 간부는 대중노선을 따르는 간부이자 위로부터의(상급) 정치적 리스크도 감수해야 하는 간부야. 왜냐하면 항상 앞서 나가면 말이야, 대중의 요구와 중앙의 생각이 맞아 떨어지지 않을 때가 많거든. 1984년부터 1992년까지, 항상 이런 상황이었어. 지금도 마찬가지야."

제 5 장

1986~1988: 입지를 굳히다

등당입실

　노점상의 어려움에 시달리던 저우주취안은 1986년 한 가지 중요한 변화를 겪는다.

　(…)내가 베이징에 왔을 때 이미 원저우 사람들이 고정 매대와 노점을 시작한 상태였어. 어떻게 뚫어야 할지 몰랐어. 노점상을 할 때 이 일이 제일 신경 쓰였어.

　내가 노점상을 차리던 곳 옆에는 녹색으로 된 양철노점가게 네다섯 개가 줄 지어 있었어. 이 노점 가게는 홍메이복장점紅梅服裝店 문 앞에 있었어. 나는 이 상점에서 하는 줄 알고 가게에 가서 내가 직접 만든 옷이 있는데 팔아줄 수 있겠냐고 물어봤어. 그런데 그렇게 하라는 거야! 그날이 6월 28일이야.

정확하게 기억해. 바지 다섯 벌을 보냈는데 이틀 걸린다고 하면서 내일 다시 오라고 했어. 옷을 팔아준다는데 좋아 죽을 지경이었지. 그래서 뭐 글자 하나 쓰지도 않고 건네줬어. 다음날, 셋째 날, 계속 다 못 팔았다고 하면서 기다리라고 하는 거야. 베이징 사람들이 설마 사람을 사기 치지는 않겠지라고 생각했지. 1일에 가봤는데 가게가 비어 있더라고!

내가 홍메이복장점에 달려가 물었어. 가게가 홍메이 것이 아니고 허베이에서 온 사람에게 임대해준 가게라는 것을 알았어. 임대계약은 전날에 끝났고 모두 정산하고 떠났다는 거야! 상점은 처음부터 우리 같은 외지인에 대한 동정심이 없었고 이런 일은 자기와 상관없는 일이라고 했어.

풀이 죽어 나오면서 이런 생각을 했어. 그냥 이렇게 당할 수는 없다. 국가 기관이라면 억울함을 들어줘야 하잖아. 나는 주머니를 털어 길가의 매대에서 '중화' 담배 세 보루를 사들고 홍메이복장점으로 다시 갔어. 새로 온 50대 남자가 있었어. 담배 세 보루는 딱 좋았지. 거기 있는 두 남자에게 한 보루씩 주고 남은 건 내가 포장을 뜯어서 그들에게 건네주고 담뱃불을 붙여줬어. 나는 그들 옆에서 사는 게 너무 힘들다고 말했다가 바지 다섯 벌이 아니라 열다섯 벌을 그들에게 먼저 건네줬다고 했어. (그들은) 여전히 나에게 관심이 없었어.

한창 하소연을 하고 있는데 상점에 물건이 들어왔어. 나는 서둘러 옷소매를 걷어붙이고 "내가 할게, 내가 할게!"라고 했어. 땀을 뻘뻘 흘렸지. 물건을 다 옮기고 나니 그 사람들이 자기들끼리 하던 말을 멈춘 거야. 이 남자는 나를 앉으라고 하고 언제 물건을 허베이 사람들에게 건넸는지, 허베이 사람들은 뭐라고 말했는지 등을 다시 물었어. 나를 먼저 교육하더라고, 내가 법률 상식이 없다고 하면서 말이야—당시 법률, 법제 뭐 이런 이야기를 듣는 것 자체가 신선했어. 결국 그가 나에게 허베이 사람이 사는 주소를 알려줬어. 자신도 가본 적은 없지만 들어본 적은 있다고 했어.

멀지 않은 곳이야. 둥황청東黃城 근처였어. 두 시간 좀 넘게 찾은 끝에 그 남자를 찾아낸 거야. 그들도 다른 사람 집을 임대해서 옷을 만들고 있었어. 나는 그들에게 "모두 외지에서 온 사람들인데 어떻게 그런 짓을 할 수 있어! 바지를 팔지 못했으면 바지를 돌려주고 팔았으면 돈을 줘. 가격 그대로 줘. 그 이상은 나도 원하지 않아"라고 했어. 이렇게 돈을 받아냈어. 허베이 사람들을 찾아낸 그날 나도 나름 수확이 있었는데, 그게 뭔가 하면 시내에서도 집을 임대할 수 있다는 것을 알게 된 거였어. 그래서 나중에 펑타이에서 쫓겨났을 때 이곳에 살게 된 거야.

며칠 뒤, 나는 감사의 표시로 담배 두 보루를 사가지고 훙메이복장점으로 다시 갔어. 그때 문득 생각나서, 허베이 사람들이 임대했던 그 노점매대가 다시 임대되었는지, 내가 할 수 있는지 물어봤어. 나는 그제야 그 남자가 여기 사장이라는 걸 알았어. 그는 생각하더니 내일 내가 만든 옷을 들고 와보라는 거야. 보고 결정하겠대.

나는 옷을 만드는 것은 잘 모르고, 그저 노점상에서 무엇이 잘 팔리는지에 대해서만 알고 있었던 상황이라 그들이 뭘 원하는지 알 수 없었어. 홍메이상점 내부와 근처 상점을 자세히 둘러보았는데, 물건들이 모두 너무 낡은 거야. 또 시단에 달려가서 유행하는 셔츠 두 벌을 샀어. 이 셔츠를 (내가) 만들 수 있으면 샘플로 사용하고, 못 만들면 로고를 떼어내고 내가 직접 만든 것처럼 가져가려 했어. 집에 돌아가서 밤새 작업했고 아내는 네 벌을 만들었어.

나는 사촌들에게 이 일을 이야기하러 갔어. 그들은 꽤 희망적이라고 하더라고! 당시 우리 가운데 옷을 잘 만드는 집이 있었는데, 사촌이 나를 그 집으로 데려가서 막 다 만든 옷 두 벌을 빌려줬어. 이리 보고 저리 보고, 다음날 여섯 벌을 들고 갔어. 시단에서 사온 한 벌, 아내가 만든 세 벌, 빌려온 두 벌이야.

사촌들은 나더러 점심까지 기다렸다가 찾아가서 식사를 대접하라고 했어. 사무실에 있는 사람을 전부 대접하라는 거야. 이런 일은 '작게'(쩨쩨하게) 하면 안 된다는 거야. 사촌들은 또 그 누구와도 특별히 가까운 척하지 말고 선물도 하지 말라고 했어. 우리가 옛날에 언제 이런 걸 배우기나 했겠어?! 그가 말하지 않았으면 나는 정말 생각도 못했을 일이야!

다음 날 상점 사람들이 옷을 보고 좋다고 했고 처음 본 옷이라며 입을 모았어! 그들은 자신도 의류사업을 하지만 우리와는 달리 국가사업을 하고 있어서 시장에서 무엇이 인기가 있는지 관심이 없다고 했어. 사장은 상점 안에도 빈 매대가 있으니 밖의 노점매대 말고 안의 매대를 임대하라고 했어. 그리고는 절대 밖에 나가서 말하면 안 된다고 당부하면서 이런 매대는 일반인에게 임대하지 않는데 내가 정직해 보여서 나한테 주는 거라고 했어.

점심도 대접했어. '동라이순東來順'에 가서 요리를 먹었지. 내 인생에서 누군가를 식당에 초대한 것은 처음이야! 당시 베이징의 사장들은 지금과 달랐어. 우리가 초대했는데 뭔가 영 행동이 자연스럽지 않은 거야. 약간 겁먹은 기색이 있었어.

상점 안의 매대는 밖의 양철노점가게보다 비쌌어. 양철가게는 월 1800위안, 매대는 2400위안이야. 임대 방법은 간단해. 우리끼리 계약을 맺으면 됐어. 내가 지장을 찍고, 상점이 도장을 찍었지. 공상국에 제출하는 건 없어. 그때는 공상국을 속일 수 없는 시기였거든. 직원은 상점의 판매원을 썼고 나는 매일 현금을 받고 매달 10일에 임대료를 냈어. 처음에는 다른 직원처럼 우리 매대 직원의 월급도 상점에서 줬어. 나중에 나는 좀 걱정이 됐는데 이렇게 하다가는 직원과 나 사이의 관계가 소원해질 것 같잖아. 많이 팔든 적게 팔든 그녀와 관계가 없으니까. 나는 사장과 논의했어. 매달 내 임대료에서 100위안을 떼내서 직원의 기본급은 기존처럼 상점에서 주고 보너스는 내가 주는 것으로 하는 게 좋겠다고 했지. 3개월 정도 했는데 상점에서는 더는 안 된다는 거야. 다른 직원들이 문제를 제기했다고 했어. 왜냐하면 내가 준 보너스가 너무 많았던 거지. 결국 보너스를 줄 때 나는 상점과 상의하고 줬어. 1986년 하반기에만 나는 4만 위안을 벌었어. 훙메이의 매대는 1992년까지 임대했어.

1986년 이후, '매대 임대'(저장촌 사람들이 부르는 방법)는 저장촌의 발전에 결정적인 영향을 미쳤다. 저장촌의 제품을 도시 중심부의 상업 부문에 진출시켰기 때문이다. 사람들은 안정적인 경영활동을 할 수 있는 장소를 확보했을 뿐만 아니라 경험한 적 없는 고액의 이윤을 가져갔다. 1986년부터 1992년은 저장촌이 가장 빠르게 성장한 시기였다. 그 발전의 동기가 바로 여기에 있었다.

공략

매대를 임대하는 과정에 임대인은 임차인인 상점과의 관계를 통해 상점을 정부의 관리를 받는 동시에 정부와 가격을 협상하게 하는 교섭의 최전방으로 밀어냈다. 하지만 정작 저장촌은 뒤에 숨어 있었다. 신분의 합법성 또는 불법성의 문제를 우회하여 자신의 힘을 키웠다. 저장촌은 이 힘을 통해 직접적으로 도시의 경제사회 제도에 영향을 미쳤고 심지어 이 제도를 부분적으로 변화시키기까지 했다.

저보의 아들 류둥劉東은 나에게 이렇게 말했다. "1986, 1987년 우리는 주로 쇼핑센터 사장들을 주 타깃으로 공략했어. 이들을 해결하면 돈을 벌 수 있었으니까. 우리 원저우 사람들은 그들을 공략하는 데 나름 능숙해." '공략'이라는 단어는 그들이 어떻게 '비공식 경제'를 '준공식 경제'로 전환했는지를 설명해준다.

시단공상소西單工商所의 한 '어른'이 나에게 참고할 만한 짧은 역사를 들려줬다:

내가 알기로는 매대 임대는 1984년에 처음 시작되었을 걸세. (이 현상이) 처음 시작되었을 때 『베이징일보北京日報』는 지면에서 토론까지 실었지. 당시 토론의 분위기는 반대가 많았던 것으로 기억하네. 국가의 영역이었던 곳을 개체호에게 맡겨 경영한다는 게 말이 되겠는가? 공유제라는 핵심 이익에 해롭다고 생각한 거지. 상점의 임대 행위가 적발되면 임대료는 '불법소득'으로 간주되어 몰수당하고 고액의 벌금도 부과했다네. 하지만 나중에는 다 쓸데없는 일이 되고, 몰래 임대업을 하는 사람이 많아졌지. 1985년, 위에서 상점을 연합경영할 수 있다는 지시가 내려졌는데 당시만 해도 전체 매대의 20퍼센트를 초과하면 안 된다고 했어. 연합경영과 임대는 다르네. 임대는 매대를 완전히 임대인에게 빌려주고 상점이 임대료를 받는 것이고, 연합경영은 상점이 여전히 경영의 주체가 되고 공업기업들이 상점 내에 매대를 설치한 후 연락원信息員[직원]을 파견해 판매를 협조하는 방식이지. 일명 '인창진점引廠進店[공장을 상점에 유치하다]이라고 불렀네. 이렇게 연합경영을 하는 바람에 우리가 힘들어졌지. 상점이 경영을 자율적으로 할 수 있는지 여부도 모호했는데, 연합경영은 더 혼란스러운 거야. 1987년 시정부는 임대를 허용한다는 또 다른 공문을 내보냈네. 그러면서 개혁의 신생사물이라고 하는 거야. 당시에는 전체 임대 매대가 30퍼센트를 초과하면 안 된다고 했고, 1990년에는 50퍼센트를 초과할 수 없고, 그 후에는 100퍼센트만 아니면 된다고 했다네. 그런데 사실 많은 소규모 상점은 이미 전부를 임대하고 있었지. 이게 모두 외래 상공업자들이 한 걸음씩 우리를 밀고 들어오고, 우리가 한 걸음씩 뒤로 물러난 결과라네.(1993. 11)

1981년부터 1988년까지, 베이징의 상업기업 개혁은 네 번의 상승세와 세 번의 하락세를 거듭하여 일명 '4기3락'을 경험했다. 국가(국가 재정부와 베이징 시정부 간의 분쟁), 기업(경영진과 직원 포함), '군중'(소비자와 사회 여론) 간에 끊임없는 마찰과 합의가 있었던 탓에 개혁은 지속과 중단을 거듭할 수밖에 없었다. 이 시기에 체제 밖에 있었던 개체호와 외래 상공업자들은 빠르게 성장했다. 특히 1985년 물가개혁 이후 계획가격정책의 의미가 약화되고 계획상품의 분배 종류와 수량 모두 크게 축소되었다. 대신 상업기업의 상품 조달률이 크게 증가하면서 계획분배에 의존하던 국영상점의 상품 조달 경로와 가격 경쟁력은 크게 약화되었다.[51]

시쓰에서 의류상점을 운영하는 리李씨 성의 사장은 나에게

51 이 복잡한 개혁 과정은 국가와 기업 관계의 변화, 그리고 저장촌의 발전을 이해하는 데 필요한 중요한 배경 지식들이다.

1981년 3월, '의류 난' '식사 난' '이발 난' '목욕 난' 등 문제투성이던 베이징은 농촌에서 시행 중이던 '책임제'에서 영감을 얻는다. 베이징시정부는 상업기업을 대상으로 이윤승포경영책임제利潤承包經營責任制를 실시했다. 구체적인 방법은 다음과 같았다. 전년도의 사업 매출액을 기준으로, 연간 성장률을 정한다. 예를 들어, 3퍼센트 또는 5퍼센트의 성장률을 결정하여 상점이 반드시 달성해야 할 목표치로 설정한다. 이후 초과 달성한 부분은 일정한 비율로 나누었다. 이 방식이 도입되면서 상업기업의 직원들은 큰 동기를 부여받을 수 있었다. 하지만 두 가지 문제가 출현했다. 하나는 '일부 기업은 이윤만 추구한 나머지 국가의 물가정책과 공급정책을 위반'한 것이고(李宗凌 외, 1990: 131) 다른 하나는 이러한 책임제가 직원의 소득을 크게 증대시킴으로써 소비에 대한 통제력을 상실할 것으로 내다보았다. 이러한 문제로 인해 첫 번째 실험은 보류되었다.

1983년, 베이징시 당위원회는 첸먼과 시단의 두 주요 거리에 있는 국영 및 집체상업, 서비스기업을 대상으로 경영관리책임제經營管理責任制를 시범적으로 실시하기로 결정했다. 종업원 수가 30명 미만인 국영상점과 국영식당은 국가 소유 및 집체승포책임제를 시행했다. 일정 금액의 이윤이 발생하면 나머지는 전부 기업으로 귀속되고 더 이상 나누지 않았다. 이를 '완전 승포死包'라고 불렀다. 1983년, 국가가 기업 '이개세利改稅'[이윤을 세금으로 전환하는 정책] 개혁을 도입하던 시기, 기업 승포의 상한선을 정하는 것이 어려웠기 때문에 상업기업의 직원들의 장려금이 사회의 평균 수준보다 높아지면서 '대중적 논쟁'을 촉발하게 된다.(이런 일은 베이징에서 특히 민감한 문제다.) 이렇게 되면서 이 개혁도 지지부진해졌다.

개혁의 정체는 상업기업 종업원들의 적극성에 찬물을 끼얹었고 이들은 국가에 대항하는 최고의 무기인 휴가, 게으름, 심지어 태만의 카드를 꺼내들었다. 1984년, 베이징의 상품소매업의 이윤이 하락하고 상업 서비스에 대한 대중의 불만도 현저하게 증가한다. 이때 국가의 경제체제 개혁도 마침 국가와 기업, 직원의 분배 관계 등에서 시작하여 기업의 경영 자율성을 확대하는 것에 주안점을 두었다. 베이징시는 소유권 제도를 중심으로 상업기업에 대한 개혁을 탐색하기 시작했다. 베이징시는 간판을 내건 기업을 기본 단위로 하여 이윤 20만 위안 미만인 소규모 상업기업을 전민소유제 또는 집체경영으로 전환하거나, 바로 집체소유제로 전환하거나, 또는 집체 혹은 개인사업자에게 임대할 수 있게 했다. 이때부터 일부 경영 자율권을 부여받은 상점들이 매대를 임대해주기 시작했던 것이다. 하지만 같은 해에 국무원은 국영기업들에 대해 상여금세를 부과하기로 결정했다. 베이징시는 임기응변책으로 '전민소유, 집체경영'은 완전한 국영기업과 다르다는 점을 강조하면서 상여금세를 납부하지 않고 대신 직원들의 상여금을 세전 일정 금액으로 지급하는 대안을 마련했지만 이는 국가 재정부로부터 승인을 받지 못했다. 이후 국가는 또한 집체 기업에도 상여금세를 적용한다고 했다. 이렇게 되면서 베이징시의 상업기업들의 상여금 규모가 다시 '대중적 논쟁'의 대상이 되었다. 개혁은 다시 한 번 정체되었다. 효율성이 다시 떨어지고 서비스 품질 저하 현상이 사회에 만연했다.

부단한 노력 끝에 1986년 3월 국무원은 기업들에 상당한 '양보讓利'를 했다. 예를 들어, 국영 소형 상업기업들 중 이미 전민소유, 집체경영으로 전환한 경우 이 기업에 대해 집체기업에 적용했던 재무회계규정을 적용한다는 내용이었다. 베이징시 당위원회와 정부는 기업 내부의 승포책임제를 지속적으로 개선하고 국영상업기업의 '변경, 전환, 임대改, 轉, 租'를 골자로 한 개혁을 지속적으로 이행해야 한다고 했다. 이른바 '변경, 전환, 임대'란 집체기업으로 관리하는 것이 적합하면 집체기업의 관리 방법으로 변경하고(집체 기업을 대하는 방식으로 관리), 집체소유제 전환이 적합한 경우 집체소유제로 전환하고, 임대가 가능한 경우 개인 혹은 경영 파트너에게 임대하는 것을 말한다. 여기서 '임대'는 저장촌 사람들의 매대 임대와 다르다는 점에 유의해야 한다. 상업기업

한숨과 함께 이런 이야기를 털어놓았다.

"우리나라 신문에서 개혁을 말할 때 항상 나오는 레퍼토리가 있잖아. 압력과 기회가 공존한다는 그 말. 개방(경영권의 하방)할 때 상업국(상점의 관리 당국 중 하나)도 우리한테 그렇게 말했어. 그렇게 하는 것은 당신들 규제를 풀어주고 동시에 젖을 떼는 거라고 말이야. 손발을 다 풀어주고 알아서 길을 가라는 거잖아. 밥도 알아서 챙겨 먹고. 그런데 압력과 기회가 동시에 공존할 수 있어? 저들 개체호를 봐봐. 이미 수년 동안 그렇게 해왔어. 그리고 외지에서 온 사람들, 베이징에서 밤낮으로 일하는 저들 봐봐. 오늘 좋은 것을 발견하면 내일 걸어놓잖아. 우리가 이렇게 할 수 있어? 노동자들에게 한 시간 더 연장근무 시키려면 나는 30분은 마음의 준비를 해야 하거든. 게다가 우리는 이미 수년 동안 정해진 소수의 기업들과 거래해왔고 정부의 계획에 따라 움직였는데 이제 와서 어디 가서 물건을 들여오란 말이야? 그래서 이 '기회'는 모두 저 개인들이 싹쓸이했고 우리에게 남은 건 '위기'뿐이야!"

개혁의 설계자들을 놀라게 한 것은 사장들이 새롭게 얻은 자율성을 기존의 업무에 적용한 것이 아니라 점유하고 있는 매대

의 임대는 기업 전체를 집체 또는 개인의 독자 경영자에게 임대하는 것을 말한다. 임대인은 기업을 관리하는 주관부문에 임대료와 보증금을 지불하고, 집체 임대인과 개인 임대인은 각각 8급누진세와 10급누진세에 따라 세금을 납부해야 한다. 반면 '매대 임대'는 개인 경영자가 상점으로부터 직접 매대를 임대하는 행위로서 상점에 임대료를 내는 외에 다른 것은 관여하지 않는다. 1988년 이후, 베이징시는 상업기업들을 대상으로 한 사장(공장장)책임제를 도입하여 대형 및 중형 기업의 승포제도를 개선함으로써 이들 기업이 더욱 큰 자율성을 얻을 수 있게 했다.

의 경영에 적용함으로써 다양한 명목의 매대 임대업을 출현시켰다는 것이다.

이렇게 저장촌 사람들은 노점상을 운영하면서 등당입실의 기반까지 마련할 수 있었던 것이다. 외부로부터의 포위가 당시 그들이 사용한 첫 번째 공략이었다면 이제부터는 저우주취안이 주도한 적 있는 정면 공략이 시작된다.

시쓰에 있는 모 상점의 리 사장은 나에게 자신의 상점의 변천사를 들려줬다:

우리 상점은 원래 문구를 팔았는데 벌이가 시원찮았어. 1986, 1987년 홍콩과 광둥에서 들어온 문구가 많았고 남방의 일부 향진기업이 만든 제품도 인기가 많았어. 그런데 우리는 계속 구식을 팔았어. 그러다가 당신네 동향인데, 우리 근처에서 옷을 파는 사람이야. 하루는 식당에서 밥을 먹다가 만났어. 나한테 먼저 인사를 건네며 이 상점 위치에서 옷을 팔면 대박날 것 같다고 하는 거야. 나는 가게가 문구회사 간판을 걸어서 아무거나 팔 수 없다고 했고, 더군다나 옷을 들여놓을 장소도 없다고 했어. 당신 동향은 머리 회전이 어찌나 빠른지, 베이징의 상황도 잘 알고 있었어. 그러면서 이미 많은 국가 사업체들이 장사를 시작했는데, 문구점이 매대를 몇 개 설치해서 옷을 파는 게 뭐 어때서, 먼저 가방 같은 물건을 팔아보면 좋지 않겠냐는 거야. 상점에 옷이 걸리기만 하면 자기가 다 알아서 하고 나를 부자 되게 해준다는 거지 뭐야. 내가 돌아가서 시의 상업 개혁 문건을 다시 확인했는데, 해봐도 될 것 같은 느낌이 들었어. 그래서 회사에 보고를 올렸지. 시범적으로 해보고 사업 종류를 확대하자고 제안했어. 회사 간부가 와서 한번 보더니 정말 허락해주는 거야. 그때부터 서서히 바뀌기 시작했어. 나와 회사는 도급承包 관계이고 사장책임제였어. 당시 규정은 우리 상점은 반드시 매대의 60퍼센트는 문구를 팔아야 했어. 우리 회사 산하의 공장에서 생산한 허접한 물건들 말이야.

너희 그 동향 친구를 만나러 갔는데 너무 기뻐하는 거야. 나는 사실 그 친구가 나를 도와 상품 조달 경로를 찾아주기를 바랐는데 그는 우리 상점에서 매대를 임대하고 싶다고 했어. 나는 어렵다고 했어. 어쨌든 나는 회사의 공식 간부이고 내가 직접 도급맡을 수는 있었지만 그렇다고 해서 내가 지주가 되면 안 되잖아. 나는 그래서 인창진점 방법을 제안했어. 그러니까 공식 제조업체의 양질의 제품을 들여와서 우리 상점에서 파는 방법 말이야. 그 말을 듣더니 그 친구는 아무 문제없다고 자신 있게 말하는 거야. 자기 형이 원저우의 집체의류공장의 공장장인데 나에게 소개시켜주겠다고 했어. 열흘이 좀 더 지나서 그가 공장사업자등록증 사본과 소개서를 들고 나를 찾아왔어. 살펴보니 진짜인 거야. 소개서에는 그 친구가 공장의 베이징사무소 연락책임자로 임명되었다는 내용이었어. 나는 처음에 입구 옆에 있는 매대 한 개 반을 비워서 그가 물건을 팔 수 있도록 했어. 당시 임대료로 한 달에

3000위안을 받았어. 이 임대료만으로 나의 도급 임무는 거의 다 완수할 수 있었어.

이 친구는 나에게 계속 들러붙으려고 했어. 말로는 또 다른 기업이 오고 싶어 한다는 거야. 그러면서 매대 한 개 반 또는 두 개가 더 필요하다는 거야. 하지만 나는 의류사업을 확장하면 우리 회사와 공상국으로부터 모두 경고를 받을 것 같아서 두려웠어. 그런데 이 친구가 잔머리가 대단했어. 나에게 상점의 내부 구조를 변경하자는 제안을 하더라고. 의류 매대는 길고 좁게 재배치해서 이전보다 세로로 깊숙하게 만들었어. 밖에서 사람이 들어와 보면 문구류가 여전히 많이 팔리는 것처럼 보이게 했어. 그리고 옷 사러 온 사람들에게는 옷과 문구가 확실히 나뉘어 있는 정연한 상점 같은 느낌을 주게 한 거야. 이렇게 해서 그 친구에게 매대 한 개 반을 더 빌려줬지. 매대가 입구 옆이어서 임대료도 조금 더 낮은 2800위안을 받았어.

나중에 알게 된 건데, 그 형의 기업인지 뭔지 모두 허풍이었던 거야. 나중에 빌려준 매대 한 개 반도 그가 다른 사람에게 양도했는데, 진짜 돈을 번 사람은 그 친구였어. 그런데 너의 그 친구는 의리가 있었어. (…) 우리 직원들 복지를 적지 않게 해결해줬거든.

그 뒤, 그 친구가 명의상으로는 우리 여기서 임대했지만 실제로는 다른 사람에게 모두 양도하고 자신은 시단에 가서 건물한 층을 전부 임대했어.

저우녠타오周年燾의 경력도 꽤 '공세적'이었다.

나는 1986년에 왕푸징에서 매대를 빌렸어. 매대 임대는 공식 사업자등록증이 없이 음성적인 거래를 통해 하거든. 1986년 국경절을 앞두고 나의 같은 촌 출신 친구도 왕푸징에서 매대를 임대했는데 서류절차를 밟지 않았다는 이유로 조사를 받고 물건은 모두 몰수당했어. 돈으로 치면 몇 만 위안은 돼. 오전에 조사받았는데 나는 점심에 알았거든…… 아니야, 왕푸징에서 매대를 하는 다른 사람에게 들은 게 아니라 다른 친구에게 들었어. 무슨 일이 생기면 모두가 알게 돼.

내가 보니 공식 문서가 없으면 조만간 문제가 생길 것 같았어. 게다가 문제가 생긴 뒤에 사람을 찾아 다녀봤자 이미 늦었다고 생각했어. 내가 공상국에 찾아가 이야기를 하려고 했는데 아내와 처남은 절대 그렇게 하면 안 된다는 거야. 그들은 국가가 어떻게 생각하는지 알지도 못하면서 찾아가는 게 말이 되냐고 했어. 그들을 피해 다니지 않으면 고양이에게 생선을 맡기는 거나 다름없다고 하는 거야! 하지만 어떤 일은 먼저 찾아가 이야기하는 게 낫다고 봤어. 다음 날 담배 몇 보루를 사가지고 관리인에게 찾아갔어. 사업자등록증을 발급받고 싶다고 진지하게 말했는데, 국가에는 아직 관련 규정이 없다고 하면서 어렵다는 답변만 들었어. 다음 날에 또 찾아갔는데 역시 안 된다고 했어. 나는 한편으로 진심 이 사업자등록증을 받고 싶었고, 다른 한편으로는 내가 이렇게 성실하게 산다는 것을 보여주면 나중에라도 나를 조사할 때 너무 심하게 하지 않을 것이라고 생각한 거지. 나는 둥청구 공상국을 총 스물한 번 왔다 갔다 했어! 그곳 사람들을 모두 알게 됐지만 역시 허가가 떨어지지 않았어. 1987년 9월 25일, 제13차 당대회 직후, 『런민일보』에 실린 공보에 '중소기업은 임대할 수 있다'라는 문구가 있었어. 나는 신문을 들고 공상국에 달려갔지. 나를 반박할 수 없었던 거야. 위에 한 번 더 문의해봐야 한다면서 나더러 며칠 더 기다려보라고 했어. 결국 파격적으로 나에게 등록증을 만들어준 거야!

'연합경영'과 관련해서 이런 후문도 있었다. 이 방식을 먼저 시작한 사람이 저장성 후저우시湖州市 모 향진 의류공장의 판매원이라고 한다. 그는 1985년에 베이징에 왔고, 모 유명 상점의 사장을 먼저 찾아가 자신의 공장 제품을 팔 수 없는지 문의했다. 과거 상점과 공장은 판매와 공급의 관계였고 향진기업은 한 등급 낮았다. 따라서 기업이 상점에 대리 판매를 제안하고 팔리지 않을 경우 제품을 회수해갔다. 상점은 손해 보지 않았고 판매 과정의 모든 리스크는 제조업체가 부담했다. 베이징시 공상학회의 사람들도 '인창진점'을 최초로 제안한 곳이 쑤난蘇南〔장쑤 남부〕혹은 저장 일대의 향진기업이라는 것에 이견이 없었다. 어쨌든 이들은 모두 '공략' 논리에 따라 사업을 추진했던 것이다.[52]

연합: 임대와 인창진점의 경쟁

그렇다면, 저장촌 사람들은 어떤 명분으로 등당입실 했을까?

먼저 '임대'부터 보도록 하자. 책의 말미의 [부록 1]이 내가 본 가장 완전한 임대 절차다.

나에게 이 과정을 알려준 공상국 간부는 이렇게 말했다. "100 퍼센트 합법이라는 것은 말이 안 되고 엄밀히 따지면 모두 불법 임대야! 규정은 이렇게 되어 있어. 상점이 매대를 임대해주려면 먼저 상점 상급기관의 승인을 받아야 하고, 번화가에 위치한 경우 지역관리위원회의 승인을 받은 후 해당 공상국의 등록 승인을 받아야 해." 나는 임대 규정에 다음과 같은 요구가 더 있다는 것을 찾아냈다. 임대인은 반드시 임대 매대의 눈에 잘 띄는 곳에 임대차계약서를 부착해야 하고, 매대를 임대하는 개인 상공업체의 경영자('매대를 보는 사람'을 말함)는 반드시 사업자등록증에 표기된 이름의 사람이어야 하고, 매대를 임대해준 기업이 받는 임대료는 재무정책의 규정에 따라 회계에 기록하고 규정에 따라

---

52 이런 이야기를 통해 우리는 '베이징의 외래 사업가' 집단의 다양성과 복잡성을 잘 알 수 있다. 1980년대 중후반까지, 저장에서 베이징에 간 상공업자들은 세 가지 모델로 나눌 수 있었다. 첫째는 '후저우 모델湖州模式'이다. 후저우는 쑤난의 영향권 아래에 있고 일정한 규모를 갖춘 향진기업이 있다. 후저우 상인들은 주로 고향의 이러한 기업에 의존하여 '인창진점'의 방식으로 국영상점에 입주한 후 의류 및 기타 경공업 및 방직공업 제품을 판매했다. 두 번째는 '이우 모델義烏模式'이다. 이 모델은 원링溫嶺, 타이저우 등 지역 출신 상인을 중심으로 구성되었다. 이들은 주로 고향의 소규모 가내공방과 당시 형성되기 시작한 소상품 시장에 의존했다. 예를 들어, 이들은 '톈와이톈天外天' '톈이天意' 소상품 집산시장에 입주했다. 세 번째는 '원저우 모델溫州模式'이다. 앞에서 언급했듯이 원저우는 판매원과 저장촌 두 그룹으로 나눌 수 있다. 후저우 모델과 이우 모델의 사업가들은 나중에 모두 저장촌과 부분적으로 연결되었다.

세금을 납부해야 한다는 등의 내용이다. 임대인은 공상관리 부문으로부터 정식 허가를 받은 후 10일 이내에 임대 매대 기업이 소재한 세무 당국에 과세 등록을 해야 했다.

공상국도 이러한 규정이 처음부터 제대로 시행된 적 없다는 것을 인정했다. 특히 '임대' 표지판 설치와 관련된 부분은 임대인이든 임차인이든 반발이 컸다. 그 간부는 이렇게 말했다. "거기에 '임대' 두 글자를 걸어두는 것은 현실과 동떨어진 처사야. 장사에 영향을 주잖아. 많은 상점이 여기서 사업을 오래 해 다 아는 사이거든. 절차를 지키고 위조 저질 상품을 팔지 않고 단속 기간에 문제만 일으키지 않으면 장사하는 걸 다 눈감아주거든. (…) 그런데 특히 1986년과 1987년에 어찌된 일인지 위에서 성과를 내야 한다나 그런 요구를 하더라고. 이 외지의 땡중들이 베이징에 오면 또 이런 염불을 잘 외워, 잘해. 사실 평소에 단속도 별로 안했어. 가끔 구정부와 공상국에서 미리 언질을 해주기도 해. 단속을 많이 하면 장사 효율성이 떨어지고, 사업에 지장을 주잖아."

앞에서 살펴본 것처럼 저장촌 대부분 사람은 임대가 아니라 '인창진점' 방식을 선호했다. 베이징공상국의 「베이징 상업서비스 기업 매대 임대 관리 임시규정北京市商業服務業企業出租櫃台管理暫行規定」에 따르면 인창진점은 "생산 단위가 시장의 수요를 파악하고 피드백을 제공받기 위해 사업기업에 상품 전문 매대를 설치하여 상업기업이 운영하도록 하는 행위"를 말한다. 네 가지 조건을 충족시켜야 했다. 첫째, 입주자는 반드시 생산 공장으로서 국유 혹은 집체 소유 형태의 사업자등록증이 있어야 한다. 둘째, 매대는 상점에서 경영해야 하고 공장은 '연락원信息員'을 파견할 수 있다. 셋째, 공장의 자체 제품만 판매할 수 있다. 넷째, 상점은 '보증금'을 받지 못하고 대신 월 판매액을 정해 공장 측이 따르게 한다. 상점이 통일적으로 수금한 후 매달 정산하고 일정한 비율에 따라 이윤을 가져가고 남은 판매액은 공장에 돌려준다. 만약 실제 판매액이 사전에 정한 예상 판매액보다 많을 경우 이 초과된 부분은 쌍방이 합의하여 일정한 비율에 따라 나눈다. 보통은 앞의 배분 비율보다 낮게 책정한다.

1987년에 공표된 문건 명 시공상(87)기업제249호「베이징시 상업서비스 기업 매대 임대 관리 임시규정 시행에 관한 보충 통지關於貫徹執行'北京市商業服務企業出租櫃台管理暫行規定'的補充通知」에는 다음과 같은 내용이 있다. "기업이 매대나 영업장을 상대방이 운영하도록 제공하지만 기업 자체는 투자와 공동 경영 및 손익 공유에 참여하지 않거나; 공상행정관리 부문에 등록하지 않았지만 상대방으로부터 다양한 형태의 이른바 '보증금' 수입을 받아가는 경우 이는 모두 사실상 매대를 임대하는 행위로 간주되기 때문에 매대 임대에 관한「임시규정」에 따라 이행해야 한다." 이 정책의 총구는 마침 저장촌의 매대 임대 관행을 정면으로 겨냥했다.

시즈먼에 있는 한 상점의 부사장은 나에게 단도직입적으로 이렇게 말했다. "이 규정을 따를 수 없어. 그러니까 우리 상업기업이 알아서 확신이 서면 공장을 들여보내고 확신이 없으면 거절하라는 얘기인데, 그리고 나중에 매출이 많이 나오지 않으면 상점이 책임져야 한다잖아. 만약 확신이 있으면 왜 직접 운영하지 않았겠어? 현재 우리 매대의 대부분이 직영이야. 확신이 있는 것은 직영을 해. 확신이 없으면 공장을 유치하거든. 그렇기 때문에 보증금을 없애면 안 돼." 인창진점과 관련한 모 공상소의 자료에서 나는 공장이 파견한 연락원의 신분은 '농민'으로, 임시 거주 사유는 '옷 만들기'로 신고, 공장은 장쑤의 한 공예품 공장으로 된 데다가 유통 내용은 '공예품'으로 작성된 것을 보았다.

시즈먼 공상소의 한 어른은 이렇게 말했다. "임대업은 공상국이 승인해야 하지만 인창진점은 그것과 (상점) 공장 간의 계약이면 되거든. 상점이 공장을 유치하는 이유는 관리를 회피하기 위해서야. 지금까지 상점에 공장을 유치하는 데 관한 명확한 규정이 없었고 그들이 이런 구호를 내걸어도 우리가 관리할 수 있는 명확한 근거가 없었어. 그래서 문제가 복잡한 거야."

그러나 현실에서 매대를 '임대'하는 것과 '인창진점' 사이에는 다음과 같은 두 가지 차이점이 있었다. 첫째는 임대료의 부과 방식이 달랐다. 임대의 경우 고정적인 임대료가 있는 반면 '인창진점'은 상점이 매출의 일정 금액을 가져갔다. 둘째는 절차가 달랐다. 인창진점은 임대인과 상점의 관계가 더욱 밀접해지는 반면 공상업 당국의 관리가 더욱 어려워졌다.

납세에 있어서도 임대인과 상점은 연합관계를 형성했다. 부가가치세 제도가 시행되기 전 임대된 매대는 두 가지 세금을 내야 했다. 하나는 임대세로서 임대인이 매출의 5퍼센트를 상점에 내고, 상점이 이를 세무소에 납세하는 구조였다. 두 번째는 영업세인데 세율은 3.24퍼센트, 매대가 직접 세무소에 납세했다. 매대의 매출은 상점이 세무소에 신고했기 때문에 신고액에 따라 임대인의 이익에 직접적인 영향을 미쳤다. 일부 상업지대의 경우 임대해준 매대에 대해 포세包稅제도를 적용하기도 했다. 매대 한 개당 600~700위안이었다. 매대마다 규모가 달랐고 '매대 한 개'에 대한 정의는 상점이 정했다.

그 나이 든 공상국 어른은 나를 보며 고개를 저었다. "(매대 임대) 이 일은 자네도 연구할 게 없어. 할 수도 없고, 관리할 방법도 없어. 정책은 정책대로 있고, 그 매대를 임대한 사람과 상점은 한통속이 돼버렸어!"

보다시피 국유 혹은 집체 상업기업은 임대 과정에 중요한 역할을 하고 있었다. 다른 한 저장촌 사람도 이렇게 회고했다. "맞아, 당시에는 주로 사장을 찾아갔어. 임대료는 협상을 통해 정했고, 그 사람의 개인적 이익은 우리가 돌보고, 다른 일은 그가 알아서 했어. 나는 네가 말하는 정부의 규정이 뭔지 아직도 몰라. 상점에서 나보고 뭘 가져오라고 하면 가져갔으니까." 세금과 관리비는 모두 상점에서 대신 냈고, 법 집행기관은 시장에서 이런 사업체를 실제 찾아내기도 매우 어려웠다. 흥미로운 점은 결국 특이한 제도가 만들어졌다는 점이다. 적지 않은 상점들이 매대를 임대해줄 때 별도로 '안전보증금'을 요구했던 것이다.

나는 그 사업체에 이렇게 물었다. "공상업 당국에 걸렸을 때 상점 사장이 도와준 적 있어?"

"있어. 우리가 임대할 때 보증금을 내거든, 매대 하나당 1000

위안에서 3000위안이야. 이유는 중간에 야반도주하는 것을 막는 것도 있지만 중요한 것은 문제가 생길까봐 그래. 문제가 생기면 상점에서 이 돈으로 사람을 찾아. 만약 일이 잘 안 풀리고 상점이 손실을 입으면 이 돈은 상점의 몫이 되고 우리가 손해를 보는 그런 관계야."

그렇다면, 이러한 경제적 이해관계에 기반한 연합은 일종의 '동화'를 발생시키지 않을까, 또는 이들 외래인구와 도시 사람들이 경제적 이익으로 연결되면서 파생한 하나의 새로운 사회집단의 출현으로 이어지지 않았을까? 그런 일은 없었다. 우선, 상점의 사장이 비록 공상업 당국의 관리를 회피했지만 그는 여전히 이 분야에서 '체면'이 있는 사람이었다. 그는 임대인의 이익을 무조건적으로 옹호하지 않았다. 왜냐하면 그의 이익은 두 당사자사이의 균형적 관계에서 비롯되기 때문이다. 둘째, 그들은 인식적 차이가 컸다. 다음은 내가 1993년에 한 상점(이미 대부분의 매대가 임대되었고 그중 대다수를 원저우 사람들에게 임대해준 곳)을 조사차 방문하여 이 상점의 부사장과 나눈 대화다.

너의 그 동향들 교양이 너무 없어! 1985년부터야. 너의 동향들이 나를 찾아오고 청탁하고 밤에 몰래 우리 집에 뇌물을 보내고 별 인간들이 다 있었어! 나는 말이야, 딱 교양만 보거든. 어떤 인간은 여기에 와서 막 바닥에 침을 뱉고, 정책에 대해 아는 거라곤 없어. 말도 마, 너무 많아! 또 어떤 인간은 보통말도 몰라. 중국 사람이 말이야 수도에 살면서 보통말도 못한다는 게 말이 돼? 내가 그래서 미안하다 우리 상점이 그래도 수도에 있는데 당신 같은 사람은 내가 받을 수 없다고 했어. 여기서 꽤 오래 일한 사람도 있었는데 내가 보니 영 아닌 거야. 그래서 그들도 잘랐어. 지금 하고 있는 세 명은 잘해. 그들도 모두 친척이나 친구 사이야. 친척 아니면 친구들이지 뭐―너네 동네 다 그래? 친구가 친구를 데려오고 자기들끼리 무리 지어 다니고?

(나: 다른 데도 다 비슷하지 않나?)

전혀! 나는 이게 다 낙후된 생각을 보여준다고 봐. 베이징에서 이렇게 삼삼오오 무리지어 다니는 사람 봤어? 우리는 동료 아니면 학우고, 일에 있어서는 모두 공식적인 사업 파트너야. 서로 도와주는 것은 있어도 저들처럼 그러지는 않아……

(나: 그럼 당신은 평소에 그들과 자주 왕래하는지?)

방법이 없잖아. 그들이 여기서 임대하고 있는데 어쩌겠어, 교류를 해야지. 그런데 업무적인 일 외에는 말을 안 해. 주로 내가 그들을 감독하는 일이지. 조금만 신경 쓰지 않으면 바로 위조 저질 상품이 등장해. 이 문제는 우리나라에서 너무 심각해! 이런 짓을 누가 하겠어? 공식적인 국영 단위에서 짝퉁을 만들겠어? 외지인, 다 저 사람들이야! (…) 하지만 그렇다고 다른 방법이 없잖아. 우리가 합법적인 경로로 사업을 해도 저들의 편법을 이길 수 없다니까!

이 관계는 매우 주목할 필요가 있는 관계였고 과거 우리의 모

빌리티 연구의 가설과 달랐다. 상호작용의 증가가 반드시 '융합 融合'으로 이어지는 것은 아니고 또한 융합되지 않았다고 해서 상호작용에 장벽이 세워지는 것은 아니었다. 이 점을 이해해야만 저장촌이 왜 개방적이면서 동시에 독립적인 공동체로 장기간 유지될 수 있었는지를 명확하게 이해할 수 있다.

사업자등록증

인창진점은 정책을 우회하여 추진할 수는 있었지만 임대인은 반드시 제조업체의 사업자등록증을 가지고 있어야 했다. 저장촌 사람들이 이 사업자등록증을 얻는 첫 번째 방법은 정책대로 명실상부한 개체상공업자등록증을 발급받는 것이었다. 먼저 원저우에서 발급받고 베이징에 가서 임시사업자등록증으로 변경했다. 그러나 이런 사업자등록증은 그다지 유효하지 않았고 베이징의 상가들에서 인기가 없었다. 이보다 일반적인 방법은 원저우 고향의 지인이 운영하는 향진기업의 사업자등록증 사본을 빌리거나 대여하는 것이었다. 이는 원저우 지역의 사영기업 발전 과정에 출현한 오래된 관행이기도 했다.

야오신안은 이렇게 말했다.

내가 처음 매대를 임대했을 때 개인사업자등록증을 가지고 있어서 엄청 불편했어. 1988년 춘절에 고향에 간 김에 친구를 통해 의류공장을 운영하는 사람을 찾았어. 어차피 사업자등록증은 사본이 세 장 있으니까 그 사람한테 두고 있으면 뭐해, 나를 빌려주면 덕을 쌓는 셈 치고 빌려준 거야. 처음에는 1년에 5000위안을 줬는데 나중에 사이가 가까워지고, 때로는 그의 물건들이 다 팔리지 않으면 내가 도와주곤 했어. 돈은 별 의미가 없어졌어. 5000위안이면 하루 놀러 다닐 돈도 안 돼. 정책? 나는 잘 몰라. 이렇게 하지 말라고 했겠지. 그런 걸 우리는 신경 안 써. 일이 되면 좋고, 안되면 다른 방법을 대는 거야.

(…) 이 친구(의류공장을 운영하는)는 공장만 쭉 운영했어. 예전에 그도 어딘가 '의지'했어. 당시 전기제품 제조업체를 운영했는데, 류시柳市에 있는 공장에 의존했거든. 진판鎮辦기업〔진에서 운영하는 기업〕이야. 마침 우리 삼촌이 그 공장에서 부공장장을 했는데 나중에 알게 됐어. 이후 의류로 갈아탔고, 그러면서 그 친구는 자기 사업자등록증을 가질 수 있었던 거야.

또 다른 일반적인 방법은 장시성이나 산시성처럼 상대적으로 낙후된 지역의 제조업체로부터 사업자등록증을 빌려 사용하는 방법이다. 1년에 관리비를 몇 천 위안만 지불하면 됐다. 루루이난盧瑞南은 장시성의 모 현에서 빌린 사업자등록증을 수년 동안 사용했다. 루루이난은 이렇게 말했다. "여기 저장촌에는 전국의 사업자등록증이 다 있어! 인맥이 넓은 사람들은 한 번에 여러 개를 마련했어. 그 사람한테 가서 장기적으로 빌릴 수도 있고 절차가 끝나면 돌려주면 돼. 장기로 빌리면 돈을 줘야 해. 공장에서도 관리비를 받으려고 하거든. 내가 장시에 간 적은 있지만 (하지만) 이 공장에는 가본 적이 없어. 지금도 있는지 모르겠어. 어쨌든 여기서 사용(단속을 위해)할 수 있으면 돼. 그 메이젠광梅建光을 찾아가봐. 내 친척인데, 사업자등록증 몇 개를 가지고 있어. 내 것도 거기서 빌린 거야."

메이젠광의 이런 재주는 그가 수년 동안 다니며 친구를 폭넓게 사귄 덕분이었다. 그는 이렇게 말했다.

나와 장시 지역의 관계는 긴 역사가 있어. 1970년대 우리 집은 사대기업社隊企業[인민공사 또는 생산대에서 운영하는 기업]을 운영했어, 아버지가 대나무가 많이 나는 장시성에 가서 대나무를 사오면 우리 집에서는 이걸로 말채찍을 만들었어. 그리고 둥베이 지역에 가서 팔았지. 공장은 향판鄉辦[향에서 운영하는 기업]이었어. 우리 집은 비록 성분이 좋지 않았지만 그래도 향과의 관계는 좋았어. 향에 얼마나 돈을 많이 벌어줬는데. 향은 나중에 외지에도 분점을 세웠어. 예를 들어, 장시와 둥베이에 분점을 만들고 거기서 직접 정산할 수 있게 했어. 아버지는 거기로 가서 회계 일을 했거든. 오랜 기간 아버지는 계속 집을 비우고 밖에서 살다시피 했고, 가끔 나도 아버지를 따라다니기도 했어.

이런 식으로 우리는 장시성, 헤이룽장성 지역의 공소사들과 모두 꽤 다양한 관계를 맺을 수 있었어. 사실 우리는 또 장시에서 의류공장을 도급받으려고 했어. 실무자들과 다 이야기가 됐는데 위(현정부)에서 조건이 맞지 않다고 하더라고.

1987년에 베이징에서 매대를 하면 돈을 많이 벌 수 있다는 얘기에 사람들이 엄청 몰려들었어. 그런데 사업자등록증 때문에 임대를 못했지. 나는 그래서 장시에 또 갔어. 공장이 허락하지 않으면 등록증만 좀 빌려달라고 하려고. 이렇게 해서 총 세 개를 빌렸고 관리비는 1년에 3000위안, 2500위안, 1800위안이었어. 모두 집체기업인데, 그 3000위안짜리는 규모가 커. 현에서 직접 관리했거든. 그런데 이 공장은 1년 이윤을 다 합쳐봤자 몇 만 위안도 안됐어. 이런 상황에서 몇 천위안을 거저 먹으니 기쁠 수밖에 없지.

공식 사업자등록증은 사본 두 개가 있어. 만약 공상국에 아는 사람이 있으면 사본을 세 개 만들어 줘. 매대를 임대할 때 이 사본을 사용하면 돼. 위험 부담이 없거든. 사실 규정은 옷의 상표와 사업자등록증의 상표가 똑같아야 한다고 하지만, 이걸 조사하는 사람도 없어. 제일 중요한 것은 처음에 일을 시작할 때 사업자등록증이 필요한 것이고, 매대를 해결하면 그 뒤에는 자기 능력에 따라 관계를 만들어야 해.

루루이난이 메이젠광을 존경하는 것은 분명했다.

젠광 이 친구는 머리도 좋고 사람도 좋아. 우리는 그냥 보통 사이였는데 내가 사업자등록증 때문에 그를 찾아갔다가 바뀌었어. 나를 엄청 반갑게 대하면서 그냥 공짜로 빌려주는 거야. 그렇게 우리는 자주 만나게 됐고 지금도 어려움이 있으면 그를 찾아가 이야기를 해. 그와 그의 아버지는 모두 나보다 교양이 있어. 그리고 밖에서 일한 시간이 길어서 우리보다 아는 것도 많아.

처음에는 등록증을 한번 빌려 잠깐만 가지고 있다가 돌려주려고 했어. 그런데 상점에서 뭐 이것 저것 조사한다는 거야. 그래서 내가 가지고 있는 게 좋겠다 싶었지. 나는 그에게 1년에 5000위안을 줘. 당연히 줘야 하는 돈이야. 이 친구가 사람 만나러 다니는 여비는 필요하잖아. 공장에서 사업자등록증을 주는 것도 다 얼굴을 봐서 주는 거잖아.

징펑景朋은 사업자등록증을 외지 기업과의 또 다른 방식의 협력을 통해 마련했다.

나는 원래 후베이성에서 목공일을 했잖아. 1983년에 징저우에서 했고. 나는 '잘 살고' 있었는데, 마침 현지의 한 공장장이 나더러 자기네 국장 소파를 좀 손봐달라고 부탁을 해왔어. 이 사람은 국장에게 알랑방귀를 뀌고 싶은데 또 너무 티가 나면 안 되는 상황이었어. 국장네 의자는 몇 년 전에 만든 건데 이걸 새 것으로 좀 고쳐달라는 거야. 국장이 새로 짠 소파를 보더니 너무 좋아하면서 밖에서 파는 것보다 더 예쁘다고 했어. 또 마침 국장 아들이 결혼을 하게 돼서 나보고 큰 가구 몇 개를 더 부탁했어.

1988년에 나도 매대를 임대하고 싶었지만 사업자등록증이 없잖아. 이 상황에서 먼저 생각난 게 이 국장이야. 내가 만난 제일 높은 간부였거든. 옛날 주소를 찾아갔는데 진짜 찾아 냈어. 나는 솔직하게 다 털어놓았어. 여기 의류공장에 좀 신세를 질 수 없냐고. 그랬는데 바로 한 사람을 소개해주는 거야. 그 사람이 자기 사업자등록증을 사용하라고 하면서, 다만 조건이 있는데 자기를 대신해서 베이징에서 옷을 좀 팔아 달라는 거야. 당시 나는 좀 짜증이 났어. 아니 그 사람 만든 옷이 잘 팔릴지 누가 알아? 그런데 국장이 말하기를 옷을 수도에 가져다놓는 것만으로도 (지방의 입장에서) 영광이라는 거야. 그래서 나는 오케이 했지. 다행히 요구는 높지 않았어. 사업자등록증은 공짜로 사용하고 5000위안어치 옷을 팔아 주기만 하면 됐어.

1년 동안 세벌 밖에 못 팔았어! 연말에 나는 솔직하게 말했어. 남은 옷을 가져가고 싶으면 알아서 가져가고 아니면 여기에 그냥 둬도 된다고 했어. 어쨌거나 나는 5000위안을 줄 테니까 손해는 내가 본 것으로 하고 이후 1년에 3000위안을 주는 것으로 했어. 그들한테도 나쁘지 않은 장사였거든.

사업자등록증을 빌릴 수 있도록 도와주는 상점도 있었다. 류칭후이劉慶會는 칭하이에 있는 한 공장의 등록증을 사용했고 그가 만든 옷에도 항상 이 공장의 상표와 주소를 부착했다. 그는 모직물 의류든 가죽재킷을 만들든 칭하이 상표가 진품이라는 인상을 준다는 사실에 매우 자부심을 느꼈다. 그는 말했다.

나는 원래 그 공장과 아무런 관련이 없는데 상점 사장이 연결해줬어. 내가 오기 전에 칭하이의 이 공장이 여기서 매대를 임대하고 자체 생산한 물건을 팔고 있었어. 그런데 보증금을 납부할 수 없었던 거야. 마침 이때 내가 사장을 찾아가서 매대를 요구했거든. 그런데 내가 사업자등록증이 없잖아. 사장이 칭하이의 연락원한테 연락해서 어차피 당신네 물건이 팔리지도 않는데 이참에 상표를 다른 사람에게 빌려주는 게 어떻겠냐고 제안을 했어. 빌려줘도 여기서 장사하는 거로 쳐준다는 거야. 칭하이 사람들은 처음에 상표를 자기네 거기서 운반해 오겠다고 했어. 상표 개수에 따라 돈을 받겠다고 하는 거야. 내가 그건 어렵다고 했지. 사장도 같은 생각이었어. 최종적으로 내가 1년에 그들에게 3만 위안을 주는 것으로 협상을 마무리했어.

한 번은 상점에 갔다가 저장촌 사업자 중 한 명이 베이징의 가도공장街道工廠[가도는 도시의 가장 작은 단위의 지역사회를 말함]의 사업자등록증을 사용하고 있는 것을 본 적이 있다. 이 사업자도 상점 주인의 소개로 이 공장을 알게 되었다. 저장촌은 베이징의 소규모 의류공장을 전멸시켰지만 이 공장들은 역으로 자신의 사업자등록증을 이들에게 빌려주고 있었다.

사업자등록증은 국가의 정책 요구 사항이었고 저장촌 사람들은 자신들의 연결망을 통해 이 문제를 해결했다. 사업자등록증은 공동체 내에서 일종의 자원으로 유통되면서 친구와 친척의 관계를 더욱 가까워지게 하거나, 메이젠광처럼 등록증을 제공한 사람의 명성을 높여줌으로써 향후 친우권 내에서의 권위자가 될 수 있게 했다.

대리 판매를 발명하다

매대 임대를 통한 등당입실이 가능해지자 저장촌에는 일종의 새로운 사업관계가 등장했다. 일명 대리 판매다. 야오신안의 경험은 이 제도가 어떻게 발명되었는지를 자세히 설명해준다.

나는 온 지 2년 만에 매대를 임대했어. 나와 거의 같은 시기에 매대를 임대한 사람은 두 사람이 더 있어. 처음에는 우리 셋이 따로 임대를 하고 만들(가공)었어. 그 당시에는 하루에 막 20~30벌 정도 만들었고 하루 팔면 다 나가는 수준이었어. 그런데 매대 하나에 옷 20~30벌을, 그것도 한두 가지 스타일의 옷만 진열해놓으면 안 되거든. 예쁘지 않아. 길바닥 노점상은 뭐 그렇게 해도 상관없는데 정식 상점의 매장에서는 그렇게 하면 안 돼.

나는 '5·1절'을 맞추느라 1986년 4월 1일부터 임대했어. 가족들에게 일단 열심히 만들어달라고 했지. 만들 수 있는 건 전부 만들라고 했어. 4~5일 달려서 여섯 가지 스타일의 옷 50~60벌을 만들었고, 사이즈도 큰 것과 작은 것으로 나누었어. 매대에 딱 올리자마자 첫날에 30여 벌을 판 거야. 400~500위안을 들고 집에 가는데 어쩌나 신이 나는지. 이튿날도 비슷했어. 28벌 팔고 523위안을 받았어. 이때부터 가족만 가지고 안 되겠다 싶어서 라오쓰를 부르기로 했어. 그런데 어떻게 불러와야 할지 모르겠는 거야. 그때는 촌에 전화 한 통 하는 게 지금 직접 다녀오는 것보다 더 힘들었어. 그래서 그냥 친척과 친구네 집에 가서 옷을 빌려왔어.

나는 먼저 사형제를 찾아갔어. 그 집에서 만든 옷이 우리 집보다 '반듯'했거든. 그런데 매대가 없어서 베이징의 한 개체호에게 판매했어. 옷을 빌려달라고 하니 웃는 거야. 어떻게 빌려줘? 며칠 빌려줘? 그러면서 자기가 만든 옷은 매대에 걸어두면 사는 사람이 무조건 있으니 빌리고 말고를 떠나 그냥 자기를 대신해서 팔아달라는 거야! 과거엔 베이징의 개체호가 대신 팔아줬는데 이제 나더러 대신 팔아달라고 했어. 나는 당연히 가능한데 일단 한번 해보고 정하겠다고 했지.

나는 끼어들어 "왜 한번 해보고 정한다고 했어?"라고 물었다. 야오신안은 "그럼 어떻게 말해? 당연히 해보고 결정한다고 해야지. 팔릴지 안 팔릴지, 얼마에 팔릴지 아무도 모르니까, 마음속으로 확신이 안 서는데, 그런 일은 먼저 장담하면 안 돼"라고 했다. 나는 또 물었다. "너의 사형제는 이미 베이징 사람들과 합작을 해왔는데 왜 진즉에 너와 합작하자는 제안을 안했어? 혹시 매대를 임대하고 있다는 사실을 몰라서야?" 야오신안은 "내가 매대를 임대한 건 그도 당연히 알지. 우리 이 사형제는 엄청 신중해. 나 같아도 내가 매대를 맡았다는 말을 듣고 바로 물건을 팔아달라고 오지는 않았을 거야. 내가 무슨 생각할지 어떻게 알고? 제안을 했는데 내가 마음에 안 들어. 그럼 하겠다고 말하기도 애매하고 거절하기도 부담스럽고, 난감하잖아"라고 말했다. 야오신안은 말을 이어갔다.

(나는) 그 사람으로부터 20여 벌, 다른 친척으로부터 10여 벌을 가져왔어. 가격은 협상한 대로야. 사형제가 만든 여성 셔츠의 경우 대리 판매하는 베이징 사람은 한 벌에 8위안을 줬어. 이 베이징 사람이 시장에 가서는 12위안에 팔았거든. 나도 한 벌에 12위안씩, 다른 사람이 얼마에 팔면 나도 그 가격에 팔았어. 그런데 나는 그에게 9위안을 줬지. 나중에 그들 두 집의 물건은 모두 내가 가져다 팔았어. 이렇게 점차 '안정'[53] 되면서 나중에는 물건을 먼저 팔고 가격을 정했어. 나는 시장에 가서 얼마에 팔면 적절한지 둘러 봐. 외부에 파는 가격에 일정한 비율을 정해서 그들에게 줬어. 보통 10

---

[53] 안정 또는 형성의 의미다. 구체적으로 대리 판매의 관계가 고정적인 관계가 되어간다는 의미다.

위안이면 내가 2위안을 갖고 8위안은 그들에게 줘.

처음에는 다 팔면 바로 돈을 줬어. 하루에 한 번 정산했는데, 나중에 서로 너무 번식繁飾하다고(러칭 방언으로 번거롭다는 뜻) 생각했어. 그래서 장부에 기록하기로 했어. 그리고 언제 정산할지도 정하지 않았어. 어차피 다 우리 사람이잖아. 그래서 생각한 게 돈이 있을 때(야오 씨가 수중에 충분한 자금이 있을 때) 정산하기로 했지. 이런 일에 있어서 우리는 엄청 정확해. 돈은 남는 게 있으면 일찍 정산할수록 좋아. 미뤄봤자 좋을 게 하나도 없거든. 나중에 상점에서 계산대를 설치하면서 손님들의 돈은 모두 거기로 몰렸어. 상점은 나와 정산을 한 달에 한 번씩 했는데, 그때 우리도 정산했어.

그 두 집과만 한 것은 아니야. 매대를 임대한 후에 나는 다른 사람들이 만든 물건에도 눈을 돌렸어. 잘 만든 물건이면 내가 가져다 팔았어. 처음에는 아는 사람만 했는데 나중에는 사람이 많아졌어. 이렇게 되면 가격은 이전과 달라지거든. 내가 물건을 가져갈 때 대리 판매의 가격을 (물건 만든 사람과) 결정해. 내가 상점에서 얼마에 팔든 그가 상관할 바가 아니야. 이렇게 나에게 떨어지는 이윤이 더 많아지게 됐어. 전에는 10위안에서 2~3위안을 내가 벌었는데 이때에 오면 좋은 물건일 경우 10위안에 팔면 내가 5위안은 벌 수 있었어.

1989년에 매대 두 개를 추가로 임대했는데, 아내도 너무 힘들다고 하는 거야. 그래서 우리는 1990년부터는 더 이상 옷을 만들지 않았어.

마린파馬林法는 나에게 그와 그의 '대리 판매 고객'의 관계가 어떻게 변화했는지를 알려줬다. 이 관계는 어떻게 친우권에서 사업권으로 확장되고 또한 어떻게 사업권에서 새로운 친우권이 파생되었는지에 관한 이야기다.

매대를 임대한 이후, 친척과 친구들의 대리 판매를 시작했어. 처음에는 서너 집 정도였어. 자기 사람들과 하는 게 편해. 문제가 생겨도 크게 탈이 나지 않거든. 한번은 내가 한 달 치의 세부 장부를 몽땅 잃어버렸어. 총 장부만 있고 전체 얼마를 팔았는지는 기록이 있지만 어느 집 물건을 얼마나 팔았는지, 돈은 얼마를 줘야 하는지 이게 전부 없어진 거야! (…) 나와 아내는 서로 상대방을 탓하면서 다투기까지 했어. 삼촌이 옷을 가져다주러 우리 집에 왔다가 왜 싸우는지 물었어. 결국 삼촌이 나서서 친척들이 기록한 장부를 가져다 그걸 기준으로 돈을 계산했어. 마지막에 (정산해) 보니, 12위안만 차이 나는 거야! 자기 식구라서 망정이지 크게 손해 봤을 일이야. 이후 나와 합작하는 사람이 많아졌어. 1989년, 1990년에는 10여 집이 됐고 지금은 20여 집 정도야. 모두 친구 소개로 연결된 것은 아니야. 가끔은 혼자 저장촌에서 둘러보다가 좋은 물건이 있으면 바로 가져와. 다 동향 사람들이어서 옷을 가져간다고 하면 다들 좋아하지. 그래서 옷을 잘 만드는 집이면 옷을 가지러 방문하는 사람이 아침부터 저녁까지 끊이지 않아. 국경절이나 연말에는 아예 옷이 없어. 당시 이 10여 집

중에서 두 집과는 사이가 가까웠어. 대화도 잘 통해서 친구
가 됐지. 그런데 대부분 집들과는 이런 관계로 발전하지 못했
고 그냥 '고객'으로 남아 있어.

친구가 됐으니 당연히 우리 집에 놀러오는 거고, 나의 다른
친구와 친척들과도 알고 지내. 그들과 나의 남동생, 사촌 남
동생이 모두 친한 친구가 됐어.

나는 1993년에 작성한 저장촌 보고서(項飆, 1993)에서 이곳의
경제생활의 체계를 다음과 같이 요약했다.

'저장촌'은 대형 공장이자 대형 회사다. '촌' 사람들은 생산자
와 판매자 두 그룹으로 자연 분화되었고 전자가 후자보다 약
간 더 많다. 모든 사람이 자신을 중심으로 방사형 연결망을
구성했다. 한 명의 판매자는 여러 명의 생산자와 연결되었고
한 명의 생산자는 동시에 여러 명의 판매자와 연결되어 있다.
모두 자신의 사업 규모에 따라 결정되는데 보통은 20여 가
구 규모다. 이 착종된 관계들이 서로 차이가 없는 것은 아니
다. 일부 관계에는 특수한 암묵적 합의가 작동한다. 아싼阿三
〔사람을 편하게 부르는 이름〕의 매대에 물건이 줄어들면 아쓰阿
四〔앞과 같음〕가 재빠르게 그를 위해 만들어주고, 아쓰가 평일
에 만든 옷은 아싼이 좋은 가격에 팔기 위해 애쓴다. 이 관계
는 친척이나 우정에 기반했다. 하지만 원저우 사람들은 "친형
제도 장부는 정확하게 해야 한다"는 말을 입에 달고 살았기

때문에 비록 두 팔을 걷고 도와주지만 이윤은 정확하게 나누었다. 그 외의 대다수 연결망은 충분한 유연성과 여백이 있는 정보의 저장고로 기능했다. 사람들은 상대방의 생산과 판매 상황에 근거하여 특정 거래를 위한 파트너를 선택했다. 생산자와 판매자가 서로의 집을 방문하고 스타일에 대해 논의하고 물건을 배달하거나 방문해서 수거하는 등의 광경은 저장촌에서 흔하게 볼 수 있다.

이러한 대리 판매 관계에 기초한 판매자와 생산자가 '각각 구성한 방사형 연결망'이 내가 말하는 '계'의 전형적 구조다.

대리 판매는 경제생활에서 흔히 볼 수 있는 현상이지만 저장촌에서처럼 강한 연결망의 성격을 보이면서 상호 제약의 특징을 보이는 경우는 드물다. 천정츠陳正詞는 이렇게 말했다. "나도 가끔 매대에 가서 둘러봐. 한 번은 왕씨(천씨의 대리 판매자)와 한바탕 언쟁을 벌인 적이 있어. 너무 비싸게 파는 것 같아서 내가 좀 가격을 낮추는 게 좋지 않겠냐고 했어. 바로 나보고 물건을 가져가거나 아니면 상관 말라는 거야. 그 사람이야 손해볼 게 없지. 가격이 비싸면 팔리는데 시간은 걸리지만 그래도 이윤이 크거든. 돈은 우리 돈을 깔아놓고 있잖아. 그래서 나는 물건을 다 거둬들였어. 나는 주로 시간을 봐. 시간이 너무 오래 걸리면 물건을 가져와. 물건이 잘 팔릴 거라고 생각하고, 진심으로 내 물건을 팔고 싶으면 알아서 가격을 낮출 거야."

'본전이 들지 않는 사업'

대리 판매는 저장촌에 거대한 이익을 가져다주었다. 1997년 춘절을 앞두고 렌성더連勝德는 새 차(전에는 중고차였는데 지금은 새 차를 샀다)로 나를 공항에 데려다주며 이렇게 말했다.

1988년 저장촌에 왔을 때 호주머니에 돈이 얼마 있었는지 알아? 여행 경비를 제외하고 정확하게 4800위안이었어. 그때 나이가 22살, 집에서는 반대했는데 내가 뛰쳐나왔지. 친척이 사는 옆집에 방 하나를 빌렸어. 들어가면서부터 200위안을 냈어.

사람이 게을러 옷 만드는 건 하기 싫었어. 베이징에 친척이 예닐곱 집이 있는데 모두 옷을 만들었어. 그런데 매대 하는 사람이 없었어. 그래서 생각했지. 내가 만약 매대를 임대해서 그들이 만든 옷을 대리 판매하면, 어차피 똑같은 대리 판매 인데 나에게 옷을 넘기지 않을 이유가 없을 것 같은데?

그런데 매대 찾기가 쉽지 않았어. 한 달이 지났는데도 임대를 못한 거야. 게다가 놀러 다니면서 몇 백 위안을 써버렸지. 결국 나는 다짜란大柵欄 근처에서 하나 찾았고 사장과 식사하는 데 300위안 쓰고 임대료 3000위안, 보증금 1000위안을 냈어. 가지고 있던 돈을 다 썼어! 계약서에 사인하고 돌아올 때 버스도 무임승차했어. 이모부로부터 500위안을 빌려서 밥 먹고 영화 보는 데 썼지. 이제부터는 내 돈이 없어도 장사할 수 있어. 친척들한테서 옷을 거둬들이고 팔리면 돈을 주고 팔리지 않으면 돌려주었어. 약간 심가心架(원저우 방언으로 소심하고, 걱정하다는 뜻)가 있기는 했지만 크지는 않았어. (상점) 사장과의 관계가 중요했어. 한 달 지났어. 지금도 기억이 생생해. 내가 매대에 엎드려 장부를 쫘악 계산해봤어. 8452위안을 번 거야! 너무 신나더라고. 이모부에게 500위안을 돌려드리고 시단에 가서 양복 한 벌 사드렸어. 1988년 한 해에 10만 위안을 벌었어. 하지만 그때는 너무 어렸지. 번 것도 많지만 쓴 것도 많았어, 1년에 7~8만 위안은 썼거든. 호텔에 묵고 친구들과 밥 먹고 놀러다니기도 했지. 설에 집에 가고 나면 남는 돈이 없는 거야. 이게 다 매대를 하면 돈을 쉽게 벌었기 때문이야. 내 손으로 옷을 만들었으면 이렇게 흥청망청 돈을 안 쓰지. 그래서 매대 장사는 본전이 들지 않는 사업이다 이거야.

왕샤오융王小湧은 저장촌 밖에 살고 있는 러칭 사람이다. 그는 러칭 판스진盤石鎭과 원저우 시내의 의류공장에서 직접 옷을 가져다 시단에서 판매했다. 위에서 언급한 판매원 출신 중 한 명이다. 그는 나에게 대리 판매의 또 다른 이야기를 들려주면서 이 판매 방식의 의미를 분석했다.

아취안阿權이라는 친구도 (러칭) 현동 출신이야. 베이징에 왔을 때 침대 하나 빼고 아무 것도 없었어. 매대 하나 임대하고 나니 호주머니에 300위안만 남은 거야. 한 달 생활비도 안됐어. 그런데 그 친구도 대리 판매를 했어. 2년도 채 안돼서 고급 양복에 투자할 만큼 커졌어. 지금 다싱에서 하고 있어. 1년 더 일해서 고향에 방 네 개씩 있는 4층짜리 건물을 지어 올렸어. 그런데 1992년에는 한꺼번에 30여 만 위안을 밑졌어! 만든 양복이 팔리지 않아서 재고가 쌓인 거지. 옛날의 대리 판매보다 못한 장사였어. 대리 판매가 이윤은 크지 않지만 그래도 안정적이거든.

사실 저장촌의 물건과 우리 것을 비교하면 안 돼. 최소한 우리는 정식 공장에서 생산한 제품이란 말이야. 많은 원단은 해외에서 수입했고 디자인도 전문 디자이너가 직접 하고 있어. 지금 베이징과 관계를 쌓고 있는데 우리가 쓰는 돈은 그들보다 많으면 많았지 절대 적지 않아. 왜냐하면 우리는 사업 규모 자체가 크니까. 한 끼 식사 대접하는데 1000위안 쓰면 뭐 엄청 많이 쓴 것처럼 소문내는데 우리의 몇 십 분의 일 정도밖에 안 돼. 그런데 그 사람들 장점이 이 대리 판매야. 자기 돈 한 푼도 들지 않고 사업하잖아. 이 부분이 우리보다 나은 점이야.

대리 판매 방식은 저장촌에서 생산된 제품을 매우 저렴한 가격에 공식 시장으로 유입시켰다. 또한 가공과 판매 두 단계 사이에는 장벽이 거의 없었고 '서로 아는 사이면 되는 일'이었다. 정산을 하루 늦게 하든 일찍 하든 개의치 않았고 심지어 한 달 치

장부를 분실해도 큰 문제가 없었다. 유행하는 경제학 개념을 빌리면 '거래비용'이 매우 낮았다. 하지만 왕샤오융은 대리 판매의 한 단면만 보고 이 판매 방식이 매대 임대인에게만 우호적인 방식이라고 생각했다. 사실 대리 판매는 생산자에게도 직접적인 이익을 가져다주었다.

나는 류저보에게 저장촌 사람들이 시내에서 매대를 임대하면 가공업자들에게는 어떤 이득이 생기는지 물었다. 그는 이렇게 말했다.

만드는 제품들이 좋아졌어. 매대를 임대하기 전에는 쉬운 옷만 만들었거든. 주로 바지를 많이 만들었어. 6월에는 여성용 여름옷을 만들기도 했어. 매대를 임대한 이후에는 다 정규적인 옷을 만들었고 스타일도 다양했어. 남성용, 겨울용, 그리고 제복도 만들고 게다가 대량으로 만들었어. 상점에서 옷을 사다가 샘플용으로 해체하는 방법도 이때 유행하기 시작한 거야.[54]

매대를 임대한 이후 만드는 사람이 더 힘들어졌어. 왜? 파는 문제를 신경 쓰지 않아도 되잖아. 그러니까 하나라도 더 만들고 싶어지는 거지. 버는 돈도 예전보다 많아졌어. 노점상을

---

54 류저보와 야오신안의 말은 조금 달랐다.(제1장 참조) 류저보는 야오신안보다 이 방법을 늦게 접한 것으로 보인다. 두 가지 해석이 가능하다. 첫째, 류저보는 기술로 성장한 재단사여서 조금 복잡한 옷이라도 직접 재단할 수 있기 때문이라는 해석, 둘째, 야오신안은 훙차오 출신이고 류저보는 푸룽 출신이기에 비록 두 사람 사이에 왕래가 있었지만 류저보는 야오신안의 발명품을 알지 못한다는 해석이다.

할 때 나는 바지 한 벌에 7~8위안 벌었어. 똑같은 바지를 매대에 걸어두면 최소 10위안은 벌어.

1986년 하반기에 친척이 원저우에 돌아갔는데, 올 때 옷을 만들 줄 아는 라오쓰 몇 명을 꼭 좀 데려오라고 내가 부탁했어. 친척들 중 옷 만들 줄 아는 사람은 이미 다 베이징이 왔거든. 돈을 주고 고용하면 되잖아. 두 명을 데려왔어. 친척도 자기가 쓸 라오쓰 두 명을 데려왔더라고. 이 두 명이 내가 처음 부른 라오쓰야.

1986년 이후의 대외적인 '등당입실' 규모나 대내적인 대리 판매가 저장촌에 어느 정도의 경제적 이익을 가져다주었는지 구체적인 수치로 설명하기는 어렵다. 하지만 류저보와 저장촌의 다른 사업자들의 회고를 통해 다음의 사실들은 설명이 가능하다.

1. 매대를 임대한 덕분에 그들이 만든 의류는 품질이 향상되고 스타일도 다양해졌다. 한 사업자는 이렇게 말했다. "처음에 와서 (자신이) 할 줄 아는 것은 모두 했어. 이후 어떤 옷이 잘 팔리는데 만들 줄 모르면 배워서라도 그걸 만들었어." 가공 과정에서의 이러한 기술적 향상은 향후 이들이 베이징에서 더 큰 발전을 이룰 수 있는 토대를 마련했다.

2. 비록 일부 가공업자는 더 이상 노점상을 운영하지 않았고, 동시에 전문적인 '매대 임대인'이 출현했지만, 가공업자와 시장의 관계는 전혀 약화되지 않았다. 작은 매형의 일과에서 우리가 이미 보았듯이 매대 임대인은 매일 가공업자들에게 정보를 제

공했다. 어떤 옷을 만들지, 심지어 가격을 책정하는 것까지 모두 가공업자와 사업자가 공동으로 결정했다. 이러한 연결이 바로 위에서 언급했듯이 가공업자들이 기술을 업그레이드할 수 있는 이유였다.

3. 의류의 평균 이윤이 현저하게 상승했다. 1983년, 류저보의 경우 연말의 총 이윤과 연초의 투입액의 비율은 대략 11:1이었다. 1986~1988년, 사람들의 연초 투입액은 일반적으로 5000~1만 위안, 연말 총 이윤은 대략 7만~20만 위안, 비율은 15:1~21:1 수준이었다.

4. 가장 중요한 것은 '라오쓰 고용'을 시작했다는 점이다. '라오쓰 고용'의 직접적인 원인은 두 가지다. 하나는 기존에 하던 일을 가족 구성원에게만 맡길 수 없게 되었고, 다른 하나는 복장의 스타일에 대한 새로운 수요로 인해 전문적인 경험을 갖춘 인력이 필요했기 때문이다. 그 결과는 분명했다. 하나는 저장촌이 처음으로 대규모적 인구 증가를 경험했다는 것, 다른 하나는 저장촌을 위한 전문적인 노동력 시장이 형성되었다는 것이다. 이 부분은 아래에 다시 이야기하도록 하자.

능력자, 자기 사람, 융자 사람

등당입실과 대리 판매는 사람들 사이의 새로운 합작관계를 만들었고 이 새로운 합작관계는 사람들 사이의 '이동사슬'의 변

화를 유발했다. 1986년에 매대를 임대한 적 있는 류저보는 매대
임대인들이 어떻게 합작했는지에 대해 들려줬다.

우리는 처음에 왕푸징의 옌메이燕美상점에서 임대했어. 매대
하나에 월 2500위안을 냈어. 1987년 우리는 옌메이 맞은편
에 있는 안신상행安信商行으로 옮겼는데, 매대 임대료는 똑같
이 2500위안이었어. 그런데 세금을 따로 냈어. 왜 옮겼냐면,
안신이 크니까. 상점이 클수록 사람이 많고 물건도 잘 팔리거
든. 안신으로 옮긴 후 더 이상 내가 혼자 임대하지 않고, 우
리 세 집이 공동으로 매대 다섯 개를 임대했어. 서로 연결되
었는데, 다른 사람이 보면 한 집에서 임대한 것처럼 보였어.

샹유성項友生은 이렇게 말했다.

6개월 동안 노점상을 하다가 1985년 왕푸징에서 매대 하나
를 임대했어. 장사가 잘 됐어. 자기가 만든 옷만 팔면 당연히
부족하지. 그렇다고 해서 다른 집에 가서 수거하는 것에 전
적으로 의존할 수도 없는 일이었어. 그래서 옷을 만드는 고정
파트너가 있으면 좋겠다는 생각을 했지. 그런 사람은 고향 지
인들 중에서 찾으면 말도 잘 통하고 좋잖아. 능력도 있고 자
원도 있고 그러면 많이 고용하고, 좋은 옷도 많이 만들 수 있
고. 당시 러칭 일대에 있던 재봉사들은 대부분 다른 곳에 간
상태였어. 그런데 어린 여자애들이 옷을 배우기 시작한 거야.

현과 향에 재봉학습반이 있었어. 그러니까 사장은 자기가 못 만들어도 괜찮아. 두뇌 회전이 빠르고, 돈이 있으면 되거든. 나중에 우리는 매대를 임대하려고 해도 파트너가 필요했어. 상점은 매대 여러 개를 세트로 묶어서 임대해주고 싶어 했는데, 우리 입장에서는 매대 여러 개에 비슷한 상품을 진열하면 눈에도 잘 띄고 장사도 잘 되었거든.

사람들을 여기 올라오라고 설득하는 것은 쉬웠어. 당시 베이징에 물건 사러 오는 사람들이 점점 더 많아졌고 상점들은 기꺼이 매대를 빌려줬거든. 그래서 예전에 알고 지냈던, 같은 마을 농기구 공장에서 일하던 구매원, 멀리 사는 사촌형, 초등학교 동창 두 명을 불러왔어.

위궁청餘工程은 류저보와 함께 집을 나선 사람이다. 류저보는 뷔하이완渤海灣에 갔다가 바오터우로 이동했고, 그는 네이멍구의 우라터첸치烏拉特前旗에 갔다가 시안으로 옮겼다. 이후 베이징에서 장사가 잘 된다는 소문을 듣고 베이징으로 달려왔다. 베이징에 오자마자 왕푸징에서 매대를 임대하고 류씨 등의 상품을 대리 판매했다. 그는 "나는 저장촌에 거의 안 가. 동향들은 다 아는 사이이고, 물건은 그들이 가져다주니까. 우리는 신뢰가 두터워서 정산은 언제든지 가능해. 류저보가 그들 중 한 집이야"라고 했다.

나는 이것을 '능력자 원칙能人原則'이라고 부르고자 한다. 외부 시장이 눈에 띄게 확대되자 사람들은 '사업 연결망'의 구성을 통해 생산과 판매의 분업 체계를 구축해야 한다는 사실을 깨달았다. 능력자를 많이 편입해야 한다고 생각했던 것이다.

그러나 얼마 지나지 않아 그들 중 일부는 '자기 사람 원칙自己人原則'으로 돌아섰다. 야오신안은 이렇게 말했다. "우리는 모두 좋은 파트너를 찾고 싶어 하지만, 함께 일할 수 있는 능력과 의지를 모두 갖춘 파트너는 과연 몇 명이나 될까? 당시 이미 저장촌에는 사람이 많아져서 분쟁도 꽤 많았거든. 그래서 자기 사람이 편해졌어. '자기 사람'은 친척이나 친한 친구를 말하는데, 문제가 생기면 당신 편을 들어줄 그런 사람 말이야. 그들과 사업하면 마음이 놓여. 자기 사람들에게 돈 버는 좋은 기회를 소개하는 것도 당연한 일이지."

이 '자기 사람' 원칙이 출현한 데는 나름의 배경이 있었다. 1986년부터 저장촌의 '훙차오방' '푸룽방' 그리고 이후에 출현한 '칭장방清江幇' 사이에는 갈등이 빈번하게 발생했다. 이러한 방과 '패거리幇派'는 다르다. 갈등의 기원은 서로 다른 지역 출신들 사이의 마찰에서 시작되었다. 보통 두세 개 정도의 계에 겹쳐 있는 사람들이 모여 한 개 방의 중추가 된다. 이러한 갈등이 저장촌의 '거물'을 출현시킨 요인 중 하나이기도 했다. 촌에서 충돌, 심지어 패싸움까지 증가하자 사람들은 주변에 '자기 사람'이 몇 명 없는 것에 불안을 느꼈다.

그러나 이동사슬의 발전 과정에 '능력자'든 '자기 사람'이든 이 공동체에 들어왔으면 그들은 독립적인 사업자이기 때문에 비록 먼저 온 사람들과 함께 합작을 하더라도 자신의 길은 혼자 개척해야 했다.

첸아무錢阿木는 이렇게 말했다. "사촌형이 나를 베이징에 오라고 한 이유는 우리 집이 형편이 어려우니까 나를 보고 걱정하는 마음에서였어. 내가 온 뒤, 사촌형은 어디에 가면 매대를 임대할 수 있는지, 어떻게 하는지 등만 알려줄 뿐 좋은 가게는 소개해주지 않았어. 장사꾼이잖아. 위치가 좋은 매대는 자기를 위해 남겨둬야지. 나는 그래서 혼자서 내 길을 개척해야 했어." 이렇게 사람들은 한편으로 이동사슬에 의존하여 결합되어야 했지만 동시에 외부 시장을 향해 끊임없이 확장해야 했다. 다른 말로 하면, 시장 확장의 능력이 없다면 공동체에 들어오기조차 어렵다는 것이다.

앞 장에서 우리는 '노동력 사슬'에 대해 살펴보았다. 1986년 이후, 노동력 사슬의 발달로 인해 저장촌에는 러칭 사람을 제외하고 두 번째로 큰 인구 집단인 융자 사람이 출현했다. 융자현은 산지가 많고 경제는 러칭보다 뒤처진, 러칭 동쪽의 마을들과 인접한 곳이다. 밖에 나간 러칭 사람들은 동원할 수 있는 노동력이 거의 소진되자 '융자에 가서 사람을 데려오자'는 생각을 하기 시작했다.

융자현 첸산팡촌前三房村 출신 야오姚 씨는 이렇게 말했다. "우리 마을에서 제일 처음 베이징에 간 사람은 나야. 문혁 시기에 간쑤에 가서 솜 틀기를 할 때 러칭 출신 솜 틀기 하는 사람을 알게 됐어. 그 뒤에도 계속 연락을 주고받았어. 1986년에 그가 베이징에 가서 옷을 만들었는데 '라오쓰'가 필요하다는 거야. 우리 집에 와서 있냐고 묻더라고. 나의 두 딸이 집에서 딱히 할 일이 없었는데 마침 잘 됐다 싶어서 그를 따라 갔어. 1년을 했는데 잘 했어. 딸들이 나와 아내를 설득해서 따로 하고 싶다는 거야. 1988년에 집에 있는 몇 천 위안을 들고, 딸이 1년 동안 번 돈까지 합처서 한 7000~8000위안을 들고 베이징에 가서 일을 시작했지. 우리 마을의 다른 사람들은 전부 나한테서 얻어 듣고 나갔어."

라오쓰가 스스로 길을 개척하는 것은 흔한 현상이었다. 융자 일대의 이동사슬 형성의 원동력이었다. 그들은 독립 후에도 종종 원래의 고용주와 연락을 주고받았다. 중요한 사업 파트너였기 때문이다. 따라서 라오쓰는 기술을 배워야 할 뿐만 아니라 공동체의 사업 연결망 속에 들어가는 방법도 배워야 했다.

오래 머물면 안되는 곳

이동사슬의 연결망이 처음 형성된 1986년 이후 사람들의 이동은 류저보의 그 시절보다 훨씬 더 '자유'로워졌다.

유동인구가 증가하자 1985년 공안부는 「도시 잠주 인구에 대한 임시 규정關於城鎭暫住人口的暫行規定」을 발표하여 "3개월 이상 임시 거주하는 16세 이상 사람은 '잠주증暫住證'〔임시거주증〕을 발급받아야 한다"고 규정했다. 이 규정은 또한 "임시 거주자가 주택을 임대하는 경우 원래 근무했던 단위 혹은 상주 호구 소재지의 향진 인민정부가 발급한 증명서를 제시해야 하고, 주택 소유자가 세입자를 지역의 공안 파출소로 안내하여 등록 신고를 해야 한다"고 했다.[55] 하지만 첸아무는 당시의 이동 경험을 이렇게 회상했다. "당시에는 대부분 사람이 절차를 밟지 않았어. 옷을 만들려고 온 사람들이 평소에 알고 지내는 사람이라고는 모두 동향 지인이잖아. 네가 온 것을 다 알아! 매대를 임대할 때면 공장의 사업자등록증 사본이면 해결됐어. 그리고 작은 상점의 경우에는 절차가 거의 필요하지도 않았어." 주택 세입자와 관련된 규정에 대해 내가 되묻자 첸 씨는 놀랍다는 듯이 답했다. "모르겠어. 1987년, 1989년 파출소에서 우리를 쫓아낼 때 우리가 불법 세입자라고만 했어. 그런데 방을 빌리고 싶으면 그냥 돈을 주면 됐는데." 증명서들을 발급받기 위해 특별히 고향에 돌아갔던 경험은 류저보에게 오래된 회상거리였다. "당시 사람이 적고 심적으로도 불안했어. 문 밖에 나가면 다 베이징 사람이고 뭔가 당할 것 같았어. 1986년 이후 동향들이 많아지니까 절차를 밟으려는 사람도 없어진 것 같아!"

1986년, 저장촌은 베이징에서 사회생활의 하나의 '범주'가 되기 시작했다. 범주가 되었다는 것은 무슨 의미일까? 정부와 도시 사회는 이러한 인구 집단의 존재를 인식하기 시작했고 자신들과 상호작용하는 대상 하나가 추가되었다는 것을 깨달았다는 의미다. 비록 1984년인가 1985년에 『베이징일보』에 베이징에서 일하

---

[55] 다음을 참조하라. 國家工商行政管理局個體經濟司:1987, 『個體工商業政策法規彙編』(二), 제459쪽, 北京: 經濟科學出版社

는 러칭 출신 재단사에 대한 보도가 있었다고는 하지만[56] 저장촌이라는 개념이 출현한 것은 1986년 이후의 일이었다. 저장촌이라는 이름은 주변에서도 부르기 시작했다. 이후 거의 모든 정부 문서와 언론은 저장촌 이름은 1986년부터 출현했다고 명시했다. 그해 이 외래인구는 현지의 농민 인구수에 근접하는 1만 2000여 명에 달했다.[57]

베이징시 공상국과 펑타이구 정부가 처음으로 저장촌에 대한 간단한 조사와 논의를 거쳐 "오래 머물면 안 되는 곳"이라는 결론을 내린 것도 1986년이었다. 현지의 공상 관리 부문에서 오랫동안 일한 한 기층간부는 나에게 이렇게 말했다.

의류 재단업은 베이징에서 보기 드문 업종이었어. 입을 옷이 부족한 문제가 항상 존재했기 때문에 그들은 처음에 엄청 환대를 받았어. 1985년 여기서 가죽재킷을 만드는 사람이 있었어. 1986~1987년 규모가 커지기 시작했지. 1986년에 정부가 "오래 머물면 안 되는 곳, 해산 작업이 필요한 곳"이라고 말한 이유는 '더 많아지면 혼란이 생길 것'이라고 생각했기 때문이야. 사실 당시 기층간부들은 앞으로 사람이 더 많아지면 정부가 매우 곤란해질 것임을 이미 알고 있었어. 1987년부터 실사를 시작하고 전담팀을 보내 해산시키고, 주민위원

---

56 루젠중陸見忠의 기억에 근거했다. 루젠중이 바로 앞의 장에서 야오신안이 말한 시단과 왕푸징에 가서 샘플용 옷을 사기 위해 매일 줄을 섰던 사람이다.
57 1994년 12월 펑타이구 정부가 베이징시정부에 제출한 저장촌에 관한 보고서에 근거했다.

회 간부들과 함께 집집마다 다니면서 외래인구를 가급적 빨리 내보내라고 하는 등 고향에 돌아가라는 선전과 동원을 시작했어. 당시에는 요구에 부합하지 않는 세 가지 문제가 있었는데 여기에 걸리는 사람들에게는 절차도 제공하지 않았어. 첫째, 당시에는 주택 임대에 관한 전담부처가 없었어. 과거에는 외지 인구가 가족이나 친구를 만나기 위해 잠깐 베이징에 와서 거주했다면, 이제는 장기간 거주하는 상황이 발생했는데 어떻게 관리할 수 있겠어? 잘 모르겠어. 둘째, 고용된 노동자에 대한 전담부처가 없었어. 외지에서 노동자를 모집해 베이징에서 노동하게 하는데, 베이징 노동당국이 그들을 관리할 수 없고 문제가 생기면 또 관리의 책임이 되는 판이었어. 셋째는 공상 및 경영 조건이 요구에 부합하지 않았어. 현지의 인증서 없이는 어떤 절차도 제공할 수 없었거든.

이렇게 지속적으로 해산해도 실제 효과는 별로 없었어. 같은 일만 반복할 뿐이지. 명절이 되면 단속 나가고, 지나면 우리도 철수하고. 하지만 결론은 항상 똑같아. 오래 머물면 안 되는 곳이라는 점이야.

국가의 정책 조정에 따른 시장 개방 덕분에 저장촌은 공식 쇼핑센터에 입주할 수 있게 되었다. 이에 따라 이동 연결망 형성도 촉진되었다. 그러나 이러한 연결망의 형성으로 인해 체제와 상호작용하지 않고, 심지어 유입된 지역 공동체와 별다른 상호작용 없이도 생활하고 돈을 벌 수 있는 사람이 생김으로써 국가의 관리정책은 그 효력을 상실하게 되었다. 저장촌은 '자립'과 '확장'이라는 두 가지 동시적 발전 경로를 개척하기 시작했다. 매시 (Massey 1987, 1988)는 하나의 이주 연결망이 형성되면 이 연결망은 다시 이주 행위를 유지·지속시킴으로써 이주를 외부의 경제 사회적 요인으로부터 독립된 자율적인 구조로 변화시킨다고 주장했다. 저장촌의 사례로 볼 때 이 '자율성'은 체제에 대한 충격을 의미했다.

제 6 장

1988~1992: 확장

가죽재킷 열풍

1993년 처음 류스밍을 만났다. 저장촌이 궁금하다는 나의 말이 끝나자마자 그는 이런 이야기를 들려줬다.

저장촌에서 가죽재킷은 내가 유행시켰어. 나는 원래 러칭 기계창에서 일을 했어. 1986년에 베이징에 한번 갔다가 거기서 일을 했는데 아는 친구가 별로 없어서 다시 돌아왔어. 그런 데 공장도 잘 돌아가지 않는 거야. 1988년에 아내와 함께 다시 나갔다. 나는 억수로 재수가 없었어.[58] 금방 도착해서 아

---

[58] 재수가 없다는 말은 좋지 않은 일이 생겼을 뿐만 아니라 이 일을 모든 사람이 알게 된 상황을 말한다. 류스밍이 처음 외지에 나왔을 때 감옥에서 막 출소한 상태였다. 그는 한동안 공장에 다시 합류할 수 없어서 베이징으로 떠났던 것이다. 나중에 그는 공장에 돌아가는 것이 '옳은 일'이라고 생각했지만, 공장에서 차별을 받는데다가 수입도 많지 않아 다시 베이징으로 돌아왔다.

는 사람도 별로 없었지. 무슨 일을 하면 좋을까? 당시 이미
가죽재킷을 입고 다니는 사람이 있었고, 유행했지만 일반인
들은 가격 때문에 감당이 안됐어. 시단과 왕푸징 통틀어 가
죽재킷을 파는 집은 딱 두 집밖에 없었어. 사겠다고 사람들
이 달려들고, 일요일에는 싸우기도 해. 다른 이유는, 나는 옷
에 대해 아는 게 하나도 없거든. 무슨 원단이 좋은지, 무슨
색이 어울리는지 전혀 몰라. 그런데 가죽재킷은 좋잖아. 전부
검정색이라서 고를 필요가 없잖아!

당시 우리가 산 재봉틀은 구멍이 너무 작아서 가죽 옷을 만
들 수 없었어. 그런데 이런 건 내가 또 전문이잖아. 망치 정으
로 살짝 두드렸어. 첫 해에 나는 10만 위안을 벌었어.

나중에 루렌더는 나에게 다른 이야기를 들려줬다.

저장촌에서 처음으로 가죽재킷을 만든 사람은 쏭리룽宋裏榮
이야. 푸룽우징촌芙蓉五景村 사람이라고. 그 사람은 그때 스마
펀石馬墳에 살았어. 촌에 있을 때부터 이미 유명한 다라오쓰大
老司였어.[59] 1987년—왜냐하면 1988년부터는 저장촌에서 가
죽재킷 유행이 이미 시작됐거든—맞을거야. 옷 스타일을 보
려고 톈차오쇼핑센터에 갔어. 가죽바지를 발견했는데 너무
마음에 들었던 거야. 그 당시 이 바지 한 벌에 120위안이야.

---

59 기술적으로 매우 특출한 수공업자를 가리키는 표현이다.

비싸서 못 샀지. 그때는 지금과 달라서 한 번 사면 반품할 수 없잖아. 하루에 몇 번을 갔어 그걸 보려고. 필경 옷을 만드는 사람이니까 몇 번을 보더니 허리둘레, 바지 길이 이런 걸 다 알아내더라고. 쇼핑센터에 있는 다른 사람에게 가죽은 어디서 파는지 물었더니 허베이 신지辛集에 있다고 했어. 신지에 가서 1000여 위안어치 가죽을 사왔어. 집에 돌아가서는 먼저 천으로 바지를 만들어보고, 그걸 또 쇼핑센터에 가져가서 가죽바지와 대조해보고, 이렇게 반복하다가 결국 정식으로 만들게 된 거지.

만들어서 텐차오쇼핑센터에 가서 대리 판매를 해. 우리 단가는 공장에서 만든 것과 비교가 안 돼. 그들이 한 벌에 110위안에 들여온다면, 우리는 그들(상가)에게 75, 80위안에 넘겨. 품질은 별반 차이 없으니까 상점도 우리 물건을 받는 거야. 그가 아마 상가 옆의 작은 가게에도 몇 벌을 가져갔을 거야. 가죽바지는 엄청 잘 팔렸어. 먼저 친척과 친구를 데리고 하다가, 같은 촌 출신들도 시작하고, 마지막에는 저장촌이 전부 가죽제품, 가죽재킷을 만들었어. 그는 지금 상하이에 가서 만들고 있어.

또 다른 사람들은 처음 가죽재킷을 만든 사람은 시안에 있던 일부 러칭 사람이라고 한다. 이들은 이미 1985년에 시작했지만 당시 베이징과 시안 사이에 접촉이 많지 않은데다 친우관계도 겹치는 부분이 많지 않아 이 바람이 베이징까지 불어오지 못했다고 한다.

류스밍의 지위 때문에 나는 그를 찾아가 루렌더의 말을 검증할 수 없었고 주변 사람에게 물어볼 수도 없었다. 예의가 없는 일이었다. 하지만 확인할 수 있었던 것은 류스밍은 가죽재킷 유행에 합류한 최초의 가공업자 중 한 명이고, 이 경험이 그의 발전에 매우 중요한 역할을 했다는 점이다. 이 사업을 통해 그는 초기자본을 축적할 수 있었다. 뿐만 아니라 가죽재킷을 통해 얻은 막대한 수익은 그에게 '베이징에서 일할 수 있다는 자신감'을 가져다줌으로써 과감하게 친척과 친구들을 베이징에 불러들이는 결정 요인으로 작용했다. 불러들인 '자기 사람'들이 나중에 그를 마을의 거물급 유지로 만드는 중요한 기반이 되었던 것이다.

매대 임대가 그들을 도시의 상업 중심부에 진입하게 했다면, 가죽재킷은 저장촌이 이 신제품에 대한 독점적 권력을 행사하게 했다. 이렇게 되면서 등당입실은 물론 저장촌은 자신만의 영역을 형성할 수 있었다. 대도시 베이징에서는 중소도시처럼 유행이 그렇게 선명하지 않다. 하지만 1980년대 이후, 베이징에는 두 번의 패션 유행이 있었다. 하나는 1980년대 중후반의 코트 열풍이다. 저장촌은 당시 규모가 작아서 이 유행을 따라가지 못했다. 다른 하나는 지금 말하는 가죽재킷 열풍이다. 베이징 사람의 말을 빌리자면 "1991~1992년이야. 버스를 탔는데 누가 옷을 전부 검은 색으로 칠했나? 전부 다 가죽재킷이야. 그래서 결국 너도 한 벌 사야 돼. 예뻐서가 아니라 다른 사람이 검은색으로 칠하기 전에 검은색을 입고 말지!'

저장촌은 삽시에 '가죽재킷 촌'이 되었다. 외지에서 이곳을 찾은 장사꾼이나 휴일을 이용해 이곳에서 쇼핑하는 시민 대다수가 가죽재킷을 샀다. 1994년, 베이징의 한 언론 매체는 베이징의 전체 가죽재킷의 70~80퍼센트가 이곳에서 생산된다고 보도했다. 노동자 한 명이 1년에 1500~2000벌의 가죽재킷을 만들 수 있었다. 1996년, 내가 조사한 바에 따르면 가죽재킷의 평균 도매 가격은 800~2000위안이었다. 1997~1998년까지 가죽재킷은 여전히 이곳의 주력 상품이었다. 나는 류스밍이 자신을 가죽재킷 제조의 원조라고 강조한 이유가 여기에 있다고 생각한다.

가죽재킷 가공은 복잡하지 않았다. 하지만 저장촌의 가공업자들은 방법을 터득하는 데 시간이 많이 걸렸다. 루렌더는 머리쓰기를 좋아하는 청년이었다. 그는 이렇게 말했다.

나는 처음에 바지를 만들었고, 겨울에 입는 솜털옷을 만들었어. 1990년에 가죽재킷을 처음 접했을 때 만드는 방법을 아예 몰랐어. 삼촌이 한 1년 정도 만들었는데, 여동생이 삼촌 집에 가서 보고 배웠어. 그 집에서 밥까지 먹으면서 며칠을 묵었지. 단추를 달거나, 다른 일을 곁들여 하면서 천천히 배웠어.

처음 만들 때는 사이즈가 딱 하나였어. 그때는 뭐 가죽을 파는 사람도 만들 줄 모르고 우리도 모르고 사는 사람도 몰랐으니까. 그냥 가죽이고 입을 수 있으면 됐거든. 가죽 상태나 옷 품질을 따지는 사람도 없었어. 이렇게 하면서, 점차 어깨

부분, 등, 소매 이런 데를 어떻게 하는지 노하우가 생겼고, 옷 만드는 전반적인 방법을 터득한 거지. 그래서 74호, 76호 이런 사이즈가 나온 거야. 74호, 76호는 옷의 기장이 74센티미터인지 76센티미터인지 그 말이야. 만약 74센티미터일 경우, 어깨 너비는 1척 8촌, 소매 둘레는 1척 7.5촌정도, 가슴둘레는 120~130센티미터 정도 돼. 76은 다른 정해진 수치가 있어. 이 사이즈는 '전체 촌민'이 함께 고안해낸 거야. 지금 거의 모두 이 수치를 사용해.

나: 네가 말한 것처럼 너의 여동생이 삼촌 집에 가서 배우는 것은 별 다른 문제는 없는 거야?

루뤈더: 내 친삼촌이잖아! 누구나 친척이 잘 되고 돈도 잘 벌기를 원해. 삼촌 집에 가지 않으면 내 친구 집에 갔을 거야.

나: 네가 보기에 이렇게 별 문제 없고, 자신도 잘 되고 다른 사람도 잘 되길 바라는 친척이나 친구 관계는 어디까지야?

루뤈더: 그건 잘 모르겠어. 외삼촌이나 큰아버지와 사실 사이가 많이 가까운데 거기에 가고 싶지는 않거든. 불편해. 평소에는 많이 다니지만 (…) 편한 친구와 친척은 같아.

나: 당시에 너는 그의 집에 가서 배울 자격이 있다고 생각한 사람이 몇 명 정도야? 만약 지금 신 제품이 있다면, 네가 가서 배울 수 있는 집은 몇 곳이야?—천천히 생각해봐.

루뤈더: 당시에는 서너 집, 네댓 집 정도였어. 지금은 좀 더 많아졌지. 그런데 거의 비슷해. 친구가 좀 더 많아졌어.

나: 맞아, 너는 친구가 예전보다 많아졌잖아.

루뤤더: 그렇긴 해. (…) 솔직히 말해서 친한 친구는 계속 그 몇 명이야. 그런데 요즘 같아서 특별히 새로운 스타일이 나오면 진짜 잘 배워둘 거야. 우리도 이제는 뭔가 좀 배운 것도 있고, 친구도 많아서 이것저것 물어보고, 평소에 만나서 놀 때도 배우는 게 많아. 너 그 작년(1996~1997)에 캐시미어 코트가 유행할 때 봐봐. 누가 배우러 간다는 말을 들은 적 없잖아.

류스밍이 가죽재킷으로 일찌감치 성공을 거둘 수 있었던 것도 혼자 탐구한 결과라기보다는 저우쉐밍周學明, 저우씨의 장인, 그리고 리원후李文虎 등 여러 사람과의 합작이 있었기에 가능했다. 저우쉐밍은 류스밍 아내의 조카이고 저우쉐밍의 아내는 류스밍의 외조카여서 저우씨의 장인은 류스밍의 '친척'이기도 했다. 리원후는 친척은 아니지만 저우쉐밍과 같은 촌 출신이다. 저장촌에 사는 리원후의 이웃이 그를 신지로 데려갔고, 리원후가 류스밍과 저우쉐밍을 신지로 데려갔다. 처음에는 각자 자기 일을 했다. 류스밍의 두 남동서는 모두 옷을 만들 줄 몰랐고 저우쉐밍의 아내만 할 줄 알았다. 류스밍의 두 남동서가 저우쉐밍에게 함께 해보자고 먼저 제안하면서 세 가족은 합작의 방식으로 일을 시작하게 되었다. 류스밍과 그의 남동서는 이렇게 의류 제작에 입문했다. 3년째 되는 해에 흩어졌다. 류스밍의 입장에서는 합작의 방식으로 1년 동안 배운 셈이었다. 핵심 계의 역할이 바로 이런 것이었다. 그 후 류스밍의 사업은 번창해갔고 평균적으로 1년에 20여 만 위안의 수익을 올렸다.

매번의 혁신이 어떻게 한 가족에서 시작하여 마을 전체로 확장되었는지, 그리고 '촌민 전체'가 어떻게 무언의 방식으로 '공통의 지혜'를 발전시켰는지, 이 모든 과정을 내가 완전히 이해한 것은 아니었다. 하지만 두 가지는 확실하다. (1)무슨 기술이든, 무슨 스타일이든, 항상 자신의 친척과 친구에게 먼저 전수한 다음 같은 마을 출신(고향의 촌)에게 전수하고 마지막으로 저장촌 전체로 확산했다. 다시 말하면, 사람들은 먼저 자신의 권자에서 새로운 혁신의 성과를 얻어갔다. (2)시간이 지날수록 정보와 기술은 더 빠르게 확산되었다. 가장 중요한 이유는 '친구가 많아졌고' 서로 다른 권자 간에 겹치는 부분이 생겼기 때문이다. 과거 야오신안은 자기가 발명한 기술을 더 오랫동안 혼자 간직할 수 있었다. 그러나 1988~1989년, 너의 친구가 나의 친척이 되고 너의 자기 사람이 나에게 있어 능력자가 되기 시작했다. 물건을 만들면 다른 사람이 대리 판매를 하고 무엇이 잘 팔리고 무엇이 잘 팔리지 않는지 마을 전체에 금세 퍼졌다. 비록 친한 친구는 여전히 그 몇 명이고 '계'와 '계' 사이의 경계도 여전히 존재하지만 바람이 통과하지 못하는 벽이란 존재하지 않았다.

선불 판매

가죽재킷은 저장촌을 국제시장에 진출시켰다.

1980년대 말~1990년대 초, 소련 및 동유럽 국가의 색깔이 차례로 바뀌면서 하룻밤 사이에 수많은 '국제 브로커'가 생겨났다. 독립국가연합뿐만 아니라 폴란드, 루마니아, 몽골, 남아프리카공화국 등도 자국의 소비재 수요를 충족시키기 위해 중국을 방문하여 경공업 제품을 구입했다. 저장촌이 이 사람들에게 가죽재킷 구매의 거점이 될 것이라고는 아무도 상상하지 못했을 것이다.

저장촌과 외국인의 첫 만남은 시단에서 이루어졌다. 당시 시단의 상업 지역은 두 구역으로 나뉘어 있었다. 하나는 시단쇼핑센터로 대표되는 공식 상점이고 다른 하나는 바이화시장百花市場, 시단권업장西單勸業場과 같은 자유시장이다. 전자는 주로 도시 소비자를 대상으로 한 소매업이고 후자는 도매와 소매를 겸한 곳이었다. 외국인들은 주로 바이화시장의 중저가홀[60]을 방문했다. 러시아와 동유럽 상인들은 크고 따뜻하며 저렴한 옷을 요구했다. 바이화에는 저장촌 사람이 거의 없었지만 그들이 만든 제품은 곧바로 인기상품이 되었다. 바이화시장의 다른 매대들도 연달아 저장촌의 가죽재킷을 진열했다. 원래 저장촌의 가죽재킷은 주로 검은색의 말가죽과 양가죽으로 만들어졌지만 외국인들의 수요를 충족시키기 위해 너나할 것 없이 가장 저렴한 갈색의 돼지가죽 재킷을 만들었다. 당시 새로 완공된 위다쇼핑센터育達商場(그리고 나중에 건설된 신터빌딩信特大廈)의 입주자들이 거의 전부

---

[60] 당시의 바이화시장은 두 개의 구역으로 나뉘었다. 하나는 정규적인 상점 지위를 누리는 고급 홀이고, 다른 하나는 중저가 홀이다. 저장촌의 사업체들은 주로 중저가 홀에 입주했다.

저장촌의 가죽재킷을 도매한 데다가 200여 명의 원저우 사람들이 가죽재킷 매대를 운영하고 있어 '국제가죽의류도매센터'로 불리기도 했다. 매일 수천 명의 외국인과 해외 브로커들이 가죽재킷을 사기 위해 이곳을 찾았다.

저장촌의 가공업자들과 개인사업자들은 역사상 가장 바쁜 시기를 경험하고 있었다. 대부분의 가공업자들이 3~4일 연속으로 잠을 자지 않으면서 일했다. 매대를 임대한 저우주취안은 동향의 친구를 통해 외국어대학 학생의 도움을 받아 "본 매대는 모든 사이즈의 가죽재킷을 대량으로 도매함"이라는 러시아어 문구를 써 붙였고 옆에는 가격표까지 걸었다. 바이화시장에서 자신이 임대한 모든 매대에 이 두 팻말을 걸었는데 효과가 꽤 좋았다고 한다. 매대에 진열한 물건이 너무 빨리 나가서 물건 가지러 마을에 여러 번 다녀갔다. 많을 때는 하루에 여섯 번을 갔다. 차이광위안蔡光元은 저장촌에서 규모가 가장 큰 가공업자 중 한 명이다. 바삐 보낸 나머지 이발하러 갔다가 잠이 드는 바람에 머리가 기울어져 면도칼에 깊게 베이기도 했다. 1993년, 내가 그를 만났을 때 턱 옆의 흉터가 여전히 희미하게 보였다.

외부 시장의 강력한 수요로 인해 판매업체와 가공업체 사이에는 '선불 판매' 관계가 형성되었다. 저우주취안은 이렇게 말했다. "1990~1991년에 물건이 불티나게 팔렸어. 옷이 없어 못 팔았다니까. (저장촌에서) 사람들이 계약금을 선불하기 시작했어. 옷값의 20퍼센트 또는 절반을 선불로 주고, 옷을 먼저 가져가. 다음에 와서 남은 돈을 정산했어. 나와 친척들 사이에도 이렇게 했어. 다만 계약금이 좀 적었지. 다른 사람들은 50퍼센트인데 나는 30퍼센트였어."

나는 저우주취안에게 물었다. "모든 사람이 친척을 찾아 하면 계약금도 거의 20~30퍼센트 사이인데, 그렇다면 50퍼센트를 내는 사람은 누구야?"—다른 말로 하면, 친구와 친척이 도처에 널린 공동체에서 왜 이런 두 가지 가격이 형성되었을까?

저우씨는 이렇게 답했다. "그건 잘 만들고 못 만드는 문제가 아니야. 예를 들어, 너의 집에 만드는 사람이 한두 명이고 재봉틀도 한두 대뿐이면 하루에 최대 네다섯 벌밖에 못 만들거든. 이걸 팔겠다고 다른 사람한테 보내면 받을지 안 받을지 몰라, 장부를 기록하는 게 귀찮거든. 네가 한 번에 노동자 10여 명을 고용하고 물건도 좋아, 하루에 최소 30~40벌을 만들면, 외국인은 다음에도 너를 찾아오거든. 그러면 나는 당연히 이런 사람과 사업해야 할 거잖아. 친척이 아니어도 내가 찾아가야 해. 더 내라고 하면 더 내야지."

나는 다시 궁금해졌다. 이 대형 가공업자들은 친우관계를 어떻게 관리할까? 당시 그들의 생산능력이 매대를 임대하고 있는 친척들의 수요를 초과할 수 없다는 것이 분명했는데, 그렇다면 왜 그들은 전부 저가에 친척들에게 넘겨주지 않고 외부인의 계약금까지 받았을까?

차이광위안은 이렇게 설명했다. " (…) 우리는 친척과 친척 사이에 독점판매 관계가 없어. 그래서 너의 물건을 전부 내가 판다는 그런 법이 없고, 다들 상황을 보면서 해. 친척이 오면 내가 낮은 가격에 물건을 주고, 물건이 없으면 내가 가급적 빨리 만들기는 하지만 친척이 오지 않는다고 해서 일부러 보내주지는 않거든. 그리고 내가 (주동적으로) 남겨두었다가 주는 일은 없어."

국경 무역

저장촌 사람들은 외국인을 '유치'했을 뿐만 아니라 과감하게 '나가서' 국경 무역도 시작했다. 이는 '선불 판매'가 안정화된 또 다른 결정적 요인이었다. 국경 무역에는 두 가지 방식이 있었다. 첫째는 '회사를 이용'하는 방식이다. 이 방식도 역시 두 가지 방법이 있었다. 첫째는 만저우리滿洲裏, 수이펀허綏芬河, 헤이허黑河 등 국경 도시에 회사를 설립하거나 아예 회사를 러시아, 헝가리 등 국가에 설립하는 방식이다. 그다음 저장촌에서 물건을 구입한다. 이런 방법을 시도한 사람은 꽤 많았다. 다만 절차가 너무 복잡해서 모두 다른 방법을 모색했다. 둘째는 이미 등록된 회사와 합작하는 방식이다. 이 회사의 절차에 따라 자신의 사업을 하면 된다. 1990년, 저장촌의 한 사업체는 무치중牟其中의 난더회사南德公司와 합작했다.[61] 난더회사가 러시아의 업무를 맡았고 이 사람이 저장촌에서 물건을 조달했다. 이렇게 해서 15만 위안을 벌

---

61 난더그룹南德集團의 무치중은 1990년대 중국에서 유명세를 떨친, 한때 중국의 갑부로 꼽혔던 사업가다. 1995년 러시아 국제위성기구와 협력하여 텔레비전 라이브방송위성을 성공적으로 발사하면서 크게 명성을 얻었지만 1999년 '신용장사기죄'로 종신형을 선고 받았다.

었다.

국경 무역의 두 번째 방식은 자신이 직접 운전해 국경도시에 가서 무역하는 것이다. 롄난칭連南淸은 나에게 말했다. "(…) 같은 사업을 하는 사람이 많을수록 벌 수 있는 돈이 적어지잖아. 할 수 있으면 직접 하는 게 낫지 않겠어? 이유는 너무 단순해. 당시 그렇게 많은 외국인이 있는데, 내가 통역자들과 둥베이에서 물건 가지러 온 사람들한테 물었어. 외국인들 많이 오는 지역에서 사람들이 어떤 것을 좋아하는지. 그걸 따라 하면 되거든. 그들이 말하지 않아도 나는 알 수 있었어. 너의 상품이 어디로 배송되는지, 딱 보면 답이 나와. 나는 러시아 사람들과 계약을 정하지 않았어. 물건을 받으면 돈을 주고, 깔끔해. 이번에는 (국경시장에서) 무엇이 잘 팔리는지 본 다음에, 집에 돌아가면 가공업체를 방문해서 그 물건을 모았지."

바오융밍包勇明은 이렇게 말했다.

1991년에 나는 베이징에서 많은 사람이 옷을 가득 실은 트럭을 끌고 네이멍구로 가는 걸 봤어. 알고보니 국경 무역을 한다는 거야. 벌이도 잘되고, 한 번에 10여 만 위안을 번다고 했어. 나는 마음이 강인한 편이라서 한번 해보자고 마음먹었어. 같은 촌의 친구 한 명과 함께 처음으로 가죽재킷을 실은 5톤짜리 둥펑 트럭 네 대를 몰고 갔어. 우리 둘 다 옷을 만들었지만 우리가 만든 것만으로는 당연히 부족해서 다른 사람에게 가서 가져왔어. 계약금을 물었는데, 어떤 곳은 80퍼

센트, 어떤 곳은 절반, 또 극히 드물지만 일부 업체는 먼저
가져가라고 했어. 대부분은 절반 금액을 계약금으로 냈어.
출발할 때 우리는 20여 만 위안을 빚졌어. 우리 돈도 20여
만 위안(계약금, 자동차 임대료, 여비 포함) 들어갔지. 얼롄하오
터二連浩特에 도착해서 50여 만 위안어치 팔아서 총 10여 만
위안을 벌었어.

나는 네이멍구에 가본 적이 없었어. 처음 갔을 때 사람 예닐
곱 명을 데리고 갔어. 강도가 무서워서 그랬지. 온통 사막이
야. 길에 사람이나 차가 하나도 없을 때도 있었어. 데리고 간
사람은 전부 친척 아니면 친구고, 다 젊은 남자들이야. 보수
를 준 것은 없지만, 길에서 잘 먹고 잘 마시고, 돌아와서는
담배 한 보루씩 나눠주고 나니 대충 쳐도 한 사람당 몇 백
위안은 들어간 것 같아.

두 번째 갔을 때에도 비슷하게 벌었어. 그런데 세 번째는 10
만 여 위안 적자가 났어. 이유는 너무 늦게 간 거야. 외국인
들이 다 돌아갔지. 시즌을 맞추지 못한 탓이었어. 나중에 나
는 다른 두 친구와 아예 얼롄하오터에 가서 살면서 사업을
했어.

국경 무역을 하다가 해외로 진출한 사람도 있었다. 1992년 4
월, 러저우의류공장樂舟服裝廠의 쉬궁안徐恭安 등은 벨라루스 '애
국주의합작사'의 초청을 받아 관계 당국의 승인을 받은 후 벨라
루스에 방문했다. 그곳에서 그들은 시장 개척과 기업의 해외 진

출에 대해 논의했다. 현지에서 작은 센세이션을 불러일으켰다.[62] 1994년, 류저보도 러시아에 대리점을 오픈하려고 적극성을 보였지만, 사촌 조카가 마약에 손을 대는 바람에 사촌형도 관심이 뚝 떨어지면서 이 계획은 수포로 돌아갔다.

국경 무역과 유사한 또 다른 사업 방식은 '호텔을 임대하여 사업'하는 것이었다. 1990년, 30대 초반이었던 자오융바오趙永豹는 국제 브로커들이 전문 출입하는 야바오로雅寶路의 르탄호텔日壇賓館에서 방 하나를 임대했다. 방 안에는 그가 저장촌에서 선물 방식으로 가져온 가죽재킷이 진열되어 있었고, 문에는 "모든 종류의 가죽재킷을 판매함"이라는 팻말이 붙어 있었다. 1990년 8월과 9월 두 달 동안 그는 한 번에 10여 만 위안을 버는 등 대외무역의 새로운 길을 개척했다. 1992년경에는 르탄호텔의 거의 모든 객실이 저장촌 사업자들에게 임대되었다. 르탄호텔 옆에는 전문적인 '포장팀'이 출현했는데, 주로 허베이, 허난 등 지역에서 온 사람들이었다. 그들은 문 앞에서 도구를 들고 기다리다가 호텔 안에서 거래가 성사되고 가죽재킷이 저장촌에서 운반되어 오면 앞으로 다가가 경쟁적으로 가죽재킷을 저렴한 가격에 포장하고 심지어 물주를 대신하여 화물 운송장까지 운반해갔다. '호텔을 임대하여 사업'하는 방식은 현재까지 이어지고 있다. 1996년, 푸톈랑付天郎은 야바오로의 건물 하나를 빌려 대외무역 전문상점으로 개조하는 계획까지 세웠다.

---

62 林宏偉, 「樂淸人,京城大'發'」, 『溫州晚報』, 1994년 3월 3일.

외국인의 마을 방문과 하도급

외국인들이 저장촌에 직접 와서 물건을 사기까지는 얼마 걸리지 않았다.

외국인들이 처음 촌에 들어온 경위에 대해 저우주취안은 퉁명스럽게 말했다. "매대를 임대하지 못해 배 아픈 사람들이 시단에 가서 데려온 거지 뭐겠어!" 당시 적지 않은 사람들이 바이화, 위다 등 문 앞에서 기다리고 있다가 외국인이 통역사와 함께 나오면 다가가 호객행위를 했다고 한다. 내가 1993년에 마주친 장면이 당시의 이런 상황이었을 수 있다.

1993년 11월 8일 오전 10시경, 나는 마촌에서 하이후이사를 향해 걸어가던 중 급하게 뛰어오는 류아유劉阿由의 아내를 만났다. 그녀는 시단에서 매대를 임대하고 있었는데, 오늘 오전 홍차오 시장에 채소 사러 갔다가 러시아인 두 명이 옷을 사는 것을 보고 따라가보지 않을 수 없었다고 했다. 이 두 사람은 매대에서 가죽재킷을 고르고 가격 협상을 마친 후 50벌을 요구했다. 그런데 이 매대에는 10여 벌밖에 없었다. 러시아인은 돌아가려고 발길을 돌렸는데 그녀가 통역사를 잡아당기면서 "나에게 있어!"라고 했다. "그런데 우리는 11시에 여길 떠나야 해." "늦지 않게 할 수 있어!" 그녀는 이 세 사람을 샤리[택시용 승용차 브랜드] 택시에 태운 후 마을로 곧장 향했다. 한편, 남편에게 삐삐를 쳐서 서둘러 마을에서 옷을 수거하라고 했다. 10시가 조금 지나자 남편과 조카가 옷 보따리를 들고 왔다. 오전에만 2000여 위안을 벌었다.

외국인이 마을에 들어오면서 저장촌의 가공업자 사이에 새로운 관계가 형성되었다. 과거에는 가공업자들이 수작업에만 몰두했고 매대를 임대한 사람들이 와서 물건을 가져가기를 기다렸다면, 이제는 스스로 장사를 하러 나섰던 것이다. 가끔은 자신이 끌어온 사업을 소화할 수 없어서 다른 가공업자에게 '하도급'을 주기도 했다. 루구이파盧貴發가 바로 이런 사람이다. 다음은 그와 나눈 대화다.

처음에는 매대를 임대한 동향이 러시아인 몇 명을 데리고 우리 집에 와서 옷을 가져갔어. 일주일 지났나, 통역한 사람이 러시아인 한 명과 다시 와서는 나와 사업을 함께 하자고 제안하는 거야. 자기가 고객을 데려오고, 사업이 성사되면 옷 한 벌당 3위안을 달라고 하더라고. (…) 그(통역사)에게 많이 쥐도 괜찮아. 한두 푼은 적든 많든 중요하지 않았거든. 손님만 데려오면 그건 대박 나는 거지.

그 '소련 사람'이 우리가 한창 만들고 있는 것에 눈이 간 거야. 한 번에 300벌을 요구하면서 모레까지 해달라는 거야. 그런데 그때 우리는 하루에 최대 80벌밖에 만들지 못했거든. (나: 그래서 다른 사람처럼 옷을 수거……)

아니, 수거하면 안 좋아. 품질이 균일하지 않거든. 사이즈, 스타일 모두 달라. 그래서 친척들을 찾았어. 세 집인데, 평소에도 가깝게 지냈어. 나와 러시아 사람은 가죽재킷 한 벌에 90

위안으로 합의했고, 원가는 약 50위안이었어. 친척들에게 말할 때 한 벌당 82.8위안이라고 했고, 3위안은 통역한테 줘야 한다고 했지. 당시 다른 사람 만든 걸 수거하려면 한 벌에 최고로 70위안은 줘야 했어.

나와 그 통역사도 계약 같은 거 체결하지 않았어. 사흘째 되는 날 내가 옷을 모아놓고 전화했지. 그들이 오자 물건을 건네고 돈을 받았어. 외국인과 거래하면 이런 게 좋아. 연체라는 걸 몰라. 다른 사람에게 대리 판매시키는 것보다 훨씬 좋다니까!

이후 나는 가격을 인상하지 않고 팔기도 했어. 원가가 비싸지 않으면 파는 가격대로 친척들에게 나눠줬어. 여기서 돈을 벌고 싶으면 장사는 이렇게 해야지. 나는 여전히 주로 내가 직접 한 것으로 돈을 벌고, 친척들과 나누는 것도 사업을 계속하기 위해서야.

가공업자 사이의 상호 하도급은 보통 친우권 범위 내에서 이루어졌다. 하도급 과정의 중간 마진은 기본적으로 루구이파가 정한 비율을 사용했다. 다른 한 가공업자는 하도급을 줄 때 판매액의 3퍼센트를 '리베이트'로 받았다. 그들은 하도급을 받는 사람이 이 관계의 주요 수혜자라고 생각했다. 하도급을 주는 사람은 보통 사업 규모가 큰 사람(그래야만 대규모 주문을 받을 수 있음)이다. 그들이 하도급 관계에서 얻는 경제적 이윤은 제한적이지만 이를 통해 친우권에서의 지위를 끌어올릴 수 있었다.

도매점

1992년, 완팅광萬挺光은 구 하이후이사여관 문 앞에 '싱싱의류회사星星服裝公司'라는 간판을 내걸었다. 이곳이 저장촌 최초의 무역 및 유통센터였다. 가공업자들은 자신이 만든 의류를 이곳에 보낸 후 이곳을 통해 다른 곳에 판매했다. 이름은 '회사'로 되어 있지만 사실은 작은 가게와 창고를 합친 것에 불과했다. 약 20제곱미터 크기의 매장에 다양한 스타일의 가죽재킷이 걸려 있었다. 이곳은 무역 장소이면서 동시에 전시 공간이기도 했다. 가게 뒤에 있는 여관의 객실은 창고로 사용되었다.

1993년 4월, 이틀 연속으로 나는 완팅광의 회사에서 두 건의 거래를 직접 볼 수 있었다. 첫 번째 거래의 고객은 몽골공화국에서 온 두 형제였다. 막 대학을 졸업한 동생은 형과 함께 '브로커'가 되었다. 그는 러시아어 억양의 영어를 어렵게 구사하면서 베이징에 자신과 같은 '몽골 브로커'가 적어도 200명은 있다고 나에게 알려줬다. 그는 일 년에 다섯 번 정도 오는데 한 번 베이징에 오면 10일 정도 지낸다고 했다. 물건은 몽골에 보내지지만 몽골에서 팔지 않고 전부 러시아로 수출했다. 몽골을 통한 관세는 만저우리의 1/3~1/2 수준이어서, 국경을 두 번(중국─몽골, 몽골─러시아) 넘어도 여전히 수익성이 좋았다.

몽골 상인을 처음 데리고 온 사람은 완씨의 남동생이다. 완씨 남동생의 주 업무는 시단 등지에서 '손님을 끄는' 일이었다. 이번에는 '몽골인'들이 통역을 데리고 자기 발로 찾아왔고, 돼지가죽으로 만든 검은색 가죽재킷 2000벌을 주문했다.

나는 이 숫자를 듣고 크게 놀랐고, 완팅광은 좋아서 몸 둘 바를 몰랐다. 가게 중앙에 낮은 큰 상을 펴놓고 창고에서 재고를 꺼내 쌓아 올렸다. 몽골 상인은 이 상에 걸터앉아 옷을 하나씩 살펴보면서 마음에 드는 것, 마음에 들지 않는 것, 마음에 들지만 닦거나 수선이 필요한 것 등을 따로 골라냈다. 문 밖은 더욱 분주했다. 두 몽골 상인이 도착한 지 20분도 채 지나지 않아 가죽재킷을 가득 실은 삼륜차가 문 앞에 멈춰 섰고, 사람들은 옷 꾸러미를 가게 안으로 날랐다. 카운터에서는 빠르게 물건 개수를 확인하고, 가격을 흥정하고, 영수증을 발행했다.

나는 유심히 관찰했다. 대략 오후 2시부터 4시까지 삼륜차 여덟 대가 왔고 카운터에서 발행한 영수증을 보니 총 1200여 벌의 옷이 들어왔다. 물건을 가득 가져온 할머니 한 분은 "여기에 물건 다 갖다놓아도 되지? 좀 팔아줘. 값을 조금 낮게 쳐도 괜찮아"라고 말했다. 알고 보니 작년의 재고였고, 원가는 한 벌에 80위안이었는데 60~70위안에 팔아도 좋다고 했다. 루구이파의 관행과 비슷하게, 완팅광도 최종 협상 가격에 따라 옷 한 벌당 4~5위안의 수수료를 통역자에게 지급했다.

오후 내내 바삐 보냈지만 여전히 같은 스타일의 가죽재킷 2000벌을 모으지 못했다. 몽골 손님들은 거듭 물었다. 저녁 11시 이전까지 확실히 모을 수 있어? 완씨는 통역을 통해 이 몽골 상인들이 이미 얼렌하오터에서 트럭을 예약해놓은 상태지만 절대 채워지지 않은 트럭을 보내지 않을 것이라는 말을 듣고, 처음에 한 말을 뒤집어 옷을 제 시간에 모으기 어렵다고 했다. 그는 부득이 다른 방법을 댈 수밖에 없다고 했고, 다행히 몽골 상인들은 그의 제안을 받아들였다.

몽골 상인은 의아해 하면서 물었다. "너희 창고는 어디 있어? 왜 처음에는 물건이 있다고 하다가 또 없다고 하는 거야?" 완씨는 웃으면서 답했다. "우리 창고는 모두 촌에 있어. 별처럼 말이야. 그래서 싱싱[싱싱은 별의 중국어 발음]회사라고 불러. 옷은 우리가 가지고 있는데, 관리인 한 명이 외출해서 모레 돌아올 예정이라 지금은 방법이 없어." 완팅광은 고개를 돌려 나를 보면서 정말 모으려면 4000벌도 모을 수 있다고 했다. 그런데 상인들이 서두르는 것을 보고 이 기회에 재고 중 일부도 팔 수 있겠다고 생각한 것이었다.

두 번째 거래는 규모가 더 컸다. 베이징의 모 무역회사가 6000벌의 가죽재킷을 구입했다. 책임자는 50대의 베이징 회사 부회장 겸 사장이었다. 그는 이번에 처음 저장촌을 방문했다고 하면서 이렇게 말했다.

처음에는 저장촌에 대해 잘 몰랐어. 헝가리와 계약했는데, 계약 체결 이후 10일 이내에 납품을 해야 해서 좀 급해. 공장 몇 군데 찾아갔는데 잘 안됐어. 가격이나 시간 모두 우리랑 안 맞아. 친구가 이곳을 소개해줬어. 일단 연락을 취했는데 느낌이 좋은 거야. 올해 우리는 북아프리카와 헝가리와 두 건의 거래가 더 예정되어 있는데, 모두 여기 와서 거래하려고 해.

우리는 주로 아프리카에 수출해. 저장촌의 의류는 딱 우리 스타일이야. 등급과 품질은 상대방의 검사를 통과하면 되는데, 핵심은 싼 가격이야. 여기서 사업을 크게 할 수 있어. 사막에 물을 채우듯이 가능성이 무궁무진해. (…) 방금 합자회사를 설립하자고 완사장과 이야기했어. 우리가 수출을 담당하고, 그들이 이곳의 생산력을 활용하는 거지.

완씨는 이 거래를 걱정했다. 옷 값 50만 위안에 대해 상대방은 환어음을 지급했기 때문이다. 당연히 환어음이 도착한 후 물건을 보내지만 이 환어음이 가짜는 아닌지? 환어음을 보낸 후에 동결하지는 않는지? 완팅광은 내가 사회조사를 하러 나온 사람이라는 점을 이용하여 이 사장에 대해 많은 정보를 알아내줄 것을 간곡히 부탁했다. 그리고 마지막에는 열정적으로 기념촬영까지 했다. 증거를 남기기 위해서였다.

싱싱회사는 개업 이후 하루 평균 2000벌 정도의 가죽재킷을 판매했다. 가장 많을 때는 하루에 외국 고객 세 팀과 계약했고 거래 규모는 1만8000벌에 달했다. 비록 완팅광은 정확한 거래 매출을 말하지 않았지만 1벌당 60위안으로 치면 이날의 매출은 108만 위안에 달했다! 완팅광의 일일 순이익도 6만 위안에서 10만 위안 사이가 될 것으로 보였다.(그의 도매가와 구매가는 5~10퍼센트 차이가 났고, 최대 30퍼센트까지 차이 날 때도 있었다.)

35세의 완팅광은 나에게 도매점의 설립 과정을 들려줬다.

중학교를 졸업한 후 목공을 배웠어. 10대에 집을 떠나 외지에서 8년을 일했지. 1985년에 사업을 시작했고 이후에는 고물상을 했어.[63] 1991년 러시아 국경 무역이 잘 될 때 나는 헤이룽장의 수이펀허에 가보려고 계획했어. 베이징을 지나가는 길에 사촌 남동생을 보러왔지. 이 촌에 살았거든. 베이징의 시장들과 저장촌을 보자마자 바로 관심이 생겼어. 국경 무역은 나중에 보고, 이곳에서 크게 사업할 수 있겠다고 생각한 거야! 나는 3개월 동안 머물면서 향후 '마을 입주'를 위해 조사하고 인맥을 만들었어.

저장촌의 가장 매력적인 점이 대리 판매였어. 다른 사업은 10위안을 투자해 1위안을 벌지만, 여기는 1위안을 투자하면 10위안짜리 사업을 하고, 순이익도 1~2위안이 된다는 점이야! 당시 러시아 장사가 한창 잘 될 때였어. 매일 50~100명 정도의 '러시아인'이 저장촌을 방문했어. 어깨에 큰 가방을 메고 손에는 맥주를 들고 이 집에서 몇 벌, 저 집에서 몇 벌씩 가죽재킷을 쓸어 담았지. 언어가 안 통해서 계산기를 사용했어. 러시아인들이 이렇게 많고 수요도 엄청 큰데, 도매점을 하나 만들면 고객이 바로 찾아오지 않을까?

나는 스촌 대대에 여러 차례 보고서를 써서 땅을 달라고 간

---

63 당시 러칭현의 주요 사업들 중 하나였고, 쓰레기 수거와는 다른 업종이었다. 1980년대 초, 외지의 국유기업과 거래했던 공소원들은 기업들이 낭비가 심하고 기계 및 전기장비가 사용되지 않은 채 방치되거나 고철로 폐기되는 것을 발견했다. 어떤 사람은 외지 기업의 장비를 저렴한 가격에 구입한 후 러칭에서 해체 및 재조립하여 다시 판매했다. 바이샹진白象鎭에는 전문적인 중고시장이 형성되기도 했다. 전국적으로 유명한 류시柳市 저압기기 생산기지 및 시장의 발원지였다.

곡히 요청했어. 내가 재봉틀 1000개를 수용할 수 있는 건물을 짓고, 사람들도 이 건물에서 가공하고, 직접 도매를 하는 그런 용도 말이야. 이윤 배분도 나름 통 크게 했어. 토지 임대료는 대대에서 정하고 몇 년 후 이 건물은 대대에 귀속된다는 조건도 제시했어. 그런데 그들은 머리가 안 돼. 동의하지 않았어! 나도 포기할 수 없었지. 촌에 가서 둘러보고 누수가 심하고 지붕이 내려앉은 창고를 발견했어. 이 창고를 달라고 해봤어. 당연히 내가 다 수리하고 리스크도 내가 다 감수한다고 했지. 오늘 지었는데 내일 국가가 가져가도 나는 불평하지 않겠다고까지 했어. 촌에서 그제야 동의한 거야. 이렇게 해서 큰 작업장은 안 되었지만 작은 도매점은 하나 만들 수 있게 된 거야.(나중에 여관으로 이사함)

처음에는 사람들이 나를 믿지 않았어. 옷을 여기다 맡겼는데 내가 들고튀면 어떻게 해? 그래서 계약금을 30퍼센트로 정했어. 지금은 내 신용과 평판이 쌓였으니까 계약금은 필요 없어진 거지. 저것 봐 (문 앞에서 옷을 들고 들어오는 사람과 자신이 만든 옷이 도매로 팔려 나가기를 기다리는 사람을 가리키면서), 저 사람들은 내가 없으면 옷이 팔리지 않을까봐 걱정하고 있어.

우리는 내부적으로 주식회사야. 나, 남동생과 그의 장인, 사촌형, 처남, 그리고 친구 두 명 등 총 여섯 명의 지분이 있어. 이 두 친구는 저장촌에서 특별한 인물이야. 내가 세를 좀 불리려고 특별히 합류해달라고 부탁했어. 그 외에 네 명을 더 불렀어. 대외적으로 열 명이 지분을 가지고 있다고 말해. 평소에도 모두 함께 일하고 연말 배당도 평등하게 해.

그리고 후배 두 명이 있는데, 우리 사람은 아니지만 이곳에 의존해서 먹고 살아. 그들은 두 대가족과 함께 사는데 옷을 수거하는 능력이 우리보다 훨씬 더 뛰어나. 어느 집에 무슨 옷이 있는지, 몇 벌 있는지 우리는 상황에 따라 확인하러 다니거나 물어보는데, 그 친구들은 다 꿰고 있어.

우리 여기 친구들도 적지 않아. 그런데 이런 일(옷을 제때에 제공할 수 있는지 여부)은 친척만큼 좋지 않아. 가족마다 '구성원'이 얼마나 많아. 서로 잘 몰라도 그냥 인사만 하고 먼저 가져가는 거지. 이 두 후배를 봐. 하루 종일 다른 일을 할 필요 없어. 가끔은 여기에 와 서서 이야기를 나누다가 힘들면 놀러 나가. 일이 있으면 우리가 다시 부르거든. 그 친구들 옷을 수거해서 버는 돈이 우리보다 적지 않아. 수수료를 받지 않고 그냥 차액을 가져가. 그게 다 가족이 여기에 있어서 그런 거지. 질투해도 소용없어.

(나: 왜 그 후배의 친척들은 너의 가게가 여기 있다는 걸 알면서 옷을 직접 가져오지 않아?)

직접 가져오는 경우도 있지만 극히 드물어. 내가 여기서 무엇을 필요로 하는지 그들이 모르기 때문이야. (…) 이 두 후배의 가족이면 우리도 직접 가서 수거해오지 않아. 그러면 갈등이 생기거든. 그들이 중간 (단계에서) 알아서 버는 (만큼) 버는 거지.

우리는 베이징의 공장들과도 연락을 취하고 있어. 예를 들어, 작년에는 몇몇 러시아인이 가죽 장갑 4000컬레를 사겠다고 해서 바로 이 베이징의 공장에서 주문했어. 그런데 이런 관계는 매우 제한적이야. 관계를 형성하기 위해 얼마나 많은 노력을 들여야 하는지 몰라. 우리는 주로 촌의 개인 가정들과 거래를 해.

완팅광은 두 개 층위의 연결망을 통해 회사를 운영했다. 첫째 층위는 그의 친척과 친구로서 모두 주주였다. 그가 대외적으로 주주가 열 명이라고 말하는 이유는 다양했는데, 우선 자신의 존재감을 더 많이 드러내고 사람이 많으면 돈도 더 모이면서 더 많은 신뢰를 얻을 수 있었기 때문이다. 동시에 자신을 도와주는 사람들도 회사에 지분을 가지고 있다고 말함으로써 '체면'을 세울 수 있었다. 둘째 층위는 그가 말한 두 후배와 자신이 직접 육성한, 상품 조달에 필요한 권자를 포함한 연결망이었다.

대리 판매, 선불 판매 등과 달리, 완팅광은 물건을 그대로 가져와서 파는 것이 아니라 시간의 차이와 규모의 차이로 장사를 했다. 저가에 사서 고가에 팔고, 소량으로 사서 대규모로 판매했다. 완씨는 이 두 '차이'를 통한 이익은 아직까지는 충분히 크지 않다고 느꼈다.

지금 재고가 너무 부족해. 내가 겪는 가장 큰 문제는 자본이 부족하다는 거야. 자본이 있으면 재고가 쌓이면서 '체해서'

팔리지 않을까봐 걱정할 필요도 없거든. 물건을 들여오자마
자 팔아버리는 것보다 이윤이 훨씬 더 많이 남아. 게다가 저
장촌에서는 자본 규모에 대해 엄청 신경 쓰고 있어. 현금을
주면 가격 협상은 금방 끝나. 내가 30퍼센트 이상의 수익을
올리는 것도 다 이런 방법을 썼기 때문이야.

완팅꽝은 다른 어려움들도 털어놓았다.

우리는 지금 증(사업자등록증)이 없으면 자기 이름으로 된 은
행 보증금도 없어. 일반적으로 규모가 큰 사업(마을 밖의 사람
들과 거래)의 경우 하루 이틀 사이에 물건을 보낼 수 있어도
사전에 계약이 이루어져야 하고, 그러지 않으면 나중에 문제
가 생겨도 할 말이 없어져. 게다가 보증금이 없으면 다른 사
람들이 당신을 믿지 않고, 조건도 더 까다롭게 만들어. 이번
과 같은 계약은 (상대방이 완씨에게 준) 계약금이 1만 위안밖
에 안되었는데, 사실 계약법에 따르면 최소 10퍼센트, 그러니
까 4~5만 위안은 받아야 하거든.
우리가 여기서 국제적 정보를 확보하지 못하는 것도 문제야.
러시아에서 가죽재킷 한 벌은 도대체 얼마에 팔릴까? 감이
없어. 여기서 한 벌에 150위안인 옷이 몽골에 가면 350위안
이라고 하던데, 120퍼센트의 순이익이 떨어지더라고. 그런데
그들이 이 이윤을 먹어치우는 걸 우리는 보고만 있어야 하잖
아. 우리는 우리 정보만 가지고 가격을 올리니까 어떤 때는

참 눈 뜨고 손해 본단 말이야!

그는 촌의 우세를 충분히 활용하고 있었지만 동시에 대외 확장이 부족한 것을 원망하고 있었다!

개척: '전국적 이동 사업 연결망'의 형성

저우녠타오는 왜 친척 없이 사업을 할 수 없는지 그 이유를 알려줬다.

(1996년) 설 전까지 베이징에서 잘 팔리지 않은 가죽재킷이 200여 벌 이상이 남았어. 충칭에 있는 사촌형에게 전화했어. 옷의 유행은 밀물 같아. 홍콩, 광둥 거기서 시작해서 상하이와 베이징으로 오거든. 충칭 이런 도시가 베이징을 따라가는 데 한두 달은 걸려. 사촌형에게 옷 스타일을 말하자 아무 문제없다고 했어. 전화기를 내려놓고 옷을 바로 공항으로 보냈지. 저장촌에서 옷은 보통 비행기로 배송해.[64] 모르는 사람들은 신기해하지! 시간이 돈이잖아. 여섯 시간 뒤 사촌형의 전화가 걸려왔어. 첫 옷을 팔았다는 거야! 모든 일을 자기가 직접 뛰어다니며 해결해야 한다면 무슨 장사를 할 수 있겠어.

64 저우씨의 말은 다소 과장된 측면이 있다. 동북이나 화북지역으로 향하는 대부분의 저장촌화물은 여전히 철도나 버스를 이용했다.

이러한 '확산형 이동擴散式流動', 즉 한 곳에서 여러 목적지를 향한 유출은 전국 각지로 이동한 원저우 사람들에게 낯선 일이 아니었다. 러칭시[65] 정부가 펴낸『러칭시 농촌 잉여노동력 이동 조사 보고樂淸市農村剩餘勞動力轉移調査報告』에는 이렇게 적혀 있다.

(우리 시의 외출 인구는) 일반적으로 알려진 바는 하루 30만명, 혹 30만 명의 러칭 사람들 중 외지인 고용 규모는 10만명이다. 본 조사에 따르면, 이 도시의 외부로 나간 인구 중외출 기간이 1년 이상인 사람이 20만 명에 달한다. 주로 상업 종사 목적으로 외출했기에 경제가 발달한 지역에만 이주한 것이 아니라 타이완성을 제외한 다양한 전국 대, 중, 소도시에 분포해 있다. 주로 베이징, 선전, 광저우, 시안, 난징, 닝촨寧川(인촨으로 추정), 청두成都, 쿤밍昆明, 선양瀋陽, 다롄, 하얼빈哈爾濱, 톈진, 스자좡, 타이위안, 정저우鄭州, 우루무치烏魯木齊, 상하이, 그리고 본 성의 사오싱, 하이닝, 이우 등 지역에 비교적 많이 집중되었다.

하지만 과거에 각자 자기 일만 하던 것과 달리 이제는 서로 긴밀하게 연결되어 전국적인 '이동 사업 연결망'을 형성했다. 베이징 저장촌의 몸은 수도에 있지만 손과 발은 전국 곳곳에 뻗어 있었다. 전국적으로 원저우 사람들이 거래하는 가죽재킷의 80

---

65 러칭현은 1993년 9월에 러칭시(현급)로 승급했다.

퍼센트가 베이징에서 생산되는 것으로 추정되었고, 이와 관련된 지역 간 장거리 거래도 매우 효율적으로 이루어졌다.

지역간 거래는 다음과 같은 합작방식에 기반했다.

첫째 합작관계는 외부 시장의 경영업자와 베이징의 가공업자 사이의 장기적인 합작관계다. 이 관계에서는 외부 시장의 수요에 근거하여 제품을 생산한다. 가장 일반적인 방식이기도 하다. 33세의 러칭 다징진大荊鎭 사람 궈스진郭十金은 청두에서 가죽재킷을 팔았다.

집에서 가전제품을 만들다가 1990년에 청두에 왔어. 청두에서 가전제품을 만들던 친구가 의류로 전향했는데 벌이가 좋다고 했어. 그의 소개로 차오스가草市街에서 이 가게를 임대했지. 당시에는 20만 위안도 안 되는 싼 가격이었어. 차오스가는 청두의 구시가지인데, 대부분 정품들만 취급했어. 차오스가에는 총 100곳 정도의 작은 가게가 있는데, 그중 다징 사람이 하는 가게는 10여 곳이 돼.

처음에는 가전제품을 만들던 친구한테서 배웠어. 물건 사러 베이징에 가면 나도 따라갔지. 우리 다징 사람들은 베이징에서 그렇게 잘 나가는 건 아니라서, 우리 퀀자에서만 사업하면 안 돼. 나도 지금 대여섯 명 융자 사람과 일을 하거든. 규모가 크고 가죽이 좋으면 그 사람과 합작하는 거야. 훙차오 사람들 옷 사업이 규모가 크고 사람들도 엄청 열정적이야. 그 사람들한테 가서 물건을 들여올 때는 베이징에서 먹고 자는 것은 걱정할 필요가 없어. 그들이 다 해결해줘. 저녁에는 또 너를 데리고 유흥업소까지 안배를 해줘. 그런데 홍차오 사람들은 솔직히 속마음은 잘 모르겠어. 가까이 지내기가 겁나. 융자 사람들은 정직해. 우리는 보통 선불 판매야. 잘 팔릴 것 같은 옷이 있으면 내가 그들에게 보여주고, 가격도 내가 정해. 예를 들어 옷 한 벌이 쇼핑센터에서는 2000위안인데, 내가 만약 1800위안이나 1900위안에 팔고 싶으면 그들에게 1200위안 정도의 견적을 제시해. 보통 흥정을 안 해. 우리는 절대 너무 낮은 가격을 제시하지 않거든. 그들도 고객을 잃고 싶지 않아 하지. 만약 가죽이나 모피 가격이 오르면 그들이 미리 알려줘.

먼저 스타일을 알려주는 경우도 있어. 예를 들어, 샘플을 보내주고 나보고 팔아보라고 하거든. 가끔은 만들었는데 잘 팔리지 않으면 나더러 쓰촨에서 팔아보라고 해. 그리고 잘 팔리는 옷이 있으면 쓰촨에서도 잘 팔릴 것 같다고 하면서 나에게 보내주는 경우도 있어. 이렇게 하면 샘플 하나로 많이 만들 수 있어서 효율적이야. 어떤 날은 고객이 적고 직원들도 할 일이 없어 하면 먼저 나서서 프로모션 행사를 하기도 해. 그들이 추천한 샘플은 그들이 가격을 정하고, 우리는 거기에 가격 피드백을 제공할 수 있어. 여기서 얼마에 팔지 우리는 잘 모를 때가 있으니까. 그런데 보통 가격 협상은 잘 되는 편이야.

나는 한 번 가면 평균적으로 100벌 이상을 가져와. 기다릴 필요 없어. 그들이 보통 하루 저녁(밤)에 50~60벌을 만들거든. 오늘 도착해서 여러 집에 오더를 주면 내일이면 바로 거두어들일 수 있어. 그래서 이 일은 규모가 너무 작아도 안 돼. 급할 때 수요를 다 채우지 못하거든. 그러면 사업도 잘 안 되는 거지.

물건들은 통일된 이윤을 남기지 않아. 상황에 따라 다르지. 예를 들어, 오늘 아침에 한 벌을 팔았어, 이 옷은 1580위안에 들여오고 2330위안에 팔아서 750위안을 남겼어. 이 정도면 선방한 거야.(당시는 4월이었다.)

우리 옆집의 저 옷 가게는 청두 사람이 운영하고 있어. 그도 개체호를 오랫동안 했고, 줄곧 광둥에서 물건을 들여왔어. 장사는 나만큼 안 돼. 그 집에 신상이 오면 내가 바로 베이징에 가서 동향들에게 만들어달라고 하니까. 그래서 우리 원저우 사람들을 싫어해. 그렇다고 해서 그가 우리 동향들과 사업을 함께 할 수 있나. 관계가 없잖아.

나는 그에게 (베이징에 오지 않고) 두 곳에서 사업을 한 경험에 대해 이야기해달라고 요청했다. 그에게 이런 질문을 했다. 왜 상대방을 신뢰했는가? 또한 그가 보낸 상품이 위조품이 아니라고 믿는 이유는 무엇인가?

우리는 서로 신뢰해. 처음에는 내가 선불로 30퍼센트의 계약금을 송금했어. 사실 송금하지 않아도 되는데 먼저 보내주면 빨리 만들어줘. 나도 그가 보내지 않을까봐 걱정하지 않아. 장사는 하루 이틀 하고 끝내는 게 아니잖아. 혹시 나한테 사기 치면 나 같은 손님을 잃게 되지. 게다가 내가 또 친구가 많잖아? 베이징에도 있고 청두에도 있고 전국 각지에 다 있어. (…) 베이징에 있는 친구를 보내 혼내줄 수 있어. 내가 굳이 말하지 않아도 친구들이 알면 가만두지 않을 거야. (…) 만약 품질에 문제가 있으면 언제든지 반품할 수 있어.

두 곳의 거래 양이 너무 크고 거래 횟수도 많으면 쌍방은 중개자를 찾는다. 1992년 나는 류스밍의 집에서 그와 마을의 가공업자 사이에 체결한 계약서를 발견했다. 비록 류씨가 중개자였지만 계약서에는 그가 갑으로 등장했다.

갑: 류스밍
을: 아무개
갑은 을에게 가죽재킷 3000벌을 주문함. 남성용, 양복 칼라, 허리 벨트. 1등급 가죽 원단. 특대형 1000벌, 대형 1500벌, 중형 500벌. 10월 20일까지 전부 제작 완료할 것. 한 벌당 가격은 480위안.
을이 제품 일부를 제작 완료 시, 갑은 베이징에서 전체 금액의 절반(240위안)을 지불해야 함. 남은 제품이 톈진에 운송된 후 최종 점검이 통과되면 갑은 남은 금액을 지불함.

류스밍은 톈진에서 사업해본 경험이 없다. 이 계약서는 그가 톈진에 있는 친구를 도와주는 과정에서 만들어진 것이다. 친구가 류씨의 '이름'을 빌려 가공업체와 계약을 체결한 이유는 두 가지였다. 하나는 류스밍이 제품의 품질과 생산 기간 등과 관련하여 가공업자를 감독할 수 있기에 안전하게 물건을 받을 수 있다는 점이고, 다른 하나는 류스밍이 잘 알려진 사람이어서 계약금을 절약할 수 있었기 때문이다. 가공업자도 이렇게 하는 방식을 선호했다. 왜냐하면 톈진에서 돈이 오지 않을 경우 찾아갈 사람이 있었기 때문이다. 류스밍에게 있어서도, 친구를 도와 계약금을 절약하게 하면 자신의 인맥을 넓히는 데 도움이 된다고 보았다. 관계가 넓어지고 이름도 더 알려지면 집에 가만히 앉아서 얼굴만 팔아 돈을 벌 수 있었다.

둘째 유형의 합작관계는 핵심 계의 관계를 두 곳으로 확산한 더욱 밀접한 관계였다. 1991년, 우진안吳金安의 두 형은 매대를 임대하기 위해 한 명은 베이징에서 하얼빈으로, 다른 한 명은 원저우에서 창춘에 갔다. 그들이 둥베이 지역으로 간 목적은 바로 우진안과 사업을 합작하기 위해서였다. 우진안이 베이징에서 생산하고 두 형이 판매하는 방식이었다. 그들의 사전에는 계약금이라는 말 자체가 없었고 송금 날짜도 엄격하지 않았다. 가공에서 문제가 생기면, 예를 들어 제품의 품질이나 스타일에서 문제가 발생해도 가급적 현지 상황에 근거하여 반품을 하지 않고 계속 팔았다.

렌딩루連定路 형제도 마찬가지였다. 한 명은 베이징에 다른 한 명은 둥베이에 있으면서 합작했다. 1994년, 저장촌에 갈색 염소 가죽재킷이 재고가 쌓이면서 현금 흐름이 막혀 힘들어 하는 두 업체가 있었다. 렌딩루는 과감하게 원가(저장촌에서 말하는 원가는 보통 노동자의 임금과 장비 손실 및 건물 임대료를 제외한, 실제로는 가죽원단 가격을 말함)의 30~40퍼센트의 가격으로 전부 구입하여 둥베이에 보냈다. 그의 동생이 둥베이의 여러 도시에 있는 친구들에게 연락해 함께 판매했다. 이렇게 두 형제는 한 번에 30만 위안을 벌었다! 나는 렌딩루에게 이렇게 물었다. "당시 왜 '깊이 생각하지도 않고'(그 사람의 말을 빌리면) 바로 사들였어?" 그는 분명하게 말했다. "형제가 좋은 게 바로 이런 게 아니겠어. 다른 사람과는 이렇게 감히 할 수 없어. 물건이 좋으면 둥베이의 못 사는 동네에 가져가도 사는 사람이 있어. 나도 둥베이에 자주 가서 나름 잘 알고 있거든. 다른 사람과 합작해봐. 분명 물건은 잘 골랐는데 잘 팔리지 않는다고 하면서 소극적으로 나오면 결국 내가 다 손해 보잖아." 물론 이런 친밀성은 갈등의 가능성을 내포하고 있기도 했다. 렌딩루 형제가 합작할 수 있었던 가장 중요한 전제는 바로 그들 두 명 모두 가족이 없다는 점이다. 가정을 형성한 형제들은 이런 방식으로 합작하기 쉽지 않았다.

셋째 유형은 첫째와 둘째 유형의 사이에 위치했다. 위탁 판매나 대리 판매도 아니고, 완전히 통합된 합작도 아니다. 저우웨창 周月强은 1993년부터 양털코트를 만들었다. 제품은 주로 스자좡, 충칭, 청두 등지로 수출되었고 친구를 통해 위탁 판매했다. 하지만 저우웨창은 매달 스자좡에 한 번, 충칭과 청두는 2~3개월에 한 번씩 다녀와야 했다. "그가 어떻게 파는지 내가 전부 관리해야 해. 예를 들어, 그가 임대한 매대에 물건을 어떻게 진열해야 하는지, 시장의 상황이 좋지 않으면 가격을 인하해야 하는지, 얼마나 인하해야 하는지, 모두 내가 정해야 해. 그가 잘 팔지 못하면 내가 직접 손해를 보니까. 우리는 서로 상대방이 얼마를 버는지 다 알고 있어. 나한테서 물건을 가져갈 때 300위안이라면, 그가 580위안에 파는 게 합리적이야. 그가 이보다 낮은 가격에 팔면 나한테서 가져가는 가격도 낮춰야 해. 친구도 돈을 벌어야 할 거 아니야. 이렇게 하면 그 친구도 나를 위해 최선을 다해 장사를 하게 되는 거야."

이런 관계는 '대리' 관계와 유사했다. 이런 방식의 장점은 분명했다. 즉 가공업자와 판매자의 소통 가능성을 극대화하고 전체 수익뿐만 아니라 가공업자와 판매자 간의 공평한 수익 분배까지 보장할 수 있었다. 1997년, 저우웨창은 청두에서 1000만 위안 이상의 매출을 올렸고 그중에는 1만여 벌의 롱코트가 있었다. 스자좡에서의 매출은 500여만 위안에 달했다.

넷째 유형의 합작관계는 가공업자 사이의 지역 간 합작이다. 이들은 지역시장의 변화를 이용하여 이윤을 창출한다. 1994년, 징펑景朋이 란저우 출신 친구를 데리고 왔다. 그 친구는 나에게 이렇게 말했다. "나는 어디든 다 돌아다녀. 베이징, 스자좡, 란저우, 시안." 나는 듣고 깜짝 놀랐다. 그가 어느 패거리幇派 소속인 줄 알았다.(패거리의 특징은 다양한 지역을 이동하는 것이다. 다음 장을 참조하라.) 나중에 그의 형과 사촌동생이 각각 베이징과 스자창에서 사업하고 있다는 것을 알았다. "스자좡과 베이징은 계절이 달라서 만드는 옷도 달라. 베이징은 주로 가죽재킷이라면 스자좡은 주로 양복이야. 스자좡의 성수기는 베이징보다 조금 빠른 편이야. 우리 셋이 여름에는 스자좡의 우리 형한테 가서 양복을 만들어. 가을 이후에는 나의 사촌동생이 바빠지니까 우리는 그를 도우러 가. (⋯) 우리 형이 만든 양복의 절반 정도는 내가 베이징에서 팔아줘. 사촌동생의 가죽재킷은 내가 스자좡에 일부 가져가서 팔기도 해." 그러나 이런 유형의 합작 방식은 많지 않았다. 징펑도 나중에 이런 방식을 포기했다. 자신의 핵심계 내부의 자기 사람 몇 명에만 의존하는 이러한 폐쇄적인 방식은 종종 시장의 동태를 효과적으로 파악하는 것을 어렵게 하는 경우가 많았다.

상품시장을 전례없이 확장시킨 것 외에 '이동 사업 연결망'은 원자재시장과 공동체 내부의 분업체계의 발전에도 직접적인 영향을 미쳤다. 자세한 내용을 보도록 하자.

왜 확산형 이동을 하는가?

우리는 일반적으로 '사람은 더 높은 곳으로 가야 한다'는 말을 빌려 사람들의 이동 동기를 이해하려고 한다. 또한 '계단식 이동階梯式流動'—먼저 가까운 지역으로 이주한 다음 조금 더 먼 곳으로 갔다가 더 큰 도시로 이주하는 방식—이 이주의 일반적인 법칙이라고 생각하는 경우가 많다.[66] 그러나 내가 저장촌에서 발견한 것은 1980년대 후반부터는 '낮은 곳으로 이주'하는 사람이 더 많아졌다는 점이다. 먼저 베이징, 스자좡, 청두 등 성 소재지에 도착한 후 완현萬縣, 이창 등의 지역급 도시로 이주하고 나아가 그 아래 등급인 현급 시와 현성縣城〔현정부가 있는 소도시〕으로 이주하는 등 강력한 다방향적 '확산형 이동'의 추세를 발견할 수 있었다. 예를 들어, 원저우시정부의 통계에 따르면 원저우에서 외지로 나간 사람들 중 베이징에 간 사람이 가장 많고 그다음은 상하이에 간 사람이다. 하지만 1998년 춘절의 추산에 따르면, 우한이 2위를 차지했다. 그래서 1년에 한 번 열리는 원저우 상품박람회도 충칭에서 개최하기로 결정했다. 사람들은 왜 지속적으로 높은 곳에서 낮은 곳으로 확산형 이동을 할까?

저장촌 사람들은 장사를 위해서라면 '이렇게 해야' 한다고 말했다. 다른 지역에 대해 잘 모르더라도 '당연히' 가서 시도해봐야 한다고 했다. 류저보 가족이 바로 이런 경험을 했다.

1987년 둘째 아들이 올라왔어. 젊은 사람이라서 나와 함께 하는 걸 싫어하는 거야. 그래서 다른 사람과 함께 톈진에 가서 시스상점西施商店을 임대했어. 다른 곳에 가는 것도 좋아.

---

[66] 나는 연결망의 영향을 무시한 채 일반적으로 받아들여지는 이 이론에 회의적이다. 주장 삼각주에서 조사할 때 나는 '민공'들이 고향에서 먼저 광저우, 선전 등 대도시로 이동했다가 순더, 동관이 돈을 벌 수 있다는 소식을 듣고 이런 중소도시로 이주하는 것을 많이 봤다. 그들은 각자의 연결망을 따라 이주했다. 도시와의 거리, 도시 자체의 크기는 생각만큼 이주 행위에 큰 영향을 미치지 않았다.

우리처럼 장사하는 사람은 많이 다녀봐야 해. 이게 운수運道라는 게 있어. 여기서 장사가 잘 안될 때 다른 곳에 가면 잘될 수 있거든. 그래서 자주 돌아다녀야 해. 텐진에서는 1년만 하고 그만 뒀어. 옷은 여기서 만들어서 다시 외부에 보내고, 배송비와 여기 저기 다니면서 쓴 돈까지 합치니 남는 게 별로 없었어.

다른 사람의 말은 더 흥미로웠다. "너처럼 공부한 사람이라면 더 잘 알겠지. 우리 식으로 글자를 뜯어서 해석하면 말이야. 운수라는 게 무슨 뜻이냐면 운동運動(중국어로 움직인다는 뜻)을 해야 수道(도 또는 이치라는 뜻)가 보인다는 말이야." 사업할 때의 '운수'를 이런 식의 '운수'로 이해하는 방식은 매우 독특한 '이주 문화'의 일종이라고 볼 수 있었다.

만약 경제적 시각에서 본다면 또 다른 해석이 가능하다. 한 지역에 일정한 규모로 모인 원저우 사람들이 전부 유사한 업종에 종사하면 경쟁이 심화될 수밖에 없기에 경쟁을 줄이고 수익성을 유지하기 위해서는 새로운 영역을 개척해야 한다는 것이다. 1988년을 전후하여 이미 베이징에서 쓰촨과 허베이성의 여러 지역, 그리고 시안과 텐진 등 지역까지 확산형 이동을 한 사람이 있었다. 1988년에 사람들이 우한과 충칭 등의 '대서남大西南' 지역으로 진군한 것도 베이징과 상하이에서의 시장 경쟁이 치열해서였다. 1997년, 내가 저장촌의 친구와 함께 청두에 갔을 때 우리를 안내해준 원저우 친구는 청두에서 운영하던 노점상을 모두 정리하고 푸링으로 가려고 준비하던 중이었다. 놀란 나를 보고 그는 이렇게 말했다. "네가 몰라서 그래. 작은 동네일수록 장사가 더 잘 되는 법이야. 청두는 경쟁이 너무 치열해. 내가 푸링에 가서 명품매장 간판을 걸고 오늘 할인 행사를 하고 내일 3+1 행사를 하면, 그 현성 사람들은 다 처음 보는 (판매 방식) 장면이거든. 내가 임대한 매장의 위치도 끝내줘. 현정부의 맞은편에 있는 20여 제곱미터인 가게야. 1년 임대료도 2만 위안밖에 안 돼. 인테리어를 좀 하면 내가 그 현성의 첫 번째가 되는 거야." 나는 대략적으로 계산해보았다. 그가 1989년에 베이징에 올 때 3만 위안이 있었고, 1992년 청두에 갈 때는 12만 위안, 1997년에는 적어도 20만 위안을 가지고 있었다.

저장촌 사람들은 이렇게 생각했다. 소규모 사업일수록 동향이 많은 대도시에서 해야 한다고 말이다. "꼭 마치 붐비는 기차역에 가면 사람이 사람을 밀고 가듯이, 네가 크게 힘을 빼지 않아도 너를 들고 다니는 사람이 있어." 그런데 만약 일정한 자본이 모이면 소도시에 가서 장사하는 게 자본 활용도를 높일 수 있었다.

그렇다면 확산형 이동은 어떻게 발생했을까? 나는 이것이 합작관계의 변화와 밀접하게 연결되어 있다는 것을 발견했다.

바오융밍은 1992년 얼롄하오터에 도착한 뒤의 일을 들려줬다.

장사한 지 1년 정도 지나자 국경 무역 상황이 안 좋아지기 시작했어, 내 친척(장위안평章元風)이 나보고 청두에 오라는 거야. 나와 그는 자주 연락을 주고받는 사이였어. 춘절에 집에 가거나 물건 사러 베이징에 갈 때면 항상 만나. 그는 청두의 가게를 확장하고 싶었는데 자금이 충분하지 않았어. 청두는 베이징과 달리 대리 판매를 안 하거든. 그래서 베이징에서 거기에 물건을 보내주거나 청두의 도매시장에서 물건을 보내는 방법밖에 없어. 이렇게 하려면 자본금이 더 많이 들어. 나는 이런 일로 청두에 온 거였어.

올해(1997년) 나와 다이씨老戴는 펑저우彭州에 갔어. 다이씨는 친척은 아니고 친구야. 펑저우에 간 이유는 그의 한 친구로부터 펑저우시 중심의 쇼핑센터가 임대를 놓는다는 이야기를 들어서였어. 우리 둘은 함께 2층을 임대했어. 300제곱미터에 1년 임대료는 20만 위안. 엄청 싸지. 거기는 노동력도 싸. 한 달에 220위안이고, 보너스도 30~50위안이야. 1층은 전부 옷을 팔았어. 투입한 유동 자금은 90여 만 위안 즉, 그 돈 만큼의 상품이야. 큰 곳(쇼핑센터)이 작은 곳보다 장사가 잘 돼. 고객들도 가격 흥정을 하지 않거든. 하루에 얼마나 팔렸는지 명확하고, 종업원들이 장난을 칠 걱정도 없어. 우리는 청두의 허화츠荷花池와 칭녠로青年路에서 물건을 들여왔어. 그곳의 물건도 베이징에서 들어온 것인데, 우리가 베이징까지 가기에는 너무 멀고, 그럴 필요도 없어.

다이씨는 내부를, 나는 외부와의 거래를 맡았어. 물건 들여오는 것도 나의 일이었어. 친척 두 명을 더 불렀어. 한 명은 그의 친척이고, 다른 한 명은 내 친척이야. 지분이 있는 건 아니고 그렇다고 아르바이트라고 할 수도 없어. 친척이니까, 도와준다고 하는 게 더 정확하지. 일을 많이 하면 (월급) 더 주고, 장사가 잘 안되면 모두 적게 받는 거지 뭐. 물론 다들 젊은 청년들이고, 이제 막 집에서 데리고 나온 거야. 그러니까 임시로 일하는 거고, 앞으로는 다들 자기가 알아서 일을 개척해나가야 해.

여기서 얼마나 오래 일할지는 장담 못해. 장기적으로 하는 것은 (…) 아마 어려울 거야. 더 좋은 곳이 있으면 옮겨야 해.

베이징에서 10년을 일한 자오쉬창趙旭強은 다른 곳으로 옮기고 싶어 했다. 이렇게 말했다.

1988년에 베이징에 와서 친척들과 함께 일했어. 별로 재미를 못 느껴서 집에 돌아가 3년을 놀았어. 1992년 춘절에 어머니 친한 친구의 아들을 만났는데, 그의 친척이 선양에서 장사를 한다는 거야. 우리는 대화가 잘 통했고 함께 선양에 갔어. 그가 선양의 매대를 관리하고, 나는 베이징에 다니면서 물건을 사들였어. 돈은 절반씩 내고 번 돈도 절반씩 나누었어.

2년을 하고, 나는 캐시미어 코트 장사를 하고 싶어졌어. 다른 친구 한 명과 판진盤錦에 갔지. 삼촌이 예전에 판진에서 장사한 적이 있거든.

나와 앞에서 말한 그 친구는 사이가 좋아. 갈등도 없었어. 그런데 너무 오래 함께 일하면 안 돼. 1~2년이면 딱 좋아. 장소와 사람도 바꿔 가면서 해야 해. 오래 함께 일하면 갈등이 생기기 마련이지.

실제로 합작과정에 갈등이 생겨 다른 곳으로 이주한 사례도 있었다. 한 번은 완자유萬佳友가 나에게 시안에서 사업하고 있는 한 사람에 대해 이야기해준 적이 있다. "그는 원래 베이징에 있었는데 몇몇 합작 파트너와 문제가 생겨서 막 칼까지 휘두르고 난리도 아니었어. 내가 나서서 겨우 설득했어. 쌍방 모두 '체면' 이 안 서잖아. 그 친구가 그래서 시안으로 떠났어. (…) 시안에 그 사람의 친구와 친척들이 있으니 걱정할 필요는 없었어."

이상 몇몇 사례에서 볼 수 있듯이 사람들은 확산형 이동을 먼저 결정하고 새로운 핵심 계를 형성한 것이 아니었다. 오히려 이러한 이주는 사람들이 핵심 계를 너무 오래 유지하면 안 된다는 인식을 관행적으로 유지하고 있는 것에서 비롯되었던 것이다. 사람들은 항상 새로운 합작관계를 형성할 준비를 하고 있었다. 새로운 합작 의향이 생긴 이후 사람들은 이 합작관계를 토대로 새로운 지역에 이주하여 발전하고자 했다.

그렇다면 하나의 핵심 계를 장기간 유지하지 않는 이유는 무엇일까? 이는 사람들이 경험 속에서 얻어낸 결론이었다. 만약 하나의 친우관계와 사업관계가 장기간 겹쳐 있으면 '난감한'(어색한) 일을 자주 겪게 된다. 친우관계와 사업관계가 겹칠 경우 가장 큰 장점은 사전에 관계의 경계를 정하고 적합한 제도를 정하는 번거로움을 덜 수 있었다. 모호한 관계는 합작을 쉽게 시작할 수 있게 한다. 하지만 가장 큰 문제는 내부적으로 하나의 구조를 형성할 수 없기에 쌍방 사이에 쉽게 마찰이 생길 수 있다.

(1)그들은 종종 '의견의 불일치'를 강조한다. 사실 의견 불일치는 그다지 중요하지 않다. 사람과 사람 사이의 합작과정에 당연히 이런 일이 발생할 수 있기 때문이다. 중요한 것은 이러한 모호한 관계가 피아를 명확하게 구분하지 않기에 내부에 분명한 구조가 형성되지 않음으로써 문제가 발생했을 때 이 문제를 해결할 방법이 없게 된다. (2)서로를 감독할 수 있는 능력과 제도가 없다. 한쪽이 조금이라도 암묵적 합의를 지키지 않거나 혹은 조금이라도 의심하기 시작하면 합작은 바로 위기에 직면한다. 이런 상황에서 친우관계의 동업자들은 서로의 관계를 재정립할 동기를 찾기 어려워진다. 가장 좋은 방법은 정중하게 헤어지는 것이다. 이런 상황에서 만약 관계를 끝내지 않으면 전체 '계'의 관계가 위험에 처할 수 있다

이러한 확산형 이동을 촉진한 결정 요인이 저장촌 내에서 대규모 기업을 늦게 출현시킨 이유이기도 했다. 사람들은 종종 중국에서 소규모 기업이 빠르게 대기업으로 성장하기 어려운 이유가 중국인들이 자기 사람만 신뢰하고 전문 경영인을 반가워하지 않기 때문이라고 말한다. 레딩(Redding, 1990)에 따르면 중국 사람들이 외부인을 꺼리는 이유는 중국에서 재산권을 보호하는 법적 제도가 오랫동안 부재했기 때문이라고 한다. 그는 이런 이유 때문에 중국 사람들은 외부인의 재산 약탈에 저항하기 위해 자신이 신뢰하는 사람과 일을 하는 것을 선호한다고 주장했다. 그렇다면, 왜 내부인의 합작은 대기업의 발전으로 이어지지 못

할까? 저장촌의 문제는 누구를 신뢰하느냐 신뢰하지 않느냐가 아니라 신뢰를 효율적인 작동 방식으로 전환하기 어려운 데 있었다. 친우관계에 기반한 사업관계는 '평등'을 요구하지만 명확한 관리구조의 출현은 허용하지 않았다.

저장촌과 '이동 사업 연결망' 형성의 초중반, 축적된 자본은 생산과 사업 규모의 확장에 사용된 것이 아니라 유통의 효율성을 높여 소규모 생산이 가지고 있는 한계를 극복하기 위한 연결망의 끊임없는 확장에 사용되었다. 우리는 이러한 확산형 이동을 기업 조직의 대안으로 생각할 수 있다. 그 결과, 비록 개별 대기업은 거의 출현하지 않았지만 전체 공동체는 발전을 이룩할 수 있었던 것이다.

원단 시장

저장촌의 원단 시장은 '전국적 이동 사업 연결망'의 또 다른 중요한 사례다. 최초의 원단 시장은 1993년 무시위안 경공[업제품]도매시장 2기 개발 프로젝트의 일환으로 건설된 북부 구역에서 출현했다. 당시 류스밍은 이미 영향력 있는 인물이었고, 관계 당국에 그곳을 원단 시장으로 만들자고 제안한 사람도 류씨였다. 그의 개입 덕분에 시장은 빠르게 성장할 수 있었다. 저장촌은 조젯 원단으로 만든 치마를 팔아 큰돈을 벌었다. 가공업체들이 가장 잘 팔리는 원단을 제때에 구입할 수 있었기 때문이다.

원단 시장의 상품 공급원은 세 곳이었다. 하나는 장쑤 등 지역의 공장에서 직접 수입하는 경로다. 러칭 일대의 사업자와 장쑤의 기업 사이에는 오래된 거래관계가 형성되어 있었다. 원단사업자는 한두 개 현의 몇 개 공장과 장기적인 거래관계를 유지하면서 이 공장에 '리베이트'를 주는 방식으로 저가에 원단을 구입했다. 최근에는 허베이성 가오양高陽, 허난성 정저우鄭州 등지에서 원단을 수입하기 시작했다. 두 번째 공급원은 광둥 산터우汕頭의 류사진流沙鎭이다. 이곳에서 수입되는 원단은 여름 옷 원단인데, 대부분이 타이완과 홍콩에서 들여온 '밀수품'이다. 세 번째는 사오싱 커차오진이다. 이곳은 가장 중요한 공급원이다. 커차오는 현재 '중국경방직도시中國輕紡城'로 지정된 중국에서 가장 큰 경방직 제품 시장이다. 1994년의 매출액은 80억 위안에 달했다고 한다. 만약 저장촌에서 며칠 보낸다면 '커차오'는 가장 많이 듣는 이름 중 하나가 될 것이다. 커차오의 모든 소식이 저장촌에서 빠르게 전파되고 사람들도 종종 커차오를 예로 들면서 다른 일을 평가했다. 사람들은 가장 큰 관심사인 치안 문제를 논할 때마다 항상 커차오와 저장촌을 비교했다. 커차오의 치안 관리가 베이징보다 낮고 사오싱의 정부는 베이징의 지방정부보다 유능하다고 평가했다. 심지어 그곳은 원저우의 고향보다 더 중요한 저장촌의 '자매 공동체'가 되었다.[67]

앞에서 언급했던 작은 매형의 경우, 처음 1~2년은 자기가 직접 외지 공장에 가서 물건을 구입하는 것을 가장 이상적인 모델이라고 생각했다. 하지만 나중에 그는 저장촌의 원단이 외지보다 많이 비싸지만 종류가 다양하고 '유행에 민감'하기 때문에 자기가 원하는 원단을 가공업체들이 손쉽게 얻어가고 있다는 것을 깨달았다. 그도 저장촌에서 원단을 구입하기 시작했다. 작은 매형과 커차오의 직접적인 관계는 약화되었지만 저장촌 전체와 커차오의 관계는 강화되었다. 예를 들어, 커차오에 있는 작은누나의 친사촌오빠와 그의 베이징 친구는 친우 사이이자 가까운 동업자였고, 두 곳 사이에서 '핵심 계'의 관계를 형성하고 있었다. 작은 매형과 베이징의 이 매대 주인은 친구 및 고객 관계를 형성했고, 그들은 2~3일마다 만났다. 이렇게 커차오와 베이징은 자연스럽게 끊임없이 소통하는 관계가 되었다.

두 지역 사이의 원단사업은 의류사업보다 더욱 밀접한 관계를 형성하게 했다. 뤄청메이羅成酶는 원래 윈난에서 약재를 판매했다. 세 형제와 누나 한 명이 모두 청두에서 의류사업을 하고 있었기에 그도 원단사업으로 바꿨다. 아내의 6남매 모두 청두에 거주하고 있었다. 그가 사오싱에서 물건을 배송하면 아내가 청두의 허화츠荷花池 시장에서 도매를 했다. 당연히 아내와 장부 하나를 사용했다. 뤄씨는 동시에 베이징에 있는 친구 한 명과 합작했는데, 친구가 시장 상황에 따라 어떤 원단을 들여올지를 결

---

67 커차오가 경방직도시가 된 것도 러칭 사람들의 작품이었다. 커차오진에는 일찍이 염색산업의 기초가 있었다. 따라서 1986년부터 러칭 홍차오 등 지역 사람들이 이곳에 와서 원단장사를 했던 것이다. 이렇게 되면서 커차오와 저장촌 사람들의 원자재 공급기지가 중첩되기 시작했다. 하지만 이것이 그들을 밀접하게 연결된 '자매 공동체'로 만든 주된 이유는 아니었다. 1992년과 1993년 초 나는 저장촌에서 '커차오'라는 단어를 들어본 적이 거의 없다. 1993년 중반 이후, 저장촌에 자체적인 대규모 원단 시장이 출현하면서부터 커차오가 특별히 중요해졌다.

정했다. 뤼씨가 물건을 배송할 때 가격을 정하고, 친구가 얼마에 팔든 상관하지 않았다. 리스크도 친구의 몫이었다. 하지만 그는 "베이징의 친구와 명확하지 않아"라고 반복해서 강조했다. 이 '명확하지 않아'라는 말뜻은 그들 두 사람은 매번 거래 이후 바로 정산하는 것이 아니라 쌍방이 서로 편한 시간이 생기면 그동안의 거래를 한 번에 정산한다는 말이었다. 만약 뤼씨가 자금의 어려움을 겪고 있으면 친구가 선결제할 수 있고, 친구가 이런 어려움이 생기면 뤼씨가 도와주곤 했다. 이런 관계는 의류 합작에서는 거의 볼 수 없었다.

그러나 '자매 공동체'가 형성되면 거래가 쉬워지는 만큼 사업 리스크도 증가한다. 사오싱 원단 시장의 가격 변동은 신지, 우지無極의 가죽 원단 시장과 마찬가지로 베이징 저장촌의 영향을 크게 받았다. 저장촌에서 마면포 긴 치마를 만드는 가공업자는 나에게 이런 말을 했다. 1996년 그가 처음 치마를 팔았을 때 한 벌당 도매가가 45위안, 따라서 20위안을 벌 수 있었다. 환절기에 가공업자들이 외부에 도매를 해도 가격이 30여 위안으로밖에 떨어지지 않았다고 했다.(일반 치마는 보통 한 달 만에 가격이 50퍼센트 이상 떨어졌다.) 따라서 1997년 여름이 시작될 때까지만 해도 일부 가공업자들은 이 원단으로 만든 치마에 여전히 낙관적이었다. 그러나 상품이 출시되자마자 상황은 급격하게 나빠졌다. 대리 판매 가격이 30여 위안밖에 안 되었던 것이다. 나에게 이 상황을 이야기해준 가공업자도 1997년에 1만 여 위안의 손실을 입었다고 한다. 베이징을 중심으로 여러 지역에 있는 저장촌들의 원단 가격이 하락하면서 사오싱의 도매가격도 크게 하락한 것이다. 물론, 전년도에 특정 원단의 이윤이 상승하면서 사오싱 현지의 제조업체가 이 원단의 생산을 확대한 탓에 공급 과잉이 발생했고, 이로 인해 가격이 하락한 이유도 절대 무시할 수 없다. 내가 수집한 자료의 한계로 인해 이 두 요인 중 어느 것이 더 결정적이었는지는 정확하게 말할 수 없지만, 분명한 것은 베이징의 저장촌이 그의 '자매 공동체'와 매우 밀접하게 연결되어 있다는 것은 의심의 여지가 없었다.

1996년 저장촌에서 캐시미어 코트가 성공하면서, 캐시미어 원단 장사로 큰돈을 벌 수 있었다. 천위안창陳元强은 저장촌에서 최초로 캐시미어를 만든 사람으로 알려졌다. 그는 1997년의 이야기를 들려줬다.

나는 후저우와 상하이의 공장에서 물건을 들여와. 일반적으로 1미터에 200위안, 1롤은 50~60미터야. (10롤이) 대략 10만 위안 정도 하고, 한 번 들여오면 아예 한 차를 들여와. 180만 위안에서 200만 위안 정도 해.

작년에 큰 거 두 건 했어. 4월에 저장촌 캐시미어가 가장 비쌌을 때 1미터당 230~240위안 했어. 사람들이 물건을 구입하러 후저우의 방직창에 몰려갔지. 그런데 내가 단골이잖아. 공장장이 나하고 계약을 한 거야. 6월에 캐시미어 5만 미터를 계약했어. 이게 한 건이야. 그런데 물건을 가져왔는데 캐시미어 시장이 망해가는 거야. 왜 그러냐고? 산둥의 빈저우

濱州에도 캐시미어를 만드는 곳이 있었는데 후저우의 것과 똑같았어. 게다가 그들이 토끼털로 바꾸고 싶어서 일부러 캐시미어 가격을 낮추고 토끼털 가격을 올렸던 거지. 저장촌의 캐시미어는 단번에 1미터당 170~165위안으로 떨어졌어. 나는 급하게 이 계약을 취소하려고 후저우로 달려갔어. 거기서 꼬박 한 달을 있으면서, 공장장에게 5만 위안을 쥐어주고 겨우 해결했어. 그 공장에서 정말 나와 법적으로 싸우면 나는 600만 위안을 물어내야 해!

보조재 시장

이른바 보조재란 단추, 지퍼, 안감, 면솜, 끈 등 의류에 필요한 다양한 보조 재료를 말한다. 보조재 시장은 원단 시장보다 일찍 출현했다. 저장촌에서는 1989년 전후에 이미 보조재 시장이 형성되었다. 융자 사람 뤼다오밍呂道明이 아마도 저장촌에서 가장 먼저 단추사업을 한 사람일 것이다.

내 딸이 1987년에 러칭 사람 집에서 일했어.(누군가에 고용되어 일함) 1988년에 나도 구경하러 베이징에 왔다가 딸이 일하는 러칭 사장네 집에서 본건데, 단추가 모두 똑같았어. 큰 단추는 롱코트 용인데, 가죽재킷에는 사용할 수 없는 거야. 당시 단추는 베이징의 상점들에서 도매를 하거나 스자좡 등지에서 수입했는데 엄청 불편했어. 그 러칭 사람이 머리가 좋아. 나보고 너네 차오터우橋頭에 단추가 그렇게 많은데 여기에 좀 가져다가 팔면 돈 많이 벌 수 있을 것 같은데라고 하더라고.

1989년에 단추장사를 시작했어. 차오터우의 친척으로부터 단추 5000개를 사오고 가오쫭高莊에서 방을 임대하고 거기서 팔기 시작했어. 입구에 큰 팻말을 써붙였어. "모든 종류의 단추를 판매함." 아마 내가 이곳에서 단추를 판 최초의 사람일거야. 장사가 잘 되어 며칠 만에 5000개가 다 나갔어. 그 러칭 사람은 좋은 사람이야. 자기 친척들을 나에게 소개해줘서 그렇게 퍼져 나갔어.

그러다가 나도 점점 더 많이 들여왔지. 나는 단추가 거의 다 팔릴 때마다 보내달라고 친척에게 말했어. 1989년 하반기에 쓰다四達의 변두리에 있는 시장에서 매대를 임대했어.

야오중핑姚忠平은 안감사업을 했다.

나는 원래 장쑤에서 원단장사를 했어. 장쑤의 공장에서 구입해서 난징의 시장에서 매대를 임대해서 팔았지. 춘절에 고향에 갔다가 친구네 집에 놀러 갔어. 친구의 형이 베이징에 있었는데 나보고 장쑤에서 만드는 안감(양복이나 가죽재킷을 만들 때 사용되는 재료) 가격이 얼마인가 물어보는 거야. 그러면서 베이징이 이곳보다 많이 비싸다고 했어. 당시 나는 21살

밖에 안되었고 돈을 벌겠다는 생각도 없었어. 그저 여기 저기 다녀보고 싶었던 거야. 그런데 그 자리에서 친구와 함께 베이징에 가서 안감장사나 해보자고 약속했어.

우리 둘이서 8000여 위안을 모았어. 그가 베이징에서 하고, 내가 장쑤에서 물건을 보내주고, 물론 나도 베이징에 자주 다녔어.

그들의 우정은 지금까지 이어지고 있었다. 나는 그의 친구를 만날 수 있었다.

베이징에 우리 가족의 친척, 친구들이 많아. 그날 아핑의 말을 들었는데 우리 형이 이 장사가 잘 될 거라고 했다는 거야. 우리 여기에 있는 친척들이 가서 사도 밑지지 않을 거라고 했어. 형이 말한 그대로였어. 안감이 오자마자 우리 친척과 친구들이 모두 와서 사가고, 아핑이 돌아가서 또 들여오면 또 거의 똑같은 사람들이 와서 사갔어. 나중에 우리는 지금 이 징원(시장) 끝자리에 노점상을 차렸어.

1988~1989년 사이, 완자유萬佳友는 면솜 장사로 큰돈을 벌었다. 그는 처남과 동업하여 저장에서 물건을 들여왔다. 이 면솜은 부피가 너무 큰 나머지 매대를 임대하든 노점상을 하든 모두 불편해서 집에서 판매하기도 했다.

보조재와 원단은 새로운 사업 영역이었기에 처음 진입한 사람은 친우권의 지지를 필요로 했다. 이 권자에 속한 사람과 친우권으로의 확장 덕분에 가공업체가 그들의 초기 고객이 될 수 있었다. 서로 다른 보조재 사업자 사이엔 특별한 연계가 없었다. 마치 친우권마다 사람 한 명을 '파견'해 장사하는 것과 비슷했다. 일정한 규모의 보조재 시장과 원단 시장이 출현한 후 상황은 달라졌다. 보통 친우권마다 보조재와 원단사업을 하는 사람이 있었다. 이제 그들의 주요 고객(사업권)은 '외부인'이 되었다.

마원푸馬溫富는 이렇게 말했다.

내가 보기에 보조재 장사도 나쁘지 않아. 자본금이 많든 적든 모두 가능하거든. 내 셋째 동생이 고향에서 어렵게 살았어. 내가 데리고 와서 지금 함께 일하고 있어. 나중에 내 동생의 처남도 올라왔어. 가장 초창기에 무시위안에서 노점을 시작할 때부터 우리 셋은 함께 있었어. YXD에 들어왔을 때에도(1993년에 완공된 원단 및 보조재 시장) 나와 내 동생이 매대 하나를 공동으로 임대했어. 처음에는 한 사람이 하나 임대하면 지출이 너무 클 것 같아서 그랬는데 이후 상황이 좋아지면서 따로 임대했어.

우리 세 집은 보통 물건을 함께 들여왔어. 내 동생이 주로 나가서 사왔지. 동생과 나는 형제고, 동생 아내의 이모부도 그를 믿기 때문에 그가 나가는 게 제일 좋았어. 주로 장쑤에 갔고 가끔 푸젠에 가기도 해. 단추는 그의 처남이 가서 사는데, 주로 우리 원저우의 차오터우에 갔어. 그의 처남이 그곳에 인맥이 좀 있거든.

합작은 문제가 없어. 제품 가격은 우리가 다 알고 있어. 보조재는 좋은 걸 수입해야 돼. 네가 만약 단골이고, 매번 구입하는 규모가 크면 사람들도 너를 사기 치지 않고, 좋은 물건이 있으면 먼저 주곤 해. 그래서 한 사람만 가는 게 여비도 절약하고 일을 빨리 끝내고 좋아.

보조재 장사는 상황 분석을 잘 해야 돼. 촌에서 무엇을 많이 만드는지, 무엇이 부족한지, 빨리 알수록 좋거든. 우리는 그래도 여기서 발을 붙인 거야. 우리 세 집의 친척을 다 합치면 40~50집은 돼. 무슨 소식이 있으면 금방 알 수 있어. (…) 지금처럼 사회가 이렇게 혼란스러울 때 세 집이 함께 하면 친척과 친구들도 많고, 좋은 점이 훨씬 더 많아.

보조재 시장의 변화는 저장촌의 전반적인 변화와 일치했다. 한편으로 사업권과 친우권이 분리되었다.(마원푸 등 3인의 판매량에서 친우가 차지하는 비율은 1/10도 안된다.) 다른 한편으로 친우권은 여전히 중요한 역할을 하고 했고, 핵심 계는 이 두 관계를 이어주는 관건이었다.

노무 시장

저장촌의 노동력 시장은 여러 단계를 거쳐 발전했다. 1984년부터 1990년까지, 사람들은 주로 자신의 친우 사이에서 노동력을 모집했다. 즉, 앞에서 이미 언급했듯이, 이동사슬은 하나의 보이지 않는 노동력 시장이었다. 비록 고용관계는 존재했지만 독립적인 피고용자 집단은 출현하지 않았다.

1990년을 전후하여, 저장촌은 후베이성, 장시성, 안후이성 등지에서 대규모로 노동자를 모집하기 시작했다. 러칭시 훙차오진의 수많은 인력소개소가 이 과정에 중요한 역할을 담당했다.

훙차오의 첫 번째 인력소개소는 1986년에 문을 열었지만 한동안은 비공식적으로 운영되었다. 초반에 노동자는 주로 셴쥐仙居, 리수이, 취저우衢州, 진윈縉雲 등의 저장성 출신이었고, 이후 장시성, 안후이성 등 주변 성으로 확대되었다. 처음에는 주로 훙차오 현지의 향진기업에 필요한 노동력만 소개했고, 나중에는 외지로 나간 사업체에 필요한 노동력을 중개했다. 정규적인 인력소개소는 1990년부터 등장했다. 1994년 춘절, 인구가 3만 명이 조금 넘는 이 작은 진의 인력소개소는 69개에 달했다!

107번 국도변에 있는 '저간浙贛 [저는 저장성, 간은 장시성을 말함] 인력소개소는 1993년 2월에 개업했다. 직원 수는 정, 부 '소장', 회계사 겸 출납원 1명, 두 명의 '연락원'까지 총 다섯 명이다. 연락원은 외지에 가서 노동력 모집 및 공급을 보장하는 역할을 맡고 있다. 소개소의 이름을 '저간'이라고 한 이유는 초기의 노동자들이 대부분 장시성에서 왔기 때문이다. 1994, 1995년부터 노동력의 공급원은 후난성, 후베이성, 안후이성, 쓰촨성, 장시성 등 지역으로 확대되었다. 소개소는 3층짜리 작은 건물에 있었다. 1층은 사무실, 2층과 3층은 2층 침대 여덟 개를 설치한 여관으로 사용했다. 외지에서 온 노동자들이 이곳에 머물면서 고용되기를 기다렸다. 장사가 한창일 때는 2층 침대 하나에 네 명이 묵었다고 한다. 나는 취직되기를 기다리는 안후이에서 온 소녀에게 물었다. "현지에서 일자리 구하고 싶어 아니면 외지에 나가고 싶어?" 소녀는 이상한 눈빛으로 나를 보면서 "여기까지 왔는데 당연히 베이징이나 스자좡에 가서 옷을 만들어야지!"라고 답했다.

외지에서 사업하는 사장들은 춘절을 이용하여 고향에서 노동자를 모집한다. 따라서 정월 다섯째 날부터 대보름까지 인력소개소가 가장 바쁜 기간이다. 사장들은 소개소에 와서 노동자가 가게 될 곳, 만드는 옷이 가죽재킷인지 양복인지를 알려준다. 그러면 관심 있는 라오쓰가 사장과 면접 보기 위해 나간다. 보통은 그 자리에서 기술을 테스트한다. 양복 깃을 만들어보기 위한 재봉틀과 헝겊이 준비되어 있다. 다음은 월급 흥정이다. 나는 이런 장면을 본 적이 있다. 사장이 물었다. "한 달에 얼마를 원해?" 여공은 머리를 숙이고 아무 말도 하지 않았다. 사장의 아내가 말했다. "적어도 1500위안은 줄 수 있어." 사장이 아내에게 눈치를 주면서 "쟤한테 물어본 거잖아!"라고 했다. 사장의 아내는 문쪽을 향해 손을 흔들며 "이리 와봐!"라고 말했다. 구겨진 양복의 중년 남성이 재빨리 다가와 손가락 세 개를 내밀며 큰 소리로 한번 작은 소리로 한번 '3000!'을 불렀다. 결국 1500위안에 계약을 체결했다. 사장은 사람을 데리고 나갔다. 원저우를 떠나기 전까지 노동자들은 사장의 집에서 먹고 잤고, 여비 등도 사장이 부담했다.

사장의 아내가 노동자를 대신하여 월급을 말한 것이 전적으로 선한 마음에서 비롯된 것만은 아니었다. 사장이 인력소개소에 지불하는 소개 수수료는 노동자의 임금과 연동되었다. 1996년, 임금은 일반적으로 1000위안, 1200위안, 1500위안, 2000위안 등이었다. 소개 수수료는 300~600위안으로 한 달 월급의 1/3 정도였다.

다음 단계는 계약서 서명이다.([부록 2] 참조) 계약서는 전적으로 소개소 사장이 작성하고, 노동자를 고용하러 온 사장과 라오쓰가 손도장을 찍는 것으로 완성된다. 계약서는 총 4부, 갑, 을, 소개소, 현지의 공상소가 1부를 가져간다. 계약서에서 가장 중요한 규정은 월급은 연말에 모두 정산하고, 매달 생활비로 월급의 10퍼센트를 지급한다는 내용이다. 이러한 지급 방식은 라오쓰가 받아들이지 못할 것도 없었다. 왜냐하면 그들의 숙식은 모두 사장이 책임졌고 평소에는 일하느라 돈 쓸 여유도 없기 때문이다. 필요한 경우 '빌리는' 방식으로 월급의 일부를 먼저 받을 수 있었다. 사장의 입장에서도 이런 지급 방식은 깊은 의미가 있었다. 첫째, 노동자가 중도에 일을 그만두어 생산에 차질을 빚는 것을 미연에 방지할 수 있다. 둘째, 소규모이면서 회전율이 빠른 작업장에서 매달 월급 몇 천 위안을 적게 지급하는 것은 큰 규모의 운영 자본을 절약하게 한다. 이는 저장촌의 대리 판매 방식과 밀접한 관련이 있다. 대리 판매 때문에 저장촌에서 거래 정산은 연중에는 거의 불가능하고 연말이 되어서야 가능했다.

월급은 생산 건수에 따라 지급할 수 없었다. 하지만 저장촌의 사장들은 걱정하지 않았다. 사장과 노동자는 몸을 돌리기도 어려울 만큼 좁은 방에서 함께 살기 때문에 누가 열심히 일하고 누가 게으른지, 누가 손재주가 좋은지 너무 잘 알고 있었다.

계약서에는 이런 규정도 있었다. 라오쓰의 월급에서 '연말에 50위안을 공제한다'는 규정이다. 소개 수수료는 사장이 지불하지만 사장들은 이 수수료가 너무 높다고 불평했다. 하지만 사장들의 의견이 직업소개소에 의해 받아들여지지 않자 이 수수료의 일부를 노동자가 지불하도록 한 것이다. 노동자들이 소개소에 있을 때 이 돈을 지불하라고 하는 것은 현실적으로 불가능했기 때문에 사장이 먼저 노동자를 '대신하여 지불'하고 연말에 노동자의 월급에서 돌려받는 방식이었다.

1994년, '저간'이 소개한 노동자는 500~600명 정도, 그중 80퍼센트가 베이징에 갔다. 훙차오진의 소개소 전체가 1년에 소개해서 외지로 나간 노동력은 3만 명 정도로 추정한다.

그렇다면, 다양한 성 출신 노동자들이 어떻게 이 작은 마을의 인력소개소로 끊임없이 찾아올 수 있었을까? 그 핵심 인물 중 한 명이 앞에서 언급한 구겨진 양복 차림의 중년 남성이었다. 그는 안후이성 출신으로 원래는 재단사였다. 이후 인근 농촌에서 청년들을 모집하여 푸양에서 재봉교실을 운영했다. 광고문구에서 분명하게 밝혔듯이, 재봉기술을 가르칠 뿐만 아니라 구직에도 도움을 줬다. 3개월 혹은 6개월의 교육을 이수하면 그는 학생을 이곳의 소개소에 데려온다. 내가 그를 만난 날은 그가 세 번째로 '저간소개소에 사람을 '보낸' 그날이었다. 소개소는 이런 사람을 '인솔자'라고 불렀다. 1997년 춘절, 홍차오진 공상국의 통계에 따르면 약 100여 명의 인솔자가 이 지역에서 활동한다고 했다. 그들은 보통 한 번에 네댓 명을 인솔, 많은 경우에는 10여 명을 인솔했다.

노동자를 고용한 사장한테 받은 소개 수수료는 소개소와 인솔자가 3:7의 비율로 나눈다. 인솔자가 사람을 통솔하는데다 라오쓰들이 소개소에 거주하는 동안의 비용 역시 이들이 지불하기 때문에 더 많이 가져갔다. 인솔자의 이윤도 만만치 않았다. 1년에 가볍게 몇 번을 다녀가면 10여 만 위안을 버는 것은 식은 죽 먹기였다. 한 원저우 타이순현泰順縣 사람(러칭과 멀리 떨어진 산악지대의 현)은 1995년에만 사람을 통솔하여 24만 위안을 벌었다. 처음에는 고향에서 사람을 데려 내왔는데 지금은 주로 '성간 무역'에 종사하고 있다. 그의 명함에는 원저우 주재 러칭시 인력소개소 주임이라고 선명하게 적혀 있었다. 이런 기관은 존재하지 않았다. 나는 진화金華 우이武義에서 온 여성 인솔자도 만났다. 그녀는 예전에 홍차오의 소개소를 통해 베이징에 가서 일한 적이 있는 사람이었다. 1995년부터 인솔자를 시작했고, 1996년에만 4~5만 위안을 벌었다. 베이징에서 2년 정도 일하다가 인솔자가 되는 것은 많은 노동자가 꿈꾸는 직업이다. 이런 경력이 있으면 노동자(학생)들은 이 '인솔자'를 더욱 신뢰하고 나아가 인력소개소는 그들에게 '위임장'([부록 3] 참조)을 제공하기도 했다. 인솔자에 의해 연결된 이러한 노무 시장도 강력한 자기 유지와 확산의 능력을 보유한 하나의 독특한 이동 연결망이었다.

여기서 짚고 넘어가야 할 부분은 이 특수한 노무 시장에 대한 현지 정부의 개입이다. 홍차오진 노무센터 주임은 나에게 이렇게 말했다.

예전에는 정부가 별로 관리도 하지 않았어. 1991년에 사건이 있었잖아. 쓰촨에서 온 여공이 가족과 연락이 두절되어 공안국에 신고한 사건 말이야. 국가 공안부가 (원저우) 시에 팩스를 보냈어. 러칭에 인신매매가 일어나고 있냐고. 다들 엄청 긴장했어. 알고보니 사장이 우루무치에 데리고 가서 일한 거야. 그때 우리도 처음 알았어. 외지 사람이 여기 와서 일하는 것뿐만 아니라 이런 식으로 사람을 데리고 나가기도 한다는 사실 말이야. 그래서 관리를 하지 않으면 안 되겠다는 생각을 한 거지.

1993년부터 소개소에 등록증을 발급하고 공상국이 관리하게 했어. 1994년에는 노동국 취업처에서 관리했어. 그런데 이게 관리가 너무 어려운거야. 도처에 사람이 서서 기다려. 가장 많을 때는 5만 여 명이 일자리를 찾느라고 거기서 기다리는 거야. 해마다 노동자의 가족들이 편지를 보내. 갈등이 많거든. 상급정부의 지시가 하달되지 않는 문제, 집체 성격의 업체(소개소)는 공상국의 기업 관리 부문이 관리하고, 개체 성격의 업체(소개소)는 개체호 관리 부문이 관리를 했어. 정부는 이들에 대한 관리를 일원화해야 한다는 생각을 하기 시작했어.

1994년부터 통일된 인력소개센터의 설립이 시작되었는데, 정부부처가 공동으로 추진한 투자 연합체(여러 정부부처가 공동으로 투자하여 설립하고, 공상업 주관 부처가 관리하는)인 셈이었어. 모든 소개소는 이곳으로 자리를 옮겨야 했어. 연말 감사 때 이들을 강제로 이사시켰어.

한 곳에 모아놓고 이런 걸 관리했어. 하나는 계약서를 통일한 거지. 과거 일부 소개소는 '노동법'과 너무 동떨어진 내용을 자기 마음대로 계약서에 집어넣었어. 두 번째는 분쟁 해결이야. 과거에는 사람들이 외지에 갔다가 문제가 생기면 해결할 방법이 없었잖아. 작년 우리가 조정해서 해결한 분쟁이 200여 건이야. 주로 계약서대로 월급이 지급되지 않은 문제였는데 사장들에게 지급하도록 했어. 그 외의 일들은 소개소가 알아서 하도록 했지.

지금 우리 중점 사업은 인솔자 관리야. 우리 인력센터에 등록하고 공상, 노동, 공안이 연합하여 운영하는 중개인 학습반을 다니고 과정을 이수하면 면허증을 발급해줘. 이 면허증이 없으면 여기에 올 수 없어. 그리고 우리는 인솔자가 단골손님과의 관계도 잘 처리해야 된다고 규정했어. 어느 소개소가 리베이트를 많이 준다고 해서 그쪽으로 옮겨가고 그러면 안 돼. 기존의 3:7 배분은 매우 합리적이야. 인솔자가 사람을 데려온 후 미리 연락된 고객한테 사람을 보내줘야 해. 지

금 일부 소개소는 사람들을 유치하기 위해 인솔자에게 돈을
더 주는 일도 있어. 인솔자는 오자마자 바로 가격 흥정을 하
다보니 기존의 단골들과 거래하지 않는 일이 종종 발생하는
거야. 이런 식으로 하다가 일이 잘못되면 소개소는 책임을 지
려고 하지 않지. 우리가 돈도 이것밖에 벌지 못하는데 무슨
책임을 져? 그러면서 인솔자에게 책임을 전가해. 그런데 이
사람들을 어디 가서 찾아? 인솔자들 사기꾼이 많아. 그들이
장시, 안후이에 가서 원저우가 얼마나 좋은지 이야기하고 사
람을 사기 쳐서 여기로 데려와. 어떤 사람은 여공들과 성관
계를 갖기도 해. 게다가 원저우나 이우의 노무 시장에 가서
사기 치기도 해. 데려온 노동자들이 옷을 만들 줄 모르는 사
람들이야. 그런데 소개소에 데려다놓았는데 옷 만들 줄 모
르면, 소개소는 필요 없다고 할 거고, 그들도 나 몰라라 한단
말이야. 그래서 우리는 소개소가 꼭 고정적인 인솔자와 연락
을 취할 수 있도록 요구하고 있어. 그들이 데려온 사람이 문
제가 생기면 소개소가 알아서 해결하거나, 아니면 그들을 데
려온 인솔자를 찾아서 해결하거나 둘 중 하나를 하라는 거
지. 이런 방법에 대해 소개소들이 환영하고 있어. 그들은 서
로 가격 흥정을 하고 싶지 않고 고정 인솔자와 사업하기를
선호하더라고.

요즘은 (고용) 사장들과 연락을 하려고 해. 노동자들의 출신
지역과 합동으로 관리할 수 있는 방법이 뭐가 있는지 고민
중이야.

주임의 말은 두 번이나 중단되었다. 장시성 출신 노동자의 연말 임금 체불 사건을 중재하라는 지시 때문이었다. 인력소개센터는 계약서에 근거하여 당시의 소개소 사람을 불러왔고, 사장도 바로 불러왔다. 세 당사자는 대면 담판을 시작했다.

내가 조사한 바에 따르면, 홍차오에서 설립한 인력소개센터, 특히 이 센터의 일련의 관리 방법은 효과가 매우 좋았다. 성공의 열쇠는 노무 시장의 '연결망'의 특징을 제대로 포착한 데 있었다. 예를 들어, 인솔자를 통제하고, 인솔자와 소개소 사이의 안정적

러칭의 '노무 시장' : 개체업 인력소개소들이 이 건물에서 방을 임대하여 사업체를 운영하고 있다. 전국 각지에서 온 노동자들이 여기서 일자리를 찾고, 찾은 일자리를 따라 전국 각지로 흩어진다.

관계를 강화했다. 소중히 여길 만한 경험이었다.

1995~1996년 이후, 저장촌에는 세 번째 유형의 노무 시장이 출현했다. 저장촌에서 오래 일한 노동자들이 베이징에서 방을 잡고 가공업자를 대상으로 한 인력소개소를 설립한 것이다. 원저우의 인력소개소와 다른 점이라면, 이곳에서는 단기 노무 서비스만 제공했다. 보통은 3~4개월 단기 노무, 간혹 사장이 바쁜 날 하루 이틀 정도 쓰는 단기 노동자만 중개했다.

이 시장은 저장촌 가공업자 사이의 노동력 교환 관계에서 기원했다. 하나의 친우권에 속한 사람들이라고 해서 한가한 시간과 바쁜 시간이 모두 똑같은 것은 아니다. 다른 사람이 바쁠 때 나는 한가할 수 있기에 나의 '라오쓰'들을 다른 사람에게 빌려주는 일이 많았다. 어쨌든 고정 급여고 연말에 모두 정산한다. 라오쓰들은 한편으로 사장의 친구를 만나는 것을 통해 저장촌의 연결망 속에 들어갈 수 있었고, 다른 한편으로 이곳이 단기 근로자에 대한 수요가 크다는 정보를 알 수 있게 되었다. 앞에서 우리는 지역 사이에 형성된 의류사업 관계를 이용하여 '얼마나 빨리 만드는가'가 사업에 중요한 영향을 미친다는 것을 살펴보았다. 그러나 의류의 계절적 특성으로 인해 많은 인력을 유지하는 데 드는 비용 또한 만만치 않았다. 단기 노동력은 바로 이런 가공업체들이 필요로 했다.

마을 뒤편의 단지에는 후베이성과 장시성 출신 여성 여섯 명과 남성 세 명, 총 아홉 명의 라오쓰가 살고 있었다. 인솔자인 후베이 여성은 저장촌에서 3년 정도 일한 경력이 있다. 그녀는 자신이 이런 유형의 '노동자의 집'을 최초로 설립했다고 말한다.

사장의 친척이 일이 많아지면 우리더러 도와주라고 하는데
우리는 공평하지 않다고 생각해. 처음 계약했을 때 나는 너
와 계약을 했으니까 일이 많으면 내가 하는 건 당연하지. 그
런데 네가 나를 다른 사람에게 빌려주는 건 나는 납득할 수
없어. 여기 장사가 좋을 때도 있고 안 좋을 때도 있는데, 바
쁘다 하면 또 엄청 바쁘고 일이 없을 때는 또 시간이 많단 말
이야. 우리는 예전에 설이 지나 베이징에 돌아왔어. 상반기까
지는 거의 일이 없었거든. 일이 없는 날이면 사장이 엄청 뭐
라고 해. 꼭 마치 내가 공짜로 밥을 먹는 것처럼 말이야. (…)
월급도 1년에 딱 한번 받잖아. 우리도 이런 건 좋아하지 않
아. 사업이 적자가 나면 사장은 정해진 만큼 주지도 않아.
내가 이곳에서 3년을 일했는데 사장이 세 번 바뀌었어. 나는
실력이 좋은 편이야. 사장의 친척이나 친구들을 다 알아. 내
가 아는 '라오스'('라오쓰')도 적지 않아. 지금 나와 함께 있는
장시 출신 '라오스'는 예전에 같은 사장네 집에서 일했어. 작
년(1995)에 나와 내 친구들은 (저장촌에서 알게 된 다른 라오쓰,
그녀의 동향도 포함) 설에 원저우에 가지 말고 국경절까지 기다
렸다가 아예 베이징에 와 일자리가 있으면 일해서 돈을 벌자
고 상의했어. 건수로, 만드는 양에 따라 돈을 받는 거야.
지금 아홉 명인데, 여섯 명이 예전에 원저우 사람들 아래서
일했어. 그 밖의 세 명은 내 동향이고, 최근에 데리고 나왔

어. 당연히 (그들의) 돈을 안 받았지!

지금 일이 잘 풀리고 있어. 예전보다 나아진 것 같아. 집이나 일자리도 문제없이 구할 수 있어. 잘 아는 동네니까. 처음에 와서 여기 오래 산 사람을 먼저 찾아갔어. 그들이 도와준 거야.

1995년 내가 큰 매형의 집에서 만났던 안후이성 출신 여공이 바로 이런 유형의 노무 시장 사례였다.

그 외에 두 가지 새로운 유형의 노무 시장이 있다. 하나는 저 장촌에서 오래 일한 라오쓰가 자신의 동향을 직접 데리고 다니는 유형이다. 자신이 일했던 사장뿐만 아니라 그 사장의 친척의 일까지 한다. 사장은 이 인솔자에게 일정한 수준의 급여를 지급한다. 일종의 새로운 '노동력 사슬'인 셈이다.

다른 하나는 직접 베이징에서 인력소개소를 설립하는 경우다. 저장촌에는 이런 소개소가 세 곳이 있었던 것으로 나는 기억한다. 첫 번째 소개소는 1994년 무시위안에서 문을 열었는데 당시 펑타이 정부가 사업자등록증을 발급해주지 않아서 퉁현通縣의 등록증을 가지고 운영했다. 1995년의 폭풍(제8장 참조)으로 사라졌다. 두 번째는 덩촌에 있는 소개소였고 펑타이구 노동국의 지지를 받았다. 하지만 인솔자와의 관계 및 노동력 유치를 확대하는 데 어려움을 겪었다. 동시에 소개소와 사장의 집이 너무 가까워서 사장이 불만이 있거나 노동자가 불만이 있으면 하루가 멀다하고 소개소에 와서 중재를 요청했다. 소개소는 이들의 갈등을 중재하는 일이 가장 중요한 업무가 되었다. 이 소개소는 공동체 내의 '사회'(거물)와 밀접한 관계를 형성하지 못했기 때문에 분쟁을 해결하는 데 애를 먹었다.

우리는 이러한 새로운 유형의 노무 시장이 강한 연결망적 특징을 가지고 있을뿐더러 인력소개소보다 연결망 사슬이 짧고 효율적이라는 것을 알 수 있었다. 이러한 특징은 홍차오의 소개소들에 직접적인 충격을 안겼다. 1994년에 60여 개에 달하던 소개소는 1995년 말 23개, 1996년에는 19개로 줄었고 소개한 인력도 1만6000명 정도로 감소했다. 1994년, 1995년 당시 소개소 한 곳의 연간 평균 매출은 20만 위안이었는데 1996년이 되자 잘되는 소개소가 겨우 7~8만 위안, 일반 소개소는 3~4만 위안으로 감소했다. 그렇다고 해서 이런 변화가 지역사회에 큰 파장을 불러일으킨 것은 아니다. 소개소를 운영하는 사람들은 대부분 주부, 퇴직자 등이었고, 소개소는 네댓 명이 동업형태로 지분을 나누어서 일하는, 직원 내부의 관계가 일반적인 가족기업보다 훨씬 느슨한 사업체였다. 부부나 자매가 함께 사업체를 운영하는 경우는 거의 없었다. 이 사업을 가족의 주요 사업으로 생각하는 사람이 거의 없기 때문에 가정마다 한 명씩 모여 운영했다. 다른 이유는 소개소는 네댓 명이 동업하는 구조인데 이들 중 몇 명이 특별히 가까운 관계를 형성할 경우 다른 사람이 진입하기 어려워질 수 있기 때문이었다. 사업이 불경기면 적지 않은 소개소는 빠르게 합병하거나, 일부는 퇴출, 또 일부는 문을 닫는다. 이에 대해 특별히 의미를 부여하는 사람도 없다. 내가 1997년에 방문했을 때 도로 양쪽에는 이미 소개소가 온데 간 데 없어졌고 영업을 중단한 사람들은 다른 사업에 열중하고 있었다. 자발적으로 형성된 경제적 연결망의 신축성과 유연함이 얼마나 자유로운지 실감할 수 있었다.

자본 시장

원저우 방언 중 화폐와 관련된 단어로 '지폐鈔票' '자금資金' '자본資本'('본本') 등이 있다. 그런데 이런 단어 외에 '이식利息'('식息') (이자를 말함)이라는 단어가 일반인 심지어 가정주부의 일상 대화에 유난히도 자주 나온다. 예를 들어, '이식을 놓다'(여유 돈을 빌려주다), '이식을 먹다'(뜻은 비슷하지만 '이식을 놓다'처럼 이율을 강조하지 않음) 등의 표현이다. 이러한 단어들은 1980년대 초 전국적으로 소문난 원저우 사람들의 '개인 금고私人錢莊'와 함께 금융에 대한 이들의 수준 높은 이해를 말해준다.

저장촌의 자본 대출과 순환은 두 개의 층위가 있었다. 하나는 베이징의 저장촌 내에서 이뤄지는 친구와 친척 사이의 단기 무이자 대출이고, 다른 하나는 원저우 고향과 연결된, 민간 금융기관을 통한 융자다.

이 과정에서 사람들은 이구동성으로 친우의 중요성을 강조했다. 저장촌 사람들은 친우 사이에서 돈을 빌리는 편리함을 강조했다. 두 사람 사이에 돈을 빌릴 수 있는지 여부는 이 두 사람이 하나의 친우권에 속하는지 여부를 판단하는 주요 근거였다.

필요할 때 바로 돈을 빌릴 수 있는지 여부가 사업에 중요한 영향을 미쳤다. 저장촌에서는 거의 매일마다 이런 통화를 들을 수 있다. 모 가공업자가 며칠 뒤 허베이 등지에 가서 물건을 구입해야 하기 때문에 그와 합작한 판매업자들은 (그의 물건을 대리 판매한 사람) 이전의 거래를 모두 정산하기 바란다는 내용이다. 그러나 판매업자들이 항상 수중에 돈을 쥐고 있는 것은 아니기 때문에 당장 돈이 없으면 친우들로부터 빌리는 수밖에 없었다. 만약 이런 상황에 제때에 돈을 구하지 못하면 사업권 내에서의 평판과 향후의 합작 가능성에 직접적으로 영향을 받았다. 가공업자들도 마찬가지였다. 너무 자주 정산을 요구하면 '귀찮은 존재'로 여겨져 합작 파트너에서 멀어지게 된다.

특히 대형 업체들이 더 많이 해당되었다. 뒤에서 이야기하게 될 매대 '대전대大轉租'의 경우(제7장 참조), 돈을 빌릴 수만 있다면 수익성이 높은 사업도 본전 필요 없이 추진할 수 있었다. 리원후李文虎는 1997년에 새로 지어진 둥안시장東安市場에서 매대를 임대하고 싶었다. 사람을 찾아 겨우 자리 두 개를 구했을 때는 임대료 납부 기한과 매우 가까워진 시점이었다. 그는 친구 세 명으로부터 각각 20만, 30만, 50만 위안을 빌렸다. 큰 액수였지만 오늘 저녁에 친구와 이야기하고 모레 모두 손에 넣을 수 있었다. 돈은 보통 한두 달 정도 빌리는 것이 촌의 관습이었다. 리원후는 전혀 걱정하는 기색이 없었다. "내 돈도 지금 다른 사람 손에 많이 흩어져 있어. 사업하는 친구들이 빌려간 거야. 한두 달 이내에 이 돈을 먼저 돌려받아야 돼. 그리고 내가 나의 고객(그에게 대리 판매를 위탁한 가공업자)에게 한두 달은 정산을 하지 말자고 하면 돼. 보통 우리는 날짜를 잘 지키는데 가끔 연기하기도 해. 서로 단골이니까 신뢰가 있어."

저장촌 자본 체계의 특징은 자본 융자가 아닌 자본 흐름을 돕기 위해 기능하는 데 있다. 그렇다면 이곳에는 왜 실체적인 금융조직이 출현하지 않았을까? 우리는 저장촌 내부에 잠재적인 금융체계가 존재한다는 사실을 알아야 한다. 즉 대리 판매다. 대리 판매는 상품을 중심으로 하는 합작관계뿐만 아니라 서로 돈을 빌리고 빌려주는 매우 복잡한 자본사슬이기도 하다. 사람들은 보통 돈을 보지 못한다. 하지만 사업은 바로 이 돈 때문에 효율적으로 운영된다. 리원후의 사례를 보면 "대리 판매 전과 후(옷을 다 팔고 가공업자와 정산하기 전의 시간)에 돈이 있어, 나는 여기서 40만 정도를 사용할 수 있거든. 나의 작은 은행이야. 돈은 내 것이 아니지만 내가 사용할 수 있는 돈이지." 이 '채무사슬債務鏈'은 생산과 판매에 필요한 기초 재원을 해결해주었고, 일시적으로 출현하는 대출 관계는 전체 금융 체계가 더 잘 작동하도록 도와주는 보조수단임이 틀림없었다.

지상과 지하의 자본 흐름은 계 내부의 친우권과 사업권에 직접 적용되었다. 사업권은 '지하 흐름暗流', 친우권은 '지상 흐름明流'을 특징으로 했다.

그렇다고 해서 저장촌 사람들은 융자가 필요하지 않다는 것은 아니다. 사업이 적자가 나면 그들은 동산재기東山再起하기 위해 부득이 돈을 빌려야 한다. 이런 상황은 저장촌 자본 시장의 두 번째 층위와 연결된다. 즉, 고향에 돌아가 돈을 빌리는 방법이다.

고향에 돌아가 돈을 빌리는 방법은 세 가지가 있다. 첫째, 고향에 있는 친우를 찾아가 빌린다. 고향에 돌아가 빌리는 것과 저장촌에서 빌리는 것은 다르다. 비록 모두 친척이지만 이자도 절대 모호하게 하지 않는다. 하지만 현재 저장촌에서는 이런 방법이 점점 줄어들고 있다.

두 번째는 '중간자中人'를 찾는 방법이다. '중간자'는 두 가지 유형이 있다. 하나는 전문적으로 이 일에 종사하는 사람으로 보통 40~50대의 여성이다. 그녀들은 자신의 연결망을 이용하여 서로 다른 이자율로 빌리고 빌려주면서 그 차익을 가져간다. 이런 방법으로 오가는 돈의 규모는 상대적으로 적지만 이자율이 높다. 장점이라면 편리해서 누구나 이 방법을 이용할 수 있다는 것이다.

두 번째 유형의 중간자는 친구다. 이 친구는 주로 '얼굴 마담' 역할을 한다. 저 사람이 돈이 있다는 것을 알지만 내가 직접 돈을 빌려달라고 할 수 없고, 동시에 보증할 수 있는 것도 없을 때 친구 중간자를 찾는다. 중간자는 다음의 세 가지 조건을 갖추어야 한다. 첫째는 미래의 채무자와의 관계가 괜찮고 말이 통해야 한다. 둘째는 중간자도 어느 정도 돈이 있어야 한다. 부득이한 경우 채권자가 그로부터 돈을 돌려받을 수 있어야 하기 때문이다. 셋째는 사회적 위상이 있는 사람이어야 하고 무슨 일이 생기면 문제를 해결할 수 있는 능력이 있어야 한다. 이 세 가지 조건은 반드시 잘 결합되어야 한다. 만약 중간자가 채무자와 너무 가깝고 사회적으로 따르는 사람이 많으면 채권자는 주저하게 된다. 채무자가 돈을 갚지 못할 경우 중간자에게 가서 돈을 요구할 수 없을까봐 두렵기 때문이다. 채권자는 돈이 많고 정직한 중간자를 선호한다. 반대로, 만약 중간자와 채권자 사이가 가까울 때 채권자의 입장에서 중간자는 돈은 별로 없어도 '힘'이 있기를 바란다. 채무자가 돈을 갚지 못하면 특별 조치를 취할 수 있어야 하기 때문이다. 이 방법의 장점은 빌리는 금액이 상대적으로 크고 대신 이자율이 낮다는 것이다. 사업에서 적자를 본 사람은 전자의 방법, 사업 기반이 어느 정도 잡혀 있으면서 확장을 준비하는 사람은 후자의 방법을 선호하는 경우가 많다. 두 가지 대출 방법 모두 이자는 1년에 한 번만 지급하지만 이듬해부터는 이자의 이자가 붙는다. 이자율의 변동은 국가은행의 이자율 변동과 연동되지 않고 대신 사람들 사이에서 공유되는 '사회적 상황'을 따른다. 즉 사업이 잘 된다거나 사회가 비교적 혼란스러우면 이자율은 모두 올라간다.

고향에 돌아가 돈을 빌리는 세 번째 방법은 현지의 '회會'를 이용하는 것이다.

'회'는 전 세계적으로도 매우 흔한 금융 현상이지만, 내가 수집한 자료에 근거하면 원저우의 '정회呈會'는 관계가 가장 복잡한 회 중 하나라고 볼 수 있다.

장씨가 1985년에 조직한 10인 '5만회'를 보도록 하자.

1985년, 사업에서 손해를 본 장씨는 춘절에 아내와 함께 고향에 돌아가 회를 결성했다. 그의 아내가 나서서 사람 열 명을 동원했다. 모두 여성이었다. 정월 초아흐레, 사람들을 모두 불러놓고 첫 '정기 회의例會'를 열었다. 장씨의 아내가 사전에 집집마다 다니며 입회 동의를 구했고, 동시에 사람들에게 원하는 입회 순번도 물어봤다. 이에 따라 그녀는 1번, 2번, 그리고 마지막 두 번째 또는 3번째의 세 개의 순번을 확정했다. 마지막 두 번째 또는 세 번째에는 그녀의 사촌 여동생이 배치되었다. 그 이유는 사촌 여동생의 집이 경제적으로 어려웠기 때문이었다. 순번이 뒤로 갈수록 더 많이 벌 수 있는 동시에 리스크도 더 커진다. 친척은 외부인에 비하여 리스크에 둔감하다. 식사 전, 서로 양보 끝에 사촌 여동생이 마지막 두 번째 위치에 배치되었다.

3, 4, 5, 6, 7, 8, 10을 적은 종이를 술상에 올려놓고 제비뽑기를 시작했다. 제비뽑기 전에 이미 1번을 배정받은 사람은 며칠 뒤 7250위안을, 2번은 6750위안을 출자하고, 다른 사람들은 뽑은 숫자에 근거하여 출자했다. 금액은 500위안을 기준으로 일정 비율에 따라 결정되었다. 사촌 여동생은 3250위안, 10번을 뽑은 사람은 2750위안을 출자하게 된다. 이 금액을 모두 합치면 5만 위안이다. 이는 모임을 조직한 사람이 한 번에 얻을 수 있는 돈의 규모로서 '5만회'라고 부르는 이유이기도 하다.

6개월이 지난 7월 초아흐레, 사람들은 1번의 집에 모였다. 1번도 관례에 따라 '회우會友'를 초대하기 위해 연회를 준비했다. 사람들은 출자금을 가져왔다. 장씨의 아내는 7250위안, 다른 사람들도 지난번과 같은 금액이었다. 이번은 1번이 수금했다. 사람들이 같은 금액을 냈기 때문에 그녀도 5만 위안을 받았다.

또 6개월이 지난 1986년 정월, 그녀들은 2번의 집에 모였다. 이번에는 2번이 돈을 받을 차례였다. 장씨의 아내가 2번에게 돌려줘야 하는 금액은 1년 전(첫 번째 모임) 2번이 출자한 6750위안이다. 1번을 제외하고 남은 사람들은 모두 지난번과 똑같은 금액을 출자했다. 하지만 1번은 2번에게 6개월 전에 자신한테 준 6750위안을 '돌려'줘야 할 뿐만 아니라 이 6개월 동안의 이자까지 줘야 했다. 원저우에서 유행하는 이자는 보통 월 2편分[0.02위안]이다. 이럴 경우 6750×(1+0.02×6)=7560, 즉 2번에게 총 7560위안을 주면 된다.

이런 방식으로 모임을 이어갔다. 매번 돈을 받는 사람이 자기 집에 사람들을 초대하여 연회를 열었다. 돈을 아직 못 받은 사람의 경우 매번의 출자 액수는 하나의 상수였기에 마지막 순번으로 배정된 사람은 계속 2750위안을 출자한다. 이미 돈을 받은 사람들은 다음번부터는 다른 사람에게 돈을 '갚'아야 하는데 이때 이자와 함께 갚는다. 본질적으로 이는 차례로 빌리고 차례로 갚는 관계였다. 장씨의 아내는 이렇게 요약했다. "네가 돈을 빌려줄 때는 매번 (돈을 받을 차례가 오기 전까지 돈을 빌려주는 것을 의미) 같은 금액을 빌려주고, 네가 돈을 갚을 때는 한 번에 한 사람만 이자를 붙여 갚으면 돼."

우리는 아래의 표로 설명할 수 있다.

표의 +는 돈이 들어온 것, −는 돈이 나간 것을 의미한다. 대각선은 한 사람이 매번 받는 돈이고, 대각선 아래는 한 사람이

'갚는' 돈이다. 매 행마다(매번의 정기 모임), 사람들이 돈을 갚아야 하는 대상자는 똑같다. 즉 돈을 받는 사람이다. 하지만 사람들이 출자하는 액수는 조금 다르다. 그 이유는 사람들이 이 돈을 받는 시간이 다르기 때문이다. 순번이 앞에 놓일수록 돈을 일찍 받고 지불해야 하는 이자도 많다. 대각선의 위쪽은 '빌려준' 상황이다. '——'는 앞의 정기 모임(표에서 같은 줄, 위 쪽 행)과 같다는 뜻이다.

우리는 다음의 공식으로 매 회의 모임에서 한 사람이 가져갈 수 있는 돈의 액수와 전체 회의 구성을 설명할 수 있다.

$$\{\chi \times [(n-1) + 0.02 \times 6 \times \sum_{i=1}^{n-1} i]\} + \{\chi \times (11-n) - 500 \times \sum_{i=1}^{n-1} i\}$$

수식은 두 개의 부분으로 구성되었다. 앞의 대 괄호({ }가 중국에서는 대괄호, [ ]는 중괄호 임) 안의 내용은 매번 돈을 거둘 때 다른 사람이 '갚은' 돈, 뒤의 수식은 다른 사람이 그에게 빌려준 돈이다. 수식 중 χ는 매번 다른 사람에게 빌려준 돈, n은 그 사람의 순번(조직한 사람의 순번은 0번)이다. χ와 n은 고정적인 관계다. 예를 들어, '5만회'에서는 $\chi=2750-(n-1) \times 500$이다. '0.02×6'이라는 상수가 나오는 이유는 매달 2편의 이자율을 6개월에 한 번씩 계산하기 때문이다.

페이샤오퉁은 『강촌경제江村經濟』에서 '요회搖會'를 설명했다. 요회와 정회의 기본 논리는 비슷하다. 즉 둘 다 사람들이 돌아가면서 돈을 저축하고 돌려준다. 조직자에게는 특별한 혜택이 주어지고, 다른 참여자들은 가능한 평등하게 이익을 나눈다. 모든 상황에서 전체 회원들은 두 그룹으로 나뉠 수 있다. 한 그룹은 이미 돈을 받았고 앞으로 돈을 갚아야 하는, 즉 채무자, 다른 한 그룹은 아직 돈을 받지 못하고 앞으로 계속 출자해야 하는 저축자다. 요회와 정회의 최대 차이점은 다음과 같았다. (1)정회는 한 번에 한 사람을 상대하기 때문에 돈을 갚는 사람은 자기가 누구에게 본전과 이자를 함께 갚았는지 분명하게 알고 있고, 저축하는 사람도 누구에게 돈을 출자했는지 분명하게 알고 있다. 하지만 요회는 '여러 명衆裏'을 상대하는, 매번 돈을 받은 사람이 이자를 기금에 넣어두고, 매번 상환할 금액이 정해져 있는 일종의 공동 기금과 유사하다. (2)요회의 기금 총액은 횟수에 따라 변하지 않는다. 이렇게 하면 뒤로 갈수록 이자를 내야 하는 사람이 많아지면서 아직 돈을 받지 못한 채 기금에 출자하는 1인당 출자액이 줄어든다. 만약 요회도 위의 표처럼 만들면, 대각선 아래쪽은 동일하지만 위쪽은 열에 따라 달라지고, 아래로 내려갈수록 숫자가 작아진다. 즉, 각 개인이 출자하는 돈은 시간이 지나면서 줄어들지만 돈을 받지 못한 모든 사람이 출자하는 금액은 여전히 동일하다.

만약 순전히 경제적인 관점에서 본다면 정회는 요회보다 장점이 더 많다. 일단 논리가 간단명료하다. 페이샤오퉁이 제시한 사례를 보면 모든 사람이 매번 70위안을 받아야 하지만 마지막 네 번째 모임에 가서는 사람들이 70위안보다 많은 돈을 받게 되므로 이 문제를 해결할 방법을 찾아야 했다. 더욱 중요한 것은 페이

정화의 수입과 지출

시간 \ 인원	장씨	1	2	3	4	5	6	7	8	9	10
1985.1	+50000	−7250	−6750	−6250	−5750	−5250	−4750	−4250	−3750	−3250	−2750
1985.7	−7250	+50000	—	—	—	—	—	—	—	—	—
1986.1	−6750	−7560	+50310	—	—	—	—	—	—	—	—
1986.7	−6250	−7750	−7000	+50750	—	—	—	—	—	—	—
1987.1	−5750	−7820	−7130	−6440	+51140	—	—	—	—	—	—
1987.7	−5250	−7770	−7140	−6510	−5880	+51300	—	—	—	—	—
1988.1	−4750	−7600	−7030	−6460	−5890	−5320	+51050	—	—	—	—
1988.7	−4250	−7310	−6800	−6290	−5780	−5270	−4760	+50210	—	—	—
1989.1	−3750	−6900	−6450	−6000	−5550	−5100	−4650	−4200	+48600	—	—
1989.7	−3250	−6500	−5980	−5590	−5200	−4810	−4420	−4030	−3640	+42890	—
1990.1	−2750	−5720	−5390	−5060	−4730	−4400	−4070	−3740	−3410	−3080	+42350

샤오퉁도 이미 지적했듯이 요회는 사람들이 돈을 사용할 계획을 사전에 미리 분명하게 준비할 수 없는 반면 정회는 첫 번째 정기 모임에서 제비뽑기를 하거나 협상에 의해 순번이 결정되면 모든 사람이 계획을 세울 수 있다. 예를 들어, 마침 돈을 빌려줄 곳이 있거나 수중에 급전이 필요한 경우 앞의 순번을 요구하고, 위에서 언급했듯이 가정형편이 어려운 사람은 순번을 '뒤로 뺐다.'

상상력을 더욱 자극하는 것은 정회가 어쩌면 대인관계에 대한 또 다른 이해의 가능성을 제공한다는 점이다. 그것은 여러 사람 사이의 '공공성公共性'보다 각각의 개인을 강조하고 있었다. 모든 사람이 자신의 이익이 어디에 있는지 정확히 알고 있고, 각자는 자기가 얻은 이익들의 차이를 계산할 수 있다. 따라서 다음에 다시 만나면 다른 방식으로 이를 보상할 수 있다. 원저우 사람들은 '공공'이라는 막연한 개념을 받아들이는 것을 매우 꺼려한다. '공공'이라는 추상적 개념은 꺼리지만 함께 해야 한다는 인식을 공유하는 이들의 특징을 통해 나는 '관계총' 개념을 연상할 수 있었다.

정회는 또한 더 복잡한 방식으로 활용될 수 있다. 정회를 조직한 사람은 더 이상 도움이 필요한 사람이 아니고, 참가자들도 그들의 친척이나 친구를 도와주는 것만을 목적으로 하지 않을 수 있다. 이 회를 조직하는 목적은 자본을 조직하여 다시 외부로 대출함으로써 일종의 '농촌 금융가 클럽農村金融家俱樂部'을 만드는 것이다. 예를 들어, 한 사람은 수중에 3만 위안밖에 없고 이 돈으로 할 수 있는 일이 많지 않다. 만약 이 사람이 '5만회'에 참가하고, 또한 첫 번째 순번을 배정받으면 그녀는 7250위안을 출자한 후 반년 뒤에 5만 위안을 받게 된다. 돈을 받으면 바로 2.5편 또는 3편의 연 이율로 다른 사람에게 빌려준다. 세 번째 정기 모임에서 그녀가 내야 하는 돈은 그녀의 채무자로부터 받은 돈이면 충분했다. 원저우에서 사람들은 회의 횟수를 가리킬 때 '잔盞'이라는 단어를 사용한다. 사람들 사이에서 이런 말이 자주 오간다. 네가 조직한 회는 몇 잔이고 참가한 회는 몇 잔이야? 한 사람이 회에 참가한 '잔'수가 많을수록 그녀가 움직일 수 있는 자본의 규모가 크다는 것을 의미한다. 이것이 위에서 말한 직업 '중간자'의 자금 출처 중 하나다.

1980년대 초중반, 정회와 중간자의 형성과 함께 '대회抬會'도 파생되었다. 입회를 하고자 하는 사람에게 1마오毛[0.1위안] 심지어 월 몇 십 마오의 이자율을 적용했다. '대회'의 '대'는 이자율을 끊임없이 '높게 들어 올리다'라는 뜻이다. '대회'는 다단계 식의 피라미드 구조로 발전했다. 고위층의 조직자가 여러 개 그룹의 사람(여러 개 회)을 장악하고, 아랫돌을 빼서 윗돌을 괴는 방식이었다. 초기에는 약속한 이자율대로 지급하지만 일정한 기간이 지나면 피라미드 상층의 사람들이 자본을 들고 도주하고, 돈을 갚아야 할 중간층의 사람들도 도주한다. 이럴 경우 전체 체계는 붕괴되고 사회적 혼란이 야기된다. 전국적인 뉴스거리가 되기도 한다. 류저보가 1983년 '회가 망했다'고 한 말이 바로 이 회를 말한다.

'본가'인가 '고향'인가?

1990년대 후반에 이르러 저장촌의 이동성은 '사슬형 이동'에서 '집단형 이동mass migration'으로 변화했다. 한 지역의 소수의 사람들이 이주의 선례를 만들면 그 지역에서 반자동적으로 이주가 계속된다는 의미의 '집단형 이동' 개념은 피터슨(Petersen 1958)에 의해 처음 제안된 것으로 추정된다. 집단형 이동에서의 의사결정은 개인의 비용편익 계산이 아니라 '사회적 모멘텀social momentum'에서 비롯된다. 류저보는 이렇게 말했다. "우리는 항상 베이징이 고깃덩어리라고 생각했기 때문에 처음에는 다른 사람들에게 알려지지 않기를 원했어. 그런데 1987년이 되자 더 이상 숨길 수 없게 되었고, 사람들이 몰려들기 시작한 거야." 1996년 훙차오진의 통계에 따르면, 진에는 총 2만4581가구, 8만8293명의 인구가 있었다. 노동력 3만3567명 중 외출 노동력은 1만429명, 그중 다른 성으로 이주한 사람은 9720명이다.

1991년, 고향을 떠날 당시 이미 56세였던 첸젠루錢建陸는 흥미로운 이야기를 들려줬다. "1991년에 엄청 많이 나갔잖아. 말투까지 다 바뀌었어! 예전에는 사업이 어떠냐고 물어보면 겨우 먹고 사는 수준이고, 장사가 힘들다고 했어. 돈을 벌어도 제대로 말하지 않더라고. 꼭 마치 우리가 그 사람들 장사를 빼앗기라도 할 것처럼 말이야. 그런데 지금은 아니야. 어떤 사람은 오히려 정반대야. 적자가 났는데 돈을 벌었다고 해. 밑졌다고 하면 그 사람을 가리켜 능력이 없다고 하니까 그래! 남들 다 돈을 버는데 너는 왜 이 모양이야? 이런다고."

　집단형 이동은 고향과 베이징의 저장촌을 더욱 직접적으로 연결시켰다. 앞에서 언급한 자본 시장과 노무 시장의 형성은 두 지역 간의 이러한 연결과 떼려야 뗄 수 없는 관계였다.

　1994년 춘절, 나는 러칭으로 돌아가 함께 원저우에 돌아간 저장촌 친구의 집에 머물렀다. 이 친구는 홍차오진 첸자양촌錢家垟村 사람이다. 이 촌에는 총 200가구, 천 명 가까운 사람들이 살고 있었고 1994년까지 600여 명이 외지에서 사업했다. 그 중 80퍼센트가 베이징에 갔고 나머지는 스자좡, 타이위안 등 도시에서 의류와 원단 제조업에 종사했다. 이 친구의 집에 머무는 동안 나는 그의 생활 패턴에 적응하느라고 고생이 이만저만이 아니었다. 그는 낮 12시까지 자고, 밥을 먹고 나가 놀고, 마작을 하고, 비디오를 보는 등 하지 않는 것이 없을 정도로 새벽 4~5시까지 놀았다. 그런데 나의 이 친구는 저장촌에서는 유명한 '일 중독자'였다. 오기 전에 그는 '집에 가면 신나게 놀 거야!'라고 말하면서 1년간의 고된 노동에 대한 자기 보상을 하겠다고 했다.

　조금 나이가 많은 사람들도 별반 다르지 않았다. 진이나 현에서 회식하지 않으면 촌에서 이 집 저 집 다니면서 마작을 하고 술을 마셨다. 함께 모인 사람들은 전부 전국 각지에 흩어져서 장사하는 어릴 적 친구들(동년배)이었다. 진이나 현에서 모이는 이유는 유흥시설 때문이었다. 1997년 춘절, 열흘 넘게 연속으로 술을 마신 탓에 위장 발작을 일으켜 피를 토하고 병원에 입원한 사람도 있었다.

나는 부득이 '유수 가정'〔농촌에 남겨진 노부부 가정〕으로 옮겨야
했다. 이 집은 다섯 식구다. 큰아들은 대학을 다니고 있고 대학
만 바라보는 작은아들은 고등학교 재학 중이다. 집 주인은 이렇
게 말했다. "우리 집은 애들은 모두 학교에 다니고 있어, 애들을
먼저 잘 키워야 돼." 아들이 말했다. "우리가 만약 학교에 다니지
않으면 그들(외지에 나간 동년배)과 똑같이 되는 거야."

이 가족의 하루 일과를 통해 나는 저장촌과 발원지 공동체의
관계를 더욱 자연스럽게 이해할 수 있었다.

아침 6시, 안주인은 아침을 차려놓고 진의 공장에 일하러 나
갔다. 그녀는 비록 거기서 일하는 노동자는 아니지만 종종 아르
바이트나 허드렛일을 하러 나갔다. 한 달 내내 이런 일을 하면
500위안 정도를 벌 수 있다. 남편은 촌에서 배를 운전하는데, 어
제 서쪽 끝자락의 류시진에서 모래와 자갈을 싣고 훙차오까지
가서 집을 짓는 사람에게 팔았다. 오늘은 일이 없다.

오전, 이웃 마을의 사촌 여동생이 남편을 찾아와 3만 위안을
빌려달라고 했다. 아들이 누군가와 동업하여 사오싱의 커차오에
서 원단사업을 시작한다고 했다. 커차오에서 사업을 시작하려면
보통 수백 만 위안의 자본금이 필요했다. 사촌 여동생의 아들은
다른 다섯 명과 함께 주당 50만 위안, 총 200만 위안을 모았다.
돈을 어떻게 가지고 갈 것인가 논의하는 데만 반나절이 걸렸다.

남편은 돈을 빌리러 아내의 남동생 집에 갔다. 이식은 2.5펀
이다. 작년에 커차오에서의 장사가 엄청 잘 되어 집집마다 돈을
번 덕분에 커차오에서 사업을 위해 돈을 빌리는 일은 어렵지 않

왔다. 점심, 아내의 남동생은 돈을 들고 찾아왔다.

오후, 남편의 조카 한 명이 놀러 왔다. 그는 1991년에 중학교를 졸업하고 고등학교 시험에 응시했지만 실패했다. 이웃과 함께 베이징에 가서 매대를 하고 싶다고 했는데 아버지는 그가 너무 어리다는 이유로 동의하지 않았다. "요즘 열 몇 살, 스무 살인데 큰돈을 번 사람들이 널렸어. 나는 2년째 일하고 있는데 계속 안 된다고 하는 거야!" 아들은 아버지가 보수적이라고 불평했다.

저녁식사가 끝난 후, 이웃에 사는 한 부부가 찾아와 어젯밤 마을 동쪽 다리에서 벌어진 싸움에 대해 이야기했다. 쌍방은 베이징에서 경제 문제로 갈등을 빚었고 고향에 와서 아는 사람들을 다 불러 한바탕 주먹다짐을 했다고 한다.

9시가 조금 지나 라싸에서 옷을 만드는 먼 친척이 찾아왔다—그도 남편에게 돈을 빌려달라고 찾아왔다. 이렇게 많은 사람이 이 유수 가정을 찾아 돈을 빌리려고 하는 이유는 두 가지였다. 첫째는 이 가족은 다른 곳에 거의 투자를 하지 않기에 자금을 동원할 수 있는 여유가 있다는 것, 둘째는 이주하는 다른 가족에 비해 이 가족은 안정적이라는 것. 즉, 문제가 생기면 금방 찾을 수 있기 때문이었다.

흥미롭게도 이 촌의 촌위원회 주임(촌장)과 촌 당서기도 베이징에 있었다.

우리는 이미 앞에서(제5장) 촌장 첸아무의 이주 경험을 살펴보았다. 1984년 취임한 지 얼마 되지 않았는데 사촌동생이 그에게 나갈 수 있으면 나가는 게 좋다고 제안했고, 촌장인 그 자신도 한번 시도해볼 만하다고 생각했다. 향 정부는 그가 주어진 역할을 잘 완수하고, 문제가 생겼을 때 해명만 잘 하면 나가도 아무 문제없다고 했다. 11월, 늦벼 수확을 끝내고 겨울 모내기 준비를 마친 후 이 촌장은 베이징으로 향했다. 설에는 고향에 돌아오자마자 밭갈이와 모내기로 바삐 보낸 탓에 외지에 나갈 수 없었다. "몇 년은 계속 그랬어, 나 혼자. 두 달 농한기에는 베이징에 갔어."

그는 자녀에게 재봉을 배우게 했고 1987년에는 가족을 데리고 베이징에 갔다. 그해부터 1년에 두 번 정도 고향에 돌아왔다. 한번은 3월 올벼 수매 때문에 왔고 11월에는 당원민주회의에 참가하기 위해서였다.

첸아무는 외지에 나간 후 촌장직 사직서를 몇 번 제출했지만 촌민위원회는 수락하지 않았다. 그들은 사람들이 당신을 선출한 이유는 당신이 일을 잘하고 있다고 보기 때문이고, 촌장을 역임하는 것과 외지에 나가는 것은 별개의 문제라고 말했다. 1995년, 촌민위원회 일곱 명 중 네 명이 외지에 장기 거주 중이었다. 촌에는 10여 명의 당원이 있는데 남아 있는 사람은 서너 명뿐이었다.

하나의 향토사회에는 수많은 사람이 태어나고, 자라고, 죽어 묻혀 있다. 바구니 안에 꽉 찬 게처럼 그들은 서로 얽히고설켜 그들만의 견고한 관계를 형성했다. 이제 이 바구니 안의 게가 대부분 밖으로 나갔으니 이 공동체는 이제 하나의 빈 바구니가 되는 것이 아닐까? '촌'은 지역적 개념으로만 남을 뿐 사회학적 의미를 상실하고 있는 것은 아닐까?

이 질문의 답을 찾는 가장 쉬운 방법은 이곳의 '공공사업'을 살펴보는 것이다.

우선, 촌의 행정조직이 마비되지 않았다. 촌 간부들은 해마다 한두 번 회의를 개최했다. 촌장이 소집한 이 회의는 계획생육, 촌의 '삼면광三面光' 수로 건설, 도로 건설, 논두렁 건설 등을 의논했다. 이는 고향에서 하던 회의와 별반 차이가 없었다. 보통 촌에는 부촌장이 남아 있는데 중요한 일이 생기면 베이징에 연락하는 역할을 했다.

첸자양의 좁은 흙길은 트랙터도 다닐 수 없을 정도로 상태가 나빴다. 1992년, 사람들이 도로 공사를 제안했고, 1992년 말 촌민위원회는 회의에서 1993년 음력 11월에 시공을 시작하기로 결정했다. 동시에 촌당위원회 위원, 촌민위원회 위원, 촌의 일반 당원은 공사 기간 전부 고향에 돌아와야 한다고 규정했다.

이후 촌장과 서기는 음력 11월의 추운 날씨는 시멘트 타설에 도움이 되지 않기에 도로 건설은 양력 10월 이전으로 앞당겨야 한다고 베이징에서 결정했다. 가을이 시작되자마자 그들은 베이징에 있는 간부들을 불러 촌으로 돌아갔다. 스자좡에서 매대를 임대한 주택 설계사도 함께 돌아가야 했다. 양력 10월은 의류판매의 성수기인데, 촌의 공사는 두 달 동안 해야 해서 경제적 손실이 막대했다. 촌의 사람들은 어쩔 수 없이 네이멍구에서 매대를 임대한 민병대 중대장에게 전화를 걸어 설계사가 해야 할 일을 대신 맡아달라고 부탁했다. 촌에서는 두 사람의 왕복 비행기표, 연체 및 공사 기간의 인건비 등을 지급하려고 했지만 그들은 촌의 공공사업이고 기꺼이 해야 하는 일이라면서 한 푼도 받지 않았다. 전체 공사 기간 촌 간부들은 단 한 푼의 보수도 받지 않았다. 이 도로는 약 5킬로미터, 투자 금액은 20만 위안이었다.

1993년, 촌은 5.7만 위안을 모금하여 초등학교를 리모델링했다. 이 모금액 중 2.1만 위안은 당시 자금이 매우 부족했던 베이징에서 왔다. 사실 촌에서 모금한 3.5만 위안도 과거 베이징에 있었던 사람들이 부친 돈이었다. 촌에는 많은 아이가 노인과 함께 남아 있었다. 첸자양 사람들은 이 아이들을 잘 키우는 것이 무엇보다 중요하다는 것을 잘 알고 있었다.

내가 도착한 첫 날, 마침 촌민위원회는 회계 정산을 하고 있었다. 작년 한 때 '윗분'들이 주택부가비용房基費〔부동산 기초시설 비용이라고도 한다. 보통 부동산과 연결된 도로, 식수, 가스, 오수 등 시설에 투입된 비용을 말한다〕을 폐지하겠다고 했다가 다시 말을 번복하는 바람에 촌에서는 부득이 공적금公積金〔도시 거주 및 재직 중인 사람들이 부동산 구입을 위해 일정 금액을 장기 저축하는 제도를 말하는데, 이 책에서는 이런 뜻으로 사용했다기보다 촌민들이 공적 사업을 위해 자발적으로 모금한 돈을 가리키는 것으로 볼 수 있다〕을 먼저 사용할 수밖에 없었다. 공적금의 구성과 각 가구가 내야 하는 주택부가비용의 비율이 일치하지 않았기 때문에 정확하게 계산해야 할 필요가 있었다. 오전에 회계 정산을 하고, 오후에 촌민 대표 세 명을 선정했다. 회계사가 장부를 가지고 집집마다 다니면서 수금을 했고, 촌민 대표가 돈을 모아 대표로 냈다. 촌장은 "촌의 회계는 1년에 한 번씩 정산해야 하고, 모든 사람이 명확해야 하고 또한 모든 사람에게 책임져야 해"라고 말했다.

첸쟈양에는 논 625무가 있다. 대부분 장시성, 쓰촨성과 현지 산촌에서 온 농민들에게 임대했다. 몇 년 전까지만 해도 농업세와 국가의 수매 외에 임차인은 임대인에게 구량口糧[한 사람의 1년간 필수 식량] 200~300근을 지급해야 했다. 1992년부터 임대인은 더 이상 구량을 받지 않았고 오히려 임차인에게 토지 1무당 연간 100~200위안의 보조금을 지급했다. 1993년 말, 촌은 도로 공사에서 남은 일부 공적금과 토지 임대료를 합쳤다. 이로 인해 외지에 나간 촌민들은 더 이상 토지에 들어가는 비용을 지불하지 않아도 되었고, 동시에 토지로부터 수익을 내지 않아도 되었다. 촌에서 여전히 농사짓는 사람들에 대해서 촌민위원회는 그들이 다른 산업으로 전환할 수 있도록 지지하고 동시에 그들이 내야 할 다양한 비용도 면제해주겠다는 태도를 보였다.

나는 도로변에 건설 중인 매우 고급스러운 건물을 보았다. 부지 면적 400여 제곱미터, 4층짜리 건물이고 철제 대문 네 개가 서로 독립적으로 설계되었다. 촌에 있는 네 가족이 함께 지은 주택인데, 세 가족은 베이징의 저장촌에 있고, 다른 한 가족은 돼지 무역업을 한다고 사람들이 알려줬다. 그들은 가구당 10여 만 위안을 투자했다. 한 가구주는 나에게 이렇게 말했다. "돈을 벌면 당연히 고향에 집을 짓고 싶지. 외지에서 우리는 돼지를 팔고, 운송업을 하거나 다 각자 방식으로 살고 있지만, 그래도 우리는 같은 촌 출신이잖아."

촌에서 가장 먼저 베이징에 갔고 사업도 가장 크게 하는 사람은 첸룽광錢榮光이다. 최근에 집을 짓지는 않았지만 촌의 도로 공사를 위해 3만여 위안을 기부했다.

1997년 융자현의 한 농촌, 나는 초대를 받아 절에서 하는 연극을 보러 갔다. 베이징의 가공업자들이 고용한 연극단이었다. 1995년 이 가공업자들은 패거리들한테 강도를 당한 후 춘절 기간에 매일 절에 가서 부처님의 보우를 기도했다. 1996년, 운이 180도 바뀌었고 돈도 많이 벌었다. 그들은 이런 방식으로 부처님에게 고마운 마음을 전했고 사람들도 초대했다. 외지에서 나쁜 일을 당하든 좋은 일이 생기든 고향에서 총화하고 좋은 운이 따르기를 빌었다.

1994년, 나는 세 명의 촌민에게 똑같은 질문을 했다. "앞으로 다시 돌아올 계획이 있어?" 모두 망설임 없이 그렇다고 답했다. 다시 물었다. "돌아와서 무엇을 할 생각이야?" 상대는 모두 적절한 답을 찾지 못하고 있었다. 한 명은 "그건 늙은 다음에 볼 일이야"라고 했고, 다른 한 명은 "외지에서 잘 나가지 못하면, 돌아와서 할 일은 그때 가서 봐야지. (…) 지금은 당연히 돌아오지 않지"라고 말했다. 세 번째 사람은 동문서답 같았지만 의미 있는 대답을 했다. "나는 항상 집에 있을 때가 좋다고 느껴. 지난 몇 년은 춘절에 오지는 않았지만 물건을 구입하러 다니다가 근처를 지나가면 에둘러서라도 들러보거든. 부모님과 자녀가 모두 여기에 있으니까."

인터뷰에 응한 이 세 명의 당황한 표정에서 하나의 현실 문제를 유추할 수 있었다. 만약 그들이 정말 다시 고향에 돌아온다면, 지금과 같은 이미 만들어진 경제적 기회를 촌에서 찾을 수 있을까?

첸자양촌에는 열 가구 정도만 여전히 가업을 이어가고 있을 뿐 다른 집들은 전부 토지를 임대해주었다. 이들 중 10여 가구 는 모돈 사업(상하이 양돈장에서 돼지를 구입하여 훙차오에 가져가 는, 소규모 모돈 시장)에 종사했다. 세 가구는 트랙터를 구입하여 운송업에 종사했고, 주 고객은 마을 및 인근 마을의 공장과 집 을 개보수하는 촌민들이었다. 촌에는 또한 잡화점 세 개가 있었 는데 모두 104국도 주변에 위치했다. 마을 주민뿐만 아니라 국도 를 지나가는 사람들이 주 고객이었다. 그중 두 개는 경증 장애인 이 주인이었다.

촌에는 기업이 네 개 있다. 한 곳은 명목상 촌에서 운영하는 것으로 되어 있지만 사실은 1982년에 문을 연, 여섯 명의 촌민 이 지분을 나누어 가진 기업이다. 현재 이 여섯 명 주주의 가족 은 모두 외지에 나가 있고, 주주 몇 명이 돌아가면서 '당직'을 서 고 기업을 관리한다. 앞에서 언급한 촌에 남아 있는 부촌장 직 책은 그들이 차례로 맡았다. 나머지 세 기업은 사영 기업이고, 소유주는 모두 현성 혹은 진의 공장에서 퇴사를 했거나 무급으 로 직장을 다니는 현지인이다. 노동자는 주로 마을을 '떠나지 못 한' 현지와 인근의 촌민이다. 공장의 수익성이 좋지 않기에 노동 자로 일하는 것은 좋은 직업이 아니었다. 다른 성이나 현지의 산 간 지역에서 이주한 농민들은 '남경여공男耕女工', 즉 남성은 밭을 임대하여 경작하고 여성은 노동자로 일했다.

촌의 경제 구성을 보면, 기본적인 생활을 유지하는 데 필요한 소규모 상업을 제외하면 공동체가 소유하거나 경영하는 2차 및 3차 산업이라고 부를 만한 것은 없었다. 전체 촌의 경제 중심은 이미 대부분 마을의 외부로 옮겨졌다.

러칭의 한 간부는 예전에 베이징의 저장촌에서 나에게 이렇게 말했다. "이 사람들이 돌아가면 안돼! 다른 거 다 떠나서 돌아가도 러칭의 길거리는 이렇게 많은 사람을 수용할 수 없어. 일자리도 없는데다가 할 일도 없이 다녀봐. 세상이 뒤집어질 걸? 치안이 문제가 된단 말이야. 거기는 원래부터 땅이 적고 사람이 많은데다가 교통까지 불편하니, 외지로 사람들이 좀 나오는 건 당연한 거야!"

현실적으로 고향에 돌아가는 것은 어렵지만 '돌아간다'는 생각은 여전히 모든 사람의 마음속에 자리하고 있었다. 집은 본가에 짓고, 본가의 공공사업 발전에 적극 참여하는 등 자신이 실제로 살아 있다고 느낄 수 있는 곳이 본가뿐이었다. 출신지는 그들에게 점차 '본가家'도 아니고 '고향家鄕'도 아닌 것이 되어갔다. 출신지는 의식 속의 '본가'일뿐 현실에서는 돌아갈 수 없는 '고향'에 더 가까웠다. 현실과 의식 사이의 이러한 단절이 오늘날 중국의 인구 이동의 한 가지 특징이 아닐까 생각한다.

가족의 재편

앞에서 우리는 이주가 유출지의 공동체에 어떤 영향을 미쳤는지에 대해 이야기했다. 그렇다면 집단형 이동은 중국 농촌사회의 또 다른 구성 요소인 가족에 어떤 영향을 미쳤을까?

첫째, 우리의 생각과 마찬가지로 가족은 사슬형 이동과 집단형 이동 모두에 중요한 영향을 미쳤다. 첸자양에서 가장 많은 성은 첸錢씨이고 세 개의 방房[가족의 갈래]으로 구성되었다. 두 번째로 많은 성은 자賈씨, 방은 한 개 이상이지만 각 방의 사람들이 많지 않아 관혼상제의 모든 의식을 함께 치른다. 세 번째로 많은 성은 양楊씨, 방은 하나다. 촌의 사람은 이런 이야기를 들려줬다.

> 양씨네 이 족族은 최근 몇 년 촌에서 가장 잘 나갔어. 안 좋은 일이 생긴 적도 없어. 사람들이 번창하고, 그들은 젊은이들이 많아. 사업도 크게 하고 '경제가 좋아.'
> 가족 내에서 자녀들이 골고루 균형 잡혔어. 나이나 능력이 비슷하고, 특별히 어려운 사람도 없어. 상황이 이러니까 그들이 데려 내간 사람도 많아지지. 첸가네는 자신의 형제자매, 매부, 매형 이런 사람만 함께 해. 밖이 낯설고 자신감이 없으니까. 양가는 외지에서 자신감이 있거든. 집에 남아 있는 사람들이 친척들한테 밖에서 어떤지 물어보면 이 친척들이 자신감 넘치는 대답을 해줘.

작은 성씨의 가족이 밖에 나가면 고생이 더 커. 돈을 빌리기도 쉽지 않거든. 20대와 30대는 친구가 중요하다고 하지만, 40대나 내일 모레 50인 사람들은 그래도 친척들에 의지하지. 진짜 친구가 몇 명이나 되겠어? 친척이 많아야 해. 같은 마을 사람을 찾아 돈을 빌리면 주기는 하는데 큰돈을 빌릴 수는 없지. 말하기가 곤란하니까.

나는 그가 말하는 '균형'에 깊은 인상을 받았다. 가족은 이주의 규모뿐만 아니라 이주의 구조에도 영향을 미쳤다.

사람들은 종종 나에게 이런 질문을 한다. 저장촌에 온 사람들은 고향에서 능력이 특출한 사람들인가 아니면 지극히 평범한 사람들인가? 베이징 사람들은 수도에 와서 돈을 많이 번 농민들을 출신 지역의 엘리트일 것이라고 확신하는 경향이 있다. 그러나 원저우 현지의 한 간부는 "집에서 할 일이 없는 사람들이 다 나갔어!"라고 했다.

훙차오허 선차오촌深橋村은 첸자양보다 외지에 나간 사람이 적고, 일반적인 유출지 공동체의 상황과 더 가까웠다. 새로 선출된 촌장은 이렇게 말했다.

우리 촌에는 527가구, 1957명이 살고, 경작지는 1005무로 훙차오에서 가장 많은 곳이야. 50퍼센트가 외지에서 사업을 하고 있어. 베이징으로 간 사람들을 제외하면 대부분 커차오에 있고, 서너 가구가 시안에서 양초를 만들어. 시짱西藏에도 몇 가구가 갔어. 그들 모두 장사를 잘 해. 나간 사람과 그렇지 않은 사람 중 누가 더 유능한지는 비교하기 어려워. 초기에 나간 사람들은 능력자 같아. 배짱도 크잖아. 그들은 지금 다 성공했어. 그리고 또 초기에 고향에서 공장을 시작했거나 진에 가서 사업을 성공한 사람들도 능력자야. 나갈지 여부는 가족과 친척에 달려 있지. 외지에 간 친척이 많으면 너도 따라 나가게 되잖아. (…) 가족마다 능력자와 무능력자가 다 있어서 비교하기 어려워. 외지에서 몇 년 일하다가 돌아와서 다른 사람과 함께 공장을 운영하며 잘 살고 있는 사람도 있어. 그런데 이것 하나는 확실해. 나가면 더 빨리 발전한다는 점이야. 지금 홍차오에서 사업하는 게 점점 더 어려워지고 있어. 기술뿐만 아니라 자본도 특히 많아야 해. 돈 없고, 능력도 평범하면 나가는 것이 좋아.

가족 연결망이 경제발전에 미친 영향 때문에 이주와 계층 분화는 직접적인 관련이 없는 것처럼 보였다. 하지만 원저우의 이 간부의 주장도 전혀 근거가 없는 것은 아니었다. 고향에서 사업에 실패한 사람들이 외지에 가는 것을 하나의 대안으로 생각하는 이유는 실제로 외지에 나가는 데 필요한 자본이 훨씬 적기 때문이었다. 허선차오촌의 전임 서기는 '죄를 짓고'(토지 개발 허가 과정에 뇌물을 받아 진정부로부터 해임됨), 고향에서의 산업을 포기하고 시안에 가서 의류사업을 시작했다. 경계를 넘는 공동체의 형성은 사람들이 생존하고 발전할 수 있는 기회를 확대시켜주었던 것이다.

'이주가 현대화를 촉진한다'는 기존의 관점과 우리의 직관에 따르면, 인구 유출은 가족 유대와 가족 인식을 약화시킨다고 봐야 할 것이다. 하지만 가족은 이주의 과정에 대해서도 큰 영향을 미치고 있었다. 그렇다면 이 상호작용을 어떻게 이해해야 할까?

우선 이주에 영향을 미치는 가족과 엄격한 의미의 가족은 매우 다르다는 점에 유의해야 한다. 우리가 기존에 사용한 '가족' 개념은 같은 씨족의 사람뿐만 아니라 가족 내의 위계 구조를 포함한 하나의 규칙을 말한다. 그러나 오늘날의 가족은 주로 연결망 관계를 의미한다. 한 저장촌 사람의 생생한 표현을 빌리면, 그 '인印'을 이용하고 있었다. '인'은 '선명한 흔적'을 의미한다. 예를 들어, 뜨거운 물을 담은 물 컵을 비닐 위에 놓으면 동그랗게 데인 흔적이 생기는데 이 흔적을 '인'이라고 부른다. '인'이라는 글자를 사용할 때 사람들은 이 흔적 자체보다 '여기에 물 컵이 놓여 있었다'는 사실을 강조한다.—"봐봐, 인〔자국〕이 여전히 남아 있어!" 사람들의 이주에 직접적인 영향을 미치는 것은 바로 이 가족의 인이다. 정확하게 말하면 가족 자체가 아니라 '가족 관계'라는 점이다.

하지만 가족 관계가 이주에 영향을 미치는 유일한 요인은 아니다. 공동체 관계('같은 마을'), 친인척 관계도 이주에 중요한 영향을 미친다. 특히 친인척 관계는 종종 합작 관계 형성의 기초가 된다.

가장 흥미로운 것은, 최근 농촌에서 가족 관념의 부활 추세와 이주 행위가 결합하면서 '가족 재편'의 움직임이 포착되었다는 점이다.

융자 시양촌의 저우가는 세 개의 방房, 70여 가구로 구성되었다. 가장 큰 방은 28가구, 두 번째 방은 25가구, 세 번째 방은 15가구인데 다만 구성원이 별로 '두드러지지嶄' 않았다.(능력이 부족하고 균형 잡히지 않음.) 가족 구성원 대다수가 외지에 나갔다. 1992년 저우씨가 사당을 지을 때 일부 노인은 저우가의 세 개 방을 세 개의 '반班'으로 재편하자는 제안을 했다. 능력이 출중한 사람과 그렇지 못한 사람을 섞고, 외지에 식구가 많은 가정과 현지에 식구가 많은 가정을 섞어 다시 나눈다는 취지였다. 노인들은 나에게 이렇게 말했다. "그렇게 하지 않으면 일이 진행되지 않아. 행사를 조직하려면 돈을 모아야 하는데 능력이 없으면 돈을 모을 수도 없어. 일부 방은 사람들이 전부 외지에 나가 있어서 촌의 일을 거의 모르고 있어. 그러니까 조직 자체도 힘들어. 이 방은 저 방 사람들이 멍청하다고 하고, 저 방은 이 방이 이기적이라고 비난하고 하여간 방과 방 사이에 갈등도 많아." 1년 중 중요한 가족 행사는 세 번이다. 하나는 10월 19일에 열리는 현지 부처의 탄신일이고, 두 번째는 청명인데 저우가의 선산은 모두 같은 산에 있어서 함께 태공에게 제사를 지낸 후 하산하여 술을 먹는다. 세 번째는 정월 15일의 용주 행사다.[68] 용주놀이할 때 모든 가족은 미리 각종 음식과 선물을 사서 사당에 준비해놓

---

[68] 용주 행사는 단오절의 용주 경기가 아니고, '무용舞龍'또는 '곤용滾龍'과 형태가 비슷한, 지역공동체(가족 단위가 아닌) 행사다.

고 '용선'이 다가오면 나누어줘야 한다. 모든 활동은 세 개의 반이 돌아가면서 '주인'(진행)을 맡는다. 올해 이 반의 한 가정이 진행을 맡으면 3년 뒤에는 같은 반의 다른 가정이 진행을 맡아야 한다. 가족의 재편은 '경쟁의식'을 불러일으키기도 했다. 두 번째 방에 속해 있다가 지금은 첫 번째 반에 속하게 된 노인이 나에게 이런 말을 했다. "지금은 사람들이 전부 '당당해'졌어. 예를 들어, 작년 청명에 65세 이상 노인들은 공짜로 먹었거든. 올해 진행을 맡은 반도 무조건 이렇게 해야 하는 상황이야. 그렇지 않으면 조롱거리가 되잖아."

노인은 나를 현지 부처를 모신 절에 데리고 갔다. 작은 절에 사람이 붐볐다. 노인은 여성들이 예전에는 매달 1일과 15일에 절에 와서 부처님께 예배를 드렸다고 말했다. 요즘은 외지에 나간 사람이 많아서 평소에 예배하러 오는 사람은 많이 줄었다. 대신 정월에 모두 고향에 돌아오면 절은 사람들로 북적거린다고 했다. 나는 그 노인에게 "평소에는 향도 피우지 않으면서 정월만 되면 부처님 발을 끌어안는" 현상을 어떻게 생각하는지 물었다. 노인은 매우 열려 있었다. "뭐 아무 것도 아니야. 원래부터 재미로 하는 거잖아. 외지에서 예배를 드리지 못하니까 어쩔 수 없지. 부처님은 여전히 너를 보우하니까. 지금도 좋잖아. 저 고향에 돌아온 저 사람들을 보라고. 공양물도 평소보다 훨씬 더 좋아졌어."

시양촌의 가족 재편과 첸산팡촌前三房村의 용주의식은 비슷했다. 그들은 농촌의 모든 가구를 대상으로 한 조組에 12가구씩 재편했다. 누가 누구와 한 조가 될지는 제비뽑기를 통해 결정했다. 따라서 각 조마다 외출한 사람, 남아 있는 사람이 골고루 섞일 수 있었다. 각 조가 돌아가면서 의식의 진행을 맡았다. 각종 의식에 필요한 소품은 절에 잘 준비해놓고, 마을 주민으로부터 돈을 모금하여 용주를 준비해놓아야 하는 책임이 있었다. 용주 준비는 사실 마을 주민 전체가 자발적으로 참여하는 것이기에 진행을 맡은 사람은 질서 유지만 책임지면 되었다. 올해에 용주 의식 진행을 맡았으면 평소 절의 관리까지 책임져야 했다. 이런 방법 덕분에 인구가 대량으로 유출된 상황에서도 공동체의 전통의례가 원활하게 진행될 수 있었고, 외지에 나간 사람과 남아 있는 사람 사이의 문화적 장벽도 허물 수 있었다.

촌 서기는 나에게 마을의 여러 가지 사업에 가족의 힘이 미치는 영향은 매우 작다고 말했다. 촌의 공적 업무와 사적 업무는 명확히 분리되어 있었다. 촌은 수로, 도로, 초등학교 건설과 같은 공공시설 건설을 책임졌다. 가족은 이런 사업에 관심이 없었다. 나머지 일들은 각각의 가구가 알아서 책임져야 했다. 토지의 용도 변경調地〔토지 재양도, 임대 등을 포함하여 관련 법이나 규정에 맞지 않은 토지 관련 문제〕은 다른 지역 농촌에서는 큰 문제였지만 이곳에서는 4~5년 동안 아무런 문제가 발생하지 않았다.—용도 변경을 하고자 하는 사람 자체가 없기 때문이다! 촌민위원회의 몇몇 위원조차 베이징에서 사업하고 있었고, 그들은 촌의 업무가 너무 쉽다고 느꼈다.

1996년 10월, 10년 넘게 베이징에 거주한 저우녠타오周年滔는 아버지를 잃었다. 미국에 있는 한 명을 제외하고 각지에 흩어져 있던 저우녠타오의 형제들은 장례식을 치르기 위해 고향으로 돌아왔다. 그는 나에게 아버지의 장례식 영상을 꼭 봐야 한다고 했다. 두 시간 분량이었다. 현임 진장과 촌의 주요 간부를 포함하여 가족 구성원의 범주를 훨씬 넘는 500여 명이 왔다. 서럽게 울다가 서로 툭툭 치다가, 또 술상에서는 웃고 떠드는, 시끌벅적하면서도 미묘했다. 저우씨는 과시하려고 한 게 아니었다. 그도 말할 수 없는 어려움이 있었다. "원래 같은 족이었던 사람을 초대 안 할 수 있어? 외지에서 좋은 관계로 사업하는 동업자를 초대 안 할 수 있어? 돌아와서 어려운 일이 있으면 찾아가는 촌의 간부들을 초대 안 할 수 있어? 초대하지 않을 수 없어!" 실제로 가족 구성원이 아닌 사람들도 가족의식에 포함되었다.

인구 유출과 가족의 관계는 그것과 지역공동체의 관계와 유사하다. 가족은 이주에 필요한 관계 연결망을 제공했다. 동시에 사람들은 문화적 의식을 통해 이주 과정에서의 관계를 강화하고, 또한 특정한 의식을 통해 생활에 대한 그들의 이해를 표현해야 했다. 이로 인해 가족의 '인'이 그들이 의지할 수 있는 곳이 되었던 것이다. 이주가 가족을 사라지게 했다고 말할 수 없는 동시에 이주가 가족을 강화했다고 말할 수도 없다. 가장 중요한 것은 그들의 '관계 재편'의 실천 과정 그 자체다.

생활 체계

1988년을 전후하여 저장촌에는 자체적인 생활서비스 체계가 형성되었다. 자체적인 식자재 시장, 식당, 유치원, 진료소, 이발소 등. 이는 이주민 집거지에서 흔히 볼 수 있는 현상이기도 하다. 이 체계가 저장촌에서 출현하고 유지되는 과정은 흥미롭다.

식자재 시장

1988년, 원저우 사람들이 운영하는 최초의 종합 식자재 시장이 마촌에서 출현했다. 이곳은 원래 마촌의 타작장이었는데 농업 생산이 날로 축소되면서 결국에는 유휴지가 된 곳이다.

이미 1988년 이전에 이 타작장 근처에는 식자재를 팔던 노점상이 있었다. 1988년에는 노점상이 100여 개에 달할 정도로 규모가 커졌다. 마촌의 촌민위원회는 농민들이 주택을 임대해주는 것에서 영감을 얻어 자발적으로 모여든 노점상들에게 '자리세'를 징수했지만 그다지 재미를 보지 못했다. 일단 원저우 사람들이 이 요구를 받아들이지 않다. 게다가 마촌은 처음에 경험이 부족했다. 비록 한 달에 한 번씩 징수한다고 했지만 사실 노점상은 매일 나오는 것이 아니기 때문에 부당한 돈을 내려고 하지 않았던 것이다. 그럼에도 스춘時村(마촌에 위치한 행정촌)은 시장 관리의 의지를 계속 보였고, 이에 따라 마촌은 일련의 조치를 취하게 된다. 그러나 여전히 효과가 없어 보였다. 1988년 하반기, 러칭 다징 출신 사람이 마촌 촌민위원회를 찾아가 공터를 전부 임대하여 자기가 통합적으로 관리하겠다고 제안했고 이 제안이 받아들여졌다. 그는 막대기와 널빤지를 묶고 그 위에 비닐을 깔아 매대를 만들었고 각 매대를 구분하는 경계까지 만들었다. 이렇게 총 40~50개의 간이 매대가 만들어졌다. 그런 다음 그는 여기서 장사하는 노점상들에게 이 매대를 임대했다. 그가 노점상을 '움직'일 수 있었던 이유, 그리고 그들을 매대에 입주하게 한 후 임대료를 내게 할 수 있었던 이유에 대해 당시 거기서 장사했던 사람은 이렇게 설명했다.

사장은 다징 출신이야. 여기서 장사하는 사람 대부분이 다징 산골에서 왔어. 그가 처음 요구한 임대료는 마촌과 거의 같아서 사람들이 좋아했고 게다가 지붕도 있어서 비를 맞지 않아도 되니까 더 좋아했지. 그는 1년에 한 번 거뒀고 매년 임대료도 달랐어. 1991~1992년이 되어 들어오고 싶어하는(장사) 사람이 많아지면서 임대료도 올랐어. 어쨌든 바깥쪽과 가까운 곳(매대)은 지금 한 달에 80~90위안 정도 해.

내가 저장촌에 들어갔을 때 식자재 시장은 이미 기존의 정해진 공간 범위를 넘어선 규모였다. 일부 노점상은 베이징 농가의 집 문 안쪽과 길거리에 반반씩 설치하기도 했다. 식자재 시장은 전체 저장촌에서 가장 번화한 지역이 되었다. 기차표나 비행기표 판매도 이곳에서 이루어졌다.

1992년, 허우촌과 쑤자포蘇家坡의 경계 지역에 저장촌의 두 번

째 식자재 시장이 출현했다.─허우춘後村 식자재 시장이다. 외관
상으로나 사업 방식이나 모두 마촌과 매우 비슷했다. 다만 마촌
보다 규모가 크지 않았고 판매되는 식자재의 종류도 많지 않았
다. 두 개의 식자재 시장은 지역적으로 상이한 소비층을 대상으
로 했고 다루는 상품의 품질도 차이가 났다.

1993년, 나는 펑타이구에 있는 러칭연락사무소 직원과 함께

자발적으로 형성된 식자재 시장

식자재를 사기 위해 허우촨 시장에 세 번 연속 간 적이 있다. 그는 갯가재를 파는 매대 앞에 멈춰 서서 물었다. "요즘 어때, 장사가 잘 돼?—두 근만 줘." 주인장이 답했다. "그럭저럭." 그러면서 대야에서 갯가재를 골라 담았다. 저울에 올려놓고, "12위안, 10위안만 줘." 직원이 말했다. "그건 안 돼, 12위안이면 12위안이지."

당시는 음력 8월밖에 안 되었기 때문에 갯가재가 제철이 아니었다. 그는 "우리 친척이야. 집안 형편이 좀 그래(어려워). 매대 앞까지 갔는데 조금이라도 사줘야지. 너무 나쁜 거 주는 것도 아니잖아"라고 말했다. 틀린 말이 아니었다. 우리가 사온 갯가재는 제철이 아님에도 불구하고 아주 싱싱했다.

이 관계 덕분에 나는 여기서 장사하는 사람의 사업 비법을 알 수 있었다. 갯가재를 파는 이 친척이 말했다.

나는 다징 출신이고, 집에서 농사만 지었어. 우리 가족의 한 갈래[69]가 칭장淸江에 이사 갔다가 몇 년 전에 베이징에 와서 옷을 만들기 시작했어. 1991년 춘절에 우리 가족이 태공 제사를 지내기 위해 다들 모였는데 그때 들은 게 뭐냐 하면, 우리 조상은 5대 전부터 세 명의 태공을 중심으로 지금까지 이어져 내려왔는데, 가족은 비록 사람이 번성하고 있지만 경제적으로 여전히 힘들다는 거야. 칭장의 이 갈래가 경제적으로

---

69 갈래는 방 혹은 방 내부의 갈래를 말함.

우리보다 나았어. 그들 중 두세 명이 하는 말이 베이징에 가는 것이 좋고 그곳에서 식자재를 팔아도 돈을 많이 번다고 했어.

나는 같은 갈래에 있는 친척 두 명과 함께 왔고, 여기 왔을 때 이 시장이 막 개장할 때여서 우리 셋은 노점상도 같은 곳에서 했어. 우리는 장사 밑천이 많지 않았고 외지에 갈 수도 없어서 매일 아침 자전거를 타고 훙차오에 가서 사가지고 왔고, 저녁이 될 즈음이면 한 번 더 가서 사왔어. 저녁에는 머리 없는 참조기나 덜 신선한 새우 같은 싼 물건을 팔았어. 가져다가 마을 입구에서 팔면 그래도 수익이 났으니까. 세 사람 노점상은 붙어 있었어. 그런데 우리는 장부는 따로야.

작년부터 저장촌 사람들도 돈을 벌면서 상태가 안 좋은 식자재는 팔리지 않았어. 게다가 훙차오에서 물건을 사가지고 와서 여기서 팔면 밥벌이밖에 못했어. 그래서 셋이서 차를 대절해서 톈진에 가서 물건을 들여오자고 했어. 계산해보니 돈이 부족하더라고. 그래서 고향에 있는 사촌형을 오라고 했어. 사촌형이 또 친구 한 명을 데리고 와서 지금 우리는 다섯 명이 함께 일하고 있어.

우리는 거의 매일 톈진에 가. 보통 사촌형과 그 친구가 차를 책임지고 있어. 그들은 우리보다 교육을 더 많이 받았고 활동적이야. 우리 한 사람당 하루에 들어간 돈은 적어도 500~600위안, 많을 때는 몇 천 위안은 돼. 과거에 비하면 확실히 많아졌지. 예전에는 매일 아침마다 물건을 구입하느라 200~300위안 쓰고, 몇 십 위안을 벌었는데, 지금은 더 많아.

'매일 아침마다 물건을 구입하느라고 쓴 돈'은 유동자금을 말한다. 적게는 200~300위안, 많게는 500~600위안 정도. 이 유동자금의 증가 폭은 크지 않았지만 수익성의 증가 폭은 꽤 큰 편이었다. 이들의 동업은 정확한 길이었다는 것이 입증되었다.

매일 차를 운전하는 것도 힘든 일이었기에 나는 그들이 사촌 형에게 적은 금액이라도 수당을 주는지 물었다. 그는 이렇게 답했다.

줘야지. 처음에는 운전할 사람을 정하지 못했어. 한 사람만 계속 운전하게 하면 얼마를 줘야 하는지? 누구를 보내야 하는지? 우리는 모두 친척이니까 모두 자기가 가는 게 싫었던 거야. 어떤 사람은 매일 번갈아 가자고 했어. 그런데 그 제안도 별로야. 지리도 그렇고, 톈진도 그렇고 우리는 잘 몰라. 마침 사촌형의 친구가 와서 우리는 그에게 가라고 했지. 그 친구도 이 돈을 받으면서 거절할 수 없었어. 흔쾌히 동의했어. 그 친구가 오지 않았다면 우리가 번갈아 가면서 다녔을 거야. 우리 여기 (식자재 시장) 그런 사람이 있어. 내 사촌형과 그 친구가 한 번 가면 100여 위안을 줘. 그런데 이게 그렇게 명확하지 않아. 한번은 그 두 사람이 모두 갈 수 없어서 내가 두 번 정도 다녀왔는데 돈을 한 푼도 못 받았어. 그런데 우린 그런 걸 따지지 않아.

나는 그와 저장촌 및 칭장의 그 갈래의 친척과의 관계에 대해서도 물었다.

그들은 보통 나한테 와서 식자재를 사가. 우리 다섯 명이 파는 물건이 다 달라. 나는 갯가재나 새우를 주로 팔고, 그 외에 생선 파는 사람, 오징어 파는 사람 등이 있어. 집에서 식사할 때, 보통 하루에 한두 가지 해산물을 사가는데, 오늘 나한테서 새우를 샀으면 내일은 사촌형한테 가서 갈치를 사. 어쨌든 매일 마주치게 돼 있어.
평소에 너무 자주 보는 것도 아니야. 그들은 옷을 만들고 나는 생선 팔고, 특별한 관계는 없어. 우리가 사업에 어려움이 있어도 그들을 귀찮게 하지 않아. 우리끼리 해결할 수 있어. 아무개(연락사무소의 직원)는 내 아내의 사촌인데, 사람이 좋아. 그런데 자주 만나는 건 아니야. 그냥 물건 사러 여기 오는 정도지. (…) 당연히 서로 잘 모르는 사람이 와서 사는 경우가 더 많지. 친척들에게만 의존해서 물건 팔면 안 돼. 크게 밑질 수 있어.

그가 이야기한 내용은 기본적으로 해산물 사업의 방식을 대표한다고 볼 수 있었다. 친우관계를 토대로 구성된 공동 '구매그룹'이 그에겐 베이징에서의 핵심 계가 되었다. 그들의 단골 고객은 친우지만 주요 고객은 여전히 모르는 사람들이다. 해산물 외에 식자재 시장에는 두 가지 종류의 원저우 특산품이 있다. 하나는 원저우의 짠지와 쌀가루 제품(쌀 당면, 떡 등)이고 다른 하나는 각종 중약재부터 말린 용안, 여지, 건어물 등 마른 식자재다. 이 두 가지 식자재의 구매 경로는 다르다. 초기에 짠지와 쌀 당면은 일부 원저우 현지의 식품업자들이 대형 트럭으로 이곳에 가져왔다. 나는 아침 산책을 나갔다가 이런 활기찬 장면을 여러 번 목격했다. 마촌 식자재 시장과 허우촌 사이의 공터에 원저우 번호판이 붙은 대형 트럭이 주차되어 있었고, 사람들이 자전거, 삼륜차를 끌고 오거나 플라스틱 양동이나 큰 바구니를 들고 물건 사러 트럭 앞으로 모여들었다. 원저우에서 절인 짠지는 커다란 검은색 플라스틱 통에 담아 한 통씩 팔았다. 원저우 사람들이 즐겨 먹는 각종 조미료, 예를 들어, 황주, 간장, 식초(원저우 사람들은 원저우 밖에서 만든 간장과 식초는 가짜라고 생각함) 등도 이런 방식으로 원저우에서 끊임없이 들여왔다. 이후 사람들은 현지에서 이런 식품을 생산하기 시작했다. 1993년부터 1995년 사이, 마촌과 허우촌의 식자재 시장 뒤편에는 전문적으로 짠지를 만드는 집이 있었다. 말린 당면과 설기떡을 최초로 만든 집은 내가 알기로 허우촌에 있었다. 1997년, 나는 촌에서 삼륜차를 끌고 다니면서 마른 당면과 설기떡을 파는 상인을 자주 만났다. 그들은 난딩촌南頂村 일대에 살고 있었는데, 최소 예닐곱 가구가 이 두 가지를 만드는 것으로 보였다. 이들은 만든 제품의 일부는 시장에서 판매하고 일부는 촌의 작은 식당에 정기 납품 방식으로 판매했다. 뚜렷한 경쟁 관계가 아닌 서로 돕는 관계를 형성했다.

대부분의 남방 사람과 마찬가지로 원저우 사람들도 '몸보신' 관념이 매우 투철했다. 일정한 규모를 갖춘 식품상점은 무조건 각종 보약을 팔았다. 인삼, 삼칠, 금은화, 반대해 등 없는 것이 없다. 원저우 사람들은 말린 여지, 용안, 표고버섯 등 말린 제품을 좋아한다. 건어물 가격은 심지어 생선보다 비쌌다. 이런 식품은 사업자가 원저우에서 가져온 것이었다. 예를 들어, 친척에게 부탁해서 부쳐 보내거나 고향에 잠깐 돌아가는 베이징의 친척들에게 부탁해서 인편으로 가져왔다. 우리는 종종 공항이나 기차역에서 원저우 사람들이 왜 그렇게 많은 짐을 가지고 다니는지 궁금해했는데, 그 대부분이 다른 친우들에게 가져다주는 물건이었다.

1992년 이후, 저장촌 식자재 시장의 상인들 속에는 원저우 출신이 아닌 사람도 많아지기 시작했다. 채소를 파는 대부분 사람과 육류 및 계란을 파는 대부분 사람은 허베이와 베이징 근교에서 온 사람들이었다. 사실 저장촌이 커지기 전까지는 허베이성 사람들이 무시위안 일대에서 채소를 팔면서 지역 농민들에게 서비스를 제공했다. 저장촌에 식사재 시장이 생기면서 그들은 이곳으로 옮겨왔다. 채소나 육류의 구입 경로는 그들이 원저우 사람보다 더 잘 아는데다가 필요한 자본도 크지 않았기에 원저우 사람들이 특별히 우세한 부분이 있다고 보기 어려웠다. 그들이 어쩌면 원저우 사람과 같은 곳에서 생활하게 된 최초의 비원저우 출신 이주민일 것이다.

저장촌의 식자재 가격은 일반적으로 베이징의 평균보다 높았다. 베이징 사람들은 원저우 사람의 식자재 시장에 가서 물건을 거의 사지 않았다. '입에 맞지 않아' 사지 않는 것이 아니라 너무 비싸다고 솔직하게 털어놓았다. 저장촌의 일반적인 소비 수준이 외부 시장보다 높다는 점이 흥미로웠다. 이것이 그들의 매우 효율적인 자본 유통의 방식과 관련된 것인지 나는 잘 모른다. 하지만 이 현상은 저장촌이 경제적으로 하나의 자율적인 구조를 형성했다는 점은 분명하게 보여주고 있다.

저장촌의 식자재 시장은 현지 공동체의 원저우 사람들을 위해 서비스를 제공했다. 뿐만 아니라 저장촌 외부에 거주하는, 특히 사즈커우沙子口와 충원崇文 일대의 원저우 사람들도 이곳에서 해산물을 사갔다. 그들이 가격에 신경 쓰지 않는 이유는 이곳에 물건이 집중되어 있고, 원저우 사람들이 좋아하는 식자재, 예를 들어, 절인 골뱅이, 맛조개, 홍소 오리紅醬鴨 등 다른 해산물 시장에서 볼 수 없는 것들을 바구니에 마음껏 담을 수 있기 때문이다.

1995년, 다훙먼 길가에 저장촌의 첫 번째 폐쇄형 식자재 시장인 장난江南식자재시장이 출현했다. 두 개의 반노천 시장보다 환경이 훨씬 좋았고 상품의 품질도 더 좋았다. 1996년에 쫓겨났던 사람들이 다시 돌아온 후 상조창橡膠廠식자재시장(원래 국영 고무 공장이었는데 적자가 나자 영업을 중지하고 보유하고 있던 대형 작업장을 원저우 사람들을 위한 식자재 시장으로 개조한 것), 궈위안果園

식자재시장, 사이바룽賽八龍 등 세 곳의 폐쇄형 식자재 시장이 더 생겨났다. 먼저 생겨난 시장에 비해 규모는 지속적으로 커졌다. 가장 늦게 문을 연 사이바룽식자재시장은 과열 경쟁 문제로 인해 용도 변경을 앞두고 있었다.

식당

최초의 식당은 식자재 시장과 거의 같은 시기에 출현했다. 1988년, 마촌 식자재 시장의 가장자리에 당면, 설기떡과 면류를 파는 간이 식장이 출현했다. 사람들은 '쌀국수 노점米面攤兒'(쌀국수는 쌀가루로 만든 넓은 국수인데 원저우 사람들이 즐겨 먹는 음식이다)이라고 불렀다. '식당'이라고 부를 만한 규모는 아니었다.

내가 저장촌에 처음 갔을 때 연락사무소와 원저우 사람의 집을 제외하고 주로 밥은 두 곳에서 먹었다. 하나는 마촌 식자재 시장 가장자리의 쌀국수 노점이다. 베이징 사람이 임시로 만든 작은 집에서 운영되는 이 가게는 당시 저장촌에서 가장 고급스러운 식당이었다. 테이블이 3개, 국수 외에 탕위안湯圓, 석육, 말린 오리臘鴨를 팔았고, 각종 맥주와 이과두주도 있었다. 이 식당은 식자재 시장의 입구에 있어 위치가 아주 좋았다.

나를 처음 그곳으로 데려간 사람은 류스밍이다. 그와 식당 주인은 친척이었다. 들어가자마자 "이모부 건강은 어때?"라고 물었다. 여주인이 답했다. "나아지질 않아. 중약을 계속 먹고 있어." "기공을 해봐! 내가 아는 사람이 있는데 다음에 소개해줄게." 이야기를 나누는 동안 가게에 있는 모든 종류의 음식이 다 나왔다. 주변에 다른 손님들이 드나들자 류스밍은 식사 도중에도 인사하느라 바빴다. 그중 두 명에게는 약간의 장난까지 쳤다. 식사를 마친 후에도 두 사람은 자기가 계산하겠다고 밀치지 않았다. 류스밍이 자연스럽게 계산했다.

그 후 여주인은 나만 보면 인사를 했다. 나는 처음에는 왜 그러는지 '영문'을 몰랐는데 시간이 지나면서 차츰 알게 되었다. 다른 식당과 조건이 비슷한 경우, 밥 먹을 일이 있으면 '당연히' 그집에 가야 한다는 뜻이었다. 여주인은 50대, 류스밍의 윗세대다. 식당에서 함께 일하는 사람은 그녀의 딸이다. 딸은 어머니의 성격을 닮아 일머리가 빠른 타고난 장사꾼이었다. 나에게 이런 말을 했다.

저장촌 전체를 보면 우리는 친척이 많아. 제일 먼저 온 사람이 류스밍이야. 누가 누구를 데려 내왔는지 정확히 알 수는 없지만, 베이징에 가면 일이 잘된다는 말을 그에게 듣고 (우리는) 전부 왔어. 어머니는 원래 고향에서 요식업을 하던 분이야. 베이징에 가서 요식업을 하면 고향에 있을 때보다 돈을 더 많이 번다고 했어. 하는 사람이 적으니까.
우리는 3년 전에, 1990년도부터 이 집을 임대했어. 여기는 원래 집이 없었어. 다른 사람 집의 입구였는데 텐트치고 장사할 수 있는지 누구에게 물어봐야 할지 몰랐어. 스밍에게 물어 봤는데 그가 집 주인을 대신 찾아가서 말해줬어. 그렇게 해결했고 임대료는 한 달에 180위안, 싼 편이야.

스밍은 좋은 사람이야. 우리가 여기서 장사할 수 있었던 것도 그 사람 덕분이야. 여기는 위치가 좋아서 질투하는 사람이 많아. 저장촌이 복잡한 동네라서, 요식업 하는 사람들이 제일 두려워하는 게 이런 일이거든. 우리가 그의 친척이라는 걸 알면 우리한테 함부로 못해.

장사는 잘되는 편이야. 요즘은 우리 음식을 자기 집으로 가져다달라고 하는 사람도 많아졌어. 조만간 장시성 사람을 불러 배달을 시키려고 해. 앞으로는 요리사 라오쓰도 고용해서 요리도 하려고 해.

1년 후, 그들은 실제로 두 사람을 고용했고 근처의 더 큰 집으로 이사했다. 장사는 여전히 잘 되었다.

내가 자주 갔던 다른 식당은 다훙먼 큰길가의 작은 노점이다. 당시 현지의 동사무소는 이미 원저우 사람들의 돈을 벌어야겠다는 생각을 한 상태였다. 그들은 다훙먼로의 343번 버스정류장 부근에 3각형으로 된 철제 포장마차를 설치했다. 이 포장마차에 간이식당들이 들어섰다.

이 집도 어머니와 딸이 함께 일했고 메뉴는 두세 가지 뿐이었다. 주인은 손님들을 매우 친절하게 대했다. 만나면 항상 고향이 어디인지, 지금 어느 촌에 살고 있는지, 무슨 일을 하는지 등을 물었다. 사실 이 집 주인만 그런 것은 아니었다. 다른 포장마차에서 밥을 먹어도 주인들은 마찬가지였다. 하지만 원저우 현지에서는 손님과 이런 대화를 하는 사람을 찾아보기 힘들다.

이 모녀도 1990년에 저장촌에 왔다. 여주인의 아들과 다른 딸은 촌에서 옷을 만든다. 남주인은 식당에 필요한 식자재를 구입하거나 아들을 도와 옷 만드는 잡일을 하는 등 가족의 전반적인 일을 도맡아 하고 있다. 여주인은 이렇게 말했다. "이곳에 우리 친척은 최소 10여 가구가 있었는데 일부러 먹으러 찾아오는 사람은 많은 편이 아니야. 모르는 손님이 더 많아. 식사하러 오는 베이징 사람도 있어. (…) 저 집은(근처의 포장마차들을 가리키면서) 모르는 사람들이야. 각자 자기 장사만 해."

1994년, 류스밍이 손님 대접하는 주요 장소는 기존 마촌의 밥집에서 새로 개업한 아싱식당阿星酒家으로 바뀌었다. 아싱식당은 덩촌에 위치했고 규모나 장식 면에서 베이징 길거리의 일반 식당과 별반 차이가 없었다. 식당의 이름은 사장의 이름이었다. 아싱은 푸룽 출신, 류스밍과 친척은 아니다. 이 식당을 개업하면서 류스밍과 친구 사이가 되었다. 어떻게 친구가 되었는지에 대해서는 2년 전 마촌 밥집에서 나누었던 이야기에서 그 답을 찾을 수 있었다. 당연히 아싱이 먼저 찾아가 "류스밍의 조언을 들었다."

류스밍은 여기서 매번 식사할 때마다 특별한 환대를 받았다. 식사가 끝나고 계산할 때면 항상 사장 또는 사장의 아내와 한바탕 씨름을 한다. 이런 일은 그의 친척 가게에서 먹었을 때는 본적이 없다. 류스밍이 친척을 홀대한다거나 친척 사이에 분열이 있다고 생각하는 것은 바람직하지 않았다. 류씨는 모든 친척을 소중히 여겼다. 마촌의 식당을 지나갈 때면 항상 안부 인사를 했고 여주인도 류스밍에 대한 칭찬을 늘어놓았다. 그가 아싱의

식당으로 옮긴 이유는 단 한 가지, 친척의 식당보다 더 고급스럽기 때문이었다. 저장촌 사람들에게 있어서 식당에 얼마나 자주 다니는지를 가지고 친척을 홀대하는지 여부를 판단하는 것은 어처구니 없는 일이다. 아싱과 류스밍이 이렇게 소란스러울 정도로 친근함을 표시하는 이유가 바로 그들은 아직 안정적인 친우 관계를 형성하지 못했기 때문이었다.

아싱의 식당에서 나는 외상, 할인, 음식 배달 등의 서비스를 확인할 수 있었다.

사장의 아내는 이렇게 말했다.

근처에 사는 사람 중에 갑자기 손님이 와서 우리에게 전화로 요리를 배달해달라고 하는 사람이 꽤 많아. 외상, 할인은 단골손님이나 친구들만 할 수 있어. 할인은 우리도 큰 식당에서 하는 걸 보고 따라한 거야. 외상은 많지 않아. 외상은 돈 있는 사람만 할 수 있어. 우리가 외상을 해주기도 해. 여러 번 한 것을 한 번에 받는 거지. 이렇게 하면 친구도 사귈 수 있잖아. 우리 같은 이런 일은 전부 친구로 먹고 사는 일이야. 친구가 친구를 데려와서 유명해지면 장사도 잘 되니까.

1995년의 대철거는 아싱식당도 예외가 아니었다. 1996년, 저장촌에 새로 출현한 원저우식당이 지역에서 가장 고급스러운 식당이 되었다. 1998년 춘절을 앞두고 나는 원저우식당의 룸에서 류스밍과 함께 식사를 했다.(류스밍은 이미 손님을 거의 초대하지 않는 위치였고, 주로 다른 사람이 초대할 때 나타났다. 이번에는 내가 동행했다.) 식당 사장은 아내와 함께 룸에 들어오면서 불안한 표정으로 말했다. "스밍! 내일로 정하자고! 내일 점심인지 저녁인지는 당신이 정해줘. 정해지면 우리가 데리러 갈게." 류스밍은 웃으면서 "됐어, 다를 바쁜데"라고 답했다. 사장 아내는 "아니 왜 그래! 다이씨老戴도 몇 번 말했고 나도 몇 번이나 말했는데. 모일 시간이 이렇게 없다는 게 말이 안 되지"라고 했다. 사장도 한마디 했다. "삼촌이 계시잖아! 삼촌 때문에 우리가 이러는 거지. 또 이번 기회에 함께 모이면 좋잖아." 류스밍은 마지못해 웃으면서 고개를 끄덕였다. "그래, 내일 점심이 좋겠어." 사장 부부는 그제서야 안심하는 듯 했다. 사장 아내는 문을 나서기 전에 류스밍에게 낮은 소리로 또 말했다. "먼저 우리를 대신해서 좀 이야기해줘, 그러면 우리도 말하기 편하잖아." 두 사람은 자리를 떴다.

여기서 말하는 '삼촌'은 류스밍의 아버지를 가리킨다. 식당 사장의 좋은 의도는 류스밍 가족, 천춘성陳存聖, 가오젠핑高建平, 푸자톈付家天 등 '주요 인물'을 초대하여 춘절을 쇠는 것이었다. 사장 아내가 마지막에 한 말은 지역 기층정부와 관련된 일이었다.

원저우식당보다 조금 늦게 푸밍식당福明酒樓이 개업했다. 전반적으로 원저우식당보다는 못했다. 상황을 잘 아는 지인들에 의하면 주된 문제는 사장 때문이라고 했다. 친구를 만들 줄 모르고 다른 사람과 자주 다툰다고 했다. "식당에 식사하러 오는 사람들은 보통 친구가 많은 사람들이야, 그중 한 사람과 사이가 틀어지면 그쪽 손님 전체를 잃게 되잖아."

식당을 운영하는 사람들의 친우권과 사업권의 구성은 식자재를 판매하는 사람과 다르다. 첫째, 식자재를 파는 사람은 자기들끼리 동종업계 내에서 핵심 계를 구성한다. 몇몇 친척과 함께 식자재를 팔고 함께 물건을 구입한다. 하지만 식당은 거의 그렇지 않았다. 특히 시간이 지나면 식당과 식당 사이에는 눈에 보이는 경쟁도 많아진다. 둘째, 하지만 다른 한편으로, 식당은 친우권에 훨씬 더 많이 의존하고 있다. 위에서 세 가지 유형의 식당을 살펴봤다. 초창기의 소규모 노점상 밥집, 초기의 소규모 식당, 그리고 이후의 대형 식당 등이다. 그들의 공통점은 모두 이곳에 친척과 친구가 있다는 점이다. 저장촌에서 아무런 기반 없이 이런 사업을 시작할 수는 없다. 하지만 식당의 종류에 따라 차이도 있다. 초창기의 작은 규모의 식당일수록 친우와 사업의 관계는 더욱 명확하게 구분된다. 규모가 클수록 고객 범위가 넓어지고, 동시에 이 고객을 '친구'로 만들기 위해 노력한다. 물론 그들의 친우관계는 의미가 다르다. 초기 요식업의 친우권 범위는 '자연적' 친우들을 중심으로 이루어졌다면 이후의 요식업은 "관계적拉關系' 친우의 성격이 짙었다. 어쨌든 우리가 생각했던 것과 달리 사람들은 사업 범위가 확장된다고 해서 친우관계를 사업관계에서 분리하는 일종의 '보편주의'적인 관계를 형성하지 않았다.

이발소

원저우 사람들은 이발을 '머리를 깎다剃頭'라고 불렀고, 나도 지금까지 이 표현을 사용했다. 하지만 저장촌에서 젊은 사람들은 '머리를 깎다' 대신에 '머리를 하다做頭髮'라고 말한다. 또한 저장촌의 이발소는 '이발理髮'이라는 표현을 거의 사용하지 않았고 모두 '미용미발실美髮美容廳' '헤어스타일샵髮型設計行' 등의 표현을 사용했다.

이발소를 드나드는 젊은이들을 자세히 살펴보면 그들을 '이주민 집거지'라는 개념과 연관짓는 것이 매우 어렵다는 것을 깨닫게 된다. 지난 몇 년의 옷차림이 부유함과 더불어 촌스러웠다면 이제 그들의 '전신 포장'은 직접적으로 홍콩과 마카오와 연동되었다. 그들은 종종 "베이징 사람들은 너무 촌스럽다"라고 한다. 원저우의 한 여기자가 저장촌에서 취재를 한 적 있다. 한 작은 가게의 사장이 그녀를 보고 "당신 같은 스타일이 우리 원저우 여성들의 수준을 대표할 수 없어!"라고 했다. 저장촌 청년의 연 평균 생활비는 약 7~10만 위안이었다. 그들의 소비 규모를 알면 '미용미발실'이 왜 성장하는지 이해할 수 있다.

최초의 이발소가 언제 문을 열었는지 알 수는 없지만 저장촌 초기 정착민들은 1989년을 전후하여 이미 베이징 사람이 운영하는 이발소에 다닐 필요가 없게 되었다고 입을 모았다.

나는 마촌로 입구의 이발소에서 머리를 한 번 자른 적 있다. 비록 너무 비싸다는 생각에 더 이상 저장촌에서 머리를 자르지 않았지만(간단한 '머리 깎기'에도 10위안을 지불했다), 이 일회성 고객 자격을 얻은 후부터는 이발소에 들러 이야기를 나눌 수 있었다. 이곳의 이발소는 처음부터 젊은이들이 잠시 모이는 곳이었고 모인다고 해서 반드시 이발해야 하는 것은 아니었다. 특히 시내에서 매대를 운영하는 젊은이들은 오전이나 점심에 '출발'하기 전, 또는 저녁에 상점에서 돌아올 때 들러 담소를 나누는 곳이었다. 저장촌의 다른 공공장소와 달리 이곳에서 이루어지는 대화 내용은 장사와 관련된 것이 아니라 자신의 일상에서의 에피소드였다. 서로를 놀리는 이야기부터, 베이징 거리에서 본 새로운 것들, 외국의 보드와 암벽 등반 등 TV나 화보에서 본 새로운 것에 대해 이야기했다. 이 대화를 통해 저장촌의 젊은이들도 유행을 따르고 자극적인 것을 좋아하는 면에서는 베이징의 젊은이들과 별반 다르지 않다는 것을 발견할 수 있었다. 하지만 일상에 대한 그들의 주관적 평가는 매우 특이했다. 예를 들어, 나는 그들의 입에서 '베이징 사람'을 칭찬하는 것을 들어본 적이 없다. 오히려 그들의 대화에서 베이징 사람은 종종 우스꽝스러울 정도로 덜 똑똑한 사람으로 등장했다.

이 이발소는 남매가 운영했다. 오빠는 '숙련 라오쓰'로서 머리를 잘랐고, 여동생은 머리를 씻겨주고 물을 끓이고 계산을 했다. 오빠가 나에게 이런 이야기를 해줬다.

요 몇 년 사이에 고향에서 머리 깎는[70] 기술을 배우는 게 유행했잖아. 나도 같은 마을의 라오쓰에게 배웠어. 고향에서 머리 깎는 가게를 하는 사람이 너무 많아져서 나는 베이징에 와서 해보자고 생각했지.

---

[70] 머리를 하다는 표현은 신조어였다. 이 표현은 다른 말과 섞일 때 '머리를 깎다'라는 표현으로 사용되기도 했다. 예를 들어, '머리 깎는 라오쓰剃頭老司'가 그 사례다.

내가 하는 이곳도 친구가 자리를 내준 거야. 그 친구네 집이 여기서 원래 옷을 만들었거든. 그런데 옷을 만들기에는 임대료가 너무 비싸다면서 나보고 가게를 열어보라고 했어. 그는 베이징에 친척이 많아. 집을 구하는 것도 쉬워서 바로 마촌으로 이사를 갔어. 나는 그를 대신해서 한 달 치 월세를 더 냈을 뿐 돈을 더 준 것도 없어. 친구잖아!

머리 하러 여기 오는 사람들 중 절반 정도는 아는 사람이야. 베이징에 와서 알게 된 사이야. 내가 좀 친구 사귀는 걸 좋아해서, 다 젊은 사람들이잖아, 금방 친해져. (…) 하지만 이 집을 나에게 내준 친구처럼 진짜 친한 친구는 많지 않아. 문제가 생겨서 친구를 부를 때 그게 무슨 문제인지에 따라 다르겠지만, 만약 돈 문제나 생활 문제는 친척이나 친구를 다 부를 수 있어. 누군가 와서 가게를 부수면 이런 일은 친구를 불러야 해. 부를 수 있는 친구 두세 명이 있는데, 그들이 또 자기 친구들을 불러. 그들은 다 나와 아는 사이야. 우리 가게에 와서 머리를 하면 전부 무료야. 무료로 하는 친구가 열댓 명이 돼. 정확히 말하기는 어려운데, 가끔 그들이 새로운 사람을 데려와도 나는 돈을 안 받아. 어떤 날은 다 하고 나갈 때 내 호주머니에 돈을 쑤셔넣고 나가는 사람도 있어.

왕춘광(王春光 1995: 164)은 자신의 연구에서 허우촌에 있는 이발소가 성공한 이유를 친구권에서 찾았다. 허우촌에서 옷을 만드는 점주의 오빠는 함께 일하는 친구가 많았다. 이 친구들이 전부 이발소의 단골이 되었던 것이다. 매번 돈을 받는 것이 쑥스러웠지만 그들은 친구의 여동생이 무급으로 일하게 하지 않았고, 오히려 돈을 더 주는 경우가 많았다. 이로 인해 그녀는 수입에서 손해를 입기는커녕 다른 이발소보다 더 많은 수입을 올릴 수 있었다.

저장촌에서 가장 고급스러운 이발소 이름은 '둥팡헤어샵東方發型城'이고 가게 사장인 루롄더盧連德는 30대 초반밖에 안되었다.

1986년부터 10년 넘게 이곳에 살았으니 친구도 꽤 많아졌어. 내가 왕푸징에서 매대를 임대할 때 거기 있는 '리뷔麗波'이발소에 자주 다녔어. 베이징에서 제일 좋은 곳이야. 내 친구 루젠둥盧建東은 시단에 있는 미용실에 자주 갔는데 괜찮다고 하면서 친구들을 자주 데리고 갔어. 그때 내가 이런 생각을 했어. 만약 저장촌에서 이런 고급 이발소를 하면 소문만 잘 나면 큰돈을 벌 수 있겠다.
이 토지는 다훙먼 동사무소 소유이고, 1995년 6월부터 내가 임대했어. 1년에 6만 위안, 첫 3년은 임대료가 똑같아, 그 후 매년 인상되어 2000년에는 8만 위안이 됐어. 초기 투자는 30여 만 위안이고, 나와 루젠둥이 절반씩 투자했어.

루롄더가 처음 개장했을 때는 절반은 이발소이고 절반은 당구장이었다. 이발소 사업이 호황을 누리자 아예 당구장을 이발소로 개조했다. 2층을 직원 기숙사로 사용하기 위해 한 층을 추가로로 지었다. 전체 직원의 숙식은 이발소가 전액 부담했다.

루롄더는 이 사업에 최적화된 사람이었다. 나는 그의 성공은 두 가지 비결 덕분이라고 생각한다. 첫째, 내부 관리의 측면에서, 다른 고급 이발소의 노하우를 적극적으로 배우고 새로운 방법을 모색했다. 그는 이렇게 말했다. "이 일을 시작한 후 나는 시단, 신제커우新街口에 있는 이발소를 자주 방문했어. 베이징의 크고 작은 이발소, 미용실은 내가 거의 다 가봤어. 그들과 이야기를 나누고 그들로부터 배웠지. 어떤 사람은 자신이 이미 사장이 됐다고, 너도 사장, 나도 사장, 동종업계 3할은 적이라고 내가 왜 굳이 너한테 배워야 돼? 이런 식으로 겸손하지 않아. 또 어떤 사람은 부끄러워하거든. 나는 그렇게 생각하지 않아. 이야기할 수 있으면 사장과 이야기를 하고, 그쪽이 하고 싶어하지 않으면 머리만 감으면 되니까 괜찮아. 어쨌든 어떻게 운영하는지는 내 눈에 다 보이거든. 지금 베이징에서 이발, 미용업을 하는 사람들 꽤 많이 알고 있어. 친구가 된 사람도 여러 명이 돼."

둥팡헤어샵에는 '메인 이발사主理' 여덟 명과 머리를 감겨주거나 안마를 해주는 '보조 이발사助理' 열다섯 명, 그 외에 관리직과 미용을 해주는 직원까지 총 30여 명이 일하고 있었다. 메인 이발사와 미용사는 주로 광저우에서 모집했다. 보조 이발사는 주로 안후이 사람들이었고, 모두 다른 이발소에서 일한 경력이 있는 사람들이었다. 고객 한 명이 낸 돈은 이발사(메인)와 이발소가 4:6으로 나누었다. 이발소가 6, 이발사가 4를 가져갔다. 기술이 좋은 이발사는 한 달에 1만 위안, 보통은 평균적으로 이발사 한 명당 7000~8000위안을 받았다. 보조 이발사는 한 건당 10위안을 받았다. 이런 방식은 직원들에게 동기 부여하는 데는 확실히 효과적이지만 동시에 새로운 문제를 낳기도 했다. 즉, 이발사에게 고객을 어떻게 배분할 것인가? 처음에는 고객들이 이발사를 선택했다. 손님이 적은 이발사나 거의 끝나가는 사람 뒤에서 기다렸다. 나중에는 여성이(루렌더의 배우자) 문 앞에서 들어오는 고객을 순서대로 이발사에게 골고루 배분했다. 결과적으로 실패했다. 이발사들은 분배가 고르지 않다고 생각했고, 또한 매장이 혼란스러워 사업에 부정적인 영향을 미쳤던 것이다. 루렌더는 '순번 카드輪牌'의 방식을 채택했다. 각 메인과 보조 이발사에게 번호를 부여했다. 매일 영업을 시작할 때 1, 2, 3번을 부여하고, 1번이 고객을 분배 받으면 이 1번을 맨 끝으로 이동시켰다. 들어오는 손님은 맨 앞 순번의 메인 이발사가 담당하게 했다. 보조 이발사도 같은 방식으로 배치했다. 예를 들어, 오늘 개장할 때 1번이 첫 번째에 배정되었다면 다음날은 2번이 맨 앞에 배정되었다. 고객이 들어오면 여성이 국화차 한 잔을 제공했다. 이런 방법을 모색해냈다는 것이 놀랍다.

둘째로, 또는 그의 성공에 더욱 결정적인 경험이라고 할 수 있는 것은 그가 다양한 친구를 사귀었다는 사실이다. 루렌더의 말에 따르면 친구는 네 가지 면에서 중요하다. 첫째는 친구를 통해 이발소를 광고하고 좋은 이미지를 구축하는 것이다. 두 번째는 친구가 친구를 고객으로 데려오면 고객이 더 많아진다. 세 번째는 정보인데, 어딘가에서 새로운 이발소가 개업하면 어떤 새로운 기술을 도입했는지 가능한 한 빨리 알 수 있다. 네 번째는 사업의 안정을 유지할 수 있다.

1995년 둥팡헤어샵이 문을 연 이래 현재까지 거의 매일 손님들로 가득 찼고, 가장 간단한 이발은 20위안, 가장 복잡한 이발은 200여 위안을 받았다. 그러나 루렌더는 저축한 돈이 없다. 마촌에서 머리를 하는 젊은 남성이 한 말에서 그 이유를 찾을 수 있었다. "가게에서 번 돈은 모두 친구들과 놀고먹는 데 썼어." 그의 친구 중 한 명은 "그렇게 큰 가게를 운영하다보면 친구들 없이는 사업을 이어갈 수 없어. 돈 버는 일은 둘째야"라고 하면서 그의 돈 쓰는 방식을 이해한다는 어투로 말했다.

한번은 한 젊은 의류 가공업자와 이발소를 운영하는 사람 사이에 다툼이 생겼다. 가공업자는 나에게 그 사람이 너무 못됐다고 했고 결국 도끼로 자기 발등을 찍었다고 했다. "우리 이 친구들이 도와줬으니까 너도 여기서 사업을 할 수 있는 거 아니겠어? 친구들이 없으면 솜씨가 아무리 좋아도 사람이 모이지 않아 人旺人![71] 두고봐, 이렇게 매정하게 노는데不知情[72] 가게도 분명 망할 거야!"

식당이든 이발소든, 그리고 나중에 살펴보게 될 '거물'들의 행

---

71 '사람이 모이지 않는다'는 말은 원저우 방언으로 소매업이나 서비스업에서 자주 사용되는 표현이다. 상품이나 서비스를 구매할 의향이 있는 사람이 많을수록 더 많은 고객을 유치할 수 있다는 뜻이다. 이 표현은 사회학에서 말하는 '중종심리從眾心理'[동조 심리, 대세를 따르는 심리]와 비슷하다. 이 이야기를 한 사람은 이발소 등과 같은 업종에서 친구가 할 수 있는 가장 큰 역할이 바로 업주에게 새로운 고객을 유치할 수 있는 분위기를 만들어주는 것이라고 생각했다.

72 知情은 사람 사이의 관계가 원활하다는 뜻.

동이든 사업과 관련되는 일이면 공통적으로 공공성의 문제와 연결되어 있었다. 그들은 "당신을 예우해주는 사람이 있어야 한다"는 것에 깊은 공감을 형성하고 있었다. 공공의 성격이 강한 사업에서 성공하기 위해 그들은 다른 사람과의 관계를 관리하는 데 매우 큰 심혈을 기울였다.

진료소

저장촌 어디서나 볼 수 있는 진료소를 통해 나는 인류사회에 의료가 얼마나 중요한지 처음으로 매우 크게 깨달았다. 내가 대략적으로 추산한 바에 따르면 저장촌에는 매 200가구 당 진료소가 하나 있고, 1인당 진료소 수는 현재에도 계속 증가하는 추세다.

저장촌의 진료소에 대한 수요는 무엇보다도 도시의 공식 병원에 가야 하는 불편함에서 비롯되었다.

저우주취안의 손자가 아팠다. 처음에는 기침과 발열만 있어서 저장촌의 진료소에 데려갔다. 그런데 며칠이 지나도 나아질 기미가 보이지 않았다. 다시 찾아갔더니 의사는 큰 병원에 가보라고 권고했다. 나는 저우주취안과 저우주취안의 아내와 함께 애를 안고 저장촌에서 가장 가까운 톈탄병원天壇醫院으로 갔다.

먼저 줄을 서서 접수를 해야 했다. 저우씨는 아이의 상태가 불안한 데다가 줄을 서는 것도 불편해서—저장촌에서는 줄을 서는 일이 생길 수 없었고, 만약 줄을 서는 기미가 보이기만 하면 이 분야의 두 번째 사업체가 바로 출현했음—혼란을 틈타 접수창구 앞까지 새치기했다. 창구 앞에서 돈을 내려고 하는 순간 옆에 있던 사람이 그를 잡아당겼다. 여성이 큰 소리로 욕설을 퍼부었다. "이 외지 것들 정말 싸가지가 없어! 가서 줄 서! 너희 집만 사람이 돼지냐? 뭐가 그리 급해! 진짜 짜증나! 더러워 진짜!" 옆에 있던 중년 남성도 합세했다. "씨발 좆같은 외지 새끼들!" 여기서 대기 중인 대부분의 사람은 건강이 좋지 않은 사람이었지만, 잘못된 행동을 한 외지인을 향해 쏟아낸 열불은 매우 뜨겁고 에너지가 왕성했다.

이 욕설을 듣고 나는 쥐구멍이라도 찾아들어가고 싶었다. 저 우주취안은 저장촌에서 나름 손에 꼽히는 유명인이고, 손자를 병원에 안고 갔을 때 앞에 있던 환자는 순서를 양보하면서 손자의 상태에 대해 이것 저것 물어보기도 했다.

아이를 안고 소아과에 가서도 또 한참을 기다려야 했다. 가장 골치 아픈 부분이 증상에 대한 설명이었다. 아이의 상태에 대해 가장 잘 아는 사람은 저우씨의 아내였는데 이 할머니의 보통말은 나도 알아들을 수 없는 수준이었다. 그래서 아예 칭장말로 하게 하고 저우씨가 보통말로 통역했다. 장사할 때 저우씨의 보통말은 아무 문제없었지만, 이런 자세한 설명 앞에서는 막히는 부분이 많았다. 의사는 우리가 앞뒤로 통역하고, 반나절 말했지만 무슨 말인지 알아들을 수 없어 결국 인내심을 잃고 펜을 들어 처방전을 써내려갔다. 저우씨의 아내가 무언가 이야기하려고 할 때 의사는 다음 환자와 이야기를 나누기 시작했다. 우리는 조용히 처방전을 들고 자리에서 일어나야 했다. 진료를 기다리던 사람들은 우리를 쳐다보고 있었고, 나는 그 사람들 속에서 "외지인들 너무 불쌍해"라는 동정심 섞인 투의 말을 들었다.

수납 창구와 약국을 찾는 데 반나절이 걸렸다. 약국 직원은 처방전에 약 하나가 빠졌다고 하면서 처방전을 다시 끊어오라고 했다. 저우씨는 망설이다가 처방전을 나에게 건네며 "네가 가서 의사와 이야기해볼래?"라고 했다.

왕복 택시 요금까지 합쳐 총 200위안을 썼다. 돌아오는 길에 저우씨의 아내는 품에 안긴 아이를 바라보며 나에게 한탄했다. "아직도 애가 무슨 병인지 몰라! 베이징의 의사들 거지같아!"

공식 병원은 가는 길이 멀고 비용도 비쌌다. 뿐만 아니라 그곳에 가면 자신의 '외지인' 신분이 매우 선명하게 드러난다는 것을 느꼈다. 또한 언어 때문에 저장촌 사람들은 베이징의 의사들이 너무 불친절하고 때로는 환자를 오진한다고 말했다. "병원에 가서 몇 십 위안을 쓰고 약을 먹어도 효과 없는데, 저장촌 진료소에서 받은 약은 한두 번 먹으면 바로 나아."

저장촌의 진료소는 매우 단순했다. 약장 한 개, 테이블 한 개, 옆에 침대 한 개 등 총 세 개의 기물만 필요했다. 침대는 링거 맞는 사람이 눕는 용도였다. 초기에는 약품을 원저우의 제약회사에서 도매로 가져왔다. 여전히 원저우에서 도매로 가져오는 약품이 있지만 현재는 베이징 왕푸징 등 지역의 제약회사에서 도매로 들여오는 약품이 더 많다. 저장촌에서 가짜 약은 흔하지 않았다. 사람들은 이런 문제를 심각하게 받아들였다. 어느 지역에서 가짜 술 문제가 불거지면 여기 사람들은 백주도 못 마셨다.

원저우 현지는 저장촌처럼 민감하지 않았다.

저장촌의 의사는 두 가지 유형이다. 첫 번째 유형은 떠돌이 의사나 시골의 맨발 의사처럼 제도권 밖이나 준제도권 내에서 의료 서비스를 제공했던 사람이다. 두 번째 유형은 마을 보건소와 향진, 심지어 현성 병원에서 정규적으로 의료에 종사했던 사람이다. 전자가 먼저 등장했고 후자는 1992년부터 서서히 증가했다.

1992년, 내가 처음 만난 의사는 전자에 속했다. 그는 나에게 이렇게 말했다.

환자를 보는 것은 주로 경험이 중요해. 학위 같은 건 나는 안 믿어. 나는 어려서부터 선생님에게 배웠고, 선생님을 따라 다른 곳에 가서 진료를 했어. 개혁 이후, 나는 집에서 진료소를 차렸는데 꽤 좋았어. 1989년에 사람들이 베이징에 많이 오는 걸 보고 나도 오고 싶었어. 베이징이 어려우면 베이징에서 스자좡이나 다른 곳에 갈 수도 있었어. 베이징에 와서 딱 보니, 내가 생각했던 것과는 완전 다른 거야! 예전에는 수도가 정말 좋은 곳이라고 생각했는데, 와보니 그게 아니었어. 저장촌 옆에는 진료소가 하나도 없었어. 마침 거기서 사람들이 우리 같은 직업을 필요로 해서, 나도 그들에게 서비스를 제공하기 시작했지.

1993년 춘절, 나는 러칭에서 훙차오 병원의 젊은 의사를 만났다. 그의 성은 주朱씨, 대학을 졸업했고 저장촌에 오겠다고 했다. 정규직 의사였던 그가 왜 직장을 그만두고 이곳에 오려고 하는지 궁금했다. 베이징에서 그를 다시 만났을 때 그는 나에게 이렇게 말했다.

집에서 힘들어. 월급 몇 푼으로 살 수 없어. 내가 처음 병원에 들어갔을 때는 괜찮았는데 지금 고향에 사람들이 전부 외지로 나갔잖아, 환자가 없어! 우리 같은 젊은 사람들은 집안 경제를 일으켜 세워야 해. 원래는 집에서 나와서 혼자 진료소를 차리고 싶었는데, 마씨(연락사무소 주임—그는 이 주임의 친척이다)가 베이징에 가는 것이 더 나을 수 있다고 했어. 현재 베이징에 제대로 된 의사가 없다면서 내가 오면 최고의 의사로 통할 수 있다고 하는 거야. 게다가 친척이 많으니 조금만 홍보하면 일주일 안에 유명해질 거래.
옷을 만드는 친척에게 나를 대신해 먼저 가게를 임대해달라고 부탁해놓고, 나는 서류 작업을 마친 후 이곳에 왔어. 내가 홍차오병원 출신이었으니까 여기 간판도 '홍차오진료소'라고 했어. 그런데 정말 마씨의 말처럼, 개업한 지 며칠도 안돼서 홍차오병원 출신 대학생이 개업한 진료소라는 소문이 쫙 퍼진 거야. 하루에 20명이 넘는 환자를 볼 때도 있었어. 아내도 여기 오라고 하고 여기서 나를 도와 일하고 있어.

주 의사의 친척들은 진심으로 그를 위해 홍보했다. 그와 이야기를 나눈 지 얼마 지나지 않아 한 가공업자와 마주쳤는데, 그는 나에게 "혹시 주 아무개를 알아? 그 사람도 너처럼 진짜 대학생이야"라고 말했다.

1994년, 나는 덩촌에서 진료소 한 곳을 발견했다. 입구에는 러칭현인민병원 주치의 셰▦ 아무개라는 간판이 걸려 있었다. 그의 진료소 벽에는 그가 받은 상장이 걸려 있었고, 탁자 위 유리판 아래에는 그의 졸업장이 펼쳐져 있었다. 나를 보자 명함을 꺼내며 말했다. "나는 줄곧 인민병원에서 일했어. 이 일대에서 내가 유일해."

셰 의사의 진료소도 저장촌에서 가장 큰 규모였다. 유리판이 덮인 책상뿐만 아니라 침대 세 개와 대형 약장 두 개가 있었다. 그가 사용하는 다양한 의료 기구도 다른 사람의 것보다 좋아 보였다.

베이징에 진료소를 열게 된 계기를 물었다. "여기도 의사가 필요해"라고 모호하게 대답했다. 셰 의사도 베이징에 친척이 있었지만 친척에 대해 이야기하는 것을 꺼려했다. "결국 사람들이 보는 것은 당신의 실력이야"라면서 친척은 그다지 중요하지 않다고 믿었다. 나는 우연한 기회에 셰씨의 사촌형제를 알게 되었다. 그

날짜	셰 의사	린 의사
1994년 11월 8일	18	5土
1994년 11월 9일	17	8土
1994년 11월 10일	20	9土

들은 그에 대해 진심으로 존중했지만 "공부한 사람이잖아……" 라는 말을 덧붙였다. 서로 잘 맞지 않는다는 것을 암시했다.

나는 저장촌에 친척이 많고, 또한 친척을 중요하게 생각하는 린 의사와 셰 의사를 비교해보았다. 3일 연속으로 두 사람의 진료 현황을 물었다. 셰 의사의 환자 수가 전자보다 훨씬 많은 것을 알 수 있었다.

린 의사가 진료한 환자 수에 '±'기호가 붙은 이유는 린 의사가 기록을 남기는 습관이 없어서였다. 그는 진료를 마치면 내원한 사람을 따로 기록하지 않았기 때문에 내가 저녁에 물어보면 기억에 의존하여 숫자를 알려줬다. 진료소는 확실히 실력 위주인 것 같다. 그리고 진료소는 문제를 일으키는 사람이 거의 없는 평화로운 공간이었다. 때문에 이런 사업체는 식당과 달리 친우권에 크게 의존하지 않았다.

셰 의사는 저장촌에서 가장 유명한 의사는 아니다. 가장 유명한 의사는 메이梅 의사다. 그의 학력은 셰보다 높지는 않지만 고향에서 산부인과 치료로 유명했다. 1990년 또는 1991년, 당시 계획생육 검사팀이 베이징에서 조사를 하다가 이곳에 '할 일이 많다'고 판단했고, 이듬해에 '전문 진료소'를 설립하여 정관수술을 시작했다. 정관수술과 낙태수술을 위해 사람이 많이 찾아왔고, 하루에도 몇 명을 수술했다. 메이 의사는 이렇게 말했다. "실제로 피임시술 하려는 사람들 꽤 많아. 임신하고 애를 낳고 싶지 않은 사람도 많아. 수술 받는 게 번거롭다고 애를 그냥 낳더라고." 근처에 사는 저장촌 사람은 나에게 이런 말을 했다. "그 사람 돈 엄청나게 벌어. 결혼 안한 여자애媛子兒(미혼 소녀)들이 와서 낙태하겠다고 하면 돈은 의사가 부르기 나름이야." 메이 의사한테 간 이유가 무엇이든, 번창하는 그의 사업을 통해 나는 이곳에 사는 사람들의 피임에 대한 인식이 정부와 사회의 일반적인 인식과 다르다는 것을 알게 되었다. 안타깝게도 여러 가지 한계로 인해 나는 이 문제에 대한 정량적인 조사를 할 수 없었다.

1995년 이전까지 거의 모든 진료소는 비공식 부문에 속했다. 한편, 베이징시정부가 외래 의료인을 엄격하게 관리했기 때문에 저장촌에서 진료를 보는 의사들의 학력, 특히 진료소의 하드웨어는 승인받을 수 있는 가능성이 전무했다. 더 중요한 것은 이곳의 진료소들은 한 번도 사업자등록증이나 허가증을 신청할 생각을 해본 적이 없었다는 점이다. 1994년, 러칭 보건당국의 관계자들은 메이 의사와 함께 펑타이 보건 당국에 가서 인허가 절차를 논의한 적이 있다. 상대방은 매우 난감해했다. 하지만 보건 당국은 실용적으로 접근하면서, 비록 그에게 면허를 발급하지는 않았지만 그렇다고 해서 단속하거나 추방하지도 않았다. 베이징 공안당국의 태도는 전혀 달랐다. 한 관계자는 저장촌을 추방해야 한다고 생각한 주된 이유가 바로 이 "무면허 의료 행위"라고 말했다. 1995년 이후, 추가 협상을 통해 러칭 당국에서 의료면허를 발급하고 베이징 공상 부문에서 사업자등록증을 발급했다. 이렇게 대부분의 진료소가 합법화될 수 있었다.

저장촌의 1인당 진료소 수가 매년 지속적으로 증가한 이유는 크게 두 가지다. 첫째는 공동체 내의 공중 보건 상태 및 사람들의 생활 방식과 관련이 있다. 일반적인 감기, 이질 및 기타 일상적인 질병 외에 진료소에서 가장 많이 치료하는 질병이 성병이다. 게다가 매독과 임질 주사는 한 대에 몇 백 위안을 할 정도로 성병 치료제는 고가였다. 비록 저장촌 내부는 온전한 가정이 있기 때문에 매춘이나 성적 난교는 심각한 수준은 아니었지만 마을 밖에서 무분별한 성생활을 하는 남성 사업주들이 문제였다. 둘째는, 저장촌 사람의 건강에 대한 인식이 지속적으로 높아졌다. 몸이 아프지만 참으면서 진료를 받지 않는 경우는 극히 드물었다. 젊은 남성들이 호주머니에 목캔디를 넣고 다니면서 일이 있든 없든 하나씩 꺼내 입에 넣는 것은 흔한 풍경이었다.—원저우의 농촌에서도 보기 드문 현상이었다. 이에 대해 그들은 이렇게 말한다. "장사가 너무 바빠서 아플 여유가 없어."

유치원

저장촌의 첫 번째 유치원은 1988년에 출현했다. 당시 마촌의 식자재 시장은 지금처럼 붐비지 않았고 유치원은 바로 가장자리에 위치했다. 주인의 둘째 아들이 나에게 이렇게 말했다.

고향에 있을 때에도 사업을 했는데 나의 형이 찌꺼기조차 남지 않을 정도로 크게 밑지는 바람에 우리는 1989년에 온 가족이 1만 여 위안을 빌려서 베이징에 왔어. 베이징에서 다른 일을 하는 것은 엄두도 안 났어. 그래서 아무도 하지 않지만 위험부담이 없는 사업을 골랐어. 이리 보고 저리 보고, 유치원이 좋을 것 같았어. 우리는 저장촌 첫 유치원이어서 사업도 잘 되었어. 아이들이 많을 때는 40여 명이었어. 그때는 돈도 적게 받았지, 한 끼만 제공하는 아이들은 한 달에 100여 위안만 받았으니까. 우리가 한 1년을 했는데, 허우촌에도 하나 생긴 거야—원저우 사람들은 뭐든지 빨리 배운다니까! 우리는 2년 정도만 하고 그만뒀어. 4만 위안쯤 벌었나? 그리고 옷을 만들기 시작했어. 유치원은 피곤하고 수입도 적어.

1995년 11월 대철거 이전까지, 내가 대략 세어본 바에 따르면 저장촌의 유치원은 다섯 곳이었다. 러러樂樂, 허이和義, 진어우金甌, 샤오루小鹿, 그리고 허우촌의 유치원이다. 러러유치원은 덩촌에 위치했고, '원장' 차이순화蔡順華와 장차이어章才娥는 부부다. 아내 장씨는 러칭 청관 사람, 1960년대에 지식청년의 '농촌지원'으로 같은 현의 칭장구에 파견되어 맨발 의사를 했다. 1980년대에 혼자 청관으로 돌아왔지만 줄곧 직업이 없었다. 차이씨는 한때 공예품 공장에서 목각공으로 일했다. 두 사람에게는 돈 벌 방도가 없었다. 러칭에서는 부끄러운 일이었다. 차이는 이렇게 말했다. "살 수 없었으니까! 베이징에 가는 것은 새로운 길이니까, 한번 시도해보자고 했지. 우리는 가죽재킷도 만들 줄 모르니, 다른 사람이 유치원 하는 걸 보고 우리도 시작한 거야."

유치원 시설은 매우 단조로웠다. 30여 제곱미터의 작은 방, 세 줄의 작은 탁자와 의자, 2층 침대 3세트가 아이들이 점심시간을 보내는 곳이다. 오래된 소파는 앉는 용도가 아니라 아이들의 놀이기구 중 하나다. 작은 흑판이 하나 있고 장난감은 없다. 다행히도 그들이 임대한 집에는 작은 마당이 있었고, 벽에는 알록달록한 동물이 그려져 있었다. 마당 입구의 기둥에는 붉은 페인트로 '러러유치원'이라는 글씨가 적혀 있었는데 예술적 재능이 있는 차이씨의 손길이 닿은 곳임이 분명했다.

장 선생님은 유치원 운영의 어려움을 토로했다.

점점 더 어려워지고 있어. 방 두 칸짜리 집인데 임대료만 1100위안, 게다가 이런 집은 찾기도 어려워. 집주인은 유치원을 하는 것을 원하지 않아. 시끄럽다는 거야. 내가 아이를 가르치고, 차이가 밥 하고 장을 봐. 여기에 사람이 최대로 40명 정도일 때가 있었는데, 일손이 부족하면 안후이에서 온 여자애를 불러다 일 시켜. 원래 우리 친척이 '라오쓰'로 있었는데, 고등학교를 다녔으니까 아이를 가르치는 데는 문제가 없었지. 식비와 숙박을 제공하고 한 달에 300위안을 줬어.

아침 7시에 오는 아이, 10시에 오는 아이, 다양해. 귀가하는 시간도 다 달라. 부모가 일이 없으면 오후 3~4시에 데리러 올 수도 있고, 바쁘면 저녁 9~10시가 되어도 데리러 오지 않는 사람이 있어. 그 사람들 장사 시간이 정해져 있지 않잖아. 우리가 그런 건 다 이해해. 아이들도 매일 등원하는 건 아니야. 하지만 우리는 월 단위로 돈을 받아. 한 명당 한 달에 120위안이야. 아이들은 주로 가까운 덩촌이나 허우촌에 살아.

지금은 잘 안 돼. 아이들이 열 명도 안 돼. 임대료, 공과금, 식대, 벌 수 있는 돈이 없어. 유치원이 너무 많아서 그래. 게다가 무슨 '학전반學前班'(초등학교 입학하기 전 연령대의 어린이를 1년 정도 교육하는 과정)도 나오고, 컴퓨터 교육을 하는 곳도 있대. 진짜인지 가짜인지는 나도 몰라! 아이들을 베이징의 유치원에 보내고 싶어하는 사람도 있어. 그 안후이 여자애를 돌려보냈어. 나는 자녀가 세 명인데, 큰 애는 친척한테 가서 옷 만드는 일을 배우게 했어. 지금 내가 하는 이 일은 전망이 없어. 작은 애들 두 명은 학교 다니고 있는데, 둘째 아들은 지금 중학교에서 공부借讀(호구가 없는 사람이 현 주거지의 학교에 다니는 방식)하고 있어, 곧 고등학교 입학시험을 봐야 하는데 어떻게 해야 할지 모르겠어.

허이유치원과 허우촌의 학전반은 장 선생님에게 가장 경쟁의 압박을 크게 느끼게 한 라이벌이었을 것이다. 허이유치원의 주인은 저장 후저우湖州에서 온 여성이고 남편은 러칭 사람이다. 처음에는 옷을 만들었지만 유치원이 자신의 강점을 더 잘 살릴 수 있다고 생각하여 1993년 '6.1'절(중국의 어린이 날)에 유치원을 개원했다. '허이'는 저장촌 근처 농장의 이름이다. 그녀는 나에게 이렇게 설명했다.

이 이름을 보면 베이징 느낌이 나잖아. 나는 원래 아이들을 좋아했어. 원저우 사람들이 하는 걸 보니 말이 안 되는 것 같아서 내가 제대로 된 것을 하나 해보자고 시작했지. 원저우 사람들은 서비스가 좋으면 비싸도 두려워하지 않아. '6.1' 절을 맞춰 개원한 것도 좀 더 재미있지 않을까 싶어서야. 여기 아이들이 제일 많아, 80명까지 된 적도 있어. 베이징의 유치원처럼 대반, 중반, 소반으로 나누고, 대반은 20명 정도, 글자와 숫자를 가르치고, 소반은 제일 많은데 30여 명이야. 우리는 전일제로 받는 아이도 있어. 대반은 월 150위안, 기타는 140위안, 전일제는 350위안이야.

나 말고도 아줌마 세 명이 더 있어. 두 명은 러칭 사람, 한 명은 장쑤에서 왔어. 그런데 우리는 여기서 모두 보통말을 사용해. 아줌마들의 월급은 다 다른데 어쨌거나 300~400위안 정도야.

여기 온 지도 오래 됐고, 남편과 집주인 사이도 괜찮아. 이집도 좋아. 한 달에 1700위안이야. 그이가(남편) 저장촌에 친구도 많고, 그들 도움 덕분에 우리 사업도 순탄한 편이야.

허이의 마당에는 예쁜 미끄럼틀이 있었고 입구에는 철문, 그리고 안뜰과 바깥뜰을 구분하는 철제 울타리가 설치되어 있었다. 유치원은 방 다섯 개, 대반 교실, 중반 교실과 넓은 휴식실이자 소반 어린이의 활동실, 나머지 방은 각각 주방과 아줌마 기숙사였다. 휴식실에는 다양한 장난감이 있었다. 학부모의 마음을 사로잡는 것들이었다.

허우촌 '학전반'의 홍보 전략은 '컴퓨터 교육'을 강조하는 것이었다. 이른바 '컴퓨터'는 두 대의 단순한 학습기였다. 저장촌 사람들은 여러모로 매우 똑똑하지만 컴퓨터에 대해서는 거의 맹신하는 수준이었다. 모니터와 키보드만 있으면 아이에게 특별한 지혜를 가져다준다고 믿었다. 학전반의 비용은 앞의 두 곳과 비슷했다.

이 두 유치원의 경쟁력은 저장촌 사람들이 '베이징화'된 교육 방식을 어떻게 생각하는지에 대해 잘 보여주고 있다. 허이유치원에 세 살배기 아이를 둔 한 어머니는 이렇게 말했다.

아이들의 교육 문제는 우리가 가장 신경 쓰는 부분이야. 내가 조금만 더 교육을 받았더라면 지금처럼 고생하지 않았을 거야. 아이들이 베이징에 남을지 아니면 돌아갈지는 아이들이 알아서 결정할 일이야. 요즘처럼 학력을 요구하지 않는 곳이 있어? 이 유치원이 좋아. 아이들을 돌봐주는 것만으로는 충분하지 않고 무언가를 배워줘야 하거든.
지금 아이를 베이징의 유치원에 보내지 않는 주된 이유는 너무 멀어서야. 아침 일찍부터 어떻게 데려가? 게다가 돈도 많이 들어. 아이가 지금 보통말도 잘 못하고, 똥오줌도 제대로 못 가려. 그런데 여기는 아침저녁으로 선생님이 있고, 저녁에 좀 늦어도 걱정이 안 돼. 하지만 애가 좀 더 크면 베이징의 학전반에 보내고 싶어. 나는 잘 알지는 못하지만, 여기 선생님이 잘 가르치는지는 조금 걱정이 돼.

상당수의 학부모는 란톈藍天, 베이하이北海 등 일반 베이징 어린이도 들어가기 어려운, 저장촌에서 몇 킬로미터, 심지어 수십 킬로미터 떨어진 전일제 유치원에 자녀를 보냈다. 베이징의 유치원은 베이징의 초등학교보다 입학이 어려웠다. '입학금入門費'만 1만 위안 정도였다. 베이징에 호구가 없는 사람이 내야 하는 '후원금贊助費', 전일제 보육료 월 300~500위안, 특히 상한선이 없는 '관계비關系費'〔사람을 찾아 문제를 해결하는 데 드는 전부의 비용〕 등이 포함된 금액이다.

유치원은 진료소와 비슷했다. 공동체 내의 관계가 업주들에게 있어서 가장 중요한 관계는 아니었다.

자녀를 베이징의 학교에 보내는 것과 베이징의 시민 문화를 받아들이는 것은 전혀 다른 차원의 문제라는 점을 지적할 필요가 있다. 베이징에서 초등학교와 중학교 교육을 받은 학생일지라도 결국 농촌으로 다시 돌아간다는 사실을 아래에서 다룰 예정이다!

금은방, 교통대, 종교 신앙

저장촌의 액세서리 가공업체 수도 놀라울 정도로 많다. 특히 마촌에서 덩촌으로 가는 길에는 '금은방'이 줄지어 있다. 다양한 종류의 반지와 귀걸이 사진이 문 앞에 걸려 있다. 장비도 매우 간단하다. 알코올 버너 하나, 철제 관 하나, 패드와 다양한 크기의 망치만 있으면 된다. 고객이 오면 먼저 은 저울로 무게를 측정한 다음 마지막에 다시 확인한다. 고객들은 부러진 금이나 은으로 된 장신구를 가지고 오거나 오래된 것을 가지고 오기도 한다. 대부분의 장신구는 당일에 완성되기 때문에 금은방의 안전은 크게 문제되지 않는다.

저장촌에 있는 이렇게 많은 금은방은 공동체의 경제 상황이 어떠한지를 잘 보여준다. 다른 한편 이 현상은 저장촌에서 장신구를 선물로 주고받는 새로운 문화의 결과이기도 하다. 저장촌

러칭의 개인 운송회사: 노선은 전국 각지를 향한다

에서 고용된 노동자에게 상을 주거나, 집주인, 향이나 촌의 다양한 직급의 간부들과 가까워지기 위해, 특히 백화점 사장을 움직일 때 사람들은 금으로 된 장신구를 가장 선호하는 선물로 꼽았다. 사람들은 가볍고 비싼데다 쉽게 현금으로 교환할 수 있기에 가장 실용적이라고 생각했다. 원저우에서도 장신구를 선물로 사용하지만 저장촌처럼 흔하지는 않다.

금은방의 주인은 대개 20세 전후의 젊은이들이며, 저장촌에 의류를 비롯하여 다양한 업종에 종사하는 부모를 둔 경우가 많았다. 장신구 제작, 소규모 식당, 길거리 음식 등 사업에서 공통적으로 나타나는 특징은 종사자의 가족이 동시에 다양한 업종에 종사하는 경우가 많다는 점이다. 주요 인력은 의류사업에 종사하고 다른 사람들은 보조 업종에 종사했다.

그 외에, 교통 서비스업도 저장촌의 중요한 분야였다. 위탁운송 터미널, 장거리 버스회사, 기차표 및 비행기표 대리점 등이 포함된다. 저장촌에는 대여섯 개의 위탁운송 터미널이 있다. 대부분은 원저우와 베이징 사람들이 동업하여 운영했다. 예를 들어, 베이얼위탁운송터미널貝爾托運站은 원저우 사람 두 명과 베이징 사람 두 명이 함께 운영한다. 원저우 사람 두 명은 마을 내부의 사무, 베이징 사람 한 명은 사업자등록증, 공상업 및 세무 관련 분야를 맡았고, 다른 베이징 사람 한 명은 베이징역 직원의 친척인데 위탁운송의 여러 가지 어려움을 해결했다.

1992년 초, 러칭 사람들에 의해 개인 주식제로 설립된 성진자동차유한회사盛金汽車服務有限公司는 고급 버스 여섯 대를 단가 95만 위안에 구입하고, 러칭에서 베이징까지 총 1953킬로미터에 달하는 장거리 직행버스를 개통했다. 이 회사의 운임은 킬로그램당 4.5위안으로 다른 회사보다 비쌌지만 속도가 빨랐고 다음 날 바로 도착했다. 일반적으로 위탁운송 터미널의 운임은 킬로그램당 8마오, 목적지까지 5일 걸렸다. 위탁운송 터미널은 복잡한 내부 파트너십으로 인해 비용이 컸다. 이로 인해 1995년 이후 몇몇 터미널은 장거리 버스회사와의 경쟁에서 패하면서 부득이 문을 닫게 된다. 성진회사 외에도 무면허 버스회사가 많았다. 저장촌은 물론, 춘철 기간 러칭과 융자의 마을 입구 어디에서나 원저우-베이징 장거리 버스 광고를 볼 수 있었다.

저장촌에서 기차표나 비행기표를 구매 대행하는 사람들도 특이한 기술을 가지고 있다. 베이징에 원저우 사람이 너무 많아서인지 매년 춘철 기간 베이징에서 원저우로 가는 항공편이 하루 네 편으로 늘어나도 공식 매표소에서는 한 달 전에 이미 예약이 완료된다. 하지만 저장촌에 가면 50위안 또는 100위안만 더 내면 언제든지 원하는 표를 구할 수 있다. 1998년 춘철, 천춘성陳存聖과 다른 두 사람은 톈진에서 원저우로 가는 비행기를 전세로 빌린 후 저장촌에서 승객을 모집했다. 그들은 당연히 무료로 탑승했고 세 사람은 각각 6000위안을 벌었다.

저장촌 사람의 종교는 단순하면서도 복잡하다. 그들이 신앙하는 종교는 매우 다양하다. 그러나 신앙의 방식은 매우 간단하다. 불교를 믿는 사람은 집에 관음상(주거환경이 누추해서 불상을 모실 공간이 없다. 따라서 사람의 기운이 부처의 기운을 짓누르는 것을 막기 위해 붉은 천으로 관음상을 덮었다―이는 저장촌에서 새롭게 출현한 현상이다)을 놓고 있다. 정월 초하루, 절에 가서 소원을 빌고 헌금을 한다. 만약 베이징에서 새해를 맞이한다면 대부분 베이징의 광지사廣濟寺, 광위안사廣元寺와 탄저사潭柘寺 등에 간다.(저장촌 사람들은 이곳의 향불이 잘 탄다고 생각했다.) 도교를 믿는 사람들은 보통 바이윈관白雲觀에 가서 향을 피우고, 그곳에서 사온 종이 부적을 집안의 눈에 띄는 곳에 붙여놓는다. '예수'를 믿는 사람들이 가장 조직적이었다. 펑타이구정부의 모 부처의 문건에는 이런 내용이 있다. "1993년 1월부터 11월까지 펑타이구 통전統戰〔통일전선부의 줄임말. 주로 국가의 통일 문제를 다루는 전담 부처〕과 종교 등 부처는 향정부와 협력하여 저장촌의 불법 기독교 활동을 조사하고 단속했다. 저장촌의 불법 종교 활동 장소는 네 곳에 달했고, 세례를 받은 종교인은 200여 명, 정기적으로 종교 활동에 참가하는 사람은 300여 명에 달했다. 저장 현지에서 선교사 아홉 명이 왔는데, 그중 일부 선교사는 '우리 저장 사람들은 모두 형제이며 단결해야 해. 우리는 절대 남을 괴롭히지 않지만, 남이 우리를 건드리면 우리는 절대 그들을 용서하지 말아야 해'라고 선동했다." 이런 모임 장소는 대부분 단지가 집중된 지역에 밀집했다. 모임 장소가 단속되면 신도의 집에 모였다. 어떤 종파를 따르든 그들은 교의의 내용에는 관심이 없고 오로지 자신이 보우받기 위해 '기도하는' 것에만 열중했다. 그 어떤 종교도 그들의 경제 및 사회적 행동에 눈에 띄는 영향을 미치지 못했다.

주거지 구성

1992년을 전후하여, 저장촌의 주거지 구성은 비교적 선명해져갔다. 마촌, 덩촌과 허우촌은 주로 훙차오와 푸룽진 사람들이 살았고, 스류쫭은 주로 러칭 푸치蒲岐와 청관 일대 사람, 시뤄위안西羅園은 주로 다징구 사람들이 살면서 다운재킷을 만들었다. 다훙면 동쪽 뒤편은 거의 모두 훙차오진 강옌향港沿鄉 사람들, 마자바오馬家堡[73]는 주로 융자현 사람들이 살면서 가죽재킷을 만들었다.

이 구조가 어떻게 형성되었는지 이해하는 것은 어렵지 않다. '사슬형 이동'에서 사람들이 이동하고 집을 임대하는 등의 결정은 모두 먼저 온 사람의 도움 없이는 불가능하다. 사업 과정에서 이 사슬은 사람들의 정보 획득의 주요 경로가 된다. 융자의 천정관陳正觀이 베이징에 오자마자 하이후이사에 정착할 수 있었던 이유는 그의 사촌형이 거기에 살았기 때문이다. 6개월 후, 그의 사촌형은 스류쫭으로 이사했고, 그도 3개월 후 뒤를 따라 스류쫭에 갔다. 그는 "저장촌은 복잡하고, 그들이 아는 게 많아서 그들과 함께 사는 것이 더 좋을 것 같아"라고 했다. 또 6개월이 지나, 천정관의 친구 한 명이 마자바오에서 다른 사람들과 함께 단지를 짓자 그는 다시 거기로 이사를 했다. 그가 이사를 할 때 그의 사촌형은 자기도 '바로 따라 간다'고 했다. 류스밍은 "자기 사

---

[73] 마자바오의 '바오堡'의 원래 발음은 pù, 푸瀑다. 하지만 원저우 사람들이 온 이후 현지 주민들도 전부 bǎo[바오]로 읽었다.

저장촌의 중심 거리

람들이 함께 살아야 한다"를 특별히 강조하는 사람이다. 이것이 나중에 그가 단지를 짓게 된 주요 동기 중 하나였다. 이러한 인식은 그가 재산을 모으고 권위를 수립할 수 있었던 기반이기도 했다.

그러나 출신지에 따른 밀집 수준과 정착 지역의 면적은 차이가 났다. 이는 서로 다른 '지역 출신'의 사업 활동과 직접적인 관런이 있었다. 예를 들어, 홍차오 사람들의 주거지는 저장촌에서 가장 크고, 두 곳에 집중되어 있다. 러칭과 바이시(진) 출신들은 초기에 둥뤄위안東羅園에 살았지만 나중에는 다른 곳으로 흩어졌다. 저장촌 사람들은 그들의 분산의 원인을 '경제적 무능력'에서 찾았다. 바이시 사람과 가까운 다징 사람은 이렇게 분석했다.

바이시 사람들 안 좋아. 장사는 엄청 잘하는데, 함께 어울리기 힘들어.

1984, 1986년 바이시는 금 장사로 유명했지. 나는 17살에 네이멍구로 가서 밀무역으로 들여온 천을 팔았는데 그때 바이시 사람들과 함께 했어. 네이멍에서는 집집마다 작은 병이 하나씩 있었는데 안에는 전부 사금이야. 그걸 우리는 사다가 집에서 제련했어. 뭐 특별한 기술도 필요 없어. 제련해서 바로 집에서 팔 수 있었지.

이 사업은 국가가 허용하지 않는 사업이라서 발각되면 공안국에서 와서 물건을 압수할 뿐만 아니라 사람도 잡혀 들어가거든. 바이시 사람들은 그때부터 겁먹고 내가 금을 제련하는 것을 보기만 하면 가서 신고해. 내가 금을 파는 것을 봐도 절대 가만두지 않지. 지금도 그래, 독해.

베이징에 처음 왔을 때 그들은 꽤 단결이 잘 되었어. 그런데 다른 사람들은(저장촌의 비 바이시 출신) 모두 그들을 두려워하면서 잘 어울리려고 하지 않았어. 그 사람들 그렇게 뭔가 성장하지 못하고, 사업도 크게 하지 못하고, 또 이끄는 것도 없고, 그렇게 천천히 흩어져 다른 곳에 가게 된 거야.

정반대의 예로, 가오챵과 하이후이사에 살고 있는 러칭 링디
향嶺底鄉 사람들의 주거지는 점점 더 선명해졌다. 링디향은 러칭
에서 경제적으로 낙후된 마을이고, 링디의 장좡촌張莊村은 특히
가난하다. 그러나 저장촌에서는 이 지역 출신 사람들이 아주 잘
나갔다. 한 홍차오 사람이 나에게 알려줬다. "푸룽이나 홍차오
출신들 돈 있는 사람은 몇 천 만, 몇 백만 위안이 있는데 몇 십
만 위안을 손해 본 사람도 수두룩해. 그런데 링디 사람들은 사
업 규모가 작지 않을 뿐만 아니라 다들 규모가 비슷해. 집집마다
몇 십만 위안은 있어. 그러니까 기세가 올라가는 거야. 한 사람
이 나서면 너나 할 것 없이 모두 함께 하니까 길이 넓어지잖아."

추가로 주목해야 할 부분은, 기존에는 출신 지역에 따라 사람
들이 몰려서 살았지만 이런 거주의 양상이 끊임없이 변화하고
있다는 점이다. 융자 사람들이 가죽재킷을 만들고 러칭 사람들
이 매대를 임대하는 구조가 만들어진 이후, 일부 러칭 사람들은
사업의 편의를 위해 융자 출신의 '사업권' 관계, 즉 융자 출신의
동업자를 통해 마자바오의 빈 집을 구하는 등 융자인의 '영지'에
침투하기 시작했다. 마자바오에 들어간 러칭 사람들도 혼자가
아니라 네댓 가구 단위로 움직였다. 마찬가지로 융자 사람들도
하이후이사, 가오챵 일대에 적극적으로 잠입했다. 가오챵은 원래
주로 융자 사람들이 살았는데 1995년을 전후하여 이곳의 절반
가량이 러칭 사람이 되었다.

이로 인해 혼합 거주와 밀집 거주가 서로 겹치는 구조가 출현하게 되었다. 예를 들어, 저장촌에는 융자 우뉴烏牛 출신 사람들의 집거지가 주징좡久敬莊에 하나, 하이후이사 341버스정류장 옆에 하나, 징원시장 북쪽에 하나, 마자바오에 하나 총 네다섯 개가 출현했다.

비록 출신지가 다른 사람들이 서로 다른 곳에 살았다고 해서 그들의 사업관계가 집거지에만 국한되었다는 것은 아니다. 특히 매대를 운영하는 사람의 활동 반경은 저장촌의 절반 이상을 포함했다. 사람은 마촌에 살지만 가오좡에 가서 물건을 들여오고, 하이후사나 쑤자푸에 가서 다른 사람이 무엇을 만드는지 둘러보는 것이 그들의 일상 활동이었다.

사람들의 상호작용은 언어적 혁신으로 이어졌다. 융자 우뉴진의 방언과 러칭 훙차오, 특히 다징진의 방언은 너무 달라서 의사소통이 거의 불가능할 정도였다. 하지만 한 다징 사람은 이런 말을 했다. "나와 함께 일하는 사람은 융자 출신인데, 우리는 말이 너무 달라서 양쪽이 모두 가운데로 와서 '중간을 맞춰壓壓扁'야 했어." 안타깝게도 내가 언어학과 언어인류학 지식이 부족해서 그들이 각자의 방언을 어떻게 '맞춰壓'갔는지 분석할 수 없었다. 위양창於陽强은 융자 옌터우岩頭 사람이다. 1년 넘게 알고 지내지만 나는 그가 러칭 사람들과 함께 일해서 러칭 출신인 줄로 알고 있었다.

이렇게 저장촌은 한편으로 친우권 관계로 인해 주거지와 유출지 사이에 밀접한 연결 구조를 형성하게 되었고, 다른 한편으로 사업권 관계로 인해 이 각각의 부분들이 서로 연결될 수 있었다. 이러한 분산적인 주거 양상과 사업은 상호 교차적으로 영향을 주고받으면서 함께 변화했다.

주거지 구성과 비슷하게, 서로 다른 현이나 진에서 온 사람들이 남을 상상하는 방식도 비슷했다. 러칭 사람들은 크게 훙차오, 푸룽, 다징 출신 등 3개 그룹으로 나눌 수 있었다. 칭장, 청관, 톈청 등 기타 진은 모두 훙차오에 속했다. 이 진들 중 푸룽 사람들이 가장 '파렴치한'이고 최악이었다. 예를 들어, 대리 판매에서 발생하는 대금 연체와 고의적인 사기는 푸룽 사람들이 더 많이 저지르는 경향이 있다. 다징 사람들은 가장 정직하지만 경제적으로 어렵고 큰돈을 벌지 못하는 것으로 상상된다. 이러한 상상에는 미묘한 계급 구조가 작용한다. 다징 사람들은 푸룽 사람과 훙차오 사람이 비슷해서 한데 묶을 수 있다고 생각하고, 푸룽 사람들은 훙차오와 칭장 사람이 비슷하다고 생각한다. 하지만 한 훙차오 사람은 오히려 이렇게 말한다. "전혀 달라, 룽저령龍澤嶺을 넘으면 달라지잖아. 룽저령의 이쪽은 훙차오, 저쪽은 칭장이잖아. 칭장 사람은 착하고, 단결도 잘 되고, 훙차오 사람은 비교적 활기차고, 잔머리를 굴리지만 그래도 선을 지키지."

융자 우뉴진과 펑린진楓林鎭 출신들의 차이도 작지 않았다. 우뉴 출신들은 비교적 '활기차고' 초기 자본도 더 많았다. 한 펑린 사람은 이렇게 말했다. "우리는 처음에 그들보다 가난했어. 나와서 주로 한 일은 가죽을 수거한 후 장갑 만드는 가죽공장에 되파는 일이었어. 예전에는 집집마다 다니며 수거했고, 지금은 집에서 수거하기도 해. 이런 사업은 큰돈은 벌지 못하지만 본전도 들지 않아. (…) 우리도 우뉴 사람들을 별로 좋아하지 않아, 너무 공격적이야. 우뉴방은 있지만 우리 펑린방은 없어. 사람들이 겨우 먹고 살만한 수준밖에 안돼서 그런 걸 안해. (…) (러칭) 다징 사람들도 경제적으로 좀 힘들어. 그들은 주로 삼륜차를 많이 하는 것 같아. (…) 삼륜차는 쉬워. 그런데 우리는 왜 처음에 삼륜차를 하지 않았는지 (…) 이걸 또 어떻게 설명하는 게 좋을지! 처음부터 그런 생각을 못했던 거야. 지역마다 다 그 지역에 맞는 일이 있어, 동향들이 무슨 일을 하면 우리도 무슨 일을 하게 되고, 다른 일을 한다고 해서 내가 숟가락을 얹을 수 있는 것도 아니야."

상대에 대한 이러한 상상은 두 가지 주목할 만한 점이 있다. 첫째, 이 상상은 사람 사이의 상호 격리의 산물이 아니라 사업과 생활의 상호작용 속에서 형성되었다는 것이다. 따라서 한편으로 이 상상은 사람들의 핵심 계 내부의 단결을 강화했고, 다른 한편으로는 서로 다른 출신지 사람들 간의 교류를 막지 않았다. 둘째, 종사하는 업종이 단순하고 경제적으로 다른 사람과 덜 연결된 사람일수록 이런 상상의 경향이 더 강했고, 나아가 이 상상이 그의 행동에 미치는 영향도 더 컸다. 역할이 작은 사람들小人物은 이러한 상상 덕분에 거물의 '계'에 확고하게 자리 잡을 수 있었다. 거물이라고 해서 이런 상상을 하지 않는 것은 아니었다. 그러나 이러한 상상은 그들이 다른 지역 출신과 교류하는 과정에 별로 영향을 미치지 못했다. 그들은 집단에 대한 상상과 구체적인 행동을 분리시킬 줄 알았다. 거물들이 자신의 지위를 유지하는 비결 중 하나였다.

이 무렵, 저장촌 공동체의 기본 형태가 형성되었다.([그림 6] 참조)

분쟁 해결의 방법

국경 무역의 증가, 생산요소 시장체계의 형성, 공동체의 서비스업 체계 형성 등의 과정은 하나의 공통적인 현상을 동반했다. 즉, 사업권과 친우권의 분리였다. 사람들은 점점 더 많은 낯선 사람과 사업을 해야 했고, 이는 공동체 내의 분쟁을 증가시켰다. 사람들이 이러한 경제 및 생활상의 분쟁을 어떻게 해결했는지 살펴보도록 하자.

방법 1: 자체적으로 해결하다

이 방법은 친우권 내부의 갈등을 중재하는 데 국한된다. 이런 유형의 갈등은 알아내는 것 자체가 매우 어렵다. 이유는 첫째, 발생할 확률이 매우 낮고, 동시에 하나의 친우권 내에서 발생하기 때문에 사람들은 바로 상대방의 불쾌함을 인지할 수 있다. 따라서 자신의 행동을 즉각적으로 조정함으로써 직접적인 충돌을 피하고자 한다. 큰 매형과 작은 매형의 사례에서 우리는 이미 보았다. 둘째, 자체적으로 해결할 경우 외관상 부각되는 문제로 확대되지 않기 때문에 사실을 인지하지 못하는 경우가 많다. 셋째, 같은 친우권의 사람일수록 이런 일이 외부에 알려지는 것을 꺼려하기 때문에 부득이 관찰과 대화를 통해 알아낼 수밖에 없다.

1997년의 어느 날, 류원차오劉文朝는 하얼빈에서 온 원저우 친구들을 집으로 초대해 저녁식사를 했다. 식사를 시작하려고 하는데 류원차오 아내가 맥주 오프너를 찾지 못해 서성이고 있었다. 원차오는 기억났다는 듯이 "며칠 전에 원린文林이 가져갔다가 아직 가져오지 않았어"라고 했다. 원린은 류원차오의 둘째 형이다. 형 원화文化, 둘째 원린, 막내 원차오, 류씨 3형제는 모두 저장촌에 살고 있었다. 이 말을 들은 아내는 류원차오를 향해 "아니 왜 맨날 물건을 빌려주는 거야! 당신이 빌려준 거면 당신이 찾아와, 난 몰라!"라고 큰소리로 말하고 방에 들어갔다. 류원차오는 크게 당황했다. 내가 서둘러 나가서 하나 사가지고 돌아왔다. 가는 길에 나는 류원차오의 아내가 굳이 이런 자리에서 이정도 일로 화내는 이유가 무엇인지 궁금했다.

식사 중에 류원화가 들어왔고 사람들은 그에게 자리를 하나 내줬다. "추이어翠娥는?" 그가 물었다. 나는 낮은 목소리로 그에게 자초지종을 말해줬다. 그는 웃으면서 "무슨 그런 일로 화를 내!"라고 하면서 방으로 들어갔다. 잠시 후 추이어는 방에서 나와 요리하러 주방에 갔다. 회식자리에서의 분위기는 원화가 중재하고 있었다.

나중에 원화에게 그 이유를 들을 수 있었다.

동서 사이인 추이어와 원린의 아내는 사이가 줄곧 좋지 않았다. 맏형과 둘째형이 분가한 이후 부모는 원차오가 돌봤다. 1996년, 아버지가 병에 걸리자 류원차오는 부득이 돌아가야 했다. 당시 추이어는 원린에게 커차오에서 원단을 사달라고 부탁했지만 (원린의 처남이 커차오에서 원단을 만듦) 원린은 수량이 너무 적다고 하면서 그더러 저장촌의 원단 시장에서 직접 사라고 했다. 추이어는 크게 화를 내면서 한바탕 싸우기까지 했다. 원단은 갈등의 시작에 불과했다. 진짜 모순은 부모를 돌보는 문제에서 불거졌다.

원린의 아내는 원차오에게 집을 줬으니 당연히 부모를 모셔야 한다고 생각했다. 평소에는 아무것도 신경 쓰지 않다가 아프면 한 번씩 가서 보는 주제에 말만 많다고 불만이었다. 반면 추이어의 입장은 달랐다. 우리가 1년 내내 외지에 있는데 그 허름한 두 칸짜리 집이 무슨 의미가 있냐고! 부모는 우리 모두의 부모인데 왜 아프면 원차오만 가야 돼? 말을 할수록, 과거 동업 과정에 있었던 크고 작은 불쾌한 일들과 잘잘못을 따지기 어려운 사소한 일까지 다 끄집어냈다. 결국 원화가 와서 양쪽의 화를 모두 가라앉혔다.

원화는 한탄했다. "우리 삼형제가 여기서 함께 하면 뭔가 잘될 것 같았는데, 이 둘째와 셋째가 단결이 안 돼……."

나: 하지만 모두 너의 말을 잘 듣잖아. 그들 마음속에 너는 권위가 있어.

"그건 그래. 내가 맏형인데 어쩌겠어? 모두 외지에 있는데, 내가 이 역할을 해야지. 아무리 능력 있는 사람이라도 집안일은 어

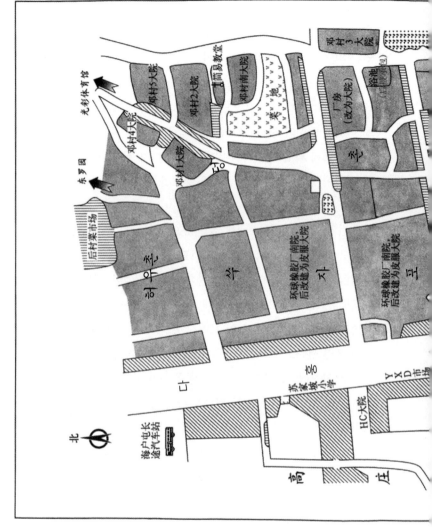

[그림 6] 저장촌 공동체의 지리적 구조

그림의 왼쪽 사선은 외부를 향한 대형시장(외부인이 주 고객), 오른쪽 사선은 외부를 향한 소형 점포, 세로 선은 내부를 향한 서비스업과 상업(공동체 내의 주민을 대상)이 집중된 지역이다.

내부를 향한 서비스업과 상업의 분포는 공동체의 인구 분포를 설명해주기도 한다. 그림에서 볼 수 있듯이, 저장촌에는 두 개의 생활 중심 지역이 있다. 하나는 마촌 식자재 시장을 중심으로 한, JL단지와 고무공장 기숙사를 중심으로 구성된 지역이다. 1995년 이전까지 이 지역은 저장촌의 '왕푸징'이었다. 다른 하나는 어우촌의 식자재 시장과 덩촌의 몇 개 단지로 구성된 지역이다. 이 두 번째 생활 중심 지역이 형성된 이유는 한편으로 이곳이 마촌과 멀리 떨어져 있기 때문이고, 다른 하나는 몇몇 단지의 생활필수품 수요가 컸기 때문이다. 1995년 이전, 이곳에는 저장촌 최대의 기독교 교회(수십 명을 수용할 수 있는 20여 제곱미터의 간이 시설, 강단과 의자도 구비되었음)가 있었다.

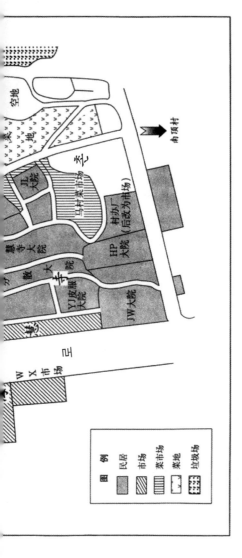

그림에서 세로 선으로 표시된 다훙먼로의 동북쪽 구간은 1992년 전후의 상황을 나타낸다. 당시에는 주로 채소와 잡화를 판매했다. 1995년에 이르러, 특히 1995년 이후에는 이 일대도 남쪽 구간과 통합되면서 외부를 향한 소형 점포가 들어섰다. 북쪽에서는 창문 커튼을 팔았고 남쪽은 속옷 판매가 주를 이루었다. 하지만 지퍼와 안감을 판매하는 점포는 여전히 공동체 내의 수요를 겨냥했다.

1994년 징원의류도매센터가 완공된 후 저장촌의 상업 중심은 서쪽으로 이동했다. 난위안로(다훙먼로와 평행, 이 그림에는 표시되지 않음)의 양쪽에 여러 개의 대형시장이 형성되었다. 다훙먼로의 동쪽은 생활 구역, 서쪽은 난위안로와 연결된 시장 구역으로 저장촌의 분화는 선명해졌다. 가오촹 골목이 시장 구역과 생활 구역을 잇는 중요한 연결고리가 되면서 HC단지의 배후지에 공동체 내부를 향한 세 번째 상업 서비스센터를 출현시켰다.

려워. 말할 수 없는 게 한두 개가 아니야. 그냥 맏이 신분으로 눌러버리는 거지. 혼자서 화내고 또 집에 가서는 아내에게 혼난 적도 많아. 부모님이 또 편찮으셔서 내가 내려가서 돌봤어. 1년 중 가장 바쁜 시기였어. 한 번 내려가면 몇 만 위안은 손해본다고 생각하면 돼."

메이젠광의 친우권에는 또 다른 자체 해결의 사례가 있다. 경제적인 문제가 많이 얽혀 있는 사례였다.

메이젠광의 매형과 메이젠광의 형은 동업자였다. 매형은 베이징에서 생산하고 형은 둥베이의 선양에서 매대를 운영했다. 처음에 두 사람은 구체적인 동업의 방식을 정하지 않았다. 생산비용의 전액은 매형이 내고 선양에서 매대를 운영하는 비용은 전부 형이 냈다. 두 사람은 상대방이 정확히 얼마를 투자했는지 모르고 있었다. 매형은 물건을 보내고 난 후에 가격을 말해주곤 했다. 앞에서 이미 언급했듯이 이러한 합작 방식은 정보를 더욱 직접적이면서 정확하게 전달하는 장점이 있다. 하지만 이런 유형의 합작이 원활하게 이루어지려면 관련 당사자 모두의 자각적인 의식이 전제되어야 했다.

메이젠광의 형은 1년에 한두 번만 매형에게 송금하는 등 일 처리가 데면데면했다. 1994년 말, 매형은 4만 여 위안을 못 받았는데 이로 인해 이듬해의 사업에도 지장이 생겼다. 매형은 메이젠광을 찾아갔다. 비록 메이젠광이 집안에서 나이가 가장 많은 사람은 아니지만 사실상의 실권자였다. 메이젠광이 알아본 바에 따르면, 그의 형이 선양에서 동향들과 도박을 해서 3만 위안

정도를 잃었던 것이다. 그래서 이 4만 위안은 도박 빚에 사용되었다. 마침 함께 도박한 사람의 친척이 메이젠광의 친한 친구였고, 친척권에서도 나름 권위가 있는 사람이었다. 메이젠광은 친구를 찾아가 도박한 친구한테 며칠을 기다리라고 하고, 3만 위안은 본인이 대신 내주겠다고 했다. 이 말을 들은 친구는 난감해하면서 도박 빚은 빚이 아니기에 나중에 이야기하자고 했다. 그 뒤 메이젠광은 형한테 1만 위안을 내라고 하고, 자신이 1만 위안을 더 내서 먼저 (도박 빚을) 갚았고, 남은 1만 위안은 형더러 이듬해에 벌어서 직접 갚으라고 했다. 다른 한편, 메이젠광은 형한테 남은 돈 전부와 자기 돈 6000위안을 추가하여 4만 위안을 만들어 매형에게 보냈다. 메이젠광의 1만6000위안은 형에게 무이자로 빌려준 돈인 셈 쳤다.

메이젠광은 매형한테 형과의 합작 관계를 어느 정도는 유지해줄 것을 부탁했다. 내가 1996년에 이 매형을 만났을 때 그는 한 해 동안 친척들과의 좋은 관계 덕분에 돈도 잘 벌 수 있었다고 했다.

이주는 친우 사이의 갈등을 증가시켰다.(물론 협력의 증가와 비례) 만약 류원차오 삼형제가 모두 고향에 살았다면 집 문제나 부모의 부양 문제는 좀 더 명확했을 것이다. 갈등의 증가는 권자 내부의 권위(중재 및 해결자)의 탄생을 촉진했다. 류씨 형제 중 둘째든 셋째든 해결하기 어려운 일이 생기면 모두 장남을 찾아갔다. 메이젠광의 입지도 더욱 두드러졌다. 친우 사이의 갈등을 처리하는 방식 덕분에 그는 친우권 외부 사람들의 존중까지 받았고, 그가 유능할 뿐만 아니라 의리까지 있다는 평가도 자자했다. 이러한 평가는 그가 친우권을 넘어 공동체 내의 거물이 될 수 있는 토대가 되었다.

방법 2: '상대방의 명성을 더럽히다'

저장촌의 대부분 분쟁은 친우권 밖에서 발생한다. 친우권 밖의 분쟁을 해결하는 가장 평화로운 방법은 '인정'하거나 '참는 것'이다. 그러나 종종 여론을 이용하여 '소문을 퍼트리는' 방법이 병행되기도 한다. 이른바 '상대방의 명성을 더럽히다'를 원저우 말로 하면 '그를 불명예스럽게 만들'거나 '그의 명성에 똥칠하다'는 뜻이다.

징유景友는 이렇게 말했다. "사업이 어렵다는 게 결국 사람이 어렵다는 말이야. 아싼처럼, 나는 옷을 맡길 때 걱정하지 않고, 그가 뭘 원하면 일단 먼저 보내주고 보거든. 돈이 정산되지 않고, 또 옷을 먼저 가져가도 괜찮아. 이렇게 하면 할수록 상대방이 더 어려워해. 정산할 때 내가 오히려 급해 하지 말라고 할 정도야. 그런데 그렇지 않은 사람도 있어. 그 아린 말이야, 갚지 않은 돈이 1만2000위안이었는데 처음에 5000위안, 5일 뒤에 4000위안을 갚고, 남은 돈은 아직도 안주고 있어. 1년이 다 돼가는데 말이야! 29일 밤(섣달 그믐날 또는 그 전날 밤)에 친구들을 불러 집에 찾아갈까 생각도 했어. 돈을 안주면 내가 소문내면 돼. 걔 친구들 내가 아는 사람이 많아. 아린 그 놈 말이야 지금 거지야, 돈도 없고 낯짝도 필요 없다고 하더라고. 이 아버지(북방 사람들이 사용하는 '라오즈老子'와 비슷하다(라오즈는 자신을 거만하게 높여 부르는 표현으로 보통 아버지, 아비라는 뜻으로서 상대방보다 위에 있음을 나타내고자 하는 표현이다))는 네 돈이 필요 없으니까, 그냥 조용히 고향으로 돌아가는 게 좋을 거야."

"29일 밤에 친구들을 불러 집에 찾아갈까(시끄럽게 한다거나 빚 독촉을 한다는 뜻) 했다"라는 말은 실제로 돈을 받으러 간다는 뜻이 아니고, 이웃들과 친척들이 보는 앞에서 그의 신뢰를 바닥으로 떨어뜨린다는 의미였다. 그러나 이 방법은 일반적으로 설을 쇠러 고향에 갈 때만 사용된다. 사람들이 베이징에서 설을 쇨 때는 호텔에서 밤새도록 노는 등 오락에 중점을 두었다. 따라서 고향에 있을 때처럼 춘절에 대한 문화적 정의가 없기 때문에 '시끄럽게 한다' 해도 그 효과는 크지 않았다.

'명성을 더럽히는' 방법은 일종의 평화로운 처벌이지만, 그다지 효과적이지 않았다. '명성이 더럽혀진' 사람은 종종 자신이 더 큰 피해자라고 하면서 보복을 준비했다.

1993년 내가 러칭연락사무소에 '방문'했을 때 마침 싸운 당사자들이 그곳에 있었다. 을은 갑의 가죽재킷을 대리 판매했다. 두 번에 걸쳐 받은 옷을 전부 대리 판매했지만 을은 정산하려고 하지 않았다. 갑이 쫓아다니면서 정산을 요구하자 을은 처음에 합의한 가격보다 조금 낮은 가격으로 지불했고, 갑도 받아들였다. 하지만 을은 돌아다니면서 "갑과 절대 사업하지 마. 그 사람 지독하게 인색해. 옷을 보내자마자 뒤꽁무니 쫓아다니면서 돈을 달라고 하더라고"라며 소문을 냈다. 결국 이 소문이 갑에게 전해졌고, 갑의 아들(20대)이 사람을 데리고 을의 집으로 찾아가 그를 구타했다. 을은 연락사무소에 '고소'했다. 류스밍이 결국 또 나섰고, 갑에게 치료비로 소정의 돈을 배상하라고 했다. 류스밍은 "그 사람(을을 말함) 어떻게 남을 이렇게 말하고 다닐 수 있어. 그런 사람을 만나면 누구든지 화가 날거야"라고 하면서 갑의 편에 섰다. 처음에 나는 왜 여기 사람들이 '평판'에 그렇게 높은 의미를 두는지 이해하지 못했지만, 촌의 사업적 관행(하나의 '계'가 다른 하나의 '계'와 중첩)을 알게 되면서 이 평판이 얼마나 빨리 퍼지고 한 사람의 사업에 얼마나 많은 영향을 미치는지 깨달았다.

1995년에도 비슷한 일이 있었다. 갑은 푸룽 출신, 을은 훙차오 출신이었고, 두 사람은 원래 사이가 좋았다. 갑은 을로부터 1만 5000위안을 빌리면서 며칠 뒤에 갚는다고 했다. 하지만 1년이 거의 되도록 아무런 연락이 없었다. 을이 친구들과 술을 마시며 이 이야기를 꺼냈다. 술자리에서 나온 말은 항상 빠르게 퍼지는 법, 갑은 을을 찾아갔다. 친구 두 명을 불렀고 당시 나도 그 현장에 있었다. 그는 참을 수 없을 정도로 화나 있었다. 그는 친구 사이에 절대 '명성을 더럽히는' 일이 있어서는 안 된다고 생각했다. 다행히도 동행한 친구 두 명이 그를 설득한 덕분에 직접적인 '주먹다짐武鬥(무장 투쟁, 문화대혁명 시기 이념 차이 때문에 벌어진 집단 간 무력 패싸움을 부르는 용어)은 없었다.

1992년 이후, 저장촌 패거리들의 가장 중요한 갈취 방식이 바로 '평판 손해 청구'였다. 당신이 그들에 대해 무슨 말을 했던 상관없이, 심지어 그들에 대해 아무 말도 하지 않았는데 당신을 찾아가 '명성을 더럽혔다'고 우겼다. 빚 독촉 정도는 가능하겠지만 남의 명성에 영향을 미칠 만큼 효과적이지는 않았다. 그들은 너무 당당하게 "젊은 사람이 당신 때문에 명성이 더럽혀졌는데 그 사람 앞길을 망치는 짓이나 다름없어. 앞으로 어떻게 하려고 그래"라고 했다. 그다음 나온 말은 "돈을 가져와"였다.

방법 3: 직접 주먹으로 해결하다

갈등이 만약 우발적으로 발생할 경우 사람들은 일차적으로 '주먹으로 해결'하려고 한다. 저장촌은 인구가 과밀된 탓에 골목에서 삼륜차들이 서로 길을 비켜주지 않거나, 작은 식당에서 두 그룹 남성이 테이블을 차지하기 위해 실랑이를 벌이는 등의 갈등이 자주 발생하고 이런 갈등은 나아가 충돌로 이어질 때가 많다.

1993년 말의 어느 날 아침, 한 융자 사람이 가죽재킷 열 몇 벌을 안고 경공업시장으로 향하던 중 러칭 다징 출신 사람과 부딪히는 바람에 옷 두 벌이 땅에 떨어졌다. 융자 사람은 그를 보면서 "걸어다니는데 눈이 없네!"라고 하자 이 다징 사람은 융자 사람이 방금 주운 가죽재킷을 집어다 땅에 던지고 그것도 모자라 몇 번을 짓밟았다. 가죽재킷은 뭐가 묻는 것은 괜찮지만 밟으면 다 망가진다. 화가 난 융자 사람은 주먹을 휘둘렀다. 마침 지나가던 융자 사람 한 명이 가세하면서 이 다징 사람은 반격도 못하고 얻어맞았다. 그날 점심, 다징 사람은 친척을 한 무리 데리고 융자 사람의 집을 찾아갔다. 들어가자마자 깨고 부수고, 창문이며 재봉틀이며 전부 박살냈다. 그 뒤 이 일은 조용히 묻혔다.

또 다른 사건은 1993년에 발생했다. 경공업시장에 입주한 매대 주인끼리 마네킹 배치를 놓고 싸운 일이다. 한 매대 주인이 옆집의 마네킹이 자기 매대 자리를 차지하는 동시에 진열한 옷을 막는다고 했다. 두 사람은 처음에는 말싸움으로 시작했지만 먼저 문제를 제기한 사람이 옆집의 마네킹을 부수면서 싸움은 크게 확대되었다. 두 사람은 이리 저리 뛰어 다니면서 사람을 불렀다. 다행히도 두 무리의 사람이 모였을 때 가까운 곳에 매대를 운영하던 둥주파董柱發가 걸어오면서 "모두 원저우 사람인데, 여기서 이렇게 쌈박질이나 해서 베이징 사람들 조롱거리나 되고 참 잘하는 짓이야!"라고 큰소리로 양측을 질타했다.

또 한번은, 마촌에서 두 명의 여성이 화장실에서 자기가 먼저 용변을 보겠다고 다투었고, 그중 한 명이 상대방을 몇 번 밀치는 일이 있었다. 이 여성은 자기가 크게 피해를 입었다고 울면서 가족을 불러냈고, 오빠, 동생, 삼촌 등이 밀친 여성의 집으로 몰려가 유리창 네 개, 재봉틀 세 대를 전부 박살냈다. 집안이 풍비박산이 난 여성과 그 남편도 크게 화를 냈는데 마침 나를 만난 그들은 이를 갈면서 "끝까지 해볼 거야"라며 울고불고 난리도 아니었다. 이보다 훨씬 더 무서운 일은 따로 있었다. 1991년 10월, 당구를 치던 젊은이들 중 한 명이 실수로 상대방의 발을 밟아 말다툼이 시작되었는데, 상대방이 칼을 꺼내 그를 찔러 죽인 일도 있었다!

'주먹으로 해결'하는 방법이 경제 분쟁에서 주된 전략은 아니었지만, 실제 문제 해결 과정에서 갈등이 격화되면 손찌검으로 이어지는 게 다반사였다. 다른 해결책을 찾을 수 있어도 사람들은 '주먹으로 해결'하는 방법을 포기하지 않았다. 다른 방법이 효과가 없으면 싸워야 하고, 싸울 준비가 잘 되어 있을수록 다른 해결책이 더 효과적일 수 있었다. 당연히 친우가 없으면 '주먹으로 해결'하는 방법은 의미가 없다.

방법 4: 사람을 불러 주먹으로 해결하다

1993년, 각각 마촌과 덩촌에 살던 갑과 을 사이에 큰 싸움이 벌어졌다. 나는 현장에 없었다. 당시 을은 이미 준비태세를 갖추고 있었기 때문에 갑이 사람들을 데리고 왔지만 그 자리에서 바로 심하게 두들겨 맞았다고 들었다.

갑과 을의 갈등은 작은 일에서 비롯되었다. 1992년 12월, 마촌에 살던 갑의 한 친구가 이사를 가게 되자, 갑은 그가 살던 집을 자기가 임대하여 컴퓨터 자수 가게를 차리려고 했다. 집주인과 협상이 거의 끝난 상태에서 을이 나타나 자기가 더 높은 임대료를 지불할 의향이 있다고 했고, 동시에 갑은 안전하지 않은 사람이라고 말했다. 결국 그 집은 을이 임대하게 되었다. 화가 난 갑은 자수 가게를 함께 세울 계획이었던 동업자를 데리고 을을 찾아갔다. 두 번 찾아갔지만 모두 허탕을 치자 그들은 을이 집 문을 열 수 없게 대문 앞에 0.5미터 높이의 쓰레기 더미를 쌓아놓았다. 마촌의 골목길은 좁기로 소문났기에 쓰레기 더미는 행인들의 큰 불만을 자아냈다. 을은 갑을 이길 수 있는 기회로 생각하고 류원화劉文化를 찾아갔다. 류와 을은 먼 친척이고 일반적인 '아는' 사이였다. 을은 류가 갑을 찾아가 착하게 살라고 훈계를 두기를 바랐지만, 류원화는 이런 일로 갑을 찾아가는 것이 너무 충동적인 행동이라고 생각했다. 을은 생각을 바꿨다. 류원화를 자기 집에 초대하고 동생과 함께 갑의 집으로 가서 똑같이 문앞에 쓰레기 더미를 쌓아놓고 갑을 자기 집으로 유인하려고 했다. 하지만 당시 갑은 집에 없었고, 귀가하여 쓰레기를 발견하고 친구 세 명을 불러 을의 집에 뛰어왔을 때 류원화는 이미 기다리다 못해 돌아간 상황이었다. 을이 류원화를 다시 부르러 간 사이 갑은 이미 전쟁을 시작했고, 을의 남동생이 심하게 구타당했다. 집안 가구도 거의 다 부서졌다. 류원화는 도착하자마자 갑을 진정시켰다. 류원화는 이 문제에 너무 깊이 관여하고 싶지 않았다. 갑이 을에게 4000위안을 배상하라고 중재하고 문제를 끝내려고 했다.

갑은 이 '판결'에 불복했다. 하지만 류원화 앞에서는 아무 말도 할 수 없었다. 그는 거부하지도 받아들이지도 않았다. 자신이 이겼다고 생각한 을은 4000위안 배상금을 받는다고 하면서 신나게 친구 두 테이블을 호텔에 초대하여 저녁식사를 하기도 했다. 하지만 갑은 계속 돈을 주지 않았다. 을은 두 번이나 갑을 압박하면서 돈을 계속 주지 않으면 특단의 조치를 취하겠다고 협박까지 했다. 결국 갑은 집(홍차오)에 가는 즉시 돈을 주겠다고 했다.

사실 갑은 이미 계산을 다 해놓은 상태였다. 만약 을이 적당히 넘어가면 자신도 없던 일로 하겠지만 을이 정말 빚을 받으러 찾아온다면 크게 혼내줄 계획을 세웠던 것이다. 을의 입장에서는 갑의 집을 찾아가서 소란을 피우면 그의 '명성'을 더 철저히 더럽힐 수 있기에 좋은 일이라고 생각했다. 그는 동생과 함께 갑의 집으로 갔다. 도착하자마자 이웃에 사는 갑의 사촌형제, 사돈의 팔촌까지 전부 달려들었다. 을과 동생은 반죽음이 되도록 몰매를 맞았다. 을이 겨우 집에 '기어'갔는데 알고 보니 집도 이미 풍비박산이 난 것이다! 을은 그제서야 갑의 고향에 죽음을 두려워하지 않는 20대 친척들이 많다는 것을 알게 되었다!

사건 발생 후, 저장촌에 이미 조직되어 있던 일부 패거리들이 병원과 을의 집으로 '병문안'하러 와서는 을을 대신하여 복수해 주겠다는 제안을 했다고 한다. 을은 이들과 너무 깊게 연루되는 것이 두려웠는지 아니면 이들이 요구하는 돈의 액수가 너무 커서 그랬는지는 모르지만, 제안을 받아들이지 않았다. 하지만 을도 이 힘든 과정을 통해 얻은 교훈이 있었다. 류원화 같은 친구만으로는 저장촌에서 살아남을 수 없다는 결론이다. 그는 자신만의 사람이 있어야 한다고 생각했다. 그는 사촌동생(내가 만난 적 있는 18~19세 청년)을 중심으로 대여섯 명을 모아 이듬해 함께 베이징에 왔다.

갑도 경계를 늦추지 않고, 친척 세 명과 함께 베이징으로 돌아왔다. 을이 공격을 시작했을 때 갑이 미처 사람을 부르지 못하면서 이 이야기의 처음에 설명한 장면이 연출되었던 것이다. '사람을 불러 주먹으로 해결하는' 전략은 갑과 을 모두 공통되었다. 갑과 을은 '경호원'을 데려왔고, 이들은 나중에 저장촌의 패거리로 발전했다.

우진안吳金安도 한때 저장촌의 사람이었다. 그가 큰돈을 벌게 된 계기는 1989년에 당한 사기에서 비롯되었다.

러칭에서 온 한 사람이 우진안의 집에서 가죽재킷 15벌을 주문했다. 계약금 일부만 지불했고 남은 옷이 완성되자 잔금은 바로 지불했다. 두 번째 방문에서는 40벌을 주문했고 정산도 바로 했다. 세 번째 방문했을 때는 200벌을 주문했는데, 그 사람은 현금 회전이 어려워서 먼저 옷을 가져가고 며칠 뒤에 돈을 송금해도 되는지 물었다. 우진안은 동의했다. 그런데 그 사람이 도주한 것이었다! 손실액은 20여 만 위안에 달했다. 그제야 우진안은 상대방의 처음 두 번의 통쾌함이 전부 미끼였다는 것을 깨달았다.

우진안은 같은 촌의 청년 아바오阿寶와 친한 사이다. 1993년 우진안은 나에게 숨기지 않고 다 말했다. "아바오는 의리가 있어. 저장촌의 젊은피童子瘝(나이가 어린 청년)야. 그가 말하기 시작하면 다 그의 말을 들어. 나보다 일찍 사회 현실을 보고 나에게 자기 세력을 빨리 만들어야 한다고 했거든. 우리처럼 시골에서 온 사람들이 겁도 많은데 그런 생각을 누가 감히 하겠어? 처음에 나는 남이 나를 건드리지 않으면 나도 그를 건드리지 않는다는 생각이었어. 1989년에 내가 그런 일을 겪고 나서 아바오한테 이런 말을 했어. 네가 만약 그놈을 찾아준다면 비용은 내가 전부 다 댈게! 그놈을 찾지는 못했지만 최선을 다한 것을 나는 알고 있어. 내가 만약 지금 무슨 일이 생기면, 그들을 부르면 바로 달려와."

방법 5: 중재자를 찾다

사람을 부르는 방법은 패거리의 형성으로 이어졌지만, '중재자를 찾는' 방법은 거물의 형성을 촉진했다.

류원화가 개입한 사건이 걷잡을 수 없을 정도로 커지면서 당사자들은 어떻게 품위 있게 끝낼 수 있을지 심각하게 고민하고 있었다. 이 분쟁의 당사자인 을의 절친한 친구는 나에게 이렇게 말했다. "복수는 복수로 이어져. 장사를 해야 하잖아. 네가 하지 않아도 (너의) 친척과 친구들은 장사를 해야 할 거 아니야."

을은 류원화를 다시 찾아가 당신이 '판결'한 4000위안을 갑이 아예 무시했고, 돈을 주지 않을뿐더러 문제를 이 지경으로 악화시켰다고 하소연했다. 그 속뜻은 갑이 너를 무시했다였다! 류원화는 당시 사업에 정신이 팔려 있었고, 그렇다고 해서 이 일을 그냥 내버려두면 자신의 평판에 부정적인 영향을 줄 수 있다고 생각해서 류스밍에게 이 사건을 '넘겼다'. 류스밍은 갑에게 먼저 4000위안을 내라고 하면서 류원화의 권위를 지켜줬다. 동시에 두 번의 싸움에 대해 요해한 후 을한테 1000위안을 갑에게 배상하라고 하고 사건을 종결시켰다.

1993년 어느 날 오후, 나는 류스밍의 집에서 이야기를 나누고 있었다. 갑자기 50대 여성이 허겁지겁 뛰어오면서 외쳤다. "류씨 류씨! 사람 살려! 한 무리가 우리 집에 와서 아들을 때리고 있어. 제발 와서 좀 봐줘!" 류스밍은 그 여성을 따라 그녀의 집으로 달려갔다. 일고여덟 명이 한창 사람을 패고 있었다. 류스밍은 "그만해!"라고 외쳤다. 신기하게도 모두가 주먹질을 멈췄다. 그는 여성에게 누가 아들이고, 누가 외부에서 온 사람인지 물었고, 외부에서 온 사람들에게는 이름이 무엇인지, 어디에서 왔고 어디에 사는지 아주 짧게 물었다. 상대방의 이름을 들은 그는 잠시 생각한 후 "너 혹시 아무개 친척 아니야?"라고 물었다. 상대방은 잠시 망설이다가 아니라고 대답했다. 류스밍은 일단 두 무리를 떼어놓고 부상자를 병원으로 데려가라고 지시한 후 저녁에 모두 자기 집에 모이라고 했다.

분쟁의 시작은 '새치기扳'였다. 한 가공업체가 먼저 러시아인 두 명과 돼지가죽재킷을 한 벌에 380위안씩 200벌을 판매하기로 합의했다. 그러나 외국인들이 그 집에 들어가기 전에 이 여성이 문 앞에서 자기는 370위안에 팔 수 있다고 하면서 들어가는 것을 막았다고 한다. 원저우 사람들은 이런 행동을 '새치기'라고 불렀고, 허용되지 않는 행위였다. 그 가공업체의 외조카가 이 장면을 보고 즉시 친척들을 불러 그녀 집으로 향했던 것이다.

류스밍의 판결은 다음과 같다.

폭행 가해자는 피해자에게 병원 영수증을 근거로 의료비를 지급하고, 피해자는 가해자에게 5000위안을 지급했다. 우리는 앞에서 가공업체 사이의 '하도급'을 설명한 적 있다. 이 5000위안이 바로 하도급 '수수료'에 근거하여 정한 금액이었다.(이 사례에서는 평소보다 높은 가격으로 책정되었다.) 류씨는 친구 사이에 사업을 소개해준 것으로 이해하라고 했다.

류스밍의 중재 과정에 내가 처음부터 마지막까지 모두 참여한 것은 아니었다. 구타당한 당사자가 거의 회복되었을 때 류스밍은 양측을 모두 초대하여 식사를 했고, 그 자리에 나도 '참석'했다. 류스밍은 식사 자리에서 이렇게 말했다. "원래는 어느 쪽도 잘 모르는 사이였는데(사실 그는 구타당한 당사자와 비교적 친숙한 사이다), 이번 일을 계기로 두 사람 모두 시원시원한 사람이라는 걸 알게 됐어! 과거는 잊어버리자고. 자기가 돈을 더 많이 냈다거나, 손해가 더 크다거나, 그래서 또 싸우고 싶다거나 해도 나는 앞으로 관여하지 않겠어!" 이런 '화해주'는 류스밍 식의 분쟁 조정의 의례였다.

나는 둥주파를 그의 이웃을 통해 처음 알았다. 당시 덩촌에 살면서 같은 옷을 만드는 두 이웃이 있었다. 그들은 방문하는 고객들에게 자기가 만든 제품을 팔려고 서로 경쟁적으로 가격을 낮추었고, 결국에는 '열전'으로 이어졌다. 이웃 중 한 명의 아내가 둥주파에게 중재를 요청했다. 둥주파는 매우 점잖게 일을 처리했다. 낮춰진 가격을 기준으로 고객과 먼저 접촉한 이웃에게 몇 벌을 팔 것인지 물어보고, 남은 옷은 다른 이웃이 팔도록 했다. 마지막으로 그는 고객을 자신의 집으로 데려가 "우리 집 옷도 한번 둘러봐"라고 했다. 나중에 두 이웃이 다시 갈등을 빚자 둥주파는 한 이웃에게 다른 곳으로 이사를 가라고 설득했다. "너는 말이 통해. 우리는 결국 장사를 해서 먹고 사는데, 허구한 날 이런 일로 다투는 건 가치가 없는 일이야." 그 사람이 이사

간 후 남아 있는 사람에게는 "우리끼리는 말도 잘 통하잖아. 저 집이 이사를 갔으니 이제 조용히 사업이나 잘 하자고"라고 말했다. 이렇게 두 집은 모두 그의 지지자가 되었다. 둥주파의 형제가 단지를 지을 때 이 두 집은 모두 입주했지만, 당연히 전혀 다른 두 곳에 배치되었다. 이 일을 나에게 알려준 사람은 둥씨의 다른 '통찰력' 있는 이웃이었다. 이 일은 1987년 또는 1988년에 일어났다. 이 사건을 통해 그는 둥주파의 능력을 처음 알게 되었다고 했다.

'사건 설명' 과정에 '누군가의 얼굴을 봐서'라는 표현이 자주 등장했다. 중재자는 당사자들에게 나의 얼굴을 봐서라도 이렇게 해결하자고 했다. 당사자들도 이 중재자에게 당신이 이렇게 말했으니 나도 당신 얼굴을 보고 이렇게 하는 것이라고 말했다. '얼굴'의 영향력이 클수록 권위가 높았다. 분쟁이 조정될 수 있었던 이유가 해결책 자체가 '공평'하거나 중재자가 꼭 객관적인 사실에 입각했기 때문인 것은 아니었다. 이 부분은 우리가 조금 더 음미해볼 필요가 있는 부분이다. 제3자, 즉 중재자가 등장하면서 자신의 '얼굴'을 어떻게 활용했는지, 그리고 중재 과정과 처리 결과를 어떻게 '해석'했는지가 훨씬 더 중요했다. 각각의 사건들은 당사자 간의 합의가 아니라 이 제3자 '얼굴'의 역할에 의해 합의되었다.

여기서 주목할 부분은 "복수는 복수를 낳는다"라고 하는 저장촌 사람들의 말이다. 저장촌은 분쟁이 많지만 가족 싸움과 같은 장기적인 갈등으로 확대되지 않는다. 가장 큰 이유가 바로

'계'의 구조 때문이다. 전통적인 가족의 경우 그 내부는 관계들이 고도로 겹쳐 있으면서 외부와 배타적으로 폐쇄적이기 때문에 다른 권자와 마찰이 생기면 화해하는 것이 매우 어려워진다. 하지만 저장촌에서는 친우관계와 사업관계가 교차하고, 다양한 관계가 다른 더 많은 관계들과 연결되어 있기 때문에 가족 관계는 개방적일 수밖에 없다. 큰 갈등이 발생한 후에도 사람들은 갈등을 해결하기 위한 다양한 방법을 모색할 수 있었다. 전통적인 농촌 공동체에서 가족관계의 유지는 그 자체로 목표일 수 있다. 하지만 저장촌의 경우 관계는 끊임없이 변화하고 구성되는 것이었고, 발전이야말로 실제 목표였다.

'개척'

시카고학파는 도시 공동체, 특히 이주민 거주 지역을 연구하면서 '침입-대체侵入-替代'라는 유명한 개념을 개발했다. 새로운 집단이 한 지역에 침입하면 원래 거주하던 주민들은 점차 그곳을 떠나고, 그 지역은 새로운 이주민의 영역이 된다는 것이 이 개념이 설명하고자 하는 현상이다. 이런 현상은 도시에 이주민 집거지가 형성되는 기본적인 과정 중 하나로 여겨진다.

하지만 다른 이주민 집거지와 달리 저장촌은 이주한 사람과 원래 거주하던 사람이 혼합된 지역공동체다. 이런 특징 때문에 '이주민'과 '선주민' 사이에는 다양한 새롭고 흥미로운 문제들이 출현하게 되었다.

이주민에 대한 선주민의 차별은 두 집단 사이의 초기 관계였다.

"처음 이곳에 왔을 때, 베이징 사람들한테 엄청 당했어!" 주룽더朱龍德는 나에게 한탄했다. "우리 원저우 사람들은 돈 벌 궁리만 하고 법을 몰라. 베이징 사람들도 이걸 잘 알아. 붙잡으면 그냥 때렸어. 1987년, 러칭에서 온 청년인데 결혼도 안했어. 그 예전에 2번 버스 정류장에서 베이징 사람이 휘두른 가스통에 맞아 죽었어. 7~8년 전 그때도 러칭 사람이야. 완서우로萬壽路에서 술을 먹다가 칼에 찔려 죽었어. 베이징 사람은 사형 선고를 받지도 않았어. 그때는 화도 많이 났고 어디에 가서 하소연해야 할지 몰랐어!"

취안차오瞿安巧는 일찍이 베이징에 왔고 할 이야기도 많았다.

1986년, 그때는 이미 12월 29일(음력)이었어. 내가 자전거를 타고 천천히 길을 달리고 있었어. 갑자기 베이징 사람이 뒤에서 부딪히는 거야. 그러면서 내가 자기를 부딪혔다고 하면서 자기와 함께 병원에 가서 주사를 맞자고 하더라고. 주사 한 방에 300위안이라는 거야. 내가 당연히 거절했지. 그런데 그가 땅에서 돌을 집어 들어 내 머리를 내리치는 거야. 피가 막 쏟아졌는데 나는 감히 반격할 엄두도 못 냈어. 내가 이 근처에 살았는데, 그 사람이 한 무리(양아치)를 데리고 와서 우리 집을 다 박살낼 수도 있잖아. 병원에 가서 네 바늘 꿰맸어. 다시는 그 길로 다니고 싶지 않았어. 춘절에 모자를 쓰고 조용히 고향에 갔어. 머리 부상이 문제가 아니고 사람들이 알아볼까봐 무서웠어!

또 유행하던 수법은, 술병에 수돗물을 채우고 너와 일부러 부딪히고 넘어져, 그러면서 무슨 마오타이 아니면 비싼 약물이 너 때문에 쏟아졌다는 둥 돈을 내라고 하고, 안된다고 하면 바로 주먹을 날렸어. 당시는 정말 그들 세상이었지!

그리고 대놓고 빼앗는 일도 있어. 지금처럼 저장 사람이 저장 사람의 물건 빼앗는 것과 달라. 베이징 사람들은 아예 골목 입구에서 너의 호주머니에 손을 넣어 빼앗는다니까!

이런 말은 저장촌 사람만 하는 게 아니다. 덩촌에서 작은 점 포를 운영하는 베이징 아주머니도 이렇게 말했다.

저장성 사람들이 처음 이곳에 왔을 때 현지인들한테 엄청 많이 괴롭힘을 당했어. 때리고, 욕하고, 조롱하는 이야기를 지어내고, 무시하기 딱 좋잖아! 어떤 일은 차마 볼 수가 없었어. 지금은 달라졌어. 저장 사람들이 오히려 베이징 사람을 괴롭히는 일이 많아. 출신 지역이 다른 사람이라서 서로 잘 어울리는 게 참 어려워!

1980년대 중후반부터 상황이 바뀌기 시작했다. 저장촌 사람의 눈에 완자유萬佳友는 이 분야의 '영웅'이다.

1987년 겨울의 어느 이른 아침, 하이후툰 장거리버스터미널이

다. 완자유는 원단 구입을 위해 버스를 대여하려고 했지만 버스
기사와 가격 협상에 실패했다. 다른 차량을 찾으려고 돌아섰는
데, 운전기사가 '버럭' 소리를 질렀다. "젠장, 자는 사람 깨워 놓
고, 20위안 내놔!"

완자유가 반응하기도 전에 버스 기사는 손을 뻗어 완씨의 호
주머니에서 지폐 한 움큼을 낚아챘다. 두 사람은 뒤엉켜 싸웠고,
옆에 있던 기사도 가담했다. 완자유는 여러 명을 당해낼 수 없었
고 바닥에 쓰러진 채 벽돌에 맞아 머리에서 피가 흘렀다.

당시 이런 일은 '당연한' 일이었다고 전해졌다. 하지만 완자유
는 '물건'이었다. 그는 촌에 돌아오자마자 몇 안 되는 친구들을
모아놓고 이 문제를 의논했다. 사람들은 모든 인맥을 동원했다.
마침내 펑타이구 형사경찰서장이 나서 버스기사를 체포하고 구
치소에 1일 수감, 700위안의 병원비를 배상하게 했다.

완자유는 이렇게 말했다. "우리 저장 사람이 베이징 사람을
'제긴 게' 그때가 처음이고, 여기서는 전례가 없는 일이었어! 나
도 덩달아 유명해졌어. 그런데 나도 잘 알고 있었어. 그때 '강대
강'으로 부딪힌 게 당시에는 별로 손해를 보지는 않겠지만 언젠
가 더 큰 일이 찾아올지도 모른다는 거야."

'더 큰 일'은 1989년 8월에 찾아왔다.

당시(또는 그 이전) 베이징에는 유명한 깡패 두목이 열 명 있었
다. 그들을 '9용1봉九龍一鳳'이라고 불렀다. 완자유는 마침 그중의
'1봉'과 이웃이었다. '9용1봉'이 실존 인물인지 확인할 방법은 없
지만 나는 당시 '봉황 아지트'에 가본 적이 있다. 기세가 상당했다.

그날 완자유가 집에서 포커를 치고 있었는데 갑자기 밖에서 "누가 옷을 뺏어간다!"라고 외치는 소리가 들렸다. 알고 보니 두 명의 '봉황'이 운전하여 집에 돌아가던 중 옷을 배달하는 삼륜차와 부딪힌 것이다. 사람들이 차에서 내려서 배상을 요구했고, 그 저장 사람은 거부했다. 그러자 그들은 삼륜차에 실린 가죽재킷을 승용차에 밀어 넣었다.

완자유는 나오자마자 "누가 감히 옷에 손을 대!"라고 하며 화를 냈다.

그들 중 한 명이 싱거운 사람이 참견한다고 하면서 바닥에서 하수구 뚜껑을 집어 완씨의 얼굴을 가격해 앞니 두 개를 부러뜨렸다. 완자유는 집으로 돌아가 철봉을 들고 나왔고 상대방은 그 자리에서 도망쳤다. 하지만 5분 뒤, 골목 양쪽 끝에서 쇠몽둥이와 벽돌을 든 수십 명의 사람들이 완자유를 향해 달려왔다. 그들 중 일부는 지붕으로 올라가 '고지'를 선점한 후 아래를 향해 벽돌과 기와를 던졌다.

홀로 참전 중인 완자유도 부득이 지붕 위로 올라가야 했다. 하지만 몇 분도 버티지 못하고 쓰러져 기절했다.

상대방은 심지어 커다란 화분을 들어 완자유의 머리를 내리쳤다! 완씨는 두개골이 깨지고 피가 쏟아졌다.

그 당시 이미 많은 저장 사람이 이웃에 살고 있었고, 그중에는 완자유의 '절친'도 있었지만 이 일이 벌어지는 내내 아무도 도와주러 나서지 않았다. 베이징 사람들이 돌아가고 나서야 친구 두 명이 차를 불러 완자유를 병원으로 실어갔다. 두 친구는 집에 돌아온 후 도리어 경찰에 체포되어 3시간가량 구금되기까지 했다.

완씨는 병원에서 18일 동안 위중 상태에 있었고, 그가 깨어났을 때는 40여 일이 지난 후였다. 의사들은 그가 심각한 뇌손상으로 인해 생존할 수 있는 확률이 1000분의 1밖에 안된다고 했다. 이 일 때문에 그는 '1000분의 1'이라는 별명까지 얻었다.

완씨는 마음을 굳게 먹고 확실하게 한판 해보기로 했다. 그가 활용할 수 있는 유일한 자원이 고향 인맥이었다. 먼저 군 간부인 친구의 이모부에게 부탁을 했고, 러칭의 사촌 매형, 베이징의 모 구 당위원회의 간부, 그리고 이 사람을 통해 펑타이구의 여러 '관련 부처'에 연락해 사건 해결을 촉구했다. 결국 가해자 두 명은 실형을 받았고, 1만7500위안의 배상금을 물어냈다.

'봉황 날개'가 부러진 이 일은 저장촌에서 크게 회자되었다. 지역 주민들은 원저우 사람들이 관계를 동원하여 문제를 해결하는 능력을 알게 되었다.

완자유는 '문위文衛〔권력이 있는 사람을 찾아 자신을 지키다〕의 방식으로 지역 깡패들의 괴롭힘에 대처했지만 대부분의 사람은 '무공武攻〔싸움을 통해 자신을 지키다〕의 방식을 사용했다. 이 방식은 이후 패거리를 출현시킨 요인 중 하나가 되기도 했다. 앞에서 언급한 '칭장방'은 푸톈랑付天郎의 친척이 베이징 사람에게 폭행을 당하면서 처음 결성되었다. '베이징 사람에 맞서자'가 이들의 초기 슬로건 중 하나였다.

1990년대에 들어서면서 주객이 전도되기 시작했고, 전체 공동체 생활도 원저우 사람을 중심으로 구성되기 시작했다. 첫째, 지역 경관을 완전히 바꾸어놓았다. 베이징의 농민들은 이런 분위기를 빠르게 인지하고, 너나 할 것 없이 집을 지어 세를 놓았다. 심지어 하이후이사로에 있는 화장실 두 개마저 철거하는 바람에 세를 놓을 집이 없는 '주민'들의 불만을 크게 야기하기도 했다.

나는 덩촌과 허우촌 두 곳에서 특이한 풍경을 발견했다. 길옆에 있던 전봇대가 새로 지은 집에 의해 '먹힌' 것이다. 영문을 물었더니 주인은 솔직하게 말해줬다. "우리는 농민이야. 누가 신경써. 지금 저장 사람들 이렇게 많은데 세를 줄 수 있을 때 빨리 주고, 더 지을 수 있을 때 빨리 더 지어야지!"

1994년 6월, 원래 덩촌에 있던 베이징 주재 쑹화장시松花江市 사무소도 부득이 다른 곳으로 옮겨야 했다. 사무소 주임은 새로 지어진 단층집을 가리키며 이렇게 말했다. "이곳에 원래는 폭 5미터 도로가 있었는데 지금은 폭이 2미터도 안 돼서 우리 차가 다닐 수 없어. 위생상태도 이렇게 되고, 쓰레기장에서 사는 것 같아! 우리가 여러 번 말했는데도 소용이 없어. 절이 싫으면 중이 떠나야지, 우리가 가야지."

원저우 사람들이 지역 서비스 산업의 주요 고객이었다. 저장촌의 작은 점포들은 베이징 사람들을 대상으로 운영했지만 그들이 판매하는 제품은 '캉스푸康師傅' 라면이나 '라오반차이老板菜' 짠지 등 원저우 사람들이 좋아하는 식품이었다. "원저우 사람들을 위해 복무해야 해!" 한 가게 주인이 당당하게 말했다. 현지 젊은이들은 원저우 사장의 운전기사가 되기도 했다.

1994년, 나는 류스밍과 함께 그의 집에 가고 있었다. 도중에 우리는 두 남자가 뒤엉켜 싸우는 것을 목격했다. 류스밍이 두 사람을 뜯어 말렸고, 이 둘은 말린 사람이 류씨인 걸 보고 싸움을 멈췄다. 필경 베이징 사람은 원저우 사람보다 말을 더 잘했다. 그는 류스밍에게 이 원저우 사람이 자전거를 타고 가다가 자신과 부딪혔는데 사과하지 않았을 뿐만 아니라 욕설을 퍼부었다고 자초지종을 털어놓았다. 류스밍은 큰 싸움이 아니라는 것을 알고 원저우 청년에게 "자전거를 타고 가다가 사람을 친 것에 대해 사과를 해야지!"라고 꾸짖었다. 그리고 이어 원저우 방언으로 "잊어버려, 베이징 사람과 굳이 왜 척지려고 해? 저 사람이 너를 두려워하는 거지 네가 저 사람을 두려워하는 게 아니잖아, 그런데 왜 그러는 거야"라고 말했다. 류스밍은 원저우 사람들 사이에서 거물일 뿐만 아니라 베이징 사람들 사이에서도 거물이었다!

1992년 이후, 저장촌에서는 원저우 사장들이 베이징의 농촌 조직들로부터 토지를 임대 받아 간이 단층집을 지은 후 다시 원저우 사람에게 임대하는 '단지 열풍'이 흥기했다. 1995년 1월, JW단지는 허가 절차를 따르지 않았다는 이유로 계획당국에 의해 일부가 철거되었지만(제8장 참조), 단지 주인은 촌민위원회를 찾아가 철거된 부분에 대한 토지 사용권을 돌려받는 데 성공했다. 1995년 4월, 또 다른 단지가 철거되었는데 당시 단지 주인은 촌정부를 대상으로 토지임대료 10만 위안, 기타 손실 10만 위안, 총 20만 위안을 손해 배상하라고 요구했다. 결국 토지임대료 전액을 돌려받았다. 1995년의 대철거에서, 단지들은 전부 철거되고 사람들도 전부 쫓겨났다. '역조回潮' 이후 사람들이 가장 먼저 한 일은 촌민위원회에 손해배상을 청구하는 일이었다. 류스밍이 지은 JO단지는 규모가 가장 컸고, 촌에서는 이미 납부한 토지임대료를 전액 돌려줬다. 단지 운영을 위해 구입한 펌프, 변압기 등은 할인된 가격으로 일괄 촌에 판매했다. 손해배상금 규모가 컸기 때문에 3회에 나눠서 돌려줬다. 류스밍은 "국가가 우리 단지를 불법이라고 했지만, 나와 촌의 계약은 여전히 유용해"라고 했다. 한 베이징 사람이 이 상황을 틈타 폐허가 된 JO단지의 나무기둥을 가져가려고 하다가 단지의 주주에게 붙잡힌 일이 있다. 알고 보니 이 사람은 촌 간부의 친척이었다. 이 사실을 알게 된 촌 간부는 사과의 의미로 류스밍 등을 식사에 초대했다. 자재를 가져가려고 했던 사람은 류스밍 일행이 식당으로 들어가는 것을 보고 그 자리에서 무릎을 꿇고 자신을 용서해달라고 빌었다.

대철거와 대역조를 모두 경험한 류스밍은 현지의 친한 베이징 사람의 이름을 빌려 새 회사를 등록하고 JD칭팡청輕紡城(원단과 보조재료 시장)을 설립했다. 그러나 그는 베이징 사람을 법인 대표로 앉힌 것이 단지 과도기적인 조치일 뿐이라는 점을 분명히 했다.

시장을 개업할 때 우리 저장성 지도자는 오지 않았고, 퇴직한 베이징시 부시장, 펑타이구 부구청장이 왔어. 저장, 원저우,

러칭의 사무소 주임들이 전부 왔는데 다들 뒷줄에 앉았어. 온 사람들 이름은 다 기억 못해. 회사는 우리 저장 사람들 회사가 아니고, 아직까지는 베이징 사람 거야. 베이징 사람들이 우리보다 말을 잘해. 그래서 그 여자더러 먼저 하라고 했지. 그 여자가 지금 광고를 내겠다고 하는데 나는 생각이 달라. 광고를 내려면 회사가 좀 더 커지고, 법인도 우리 사람으로 바뀐 후에 해야지. 바뀌는 건 시간문제야. 그 여자도 알고 있어.

집주인과 세입자

원저우 사람들은 지역에서 지위가 높든 낮든 현지의 베이징 주민과 융합되기 어려웠다. 이들의 관계는 여전히 집주인과 세입자의 단순한 관계에 머물러 있었다.

1975년 리구이즈李桂芝가 마촌에 시집왔을 때 남편은 북쪽 방 세 개, 서쪽 방 두 개, 동쪽 방 한 개, 남쪽에는 담장과 정문으로 된 작은 쓰허위안四合院에 살고 있었다. 남향인 이 집은 없는 것이 없을 정도로 다 갖춘 집이었다. 지난 20년, 시부모가 차례로 돌아갔고, 시동생은 회사 기숙사를 배정받았다. 사람은 줄었지만 마당에는 1미터도 안 되는 통로만 남았다. 원저우 사람 여덟 가족이 이곳에 둥지를 틀었기 때문이다. 세 명이 살던 집에 40명이 비집고 들어온 것이다. 이 집은 저장촌에서 집주인과 세입자 관계가 매우 좋은 편에 속한다.

우리 집이 처음으로 세를 놓은 게 1988년이야. 그 후 점점 더 많은 사람이 와서 문의를 하더라고. 이미 입주한 사람들도 자기 동향을 더 데려오고 싶어하고. 우리도 뭐 나쁠 게 없잖아. 알아서 비집고 살겠지. 남방 사람들이 돈을 벌기 위해 여기까지 왔는데 우리가 고생을 못할 이유가 없잖아? 당시 우리는 최대 네 가족만 받을 수 있었어.

정부가 아시안게임 기간에 다 쫓아냈어. 그런데 우리 집 사람들이 안목이 있었지. 이 저장 사람들은 쫓아낸다고 해서 나갈 사람이 아니라는 걸 알았거든. 분명 돌아올 거라고 생각했어. 그래서 그 기간에 2000위안을 투자해서 마당에 작은 방 세 개를 더 만들었어. 다 만들어놓자마자 그들이 정말 돌아온 거야!

현재 여덟 개 방에서 받는 임대료는 한 달에 2000위안, 리구이즈 부부의 월급을 다 합쳐도 1000위안이 안되었다. "이 월급으로는 정말 힘들어! 저장 사람들이 여기 온 게 빈곤 퇴치 사업을 위해 왔다는 말이 그냥 아무 이유 없이 나왔겠어?"

리구이즈는 20제곱미터도 안 되는 작은 방을 세 개로 나누었고, 침실과 주방이 일가족 세 식구가 생활하는 유일한 공간이었다.

임대 과정에서 리구이즈는 크게 놀란 적도 있다.

그때는 내가 경험이 없었어. 빈둥거리면서 노는 젊은이들에게 앞방을 세 줬어. 이 친구들이 종일 집에서 마작을 하지 않으면 새벽까지 시끄럽게 떠들었고, 한밤중에 소리를 지르며 돌아왔어. 한 번은 딱 우리 집 앞에서 다른 무리들과 패싸움이 났어. 그중 한명이 상대방 칼에 손가락이 잘리기까지 했어. 걔네하고 대화는커녕 집세를 내라는 말도 하기 무섭더라니까! 그 뒤로 우리도 더 조심스러워졌어. 뭘 하는 사람인지 분명하지 않으면 절대 세입자로 받지 않았지!

1990년에는, 우리가 세를 놓는 것을 정부가 금지시켰어. 저장 사람들이 떠나고 싶지 않아 했고, 우리도 그들이 가는 것을 원하지 않았거든. 하루하루 숨어 지냈고 마을에서 단속하러 자주 다녔어. 그러다가 결국은 발각됐지. 그날 바로 사람과 짐을 다 차에 싣고, 어디 갔는지는 나도 몰라! 며칠 밤 잠을 제대로 잘 수 없었어. 겁나잖아, 나도 그들 처지 때문에 마음이 좋지 않았어!

리씨 처남의 숙소는 왕푸징 근처에 있었는데, 그곳은 원저우 사람들이 옷을 보관하는 임시 창고로 사용되기도 했다. '돈은 알아서 주더라고. 30위안도 있고 50위안도 있고 나는 크게 신경 쓰지 않았어. 친구처럼 자주 볼 사이니까!'

1993년 춘절이 지나서 나는 류스밍과 함께 원저우에서 베이징으로 돌아왔다. 마당 문을 밀고 들어가는데 안에서 한 노파가 웃는 얼굴로 걸어나왔다. "돌아왔네, 그래 잘 왔어!" 집 주인이었다. 류스밍은 고향에 다녀올 때마다 집주인에게 선물을 가져왔다. 이번 선물은 금반지였다. 노파는 마당에서 극구 사양했지만 얼굴에 미소를 지으면서 기쁘게 받았다. 노파는 평소에 류씨 가족을 잘 대해줬다. 류씨의 딸이 학교에 입학한 것도 이 노파가 친척에게 부탁해서 가능했던 것이다.

1994년, 저장촌에서는 은행계좌를 빌려 사용하면서 발생한 특이한 일이 있었다. 저장촌의 사업들은 전국적이지만 그렇다고 해서 모든 사업체가 은행계좌를 가지고 있는 것은 아니었다. 따라서 동향 사이의 '계좌 차용'은 흔한 일이 되었다. 린위안성林元勝은 같은 촌의 황진바오黃金豹에게 자기의 은행계좌를 빌려줬다.

5월 말, 황진바오는 백화점과 정산을 마친 후 환어음을 린씨에게 보여주면서 지금 즉시 계좌에서 돈을 빼서 자기한테 달라고 말했다. 린씨는 "네가 내 계좌를 빌려 사용하는데, 내가 너의 돈을 먹고 튈까봐 그래?"라고 분개하면서 황씨를 쫓아냈다.

걱정과 짜증이 동시에 밀려 온 황진바오는 그날 저녁 친구들을 불러 린씨의 집으로 향했다. 린씨는 문을 두드리는 소리를 듣고 집주인과 상의했다. 집주인은 "일단 내 방으로 와. 너의 방은 불을 끄고 문을 잠궈!"라고 했다.

마당에 뛰어들어온 그들은 린씨가 집에 없다는 걸 믿지 않았다. "방금 전까지 불이 켜져 있는 걸 봤어!" 그들은 자물쇠를 따려고 했다.

집주인은 대노하면서 말했다. "우리 집 기물에 손을 대는 사람은 전부 강도죄로 신고할 거야. 그러면 다 잡혀 들어갈 걸!" 그들은 전부 돌아갔다.

잠시 후 황씨는 두 사람만 데리고 다시 찾아왔다. 다홍먼 사무소 사람들인데 린씨를 만나러 왔다고 했다. 집주인은 사원증, 신분증을 보자고 했지만 상대방은 아무것도 없었다. 집주인은 마당에서 괭이를 집어 들고 그들을 내쫓았다.

사무소 직원을 사칭한 베이징 사람은 황진바오가 살고 있는 집 주인의 아들이었다.

다음날, 린위안성이 먼저 황진바오를 찾아가 상황을 설명했고, 두 사람은 함께 돈을 인출하러 갔다. 린은 나에게 "바오는 애가 단순해. 그래서 진지하게 접근하면 끝이 없어"라고 했다.

린씨의 집 주인도 잔머리를 굴리는 사람이었다. 자기 집 유리를 조용히 깨고 나이키 신발 한 켤레를 얻어다가(황진바오가 이 브랜드 신발을 자주 신고 다녔음) 바닥에 진흙과 물을 바른 다음 마당 정문부터 방문 앞까지 발자국을 찍어놓았다. 그런 다음 파출소에 집에 도둑이 들었다고 신고했다!

파출소에 근무하던 한 경찰 간부는 집주인 처남의 사촌형이었는데, 자세한 내용을 요해한 후 황진바오의 집에 가서 황씨의 집주인을 크게 질책했다. 그리고 돌아와서 황진바오와 린위안성을 모두 파출소로 '데려'갔다. 이유는 두 명 모두 저장 사람이어서 한 패거리라고 생각했기 때문이었다. 이 일이 해결되기까지 한 달이 넘게 걸렸다. 사람을 이유 없이 체포한 그 경찰 간부는 나중에 상관의 조사를 받은 후 징계처분을 받았다.

린위안성은 한숨을 쉬면서 나에게 말했다. "이 베이징 집주인은 뭐라고 설명하기가 어려워. 뭐 약간의 이익을 주면 너한테 엄청 친절해. 그런데 너를 진짜 친구로 대하지는 않아. 그 사람들 이익에 조금이라도 해가 되면 우리를 전부 '저장 사람'으로 몰고 가. 친구고 뭐고 그런 거 아예 없어." 이것도 다양한 관계 중 하나 였다. 자신과 현지 기층정부의 '관계'를 이용하여 원저우 사람을 상대하는 것이 상당수 집주인의 행동 방식이기도 했다. 이런 이 상한 사건이 발생한 이유는 한편으로 집주인과 세입자의 관계가 옅지 않게 서로 얽혀 있었기 때문이고, 다른 한편으로는 양측 모 두 이중 플레이를 하는 두 얼굴의 사람이었기 때문이다.

대부분의 집주인과 세입자는 '서로 모르는' 사이였다.

다훙면 뒷길의 둥솨이첸董帥前이 저장촌 대부분 집주인의 마음을 대변하고 있었다.

우리가 저장 사람을 처음 받은 게 1991년이야. 그 가족은 원 래 무시위안에 있는 우리 처남 집에 살았어. 아시안게임 때 모두 이곳으로 쫓겨왔어. 첫 번째 가족이 오자마자 한 무리 가 뒤따라왔어. 나는 지금 네 가족에게 세를 줬고 한 달에 500위안 받아.

서류 절차? 우리는 그런 거 해본 적이 없어. 또 그런 걸 하면 뭐해? 그 사람들 신분증이 진짜인지 가짜인지 어떻게 알아? 신분증 여러 개를 들고 온 사람도 본 적이 있어. 게다가 그들 이 전국을 돌아다니는데 어떻게 찾아내?

우리는 교류 같은 거 아예 없어. 몇 년 동안 사람이 예닐곱 번 정도 바뀌었는데 한 번에 몇 명이 왔는지, 성이 무엇이고 이름이 무엇인지 나는 전혀 몰라. 사람이 너무 많이 다녀서 얼굴도 기억나지 않아. 평소에 그들은 그들의 일을 하고, 나는 내가 할 일을 하는 거지.

저장 사람들이 와서 경제가 활기를 띠고 우리 수입도 늘어났지만 사회가 너무 혼란스러워졌어. 몇 년 전에는 그나마 괜찮았는데 지금은 우리도 그들과 감히 말을 하기가 두려워. 집세를 안 내겠다고 하지를 않나, 몇 마디 했다가는 와서 주먹질 하려고 하지 않나. 그들이 사람이 많잖아! 게다가 여기 위생을 좀 봐. 다훙먼은 요강이 돼버렸어. 화장실을 봐, 더러워서 들어갈 수가 없어!

나는 허우촌의 친구 집에 머무를 때 집주인 할머니는 평소에 말동무가 없어 심심해도 원저우 사람과 절대 대화하지 않는다는 것을 발견했다. 그런데 내가 연구자라는 것을 알고 난 후에는 끊임없이 말을 걸었다. 옷을 만드는 일이 힘들다는 이야기를 하다가 나는 그녀에게 이런 질문을 했다. "당신 아들이 이런 일을 하는 것에 대해 어떻게 생각해?" 할머니에게 있어 이는 전혀 차원이 다른 질문이었다. "우리 아들이 이런 일 한다고? 우리 아들이 이런 일을 왜 해? 우리 가족 모두 직업이 있어. 나는 정년퇴직했고 국가로부터 매달 연금을 받아. 이런 일을 왜 하겠어?" 옆에 있던 나의 친구가 부러운 표정을 지었다. "그럼 한 달에 얼마를 받아?" "180!" 내 친구는 아무 말도 하지 않았다. "180? 밥 한 끼도 안 되잖아. 베이징 사람들 하고는!" 집에 돌아와서 친구가 말했다. 집주인과 세입자 사이의 장벽은 이른바 '지역 문화'의 차이에서 비롯된 것만은 아니었다. 각자 가지고 있는 이 사회에 대한 상상력들 중, 국가와 체제에 대한 정의 자체가 크게 달랐다.

내가 참여한 1994년 11월 10일의 베이징 유동인구조사에 따르면 이곳의 '주인 없는 집'은 약 8퍼센트에 달했다. 집주인은 방 전체를 임대주고 본인은 다른 곳에 세입자로 살면서 한 달에 한 번만 가서 집세를 받았다. 이렇게 되면 집주인과 세입자의 관계는 계속 소원해질 수밖에 없다.

마지막으로, 저장촌 사람과 집주인의 이러한 단절을 그들과 전체 베이징 사람의 단절로 이해하면 안 된다는 점을 강조하고자 한다. 베이징의 '물'은 "매우 깊다." 주민뿐만 아니라 상업조직과 정부부처도 매우 다양하다. 원저우 사람과 집주인의 두 얼굴의 관계는 그들과 일반 시민의 교류가 제한적이라는 것만 보여줄 뿐이다. 원저우 사람은 자신의 이익에 더 큰 영향을 미치는 정부부처나 사회집단과의 교류는 매우 열정적이고 적극적으로 대했다.

도주

1992년이 되면서 저장촌 원저우 사람 규모는 현지인을 크게 앞지르기 시작했다.

인구가 증가하고 경제 및 생활 체계가 점점 더 고도화되면서 저장촌은 1980년대 초의 '유격전'이 아닌 '진지전' 단계로 접어들었다. 그러나 곧 '진지전'이 맞닥뜨린 문제가 '유격전'보다 더 크다는 것을 알게 되었다. 1986년부터, 거의 매년 8~9월에 지방 정부는 전문 인력을 조직하여 이곳을 '단속'했다. 저장촌 사람의 말을 빌리면, 해마다 '정치 태풍'이 불었다. 그렇다면 사람들은 이러한 압력에 어떻게 대처했을까?

간단했다. 도주였다. 단속 대상 사업체들은 대여섯 가구씩 함께 교외나 베이징과 허베이의 접경지(샹허香河, 주어저우涿州, 랑팡廊坊 등지)에 가서 '바람을 피했다.' 생산을 중단하지 않고 계속 베이징 시내 상가에 납품했다. 이와 동시에 다른 '도주 연결망'들과 연락을 주고받으며 정보를 교환했다. 도주하기 전, 이미 집주인과 바람이 잦아들면 다시 돌아와 살겠다고 약속했고, 휴대하기 어려운 물건은 집주인에게 잠시 맡겨놓았다. 날씨가 조금 풀리면 사람들은 무리지어 돌아왔다. 외래 인구는 '쫓을수록 많아졌다.'

1992년 저장촌의 원저우 사람과 현지인 가구 수 비교[74]

(자연)촌 이름	현지(가구)	원저우(가구)
스류좡	282	782
덩촌	230	500여
하이후툰	125	280

출처: 펑타이구 공안국 다훙먼파출소

[74] 원저우 사람들의 가구戶에는 가족 구성원과 '라오쓰'들도 포함되기 때문에 현지인과 원저우 사람의 가구 수 차이와 실제 인구 수 차이는 크게 다르나.

매번 단속이 있을 때마다 사람들은 남쪽을 향해 철수했고, 단속이 강화되면 더 남쪽으로 갔다. 단속이 끝나면 베이징에 돌아가는 것이 귀찮아 철수한 지역에 눌러앉는 사람도 있었다. 류저보가 바로 1990년 단속 당시 하이후이사에서 황차오黃橋(여전히 다홍먼에 속함)로 간 사람이다. 하이후이사에 있는 그의 집은 원저우에서 새로 온 사람이 세를 얻었다. 기존의 주민들은 이미 인맥을 형성했기 때문에 조금 멀리 떨어져 살아도 생산에 지장이 없었다. 새로 입주한 사람은 인구와 시장이 밀집한 곳에 정착했기 때문에 사업에 다양한 편의를 제공받을 수 있었다. 따라서 단속은 저장촌의 면적을 끊임없이 확장시키는 원동력이 되었던 것이다.

현지의 기층정부 관계자는 "저장촌은 유격전과 공방전 속에서 성장했다"고 평가했다. '공방전'이라는 표현이 당시 상황을 생생하게 요약해준다.

도주는 저장촌의 중요한 발전 전략이었다. 이 전략의 첫 번째 특징은 권력자의 이데올로기적 지위를 부정하지 않는다는 점이다.

장커레이章客雷는 자신이 최근 몇 년 동안 단속받은 경험을 나에게 들려줬다.

경찰은 보통 1년에 두세 번 단속했어. 9월, 국경절을 앞두고 한 번 하고, 3월에 사람들이 올라오면 한 번 해. 허가증이 없는 사람을 발견하면 연행하고 벌금을 때려. 벌금은 300위안,

500위안, 1000위안, 2000위안 정해진 게 아니고 다양해. 고향으로 추방될 때까지 기다려야 해. 너의 태도에 달려 있어. 뻣뻣하게 나오면 안 되고, 고분고분하게 싹싹 빌어야 해. 잡혀 들어가면 겁에 질려 옳고 그름을 따질 수가 없게 돼. 어떻게 하면 사람을 찾아 돈을 내고 보석될 수 있을지만 생각하게 된다니까.

우리는 전사와 유격전에 관한 앞의 설명에서 이런 사례를 다루었다. 이러한 태도는 전형적인 '약자'의 사고방식으로 비쳐졌지만 사실 이러한 태도로 인해 국가는 난감한 위치에 놓이게 된다. 상대방이 대결적인 자세를 취하지 않기에 국가는 이들을 직접적으로 처벌할 수 없게 되고 심지어 분쇄는 더욱 불가능해진다. 따라서 국가가 할 수 있는 것이라고는 추방밖에 없게 된다. 하지만 '추방'은 비용이 컸다. 류스밍의 말을 빌리자면, '오래 버티는 사람이 이기는' 마라톤과 같았다. 이 공방전에서 추방하는 자와 추방당하는 자의 비용은 분명히 다르다. 정부가 한 번 그들을 쫓아내는 데는 큰 결단이 필요하고, 이 결단은 '전투적' 방식을 취하기 때문에 오래 '버티기' 어렵다. 도주하는 사람은 비록 불만이 크지만 '버티는' 데는 별 문제가 없다. 당신이 쫓아내면 나는 도망가고, 당신이 철수하면 나는 다시 돌아간다.

도주를 소극적인 전략으로만 볼 수는 없었다. 왜냐하면 내부적 합작관계의 발전을 직접적으로 촉진했기 때문이다.

천진다오陳金道는 나에게 이렇게 말했다.

나는 1987년에 베이징에 왔어. 도착하자마자 9월에 파출소에서 단속반이 뜬 거야. 먼저 온 사촌형과 상의했어. 사람이 많으니 겁먹을 필요가 없다는 거야. 다른 사람이 가지 않으면 너도 가지 않아도 된다고 했어. (당시) 이미 겁이 많고, 규모가 작은 집들은 물건을 옮기기 시작했어. 나는 사촌형의 말을 들었어. 이렇게 우리는 서로 보면서 '질기게' 남아 있었지!

1989~1990년 무렵부터는 소용이 없었어. 파출소, 단속반, 대대에서 사람이 와서는 너보고 정해진 날짜 안에 나가라고 해. 다음에 왔는데 나가지 않았잖아, 그러면 너의 물건을 다 옮겨가고 너까지 잡아가. 트럭에 싣고 칭허구치소에 데려갔어. 내가 상황을 보니 이건 '방도'가 없었어. 그래서 또 사촌형을 찾아갔지. 결국 우리 조카보고 먼저 다싱 일대에 가서 빈집을 찾아보라고 하고, 친척 네 집이 함께 이사를 했어. 시내로 이사한 사람도 있었어.

함께 '피란'을 했으니, 우리 사이는 당연히 평소보다 더 가까워졌지. 보통 우리는 (사업적으로) 각자 채널이 있는데, 지금은 그냥 섞어버렸어. 재료를 들여오거나 물건을 내보내거나 할 때 가족 내 젊은 사람들을 함께 하라고 해.

이 연결망(또는 그들이 말하는 '채널') 덕분에 도주를 해도 그들의 사업은 지장이 없었다. 저우녠타오는 이렇게 말했다. "1995년에 도주할 때 나는 류스留史에 가서 여관을 잡았어. 류스는 내가 잘 아는 곳이야. 가죽을 거기서 사니까 손해볼 것도 없었어. 도착한 첫날, 가죽재킷 36벌을 만들었어! 다음 날부터는 대량 생산을 시작했어. 고객들은 다 연결되어 있어. 먼 곳에 있는 사람들은 내가 가져가거나 그들이 가지러 와. 사람들은 서로 다 이해하면서 사는 거야. 지금 같은 상황에 어쩌겠어. 옛날에 더 어려울 때도 장사를 했는데 이까짓 것은 아무것도 아니지. (…) 친척이나 친구가 어디로 도주했는지 다 알아, 전화가 있잖아. 비록 우리가 베이징에 있지는 않지만 시장 상황은 빠삭해. 나중에 상황이 좀 풀려서 우리는 다시 돌아왔어."

사람들은 도주 과정에 연결망을 이용하여 작은 위기들을 극복기도 했다. 1994년, 시즈먼의 매대에서 옷을 팔던 한 사업자는 품질 문제로 공상 부문의 조사를 받게 되었다. 그는 이 소식을 들은 즉시 남은 옷과 BP를 친구에게 '넘겼다.'(원저우 방언, 낮은 가격에 팔았다는 뜻) 공상 부문은 와서 아무 것도 찾지 못했다. 매대를 '넘긴' 지 며칠 만에 이 새로 온 사업자는 하루에 몇 천 위안의 매출을 올렸다. 도주한 사람은 숨 쉴 시간을 벌었고, 인수한 사람은 공돈을 벌었다.

사람들의 내부 연결망이 크고 강력해짐에 따라 도주할 수 있는 능력도 강해졌다.

현재 중국의 유동인구는 호구제도를 중심으로 한 일련의 제도와 도시정부의 비정기적 단속 등으로 인해 매우 불리한 환경에 놓여 있다. 저장촌의 공방전을 보면서 나는 이런 질문이 생겼다. 사람들이 자신에게 불리한 제도에 직면한데다 이 제도에 대한 합법적인 수정 권한이 전적으로 국가의 수중에만 있을 때, 이 사람들은 어떻게 반응할까?

우리가 관찰한 그들의 전략은 표현表達, 변용變通, 퇴출退出 등 세 가지였다. 표현은 서구사회의 전형적인 전략이다. 여기에는 토론, 행진, 호소, 심지어 격렬한 대립이 포함되며, 불리한 지위에 놓인 집단이 '압박 단체'를 결속하여 국가가 정책을 바꾸도록 유도한다. 표현 전략은 국가와 사회 사이에 명확한 구분이 있다는 전제하에 발생한다. 변용은 중국사회의 특수성으로 간주된다. 정책에 불만 있는 사람들은 높은 소리로 외치는 대신 지도자나 정책 집행자에게 개인적으로 접근하여 이 정책이 자신에게 유리하게 변경될 수 있도록 '상의'한다. 허시먼(Hirschman 1970)은 '퇴출' 개념을 도입하여, 사람들이 특정한 물품의 공급, 조직 또는 제도적 장치에 불만이 있을 때 그곳에서 떠나는 현상을 설명했다. 사람들이 대규모로 퇴출하면 원래의 제도적 장치가 지속 가능하지 않게 되고 이로 인해 자원 배분과 제도적 장치는 재조정된다. 만약 관련된 제도나 조직 등이 국가와 관련된 경우, 퇴출은 행위자와 국가의 관계를 변화시키기 위한 전략이 될 수도 있다. 이런 전략의 전제 조건은 '퇴출하지만 갈 곳이 있어야 한다', 즉 대안적인 물품 공급, 조직 및 제도가 미리 존재해야 한다.

만약 허시먼의 개념을 사회학 연구 분야로 확장한다면, 상술한 세 가지 전략을 두 가지로 재분류할 수 있을 것이다. 하나는 이른바 '민주주의' 국가에서 발생하는 것으로서 표현과 퇴출이고, 다른 하나는 이른바 전체주의 사회에서 발생하는 변용이다.

사실 변용은 전체주의 체제에서의 '비공식적 정치행위'로 간주될 수 있다. 그렇다면 두 가지 의문이 생긴다. 첫째, 이 두 가지 극단적인 유형 외에 중간 유형의 행위 전략은 없을까? 둘째, 맥락 및 구조와 통일 또는 통합된 이러한 행위(예를 들어, 표현이라는 행위와 국가-사회 관계의 구조적 분화는 동전의 양면과 같음) 외에, 현행 구조와 완전히 통합되지 않으면서 구조의 변화를 이끌어낼 수 있는 행위 전략은 없을까?

저장촌의 '도주'가 바로 우리에게 이러한 현실적인 또 다른 전략을 발견하게 했다. 즉 도피逃避다. 도피는 표현, 변용과 다르다. 그것은 외치지도 않고 상의하지도 않으며, 현행 제도를 공개적으로든 비공개적으로든 바꾸려고 하지도 않는다. 그저 무관심한 태도를 취할 뿐이다. 표현과 변용이 모두 국가의 다양한 영역(정책 입안자와 시행자)과 적극적인 상호작용을 통해 자신의 목표를 달성하는 전략이라면 도피는 국가와 가급적 정면충돌을 하지 않으려고 한다. 도피는 특정 정책의 '무의미함架空'을 통해 자신의 이익을 확보하려고 한다. 도피와 퇴출의 차이점은, 퇴출의 본질은 일종의 제도의 결과이고 '퇴출권退出權'을 얻는 것이 퇴출 자체보다 더 중요하지만, 도피는 제도가 인정하는 범위 내에 있지 않는, 행위 그 자체다.[75]

따라서 도피 전략은 세 가지 중요한 특징을 가지게 되었다. 첫째는 감독하기 어렵다. 조용하고 언제든지 발생할 수 있기 때문이다. 둘째, 처벌이 어렵다. 누가 뭐라 해도 '인민 내부의 모순'이기 때문이다. 셋째, 집단행동의 필요성과 가능성이 있다(項飆,

1998). 이것이 바로 이 '미미한' 전략이 제도적 변혁을 유발할 수 있는 이유다.

단속에 따른 도주는 일종의 '도피' 전략이었다. 우리는 곧 단지 건설. 시장 건설 등을 통해 합법과 불법 사이의 '애매모호함'이 기정사실이 되는 과정을 보게 될 것이다. 내가 이미 앞에서 강조했듯이, 저장촌은 기존 체제로부터의 도피 속에서 자신만의 새로운 사회공간을 구축했다. 나는 다른 유동인구 집단이나 사회집단도 어느 정도는 이런 특징을 모두 가지고 있다고 생각한다.

---

75 예를 들어 저우치런(周其仁 1995)은, 농민들이 자류지를 얻으면 일부 퇴출권을 얻은 것과 다름 없기 때문에 국가와 협상할 때 농민의 입지를 높여줌으로써 추가적인 개혁을 유발할 수 있다고 주장했다. 1996년 여름 루시魯西평원에서 나는 농민들로부터 이런 이야기를 들었다. 몇 년 전 목화를 심으라는 상급의 지시를 받았는데 농민들은 목화 몇 그루를 꽂아 놓고 실제는 땅콩을 심었다. 작물이 다 자라고, 수확을 앞두게 되자 향이나 현과 같은 기층정부는 부득이 보고도 못 본 척 할 수밖에 없게 되었다. 국가에서 목화를 수거하려고 하자 농민들은 숨거나, 여기저기서 모으거나, 다른 곳에 가서 사오거나, 안되면 벌금을 내는 등 방식을 취했다. 이런 것이 도피다. 왜냐하면 농민은 목화 재배 계획에서 퇴출할 권리가 없기 때문이다. 흥미롭게도, 이러한 도피의 축적은 결과적으로 농민들에게 '퇴출권을 구매할 권리退出權의購買權'를 가져다주었다. 1995년부터, 현지에서는 '벌금으로 대체'할 수 있는, 즉 목화 계획은 계속 농가로 하달되지만 재배하지 않는 대신에 정해진 금액을 지불하면 되었다. 1970년대 안후이성 펑양鳳陽 농민들의 사유 토지 분양도 퇴출로 볼 수 없을 것 같다.

제 7 장

1992~1995: 혼돈 속에서 돈을 벌다

대형 쇼핑센터 입주: 관계의 예술

『베이징시쉬안우구의류회사지北京市宣武區服裝公司志』(1995)에는
다음과 같은 직설적인 문단이 있다.

> 1991년, 의류 시장의 확대 개방과 함께 외지인들이 베이징
> 에 유입되어 저장촌을 형성했다. 다양한 새로운 양식의 의
> 류를 대량으로 가공 및 판매함으로써 의류 시장의 경쟁을
> 더욱 치열하게 만들었다. 제도권 의류 회사의 공장에서 생산
> 한 의류는 스타일 혁신이 느리고 생산 주기가 길어 변화하
> 는 의류 생산의 새로운 상황에 적응하지 못해 제품 적체, 생
> 산 및 판매 감소, 자본 조달 등의 문제가 발생했다. 메이두
> 美都를 비롯한 네 개의 도매 공장('소매 공장'과 대조되는 개념)

은 1991년에 전년 대비 30퍼센트 감소한 90.37만 벌을 생산
했다. 1992년은 1990년 대비 59.2퍼센트가 감소한 52.69만
벌을 생산했다. 1993년은 19.72만 벌, 1994년에는 25만 벌을
생산했는데 이는 각각 1990년에서 80.6퍼센트와 77퍼센트가
감소한 규모다.

또한 1992년 이후 공업기업과 도시 소규모 수공업의 매출,
이윤은 모두 크게 감소했다.

1992년 이후 베이징의 의류업계가 저장촌의 영향을 크게 받
은 이유는. 당시 저장촌은 국유 소형 상업기업과 번화가의 개인
상점(1980년대 후반의 '등당입실')뿐만 아니라 대형 국유 쇼핑센터
에도 입주했기 때문이다.

베이징XD쇼핑센터의 부문 사장은 나에게 이렇게 말했다.

우리는 1984년부터 생산업체들의 횡적 연합부터 전문 경영
매대까지, 우리가 원자재를 제공하고 그들을 가공하게 하는
등 다양한 혁신을 시도했어. 가장 성공적이었던 것이 그래도
'인창진점'이었어. 1986~1987년에는 체계가 형성되면서 효
율성이 보장되는 장점이 있었어. 인창진점의 주요 대상 품목
은 계절의 영향을 크게 받고, 변화가 빠르고, 소량으로 생산
되고, 쉽게 재고가 쌓이는 제품이었어. 그중에서 의류가 가장
중요한 품목이었어. 상업이 아닌 공업을 유치하는 게 우리의
원칙이었어. 만약 상인을 유치하면 유통 과정에 또 다른 절차

가 추가돼. 이렇게 되면 필연적으로 시장 가격이 인상되고 시장을 혼란스럽게 만들게 돼. 1990년 5월, 우리는 특별 정돈을 통해 일부 상업단위를 철수시켰어.

1988년 1월부터 11월까지 총 108개의 제조업체가 여기 참여했어. 11월 말까지 89개 업체가 2218가지 종류를 판매했어. 그중 국영은 18개, 집체는 69개, 중외합자는 네 개야. 1993년 인창진점 규모는 270개로 증가했는데 그중 국영은 43개, 집체는 172개, 합자는 61개였어. 공장에서 파견한 직원은 1360명, 제품 종류는 1만1031가지, 매출액은 전체 매출액의 22.5퍼센트에 달했어. 의류 중 원저우에서 온 것이 30~40퍼센트야. 그 사람들 효율이 높아. 면적이 8제곱미터밖에 안 되는 작은 홀인데 한 달 영업 매출이 15만 위안이야.

우리는 절차가 엄격해. 먼저 현지 공상 부문의 승인을 받고, 제조업체의 가격과 품질을 검토해. 그리고 나서 기업의 사업자등록증, 법인위탁서 등을 가지고 쇼핑센터 업무과의 심사를 받아. 심사를 통과하면 사장의 심사를 또 받아야 해. 그리고 나서 양측은 계약서에 서명할 수 있어. 공장을 유치한 매대, 인원과 선반은 해당 상품부처의 15~20퍼센트를 초과할 수 없고, 위치 선정도 코너 자리만 가능해. 경영의 모든 과정은 도급을 통해 이루어져. 그들의 직원이 공장을 도급 맡고, 공장이 우리의 팀장을 도급 맡고, 팀장이 쇼핑센터를 도급 맡았어. 외지에서 온 직원에 대해서도 등록 서류를 작성하고 출입증을 발급하고 통일된 배지를 발급해. 보안과, 노사과와 업무과에서 동시에 관리를 해. 직원은 작업 현장이 아닌 우리 쇼핑몰의 간부연수원에서 6개월 간 연수를 받아야 해.

그러나 '상업이 아닌 공업만 유치'하는 원칙은 저장촌의 전문 매대 업자에게는 별다른 영향을 미치지 못했다. 여기서 진짜 핵심은 다양한 수준의 도급 관계였다. 부문 사장들은 이익 창출을 최우선으로 생각했고, 효율성이 높은 사람이 환영받는 사람으로 간주되었기 때문에 서류 절차는 어느 정도 '형식'에 불과한 문제일 뿐이었다. 저장촌 사람도 XD쇼핑센터의 내부 관리는 전체 베이징시 쇼핑센터 중에서 가장 엄격하고 질서정연하다는 데 이견이 없었고, 그들도 이러한 관리에 협조할 의향이 있다고 했다. 엄격한 관리 덕분에 쇼핑센터의 이미지가 좋아지고 나아가 매출도 증가할 수 있었기 때문이다. 사람을 찾거나 허점을 악용하는 것은 '규범화'와 반드시 모순되는 것은 아니었다.

1993년 저우훙추周紅球를 처음 만났을 때 그는 XD쇼핑센터에서 매대를 빌린 후였다. 그가 처음에 소형 쇼핑센터에 들어갔을 때보다 이번의 '공략'은 훨씬 더 힘들었다.

나는 곧바로 부문 사장을 찾아갔어. 우리가 외지에서 온 개체호라는 것을 알고는 듣자마자 "아예 안돼"라고 했어. 나는 하루건너 찾아가서 얼굴이고 뭐고 다 필요 없이 그들에게 들러붙었어. 사무실에 들어가면 내가 물을 따라주고 담배를 건네주고, 그들이 앉으면 나도 앉고, 그들이 대화를 나누면 기다렸다가 기회를 보면서 끼어들었어. 사장이 나를 귀찮아하면 나는 청소부나 직원들과 이야기했어. 이렇게 한 일곱 번인가 찾아갔는데, 나도 슬슬 지겨워진 거지. 마지막으로 한 번만 더 시도해보는 셈 치고 사장 집에 찾아가보려고 했어. 그런데 주소를 모르는데 어떻게 가? 쇼핑센터 앞에서 기다렸다가 사장이 퇴근하는 걸 보고 나는 따라갔어. 사장이 고개를 돌려 나에게 어디 가냐고 물었고 나는 그냥 앞을 가리키며 저기 앞까지 간다고만 했어. 그 사람 집 아래에 도착하자마자 나는 물었어. 잠시 올라가서 앉아 이야기 가능한지? 안 돼! 돌아오는 길에 포기하고 싶지 않은 거야. 혹시 모르잖아. 오늘 자기 집에 못 들어가게 했으니 미안한 마음에 내일 내가 사무실로 찾아가면 이야기라도 들어줄지. 결국 사무실에 여덟 번째 찾아갔을 때, 사무실의 회계사가 내 사정을 딱하게 여기고 사장한테 말해주더라고. 이 사람 처지도 딱한데 한번 좀 고려해보자고 말이야. 그날 사장의 분위기는 평소에 비해 친절했고, 별다른 말은 하지 않고 나보고 BP(번호)를 남겨놓고 빨리 돌아가라고만 했어. 내가 류부커우六部口까지 걸어왔는데 BP가 울리는 거야. 전화국에 가서 전화를 했지, 누구냐고? 상대방이 아주 사납게 말하는 거야. "나야! 내일 쇼핑센터에 와서 테스트 받아!" 이놈의 제기랄 사장놈인 거야! 내가 막 소리를 질렀지. "정말 고마워요!" 옆에서 통화하던 사람들 모두 깜짝 놀랐을 거야. 사장은 나중에 내가 고무떡 같다고 했어. 손에 묻은 걸 떼어낼 수 없다고!

테스트 받으러 갈 때 내가 만든 옷을 가지고 갔어—옷이 가장 중요하잖아. 그런 다음 절차는 그들(쇼핑센터)에게 제조업체 면허증 사본, 사업자등록증, 납세증명서 원본 혹은 사본, 상표등록증, 제품가격표(공장 및 소매 가격)를 제출하는 일이야. 이런 일은 다 쉬워, 문제는 사람이지.

류둥劉東도 XD쇼핑센터에서 비슷한 경험을 했다.

내가 맡은 매대는 허베이 사람한테 넘겨받은 거야. 그의 서류를 보면 (허베이) 슝현雄縣과 우루무치 상표였고, 그 상표를 그대로 가져다 내가 만든 가죽재킷에 사용했어. 그러다가 상표가 일치하지 않는 것이 발견되어 나보고 나가라고 하더라고. 내가 할 수 있는 모든 걸 다 해서 잘못했다고 빌었지. 다시는 이런 일이 없을 거고 꼭 쇼핑센터를 위해 좋은 일만 하겠다고 했어. 말은 좀 꾸며낼 수 있지만 태도는 절대적으로 진심으로 대해야 돼. 뭐든지 진심으로 말하면 상대방도 그렇게 차갑게 대하지 않아. 정 안되면 나는 무릎이라고 꿇으려고 했어. 나를 도울 수 있는데 왜 안 도와주겠어? 결국 일이 잘 풀렸어.

내가 저장촌에 있었던 1993년, 대형 쇼핑센터에서 매대를 임대하여 장사하는 일은 가장 높게 쳐주는 직업이었다. 그렇다면,

어떤 사람이 이런 일을 할 수 있을까? 좋게 평가하는 사람은 '능력 있는 사람', 안 좋게 평가하는 사람은 '여기 저기 붙어먹는 간자', 중립적인 사람은 '관계가 있는 사람'이라고 했다. 사실 세 가지 대답은 모두 같은 의미이여, 모두 '관계'에 기반을 두고 있었다.

루젠파는 나에게 베이징 쇼핑센터 사장과의 교제 철학에 대해 알려주었다. "이게 말이야, 연애랑 비슷해. 두세 마디 말로 할 수 있는 일이 아니야. 끈질기게 노력해야 해. 베이징 사람은 우리 동네 사람과 달라. 직설적인 걸 좋아하지 않아. 너무 직설적이면 자신을 무시한다고 생각해. 처음 만났을 때 선물을 하지 말고 식사만 하고, 작은 선물을 조금 하면 돼. 베이징 사람들은 이야기하는 걸 좋아해서 그들을 말하게 하고 우리는 듣기만 하면 돼. 그들을 잘 살펴보고 어떤 사람인지, 성격이 어떤지, 쇼핑센터에서 말빨이 센지 파악하고 (…) 두 번째 찾아갈 때는 제대로 된 선물을 해야 돼. 잘 확인하고, 선물을 할 때는 '잘到'(그의 지위에 맞게, 양적으로도 적절하게) 해야 하고 '확실하게倒'(효과를 볼 수 있게) 해야 돼. 그 다음은 가늘고 길게, 설날, 5·1절, 8월 15일, 그리고 환절기마다 잘 관리해야지."

왕씨의 경험도 대형 쇼핑센터에 입주하는 과정에서 관계의 '관리'가 얼마나 중요한지 잘 보여주고 있다. 왕씨는 1991년에 베이징에 왔고, 삼촌의 인맥으로 TS쇼핑센터에서 매대를 임대했다. 삼촌은 인맥이 '확실'했기 때문에 그 자리에서 왕씨는 계약을 체결하고 4층의 홀에 입주했다. 나중에 왕씨는 3층으로 옮기고 싶어서 사장을 저녁식사에 초대했다. 식사 자리에서 그는 사장에게 금반지 두 개를 선물했다. 한 달 후 그는 3층으로 매대를 옮겼다. 왕씨는 저장촌의 제품을 팔았지만 상하이 쉐바오피푸雪豹皮服 상표를 사용했다. 새 매대에서 시작한 지 사흘 만에 정품 쉐바오 상표업체에 의해 발각되었다. 사장은 크게 놀랐다. TS쇼핑센터는 '신뢰할 수 있는 상점'으로 선정되었고, 정문에는 '우리는 위조품을 판매하지 않는다'라는 팻말이 붙어 있었다! 사장은 즉시 삼촌에게 전화를 걸어 왕씨가 더는 쇼핑센터에 오지 못하게 했다. 하지만 왕씨의 매대에는 2만 여 위안의 현금이 있었는데, 사장이 이 사실을 아는지 모르는지 왕씨는 매우 난감해 했다. 사장이 이 일을 모르고 그곳의 직원이 훔쳐간다면 큰 손해였고, 사장이 이 일을 알면, 판매한 돈을 쇼핑센터의 공식 매출에 포함하지 않고 '숨기려던 것을 알려주는' 셈이 되었다. 결국 삼촌이 왕씨더러 사장에게 전화를 걸라고 했고 그 돈은 벌금 명목으로 자진 상납할 테니 구체적으로 어떻게 할지는 전적으로 사장의 결정에 따르겠다고 했다. 이렇게 사장에게도 2만 위안을 알려주고 왕씨에게도 대처할 수 있는 여지를 남겨주었다. 비록 2만 위안을 잃었지만 다른 사람을 난감하게 만들지 않았다. 왕씨는 나중에 삼촌의 결정이 매우 현명했다고 생각했다. 6개월이 지난 후, 삼촌은 베이징의 모 구 간부의 친척이자 자신의 회사 '부사장'을 통해 모 쇼핑센터에 조카를 위해 매대를 하나 마련했다. 하지만 왕씨는 여전히 TS쇼핑센터의 사장과 연락을 주고받는 사이였고 춘절이면 항상 인사하러 갔다. "관계라는 건 말이야, 없으면 찾으면 되고, 별 쓸모가 없으면 서로 다니지 않으면 돼."

쇼핑센터의 사장과 '관계를 형성하는' 방법은 상황에 따라 달랐다. 초기에는 '선물을 보내는' 것이 주된 방법이었고, 선물의 가격은 점점 더 높아졌다. 1992년, 한 사업체는 연간 76만 위안의 가격을 제시하고도 모 쇼핑센터의 매대를 임대하지 못했는데 이틀 뒤 58만 위안을 제시한 사람이 이 매대를 차지하는 일이 있었다. 가격의 차액이 선물 가격과 비슷하다는 후문이 돌았다. 선물은 공개적인 경제제도가 되었다. 하지만 1992년 이후부터는 선물의 중요성이 하락하는 경향을 보였다. 쇼핑센터가 뇌물을 받는 근저에는 임대 행위의 '지하적' 성격이 자리하고 있었기 때문이다. 임대료가 공개적 경쟁을 통해 결정되지 않기 때문에 더 많이 '밀어넣는' 사람에게 매대를 임대해줬다. 1992년 이후, 쇼핑센터에게 운영의 자율성이 대폭 부여되면서 임대인 사이에서도 공개적인 경쟁 관계가 형성되었고, 쇼핑센터 내부에서도 여러 단계의 계약 관계가 형성되었다. 만약 한 임대인이 현저히 낮은 가격으로 매대를 임대했다면 그는 바로 다른 사람의 감시하에 놓이게 된다. 또한 사장이 뇌물을 받고 판매 실적이 좋지 않은 사람에게 매대를 임대하거나, 쇼핑센터의 전체 판매 임무를 완성하지 못하면 그곳에서 '나가는' 수밖에 없었다. 사람들은 관계를 형성할 때 '두 가지' 문제가 함께 해결되어야 한다고 말하기 시작했다. 물질적으로 확실해야 할 뿐만 아니라 감정적인 측면도 중요하게 생각하여 그 관계를 '친구' 관계로 만들어야 한다고 했다. 루젠파의 경험도 이 점을 잘 설명해주었다. 외부 관계의

구축을 위한 이러한 노력은 1980년대에는 거의 없었던 일이다.[76]

1996년 춘절 전야, 나는 류둥과 함께 쇼핑센터 사장에게 새해 인사를 하러 갔다. 손에는 봉투 더미와 현금 더미를 들었다. 차가 어느 집 아래에 도착하면 얼마를 주는 것이 적절한지 생각했다. 주는 것도 두 가지 방식이었다. 만난 지 얼마 되지 않아 관계를 강화해야 하는 경우면 집에 찾아갔다. 사람 한 명당 양주 한 병, 가격은 586위안, 담배 두 보루, 가격은 700위안, 그 외 현금 5000위안은 '자녀들을 위한 새해 세뱃돈'이었다. 류둥은 "선물을 할 때, 내려놓자마자 바로 자리를 떠야 돼. 이야기는 다음에 하는 걸로"라고 상기시켜주었다. 만난 지 오래된 사람은 현금으로 5000~1만 위안을 들고 사무실로 찾아간다. 쇼핑센터에 함께 도착한 우리는 부문 사장과 함께 한참을 웃고 농담을 주고받았다. 류둥은 "다들 새해인데, 내가 밥 한 끼 사려고 했는데 도무지 시간이 안 나. 그래서 부득이 각자 알아서 식사를 할 수밖에 없네"라고 말했다. 그렇게 말하면서 그는 봉투를 사장의 책상 위에 올려놓았다. 사장은 웃으면서 "그래 좋아, 류사장 고마워!"라고 하면서 봉투를 열어 재빨리 세었고, 맞은편에 앉아 있는 출납원에게 건네며 "류사장이 보낸 거니까 잘 적어둬"라고 말했다. 오래된 사람들과는 왜 이런 방식으로 하는지에 대해 류둥은 이렇게

---

[76] 이 문제는 중국 경제의 시장화가 사회의 조직방식을 서구와 얼마나 비슷하게 만들 수 있는지에 대한 학계의 관련 논쟁을 상기시켜준다. 이것은 확실히 복잡한 문제인 것 같다. 시장화 수준이 높지 않을 때 사람들은 명확한 '지하시장'을 통해 일을 처리한다. 개방된 시장화의 수준이 높아지면 사람들은 오히려 감정과 인정의 요소를 강조했다.

설명했다. "관계가 좋으면 돈 액수는 중요하지 않고 그 분위기가 중요하거든. 평소에 만나는 사람이 사장 한 명만 있는 게 아니잖아. 다른 사람도 잘 보살펴야 해. 만약 어느 날 사장이 너를 나가라고 하면 다른 사람들이 난감해 하면서 나서서 너를 위해 편을 들어줄 거잖아. 막 (쇼핑센터) 입주했으면 사장 한두 명을 골라 공략해야 돼." 오후에 사장을 만나러 한 바퀴 돌고, 저녁에는 정부 관계자를 만났다. "공상, 세무, 파출소. 이들은 돈을 주면 안 돼. 다들 체면이 중요한 사람이거든. (…) 이유 없이 남의 돈을 받으면 사람들이 부패했다고 무시할 게 뻔하잖아? 체면, 돈, 감정, 존중, 다 필요한 사람들이야. 네가 무언가를 가지고 있다는 걸 보여주면서도 맹목적으로 부탁하면 안 되고, 그런데 또 분명 뭔가 부탁하는 것 같이 보여야 하고, 그리고 그 사람을 엄청 예우해주는 그런 상황을 만들어야 일이 진행이 돼. 이중 하나라도 빠지면 안 돼." 마지막으로 류둥은 혼잣말로 "나는 지금 90도로 변했어. 과거에 사람에게 부탁할 때 말이야, 남이 나를 진짜 불쌍하게 여기게 만들어야 그들이 매대를 하나 주거든. 지금은 아니야. 앞으로는 180도 달라지게 할 거야. 그들이 나한테 설 인사하러 오게 할 거야!"

　마지막으로, 1990년대 매대 임대 과정에 출현한 두 가지 변화를 언급하고자 한다. 1980년대에는 '임대出租'와 구분하기 위해 일반적으로 '인창진점'이라는 용어를 사용했다. 1992년부터 대부분의 쇼핑센터는 더 이상 이런 구분을 하지 않고 통일적으로 '연합경영聯營'이라는 표현을 사용했다. 최저 매출은 정했지만 매출의 상한선은 정하지 않고, 매출액에 따라 수수료를 받아가는 기존의 방법을 사용했다. 다만 차이라면 수수료 비율이 점점 인상되었다는 점이다. 청샹城鄕무역센터는 매출액에 따른 수수료 28퍼센트, 1년 보증금은 17~18만 위안으로 최고치를 기록하기도 했다. 평균적으로 상점의 수수료는 보통 20~15퍼센트 정도였다. 구체적인 비율은 상점의 위치와 매대의 위치에 따라 결정되었다. '최저 매출'도 해마다 인상되었다. 1986년, 1988년 당시에는 상점들은 매대 경영을 위주로 하면서 매대 하나당 수수료 4000위안을 요구했다. 1990년대에 들어서면서 상점마다 진열대 판매 방식이 유행하기 시작했고, 10에서 20여 제곱미터 되는 진열대는 월 20~40만 위안의 매출을 요구했다. 춘절 전의 한 달은 30여 만 위안을 요구하기까지 했다. 만약 이 매출액을 달성하지 못하면 다음 달에는 쫓겨날 위기에 처했다.

1994년 1월, 부가가치세 제도가 전국적으로 도입되었다. 과거에는 단위들이 사업체를 대신하여 납부하거나, 심지어 사업체들이 가짜 증빙서류를 구입하는 방식으로 대처할 수 있었다. 하지만 새로운 납세 제도는 상품이 매장에 들어올 때 단가 증명서, 즉 사업체의 단가를 입증할 수 있는 증빙서류를 '제출'해야 입점할 수 있게 했다. 이에 대한 사업체의 대처는 크게 세 가지였다. 첫째, 단위들을 찾아 납세 전표를 얻는 방법이다. 상하이와 광둥이 이러한 납세 전표의 '원천'이 되었다. 그 이유는 상하이 푸둥과 광둥의 일부 기업은 면세 혜택을 누렸고 납세 전표를 발급할 때 4퍼센트의 소득세만 납부하면 되기 때문이었다. 발행 기관은 납세 전표 액면 가격의 4.5~6퍼센트의 '리베이트'를 돌려받았다. 저장촌에서도 적지 않은 사람이 고향의 기업에 도움을 요청했고 이로 인해 러칭의 세원이 크게 증가할 수 있었다. 1994년 1분기에 러칭시는 연간 세수액의 50퍼센트를 달성했다고 했다. 둘째, 더 중요한 것은 원단 시장을 통해 원단 영수증을 구입하는 것이다. 원단 시장에서의 생산자나 방직 공장은 영수증을 발급할 수 있었지만 원단 시장의 주요 경영자, 특히 최종 구매자(예를 들어, 저장촌의 가공업자)는 영수증이 필요하지 않았기 때문에 원단 시장에는 영수증이 차고 넘쳤다. 남은 영수증은 공장에서 아무런 쓸모가 없었기 때문에 영수증 액면가의 1.2~1.5퍼센트 가격으로 판매했다. 예를 들어, 원단 10만 위안을 판매한 영수증의 판매 가격은 1200~1500위안이다. 이러한 매매는 국가의 세금 정책 이행에 별 영향을 미치지 못했다. 셋째, 일부 사람은 여전히 가짜 영수증을 사용했다. 가짜 영수증은 주로 허베이 바이거우白溝에서 공급되었다. 어쨌든 부가가치세 제도의 도입은 저장촌과 전국 다양한 지역 간의 유대를 더욱 강화시켰다.

대규모 전대

베이징의 공식적인 상업 체계(노점이 즐비했던 초기 저장촌 같은 비공식적 형태와 대조적인 체계)는 규모(대형, 중형, 소형)와 소유제 유형(국유, 집체 또는 사영)에 따라 국유 대형, 국유 소형, 비국유 대형과 비국유 소형 등 네 개의 유형으로 나눌 수 있다. 초기의 저장촌이 공략한 주요 대상은 국유 소형 상업기업과 일부 비국유 소형 기업이었다. 앞의 절에서 언급한 내용은 국유 대형 및 중형 상업기업 입주와 관련된 내용이었다.

1992년을 전후하여, 베이징에 등장한 비국유 대형 쇼핑센터는 저장촌에 매우 큰 영향을 미쳤다. 첫째, 규모, 수준, 장식, 기획 및 내부 관리 등의 다양한 면에서 비국유 대형 쇼핑센터가 국유 쇼핑센터보다 경쟁력이 높았다. 둘째, 비국유 대형 쇼핑센터는 공개 입찰을 통해 임대할 사람을 찾았고, 그들이 추진한 '인상진점引商進店'은 저장촌의 구미에 더욱 적합했다. 셋째, 그들이 '전대' 방법을 개발함에 따라 저장촌에서 전문적으로 매대를 임대하여 사업하는 사람들의 역할이 크게 달라졌다.

최초로 '전대'를 도입한 곳은 아마도 1991년에 문을 연 HW 빌딩이었을 것이다. 이 쇼핑센터는 사업체를 유치할 당시 개인사업체에 매대를 직접 임대하지 않겠다는 점을 분명히 밝혔다. 빌딩의 한 사장의 설명은 이러했다. "한 개체호가 진열대를 임대하고, 다른 개체호가 매대를 임대하면 관리가 어려워져. 이 개체호들 대부분이 외지 사람, 특히 저장에서 온 사람이 많은데, 그들은 말도 없이 사라질 때가 많아. 그러면 찾기도 힘들고, 그 후유증을 우리가 정리하기도 힘들어. 현재 우리는 신분이 확실한 정식 회사 몇 곳과만 거래하고 있어. 우리는 먼저 매대를 그들에게 임대해주고, 그들이 다른 사람들에게 임대를 하는 방식이야. 상점은 매출을 이 회사들의 계좌에 넣어주고, 회사는 현금을 임대한 사람에게 주는 방식이지. 개별 회사가 개체호를 어떻게 관리하는지는 우리가 상관할 바가 아니야. 하지만 우리는 이 회사들에 대한 관리는 매우 철저하게 해. 작년에 품질이 좋지 않은 제품을 취급하는 매대 하나 때문에 고객이 우리를 찾아왔어. 우리는 이 회사에 즉각 나가라고 했어. 지금은 회사들도 엄청 열심히 해. 왜냐하면 그들의 이익이 우리보다 작지 않거든. 그들도 장기적으로 여기서 하고 싶어하니까. 우리가 개체호들과 직접 거래를 하지 않는 이유는 회사의 이익을 보호하기 위해서야. 이윤 차액을 그들에게 주고, 그들이 이 이익을 관리에 활용하도록 하는 거지." 이 빌딩의 3층 영업홀을 외부 회사에 임대할 때 1일 1제곱미터당 5달러, 당시 공식 시세로 약 40여 위안이다. 2급 회사가 외부에 전대할 때에는 진열대를 기준으로 했다. 진열대 한 개당 1.5제곱미터였으니 이들은 최저 6000위안의 임대료를 받을 수 있었다. 차액은 거의 네 배에 달했던 것이다!

신규 설립된 쇼핑센터들은 이 방법을 따라했다. 특히 베이징의 부동산 열풍과 쇼핑센터 열풍이 동시에 불어닥치면서 부동산 회사들은 쇼핑센터 건설에 투자하기 시작했다. 그러나 쇼핑센터를 건설한 후 그들이 직접 운영하기 어려워지면서, 동시에 건설비용을 빨리 회수하기 위해 큰 면적을 한 번에 임대해주는 것이 가장 합리적인 방법이 되었던 것이다. 이러한 추세에 편승하여, 저장촌에는 쇼핑센터로부터 대규모 면적을 임대하고 이를 다시 전대하는 사업자들이 다수 등장했다. 앞에서 본 문구점 사장이 "시단에 가서 건물 한 층을 전부 임대했어"라고 말한 것도 이 상황을 가리켰다. HW빌딩의 사장이 말한 '정식 회사'도 문서상으로만 규정한 것이었다. 이런 규정에 대해 '저장촌 사람들'이 뛰어 넘을 수 없는 장해물이란 없었다.

쇼핑센터는 대행사로부터 6개월 또는 1년치의 임대료를 한 번에 받기를 희망했다. 보수적으로 계산하면, 매대 한 개당 월 임대료가 3000위안이므로 50개 매대가 있는 홀 한 개의 반년 임대료는 90만 위안이다. 하지만 매대를 개인사업자에게 임대할 경우 월 단위로 임대료를 징수하는 것이 원칙이었다. 하지만 이런 방식으로 인해 중간 대행업자가 자신의 돈을 대납한다고 생각하면 안 된다. 야오신안은 자신 있게 말했다. "봐봐, 90만 위안을 내가 냈다고 치자고. 내가 첫 한 달에 거둬들인 임대료만 30만 위안이야. 이 30만 위안은 월 초에 받아낸 거라고. 지금 우리는 보증금까지 받아. 사람들이 갑자기 다른 곳으로 가면서 임대를 포기하는 걸 방지하는 목적이야. 매대 한 개당 보증금은 1만 5000위안, 어떤 곳은 1만7000위안이야. 임대료와 보증금을 합치면 우리가 상점에 내는 돈과 비슷해. 다만 시간적으로 선후 순서가 있을 뿐이지. 그런데 조정이 가능해서 괜찮아." '중간 대행업자'와 그 아래의 개인사업자들도 자신의 명의로 된 계약을 체결했다. 징유의 형 징펑은 샹윈쇼핑센터祥雲商場에서 동향으로부터 매대 하나를 임대했다. "이 '새끼頭毛兒'(원저우 방언. '자식'이라는 뜻과 비슷하지만 욕설과 짜증이 섞인 뉘앙스로 사용된다)들이 아주 돈을 '싹쓸이 해殺嘎'(원저우 방언. 막강하고 과분하다는 의미로 사용된다). 보증금을 낸다는 것은 우리가 그들을 대신해서 한다는 얘기거든. 계약서에는 임대 기간이 끝나기 전에 나가면 보증금을 돌려주지 않는다고 했는데 그것도 사람에 따라 달라. 평소에 그냥 착하고, 촌에 아는 사람이 없으면 걔들이 너를 '먹어' 치우는 거고, 평소에 땔나무 칼이라도 어깨에 메고 다녔어봐. 절반은 돌려준다고. 계약? 너는 어떻게 아직도 저장촌에서 이런 말을 하냐?"

중간 대행업자로부터 매대를 전대할 경우 임대료가 훨씬 높지만 소규모 개인사업자는 많은 비용을 절약할 수 있었다. 징펑은 사업의 어려움을 한탄하면서 말했다. "전대는 부르는 게 값이야. 돈이 있으면 매대도 있는 거고. 만약 네가 큰 쇼핑센터에 가서 매대를 임대한다고 생각해봐. 사장에게 선물하는 데만 3만 위안이 들어가. 그것도 관계가 있을 때 그렇다는 거지. 잘 아는 사이가 아니면 최소 한 손은 쥐야 해(5만 위안). 선물은 받아 가고 마지막에 매대가 없다고 하면 너는 고소할 수 있어? 매대를 임대해도 그게 쉽지 않아. 상점에서 기분 나빠서 너보고 나가라고 하면 너는 나가야 돼. 매대 하나가 한 달에 1만 위안을 번다고 치면, 상반기에는 다 그를 위해서 돈을 버는 거나 다름없어." 사람들이 부득이 중간 대행업자를 통해 매대를 전대하는 이유 중 하나다. 대행업자가 해당 관계를 '공략'할 수 있어서일 뿐만 아니라, 이 '관계'는 일종의 한 번 구매하면 장기적으로 이익을 얻을 수 있는 내구성 있는 소비재이기 때문이다. 임대료가 없는 매대는 잦은 변동으로 인해 관계의 활용이 비효율적이다.

중간 대행업자는 자신과 세입자의 관계도 잘 관리해야 했다.

저장촌에서 넓은 사회적 기반을 가지고 있어야만 외부에 전대할 때 더 많은 사람이 관심을 가져준다. 더 많은 사람이 관심을 가져줘야 전대의 가격도 높아질 수 있다. 사업 과정에 문제가 발생하면 중간 대행업자는 이 문제를 해결할 수 있는 충분한 '얼굴面子'을 가지고 있어야 한다. 두 명의 사업자가 같은 대행업자로부터 나란히 위치한 매대를 임대한 일이 있었다. 두 사람 사이에 갈등이 생겼고 임대업자의 중재가 효과를 보지 못하면서 싸움은 건잡을 수 없을 정도로 커졌다. 결국 양쪽 모두 상점에서 '해고'되었다. 이 대행업자의 명성은 저장촌에서 '더러워'지기 시작했다. 그는 내부의 문제를 해결할 수 없을뿐더러 쇼핑센터에서 이 정도의 '얼굴'도 없었기에 두 사업자가 쉽게 '해고'되었던 것이다. 대행업자는 '힘'이 있어야 수시로 발생하는 갈등을 해결할 수 있었다. 대규모 전대는 이렇게 저장촌의 새로운 거물을 만드는 계기로 작용했다.

대규모 전대의 또 다른 결과는 저장촌의 가공업자와 판매업자 사이의 분업 관계를 더욱 분명하게 만들었다는 점이다. 기존에 가공과 판매를 겸했던 대부분의 사람이 매대 임대를 통한 제품 판매에 올인했다. 두 가지 원인이 있다. 하나는 대형 쇼핑센터는 가공업체가 생산한 의류에 대한 품질 요구를 더욱 높였고, 다른 하나는 대형 쇼핑센터에서 매대를 임대할 경우 사업자가 해야 할 일도 더 많아졌기 때문이다. 분업이 더욱 명확해짐에 따라 각 개인의 사업권은 자연스럽게 확장될 수밖에 없었고, 동시에 더 많은 사업권 사이에 중첩되는 부분이 생겨났다.

소규모 전대

'소규모 전대'는 집산 시장에서 출현했다. 우리가 생각했던 것과는 달리, 저장촌 사람은 공식 쇼핑센터에 입주한 1980년대 후반과 1990년대 초반이 되어서야 이런 집산 시장에서 사업을 해야겠다는 생각을 했다.

XD쇼핑센터 남쪽 입구에 위치한 XD권업장勸業場(구형 백화점 또는 유통 상가)은 1986년에 설립되었다. 1992년, 주관 부처 사람들이 사상을 해방하면서(사상 해방은 경제 개혁에 관한 덩샤오핑의 말에서 나온 표현으로서 계획경제를 시장경제로 전환한다는 뜻으로 사용된다) 이곳을 새롭게 꾸몄다. 1993년의 자료에 따르면 이 시장의 70퍼센트는 남방 사람, 그중 원저우 사람이 절반가량을 차지했다. 나머지는 안후이와 장쑤 출신이 많았다. 매대의 최대 임대료는 한 달에 3000위안, 임대 기간은 최소 6개월에서 최대 1년으로 정해져 있었다. 보증금은 3500위안이다. 임대료는 매달 5일과 7일에 징수했다. 고객은 주로 외지에서 온 도매상이었다. 매대 한 개의 한 달 평균 이윤은 1~2만 위안이었다.

권업장에서 장사하는 한 원저우 사람은 나에게 이렇게 말했다. "원저우 사람들은 당찬 면도 있지만 '물러 터진다'다 하면 또 너무 '물러터져'.[77] 지금까지 우리 권업장에는 자기 이름으로 매대를 빌린 사람이 없거든, 모두 베이징 사람이나 다른 외지인으로부터 빌린 거야. (시장이) 처음 열렸을 때 우리는 몰랐지. 그런데 매대 보러 갔는데 이미 다 찼다는 거야. 지금 그 사람들 아예 안 나가! 우리 원저우 사람들이 시장을 '홍성하게' 했으니까 그들은 아무 것도 안 해도 한 달에 몇 천 위안을 벌 수 있는 거잖아. 시장 사람들과의 관계를 잘 관리하기만 하면 돼." 한 달에 2000~3000위안의 매대가 원저우 사람들 손에 넘어갈 때면 5000~6000위안으로 인상되었던 것이다. 게다가 전대하는 경우도 있었다. 예를 들어, 첫 번째 전대에 월 5000위안이었다면 세 번째 사람에게 전대할 때는 6000~7000위안이 되었다.

집산 시장에서 매대를 임대할 때의 장점은 관계가 복잡하지 않다는 것이다. 린춘푸林存富는 이렇게 말했다.

"(집산 시장에서 매대를 임대할 때) 돈을 마구 쓰지만 않으면 1년 지출은 정확하게 계산할 수 있어. 내가 권업장에서 몇 해 사업했는데, 여기 와서 양복을 가져간 사람은 단 두 명뿐이야. 한 명은 교통청(구체적으로 어느 교통청 사람인지 분명하지 않음) 사람인데 동향이 데려왔고, 다른 한 명은 청샹무역센터 맨 꼭대기층 볼링장 사장이야. 거기서 볼링장을 운영할 수 있는 사람은 정말 확실한 관계가 없이는 안 돼. 나는 그를 인정해. 평소에 사장이 오고, 관리자가 오고, 단가가 얼마인지 정확히 계산해. 왜 공짜로 줘? 우리 사이에 돈 계산은 확실해. 그런데 쇼핑센터에서 하잖아. 그러면 관계가 훨씬 더 복잡해지지."

또 다른 사업자는 이렇게 말했다. "(집산)시장에서 좋은 매대

---

77 마오毛는 원저우 방언이다. 사람이 스스로 자신이 괜찮다고 생각하는 등 비교적 '독단적'인 면이 있지만, 고개를 숙이지 말아야 할 곳에서 고개를 숙이는 등 현실에서는 바보스러운 행동을 할 때 사용된다. 베이징 말의 '쑹慫'과 뜻이 비슷하다.

를 찾으려면 공안, 공상만 찾으면 되거든. 대형 쇼핑몰에서 좋은 매대를 찾으려면 이런 외부 사람만 가지고는 안 돼. 그런데 또 이런 사람들도 잘 구슬려야 해. 절대 소홀히 대하면 안 되거든."

규정의 측면에서 볼 때 집산 시장의 관리는 대형 쇼핑몰보다 훨씬 더 엄격했다. 나는 권업장의 관리자로부터 이런 말을 들었다. "비록 우리는 상품경제를 발전시키려고 하지만 그렇다고 해서 관리를 소홀히 한다는 것은 아니야. 면허가 없는 사람은 절대 들어올 수 없고, 위조 상품 취급도 절대 안 돼. 여기에 오려면 무조건 베이징의 임시 호구, 베이징 방문증이나 현지 정부나 공안 당국에서 발급한 소개서가 있어야 돼. 현지에서 받아온 증명서들을 우리 여기에 제출하고, 우리가 그들에게 매대 임대 증명서를 떼어주거든. 그리고 파출소에 가서 우리 점포 호구를 등록해야 돼. 만약 점포 호구가 없다는 게 적발되면 사허, 칭허 채석장에 가서 일주일 노동하고 벌금 50위안을 내야 돼. 한 달 세금은 600~700위안, 관리비는 평균적으로 1000위안인데, 매대의 면적이나 위치에 따라 조금씩 달라져."

그러나 아무리 엄격해도 틈새가 있기 마련이다. 왜냐하면 베이징의 개체호들이 전대를 통해 '문제를 해결'해주기 때문이다. 우리는 집산 시장에서 매대 하나에 사람 세 명이 앉아 있는 것을 종종 볼 수 있었다. 두 사람은 진지하게 물건을 판매했다. 그들은 지나가는 사람을 보면 아주 열정적으로 인사한다. 두 사람은 각각 실제 사업자와 사업자가 고용한 영업사원이다. 판매에 큰 관심이 없고 가끔씩 일어나 돌아다니는 한 명은 명의상의 매대

주인이다. 그는 관리 당국에 자신의 전대 사실이 발각될까봐 매일 나와서 살아 있는 사업자등록증처럼 앉아 있어야 했다.

소규모 전대는 대규모 전대로 이어지기도 했다. 관계가 두터운 베이징의 개체호는 시장에서 한 번에 여러 개를 임대한 다음 (물론 여러 명의 명의로) 다시 전대했다. 이런 방법은 리스크가 크고 시장에서 강력한 관계가 기반이 되어야 가능하기 때문에 그다지 일반적이지 않았다.

전대는 베이징 사람이 자신의 사업 영역을 내어준 원인도 있지만, 전대가 발생할 수 있었던 더 큰 이유는 저장촌 사람들이 추가적인 임대료를 지불하면서도 가져갈 수 있는 이득이 있었기 때문이다. 이는 당연히 촌의 독특한 생산 및 사업 연결망 덕분이었다.

영업사원

사업자들은 영업사원이 매대가 돈을 벌 수 있는지 여부를 결정하는 중요한 부분이라고 생각했다. 매대를 임대한 사람들이 함께 모이면 종종 어느 집의 누구가 장사에 능하고, 누구는 안 된다는 등 여성 영업사원에 대해 이야기했다.

한번은 한 사업자가 의기양양해서 말했다. "어제 우리 매대에 둥베이에서 온 젊은 친구들이 방문했어. 한 명은 여자친구 옷을 사고, 다른 한 명은 자기 여동생 옷을 산다는 거야. 우리 직원이 상황을 잘 파악하고 그들이 가격을 좀 빼달라고 하기 전에 친절하게 여러 번 입혀보고 잘 응대했어. 결국 한 사람이 2세트씩 사서 한 번에 4세트를 판 거야! 많이 팔고 높은 가격에 팔았어. 여기 온 고객이 꼭 당신의 물건을 사겠다고 말하는 사람도 없고 사지 않겠다고 말하는 사람도 없어. 그런데 고객의 심리를 파악하면 (효과) 차이가 크게 나지. 나는 항상 우리 직원 아가씨들과 심리학 이야기를 해. 어제 같은 경우, 월급을 얼마 인상해주든 아깝지 않아."

저장촌은 거의 모든 사업에서 같은 원저우 출신들을 선호하지만 유독 영업 사원은 절대 원저우 아가씨를 고용하지 않았다. 높은 급여는 부차적, 진짜 이유는 원저우 사투리가 물씬 풍기는 보통말 때문에 매대를 임대한 사실이 만천하에 드러나기 때문이었다! 그들의 노동력은 주로 베이징, 허베이, 장쑤, 안후이 등 네 개 지역 출신이었다.

가족 단위로 사업하지 않으면 두 가지 문제가 발생한다. 하나는 사람을 어떻게 관리할 것인가이고, 다른 하나는 물건을 어떻게 조달할 것인가다. 루렌더는 방법을 모색하는 데 시간이 걸렸다.

1991년 내가 왕푸징의 옌춘상점晏春商店에서 장사할 때 직원은 내가 직접 불렀어. 처음에 월 300위안에서 시작했는데 계속 오르다가 나중에 1500위안까지 올랐어. 처음에는 정말 아무것도 몰랐어. 상점이 원래 카운터를 운영하면서 매일 들어오는 현금은 거기서 받고, 월말에 정산하면서 송금 수표를 끊어줬거든. 우리가 도시 신용사에 가서 계좌를 개설하고 이 수표를 가지고 가서 돈을 찾았어. 당시 신용사는 하루에 최대 2000위안만 현금을 뺄 수 있는데다가 수표를 받은 3일 뒤부터 돈을 찾을 수 있었어. 그게 너무 번거로워서 직원을 시켜 직접 돈을 받게 한 거지.

나는 직원한테 총계만 기록하게 했어. 하루 동안 총 몇 벌을 팔았고 얼마를 받았는지에 대해서만 말이야. 어떤 옷을 팔았는데, 한 벌에 얼마씩 받았는지는 기록하지 않았어. 우리는 필경 시골 출신이잖아. 뭐 장부를 기록하고 그런 거 몰라. 다 머리로 기억하려고만 했지. 그러다보니 내가 하루에 매대에 옷을 몇 벌을 가져갔는지조차 기억이 안나. 그 몇 해가 장사가 가장 잘 됐을 때야. 그런데 돈은 그렇게 많이 벌지 못했어. 내부 관리가 따라가지 못한 문제가 크지. 나를 위해 일한 직원 한 명이 20여 만 위안짜리 집을 샀어. 그 돈이 어디서 났겠어.

이후에 저장촌도 세부 장부를 기록하기 시작했어. 나는 합리적이라고 생각하고 따라했어.

루렌더는 나에게 '세부 장부'를 보여줬다.

세부 장부에 적힌 옷은 '비공식土叫' 이름을 사용했지만 촌에서는 통용되는 이름이었다. 하나의 스타일이 유행을 타면 그 이름도 따라 퍼져나갔다.

날짜: 1991년 7월 21일						
판매한 옷	수량	판매 단가	영업 시작시 매대 재고		입고 수량	금일 남은 재고
남성용 양복칼라 가죽재킷	1	458	남성용 검은색 허리띠 코트	3	1	4
			남성용 양복칼라 가죽재킷	5		4
			남성용 밴딩소매 가죽재킷	13		13
			여성용 자수 롱코트	4	2	6
여성용 퍼카라 코트	1	897	여성용 퍼카라 코트	5	1	5
	1	897	남성용 돼지가죽코트(대형)	23		23
	1	897	남성용 돼지가죽재킷(특대형)	15		15
남성용 더블브레스티드 가죽재킷	1	488	남성용 더블브레스티드 가죽재킷	2	1	2
매출		1843				

장부에 적힌 '입고新進'는 당일 루렌더가 상점에 새로 가져온 옷을 말한다. 다음 날 집에서 무엇을 만들지, 다른 가공업체에서 무엇을 가져와야 하는지 등은 전날의 판매량을 기준으로 했다. 7월 21일에 남성용 더블브레스트 가죽재킷 한 벌만 남았기에 22일에는 남성용 더블브레스트 가죽재킷 2벌을 입고했다. 따라서 이 세부 장부의 기능은 매대에서 이루어진 매매를 관리하는 것뿐만 아니라 외부 시장에 대한 더욱 명확하고 자세한 정보를 제공하는 것이었다.

루렌더는 말을 이었다.

세부 장부를 만들면 직원도 함부로 할 수 없어. 나중에 상점이 카운터를 통일적으로 운영하면서 이 문제가 거의 해결됐어.[78] 고객과 직원이 가격 협상을 끝내면 직원이 영수증을 발급하고, 고객은 그것을 들고 카운터에 가서 계산을 했어. 카운터는 돈을 받은 후 영수증에 도장을 찍어 고객에게 돌려주면 고객은 다시 직원한테 돌아와서 영수증을 돌려주는 거야. 하지만 허점이 전혀 없는 것은 아니야. 이런 일이 있었어. 직원이 500위안어치 물건을 팔고 그 돈은 자기 호주머니에 넣었어. 그리고 같은 명목으로 300위안짜리 영수증을 발급

[78] 임대 과정에 일반적인 지불 방식(한 달에 한 번 돈을 내고 나머지 일은 상점이 관여하지 않음)은 지불 금액이 크기 때문에 장부만 확인해도 알아차릴 수 있다. 동시에 상점은 임대인의 상업 활동에 관여할 수 없기에 일부 임대 매대는 위조 제품을 판매하는가 하면 '위탁' 행위와 같은 사기가 만연하여 사회적 반향이 컸다. 일부 상점은 경고를 받기도 했다. 1987년 이후, 베이징시 공상국은 모든 매대의 매출을 상점의 장부에 통합시킬 것을 요구했다. 상점의 장부를 기준으로 할 때 두 가지 지불 방식을 활용할 수 있었다. 하나는 상점이 임대료를 매대의 매출에서 공제한 후 나머지 금액을 임대인에게 돌려주는 방법이고, 더 일반적인 방법은 '체내 순환'이라고 불렸는데, 임대료를 공제한 후 나머지 금액을 임대인의 계좌에 송금한 후 임대인에게 현금 수표를 발행하는 것이다. 1983년 국무원의 「도시 비농업 개체 경제 정책 규정에 대한 보충 규정國務院關於城鎮非農業個體經濟的若幹政策性規定的補充規定」은 개체호가 은행에 계좌를 개설할 수 있도록 허용한다고 명시했다. 비록 '저장촌 사람들'은 처음부터 금융 운용에 관한 지식이 많았지만 국가의 공식적인 자금 흐름 절차에 대한 이해는 이때부터 시작되었다. 나는 황린싼黃林三(둥쓰에서 매대를 운영함)의 아내를 데리고 둥쓰공상은행 영업지점에 가서 돈을 찾은 적이 있다. 그녀는 혼자 가는 것이 불안하고, 황씨가 또 가게에 나가야 했기에 마침 나를 경호원으로 끌고 갔다. 길에서 그녀는 이렇게 말했다. "나는 처음에 저 사람들이 '후터우戶頭'[은행 계좌를 말함]라고 하는 걸 듣고 고구마 아니면 토란芋頭(원저우 방언에서 '후戶'와 '위芋'의 발음이 같음)을 말하는 줄 알았어! 속으로 너무 궁금한 거야, 이 토란과 매대가 대체 무슨 관계인지! 나중에 알고 보니 후터우가 은행계좌를 말하고, 돈을 거기다 송금한다고 하더라고 (…) 처음에 우리 둘은 정말 걱정이 많았어, 눈으로 직접 돈을 보지 못하잖아, 돈을 송금했는지도 모르고, 은행에 송금했는데 너 몰래 가져갔는지도 모르잖아. 이제는 좀 안심이 돼!"
그 후, 공동체 내의 금융 운용과 공식적 금융 체계는 더욱 밀접해졌다. '저장촌 사람들'이 원저우 향진기업의 사업자등록증을 빌려 사용했기 때문에 상점들은 종종 규정에 따라 원저우로 돈을 송금했다. 매대를 운영하는 사람은 원저우의 공장더러 돈을 베이징으로 송금하라고 했다. 이때 약간의 시차가 발생한다. 공동체 내의 비공식 금융 체계의 한 가지 기능이 바로 이 시차를 보완하는 것이었다.

하고는 지나가는 사람한테 "저기 미안한데 나 대신 저기 가서 300위안 내줘"라고 했어. 고객들은 어리둥절하지만 하라는 대로 한 거야. 카운터와 매대의 거래 내역은 확인할 수 없거든. 그러니까 중간에서 200위안을 떼어먹은 거지. 나는 이런 일이 없었는데, 다른 사람은 있었어. 와서 조심하라고 알려주더라고.

1993~1994년까지 우리는 일반적으로 직원에게 성과급을 지급했어. 먼저 기본급을 정하고 최소 판매량을 정했어. 예를 들어, 최저 월급이 500위안이고 최소 매출이 2000위안 또는 2500위안이라고 가정하면, 더 많이 팔면 더 많이 받을 수 있었어. 초과 매출이 1000위안이면 50위안을 받을 수 있었거든. 최저 월급을 정하지 않고 성과급만 받는 사람도 있었어. 이런 경우 커미션 비율이 높아. 그리고 더 복잡한 방식도 있어. 성과급을 전체 매출에서 가져가는 게 아니라 판매한 가격이 원가보다 얼마나 더 높은지에 따라 계산하는 방식이야. 국경절이나 춘절이 되면 상점은 매대들이 물건을 더 많이 판매하기를 바라는데, 이는 전적으로 직원들한테 달렸기 때문에 우리도 그들에게 보너스를 추가로 지급했어.

직원의 월급은 사업체마다 달라. 권업장은 월 500위안, XD쇼핑센터는 900위안, HW빌딩은 1200위안이야. 임대료가 비싸고, 매출이 많으면 월급도 높은 거지. 이게 다 이유가 있어. 네가 만약 동향을 통해 XD쇼핑센터에서 직원을 한 명 데려다 HW에서 물건을 팔게 하려면 월급을 올려줘야 해.

현재 평균 월급은 1500~2000위안이야. 가죽을 파는 사람이 만약 많이 팔면 월 3000은 받을 수 있어. 이곳 쇼핑센터에서 누가 (직원) 많이 파는지 우리는 서로 공유해. 그 사람 유명인이거든.

저장촌의 '라오쓰'보다 영업사원의 노동력 배치 과정이 더욱 뚜렷한 연결망적 특징을 가지고 있었다. 매대 임대업자들 사이에서는 보이지 않는 영업사원 노동력 시장이 형성되었다.

올해 35세인 진리펀金麗芬은 베이징카펫공장에서 일하던 노동자 출신이다. 하강下崗[국유기업에 고용되었던 노동자들을 국가가 시장으로 내모는 과정. 실업이라는 의미] 후 그녀는 오래된 학교 친구의 소개로 왕푸징에 있는 저장촌 사업자가 운영하는 가게에서 일하게 되었다. 하지만 집에서 너무 멀다고 느낀 그녀는 상사에게 상황을 말한 후 창안쇼핑센터로 전근을 갔다. 창안에서 매대를 운영하는 사람도 저장촌 출신인 이 사장의 친구였다. 원래의 사장은 인맥을 통해 새로운 직원을 찾았다. 46세인 류씨는 베이징TV 부품공장에서 일하다가 현재의 진룬빌딩에서 직원으로 일했다. "공장이 형편이 좋지 않아서 나는 조기 퇴직을 했어.[79] 이웃이 저장 사람을 한 명 소개해줬는데 그 사람이 하는 '가죽 가게'에

---

[79] 심각한 '하강' 상황에서 퇴직 정책도 유연하게 변화했다. 이 공장의 규정에 따르면 40세 미만은 해고로 간주되어 150위안의 월급을 받고, 40세 이상은 퇴직으로 간주되어 월 210위안을 받았다. (나중에 400위안으로 인상됨) 퇴직을 장려하는 이유는 퇴직하면 기업은 '재취업' 책임이 없어지기 때문이다.

서 카운터를 보라고 했어. 나중에 가죽 가게가 문을 닫았고, 나 보고 계속 일할 생각이 있는지 물어봐서 내가 하고 싶다고 하니까 여기로 소개해준 거야. 함께 일하던 다른 몇 명은 새로운 일 자리를 찾아갔어. 대부분은 사장의 친구들에게 소개했어."

외지에서 온 영업 사원들 사이에도 연결망이 형성되어 있었다. 진룬빌딩에서 매대를 운영하는 판씨는 대형 쇼핑센터 세 곳에 매대가 있는데 영업사원은 전부 처음에 고용한 두 영업사원을 통해 찾아낸 사람이라고 했다. "여자애 두 명은 안후이에서 왔는데 일 잘해. 내가 매대를 새로 임대할 때 그들을 보고 동향을 좀 소개하라고 했어. 가끔은 내가 먼저 말을 하지 않았는데도 혹시 다른 사장들이 직원이 필요하지 않는지 물어봐. 친구들을 위해 일자리를 구해주고 싶은 거지."

영업사원 내부의 연결망으로 인해 사장들은 '공회工會〔노조〕와 같은 위협에 직면하기도 했다. 매대를 운영하는 사람이 나에게 말했다. "직원 임금이 왜 매년 오를까? 한 집에서 올리면 다 따라 올리니까. 그녀들은 정보에는 기가 막히게 빨라. 어디 한 곳이 조금 오르면 바로 와서 올려달라고 해. 안올려주면 약삭빠른 애들은 바로 다른 데로 도망가." 나중에 사장들은 자신의 영업사원이 임금을 공개하는 것을 금지하고, 다른 영업사원의 임금에 대해 문의할 수 없도록 하는 규칙을 개발했다. 영업사원이 다른 사람의 임금을 자신의 임금 인상의 명분으로 삼아도 사장들은 무시했다. 그러나 이 규칙은 그다지 효과적이지 않았다.

현재 점점 더 많은 과거의 영업사원들이 차세대 사장이 되고 있다. 1992년 저장촌 내부에 시장이 대규모로 출현한 이래, 저장촌 사람들의 사업체는 마을 내부로 눈길을 돌리기 시작했고 대형 쇼핑센터에 더욱 큰 관심을 보이기 시작했다. 왕푸징, 첸먼 등 지역의 작은 가게는 대부분 안후이 출신의 영업사원들이 도급을 맡았고, 저장촌으로부터 물건을 조달받았다. 우원인吳文垠 일가는 현재 안후이 사람들과 함께 합작하고 있다.

우리 저장 사람들이 하던 매대는 지금 전부 안후이 사람들이 가져갔어. 안후이 사람들이 매대를 우리 저장 사람 옆에서 하잖아. 그러면 우리는 절대 그들을 못 이겨. 그들이 자기가 임대하고 자기가 판단 말이야. 계산이 더 분명해. 지금 우리와 정기적으로 연락하는 안후이 사람은 20여 집이 있는데, 우리 친구나 동향이 소개해주기도 하고 직접 찾아온 사람도 있어. 보통 그들이 전화를 걸어서 옷의 스타일과 개수를 말하면 거기에 맞춰 우리가 만들어줘. 우리는 모두 위탁 판매를 해. 그들이 대리 판매를 하면 설에 반품되는 옷이 너무 많아. 동향들과 장사하면 더 편하지. 의논도 자주 하고, 안되면 싼 값에 팔아버릴 수도 있지.

루롄더의 아내는 안후이 사람이다. 왕푸징에서 매대를 운영할 때 영업사원으로 일했던 사람이었다.

우리 여자애들 네 명은 1988년에 베이징에 왔고, 젠궈먼建國

門 인력시장(유명한 충원먼인력시장崇文門勞務市場을 말한다)에서 허베이 사람을 만나 그를 따라 베이징(기차)역에서 아동복을 팔았어. 베이징역에서 원저우 사람을 처음 알게 된 거야. 옆에서 노점상을 운영하던 원저우 사람이 우리를 보고 여기서 아동복을 팔면 돈도 적게 벌고 의미가 없다고 하면서 나를 자기 친구한테 보내서 성인 옷을 팔아보라고 했어.

그렇게 시단으로 옮겼어. 이후 시단에서 하던 그 사람도 일을 접으면서 나를 저 사람(루롄더)에게 소개해줬고, 그러다가 지금처럼 된 거야. 나는 왕푸징에서 매대를 지키는 사람을 많이 만났어. 대부분이 내 또래인데, 지금 자기 매대를 가지고 있는 사람이 6~7명이나 돼. 그 사람들 전부 저장촌에 가서 옷을 가져와. 대부분 베이징 사람들과 결혼했는데 안타깝게도 직업이 없거나, 종일 거리에서 빈둥거리거나, 아니면 공장 형편이 좋지 않은 베이징 사람들이야. 이미 여럿이 이혼했어. 남자가 여자한테 얹혀사니까, 여자가 더 능력이 있고 남자는 성격이 나쁘고, 그러면 그냥 이혼이지.

우리 안후이 사람들 중에서 작은 사업하는 사장들은 돈을 크게 벌지는 못해. 원저우 사람만큼 안 돼! 1년에 겨우 2~3만 위안 정도야.

'징원' 이야기

1992년 이후 저장촌의 가장 큰 변화는 징원의류도매센터京溫服
裝批發中心의 건설이다. 베이징과 원저우 정부가 투자하고 저장촌
의 사업체와 합작하여 건설한 이 센터는 징원시장, 징원센터 또
는 간단히 '징원'이라고 불렸다.

이 시장을 건립하는 과정에서 정부와 저장촌은 우여곡절이
많았다.

시장 건설의 준비 과정부터 참여했고 나중에 징원센터에서
일한 한 공상국 간부는 나에게 이렇게 말했다.

'8·5'계획[제8차 5개년 계획]에 따라 이 부지는 원래 집산 시장
으로 예정되었어. 1982년 천시퉁陳希同[당시 베이징시 시장, 이후
부패 문제로 낙마]도 승인했는데 개발되지 않았어. 1989년에
좀 발전하나 싶었는데, '6·4'에[1989년 6월 4일, 톈안먼 사태] 전
부 해산됐어.

저장촌은 추방할 수 없다는 게 우리 이 기층 간부들이 수년
동안 배운 중요한 교훈 중 하나야. 우리는 이런 생각을 했어.
이곳을 아예 공식적인 의류 시장으로 개발할 수 없을까? 이
게 다 근거가 있는 생각이야. 첫째는 교통이 좋고, 외지에서
물건 사러 오기가 편해. 둘째는 인프라가 있어. 내가 말했듯
이 예전에 의류 시장이 번성한 적이 있다는 점이야. 셋째는
주변 환경이 좋아. 이런 저장촌이 여기에 있잖아.

그런데 위에서는 여전히 저장촌에 대한 지시가 분명하지 않았어. 1990년대에 천시퉁이 '전국을 사고팔고 하라'고 했고, 특히 1992년 샤오핑 동지의 남순강화(남방 순회 담화) 이후, 중앙부터 아래까지 전부 더 크게 사상을 해방할 것을 이야기했어. 우리 국에서는 그때 이곳에 시단바이화西單百花 같은 시장을 건설하자는 이야기를 했어. 바이화시장은 긍정적인 평가를 받았고 위로부터 승인도 받았어.

하지만 우리 같은 이런 행정단위가 건물을 짓고 투자를 하는 것은 불가능하거든. 다른 지역 경험을 참조해서 우리도 자금을 모으기로 했어. 그런데 자금을 모아본 적도 없고, 원저우 사업자들과 이야기를 나누는 방법도 몰랐어! 베이징에 있는 원저우사무소에 연락하고 그곳을 통해 원저우의 시 공상국과 연락이 닿았고, 그들에게 협조를 구한 거야. 1992년 3~4월부터 이 사업을 시작했고, 우리 국장과 다른 동지들, 나를 포함해 원저우를 여러 번 방문했어. 8~9월이 돼서 기본적인 협상을 마무리한 거야. 시장 이름은 징원으로 하고, 베이징과 원저우가 합작한다는 의미를 나타내고자 한 거지.

시장은 5층 건물, 총 1600개 매대를 계획했어. 모금 방법은 1만3000위안을 내면 매대 하나 받을 수 있고 한 번 계약하면 4년을 장사할 수 있게 했어. 이 4년 동안 매달 내는 공상관리비를 제외하면 기타 비용은 내는 게 없어. 나중에 우리는 매대 주인으로부터 광고비 명목으로 500위안씩 더 거두어들여서 총 1만3500위안이 된 거야. 4년 후에는 매대를 다시 임대

저장촌 최초의 의류도매시장: 타오위안시장桃源市場

하는데 원래 임대했던 사람에게 우선권을 줬어.

우리는 부국장과 원저우국의 부국장이 이끄는 자금 모금 실
무팀을 구성했어. 팀에는 주로 원저우 공상국의 동지들, 특히
러칭, 융자 분국에서 온 사람들로 구성되었고 총 20명 가까
이 되었어. 그들 각자는 모두 저장촌에 친척이나 친구가 엄청
많았어.

하지만 이 작업은 우리가 상상했던 것보다 훨씬 더 어려웠어.

너의 동향들 정말 똑똑하고 대단해. 그 사람들 "토끼를 보기 전에 매를 풀지 않아." 먼저 돈을 모금하고 공사를 시작하는 것에 대해 신뢰하지 않더라고. 베이징의 상황에 대해서도 마음속으로 확신이 없어. 언제 또 쫓겨날까? 돈은 가져갔는데 시장은 실제 언제 건설될까? 돈만 가지고 도망치면 어떻게 할까? 이런 상황을 고려해서 우리는 먼저 과도기 시장을 건설하기로 결정했어. 과도기 시장이 뭐냐고? 그러니까 2~3개월 이내에 지을 수 있는 간이 시장이야. 모금에 참여한 사람은 이 과도기 시장에서 매대를 먼저 얻을 수 있게 했어. 그리고 나중에 징원빌딩이 완공되면 그곳으로 다시 옮겨가는 거야. 이 과도기 시장은 무시위안 경공업도매시장 자리야.

여기서 짚고 넘어가야 할 부분은, 이 간부는 내가 저장촌 때문에 징원센터에 관심을 가지고 있다는 것을 알고 있었기 때문에 말 속에 일부러 저장촌을 많이 언급했다는 점이다. 하지만 일반적으로 정부 사람들은 일부러 이 주제를 피하고, 저장촌과 이 시장의 관계를 이야기하지 않으려고 한다.

이는 상호작용의 첫 번째 단계라고 할 수 있었다. 정부가 주도적으로 생각을 바꾸려고 했지만 저장촌 사람들은 받아들일 엄두를 내지 못했다.

과도기 시장을 건설하려는 공상국의 전략은 큰 성공을 거두었다. 1992년 11월까지, 과도기 시장은 호황이었고 사업체들도 다투어 입주했다. 징원시장 매대가 300여 개 남았을 때, 임대하려고 줄을 선 사람은 5000~6000여 명에 달했다. 심지어 이런 장면도 출현했다. 매대 번호표를 당첨 받은 사람이 그 자리에서 이 번호표를 몇 만 위안의 가격에 다른 사람에게 양도했고, 번호 하나는 최고 8만 위안까지 치솟았다. 저장촌 '매대 열풍'의 시작을 알리는 장면이었다.

공상소가 보유한 매대는 즉시 회소자원이 되었다. 공상소가 주도권을 장악한 상황에서 상호작용은 두 번째 단계로 진입했다. 1994년, 앞에서 등장한 간부는 나에게 이렇게 말했다.

우리는 한꺼번에 모든 매대를 임대주지 않고 일부를 남겨두었어. 우리 건물은 처음부터 좀 여유 있게 설계되었고, 개장 이후 신규 매대를 만들 수 있는 공간이 있었어. 현재 우리는 190여 개를 가지고 있는데, 주로 1층과 2층에 있는, 위치가 엄청 좋은 곳이야. 국에서 반복적으로 연구한 결과, 공안, 검찰, 법원, 사법, 노동, 기획, 소방, 전력 등 우리 국과 밀접하게 연결되어 있는 부문이 많은 거야. 그래서 균형을 맞춘 후 1층은 이런 기관들에 나눠줬어. 2층은 제비뽑기를 해서 사업체들에게 임대줬지.

1층과 2층의 매대 20개는 예전에 국채 매입에 도움을 준 사업자들을 위해 준비했어. 당시(1992) 우리 국에 국채 10여 만 위안의 매입 할당이 주어졌는데 도저히 달성할 수 없어서 일부 사업체에 도움을 요청했어. 누가 5000위안짜리 국채를 사면 이후 사업들에서 신경을 써주겠다고 했어. 사람이 또 가득 찾아온 거야. 10만 위안을 그들이 전부 매입해도 문제없을 것 같더라고. 20곳으로 한정했지.

우리와 연결된 부문에 보낸 매대는 결국 모두 저장성 사람들 손에 넘어갔어. 왜냐하면 이 단위들은 직접 매대를 경영할 수 없으니까. 그들이 원저우 사람을 추천해서 우리한테 보내면 우리는 거기에 맞게 지원해줬어. 공안국 같은 단위는 고유한 특성을 가지고 일하기 때문에 우리가 너무 많이 개입할 수 없어. 어쨌든 매대는 결국 다른 사람들 손에 가게 되어 있으니까, 우리 사업에도 도움이 되는 거지. 그 사람들이 그렇게 하는 데는 다 이유가 있겠지.

지금은 매대 가격이 1만3500위안이 아니야. 우리도 시장 상황에 따라 가격을 조정해. 지금은 층에 따라 달라. 1층은 8만2000위안, 2층은 6만7000위안, 3층은 3만5000위안, 4층은 2만 위안, 모두 한 번 계약하면 4년을 사용할 수 있어. 하지만 시중 투기 가격에 비하면 여전히 너무 낮은 편이야.

1994년 10월, 징원센터가 개업한 이후 공상국은 동일한 방식을 사용하여 다른 시장을 추가 건설하는 것을 구상했다. 또 다른 시장 관리 간부는 나에게 이렇게 말했다.

징원이 투자 유치할 때와 지금은 상황이 많이 달라졌어. 신규 시장의 유치 방법은 '선내후외先內後外'야. '내'는 우리 공상업 부문 내부를 말해. 공상업 부문의 한 동지가 우리에게 와서 하나 마련해보라고 하더라고. 그가 보증인 역할을 하고 추천서를 쓰고, 우리 동향 사람을 데려오는 거지. 우리 대부분이 이런 방법을 사용했어.

왜 '선내후외'를 하는지 알아? 공상국에서 시장을 건설하면 인기가 많아서 입주하고 싶어하는 개체호가 엄청 많이 모여. 사회에서 하는 것들은(사업자 개인이 투자한 시장, 이 장의 '시장 열풍과 매대 열풍' 참조) 야만적일 때가 있어. 제때에 돈을 내지 않거나, 분쟁이 발생하면 사람을 불러서 때리고 부수고 해. 또 처음에 약속한 조건을 이행하지 않는 일도 있어. 그래서 몇 년에 걸쳐 이런 경로가 발전한 거지. 공상국의 매대를 임대받으려면 공상국 사람이 보증을 서야 하거든. 만약 우리가 완전 공개 입찰을 하면 매우 혼란스러운 상황이 벌어질 수 있어.

보증인이 되는 것도 규정이 있어. 일단 매대는 내부와 외부 모두 가격 차이가 없어야 한다는 점이야. 신규 시장의 매대일 경우 위치가 다르면 받는 돈도 달라. 최고는 월 1200위안인데 세금, 관리비, 위생비가 모두 포함되어 있어. 간부 한 명은 한 번에 다섯 명 이상을 소개할 수 없어. 그리고 우리는 같은 부문의 간부들에 대해서도 요구사항이 있어. 다른 사람으로부터 돈이나 금품을 받을 수 없다고 말이야.

분명하게도 두 번째 라운드의 주도권은 정부 당국에 있었다. 두 번째 라운드의 상호작용 방식은 중국사회에 대한 아래의 관점을 설명하는 전형적인 사례를 제공했다. 즉 정부가 희소자원에 대한 통제권을 가지고 있기 때문에 사람들은 이 관리 당국과 다양한 종류의 관계를 발전시켜야 한다는 것이다. 사람들은 지속적으로 정부 당국에 의존해야 했다.

하지만 세 번째 라운드가 있었다. 세 번째 라운드에서는 사업자들과 관리 당국이 '대화'의 관계를 형성했다.

이 관계의 첫 번째 대표적인 사례는 1993년 3월에 과도기 시장에서 발생한 '파업 사건'이었다.

사건의 도화선이 된 것은 관리비 기준이었다. 과도기 시장이 처음 문을 열었을 때는 매대 관리비를 요구하지 않았다. 몇 달 후 시장이 호황을 누리자 30위안이 되었고 나중에는 60위안으로 인상되었다. 1993년 2월, 시장 북쪽 구역의 매대 관리비는 월 300위안에서 400위안으로 인상, 다른 구역도 평균 200위안 이상으로 대폭 인상되었다.

사업체들은 이러한 관리비를 받아들일 수 없었다. 비록 사전에 과도기 시장의 관리비를 명확하게 규정하지는 않았지만, 당시 계약서에는 징원빌딩이 완공되면 한 달에 60위안을 거둔다고 명시되어 있었다. 따라서 현재의 도매시장이 징원빌딩의 과도기적 형태이기 때문에 관리비는 낮으면 낮았지 높게 책정될 수는 없다는 게 사업체들의 입장이었다.

"이 시장은 우리 원저우 사람과 이곳 정부가 함께 건설했고, 이곳을 '키운' 것은 원저우 사람들인데 너희가 혼자 이걸 다 결정할 수 있다고 생각해?!"

2월 말까지 전체 시장의 약 100호만 새로운 기준에 따라 관리비를 납부한 반면, 700호 이상은 납부를 거부했다.

3월 1일 오전, 시장 관리자들은 시장 대문을 봉쇄하고 작은 옆문만 열어놓는 등 강경 조치를 취했다. 전기봉으로 무장한 사람들이 입구를 막아섰고 사업자들을 한 명씩 시장에 들어가라고 요구했다. 관리비를 납부하지 않은 사업자는 입장을 금지했다!

이런 방식은 대부분의 매대 임대자를 분노하게 했다. "차라리 잘 됐어! 싹 다 접고 파업해!"

흥분된 분위기 속에서 취샹치瞿想奇와 천숭무陳松姆의 역할이 두드러졌다. 그들은 이리 저리 돌아다니며 연설과 선전을 하고, 높은 곳에 서서 사람들에게 시장에 들어가 장사하지 말라고 독려했다. 잠시 후 그들은 "관리비 무단 징수를 단호히 반대한다!"는 문구를 붙였다. 이들은 자연스럽게 파업의 조직자가 되었다.

상황이 불리하게 전개되자 시장 관리자들은 다급하게 문을 다시 열었다. 하지만 소수의 사람들을 제외하고 대부분의 사업자는 여전히 시장에 들어가는 것을 거부했다. 양측은 자신에게 유리한 상황을 만들기 위해 발빠르게 움직였다. 관리자들은 사람들이 빨리 사업을 개시할 것을 독려하는 한편 전기봉으로 파업 선동가들에게 경고했다. 취씨와 천씨 등 사람은 10여 명의 상인들에 둘러싸여 함께 시장을 이리저리 돌아다니면서 문을 열지 못하게 사람들을 막았다. "먼저 열지 마! 열면 함께 열고, 닫아도 함께 닫아야지. 아직도 손해 본 게 적다고 생각해?" 가끔

'선동자'와 '관리자'는 정면으로 마주치고 갈등이 심화되기도 했다. 아홉 명의 사업자가 연행되어(임시 거주증이 없다는 이유일 가능성이 큼) 하루 동안 구금되었다.

그 이후로 양측은 교착 상태에 빠졌다. 사업자 대표들은 당시 전국인민대표대회와 중국인민정치협상회의를 위해 베이징에 온 저장성 대표에게 이 상황을 알려주기도 했다.

파업에 참가한 사업자들 중 일부는 더는 '버틸 수 없다'고 했다. 첫째는 경제적 손실이 너무 컸고, 둘째는 "우리 몇 명으로 어떻게 베이징 정부에 맞설 수 있겠느냐?"는 것이었다. 일부 사업자는 시장 입구에서 다훙먼 남쪽 도로를 따라 노점상을 차려 파업과 장사를 모두 챙기는 절충적 방법을 찾기도 했다.

3월 7일부터, 길가에 노점을 설치한 사람들로 인해 다훙먼 입구에는 심각한 교통 체증이 발생하기도 했다. 이곳은 톈안먼 광장에서 불과 6킬로미터 떨어져 있는데다 이튿날 제8차 전국인민대표대회 제1차회의가 열릴 예정이어서 현지 당국은 상당히 긴장하고 있었다.

이때 펑타이구 공상국은 최근 펑타이에 설립된 러칭시 사무소를 통해 다섯 명의 사업자 대표와 연락이 닿았고, 국장이 직접 이들을 만났다. 협상 결과는 세 가지로 요약할 수 있었다. 첫째, 시장 관리자의 일부 행동이 잘못되었다는 것을 인정, 둘째, 수수료 인하를 고려할 수 있음, 셋째, 시장 영업을 즉각적으로 재개할 것 등이었다.

7일 밤, 두 명의 조직자는 시장 입구에 '내일 개장할 예정이니 모두 장사를 재개하길 바란다'는 내용의 안내문을 붙였다. 이로써 파업은 끝났다. 관리비는 이후 50위안 정도로 하향 조정되었다. 며칠 뒤 시장 공상소의 소장이 바뀌었다. 이 사건으로 인한 후유증은 아직까지는 없어 보인다.

또 다른 대표적 사례는 1994년 7~8월(음력 6월)에 일어난 '6월 혁명'이다.

발단은 여전히 '비용'이라는 단어와 뗄 수 없었다. 공상 당국은 갑자기 각 매대 임대인에게 '매대(징원시장이 완공된 이후의 매대) 장식비' 명목으로 4000위안을 일회성으로 추가 납부하라고 요구했다. 하지만 자본 조달 당시 계약서에는 1만3500위안 외에 '다른 비용은 납부하지 않는다'고 명확하게 적혀 있었다.

업주들은 '고소' 즉 집단 소송을 준비했다. 소송은 돈이 필요했는데, 조직자들이 먼저 나서 돈을 기부하자 며칠 만에 2만 여 위안을 모금할 수 있었다. 일부 대표자는 이 자금을 경비로 사용하면서 저장성 법원이 자신들을 도와줄 것을 바라는 마음에 항저우에 가기도 했다. 저장촌 사람들은 이를 '6월 혁명' 또는 '제2차 혁명'(파업과 대조되는)으로 불렀다.

이 시점에서 공상 당국은 갑자기 마음을 바꾸고 추가 4000위안의 징수를 중단했다. 모금된 2만 위안 중 남은 6000위안은 '소송준비위원회'의 재정에 보관되어 있지만 1만4000위안은 어떻게 사용되었는지에 대한 설명이 없었다. 저장촌 사람들은 그들의 이번 '혁명'에 대해 엇갈린 감정을 가지고 있었고, 대부분은 '정직하지 못하다'고 생각했다. 처음부터 절차가 투명하지 않던 이 소송은 흐지부지하게 끝났다.

그러나 어쨌든 저장촌은 자신의 이익을 지켜냈다. 오늘날의 저장촌 사람들은 이렇게 생각한다. 이 시장에는 저장 사람들의 지분이 있고 심지어 이 땅에도 저장 사람들의 몫이 있다고 말이다.

1997년 10월, 징원센터의 첫 4년 임대 계약이 종료됨에 따라 임대료와 매대 배분을 재조정했다. 시장 측에서 임대료를 대폭 인상할 것이라는 소식을 들은 장안난張安南은 사람들을 조직하여 소송을 준비했다. "나한테 남는 것은 하나도 없어. 이 일을 잘 처리해서, 손자 세대에 가서 이름을 남기면 돼. 왕년에 징원에서 그 일은 내가 처리했다고 말이야"라고 그는 말했다. 매대마다 1000위안을 냈고, 변호사 선임 준비도 모두 끝났다. 다시 한번 사업자의 승리로 끝났다. 시장 측은 2층의 위치가 가장 좋은 매대의 임대료를 연 6만 위안으로 올리려고 했지만 이 일이 있은 후 4만 위안으로 내렸고, 뒤쪽에 위치한 매대는 2만8000위안에서 1만 위안 미만으로 내렸다.

두 번째와 세 번째 라운드의 상호작용은 동시적으로 전개되었다. 그렇다면, 모순적으로 보이는 이 두 개의 상호작용을 어떻게 통합적으로 볼 수 있을까?

펑타이 정부와 좋은 관계를 맺고 있는 한 개체호는 나에게 공상 당국의 문제에 대한 불평을 털어 놓았다. 그는 모든 결점을 나열한 후 이렇게 말했다. "모 부문에 있는 내 친구가 말하기를 이 사람들 악명이 높아! 그 친구는 또 아무개도 아는데, 이 자식이 욕심이 많기로 유명해." 완자유와 공상 당국의 관계는 좋은 편이었다.(공상국이 재정적으로 어려움을 겪을 때 그가 20만 위안을 빌려준 적이 있다. 이에 대한 보답으로 그는 시장에서 가장 좋은 위치의 매대를 얻었다.) 하지만 그는 시장의 핵심 간부였던 한 공무원을 매우 증오했다. 이 공무원에 관한 정보는 대부분 다른 간부로부터 얻었다.

사업자와 공무원의 관계는 그들과 정부부처의 관계와 달랐다. 저장촌 사람들을 대할 때 공무원은 내부의 '생각의 통일성'을 유지하지 않을 뿐만 아니라 심지어 정반대의 입장을 드러내는 경우가 있는가 하면, 정부부처 간 또는 공무원과 공무원 간의 입장 차이를 노골적으로 보여줄 때도 있었다. 공무원 한 명과 형성한 비교적 가까운 개인 관계는 이 사업자가 특정 부처의 불합리한 관리 방식에 이의를 제기하는 데 전혀 방해되지 않았다.

둘째, 저장촌 사람과 특정 공무원 간의 왕래는 특정한 문제 해결을 위한 왕래였다. 저장촌의 관계 맺기는 '자기중심적'이었다. '교환' 또는 '이용'의 성격이 '의존'보다 강했다.

그러나 기층 공무원과 밀접한 관계를 맺고 있는 이런 사업자들은 실제 행동을 함에 있어 확실히 보수적인 특징을 보일 때가 많았다. 징원시장 일부 사업자의 말을 빌리자면 '그다지 혁명적이지 않다'고 했다. 이유는 두 가지가 있을 수 있다. 하나는 다른 사람보다 문제를 해결할 수 있는 채널이 많기 때문일 것이다. 둘째는 공무원들과 교류를 많이 한 사람일수록 '정부를 상대로 한 소송에서 이기는 것은 불가능하다'는 사실을 더 잘 알고 있는 것 같았다. 그러나 나중에, 특히 1997년의 사례에서, 정부와 벌이는 '소송전'이 '의미 없는 일'이라고 생각하는 사업자는 거의 없었다. 다만 일부 사람이 더 적극적인 반면 일부 사람은 대세를 따를 뿐이었다.

공상소와 사업자 사이의 상호작용은 일단락되었지만 대신 베이징과 원저우 정부 당국 사이에 불쾌한 일이 생겼다. 징원을 건설하는 과정에 펑타이 정부가 1000만 위안, 원저우가 1200만 위안을 각각 출자하고, 저장촌 사업자들이 1500만 위안을 모금했다. 건물 주춧돌을 놓을 때 당시 원저우의 부시장 한 명이 베이징까지 와서 행사에 참석했다. 이 소식은 원저우와 베이징의 신문에 동시에 게재되기도 했다. 하지만 내가 베이징의 간부들을 처음 만났을 때 그들은 나의 생각을 바로 잡으려고 했다. "우리 이 시장은 원저우와 연합하여 세운 게 아니야. 그들이 단지 우리에게 협조한 것뿐이야. 우리는 당시 투자한 금액에 비례해 연간 300~400만 위안씩, 연속 4년을 그들에게 줬어."

당시 자금 조달에 참여했던 원저우의 공상 간부는 이렇게 말했다. "이제 징원의 재산권, 경영권 모두 펑타이의 소유가 됐어. 우리가 처음 4년 동안 자본금을 돌려받기는 했지만, 남은 것들 중 우리 것은 더 이상 없어. 우리 모두 이 상황에 매우 분노하고 있어. 그래서 가끔 시장에서 문제가 생기면 우리더러 도와달라고 요청하는데 우리는 거들떠보지도 않아."

때때로 정부부처 간의 장벽은 정부와 제도권 외부 구성원의 장벽만큼이나 높다.

정부는 징원의류도매센터의 건설이 저장촌의 발전을 새로운 단계로 끌어올렸다는 사실을 미처 깨닫지 못했을 수도 있다. 첫째, 저장촌 사람에게 이런 암시를 보냈다. 너희는 이곳에서 오랫동안 장사할 수 있어! 징원시장의 매대가 다 차자 '시장 열풍'과 '단지 열풍'이 빠르게 일었다. 저장촌의 자산은 빠르게 '뿌리를 내렸다.' 둘째, 공동체를 시장의 내부로 옮겼다. 따라서 저장촌은 생활과 생산의 공동체는 물론 전국을 향한 힘 있는 생산과 판매의 기지가 되었다.

시장 열풍과 매대 열풍

1993년 5월, 저장촌에 사는 나의 친구가 기분 좋은 목소리로 "오늘은 좋은 날이야. 징원의 매대를 샀어. 6만 위안이야"라고 말했다. 징원이 개업하자마자 1층 입구 옆의 매대는 1년 사이에 20만 위안 가까이 올라 원래 가격의 몇 배가 되었다! 나는 이 친구의 투자 안목을 그때에야 비로소 알게 되었다.

매대가 유통과 교환의 기능이 있는 것은 물론 매우 큰 가치 상승의 가능성까지 가진 대형 상품이 되면서 사람들의 매대 '투기'가 급증했다. 매대를 사는 이유는 장사가 아니라 고가에 전대하기 위해서였다. 이 현상을 '매대 열풍'이라고 부른다. '매대 열풍'은 징원시장이 직접 불러일으킨 현상이다. '매대 열풍'은 바로 '시장 열풍'으로 이어졌다. 1993년 내가 연락사무소에서 일을 돕고 있을 때, 사장들은 매일 시장을 어떻게 개발할 것인지,

어떻게 단지를 건설할 것인지에 대해 이야기했다. 1993년 초부터 1994년 말까지 저장촌에는 연이어 16개의 대형 시장이 들어섰다.

'시장 건설'은 저장촌 최초의 '대형 프로젝트'였다. 저장촌 사람들은 이 프로젝트와 아래에 내가 설명하고자 하는 단지 건설을 '부동산'이라고 불렀다. '부동산'에서 가장 중요한 것은 자본이나 관계가 아니라 내부의 효율적인 '협력권合作圈'이었다. 단진자單進嘉의 경험은 저장촌의 대표적인 사례였다.

나는 1986년, 18살에 베이징에 왔고, 매형과 사촌형을 도와 일했어. 1988년에 고향에 돌아가 1년간 병치레를 했어. 1989년 다시 왔을 때 베이징에는 한창 한국 원단으로 만든 짧은 패딩이 유행했어. 나와 다른 두 저장촌 친구, 한 명은 먼 친척이고 다른 한명은 친구인데, 함께 광둥에 가서 들여오고 베이징에서 팔아 돈을 꽤 잘 많이 벌었어. 1989년 사건이 터지면서 겁이 나서 장사를 접었지. 1990년 이후에 베이징은 특별히 개방적이었는데 그 덕에 장사도 엄청 잘 됐어. 그래서 다시 저장촌에서 라오쓰를 불러다 옷을 만들고, 왕푸징에서 매대도 임대했어. 1992년에는 베이징 친구의 인맥으로 사허(베이징 창핑현에 있는 진)의 향진기업을 도급 맡았어. 처음에는 그곳에서 하고 싶었지만 너무 먼데다가 내가 공장 관리도 몰라서 잘 안됐어. 공장은 운영하지 못했지만 그때 빌린 사업자등록증은 유용했어.

1994년, 여기서 징원을 담당하고 있는, 원저우 공상국에서 파견 나온 천중린陳忠林을 알게 됐어. 징원이 없어지고 그도 마침 은퇴를 하게 되면서, 돌아가고 싶지는 않고, 그래서 베이징에서 몇 년을 더 하기로 마음먹었던 거야. 나를 찾아왔어. 이봐 단씨, 지금 시장을 세우는 게 엄청 유망해 보여. 나한테 해보라고 격려하는 거야. 나도 마침 하고 싶다고 했고, 이렇게 우리 둘은 합작하게 됐어. 나는 사허의 사업자등록증으로 지금의 회사를 설립했어. 베이징의 관계는 천충린이 맡고 있어.

우리 이 시장은 면적이 2000여 제곱미터야. 원래는 국가 모 부문의 땅인데 지금 1년에 임대료 48만 위안을 내고 있어. (…) 소방이나 공상과 관련된 일은 위에서 많이 도와줬어. 우리가 시장을 잘 운영하지 못하면 그들도 임대료를 받을 수 없으니까, 그렇게 되면 사업을 결정한 사람이 체면이 안 서지. 우리도 그들을 엄청 깍듯이 대해. 3일이 멀다 하고 그들을 초대해서 식사하고 놀러 다니고, 그리고 그들을 엮을 때는 또 확실하게 엮어야 해. 나중에 내부 사정으로 인해 나는 타오쥔陶軍을 찾아갔어. 우리 원저우의 공상 부문 공무원이야. 나를 도와 시장을 관리해달라고 했어. 그를 모셔오느라고 내가 특별히 원저우에 두 번이나 가서 결국에는 그를 감동시켰지. 그에게 지분을 좀 줬어. 그리고 매달 월급도 주고. 지금 내가 회장이고 타오쥔이 시장을 관리하는 사장이야.

총 투자금은 200만 위안이 조금 넘었고, 대외적으로는 300

만 위안이라고 말해. 7주인데 주주는 3명뿐이야. 내가 4주, 한 명이 1주, 다른 한 명이 2주. 우리 셋은 다 친구야. 베이징 사람들이 말하는 의형제야. 한 명은 1989년에 나와 함께 한 국 원단을 들여왔던 사람이고, 다른 한 명도 저장촌 친구야. 처음에 내가 천중린과 연락을 취할 때도 이 두 명과 상의했 어. 이 두 명은 저장촌에서 확실해. 그들에게 관리를 맡기면 아무 문제도 생기지 않아.

나의 4주는 120여 만 위안이야. 나는 사회로부터 이자를 빌 리지 않았어. 지분에 따른 투자(주당 투자)는 이자를 빌리지 않거든. 주로 친척이나 친구들에게 주식을 다시 '분산'시키는 거야. 그들이 내 아래의 소주주가 되는 거지. 친척들 사이에 주당 얼마인지 정확하게 말을 안 해. 원하는 만큼 가져가고, 우리는 총(투자)액을 기준으로 나누었어. 내 아래로 4~5명이 있어. 사람마다 달라. 보통은 5만 위안이고 적은 사람은 2만 위안도 있어. 나는 절대 그들이 관리(시장경영)에 참여하지 못 하게 해. 사람이 이렇게 많은데, 또 모두 친척인데 생각이 제 각각이라서 안 돼.

우리 세 명의 대주주는 분업을 했어. 전체적인 일은 내가 하 는데 특히 장부 관리야. 한 명은 외부 사무를 관리해. 시장이 이렇게 큰데 저쪽 변두리의 시장과 갈등이 생기거나, 시장 입 구에 무슨 일이 생기면 그가 나서서 해결해. 다른 한 명은 내 부 사무를 관리하고 그게 제일 힘든 일이야. 타오쥔은 정책 에 관한 아이디어를 주는 역할을 해. 시장에서 고용한 사람은 열 몇 명, 그중 경비원만 여섯 명이야. 나머지는 사무실에서 고객을 맞이하고 위생을 관리하는 사람이야. 공상과 파출소 사람들의 사무실은 우리가 제공하지만, 그 사람들 거기에 정기적으로 출근하는 것은 아니야. 월급도 그쪽(단위)에서 줘.

'시장 건설'의 협력권은 다음과 같은 특징이 있었다.

첫째는 핵심 위치에 있는 사람의 수가 서너 명 정도로 많지 않다는 점이다. 그 이유는 조정을 좀 더 쉽게 하기 위해서다. 푸텐랑이 맨홀 뚜껑을 들었던 LQ시장은 한때 여섯 명의 주주를 모집했으나 의견 통일이 어려워 나중에는 네 명으로 줄였고, 이 네 명 중에서도 두 명은 지분만 보유할 뿐 경영에는 참여하지 않았다. 초기 자본이 부족하여 부득이 모금한 사람은 사업이 진행됨에 따라 모든 방법과 수단을 동원하여 '지분을 축소'하려고 했다. 지분 축소 방법 중 하나는 새로운 사업에 투자하는 것이다. 소수만 기존의 사업에 남고 다수의 사람은 새로운 사업으로 이동했다.

둘째, 협력권은 두 그룹으로 구성되었는 점이다. 한 그룹은 주주이고 다른 한 그룹은 고용된 사장들이다. 선견지명이 있었던 단진자單進嘉는 일찍이 사장을 고용했다. 대부분의 시장은 다양한 교훈을 경험한 뒤에야 비로소 소유권과 경영권 분리의 필요성을 깨달았다.

TS시장은 러칭 정부에서 일했던 팡씨老方를 사장으로 초빙했다. TS의 총책임자는 나에게 이렇게 말했다. "우리는 주주가 네 명 있는데, 한 사람이 장부를 관리해. 우리 1년의 매대 임대료는 1100여만 위안을 받아야 하는데, 1995년 말에 정산해보니 900여만밖에 안 되었어. 보통 우리는 정기적으로 결산하지 않았고, 주주들은 무슨 일이 생기면 시장에 가서 돈을 인출해갔어. 누가 언제, 왜 돈을 인출했는지 장부에 제대로 기록도 안 한 거지. 주주들은 책임감도 그리 강하지 않았고, 매대 임대료를 수금할 때 동향이나 친척을 만나면 며칠 후에 다시 받겠다고 해놓고는 다 잊어버리는 일도 많았어. 어떤 일들은 중요하지도 않은데 논의하다보면 오히려 일이 복잡하게 꼬일 때가 있어. 팡씨는 알고 지낸 지 오래 됐어. 우리는 그에게 연봉 10만 위안을 주는데 아주 잘하고 있어. 이제 시장 매대 가격은 더 올라갈 수도 있어."

1997년에 완공된 XSJ시장의 초기 부지 협상은 저장촌의 셰謝씨와 궈위안대대果園大隊가 시작했다. 이후 셰씨는 자금이 부족해 원저우에 있는 XSJ그룹을 끌어들였다. 건물이 완공된 후 셰씨는 초기 자본금을 XSJ에 돌려주고 사업을 혼자 운영하겠다고 했다. 하지만 XSJ가 이를 거부하면서 쌍방의 교착상태는 한동안 지속되었다. 최종적으로 펑타이구 공안국에서 일하다가 나중에 하해下海〔공무원이나 당 간부 등 국가 부문에서 고용되었던 사람이 사직하고 민간 부문으로 이직한 경우를 말한다〕한 베이징 사람을 연봉 8만 위안에 사장으로 초빙하기로 하면서 해결되었다. 양측은 모두 운영에 관여하지 않는 조건이 붙었다. LQ시장은 베이징의 '수면 위' 일들이 너무 복잡하다는 이유로 다훙먼 동사무소 당서기이자 펑타이구 당위원회 위원, 제7기 및 제8기 베이징시 인민 대표를 역임한 사람을 초빙하여 관리를 맡겼다. 이 사람은 허세가 전혀 없었고, 위로는 주주, 아래로는 수백 명의 원저우 매대 상인을 상대로 관계를 원활하게 풀어갔다.

협력권의 세 번째 흥미로운 특징은 '이중 지분二層股' 구조를 형성하고 있다는 점이다. 주주들은 지분에 따라 배당을 나누는 동시에, 각 주주는 자신의 지분을 친우권 내에서 소액 지분으로 나누는, 즉 '분산' 지분을 운영할 수 있었다. 일반적으로 '분산'한 각 주의 가치는 크지 않았다. 투자를 많이 한 친우는 당연히 내부의 관리에 대해 알고 싶어 했다. 자기 친구들과 협력권을 형성하여 '큰 일'을 한다는 것은 능력의 표시이며, 이를 통해 친우권에서 더 많은 명성을 얻을 수 있었다. 친우 사이에서 명성을 얻으면 연결망을 이용하여 자금 문제를 더 쉽게 해결할 수 있고 자신이 추진하는 '큰 일'을 더욱 원활하게 풀어갈 수 있었다.

새로운 수법

사람들이 '매대 열풍'에서 영감을 얻어 시장을 건설했다면, 시장 건설업자들은 시장을 건설하는 과정에 '매대 열풍'을 이용하여 돈 벌 수 있는 새로운 수법을 개발했다.

1994년, 모 시장은 첫 삽을 뜰 때부터 사업자들을 유치했다. 총 240개의 매대를 계획했고 1, 2, 3 구역으로 나누었다. 그중 2구역은 정문 맞은편 가장 좋은 위치였고 3구역이 가장 나쁜 위치에 있었다. 사업자를 유치하는 방법은 두 가지였다. 첫 번째 방법은 매대를 구역으로 나누지 않고 동일한 가격으로 정한 후 개업 직전에 제비뽑기를 통해 매대의 위치를 정하는 방법이다. 두 번째 방법은 위치에 따라 가격도 다르게 책정하는 것이다. 세 명의 주주는 두 번째 방법이 더 낫다고 생각했다. 첫 번째 방법이 불공평해서가 아니라 '분위기를 띄우는' 점에서 좀 못하고 또한 자신이 할 수 있는 것이 별로 없다고 생각해서였다.

사업자 유치가 시작된 지 반나절 만에 그들은 2구역의 매대가 다 찼다고 공지했다. 다음날 오후에는 사업자 유치가 성공적으로 마감되었다는 공지를 붙였다. 사실 첫날의 반나절은 2구역의 절반 정도만 찼다. 하지만 매대가 다 찼다고 하자 시장에는 '매대 수요 대란'이 일어났고, 남은 반나절 사이 1구역 매대의 80퍼센트, 3구역 매대의 60퍼센트가 채워졌다.

사업자 유치가 종료된 다음 날, 한 저장촌 사람은 나를 만나 "혹시 들어봤는지 모르겠는데, 모 시장의 매대가 엄청 좋다고 하던데"라고 말했다. 나는 "왜? 위치가 좋아서?"라고 되물었고, 그는 "위치가 좋은 건지는 모르겠어. 다들 투기하잖아. 다 좋다고 하니까"라고 답했다. 그날 만난 다른 사람도 같은 이야기를 하면서 이 시장에서 매대의 최고가가 원가의 두 배 이상이 되었다고 했다. 2구역에 있는 매대의 원가는 3년에 5만 위안이었는데, 지금 한 번 전대하면 10만 위안은 쉽게 받을 수 있다고 했다. 게다가 이 5만 위안은 3회에 걸쳐 분할 납부할 수 있지만 10만 위안은 한 번에 받아갔던 것이다.

하지만 그들의 새로운 수법은 이것이 전부가 아니었다. 약 일주일 후, 나는 세 명 주주 중 두 명과 마주쳤는데, 그들은 "차를 살 거면 제일 좋은 차를 사야 해"라고 강조하면서 누군가와 자동차 구입에 대해 이야기하고 있었다. 이제 막 시장 착공식을 올렸고 돈이 필요할텐데 어디서 차를 살 돈을 구할 수 있었을까? 알고보니 사업자 유치가 종료되자마자 이 세 명의 주주는 친척 및 친구들과 공모하여 자기가 보유한 매대를 서로에게 팔아 차액을 챙겼던 것이다. 예를 들어, 주주 1의 친척은 매대 사용증을 주주 2의 친구에게 8만 위안에 양도했고, 이 사용증을 받은 사람은 다시 제3자에게(물론 모두 내부 사람들임) 매대를 재양도함으로써 가격을 12만 위안까지 올렸다. 외부 사람들이 보기에 8만 위안에 임대를 해도 돈을 벌 수 있다고 생각했기 때문에 투기를 시작했던 것이다. 세 명의 주주는 상황이 유리하게 전개되고 '열풍'이 거세지고 있다는 것을 확인한 후 수중에 남아 있던 매대를 친구를 통해, 투기 가격으로 '2급 시장'에서 판매했다. 이렇게 판매한 매대는 약 100개에 달했고, 매대 한 개당 3만 위안을 더 받았다고 가정하면 총 300만 위안을 벌어들인 셈이었다! 그들이 그토록 좋아서 흥분한 것도 다 이유가 있었다.[80] 하지만 이

---

[80] 그들이 '돈이 있다'고 떠벌려도 저장촌에서는 별로 의심받지 않았고, 아무도 "그들의 돈은 어디서 났어?"라고 묻지 않았다. 사람들이 나중에 그들의 투기 행위를 알게 되더라도 그것을 불명예스럽게 여기지 않았다. 저장촌 사람은 "장사를 하려면 이렇게 해야 돼, 자기 자신이나 다른 사람에 대해 모두 엄격해야 해"라고 말한다. 남에게 피해를 주지 않고, 자신을 위해 돈을 버는 과정의 조작 정도는 받아들일 수 있고 심지어 필수적인 것이라고 생각했다. 원저우 현지에도 이러한 풍조가 있지만 저장촌은 유출지보다 훨씬 강했다.

러한 수법의 핵심은 "드러내지 말아야 한다"는 데 있다. 그들을 도와 연출한 사람은 가장 신뢰할 수 있는 사람이어야 한다. 보통은 핵심 계의 구성원들이다. 친우 관계뿐만 아니라 이해관계까지 있어야 마음이 놓인다.

1995년 초, 사업자를 모집하던 다른 한 시장은 큰 문제에 직면했다. 시장 열풍과 매대 열풍이 식어가면서 사업자 모집에 어려움이 생긴 것이다. 이 시장은 매대가 500개였는데 행사 3일째가 되어도 절반 정도밖에 모집하지 못했다. 저장촌의 과거 경험을 놓고 보면 사업자 모집은 보통 하루나 이틀 안에 다 끝나야 했다. 3일이 지나도 '인기'가 없다면 이미 끝났다고 봐야 했다. 다섯 명의 주주는 모집 행사를 과감하게 중단했다. 대외적으로는 매대 임대가 다 찼다고 공지했다. 하지만 이런 상황에서 투기와 같은 옛날 수법은 통하지 않는다. 이유는 첫째, 남은 매대가 너무 많고, 둘째는 상황 자체가 반년전과 많이 달라졌다는 데 있다. 다섯 명의 주주는 내부 '도급'을 시작했다. 각 주주들은 각자의 사정에 따라 매대 일부를 할당하여, 각자의 친척과 친구들을 동원해 이 매대를 구입하게 했다. 다섯 명은 최소한의 선, 즉 각자가 팔아야 할 최소 매대 수를 정하고, 이를 기준으로 향후 추가 판매하는 매대마다 일정 비율의 보너스(구체적인 수치는 알 수 없음)를 받기로 합의했다. 내가 이 일을 알았을 때 그들은 이미 매대의 80퍼센트 이상을 판매한 상태였다.

매대 도급과 앞에서 말한 '지분 분산'은 비슷하다. 주주는 각자의 친우들에게 매대 한 개를 팔아줄 때마다 얼마 정도의 보너스를 지급하겠다고 분명하게 약속했다. 일반적으로 3층의 구조가 있는데, 첫 번째 층은 주주, 두 번째 층은 주주의 친우, 마지막 층은 구매자였다.

여기서 우리는 '계'의 층위적 특징을 볼 수 있었다. '계'는 하나의 평면일뿐만 아니라 거물들에게 있어 '계'는 주로 수직적으로 확산했다.

절차

사람들은 궁금해했다. 외지인이 이렇게 큰 시장을 건설할 때 절차는 어떻게 밟을까? '저장촌 사람들'에게는 이는 문제도 아니었다.

나는 1993년의 한동안을 저장촌 입구에 있는 TY여관에서 지냈다. 그때 여관 앞 공터가 불과 두 달 만에 북적이는 시장으로 변모하는 것을 목격했다. 시장의 이름은 'TY시장', 러칭 출신 사장과 베이징 사람이 합작하여 만들었다. 이 베이징 사람과의 합작에 대해 러칭 사장은 후회하는 마음이 남아 있었다. "나는 일부 절차가 승인되지 않을까봐 두려웠어. 내 인맥이 확실하지 않아 그 사람을 끌어들였지. 그에게 베이징 쪽의 일을 맡게 했어. 그런데 내가 다른 원저우 사람을 봤는데 그들도 베이징의 이런 정부 부문과 관계가 좋더라고. 정부의 간섭도 거의 없고."

다훙먼로에 위치한 몇몇 시장의 원래 부지는 국가 사법부, 베이징시 양식국, 베이징시 수산회사, 하이후이사여관, 궈위안대대, 하이후툰 장거리여객터미널이 소유한 땅이었다. 도시 남쪽은 외곽 지역이기 때문에 토지 이용율이 낮았고 대부분의 토지가 방치 또는 준방치 된 채 있었다. 임대하고 싶은 원저우 사람이라면 약간의 인맥만 있으면 상대방이 열정적으로 받아줬다. 우리는 종종 외지 인구는 토지와 같은 부동산을 살 수 없고 임대만 가능하기 때문에 대도시에서의 발전이 제한된다고 생각한다. 하지만 다른 측면을 볼 필요가 있다. 매매가 아닌 임대만 가능하기에 실제 토지의 소유주인 국가 부문은 더 많은 자율성을 행사할 수 있었다. 단위들은 이익을 창출할 수 있을 뿐만 아니라 기간도 단기였기 때문에 임대할 수 있으면 임대해준다는 생각이 강했고, 가격에 대해서도 크게 신경 쓰지 않았다. 그러나 저장촌의 입장에서 이는 완전히 개방된 토지 시장보다 반드시 좋은 것은 아니었다. 그렇다고 해서 임대 관계가 매매 관계보다 더 얕고 덜 안정적이라고 가정해서도 안 된다. 시장의 사장들은 법적으로 도시 토지에 대한 소유권이 없었기 때문에 현실에서는 임대차 관계를 통해 이들로 하여금 더 많은 도시 사람 및 더 많은 부문과 안정적인 관계를 맺도록 강요했다. 1993년, LQ시장은 완공을 절반가량 남기고 펑타이구 관계 부문에 의해 중단되었다. 이유는 절차를 제대로 이행하지 않았다는 점, 또 하나는 시장이 무시위안 로터리의 한쪽 모퉁이에 위치했는데 여기가 지리적으로 명당이라서 펑타이의 한 정부 부문도 이 땅을 원했다고 한다. 하지만 원저우 사람들은 개의치 않고 남은 공정을 이어갔다.

임대인도 러칭 사장들을 많이 도왔다. 당시 베이징에 온 지 얼마 안 된 연락사무소 책임자는 나에게 이렇게 한탄했다. "베이징의 구는 우리 원저우의 시와 같아. 원저우시정부가 중단하라고 하면 거역할 수 없거든. 그쪽에서 실수하지 않는 한 말이야. 그런데 베이징에서 우리 동향들이 이렇게 다들 능력자야! 향이 안 되면 구를 찾아가고, 구가 안 되면 시를 찾아가고, 시가 안 되면 중앙을 찾아가. 항상 찾아갈 수 있는 사람이 있어."

공상국이나 세무국도 어렵지 않았다. 규정에 따르면 세무국의 세금 징수나 공상국의 사업자등록증 발급은 시장을 대상으로 하는 것이 아니라 입주한 각각의 사업자를 대상으로 했다.[81] 시장 개장을 전후하여 1~2주 동안은 공상소가 '현장 작업'하러 시장을 방문하여 입주한 사업자들에게 등록증을 발급한다. 하나의 불문율이 있었다. 사업자등록증은 1/3~2/3 정도만 발급하고 중단한다는 것이다. 여기에는 두 가지 숨은 뜻이 있었다. 하나는 시장이 관리비를 적게 내기 위해(보통은 시장이 입주 업체를 대신하여 관리비를 납부함) 공상 당국에 적게 신고했기 때문이고, 다른 하나는 공상 부문도 상대방의 체면을 살려주기 위해 적게 발급해주려고 했기 때문이다. 한번은 내가 세 명의 공상소 간부와 함께 등록증을 발급하러 시장에 간 적이 있다. 우리가 한 일은 사무실에서 서류 양식을 작성하고 도장을 찍는 일이

---

81 '시장' 또는 더 정확하게 '집산 시장'의 경제주체는 둘이다. 하나는 시장을 운영하는 법인으로서 회사 혹은 정부기관이고 다른 하나는 독립적인 경제 주체로서 시장에 입주한 매대사업자다. 시장 자체는 하나의 경제주체가 아니라 장소에 불과하다.

었다. 이 과정에서 우리는 사업자와 만나지 않았고 출입은 모두 '조용한' 사무실 문을 이용했다. 점심시간이 되자 시장 사장들이 식사를 대접했다. 식사를 거의 다 마쳤을 때 사장은 "오후에는 좀 휴식할까?"라고 물었다. 공상소 담당자는 시계를 보면서 "괜찮아, 가서 2시까지 하면 거의 다 할 것 같아"라고 답했다. 때는 이미 1시 50분이었다. 그날 총 156개의 등록증을 발급했다. 시장의 매대는 총 280개였다. 이 과정에 부패라고 할 만한 것은 보이지 않았다. 사람들은 이런 상황을 너무 진지하게 대할 필요

건설 중인 징원시장

가 없다고 생각했다. 원저우 사장들의 환대와 능숙한 대화 덕분에 사람들은 모두 즐거운 시간을 보낼 수 있었다.

시장을 건설하는 과정의 또 다른 제약은 투자 주체가 반드시 정식으로 등록된 경제 법인이어야 한다는 점이었다. 저장촌에 최초의 공식 회사가 등장한 것도 이것 때문이었다. 원저우 사람이 직접 등록한 최초의 회사(그 전에는 대부분 베이징 사람의 회사 명의를 빌려서 등록)는 1993년에서 1994년 사이에 러칭 베이징 연락사무소의 주도하에 설립되고 연락사무소가 운영하면서 류스밍이 회장을 맡은 'TPY의류발전유한회사TPY服裝發展有限公司'다. 하지만 이 회사는 펑타이에 등록한 것이 아니라 펑타이와 인접한 다른 구에 등록했다. 두 가지 이유에서였다. 첫째는 그곳에는 복잡한 절차도 원활하게 해결하는 능력 있는 동향이 있었기 때문이고, 둘째는, 어쩌면 더 중요한 것으로, 사람도 펑타이, 회사도 펑타이에 있으면 적지 않은 일들을 쉽게 해결할 수 없다고 생각했기 때문이다. 즉 양쪽의 자원을 모두 활용할 수 있는 '두 얼굴'이 좋다고 생각했던 것이다. 회사 설립의 구체적인 절차는 매우 간단했다. 1000위안에서 5000위안의 비용을 받고 전문적으로 절차를 대행해주는 회사가 베이징에 있었다. 일반인에게는 등록 자본이 가장 큰 문제였지만 저장촌의 사업자들은 정반대였다. 친우 몇 명이 돈을 은행에 송금하고, 한두 달 후 승인이 떨어지면 다시 돈을 돌려줬다.

하지만 시장을 건설하는 것은 실제로 대형 사업이었다. 그들이 사람을 찾아다니면서 관계를 쌓고자 했던 노력들은 나에게 큰 인상을 남겼다. 내가 단진자와 비교적 자주 만나기 시작한 것은 그의 시장 개업 행사부터였다. 그는 나에게 행사 사회를 부탁했다.(이유는 내가 그보다 보통말을 더 잘하기 때문이다.) 나를 놀라게 한 것은 간단해 보이는 개업 행사에 '공개된 신분'과 '실제 신분'을 동시에 가지고 있는 사람들도 참석했다는 사실이었다. 그중 한 명은 '라오장老江'이었는데 모 지도자의 장남이라고 했다. 또한 나보다 한 살 위면서 저장촌에서 꽤 영향력 있는 한 청년이 천시퉁의 양아들이 되었다는 말도 들었다. 나는 그 짧은 시간 안에 중앙과 베이징시 간부들의 고향이 어디이고, 어떤 취미가 있는지, 누구와 친척인지 등 다양한 정보를 접할 수 있었고 덕분에 시야도 넓힐 수 있었다.

하지만 저장촌의 사장들도 점점 성숙해지고 있었다. '라오장' 등의 신비한 인물들을 데려온 몇 명(원저우 사람 한 명, 베이징 사람 두 명)은 약 반년 뒤에 사기꾼으로 밝혀져 불명예스럽게 저장촌에서 퇴출되었다. 사장들도 초기의 흥분을 잃었고, 유명인의 이름이 언급되자 "(그 사람이) 무슨 소용이 있어?"라고 먼저 물었다.

저장촌에서는 지도자들이 쓴 간판 비문을 쉽게 볼 수 있다. 사장들은 종종 사무실에 이 부장〔장관을 말함〕, 저 국장이 쓴 서예를 걸어놓았다. 저장촌 사람은 이런 것을 모두 정상적인 일이라고 생각했다. 인맥이 있는 사람은 간부의 집에 찾아가 글씨를 써달라고 부탁했고, 참을성 없는 사람은 간부의 비서, 경호원 또는 기사 등 '가까운 인물'을 통해 사기도 했다.

보호자

시장 '주인'과 매대 주인은 기본적으로 임차인과 임대인의 관계지만, 다른 한편으로는 '보호자' 관계라는 성격도 있었다. 사즈커우沙子口에서 아동복 시장을 운영했던 셰지가오謝濟高의 사례가 대표적이다. 그의 시장은 1994년에 문을 열었다. 1997년에는 바로 옆에 또 다른 아동복 시장이 개업했지만 그의 지위는 흔들리지 않았다.

나는 다른 사람과 경쟁하는 걸 두려워하지 않아. 우리 집 앞에 만들면 어느 정도 영향은 있겠지만 크지는 않아. 큰길에서 이쪽으로 들어올 때 그 집을 먼저 통과하니까 모든 면에서 나보다 낫지만, 밑에 사람이 없어. 큰손들은 다 내 손님이거든. 재작년 시장 매출이 8억, 작년에는 10억인데, 다 이런 큰손 덕분이야. 일부 매대는 1년 매출이 수천만 위안에 달해, 작은 매대는 이들을 따라 장사를 하는 상황이야. 큰손을 어떻게 잡는지 알려줄까? 그들에게 온갖 조건들을 제시해. 나는 공상, 세무 등과 알고 지낸 지 오래 됐어. 시장의 일은 나 셰씨에게 물으면 돼. 다른 사람은 하나도 필요하지 않거든. 만약 공상, 세무, 파출소가 내 밑에 있는 사람을 괴롭히는 일이 생기면 나는 쫓아가서라도 해결하려고 해. 안 그러면 오늘 이 사람이 찾아오고, 내일 저 사람이 찾아오고, 다들 불안해서 장사할 엄두가 나지 않거든.

재작년에 저장 후저우에서 온 사람이 시장에서 아동복을 도매해 갔어. 처음에는 물건을 사면 바로 돈을 지불했는데 나중에는 수표를 들고 온 거야. 이 매대에서 조금, 저 매대에서 조금, 모두 7만 위안어치 물건을 가져갔어. 사람이 떠난 다음 매대 주인이 수표가 잘못된 것을 발견한 거지. 나는 아무 말도 하지 않고 그 자리에서 후저우에 가서 검찰원을 찾아갔어, 고소하려고. 후저우에서는 이게 기소가 안 된다는 거야. 그래서 공안국에 찾아갔는데 거기도 모른다고 하는 거야. 좋아, 다들 이렇게 나온다 이거지. 나 셰씨도 만만한 사람이 아니거든. 내가 우리 동향 출신 애들을 불러서 일단 사람을 납치했어. 공산당 천하에서 이 사기꾼을 편하게 놔둘 것 같아? 저쪽에서 겁에 질린 거야. 바로 졌다고 항복하더라고. 이런 종류의 사람은 돈을 좀 사기 치면 대부분 다 '써'(지출)버려, 그래서 결국 3만 위안밖에 내놓지 못했어. 그 3만 위안을 전부 장사하는 사람한테 돌려줬어.

몇 달 전, 몇몇 사람이 우리 시장에 와서 소란을 피우고 사기를(갈취) 치려고 했어. 저녁에 내가 이 사람 중 한 명한테서 돈을 다시 빼앗아왔어. 내 밑에 사람들이 나에게 전화를 걸어 내가 공안국에 찾아갔지, 이 몇 명은 무조건 잡아야 한다. 사람이 도망가면 체면이 안서잖아. 못 잡는다는 게 말이 돼? 그런데 베이징은 잡을 수 없다는 거야. 네가 못 잡으면 내가 직접 잡으면 되지. 나중에 나에게 보복하든 말든 상관없어. 이 일만 확실하게 처리하면 돼. 저장촌의 친구들을 불러 그들을 통해 찾아냈고, 나중에는 이 친구들에게 중재를 요청하기도 했어. 뺏어간 돈은 당연히 돌려받았고, 우리 사람을 때려서 다치게 한 병원 치료비도 모두 받아냈어. 나중에 일이 어느 정도 해결됐다고 보고, 내가 이 사람들을 다시 불러서 밥을 사줬어. 다들 동향이잖아. 계속 이런 관계로 지낼 수 없잖아? 우리 시장에 와서 함부로 하지 말라고 적당히 알려주면 돼.

중재에 실패한 적도 있어. 강도였어. 내 밑에 있는 사람더러 5만 위안을 내라고 하는 거야. 내가 나서서 이 사람들과 교섭했는데 말이 안 통해. 그래서 내가 5만 위안을 내주겠다고 했지. 그리고는 형사를 불러 사복 차림으로 그들이 요구한 장소에 돈을 전달하러 가서 여섯 명을 전부 잡았어! 조사가 끝나고 네 명을 잡아두었어. 여러 명이 연락을 해왔어. 사람을 풀어주라고. 내가 안 된다고 딱 잘랐어. 구치소 정치위원도 전화를 걸어왔어. 거기까지 사람을 찾았더라고, 풀어줄 건지 말건지. 내가 이런 강도죄는 4~5년을 받는 거라고 했어. 나중에 나와 사이가 가까운 친구가 찾아와서는 자기 얼굴을 봐서라도 먼저 사람을 풀어주고 이야기하자는 거야. 내가 구치소 정치위원에게 전화해서 자꾸 일을 키우지 말라고 했어. 정치위원이 오히려 나에게 뭐라고 하는 거야. 이 공안국이 너네 집 거냐는 둥, 계속 문제를 일으키면 나를 잡아넣겠다고 하지를 않나, 빨리 나보고 사람을 풀어주라고 하지를 않나. 그래서 알았다고, 당신들 설교 이미 많이 들었으니까 다른 사람들에게도 기회를 주겠다고 했지.

내 밑에 있는 사업 규모가 큰 사람들이 올해 얼마를 했는지, 어떻게 했는지 나는 정확히 알고 있어. 그들은 다른 곳에 안 갈거야. 어디를 가든 나는 항상 같은 말을 해. 나 혼자서 이 렇게 사업을 이룬 것이 아니라 밑에 있는 사람들 덕분이라고 말이야. 이건 진심이야. 내가 그들에게 의지하고, 그들이 나에 게 의지하고, 이런 관계야.

시장 사장들이 입주한 큰손을 초대하여 식사를 하고 함께 즐 거운 시간을 보내는 것은 흔한 일이었다. 시장은 종종 이 큰손들 의 사업을 특별히 도와주기도 했다. 필요한 정보나 관계가 있으 면 적극적으로 소개해줬다. 시장에 입주한 큰손의 매출이 증가 하면 외부에서 더 많은 사람이 입주하길 원하고 사장들은 이 기 회에 매대 관리비를 계속 인상할 수 있었다. 시간이 흐르면서 시 장 사장과 큰손은 친구가 되어갔다. 특히 최근 몇 년, 시장 사이 의 경쟁이 심화되면서 이러한 '협력권'을 구축하려는 사장들의 노력은 더욱 분명해졌다. 이러한 '협력권'은 시장의 소유주와 큰 손 모두에게 공동체 내에서의 권위를 확립하는 데 큰 도움이 되 었다.

사업권의 확대와 경쟁의 심화

공동체 내에 대규모의 자체적인 도매시장이 생기자 외부에서 찾아오는 고객의 규모도 급격하게 증가했다. 1992년 과도기 시장이 개장하자마자 베이징의 개체호들도 이곳으로 몰려들었다. 심지어 베이징 다른 도매시장의 매대 주인도 이곳에 와서 물건을 사갔다. 저장촌의 시장과 베이징 다른 지역의 도매시장의 가격 차이는 엄청났다. 베이징의 한 개체호는 나에게 이런 말을 했다. "정확한 가격 차이를 말하기는 어려워. 어쨌든 10퍼센트 이하의 장사(저장촌에서 구입한 물건 가격과 그들이 베이징의 다른 시장에서 판매하는 가격의 차이)는 안 해. 바지 한 벌을 40에 사면, 내가 다른 곳에 가서 44위안에 팔 수는 없잖아, 60이나 70에 팔아야지." 그는 물건을 사지 않더라도 '상황 파악'을 위해 거의 매일 징원을 둘러봤다.

택시 운전을 겸하는 한 베이징의 의류 개체호는 장사가 잘 될 때는 2~3일에 한 번씩 저장촌에 와서 물건을 구입했다고 했다. 물건을 공급하는 사람에 대해서는 '고정적인' 거래처가 있어. 서로 이름은 모르고, 친구도 아니지만 얼굴은 알고 있고 오래 거래하다보면 서로에게 혜택을 주기도 해. 우리는 보통 한 번에 1000~2000벌을 들여와. 그 자리에서 물건을 줄 수 있으면 바로 가져오고, 만약 안 되면 목록을 주고 우리가 원하는 것을 적고 다음날 찾으러 와. 그런데 보증금을 내야 해. 예를 들어 5만 위안짜리 거래면 1만 위안을 먼저 냈어. 다음날 가면 딱 준비가 돼 있어. 어긴 적이 없어"라고 했다. 춘절 전 장사가 절정에 달할 때는 하루에 몇 번을 오갔다. 바오딩의 한 개체호에 따르면 저장촌 시장의 최대 장점은 교환이 가능하다는 데 있다.

옷의 계절이 바뀔 때, 먼젓번에 도매한 옷이 너무 많아 재고가 쌓여 있으면 구입한 매장에 가서 원하는 옷으로 교환할 수 있어. 물론 조금 할인된 가격이야. 만약 교환하고 싶지 않으면 거기에 놔두고 '대리 도매代批'를 할 수도 있어. 물건을 거기에 두고 가격 흥정하고 도매 처리할 수 있는 만큼 팔수 있어. 보통은 구매한 사람한테 가서 교환을 해. 그런데 오랫동안 사업을 해왔고 특히 좋은 관계를 유지해왔으면 자기물건을 사지 않았어도 대신해서 팔아주기도 해. 옷이 그들의 수중에 들어가기만 하면 다른 곳에 갈 수 있어. 우리 여기는 유행이 지났지만 다른 지역에서 누군가가 좋아할 수 있잖아. 그 사람들 이런 조절 능력이 있어. 징원에서 거래를 두세 번만 해도 이런 상황을 알게 돼. 나는 지금 단골 거래 업체가 대여섯 곳이 되는데, 두세 명은 이름을 알고, 한 번에 3000~4000위안 정도의 물건을 구입해.

내부적 관계의 측면에서 보면, '시장 열풍'이 저장촌 사업자의 사업권 확장을 촉진했다고 할 수 있다. 우리가 이미 큰 매형과 작은 매형이 1992년에 판매자를 물색한 사례에서 보았듯이, 그들은 자신과 잘 맞는 물건을 파는 사람을 선호했고, 게다가 매대의 위치가 좋으면 바로 그 사람에게 대리 판매를 맡겼다. 시장이 건설되기 전까지 사람들의 사업권은 여전히 친우관계에 의해 작동되었다. 사람들은 서로 전혀 모르는 사이면 쉽게 물건을 넘겨 주고 대리 판매를 맡길 엄두조차 내지 못했다. 이유는 간단했다. 시장에 고정적인 매대가 있으면 도주할 우려가 없기 때문이다.

하지만 시장의 설립에 대해 관점을 유보하는 사람도 있었다. 롄딩루連定路는 나에게 이렇게 말했다. "내가 볼 때, 이 시장들이 설립된 이후에 저장 사람들의 장사는 더 어려워진 것 같아. 과거에는 너는 너의 사업을 하고, 나는 나의 사업을 하고, 물건을 잘 만들기만 하면 파는 것도 문제없었잖아. 그런데 지금은 그렇게 안 돼! 사흘이 멀다 하고 바뀌어. 오늘 어느 것이 잘 팔리면 내일 시장 전체가 그것으로 도배가 돼. 재료를 들여와서 만들면 본전도 건지지 못해! 내가 저장촌에서 수년 동안 일하면서 재고가 쌓인다는 말을 들어본 적 없었는데 지금은 이게 제일 문제야. 이것 때문에 손해본 사람이 한둘이 아니잖아." 롄딩루의 말은 과장이 아니었다. 저장촌에 사는 대부분 사람의 기억에 따르면 1986년부터 1992년까지가 사업이 가장 좋았던 시기였다. 1993년부터 적자를 내는 사업체가 눈에 띄게 증가했다. 나중에 사람들은 이구동성으로 저장촌에서 1/3이 벌고, 1/3은 본전, 1/3은 적자라고 했다. 흑자에서 적자로의 변화는 대규모 시장으로 인해 발생한 내부 경쟁과 떼려야 뗄 수 없었다.

나는 1994년부터 1995년까지 '징원애심협회'의 사회사업에 참여하면서 한 번 가면 몇 시간씩 징원시장에서 활동한 일이 많았다. 거기서 나올 때마다 머리가 아프고 눈앞이 침침했다. 이 사업이 힘들거나 사람이 많아서가 아니라 매대 주인들이 물건을 팔기 위해 경쟁적으로 목청을 높였고, 최선을 다하는 그 긴장된 모습에 나도 덩달아 긴장할 수밖에 없었기 때문이었다. 상업 정보에 대한 비밀이란 더 이상 없었고, 가공업자와 판매업자의 연계는 완전히 개방된 연결망이 되면서 언제든지 누구나 진입할 수 있게 되었다. 사람 사이의 새로운 경쟁 방법은 '빼앗는' 방법뿐이었다. 고객의 움직임을 예의 주시하고, 잘 팔리는 것을 포착하기만 하면 돌격적으로 생산하고, 판매할 때는 뒤질세라 가격을 낮추었다. 돈을 버는 사람은 폭리가 없고, 손실을 입는 사람은 재고가 쌓였다. 그래너베터Granovetter가 지적했듯이 관계의 긴밀함은 효율성과 리스크를 모두 증가시켰다. 대규모 시장의 출현은 저장촌의 전반적인 생산성을 자극했다. 하지만 과거와 비교할 때 각각의 사업체는 돈을 버는 것이 훨씬 더 '어려워'졌다.

그러나 어쨌든 시장 건설을 통해 저장촌의 자산은 현지에서 '뿌리 내리기' 시작했고 전국 의류 시장에서의 입지를 확립할 수 있었다. 우리는 이런 가설을 제기할 수 있다. 만약 1995년의 대철거가 이러한 대규모 시장이 건설되기 전에 실시되었다면 저장촌은 완전히 사라졌을 것이다.

단지

저장촌의 임대료는 10년도 안 된 사이에 10배 이상 뛰었다. 1997년, 마촌 일대의 월 임대료는 대략 1제곱미터 당 37위안, 1982년의 12배였다. 현지 촌민위원회는 이 상황을 잘 활용해보고자 했다. 1991년, 둥뤄위안촌은 오랫동안 사용하지 않던 쓰레기 처리장을 재개발한 후 간이 주택 240개를 지어 원저우 사람에게 임대했다. 가구당 월 280위안의 임대료를 받기 시작하면서이 작은 마을은 월 7만 위안의 임대료 수익을 올릴 수 있었다. 촌민위원회가 집을 지어 임대하는 첫 번째 사례였다. 1992년에는 하이후이사촌이 주택 네 줄을 지었다. 줄마다 10제곱미터짜리 방 15개가 있었고, 월 임대료는 270위안이었다.

1993년, 마촌은 덩촌과 접한 공터에 주택 36개를 짓고 월 350위안의 임대료를 받았다. 담장을 세우고 안전 경비원도 고용했다. 입구에는 '마촌 동단지'라는 표지판을 세웠다. 마촌 촌민위원회 사무실도 원저우 사람들로 꽉 찬 이 단지로 이사했다. 저장촌의 첫 번째 공식 '단지'는 이렇게 탄생했다.

펑타이구가 징원시장을 건설할 것이라는 소식이 전해지자 원저우 사람들은 바로 머릿속으로 자체적인 단지 건설을 준비했다. 11월, 둥뤄위안촌은 원저우 사람들의 요구에 근거하여 집을 지을 수 있는 땅을 마련해주었다. 이들은 40여 채의 집을 지어 임대한 후 한 채당 150위안의 토지 임대료를 촌 정부에 납부했다.

저장촌에서 가장 먼저 대규모적인 부동산 투자를 한 원저우 사람은 완셴제萬獻介다. 1993년 춘절 이후부터 그는 무시위안 일대에서 '탐색'하기 시작했고, 최종적으로 하이후이사촌의 2무 규모의 유휴지를 낙점했다. 촌 정부와 협상하여 1무당 토지 임대료 1만 위안, 계약 기간은 6년으로 정했다. 6년 사이에 만약 국가의 토지 징용으로 인해 부득이 철거해야 하면 촌 정부가 일정한 비율의 보상금을 지급하기로 했다. 6년 후 부동산에 대한 소유권은 촌 정부로 귀속되고 단지의 운영은 그때 가서 다시 정하기로 합의했다.

1995년 11월까지 저장촌의 단지는 46개(다른 이야기에 따르면 48개)였고 그중 대다수는 원저우 사람에 의해 개발되었다. 저장촌 사람의 자체 통계에 따르면, 마촌만 하더라도 원저우 사람들에게 임대해준 토지가 200무 가까이 되었고 연간 임대 수입은 200여만 위안에 달했다.

천성장陳勝江은 저장촌에서 단지를 가장 많이, 한 번에 다섯 개를 지은 사장이다. 1995년 그는 나에게 이렇게 말했다.

1992년에도 나는 가죽재킷을 만들고 있었고 다른 사람에게 두 번이나 사기를 당했어. 한번은 둥베이에 있는 회사야. 나와 거기는 계약도 다 체결했고, 나한테 60만 위안 어치의 물건을 요구했는데 이 회사가 폐업했어! 나는 아직도 그 회사를 상대로 소송을 진행 중이야. 또 한 명은 러칭 사람인데, 나한테서 20만 위안어치의 가죽재킷을 주문해서 가져가놓고 나한테서 아무것도 못 받았다고 하더라고!

3년을 꼬박 일하고 3년을 꼬박 밑졌어. 본전과 이자를 합쳐 빚 220만 위안이 됐어. 이게 다 빌린 돈이야. 지금은 다른 길이 없어. 장사고 뭐고 할 수 있는 게 아무것도 없어서 단지를 지으면 좀 좋아질까 싶어서 시작한 거야. 투자가 그리 크지 않아서 손해 볼 가능성이 작아.

투자 규모가 크지 않은 이유가 궁금해? 내가 처음 시작한 게 덩촌 2단지였는데, 토지 사용료에다가 자재, 인건비를 포함해서 10여 제곱미터짜리 집을 짓는데 한 채당 1000위안밖에 안 들었어. 1993년 3월에 짓기 시작해서, 9월에 입주가 가능했어. 2단지를 다 짓고보니 입주하고 싶어 하는 사람이 여전히 많은 거야. 그래서 1994년 정월에 덩촌 3단지 건설을 시작했지. 1994년 7월에 5단지를 시작했어. 올해 2월에 덩촌의 동단지를 시작하면 5월이면 사람들이 다 찰 것 같아. 5월에는 남단지를 세우려고 해.

단지 건설은 용기가 있어야 하고 '믿음'이 있어야 하고, 관계도 있어야 해. 나는 1980년대에 스촌의 리씨(마을의 간부) 집에 살았는데, 관계도 엄청 좋아서 땅을 빌려주고 계약을 체결하는 데 아무런 문제가 없었어.

덩촌 2단지의 계약서에 따르면 촌에 납부해야 할 1년 토지 임대료는 4.5만 위안, 사용 기한은 6년이다. 천성장과 촌의 관계 덕분에 첫 1년의 토지 임대료는 다음해에 이자까지 합쳐서 납부하기로 했다. 계약서에는 또한 천성장이 단지의 건설과 내부 관리만 책임지고, 예를 들어, 전선과 수도관을 설치하는 데 필요한 작업이나 '윗선'과의 관계는 촌 정부가 책임지기로 했다. 다만 모든 비용은 천성장이 부담하기로 했다. 천성장은 수도나 전기 요금을 확인하러 촌에 가는 일이 없었다. "돈은 중요하지 않아. 우리가 오히려 할 일이 적어져서 좋은 거지. 사고만 나지 않으면 돼."

덩촌 2단지의 주택은 총 32채, 투자 금액은 10만 위안 미만이다. 하지만 천씨는 과거에 진 빚을 갚지 못한 상태였기 때문에 이 10만 위안도 이자 2.8편의 고리대를 통해 마련했다. 천성장에게는 집세를 받는 두 가지 방법이 있었다. 하나는 월세를 높게 책정하여 매월 징수하는 것이고, 다른 하나는 월세를 낮게 책정하되 한 번에 여러 달치를 징수하는 것이다. 천성장은 후자를 선택했다. 그는 단지 내 위치에 따라 임대료를 세 등급으로 나누었고 월 평균 임대료는 320위안, 한 번에 반년치를 받았다. 하지만 저장촌에서 영향력이 크고, 특히 친척이 많은 세입자는 우대해주면서 3개월에 한 번씩 집세를 거두었다. 이런 유형의 우대는 저장촌의 단지에서 일반적인 관행으로 여겨졌다. 사람들은 '우두머리' 몇 사람만 잘 잡으면 집을 임대놓는 데 문제가 없을 뿐만 아니라 향후 관리도 매우 편리해질 수 있다는 것을 잘 알고 있었다. 천성장은 한 번에 5만 위안 가까이 거둬갔다.

나는 그에게 물었다. "만약 당시 10만 위안을 빌리지 않고 먼저 절반만 빌리고, 또 다른 비용을 좀 절약하고, 집이 거의 완공될 때 임대인을 모집하면 비록 월세가 다 지은 집의 월세보다 싸긴 하겠지만 그래도 빌린 돈(5만 위안)의 이자보다는 많을 것 같은데." 천성장은 그렇게 생각하지 않았다. "나는 이미 빚이 200만이 넘어. 몇 만이 더 많아지든 적어지든 별 의미가 없어. (…) 내 평판은 이미 나빠진 상태야. 저장촌에서 천성장이 빚쟁이가 되었다는 사실을 다 알아. 그래서 일단 먼저 지어놓고 사업을 해야 사람들이 너를 신뢰한다고. 지어 놓고, 집이 저기에 분명히 있으면 그다음은 뭐 다 된 거지."

2단지가 거의 완공되었을 때 천씨의 친척 중 한 명이 4만 위안을 들고 와 합작 및 단지 관리를 돕겠다는 의향을 보였다. 그들이 투자한 돈은 이러했다. 천성장의 경우 10만 위안의 원금과 7월까지(이 친척이 합류하기 전)의 이자를 합쳐 총 10만8400위안, 친척의 투자금은 4만 위안이었다. 수입은 이 금액에 비례하여 나누었다. 하지만 관리를 책임진 이 친척에게는 별도의 보수가 없었다. 양측은 서로를 잘 알았다. 천성장이 이 땅을 임대하기까지 비용이 많이 들었고, 이 친척은 나중에 상황이 좋다고 생각하여 가입했기 때문에 리스크 부담이 전혀 없었다. 친척은 자기가 하는 관리 일을 천성장이 먼저 해놓은 것에 대한 보답으로 생각했고, 두 사람은 이렇게 서로 균형을 맞춰갔다.

2단지가 완공되자 천성장은 곧바로 3단지 건설에 착수했다. 겉보기에 2단지는 천성장에게 직접적인 경제적 이윤을 가져다주지 않았지만 신규 사업을 추진함에 있어서 좋은 사회적 기반이 되었다. 2단지를 지을 때 쌓아둔 촌의 인맥은 3단지를 지을 때 모두 활용할 수 있었다.

3단지도 돈을 빌려 세웠다. 이번은 친척들로부터 2편의 이자를 주고 빌렸다. 2단지와 마찬가지로 초기 작업은 천성장이 혼자 했고, 공사를 시작한 이후에는 홍차오 사람을 찾아 합작했다.(천성장은 푸룽진 사람) 상대방이 일부를 투자하고 건물이 완공된 후 관리를 맡았다. 이 홍차오 사람은 천성장과 친척관계가 아니었다. 저장촌에 살 때 이웃이었던 그는 다른 사람과 회사를 설립하고 회사 명의로 시내에서 매대를 임대하고 있었다. 천성장은 낮은 소리로 나에게 말했다. "저 사람도 사실 돈을 밑졌지만 사람들이 아무도 몰라. 사람이 평판牌頭(牌頭는 '평판'이라는 뜻이지만 단순한 평판보다 '실력'이 강조되는 의미의 단어다)이 좋거든. 마을에 친척도 많고, 저 사람과 합작하면 좋은 점이 많아." 단지에 입주한 사람의 약 1/3이 그의 친척이거나 그의 친척을 통해 입주한 사람이었다. 홍차오 사람은 우쭐하면서 나에게 말했다. "내가 이 일을 시작할 때 공정팀이 이미 도착한 상태였어. 그들이 설계한 것을 봤는데 너무 수준이 낮은 거야. 나는 내가 친척도 여기에 많고, 입주도 걱정할 필요가 없으니 임대료를 좀 높게 받더라도 집 설계가 수준이 너무 낮으면 안 된다고 천성장한테 말했어. 사실 집은 좀 좋게 만들면 돈도 더 많이 벌 수 있어. 원래 집 한 채 짓는 데 1000위안 정도이고, 월세는 400 정도 받는데, 원가를 1300위안으로 올리고 월세를 600위안 받자고 했어. 내가 나가서 홍보하면 친척이나 친구들 다 온다고. 집을 절반밖에 못 지었는데 우리 여기 50여 채가 계약이 다 끝났어!"

　　세 번째 단지와 5단지는 모두 마촌과 덩촌 사이의 대지에 세워졌다. 5단지 건설 계획은 다른 푸룽진 사람의 아이디어였다. 천성장과의 관계나 '평판'에 있어서 모두 평범했지만 천성장이 하는 일마다 성공하는 것을 보고 천성장의 평판에 편승하여 사업을 하고 싶었던 것이다. 투자는 두 사람이 반반씩 하고, 계약은 당연히 천성장의 오래된 관계들에 의존했다.

천성장의 발걸음은 멈출 줄 몰랐다. 1995년 춘절이 다 끝나지도 않았는데(정월 15일이 되어야 사람들은 춘절이 끝났다고 생각한다), 그는 다른 세 사람과 함께 덩촌 동단지 건설을 시작했다. 천성장의 친척(먼 사촌형)이 앞장섰고 합작하는 다른 두 사람은 이 친척이 부른 사람이었다. 사촌형도 돈이 충분하지 않아서 천성장과 함께 지분 하나를 가졌다. 따라서 네 명의 지분은 3개가 되었다. 동단지의 면적이 가장 컸고, 1주에 6만 위안, 천성장과 그의 사촌형은 각각 3만 위안씩 투자했다. 천성장은 나에게 이렇게 말했다. "저 두 사람은 혼자 하고 싶어서 리씨한테 찾아갔지만 땅을 임대받지 못해서—이 일은 리씨가 나중에 나에게 알려줬어—결국 나를 찾아온 거였어. 하지만 괜찮아, 이건 사업적인 일이야. 저 둘 다 좋은 사람 같아. 아무개(둘 중 한 명)랑 아는 사람이 저장촌에서 꽤 유명해. 아무개(다른 한 명)는 우리 사촌형과 계속 사업을 함께 한 사람이야. 믿을 수 있는 사람들이야."

그 후 천성장과 그의 사촌형, 친척 한 명, 친구 두 명 등 총 다섯 명은 남단지를 세웠다. 그 뒤로는 이 사업을 더 이상 하지 않았다. 그는 고정 자산을 축적했을 뿐만 아니라 이윤을 창출하기 시작했다.

주거 환경

　천성장의 경험은 단지의 건설 가능성이 자금 운용의 기술에 있다기보다 관계와 명성의 운용 기술에 있다는 것을 보여주었다. 마지막 두 개의 단지를 건설했을 때, 그는 이미 성공한 사람이었다. 이윤 창출은 사실 부차적이다. 핵심은 그가 무일푼의 아무도 모르던 사람에서 자신의 핵심 계를 재건하고, 자신의 친우권에서 명성을 되찾은 동시에 이 친우권에서 출발하여 안정적인 사업권(임대인 자원)까지 구축했다는 점이다.

돈이 아닌 관계를 통한 사업 방법은 두 가지가 더 있다. 하나는 '전시회 개최'로서 1993년경에 처음 등장했다. 지난濟南, 하얼빈 등 외지에 가서 임시로 한 곳을 빌려 부스를 설치한 후 저장촌의 사업체에 임대한다. 행사명은 "저장의류기업명품브랜드전시회浙江服裝廠家名牌展銷會"라고 했다. 짧게는 3~4일, 길게는 1~2주 정도다. 비용이 거의 들지 않았다. 중요한 것은 단시간에 사람들을 동원할 수 있을 만큼 신뢰를 쌓았는지 여부다.

다른 한 가지 '왜문사도歪門邪道'〔정당하지 못한 수단 또는 못된 잔머리〕는 철거를 앞둔 점포를 임대하는 것이다. 몇 년 전 우다오커우, 간자커우甘家口에서 모두 시험해봤다. 1997년 초, 충원먼 도로 공사를 앞두고 저장촌 사람 몇 명이 거기서 상점 몇 개를 저가에 빌린 후 매대를 다른 사업자에게 고가로 전대했다. 문 앞 팻말에는 철거를 앞두고 있어서 전 품목을 세일한다고 써놓았다. 고객들은 상점 외벽의 '철거'를 보고 사실이라고 믿었지만, 가격은 다른 곳보다 비쌌다. 이런 도급은 모두 단기적인 것으로서 며칠 또는 1~2주 정도만 지속되었다. 핵심은 매대를 임대하고자 하는 사람을 얼마나 빨리 찾는가였다.

다중 합작과 다방향 투자

천성장의 사례를 놓고 볼 때 우리는 단지 건설 과정에 보여진 주당 가격이 소액이라는 사실에 의문이 생길 수도 있다. 당시 최고급 단지 집 한 채의 건설 원가는 2000위안이었기에 단지 하나에 집이 100채면 큰 규모에 해당했지만 전체 원가는 20여 만 위안밖에 들지 않았다. 임대료를 어떤 방법으로 거두든 일반적으로 1년 안에 건설 원금을 회수할 수 있었다. 따라서 사람들은 자기 돈을 투자하고 수익을 가져갈 수 있었다. 하지만 단지 건설은 저장촌의 다른 사업과 마찬가지로 한 사람이 혼자 투자하는 경우가 없었다. 일반적으로 사업 하나를 놓고 여러 명이 투자하고, 한 사람이 동시에 여러 사업에 참여했다. 예를 들어, 천춘성陳存聖의 경우, 다섯 명이 합작하는 방식으로 1994년 5월에 모 촌의 집을 개조하여 '난위안단지분원南苑大院分院'을 만들었다. 1995년 5월, 베이징시상수도회사北京市自來水公司와 계약을 체결하고 '훙먼단지紅門大院'를 건설, 주식 4주, 공동으로 20만 위안을 투자했다. 1995년 3월, 마촌 근처의 주택관리국 소유의 임시주택을 개조하여 주식 3주를 추가하는 방식으로 단지를 새로 건설했다. 이후 덩촌의 병원을 개조하여 '단지'를 만들기도 했다.

모 단지의 책임자인 후자푸胡家富는 나에게 이렇게 말했다.

이 단지는 내가 먼저 하자고 제안한 게 아니야. 나는 같은 마을의 친구 한 명과 매대를 하고 있었어. 그의 사촌 남동생이 다훙먼에 있었는데 그가 대대 사람들을 알고 있어 땅을 임대해놓았어.

이렇게 세 명이 된 거야. 몇 명 더 필요할 것 같았어. 투자 자본이 없어서가 아니야. 단지가 이렇게 큰데다가 저장촌이 엄청 시끄럽잖아. 힘이 센 사람이 없으면 일이 엄청 꼬일 수 있어. 그래서 홍파오紅跑를 내가 데려온 거야. 홍파오도 오랜 친구야, 여기서 유명해. 저기 젊은 피들도 그를 무서워해. 그 차이하이저우蔡海洲의 단지를 봐봐. 저 지경이 됐어. 나중에 4만 위안을 준다고 했는데 상대방이 무시하고 있잖아.

후자푸가 말한 차이하이저우의 단지는 가오창에 위치했다. 세 명이 합작했는데 그들 중에는 홍파오 같은 사람이 없었다. 1994년, 단지가 만들어진 지 얼마 되지도 않았는데 복면강도가 들이닥쳤다. 집집마다 돌아다니면서 돈을 빼앗은 후 그 집 식구들을 집에 가두고 밖에서 문을 잠갔다. 세 번째 집에 들어갔을 때 다른 이웃들에게 발각되었다. 이웃들은 강도를 제압했고 강도 중 한 명은 부상을 입고 도주했다. 이 사건이 알려진 후 세입자들은 불안해서 임대 계약을 해지하겠다고 했다. 차이하이저우는 어쩔 수 없이 한 달 치 월세를 면제하고, 경비원 세 명을 더 불러 사태를 진정시킬 수밖에 없었다. 이 강도들은 마음속에 원한을 품고 있었다. 하루는 길을 가던 차이하이저우를 미행하고 쫓아가 폭행하려고 했는데 다행히 뒤따라오던 일행이 차이씨 사람들이어서 강도들이 오히려 크게 당하는 일이 있었다. 그날 밤 몇 명은 차이하이저우의 단지에 찾아가 피해 보상을 요구했다. 차이하이저우는 4만 위안을 주겠다고 했지만 상대방은 거절했다. 차이하이저우는 부득이 류스밍에게 중재를 요청했고, 3만 위안을 주고 일을 마무리 지었다. 이후 류스밍을 단지의 '명예 주주'

로 초빙했다. 그가 돈을 낼 필요는 없었고 대신 1주를 받았다. 그가 하는 유일한 일은 여유가 있거나 혹은 단지에 무슨 일이 생기면 와서 얼굴 한번 비추는 것이었다.

후자푸는 말을 이었다.

나는 융자 사람 두 명을 지분 참여에 동참시켰어. 왜 융자 사람인지 알아? 당시 마촌의 단지들엔 거진 러칭 사람들이 살았거든. 융자 사람들은 러칭 사람들이 지저분하다고 생각해. 함께 살기 어려웠어. 사실은 융자 사람들 엄청 많아. 가죽재킷을 만드는 사람들이 임대한 집도 엄청 커. 이 두 융자 사람은 내가 매대를 운영할 때 함께 합작했던 사람들이야. 정직해. 수중에 돈도 있고 융자 사람들 사이에서 유명해. 사람도 부를 수 있어.

지금 우리 분업은 이래. 훙파오가 사회문제 담당이야. 분쟁이나 단지 외부의 사람이 와서 시끄럽게 굴면 그가 나서서 해결해. 내 친구의 사촌 남동생은 마을과의 관계 전담이야. 우리 단지가 임시 건물이거든. 이 임시가 언제까지 '임시'인지 이게 모두 돈과 관련되니까, 마을과의 관계가 제일 중요해. 융자 사람 둘은 월세를 거두는 일을 비롯해서 단지 내부를 관리해. 단지에도 러칭 사람이 있는데, 우리 친척도 있고, 이 근처에 살았던 러칭 사람도 여기로 이사를 왔어. 이 부분은 아무개(매대를 함께 운영했던 친구를 가리킴)가 관리해. 그 친구가 경비, 단지 내 전기, 집수리 등을 도맡아 하고 있어. 나는 그들의 병사야. 무슨 일이 생기면 어디든 달려가는 거야.

내부 갈등 (…) 이건 피할 수 없어. 훙파오와 두 융자 사람 사이가 그래. 그들이 융자 사람을 더 챙기고, 훙파오와 내 친구는 단지 이익을(주주의 수익) 더 챙기는 편이야. 이건 천천히 조정할 문제야. 가장 중요한 것은 쌓아올리는 일이야. 다 지어놓으면 문제가 해결이 돼. 그리고 더 살펴보고, 문제가 정말 많으면 단지를 아예 다른 주주한테 도급 줄 수도 있어.

따라서, 투자 규모와 상관없이 단지 건설에는 다음과 같은 사람들이 적절하게 조합되어야 했다. 첫 번째는 베이징의 지역사회와 연결되어 토지를 임대할 수 있는 사람이고, 두 번째는 단지의 안전을 책임질 수 있는 힘이 있는 사람이고, 세 번째는 임대인 모집을 잘 할 수 있을 뿐만 아니라 관리도 잘 할 수 있는, 저장촌에서 사람을 동원할 능력이 있는 사람이다.

단지의 건설은 사람들의 주거환경을 변화시켰다. 첫째, 주거지의 지리적 분리의 경향이 더욱 분명해졌을 뿐만 아니라 산업의 분리도 더욱 두드러졌다. 융자 사람이 거주하는 단지는 거의 전적으로 가죽재킷 가공에 집중했기 때문에 '융자가죽의류단지永嘉皮服大院'라는 브랜드를 내세웠다. 고객을 더 많이 유치하기 위한 전략이었다. 또한 가죽제품을 구입하고자 하는 사람도 이런 곳을 더욱 선호했다. 둘째, 친우권에 속한 사람들끼리 모여 사는 현상도 더욱 뚜렷해졌다. 기존에는 친우들이 함께 살고 싶어도 공간이 없었는데 이제는 모여 살 수 있는 단지가 생겼다. 하나의 단지에 종종 한두 개의 비교적 큰 친우권이 있었고, 기타 친우권은 이 친우권들과 직간접적인 관계를 맺고 있었다. 단지 내의 친우들의 결합은 외부 세계와의 사업을 더욱 잘 하기 위한 것이었고, 이는 거물의 출현을 촉진하기도 했다.

스촌의 '융자가죽의류단지'를 보도록 하자. 이 단지에는 60여 가구가 살고 있다. 그중 판중칭潘忠清(주민 중 한 명)이 데려온 친척과 친구는 40여 가구에 달한다. 하지만 이 40여 가구 모두 그의 '친우권'인 것은 아니다. 나는 〔그림 7〕에서 내부 관계를 표시했다. 맨 위의 두 개의 동심원에서, 안쪽의 원은 그의 친우권, 즉 자주 왕래하는 사람을 나타낸다. 이들은 서로 몇 만 위안을 한두 달 빌려 써도 아무런 문제가 없는 사람들로서 약 일고여덟 가구 정도가 여기에 해당한다. 바깥 쪽 원은 그와 직접적인 관계가 있지만 조금은 먼 친우로서 약 20여 가구가 포함된다. 아래의 두 개의 작은 원은 판중칭과 직접적인 관련은 없지만 판중칭의 다른 친척 및 친구와 관련된 사람을 나타낸다. 예를 들어, 판중칭이 이 단지에 온 후 그의 처남의 친구도 자신의 친우권을 이곳으로 데려왔다. 더 바깥쪽은 주변적 관계들이다. 내가 융자가죽의류단지에서 본 판중칭과 가장 먼 관계는 그의 동창의 친구의 친척이었다.

하지만 우리는 판중칭의 영향력이 너무 큰 나머지 그가 움직이기만 하면 반경 몇 리 이내 그와 관련된 모든 사람이 따라 움직인다고 생각해서는 안 된다. 판중칭과 그의 친구, 특히 사장 중 한 명인 천춘성이 특별한 작업을 했기 때문에 그가 이렇게 큰

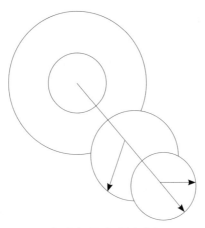

[그림 7] 거물의 영향력 범위

영향력을 행사할 수 있었다. 단지 내에서 천춘성은 항상 판중칭의 체면을 살려주려고 노력했다. 전선 교체 작업을 할 때면 그는 판중칭의 의견을 물어보라고 사람을 보냈다. 천춘성은 구나 향의 간부를 초대하여 식사를 하거나 놀러다닐 때마다 판중칭을 불렀다. 융자 동향의 일을 처리할 때 판중칭이 천춘성에게 말 한 마디만 해도 천춘성은 그 말을 진지하게 받아들였다.

원 안의 화살표들은 복합적인 친우관계 속에서의 서로 다른 위치의 영향력을 나타낸다. 판중칭의 영향력은 가장 먼 곳까지 닿을 수 있었고 단지의 모든 부분에 미쳤다. 주변적인 작은 친우권일수록 미칠 수 있는 영향력은 작았다.

저장촌 사람들은 단지를 건설한 사람을 '가장 돈이 많은' 사람이라고 생각하지는 않았지만 그들이 '가장 힘이 센' 사람이고 함부로 건드려서는 안 되는 사람이라는 데는 이견이 없었다. 하루는 내가 허우촌의 한 원저우 식당에서 밥을 먹다가 두 명의 청년이 촌의 소식에 대해 이야기하는 것을 들었다. "어제 아무개가 사람 한 명을 죽기 직전까지 두들겨 팼는데 그 사람이 스촌에서 모 단지를 운영하는 사람이래!" 다른 한 명이 바로 물었다. "A야?" "아니, B야." "아, 그 사람이야. 이거 흥미진진하겠네." 나는 이 두 청년이 그들이 말하는 단지와 멀리 떨어진 스류촹 사람이라는 것을 알고 있다. 그런데 이들이 그 단지에 사장이 한 명이 아니라는 것까지 알고 있는 걸 보아 '흥미진진'이라는 말이 무엇을 뜻하는지 짐작할 수 있었다.

1994년 하반기, 저장촌에는 큰 움직임이 있었다. 남쪽으로의 자발적 이주였다. 사람들은 줄지어 주징촹久敬莊 일대(다훙면에서 둥가오디항천총회사東高地航天總公司 지사로 가는 길 중간에 위치한, 구 저장촌에서 약 3킬로미터 떨어진 곳)로 이주했다. '남쪽으로의 이동'처럼 사람들이 비교적 단기간에 상대적으로 큰 규모의 집단 행동을 할 수 있었던 이유는 일부 단지 사장이 적극적으로 움직였기 때문이었다. 류스밍이 주징촹에서 단지 건설의 첫 삽을 뜨자 저장촌의 한 사장은 나에게 "앞으로 저장촌의 중심을 남쪽으로 옮겨야 해!"라고 말했다.

단지 건설과 시장 건설 과정의 다중 투자(합작)와 개인들의 다방향 투자는 저장촌에서 '거물'을 출현시킨 중요한 메커니즘 중 하나였다. 그들은 이미 분쟁 조정에 참여하고 우수한 경제적 능력을 가지고 있었기에 각자의 친우권에서 어느 정도의 명성을 얻은 상태였다. 단지 건설과 시장 건설 과정에 형성된 협력권은 다양한 친우권의 '머리'들의 조합이었다. 이 조합으로 인해 서로 다른 친우권 사이에 교차와 중첩의 관계가 형성되었던 것이다. 따라서 거물의 영향력은 기존에 자신이 머물러 있던 '계'의 외부로 확장될 수 있었다. 단지와 시장이 건설된 이후 공공재에 대한 통제권도 그들의 입지를 강화하는 데 중요한 영향을 미쳤다.

여기서 우리는 거물들이 거물이 된 이후에 형성한 연결망이 일반인의 '계'와 다르다는 것을 알 수 있다. 일반인의 '계'는 평면적인 친우관계와 사업관계의 중첩이지만, 거물의 권자는 수직적 연결 구조가 훨씬 더 뚜렷하다. '핵심 계'와 유사한 협력권이 있고, 아래에는 끊임없이 퍼져나가면서 동시에 서로 교차하는 친우관계가 있다. 물론 거물의 연결망은 일반인의 계를 기반으로 했다.

극도로 혼잡한 공동체

1990년부터 저장촌의 치안 상황은 크게 악화되기 시작했고 1992년과 1995년 사이에는 최악으로 치달았다. 현재 공개되어 있는 자료에 따르면, 1991년의 첫 10개월에만 원저우 사람들이 저장촌에서 69건의 범죄를 저질렀다고 한다. 1월부터 3월까지 저장촌은 기본적으로 비어 있기 때문에 이 69건은 실제로 5월 이후의 3~4개월 사이에 발생한 것으로 볼 수 있었다. 또한 치안

당국에 보고된 것은 전체 건수 중 극히 일부에 불과했다.

저장촌은 정말 심각할 정도로 혼잡해. 예전에는 복면강도가 큰일이라고 했는데, 지금은 그냥 걸어 들어와서 이름까지 대면서 강도짓을 하고 사람을 때려! 무기도 해마다 달라져. 처음에는 방망이였다가 이후에는 칼을 사용했어. 칼도 처음에는 부엌칼, 티베트 칼이었다가 지금은 철제 장도야. 무서워 죽겠어. 지금 가장 유행하는 무기가 티베트 칼 손잡이에 쇠 파이프를 부착한 거야. 그리고 화약총과 엽총도 있어. 반자동 소총도 있고, 주로 소구경 탄약을 사용해. 게다가 동으로 만든 헬멧과 방탄조끼도 있어! 물건들은 바이거우白溝에서 들여오고, 쎈 놈은 아예 둥베이에 가서 가져오는 것 같아. 저장촌에는 지금도 러시아제 총을 파는데 가격도 비싸지 않아. (팡씨, 30세, 의류업체 사장, 1994년)

우리 집은 허우촌에 있어. 특히 2~3년 전만 해도 난리도 아니었어. 길 하나에 불량배가 다섯 무리가 살았으니 말이야. 저녁이면 길 어구에 나가서 사람이 들어오기만 하면 강도를 해. 저장 사람인지 베이징 사람인지 신경도 안 써. 아무나 다 건드리는 거지! 내가 직접 본 적도 있어. 한 노인이 뻥튀기를 팔았는데, 어린 애들이 둘러서서는 계속 먹는 거야. 그래서 노인이 "왜 돈을 내지도 않으면서 먹기만 해?"라고 했는데 이것들이 그 자리에서 달려들어 패는 거야! 매질을 하다가 노인이 정신을 잃고 나서야 이놈들이 돌아갔어. 1992년 말에는 이것들이 근처에 살던 경찰을 찔러 죽였어. 경찰이 가만 있을 리 없지. 그제서야 해체됐어. (류씨, 27세, 베이징 사람, 봉고차 기사, 1995년)

몇 개의 사건을 더 살펴볼 텐데 소름이 끼친다. 이런 사건을 수집하는 일은 어렵지 않았다. 1992년부터 1994년까지 저장촌의 일상 대화에는 이런 사건에 대한 이야기로 도배되었다.

사건 1

1992년 10월 초, 새벽 3시에서 4시 사이, 허우촌. 한 임산부는 남편이 문을 두드리는 줄 알고 열어줬는데 복면하고 모자를 쓴 남자 세 명이 앞에 서 있었다. 크게 놀라 소리를 질렀다. 뒤로 물러 서기도 전에 불룩한 배가 칼에 찔렸다. 강도들은 집에 들어가 금 목걸이와 현금 500위안을 가져갔다.

사건 2

1992년 11월의 어느 날 밤, 덩촌 한 사업체의 안주인이 여공과 함께 가죽재킷을 만들고 있었다. 갑자기 머리에 검은색 카브론 양말을 쓴 남성이 쳐들어와 1만 위안을 요구했다. 사장이 집에 없다는 사실을 알고는 가면을 벗고 앉아서 TV를 시청했다. 집에 돌아온 바깥주인은 강도들에게 돈이 없다고 말해도 믿지 않을 것 같아서 그들보고 직접 집을 뒤져보라고 '요청'하기까지

했다. 상자와 옷장을 전부 뒤졌지만 아무 것도 찾지 못한 강도들은 보상이라고 하면서 마당에 있는 삼륜차를 끌고 와 25인치 컬러TV와 새로 만든 가죽재킷을 전부 실어갔다.

사건 3

1992년 말, 한 무리 폭력배가 허우촌의 아무개가 백만장자라는 소식을 듣고 강도짓 할 준비를 하고 있었다. 다행히 그 사람이 정보를 먼저 입수하고 대형 트럭 두 대를 이용하여 모든 물건을 다른 곳에 옮겨갔다. 이 과정에서 허베이에서 베이징에 사업하러 온 원저우 부부에게 이 집을 전대했다. 셋째 날 밤, 폭력배들이 집으로 찾아갔다. 그들은 내부 정보가 새어나갔다는 사실을 알고 분노한 나머지 칼로 남자 주인의 귀를 잘랐다.

빈번한 강도와 잔인한 살인 사건은 마을에 불안과 공포의 분위기를 조성했고, 이는 협박을 통한 갈취라는 또 다른 유형의 범죄에 유리한 환경을 조성하기도 했다.

사건 4

1992년 4월, 다훙먼에 살던 왕씨는 자금 회전 때문에 걱정하고 있었다. 갑자기 낯선 두 사람이 집에 들어와 "어제 러칭의 아싼이 전화 왔어. 너보고 그에게 빌린 돈 3만 위안을 이틀 안에 갚으라고 했어!"라고 말했다. "내가 빌린 돈은 1만2000위안이야!" "아직도 네가 빌린 금액을 네가 결정하는 줄 알아? 죽고 싶어? 모레 오전에 찾으러 올 거야!" 이틀 뒤 왕사장은 2만2000위안을 모아놓고 사정을 봐달라고 부탁해서야 겨우 문제가 해결되었다. 나중에 알고보니 러칭의 아싼이 실수로 말을 한 것일 뿐 빚 독촉을 할 의도는 전혀 없었다. 그것도 5개월이 지나서 아싼은 9000위안만 받았고, 나머지 1만3000위안은 갈취범의 주머니에 들어갔다.

사건 5

1992년 7월 중순, 허우촌에 사는 덩씨는 길에서 어디서 본 듯한 사람을 만났다. 그는 갑자기 "선양 돈이 입금되었지? 내일 야식 먹으러 너네 집 갈게"라고 했다. 다음 날 덩씨는 그들을 피해 밖에 나가 있으려고 했다. 그런데 마침 저녁을 먹는데 한 무리 사람이 찾아와 다짜고짜 1만 위안을 요구하는 것이었다. 덩이 말했다. "지금 정말 돈이 없어." "알겠어!" 상대방 네 명은 재단용 가위를 들고 재봉틀에 있는 실을 전부 잘랐고, 성냥불을 켜서 옷 샘플 하나를 태웠다. "내일 다시 봐!" 덩씨는 어쩔 수 없이 다음 날 공손하게 1만 위안을 줬다.

사건 6

완팅광의 도매점도 강도를 당했다. 그는 이렇게 말했다.

나를 '건드린' 게 홍차오방이야. 이 방에는 한 50명이 있어. 그들은 정보가 빨라. 작년에 내가 위탁 판매를 크게 세 건을 했는데 이윤이 좋았어. 이 일을 그들이 어떻게 알았는지는 하느님만 알 거야.

11월 어느 날 저녁, 처음 보는 청년 세 명이 우리 집에 와서는, 천씨 성을 가진 푸룽 사람이 자기네 돈 10만 위안을 가져갔다고 하면서 나더러 3일 안에 그 사람을 넘기라는 거야. 이 천씨는 나와 사업을 딱 한 번 했을 뿐이고, 게다가 내 돈 1만 위안도 갚지 않은 사람이야. 내가 어디 가서 찾아와! 말 몇 마디 하고 그들을 쫓아냈어. 당시에는 신경 쓰지도 않았어.

3일 뒤, 이 세 명이 다시 왔어! 나보고 계속 사람을 넘기라는 거야. 이번에는 말 몇 마디 안하고 바로 싸움이 붙었어. 우리 가게에 예닐곱 명이 있었으니까 그들을 때려 쫓아냈지. 한 명은 내 사촌 얼굴에 상처를 입히기도 했어. 이번에는 조금 무섭더라고. 일주일 내내 감히 문을 열지 못했어. 류스밍을 찾아가서 상황을 좀 의논했는데, 별 일이 아니라고 하더라고. 나는 파출소도 찾아갔는데—파출소 사람들과 꽤 친해—그들도 괜찮다고 했어.

나는 방심하고 도매점을 다시 열었어. 3~4일도 지나지 않았는데 그날도 저녁이야. 한 무리 사람들이 칼과 방망이를 들고 쳐들어와서는 보이는 대로 때리는 거야! 물건 부수는 거는 더 말할 것도 없고, 내 사촌 남동생 다리 두 개 모두 부러지고, 머리도 피터지고, 생명이 위태로운 상태였어. 겨우 목숨을 건졌지만 퇴원하자마자 고향에 돌려보냈어. 사람은 살려야 할 거잖아!

스릴 넘치는 사건만큼 그 여파도 깊은 여운을 남겼다.

사촌을 집에 보내고 가족을 안전하게 한 후에 훙차오에 가서 상대방에 대해 더 자세히 알아보고 상황을 해결할 수 있는 적절한 사람을 물색했어. 나중에 저장촌에서 도박장을 운영한, 러칭 일대에서 나름 세력이 있는 사람 한 명을 찾았어. 그런데 이 사람이 말을 듣고 자기는 '해결'할 수 없다고 하는 거야. 자기 세력이 상대방을 제압할 수 없다고 했어. 결국 류스밍이 나서서 해결했는데, 결국 우리가 돈을 배상했어—우리가 그들을 먼저 때렸으니까! 전후 다 합쳐서 총 피해액은 10만 위안이야.

돈도 잃고, 술도 먹었고(위에서 언급한 '화해주') 그 '우두머리'가 자기 가슴팍을 치면서 "너 완씨 앞으로 문제가 있으면 나를 찾아, 우리 이제 친구야!"라고 했어. 이 난리를 치고 이제는 좀 안전해졌어. 다만 당분간은 규모가 큰 위탁 판매 사업을 할 엄두가 나지 않을 뿐이야.

사건 7

저장촌에는 처음부터 도박이 성행했다. 한 번에 수백 위안을 배팅하는 것은 '시간 때우기'일 뿐이었고, 진짜 큰 규모는 호텔에서 이루어졌다. 하루 밤 요금이 300~400위안 혹은 한 시간 요금이 60위안인 방을 빌려 밤새 도박을 했는데 판돈 규모는 1만 위안 심지어 10만 위안이 될 때도 있었다. 1991년을 전후하여,

도박은 사기 갈취의 수단이 되기도 했다. 일부 규모가 큰 사업체들은 강압과 회유에 의해 도박에 '초대'되었고, 도박을 주도하는 사람은 앉은 자리에서 커미션을 챙겨갔다.

1992년과 1993년 이후 새로 발명한 것은 '도박 선금'이다.

왕씨는 수중에 돈이 없어지자 오래된 지병인 '도박 선금' 생각이 다시 도졌다. 친구들에게 빅브라더와 BP를 한 바퀴 돌리면서 "오늘 밤 우리 집에서 한 판 '뽑아'야지!"라고 알렸다.

그날 밤, 왕씨의 아내는 일찍이 야식(보통은 박스 채로 된 맥주와 바보우저우八寶粥)을 준비했다. 한 무리 사람들이 도착하고 '스싼장十三張'을 시작했다. '스싼장'은 저장촌에서 유행하는 게임으로서 돈이 많이 오가고 스릴이 넘치는 게 특징이다. 새벽 3시에 게임은 끝나고, 누적 도박 금액은 2만 위안에 달했다. '도박 선금'의 기묘함은 이때 나타난다. 승자는 2만 위안을 땄지만 1만 위안만 가져갈 수 있고, 가져가는 1만 위안도 패자가 주는 것이 아니라 선을 잡은 사람, 즉 '선금인'이 지불한다. 물론 선금인은 손해보는 장사를 하지 않는다. 3일에서 5일 이내에 패자는 무조건 2만 위안의 현금을 마련하여 1만 위안은 도박 빚으로 납부하고 남은 1만 위안은 선금인에게 줘야 한다.

저장촌에서는 사람들이 계약을 어기거나 파기하는 경우는 종종 있지만 유독 '도박 선금'은 시간을 어기는 사람이 없다. 그 이유는 선금인은 보통 뒷배가 있는 사람으로 마을에서 세력이나 관계가 없으면 사업 자체를 할 수 없기 때문이다.

자위 조직과 공안

저장촌 사람들은 자체적으로 다양한 유형의 자위 조직을 시도한 적이 있다. 첫 번째 유형은 특정 대형 사업자가 직접 경호원을 고용하거나 여러 사업자가 연합하여 공동으로 경호원을 고용하는 경우다. 경호원들은 보통 마을에 사는 청년들인데 한 달에 몇 천 위안의 월급을 받는다. 낮에는 주인을 따라다니며 안전을 지켜주고 밤에는 주인의 가족과 교대로 경비를 선다. 이 유형은 일반적이지 않았고, 또한 1년 내내 고용하는 것도 아니었다. 주로 춘절을 전후하여 정산할 때 고용한다.

두 번째는 '연합방어자위기금聯防自衛基金'의 설립이다. 일정한 범위의 권자를 정하고 거기에 속한 사업자들이 월 100위안을 기금에 내고 그 돈으로 건장한 청년 '경호원'을 고용하는 방식이다. 이들은 길목을 지키고, 상황이 발생하면 바로 출동하는 역할을 했다. 이 과정의 모든 비용은 기금에서 사용했다. 이 방법은 1991년과 1992년에 잠시 시도되었지만 금방 인기가 시들었다. 사람들은 아직까지 일심동체의 필요성을 느끼지 못했고 서로를 하나의 공동체의 구성원으로 간주하는 정체성이 없었기 때문이다. 동시에 패거리의 영향력이 도처에 만연했기 때문에 '경호원'과 악당이 공모하는 일까지 발생했다.

세 번째 유형은 1993년과 1994년에 널리 보급되었던 민간방범대民間聯防隊다. 방범 구역을 지정한 후 한 명이 통솔했다. 구역 내의 모든 가구가 보호비를 냈다. 일반적으로 가구당 월

300~500위안 등 다양했다. 촌의 젊은 남성을 고용하여 '방범대'를 조직했는데, 그들은 가죽으로 된 옷, 모자, 장화를 착용하고, 대여섯 명이 한 조가 되어 매일 방범 구역 내에서 순찰했다. 무기는 주로 길이가 약 1.5미터, 밀대 굵기의 쇠막대였는데 이로 인해 '철곤대鐵棍隊'라고 불리기도 했다. 저장촌에서 방범대가 가장 많을 때는 21개에 달했고, 각 방범대는 20~40명 규모였다. 일부 방범대는 현지 파출소에 등록했고 파출소는 심사를 거쳐 이들에게 '보안원安全員'이라는 글씨가 적힌 완장을 발급했다. 방범대가 마을의 치안 유지에 기여하는 등 활발한 활동을 했지만 기대만큼 마을 주민의 인정을 받지 못했다. 그 이유는 첫째, 보호비가 너무 비싸고 강제적으로 받아가는 느낌이 들었다는 것, 둘째, 방범대의 회계가 불분명했고 게다가 거액의 돈이 사라졌기 때문이다.

네 번째 유형은, 몇몇 가구가 연합하여 구성한 '순찰대'다. 류저보가 조직한 순찰대가 대표적이다. 비슷한 지역에 사는 수십 가구의 젊은이들로 구성된 총 100명 규모의 조직이었다. 모두 열 개 조, 한 조의 인원은 열 명이었고, 매 조마다 한 달에 3일을 근무하며 야간에 순찰을 돌았다.

류저보는 자신이 순찰대를 조직한 과정을 들려줬다.

1993년 정월, 근처에 살던 훙차오 가족 몇 집이 강도를 당해 다들 긴장한 상태였어. 그때 누군가가 나를 찾아와 방범대를 조직해야 하는 게 아니냐고 했어.

나는 이 문제가 매우 조심스러웠어. 우리 가족을 놓고 보면 이런 방범대가 꼭 필요한 것은 아니었거든. 우리는 사람이 많아. 나와 아들 집들은 모두 전화기가 있어서, 정말 무슨 일이 생기면 버튼 하나 누르기만 하면 돼. 내가 나서서 방범대를 만들면 사람들이 내가 사람을 이용하여 자기 재산을 보호한다고 말할 수도 있어—이 일대에서 내가 재산이 제일 많거든. 하지만 여러 이웃이 모두 이런 제안을 했고, 나도 조언을 구하기 위해 여러 동향을 찾아갔어. 다들 동의했어. 그제야 이일을 하기로 결심했어.

저장촌에서 방범대는 많이 했어. 그런데 제대로 잘 한 곳은 몇 개 안 돼. 우리는 새로운 방법을 모색해야 했어. 인력을 고용하는 대신 각 가구마다 자체 인력을 투입하여 교대로 근무를 서는 거야. 손전등과 같은 물건은 함께 모금한 돈으로 사고—이건 다 장부가 있어—그 외에는 돈을 거두지 않았어. 모두가 자신과 타인을 보호하고, 모두 자원하여 봉사를 했어. 이렇게 하면 함부로 돈을 거두는 문제도 없어지고, 방범대가 패거리로 변형되는 문제도 미연에 방지할 수 있었던 거야.

다른 방법은 하이후이사의 허우가처럼 10여 가구가 돈을 모아 그릇 지름의 속이 빈 쇠파이프로 철문을 만들고 밤에는 사람이 출입할 수 있는 문 하나만 남기고 골목을 통하는 기타 철문을 모두 잠그는 방법이었다. 이는 물질적 수단으로 안전을 추구하는 방식이었다. 하지만 전제는 모든 가구가 길고 좁은 지역에 모여 살면서 한두 개의 철문으로 전체 공간을 폐쇄할 수 있어야 했다.

그러나 하이후이사의 철문을 제외하고 규모가 비교적 큰 다양한 자발적인 방범대는 모두 오래 지속되지 못했다. 왜냐하면 비록 공동체 내에 '거물'이 있었지만 이 거물들은 모두 구체적인 관계에서 '배태'된 사람들이기에 하나의 조직을 효과적으로 구성하고 이끌 수 있는 상대적으로 독립되고 초월적인 '권력'을 행사하는 경우는 매우 드물었다.

이런 문제 때문에 저장촌의 많은 사람은 자체적인 방어 장비를 갖출 수밖에 없었다. 문 뒤나 침대 머리에 1미터 길이의 수도 호스와 분말 소화기가 놓여 있는 것을 종종 볼 수 있었다. 수도 호스는 몽둥이로 사용했고, 소화기는 화재 방지용이 아니었다. 마을 사람들은 "소화기는 상대방 눈에 뿌려야 해. 이게 눈에 해로운지는 모르겠지만 어쨌든 눈을 뜰 수 없게 하니까"라고 말했다. 동시에 이런 물건은 흉기로 간주되지 않기에 경찰 검문에 단속될 일도 없었다.

다른 한편, 필요에 의한 '과도한 자기 방어'는 새로운 차원의 공포를 조장하기도 했다.

1994년 10월 초의 어느 날 밤, 정체를 알 수 없는 세 명이 마촌의 한 집에 찾아와 돈을 갈취하려고 했다. 집 주인이 마침 '이웃자위대鄰裏自衛網'의 조직자였다. 상대방이 흉기를 꺼내기도 전에 그는 소리를 질렀고 동네 전체가 출동했다. 세 명은 그 자리에서 도망쳤지만 두 명만 마을을 빠져 나가고 한 명은 구타당한 채 바닥에 쓰러져 움직이지 않았다.

"몇 대 맞고 죽는다고?" 한 청년이 발로 몇 번을 세게 찼다. 움직이지 않았다. 다른 한 명이 라이터를 꺼내 그 사람의 코밑을 태웠다. 2~3분이 지나 코끝에 노랗게 그을린 자국이 생겼는데도 그는 움직이지 않았다!

"망치 가져와!" 주인은 망치를 들고 그 사람 손가락을 내리쳤다! 하나, 둘, 셋 (…) 손가락 뼈 10개를 모두 부숴버렸다!

그 사람은 여전히 움직이지 않았다. "정말 죽었나보네." 사람들은 집으로 돌아가 휴식을 취했고, 그 사람은 골목길에 버려졌다. 다음 날 아침 나와보니 사람이 없어진 것이었다! "이놈이 그렇게 죽은 척을 잘할 줄은 생각도 못했어. 조금만 움직였어도 진짜로 죽었을 거야."

나는 그 주인한테 물었다. "정말 죽이면 어떡하지?"

"그게 뭐가 문제야? 갈취하러 온 그런 놈은 죽여도 양심의 가책이 없어. 그들이 강하면 우리가 당해. 게다가 맞아죽어도 조사를 못해. 20명 넘는 사람이 함께 때렸는데, 누가 죽였다고 특정할 수 있어? 우리 이 10여 명을 전부 잡아넣지 못할 걸? 실제로 죽어도 파출소는 몰라. 신고하는 사람이 없는데!"

그렇다면, 정상적인 사회의 치안 문제에 결정적인 역할을 하는 공안은 어떤 역할을 했을까? 적어도 1995년 이전까지만 해도 공안에 대한 저장촌 사람의 기본적인 태도는 불만과 불신이었다. 나는 그들이 파출소에 대해 다음과 같이 이야기하는 것을 자주 들었다.

"파출소가 무슨 소용이 있어? 베이징 사람들을 위한 파출소
일 뿐이야. 강도를 신고하러 갔는데 경찰 간부가 하는 말이
상대방의 이름과 주소를 알지 못하면 잡을 수 없다는 거야.
범인이 누군지 내가 알면 당신들이 왜 필요해?"

"일반적인 사소한 문제는 파출소가 아예 접수도 안 받아. 저
장촌을 제대로 다스리려면 저장 사람들의 자체 법정을 세워
야 해. 다른 누구도 제대로 관리할 수 없을 뿐만 아니라 관리
자체가 불가능해."

1994년 4월 23일, 허우촌에서 꽤 유명한, 갈취를 직업으로 일
삼은 차이씨 형제가 장씨로부터 6000위안을 빼앗아간 일이 있
었다. 차이씨는 상대방이 무서워서 신고하지 못할 것이고, 신고
해도 6000위안 때문에 진지하게 수사를 하지 않을 것이라고 생
각했다. 따라서 매우 노골적으로 갈취했고 돈을 가져간 다음에
도 도주하지 않았다. 그들의 예상과 달리 장씨는 실제로 신고했
고 두 차이씨는 파출소에 잡혀 들어갔다. 하지만 다음날 석방된
그들은 그 길로 장씨의 집을 찾아가 7만 위안을 요구했다. 이유
는 두 가지였다. 하나는 자기가 공안에 준 뇌물 비용을 받아가겠
다는 것이고, 다른 하나는 실추된 명예에 대한 '보상'이라고 했
다. 장씨는 자신이 생각이 짧아 신고한 것을 후회했다. 다른 방
법이 없어 친척을 찾아 의논했고, 친척들은 다시는 신고하지 말

라고 조언했다. 친척들이 6만 위안을 마련해줬고, 사람을 찾아 그들에게 사정을 봐달라고 부탁했다.(이 사정 덕분에 1만 위안을 '할인'받았다.) 결국 그의 전체 친우권은 부득이 스자좡으로 이사 가야 했다.

1994년, 덩촌에 사는 한 원저우 사람은 집에서 멀지 않은 곳에 마약하는 사람이 산다는 것을 발견했다. '아편쟁이'가 매일 그의 집 앞을 지나다녔고, 그는 두려운 마음에 파출소의 아는 사람에게 신고했다. 다음날 이 아편쟁이는 집까지 찾아가 그를 향해 "너 살기 싫어? 너 그 아무개 알지(당시 파출소에 근무하던 한 간부), 그게 내 친구야!"라고 큰소리 쳤다. 이 신고한 사람은 너무 무서워서 다음날 서둘러 베이징을 떠났고, 사업 손실은 4~5만 위안에 달했다.

1995년 8월, 가오좡의 한 패거리가 강도 혐의로 신고 당했지만 '보석금'을 내고 이틀 만에 바로 풀려났다. 이를 '이벌대형以罰代刑'(벌금으로 형벌을 대신한다는 뜻)이라고 불렀다.

저장촌에는 반 직업화 된 '위탁업자'가 있었다. 징원시장에서 사업하는 링디향嶺底鄉의 한 여성은 정부 부문과 껄끄러운 문제가 발생한 사람들만 전문적으로 찾아다니면서 "이 일을 혼자 해결할 수 있어? 안되면 내가 해줄게"라고 말한다. 그녀는 공상과 공안 두 개 부문과 '맞춤형 관계'를 맺고 있었다. 정부가 1000위안의 벌금을 부과하려 할 때 그녀가 나서면 500위안으로 줄어들고, 남은 500위안은 당사자와 그녀가 반반으로 나누었다.

저장촌의 치안 문제는 자체 문제라고만 할 수 없는, 현지 치안

시스템과 직접적으로 연결된 문제였다. 우리는 이 부분에 대해 뒤에서 간략하게 다룰 예정이다. 공식 기관이 제 기능을 수행하는 과정에 문제가 생기면 사람들은 부득이 '대체품'을 찾아 나선다. 이 '대체품'은 세 가지가 있다. 하나는 자기가 직접 나서는 방식인데 효과는 그다지 좋은 편이 아니다. 둘째는 패거리의 도움을 빌리는 것이고, 셋째는 '어른'을 모셔오는 방법이다. 두 번째와 세 번째 방법은 아래에 이어 설명하고자 한다. 하지만 그 어떠한 방법이든 모두 공동체를 더욱 불안하게 만들었다. 혼란에 의한 혼란의 관리, 즉 '혼란'의 악순환이 시작되었다.

패거리의 형성

저장촌의 치안 사건을 통해 우리는 저장촌의 혼란은 조직적 기반이 있고, 또는 적어도 어떤 집단적 성격을 가지고 있다는 것을 알 수 있었다. 강탈하려는 사람은 사전에 내선을 통해 정보를 수집했고, 도박을 권유하는 사람에게는 배후가 있었다. 이 조직적 기반이 바로 패거리幇派다.

1992년 러칭현 당위원회 조직부가 작성한 「베이징 러칭 당원 조사 보고서關於樂淸籍黨員在京情況的調查報告」에는 다음과 같은 내용이 있다.

현재 베이징의 러칭 사람 집거지의 사회 치안 문제는 매우 심각하고, 거의 무정부 상태에 있으며, 대중의 불만이 매우 크다. 특히 스촌의 경우, 1992년 10월 중순부터 현 동부 지역 출신 범죄자들이 베이징으로 도주하여, 베이징에 거주하는 러칭 사람들을 상대로 강도를 일삼았다. 조사에 따르면 약 여섯 무리가 있는데 그들은 낮에는 상황을 살피고 밤에는 복면 차림으로 강도짓을 했다. 매일 밤 네다섯 가구가 강도를 당했고, 피해 금액은 적게는 수천 위안, 많게는 10여만 위안에 달한다. 수단이 매우 악랄하고 위세가 매우 거만하다. 불완전한 통계에 따르면, 1992년 10월 중순부터 12월 중순까지 2개월 사이, 강탈당한 금액은 100만 여 위안에 달한다. 현지 파출소는 인력이 부족하고 상황을 제대로 파악하지 못하는 데다가 러칭 사람이 러칭 사람들을 강탈하고 있었기 때문에 상황 자체를 통제할 수 없었다. 이로 인해 범죄자들은 더욱 기세등등해졌다.(1992:3)

1992년 이후, 패거리들은 세력을 빠르게 확장했다. 지명을 딴 '칭장방淸江幇' '훙차오방虹橋幇' '푸룽방芙蓉幇'이 있고, 무기 이름을 딴 '푸터우방斧頭幇'〔푸터우는 도끼를 말함〕 '슝디방兄弟幇'〔슝디는 형제를 말함〕 같은 평범한 이름도 있었다. 패거리마다 적게는 7~8명, 많게는 10~20명의 멤버가 있었다. 1992년, 한 패거리는 100만 위안을 강탈하기 전에는 춘절 귀향을 하지 않는다고 선언했고, 다른 패거리는 더 많은 400만 위안을 목표로 세웠다. 이들이 얼마나 기승을 부렸는지 잘 알 수 있었다.

그렇다면 패거리는 어떻게 출현했을까?

다음은 '소푸룽방小芙蓉幇'의 역사다.

1990년 겨울, 스촌에 살던 리씨는 둥베이에서 온 손님에게 가죽재킷 300벌을 팔기로 했다. 그런데 이 고객이 옆집의 왕씨에게도 문의했고, 왕씨가 더 낮은 가격을 제시하자 그는 왕씨의 물건을 구입했다. 리씨는 왕씨 집으로 가서 따졌지만 욕을 먹고 쫓겨났다. 이로 인해 두 집안 사이에는 원한이 생기게 되었다. 나중에 다른 일들까지 겹치면서(조사 중에 자세히 알 수 없었음) 양측의 갈등은 더욱 커졌다.

리씨는 란저우에 사촌 남동생이 있다는 사실을 기억해냈고, 젊고 힘이 있는 그에게 편지를 보내 '도와달라'고 부탁했다. 사촌동생은 편지를 받고 친구를 불러모아 베이징으로 향했다. 왕씨는 이 상황에 크게 당황해하면서, 그도 고향에 전화를 걸어 친척과 친구들을 오라고 했다. 양측은 크게 한바탕 싸웠고, 결과 양측 모두 출혈이 컸다. 리씨는 분풀이했다고 생각했고 사건은 이렇게 '종료'되었다.

비슷한 시기 리씨의 먼 친척이 계약 문제로 누군가와 갈등을 빚었다. 저장촌에서 이루어지는 계약은 쌍방이 자율적으로 정한 계약이다. 사전에 공증을 받지 않고 사후에도 법정에 가지 않기에 한쪽이 일방적으로 파기하면 다른 한쪽은 해결할 방법이 없다. 이럴 때는 종종 '힘'으로 밀어부친다. 이번에도 사촌동생이 사람을 불러 전쟁했고, 친척들의 체면을 살려줬다.

그 후 사촌동생은 란저우로 돌아가지 않고 한 무리의 친구들과 함께 저장촌에서 방을 빌려 눌러 앉았다. 그의 행동은 두 친척의 마음에 쏙 들었다. 강력한 무장 배후가 '마을'에 주둔했기 때문이다!

1991년 하반기, 리씨의 한 친구가 '마을'에서 한 무리의 '망나니賴倫'(원저우 방언으로 양아치)에게 괴롭힘을 당한 일이 있었다. 이 친구는 사촌동생의 이름을 알고 리씨한테 찾아가 사람을 '빌려'달라고 부탁했다. 리씨는 비록 내키지 않았지만 체면 때문에 사촌동생에게 연락했고, 사촌동생은 듣자마자 힘이 솟아 다시 한번 출정했다.

몇 번의 '전쟁' 끝에 사촌동생의 패거리는 마을에서 자신의 영역을 만들었고 이름을 날렸다. 사람들은 그들을 '소푸룽방'이라고 불렀다.

리씨는 일이 '변질'되고 있다는 느낌을 받았다. 사촌동생 패거리가 도처에서 싸우고 밤이면 골목길에서 배회하는 것을 자주 목격하면서부터다. 집에 가면 길고 짧은 칼을 자주 볼 수 있었다. 어느 날 밤, 리씨와 같은 촌 출신인 한 동향이 2만 여 위안을 강탈당한 일이 있었다. 리씨는 겁이 났지만 동시에 이상한 느낌이 들었다. 지난 며칠 이 동향에게 돈이 입금되었다는 일을 아는 사람이 많지 않았기 때문이다. 곰곰히 생각해보니, 사촌동생이 얼마 전에 이 사람의 경영 상태를 물어보고 다녔던 게 기억났다!

두 친척은 당황했다. 사촌동생을 불러 좋게 타일렀다. 사촌동생은 고개를 빳빳이 쳐들고 "우리에게 돈을 주지 않는데, 우리도 먹고, 입고, 놀아야 하는데 어디 가서 돈을 구해?"라고 말했다. 리씨는 외삼촌, 사촌동생의 아버지를 베이징에 불러 이야기하게 했지만 아들은 오히려 "요즘은 사나운 사람이 질서를 만들어, 더 사나우면 더 잘 먹고 잘 산다고! 아버지 방식은 이미 구식이 된 지 오래 됐어!"라고 말했다.

리씨의 외삼촌은 향진기업 책임자다. 위의 내용은 그가 원저우에서 나에게 들려준 이야기다. 노인은 상심이 큰 말투로 "이 세상에는 반드시 '도道'가 있어야 돼. 예수는 예수의 도가 있고, 공자는 공자의 도가 있는데, 쟤들은 대체 어느 도에 있는 걸까? 그렇다고 내가 할 수 있는 게 또 뭐가 있을까? 분노와 걱정밖에 없어!" 아들 패거리의 근황에 대해 노인은 아는바 없고 또 알고 싶지도 않았다.

결국 나는 이 푸룽방과 연락이 닿지 못했고, 리씨가 그저 평범한 싸움하기 좋아하는 청년인지 아니면 특별한 경험을 가진 인물인지 알 수 없었다. 두 곳의 공안당국으로부터 저장촌 패거리의 핵심 멤버는 보통 원저우에서 온 도주범, 수배자 심지어 탈옥수이고, 일부는 고향에서 운영하던 공장의 빚이나 사업 빚을 갚을 수 없는 사람들이라는 사실을 알게 되었다. 저장촌의 안개 낀 듯 흐릿한 사회적 분위기는 그들에게 도피처가 되었다. 풍부한 자원은 그들의 표적이 되었다. 주변에는 사업에 실패하고 새롭게 시작할 의욕이 없는 청년들이 있었다. 그들은 강도가 불로소득을 얻는 것을 보고 따라했다. 그리고 친척을 따라 이곳에 온 20대 청년들이 이 패거리 무리에 빠져들었다. 모든 패거리가 이러한 세 가지 유형의 사람들로 구성되었다.

나중에 일부 패거리는 교묘하게 이미지를 세탁하여 사람을 보호해준다는 명분으로 돈을 요구했다.(〔부록 5〕참조) 하지만 내가 알기로 그들의 이러한 새로운 접근 방식은 성공하지 못했다.

패거리 조직

내부의 조직화는 패거리 유지에 필수적인 요소다. 범죄를 저지를 때 그들은 분업을 통해 움직였다. 예를 들어, 일부는 직접 '행동'에 나서고, 일부는 호텔을 예약하고(패거리의 관습에 따라 강탈이 성공하면 호텔에 가서 '즐기고' 동시에 그곳에 몸을 숨겼다), 또 일부는 비행기표나 기차표를 미리 사거나 택시를 대절(만에 하나 문제가 발생하면 도망쳐야 했다)했다. 이러한 조직적 분업을 통해 그들의 일 처리 효율성은 대폭 제고될 수 있었다. 조직화는 또한 패거리에게 보기 드문 위압감을 조성해주기도 했다. 강도를 당한 한 여성에게 "왜 바로 신고하지 않았어?"라고 물었다. 그녀는 "감히 신고할 엄두가 나지 않아! 신고하면 한 놈이 잡혀 들어가도 함께 있던 다른 놈들이 바로 너의 목숨을 노릴 테니까"라고 대답했다.

패거리 내에는 무엇보다도 '또래 집단' 관계가 있다. 나는 원저우 현지의 농촌과 저장촌 모두에서 또래 집단의 관계가 내가 살고 있는 도시보다 훨씬 더 중요하고, 심지어 친척의 역할보다 더 중요하다는 것을 발견했다. 이 관계는 친척이 아닌 또래 집단을 기반으로 했기에 패거리는 가족과 친우권의 관할 범위를 넘어설 수 있었다. 나는 패거리 멤버의 부모가 저장촌에 없다고 생각했는데 꼭 그런 것은 아니었다. 하지만 베이징에 부모가 있든 없든 그들에게는 아무런 영향이 없었다. 패거리 멤버들은 경제활동에 거의 종사하지 않기에 공동체 내의 다른 관계들과 중첩되지 않았다.

저장촌에서 사람들은 '아편쟁이(원저우 방언, 아편을 뜻함)'라는 단어로 이 젊은 범죄 집단을 불렀다. 집단행동으로서 마약 흡입은 패거리 유지에 중요한 역할을 한다. 패거리의 일원이 되는 것도 종종 마약 흡입에서 시작되었다.

내가 자주 만난 작은 패거리는 26세 성춘盛存, 22세 빙융丙勇, 21세 아룽阿龍, 18세 젠펑建豊 등 네 명으로 구성되었다. 패거리는 내부의 끈끈한 친구 관계에 의해 빈틈이 없었고, 이름이 없었다.

성춘과 빙융은 고향에서 알고 지낸 사이였고, 차례로 저장촌에 와서 '절친'이 되었다. 저장촌에 있는 빙융과 젠펑은 멀지 않은 곳에 살았기에 자주 만나서 함께 어울렸다. 세 사람은 거의 동시에 마약에 손을 댔다. 젠펑은 막내였고 고향에 있을 때부터 마약을 했다.(형의 영향을 받음) 1993년 하반기에 베이징에 왔고 우연히 '마약' 취향이 같은 이 친구들을 만나 함께 다니기 시작했다.

나는 저녁 7시에 이 '팀'을 만나기로 했다. 그들은 나를 반쪽

짜리 친구처럼 대하면서, '택시'를 타고 '마을 밖'의 식당으로 데려가 식사를 대접했다. 처음부터 나는 성춘이 우두머리라는 것을 눈치 챌 수 있었다. 주문은 주로 젠펑이 하고 마지막에 계산은 빙융이 했지만 중간에 요리를 추가할지 여부를 결정하거나 카운터에서 직원과 농담을 주고받는 것은 성춘의 권리였다.

저녁식사 후 우리는 빙융이 맡은 약 10제곱미터 남짓한 작은 집으로 돌아가 TV를 보고 카드 게임을 했다.

이 작은 집이 그들의 아지트였다. 고급 더블 침대, 컬러 티비, 빙융의 휴대전화 등은 그들이 자체적으로 장만했다. 이 집 외에 다른 숙소는 없었다. 그들에게 물었다. 주로 어디서 자? "정해진 곳이 없어, 친구 집, 여관에서 대충 하룻밤 자면 어때?" 그들은 매일 오전 9시에서 11시 사이에 일어났고, 밤은 활발하게 움직이기 정말 좋은 시간대였다. 빙융의 집을 아지트로 삼은 이유는 빙융과 류스밍이 먼 친척관계였기 때문이다. 비록 류스밍이 이 친척을 언급할 때마다 화를 내면서 고개를 저었지만, 빙융은 이 카드를 들고 다니면서 공짜로 세를 확장할 수 있었다.

피곤한 표정을 한 그들이 눈빛을 교환하며 옷을 입고 문을 나선 시간은 10시쯤이었다.

나는 한 번도 가본 적 없는 외딴 골목길로 들어섰다. 달은 어둡고 바람이 부는, 쥐 죽은 듯이 조용한 밤이었다. 골목 한쪽에 있는 회색 벽과 작은 철창을 보아 이곳이 한때는 공장이었다는 것을 알 수 있었다. 우리 다섯 명은 아무 말도 하지 않고 빠른 걸음으로 걸었다.

모퉁이에 도착했을 때 그들은 갑자기 멈췄다. 빙융은 아룽과 젠펑에게 이곳에서 나와 함께 기다리라고 하고, 그와 성춘은 계속 앞을 향해 걸어갔다. 나는 여전히 감히 아무 것도 물을 수 없었다.

잠시 후 두 사람이 돌아왔고 우리는 다시 아무 말 없이 돌아 갔다. 빙융의 집에서 드디어 이번 출장의 결과물을 확인할 수 있었다. 낡은 신문지 조각에 싸인 작은 봉지 열 개, 그 안에는 옅은 노란색 가루가 있었다. 한 봉지 무게는 1첸錢〔엽전 무게로 3.7그램〕 밖에 안 되었만 가격은 40위안이었다! 이것이 바로 그들이 말하는 '아편가루'였다. 나는 헤로인이라고 생각했지만 정확히 어떤 화학물질인지는 알 수 없었다.

성춘은 능숙하게 '마약 도'를 시전했다. 먼저 '훙타산紅塔山' 담배에서 은박지를 떼어내 따뜻한 물에 잠시 담근 다음 은박지 뒷면의 흰색 종이를 떼어냈다. 그런 다음 손가락으로 앞뒤를 접고 가운데 주름을 따라 반으로 잘랐다. 길이가 약 10센티미터, 너비 3센티미터의 두 조각이 이들의 마약 도구였다.

그는 담배 한 개를 꺼내더니 두어 번 흔들어 안에 넣어둔 작은 철제 빨대를 빼냈다. 담배는 단지 위장용일 뿐이었다.

성춘은 '아편 가루' 한 봉지를 은박지에 붓고 손에 들었다. 은박지 아래에 라이터 불을 가볍게 가져다 대자 가루는 즉시 반짝이는 검은색 액체로 변했다.

성춘은 철제 빨대를 입에 물고 검은색 액체 덩어리를 빨아들였다. 검은색 액체는 공기의 흐름을 타고 은박지 위에서 굴러다녔다. 내 눈앞에 보이는 성춘의 얼굴은 고통으로 가득 차 있었다. 미간이 좁혀지고 눈은 초점을 잃었고 근육은 긴장되어 있었다. 고작 이것으로 그의 신경은 쾌락을 느낀단 말인가?

작은 검은색 구슬은 앞뒤로 굴렀고, 성춘은 다음 포식자에게 건넸다. 이렇게 이어졌고, 한 봉지 아편은 다섯 명이 흡입하기에 충분한 양이었다. 그러나 그들은 이미 마약에 중독된 상태였기 때문에 한 번에 네다섯 봉지, 하루에 3~4회를 흡입하여 총 12~20봉지가 필요했다. 돈으로 치면 480~800위안에 달했다.

나는 마약을 흡입할 때의 그들의 모습을 절대 잊을 수 없다. 전신의 힘이 빠지고 눈이 충혈되어 있고 혀가 굳어졌다—말을 제대로 하지 못했고 기침하고 침을 뱉고 구토했다. 누렇고 비쩍 마른 얼굴에 젊음의 흔적이라고는 전혀 찾아볼 수 없었다!

그들이 사용하는 이 흡입 방법을 전문 용어로 '대판 흡입吸大板'이라고 했다. 빨대를 사용하지 않고 코로 냄새만 맡는 사람도 있었지만 그렇게 하면 충분하게 흡입할 수 없었다. 또 다른 방법은 '아편 가루'를 담배 속에 뿌려서 담배와 함께 피우는 것이다. 이 방법은 비교적 안전했다. 마약을 하고 싶을 때 담배를 꺼내 피우면 되었지만 '대판 흡입'보다는 못했다. 이 모든 것이 그들이 총화해낸 경험이었다.

성춘은 한 봉지를 다 흡입한 후 생수 두 병을 마시고 껌을 씹더니(이 두 가지는 마약을 흡입할 때 필수다) 정신이 다시 드는 듯했다. 네 명은 비밀스럽게 몇 마디 주고받더니 저녁에 xx호텔에 간다고 했다. 빙융과 아룽은 매우 점잖게 집 문을 나섰다.

나는 무심한 척 어디로 가는지 물었지만 아무도 대답하지 않았다. 사실 나는 마음속으로 '대충 짐작할 수' 있었다. 또 다른 강탈 사건이 곧 일어날 것이라는 예측이다! 나는 성춘에게 말했다. "방법을 대서 그만 끊어보지 그래! 마음 다잡고 사업을 해봐."[82]

끊으라고? 말이 쉽지, 우리도 처음에는 재미로 했어. (…) 이제 끊으려야 끊을 수 없어. 솔직히 말해서 이제 약이 없으면 나는 아무 것도 못해!

마약은 당연히 나쁘지. 친구 하나가 있는데 25살이야. 저장촌에서 키도 크고 잘 생겼어. 외모가 일품이야. 작년에 마약에 손을 댔는데 지금은 이혼하고 사람이 불에 그을린 것처럼 '왜소'해졌어. 이제 더 이상 베이징에서 마약할 수 없어서 시안에 갔어—거기 아편이 싸거든.

그런데 난들 무슨 방법이 있겠어? 다들 뭍으로 헤엄쳐 올라가려고 하지. 일부러 물에 뛰어들어가는 사람이 있어? 하지만 내 친구, 주변의 친구들이 다 이 모양이야. 헤엄쳐 올라가려고 해도 갈 수 없어! 나도 내가 거기 가서 뭘 해야 할지 모

---

[82] 1995년, 나는 한 잡지에서 내가 '촌의 범죄 조직에 성공적으로 침투했다'는 기사를 읽었다. 나는 한 번도 '침투'와 같은 신비한 경험을 한 적이 없다. 촌에서 오래 살다보면 패거리와 사귀기 마련이다. 매우 자연스러운 현상이다. 그들은 나의 실제 신분을 알면서도 거부하지 않았다. 따라서 나도 그들에게 이렇게 물었을 때 '신분이 노출'될까 두렵지 않았다. 반대로, 인류학적 조사가 '침투'를 통해 수행된다면 그것이야말로 위험한 일이고 또한 포괄적인 자료를 얻어내기 어려운 방법이다.

르겠으니까. 눈앞은 그냥 저 멀리까지 하얘.

11시가 지나도 빙융과 일행 두 명은 돌아오지 않았다. 성춘은 나에게 귀가할 시간이 되었다고 상기시켜줬고 나도 부득이 자리를 뜰 수밖에 없었다. 필경 나는 그들의 다음 일정에 동행할 수 없었다.

저장촌과 만난 첫 2년 동안 나는 이곳에 마약이 있다는 이야기를 들어본 적이 없다. 1992년, 푸룽진 출신 두 명과 링디향 출신 한 명이 시안에서 베이징 저장촌으로 왔는데, 그들이 마을에서 마약을 흡입한 최초의 사람들이었다. 처음에는 자기만 하고 판매하지는 않았다. 하지만 그들은 자신의 친우권(주로 동갑내기 친구들)을 통해 마약 친구를 만들었고, 나아가 마약을 팔기 시작했다. 1994년, 마약은 급속하게 확산되었고 패거리들도 따라서 급성장했다. 1995년 초, 마을에는 마약 밀매 장소 4~6곳, 마약 이용자가 2000여 명에 달하는 것으로 추정되었다. 잘 나가는 한 마약상은 2년 만에 수십 만 위안을 벌어 공동체 내에서 가장 신비한 유명인이 되었다. 초기에는 시안의 저장촌이나 허베이 등지에서 물건이 왔고 나중에는 신장에서 왔다. 베이징에서 어떻게 거래가 이루어졌는지에 대해서는 나도 잘 알지 못한다. 베이징의 또 다른 이주민 집거지인 '신장촌'에서도 마약 거래가 이루어지고 있지만 원저우 사람들은 그곳에 가서 사지 않았다.

마약을 제외한 패거리의 다른 활동들도 매우 강한 집단적 성격을 띠고 있었다. 강간은 대부분 윤간이었고(다만 발생률은 높지 않음), 매춘도 여러 명이 함께 가서 번갈아 하고 구경하는 방식이었다. 성춘 일당이 가기로 한 호텔은 저장촌 근처에 있었는데, 이 청년들의 고정 매춘 장소였다. 패거리의 멤버들은 평균 19세에 첫 성관계를 가졌다.

내가 강조하고 싶은 부분은 패거리의 목적이 강도가 아니라는 점이다. 무엇보다도 함께 모여 마약을 흡입하고 즐기는 것이 그들의 목적이었고, 강도나 갈취는 이 목적을 위한 수단이었다. 따라서 강도짓은 극복할 수 없는 불치병이 아니었다.

패거리의 조직화는 '우두머리'의 역할을 떼어놓고 설명할 수 없다. 유능한 우두머리인지 여부는 다음의 기준에 근거했다. 첫째, 용감하고 죽음을 두려워하지 않는지, 둘째, 어른들과 접촉이 많은지, 특히 마을의 거물들과 직접적인 관계가 있는지, 셋째, 패거리 멤버가 구타당했거나 혹은 공안당국에 의해 체포되면 효과적인 보복을 가하거나 제때에 '보석금'을 지불할 수 있는지 등 여부였다. 한 저장촌 사람은 나에게 이런 말을 해줬다. "패거리 멤버들이 정말 못하는 게 없어. 오늘 들어가면 내일 나와. 그리고 바로 보복한다니까! 지난번에 xx가 '돈을 많이 쓰더라도 xx은 빼내야 한다'고 큰소리치는 걸 봤잖아. 패거리 우두머리가 되고 싶으면 이 정도 능력은 있어야 돼. 부하 중 한 명이 들어가면 바로 빼낼 수 있어야지. 그렇지 않으면 누가 너를 위해 목숨을 바치겠어?" 첫 번째 기준은 우두머리가 되기 위한 최소한의 요건으로 간주되었고, 뒤의 두 기준은 우두머리를 얼마나 오랫동안 할 수 있는지를(얼마나 많은 사람을 모집할 수 있는지) 결정했다.

그러나 패거리의 우두머리는 항상 멤버들 중에서 나이가 가장 많은 사람이 맡았다. 우두머리가 패거리 내에서 나이가 가장 많지만 위에서 언급한 세 가지 능력을 볼 때 나이가 어린 멤버보다 못해도 내부에서는 '반란'이 일어나지 않았다. 다만 부하들은 점차 그를 떠나 새로운 권위 아래에서 자신의 위치를 확립하고자 했다. 패거리의 이러한 분리적 메커니즘이 저장촌에 패거리가 많은 이유 중 하나이기도 했다.

패거리가 저장촌에서 장기적으로 지속될 수 있었던 이유는 (앞서 설명한 것처럼) 그것이 공동체 유지에 필요한 어떠한 '기능'을 수행했기 때문이 아니라, 자기 순환적인 경로에 들어감으로써 그들만의 시장을 창출했기 때문이었다. 예를 들어, 완팅광이 강도를 당한 후 가장 먼저 한 행동이 자신이 잘 아는 패거리를 찾아간 것이었다. 한 원저우 간부가 요약한 말을 빌리자면, 범죄로 범죄를 해결하고 해결할수록 범죄의 수위는 더 높아졌다.

이와 비슷한 것이 패거리의 '모델 효과'였다. 어느 대형 패거리의 '보스'가 직설적으로 나에게 말했다. "우리가 어떻게 조직되었는지 묻지 마. 지금과 같은 이런 세상에서 사람을 조직하지 않으면 다른 조직에 잡아먹힐 게 뻔해!" '사나운 사람이 질서를 만든다'는 생각은 젊은이들에게 사회적 신조가 되었다. 뿐만 아니라 일부 부모도 자녀가 패거리에 들어가는 것을 단호하게 막지 않는다는 사실도 이러한 생각과 관련이 있었다. 내가 아는 한 패거리 두목의 아버지는 종일 빛바랜 낡은 군복을 입고 있었다. 그는 고향 마을에서 간부를 역임했고, '체제 내'에서 일한 사람이었다.

한번은 그의 집에서 저녁을 먹고 있는데 친척 중 한 명이 와서 누군가와 싸웠다고 말했다. 아버지는 큰 소리로 "겁내지 마! 안 되면 우리 아제阿傑(그의 아들)를 보내 혼내줄게!"라고 했다.

패거리 사이의 세력 다툼도[83] 패거리 내부의 조직화를 강화시켰다. 1993년 3월, '푸룽방'과 다른 패거리는 마을에 대한 주도권을 놓고 대규모적인 전투를 벌였다. 양측 모두 20만 여 위안에 달하는 손실을 입었다. '우리를 괴롭히는 놈들을 용서하지 않아!' 모든 패거리의 공통된 생각이었다. 1993년 8월, 스촌의 한 패거리가 공안당국에 체포되었다. 마을이 평화로워진 것이 아니라 오히려 더욱 혼란스러워졌다. '세력 공백'이 그 원인이었다. 원래 스촌에 살던 패거리 멤버들이 마촌으로 이사하면서, 각 패거리들은 이 영역을 놓고 싸우기 시작한 것이다!

하지만 패거리들이 서로 협력하지 않는 것은 아니었다. 우진안이 아바오에게 복수를 부탁했는데, 아바오가 상대방과 함께 방에서 마약을 흡입하는 것을 보고 깜짝 놀랐다고 한다! 이때 우진안은 자신이 강도 당한 이유가 아바오가 내부 첩자였기 때문일 수도 있다는 사실을 깨닫게 되었다(제6장 참조). '단속'이 시작되고 베이징의 공안당국이 행동을 개시하면 패거리들은 일시적으로 서로 타협하거나 협력하고, 심지어 '공동 방어'를 하기도

---

[83] 저장촌 패거리의 '영지' 의식은 차이나타운 등 초기 해외 화인 공동체의 패거리와 완전히 동일한 것은 아니다. 그들은 한 지역(지역의 크기는 정해지지 않음)에는 하나의 패거리만 있을 수 있고, 근처에 비슷한 패거리가 있다면 무조건 우열을 가려야 한다고 생각했다. 하지만 그렇다고 해서 이긴 쪽이 꼭 그곳을 통제하는 것은 아니었다. 저장촌의 패거리는 모든 가구에 대해 '보호비'를 징수할 정도로 성장하지는 못했다.

했다. 비록 이런 종류의 협력은 이해하기 어렵지 않지만 아쉽게도 나는 서로 다른 패거리들이 협력하는 자세한 과정을 관찰하지 못했다.

패거리들의 움직임은 매우 빨랐다. 오늘 밤에 촌에서 몇 만 위안을 강탈했다면 내일이면 스자좡에 있었다. 원저우―란저우―시안―다퉁―타이위안―스자좡―베이징이 그들이 자주 이용하는 경로다. 모든 패거리는 저장촌에 '상주 기구'가 있는 것처럼 보인다. 하지만 상주 인원은 보통 패거리 멤버 중의 똘마니다. 다른 사람은 안팎으로 분주하게 다녔다. 저장촌의 패거리답게 그들 또한 '경계를 넘는' 행동을 했다! 이로 인하여 패거리에 대한 관리도 큰 어려움에 직면했다.

패거리와 거물

패거리는 청소년 조직이지만 공동체 내의 성인 '거물'과의 관계에 주목하지 않고서는 이들을 완전히 이해하는 것은 불가능하다. 앞서 언급한 패거리 두목이 되기 위한 세 가지 기준 외에 무력을 사용하지 않고도 돈을 '마련'할 수 있는가가 나중에 새로운 평가 기준에 추가되었다. 이를 위해서는 거물급 인사들과 더 긴밀한 관계를 맺어야 했고 이 관계가 있으면 공동체 내에서 '지명도'를 높이고 위압감도 높일 수 있었다.

패거리와 거물의 관계는 복잡한 문제다. 그것은 거물의 형성,

거물과 거물의 관계 등과 직접적으로 연결되어 있다. 나는 이 관계를 크게 다섯 가지 유형으로 나누었다. 패거리는 다섯 가지 유형의 거물과 각각의 대응 관계를 형성하고 있다.

1. '사제'

'거물'이라는 개념은 이미 1988년부터 저장촌에서 사용되었다. 주로 홍차오와 푸룽 두 개 진 출신의 류스밍, 장창훙張昌洪, 첸주린錢注林, 저우줘하이周卓海 등을 지칭했다. 그들을 거물이라고 부르는 이유는, 첫째는 친척이 많았고, 둘째는 이곳에 온 지 오래 되어 알고 지내는 친구가 많은데다 자주 나서서 분쟁을 중재했기 때문이다. 당시에는 거물이라고 불리는 사람이 많지 않았고 그들이 하나의 그룹을 형성하지 않았기에 지위의 고저를 판단하는 일은 쉽지 않았다. 각자 자신의 영역이 있고, '영역을 넘는' 일이 발생하면 서로 적극 소통했다.

1989년, 장창훙이 분쟁을 중재한 일이 있었다. 이 분쟁과 연루된 사람 중에는 류스밍의 친우권에 있는 사람도 있었기에 그는 류스밍에게 도움을 요청한다. 그러나 류스밍은 장창훙이 원하는 대로 하지 않은 것은 물론 되려 장창훙의 사람들을 '접어' 버렸다.(그의 이익에 손해를 입혔다는 뜻)

이 일이 있은 후로 거물들은 두 진영으로 나뉘었다. 하나는 장창훙 진영이고 첸주린이 그 휘하에 있었다. 다른 하나는 류스밍 진영, 비록 당시에는 혼자뿐이었지만 저우줘하이, 완자유와 좋은 관계를 맺고 있었다. 류스밍은 당분간 참고 견뎠다.

이렇게 장창홍은 촌에서 거물로 인정받은 첫 번째 인물이 되었다. 장창홍은 속마음을 알 수 없는 극도로 음흉한 사람이다. 1993년 이전, 그는 다른 거물 아래에서 여섯 명의 주주와 함께 저장촌 최초의 공식 생산기업을 설립했다. 1993년, 그는 이 공장을 도급 맡기 위해 사업을 함께 시작한 주주 중 한 명이면서 자신의 라이벌이 되는 사람을 매일 초대해 식사하고 술을 먹여 그가 일을 할 수 없을 정도로 괴롭혔다. 장창홍이 지금의 자리에 오를 수 있었던 것은 남동생의 공로 덕분이기도 했다. 장창홍의 남동생은 싸움을 아주 잘했다고 한다. 장창홍이 중재하기 어려운 일이면서 동시에 손해 보는 일이면 동생을 내세웠다. 동생이 싸워서 문제가 커지면 장창홍이 다시 나서 해결했다. 문과 무를 겸비한 전략이었다. 촌의 사람들은 장창홍이 만든 세상의 절반은 동생이 만들어준 것이라고 말했다.

하지만 좋았던 시절도 오래가지 못했다. 1990년, 저우쥐하이와 완자유가 류스밍 쪽을 '지지'하기 시작했다. 류스밍은 싸움도 잘하고 소란도 잘 피우는 청년들을 다시 불러 모았고, 첸주린과 장창홍 밑에서 일하던 다른 사람을 저장촌에서 강제로 쫓아냈다. 당시 장창홍도 기업 운영이 중요했기 때문에 상황이 자신에게 불리하다는 것을 알고 저장촌을 떠났다.

그러나 류스밍이 장창홍의 자리를 바로 차지한 것은 아니었다. 2세대 거물 1호는 저우쥐하이가 되었다. 저우쥐하이의 친우권은 류스밍과 비슷한 규모였지만 당시에는 몇 가지 우세한 부분이 있었다. 첫째, 류스밍과 달리 촌에 오랜 원한을 가진 사람이 없었기에 사람을 넓게 '단결'할 수 있었다. 둘째는 돈이 많았다. 그는 1986년부터 둥안시장에서 매대를 임대하여 1년에 40만 위안을 벌었다. 셋째, 그도 장창훙처럼 싸움 잘하는 남동생이 있었다. 1992년, 저우쉬하이는 저장촌과 커차오에서 베이징과 사오싱을 오가는 전문 위탁 운송역을 운영하면서 저장촌과 커차오 사이의 원단 운송을 독점했다. 다른 사람이 그를 따라 비슷한 위탁역을 세우자 저우쉬하이는 베이징과 사오싱에서 각각 상대방과 '전쟁'을 벌였다. 저우쉬하이의 세력은 주로 베이징에 있었고, 상대방의 인맥은 주로 사오싱에 있었다. 두 사람의 전쟁은 원저우 사람들의 '이동 사업 연결망'의 중요한 사건이 되었다. 결국 저우쉬하이가 베이징 쪽을 담당하고 상대방이 사오싱 쪽을 담당하기로 양측은 합의했다.

얼마 후, 류스밍과 저우쉬하이 사이에도 갈등이 생겼다. 겉으로는 아무 일도 없는 것처럼 보였지만 더 이상 서로의 편을 들어주지 않았다. 이러한 모든 우여곡절을 경험하면서 류스밍은 최고의 거물이 되는 비결을 터득했다. 가장 중요한 것이 사람을 많이 사귀고, 만난 적 있는 사람은 전부 환대하는 것이었다. 1993년 춘절, 류스밍을 만나기 전에 누군가 나에게 류스밍을 알고 지내면 좋을 것이라고 했다. 그러면서 그의 집에 초대되어 식사하러 다니는 사람은 셀 수 없이 많다고 했다. 약간 과장된 표현이긴 하지만, 당시 류스밍은 '식객제食客制'를 도입할 생각까지 했다고 한다. 그와 함께 마촌에서 하이후이사까지 걸어가는 도중에 그가 마주치는 사람들과 일일이 인사하는 바람에 우리는 대화를 이어갈 수 없었다. 나중에 그는 집을 나서자마자 바로 삼륜차에 올라타지 않으면 사람들에게 붙잡혀 이야기를 해야 해서 언제 목적지까지 도착할 수 있을지 모를 정도로 사람을 많이 사귀었다.

류스밍은 통이 크기로 소문났다. 1993년, 훙차오의 한 동향이 백혈병에 걸렸다는 소식을 접했다. 자신과 전혀 관련 없는 사람이었지만 도움을 주기 위해 한 번에 3000여 위안을 보내기도 했다. 1995년, JO단지의 한 임대인이 심각한 신장 질환을 앓게 되자 류스밍은 앞장서서 치료비를 냈고 동시에 모든 주주로부터 기부금을 모아 환자에게 직접 전달했다. 이 모든 일은 미담으로 전해졌다. 류스밍의 아내도 남편의 대중적 이미지를 위해 노력했다. 집에 온 모든 손님을 열정적이면서 품위 있게 대했다. 이미지 구축에 있어서 장창훙과 저우쭤하이는 모두 그의 수준에 미치지 못했다.

류스밍이 최종적으로 권위를 확립할 수 있었던 것은 패거리와의 관계 덕분이었다. 그와 밀접한 관계를 맺었던 '훙차오방'은 저장촌 최대의 패거리가 되었다. 일반적인 패거리의 경우 우두머리가 모든 멤버를 직접 관리했다. 반면 훙차오방은 두 개의 층위로 나누어 관리했다. '우두머리'의 주변에는 보통 세 명의 '조수'가 있었고 멤버도 수백 명에 달하는 것으로 전해졌다. '우두머리'는 류스밍을 따라다녔고 '조수'가 해야 할 일을 조정했다.

류스밍과 패거리의 관계는 어떤 식으로든 공리주의적 특징을 찾아볼 수 없었다. 흥미롭게도 그들은 중국 전통 무술 조직의

'사제'를 본 따 두 사람의 관계를 정의했다. 젊은이들은 류스밍을 '사부師傅'라고 불렀고 류스밍은 그들을 '제자徒弟'라고 불렀다. 류스밍은 이미 촌에서 명성이 자자하고 성격이 따뜻한데다 체격도 매우 건장하여 젊은이들은 그를 스승으로 모시고 따랐다. 평상시에는 제자들이 스승을 따라다니며 빅브라더를 들어주고 (택시를) 타고 내릴 때 문을 열고 닫는 일을 했다. '사부'의 포상이 '제자들'의 재정적 원천이 되었다. 한번은 류스밍이 둥베이에서 온 사람과 사업을 하여 큰돈을 번 적이 있다. 그는 훙차오방 방주에게 한바탕 실컷 놀라면서 5000위안을 건네줬다. 나는 다른 패거리의 청년이 류스밍에게 와서 2000위안을 '빌려달라'고 하는 것을 직접 본 적 있다. 그때 류스밍은 3000위안을 그에게 주었다. 류스밍은 이 돈을 갚으라고 할 리 없는 사람이다.

그러나 류스밍은 그들의 범죄 행위에는 관여한 적이 없다. 한 저장촌 사람이 나에게 흥미로운 비유를 했다. "이 양아치들(패거리를 말함)은 핵무기와 같아. 류스밍이 그들을 가지고 아무 것도 하지 않겠지만, 동시에 이들이 없으면 그도 안 돼. 명성의 기초가 없어져." 패거리는 류스밍에게 친우권과 사업권을 보호할 수 있는 능력을 가져다줬다. 저장촌의 패거리들은 항상 움직이기 전에 상대방과 거물들 사이에 어떤 관계가 있는지, 특히 류스밍과 어떤 관계인지를 먼저 정확하게 알아보고 행동했다. 관계가 있는 한 그들은 감히 상대방을 건드리지 못했다. 이는 거꾸로 '계' 내부에서 류스밍의 지위를 강화하는 역할을 하기도 했다.

저장촌 패거리와 이런 유형의 '사제 관계'를 형성한 사람은 류스밍 한 명이었다. 그가 촌에서 최고의 거물이기에 가능한 일이었다.

2. 추종

저장촌 초기의 패거리 두목 중 일부는 성인이 되면서 새로운 거물로 성장했다. 이들이 바로 사람들이 단지를 설립할 때 동업자로 선호했던 '사회에서 문제를 해결할 수 있는 사람'이었다. 새로운 패거리 멤버와 이런 거물은 긴밀한 '추종' 관계를 형성했다.

1993년, 류스밍과 친분이 두터웠던 훙차오방 방주가 체포된 적 있다. 옥살이 중인 그의 영향력은 천리 밖까지 닿았고 모든 문제를 '원격으로' 조정할 수 있었다. 1995년, JW단지의 한 주주가 시안에서 자기 일을 보고 돌아왔는데, 자신이 받아야 할 그 달의 배당금을 받지 못하자 교도소 면회를 기회로 이 사실을 방주에게 알렸다. 방주는 예전에 함께 천하를 개척했던 얼바오二豹에게 편지를 썼고, 얼바오는 즉시 세 명을 데리고 JW단지에 가서 따졌다. JW에 가기 전 '관례'에 따라 인사차 류스밍을 찾아가 안부를 물었다. 일은 바로 해결되었다. 현재 사업 규모가 꽤 크고 그와 합작하기 위해 감옥에서 석방되기만을 기다리는 사업가들이 여러 명 있다고 한다. 그의 '옛 부하'들도 그가 출소하기를 기다리고 있었다. 다른 사람들과의 사업상의 '합작'은 그의 '옛 부하'들에게 새로운 재정적 안정을 제공할 수 있었다.

나는 제5장에서 '칭장방'에 대해 언급했다. 칭장방의 방주 푸톈랑은 전설적인 인물이다. 그는 말수가 적었고 베이징에서 또래 친구들을 많이 이끌고 다녔다. 한때는 마촌의 창고에 이들이 모여살 수 있는 거처를 마련해주기도 했다. 하루 세 끼, 그가 돈을 주고 고용한 사람이 창고 문 앞에 도시락을 가져다놓았고 사람들은 원하는 만큼 먹었다. 나중에 나이가 들면서 그는 싸움을 직업으로 하지 않고 시장 개발로 넘어가 큰 성공을 거두었다. 사업 과정에서 다른 사람들과 갈등이 생기면 그는 과거의 부하들을 보내 '문제를 알아보라고' 했다. 이런 유형의 거물은 '패거리 성인화'의 산물이었다.

현재 저장촌에서 권세가 가장 큰 사람은 가오젠핑이다. 소림사에서 무술을 배운 가오젠핑은 1980년대에 고향으로 돌아가 러칭에서 무술교실을 운영하여 싸울 줄 아는 제자들을 길러냈다. 1991년 베이징에 온 뒤 이 학생들이 그의 주력부대가 되었다. 전국 각지의 저장촌마다 그의 학생이 있는데 다 합치면 수천 명에 달한다고 한다. 그는 처음에 푸톈량과 함께 시장과 관련된 사업을 했지만 이후 두 사람의 사이가 멀어지면서 류스밍 밑으로 들어가 JDQF쇼핑센터(원단 시장)를 공동으로 설립했다. JDQF와 관련된 모든 외부 분쟁은 그가 해결했다.

1997년 11월, JDQF쇼핑센터와 인근의 TS시장이 땅 문제로 갈등을 빚었는데 가오젠핑이 무슨 짓을 했는지 모르겠지만 TS가 그를 제거하려고까지 한 일이 있었다. 그들의 예상과 달리 이쪽도 소식이 빨랐고, 가오젠핑의 학생들은 진영을 갖추고 대기했다. 상대방은 가오젠핑을 찾아내기는커녕 오히려 심각하게 구타당했다. TS는 복수할 때까지 멈추지 않겠다고 했다. TS는 먼저 '법대로' 하려고 했지만 이쪽의 관계를 당해낼 수 없었다. 한편 가오젠펑은 학생 한 명을 TS시장의 푸룽방에 스파이로 잠입시켰다. TS푸룽방은 가오젠펑을 제거할 계획을 여러 번 세웠지만 매번 실패했다. 이들은 계획을 한 번 더 세우는 척하면서 결국 스파이를 찾아냈고 그 자리에서 총을 꺼내 사살했다. 총격범은 경찰에 체포되었지만 TS는 50만 위안을 내고 그를 빼냈다. 며칠 후 어느 날 오전, 가오젠펑이 JDQF쇼핑센터 입구까지 걸어갔는데 세 명이 갑자기 그를 향해 총을 쐈다. 그들은 총을 팔에 묶은 후 군용 코트로 덮고 사격했지만 치명 부위를 적중시키지는 못했다. 어떤 사람들은 TS의 보복이라고 말하고, 다른 사람들은 TS와 직접적인 관련이 있는 것이 아니라, 가오젠펑의 '학생'과 갈등을 빚은 다른 패거리가 그에게 화풀이 한 것이라고 말했다. 그러나 내막을 아는 사람에 따르면 가오젠펑은 상대방이 누군지 잘 알고 있다고 했다. 이 문제가 어떻게 해결되었는지는 일반 대중에게 알려지지 않았다.

이런 거물들은 패거리와의 긴밀한 관계를 이용하여 '어른 역할做大人'을 했다. '어른 역할'과 '분쟁 중재'는 의미가 비슷하다. 하지만 '분쟁 중재'는 공정성에 신경을 써야 했지만 '어른 역할'은 보통 한 쪽의 이익에서 출발하여 상대방을 압박하는 것을 통해 자신에게 유리한 것을 얻어내는 데 신경을 써야 했다.

1993년 10월, 두 사람이 빚 독촉하는 과정에서 채무자를 때려죽인 일이 있었다. 사람의 목숨이 하늘보다 중요하다는 점을 잘 아는 범인은 닥쳐올 일이 두려워 모 거물을 찾아가 '어른 역할'을 해주기를 기대했다. 첫 라운드 중재 결과는, 범인 갑은 일 시불로 7만 위안, 범인 을은 5만 위안을 피해 보상하라고 했다. 범인 갑과 피해자 가족은 합의했지만 범인 을은 보상할 돈이 없었다. 그 후 두 번째 라운드 중재 결과는 범인 갑이 피해 보상을 하면 피해자 가족은 그를 기소하지 않고, 을은 피해 보상을 하지 않는 대신 피해자 가족이 사건을 적절히 가볍게 처리하여 을을 기소하는 것이다. 세 당사자가 합의하면서 이 사건의 '재판은 종결'되었다. 을은 법원으로부터 징역 7년 형을 선고 받았다. 갑의 목숨을 구하기 위해 이 어른은 피해자와 을을 동시에 압박해야 했다. 갑이 그에게 보상하지 않는다는 것은 불가능한 일이다.

1994년 6월, 다훙먼의 덩씨는 당구를 치다가 누군가와 시비가 붙었고 결국에는 상대방을 심각하게 구타한 일이 있었다. 덩씨의 아버지가 급하게 주변을 수소문해본 결과 상대방이 모 패거리와 밀접한 관계가 있다는 사실을 알게 되었다. 그는 마촌에 있는 황씨 집으로 달려가 상황을 말하고 배상금으로 8000위안을 낼 테니 평화적으로 해결하고 싶다고 했다. 황씨는 또한 부상자 집에 찾아가 부자와 의논했고 최종적으로 1만 위안에 합의했다. 구타당한 당사자는 불복했지만 자신의 패거리가 황씨만큼 강력하지 못하다는 것을 알기에 어쩔 수 없었다. 다음 날 덩의 아버지가 연회를 열고 상대방을 초대하여 식사했다. 덩씨 가족이 황에게 준 것을 돈으로 계산하면 1만 위안은 훨씬 더 넘었을 것이다.

결국 저장촌에는 무슨 일이 발생하면 양측이 가급적 빨리 힘 있는 거물을 찾거나, 두 거물이 마주 앉아 문제를 의논하는 방식으로 중재하는 규칙이 생겼다. 만약 거물이 힘에서 차이가 크게 나면 협상의 필요도 없이 약한 쪽이 패배를 인정했다. 누가 잘했고 누가 잘못했는지는 중요하지 않았다. 승패는 오로지 누가 거물과 직접적인 관계가 있느냐에 따라 결정되었다.

'추종' 관계는 '사제' 관계에 비해 거물과 패거리의 관계가 더욱 밀접하다는 특징이 있었다. 그들은 패거리의 행위를 직접 지시할 수 있고, 패거리와의 관계를 통해 이익을 얻었으며, 평소에는 패거리에게 더 많은 몫이 돌아가게 했다. '동생들에게 한 몫을 챙겨주는' 것이 그들이 평소에 잊어서는 안 되는 일이 되었다.

3. 중개자-위탁인 관계

천춘성은 류스밍이 저우줘하이 위치를 대체하는 과정에 일정한 역할을 했다. 천춘성도 1980년대 중반에 베이징에 왔고, 많은 거물과 가깝게 지낸 매우 영리한 사람이다. 저우줘하이가 승승장구할 때 따라다니면서 함께 DH시장을 기획하기도 했다. 천춘성은 투자금의 일부를 전용하고는 다른 주주와 함께 이 돈은 저우줘하이가 가져갔다고 말했다. 저우줘하이가 장부를 확인하려고 하자 천춘성은 저우줘하이의 아내에게 저우가 밖에 '내연녀'가 있다고 고자질했다. 저우줘하이는 이 문제로 아내와 매일 싸웠다. 장부를 확인하기는커녕 저우줘하이는 사업 자체를 중단해야 했다. 주주들은 앞서거니 뒤서거니 다른 사업으로 옮겨갔다. 이 일은 저장촌에서 모르는 사람이 거의 없고, 천춘성의 인품을 그대로 보여줬다.

류스밍의 입지가 안정되자 천춘성은 류스밍에게 다가갔다. 그는 자기가 투자한 몇 개 사업의 지분 일부를 류씨에게 줬다. 완자유는 천춘성을 "저장촌의 쉬스창徐世昌이야. 그가 만약 류스밍 같은 사람을 붙잡지 않았다면 진즉에 없어졌을 거야"라고 했다.

패거리는 이런 사람을 경멸했다. 하지만 저장촌에서 현지의 정부와 가장 밀접한 관계를 맺고 있는 사람이 천춘성이고, 게다가 패거리 멤버가 체포되면 두목이 보석금을 내고 빼내야 한다는 불문율이 있기에 그들은 부득이 천춘성을 '해결사'로 모시고, 그에게 사람을 '빼내 달라고' 부탁했다.

1993년의 어느 날, 천춘성이 집에 머물 때 옆집의 재봉틀소리 때문에 밤잠을 설친 적이 있다. 1시쯤 나는 천춘성이 전화하는 소리를 들었다. "아무개 맞아? 야근 중인가 보네. 한잔 할까? 안 돼? 아, 지도원이 있다고. (…) 저번에 그 일…… 맞아, 맞아. 우리 동향이 철이 없었어. 너에게 돈만 주면 해결해준다고 생각한 것 같아. 나도 지금 그 친구한테 어떻게 설명해야 할지 모르겠어. (…) 부족하면 얘기해. 어쨌든 사람만 빼달라고 하니까……." 그는 파출소 사람과 통화하고 있었다.

그러나 천춘성이 패거리와 너무 자주 접촉하는 것은 아니었다. 양측의 거래 방식은 돈과 물건을 동시에 교환하는 것과 비슷했다. 한편으로 그도 다른 사람이 자신을 건드리는 것을 두려워하지 않았고, 만일 정말 건드렸다 해도 자신은 류스밍 같은 뒷배가 있는데다 정부와도 관계가 가깝기 때문에 두려울 것이 하나도 없었다!

4. 고용

고용은 위에서 언급했던 '사람을 불러 주먹으로 해결하는' 방법과 비슷했다. 하지만 '사람을 불러 주먹으로 해결하는' 방법이 사건 발생 이후에 사용되었다면 고용은 사람을 불러 세를 과시하는 등 평소에도 사용할 수 있는 방법이었다. '사람을 불러 주먹으로 해결'하는 방법은 일반적으로 공동체의 평범한 구성원을 동원하지만 고용은 반드시 패거리와 연결되었다.

'고용'을 자주 하는 거물들은 대부분 '일반적인 경로'를 통해 성공한, 즉 친우권 내에서의 영향력에 의존하거나 자수성가한 사람이었다. 그들은 류스밍만큼 영향력이 있거나 가오젠핑만큼 패거리에 직접적으로 기반하지는 않았지만, 그들도 '야망'이 있고 사회에서 더 큰 세력을 갖고 싶어 했다. 이런 유형의 거물들은 '준패거리'의 조직원을 영입하는 경향이 있다.

원저우 사람들은 '준패거리'를 '라이룬賴倫'이라고 불렀다. 이는 북방 사람들의 '제피街痞', 광둥 사람들이 부르는 '란자이爛仔'와 비슷하다.〔세 개의 용어 모두 양아치 또는 동네 깡패라는 뜻임〕 "현지 사람을 모두 알고 '촌'의 모든 일을 알고 있다"고 주장하는 한 젊은 이가 나에게 이런 말을 했다.

이 어린 양아치들은 모두 20세 전후야. 그들도 패거리 비슷한 걸 만들고 다니면서 '보스'를 따르기도 하지만, 정식 패거리와는 달라. 그들은 감히 돈을 갈취하거나 사람을 죽이지 못해. 때로는 상당히 성가시고 낯짝이 두껍고 철없이 행동해. 스촌 입구에 한 무리가 살고 있었는데 툭하면 나보고 돈을 빌려달라고 했어. 굳이 따지면 우리는 '친구'니까, 한 번에 100~200을 빌려달라는데 안 줄 수 있어? 하지만 진짜 문제가 생기면 그들을 보내 싸우게 하거나 사람을 괴롭힐 때는 그래도 쓸모가 있어.

준패거리를 구슬리는 구체적인 방법과 류스밍의 '사제' 관계는 다소 비슷하다. 평소에 서로 '친구'나 '형제'라고 부르면서 약간의 용돈을 줬고, 무슨 일이 발생하면 사례별로 '특별 수당'을 지급했다.

준패거리를 구슬리는 것은 거물들의 균형 전략 중 하나였다. 일반적으로 이 거물들은 이미 자신의 신분을 보호받을 만한 충분한 자원을 확보한 상태다. 하지만 동시에 그들이 선을 너무 많이 넘지 않게 함으로써 더 많은 문제를 야기하는 것을 미연에 방지한다. 어느 날 갑자기 돌변하여 집과 가족 모두에 해를 끼치는 일은 특별히 걱정하지 않아도 된다.

5. 결합과 위탁

앞서 언급한 판중칭이나 천성장 같은 평범한 거물들은 촌 전체를 쥐락펴락 하는 데 관심이 적었고 오로지 평화롭게 살면서 돈을 벌기를 원했다. 그들은 패거리와 안정적인 관계를 맺는 것은 비용도 많이 들고 위험하다고 생각했지만, 그렇다고 해서 패거리에게 완전히 등을 돌릴 수도 없었다. 그들의 전략은 성인 패거리 우두머리를 찾아 사업을 합작하면서 일이 있을 때 위탁하는 것이었다. 이 관계는 '단지'에 관한 두 개의 절에서 이미 설명한 바 있다.

저장촌의 청소년 패거리와 성인의 관계는 다른 이주민 집거지와 다른 점이 있다. 예를 들어, 친(Chin 1996)은 미국의 차이나타운에서 도박장, 성매매 업소와 같은 성인들의 불법 사업과 '당堂'과 같은 성인 조직이 패거리의 번식에 필요한 토양을 제공했다고 지적했다. 하지만 저장촌에서는 패거리가 먼저 출현하고 거물은 나중에 등장했다. 또는 그들은 각자의 상이한 경로를 통해 발전하다가 나중에 합쳐졌다.

패거리와 거물의 관계를 이해하려면 패거리와 거물 각각의 '다원적' 구조에 대한 이해가 핵심이다. 리원후는 이렇게 말했다. "예전과 비교하면 지금은 세력이 큰 사람이 많아지고 더 균형이 잡혔기 때문에 다른 사람을 억누른다고 해서 억누를 수 있는 시대가 아니야. 다른 사람의 체면을 살려주면 그도 너의 체면을 세워줘. 과거에는 굳이 다른 사람의 체면을 살려주지 않아도 됐어. 왜냐하면 그 사람은 너의 체면을 살려주지 않을 수 없었으니까."[84] 거물들은 자신의 이익과 권위를 유지하기 위해 다양한 패거리를 이용했고 이는 역으로 패거리에게 일종의 시장이 되었던 것이다. 동시에 거물들은 다원적인 특징이 있었기에 서로를 견제할 수밖에 없었고, 돈으로 패거리를 고용하는 사람이 있는가 하면 패거리가 법의 제재를 피하는 것을 도와주기도 했다. 이로 인해 패거리는 집단적 생존에 필요한 다양한 자원을 제공받을 수 있었다.

패거리 단속 과정의 핵심은 '성인화된 갱단 두목'이었다. 1995년의 단속 조치가 패거리의 권력에도 적지 않은 타격을 주었지만 1997년 이후 패거리는 다시 부활하고 마약 사용이 다시 고개를 들었다. 정부는 서로 다른 거물에 대한 단속을 차별화 할 필요가 있었다. 왜냐하면 대부분의 사람은 어쩔 수 없이 패거리를 이용했기 때문이다. 성인화된 패거리 두목은 일반적으로 돈이 별로 없고 사업을 운영할 능력도 좋은 편이 아니었다. 대형 사업자들이 그들과 합작하고 그들에게 지분을 나누어주는 이유는 순전히 자신의 안위를 보호받기 위한 비용 지출에 해당했

---

84 '저장촌에는 흑사회[조폭]가 있다'는 촌 안팎의 보편적인 시각이다. "XX 수하에 천 명 넘게 있는데 그가 아는 사람은 400~500명에 불과하고, 다른 사람들은 모두 더 낮은 층에 있어서 일이 있을 때면 불러와. XX는 평소에 돈으로 그들을 키워. 이런 사람은 구나 시의 국(공안국)에 가서 사람을 찾는 건 일도 아니야. 저장촌은 상하이탄과 비슷해. 진짜 우두머리는 절대 '촌'에 있지 않고, 큰 호텔에서 방을 빌리고 지휘를 하고, 똘마니들이 이곳에 와서 행패를 부려."

비록 이런 소문은 많이 퍼져 있지만 보통은 명확한 근거를 제시하지 못한다. 내가 파악한 패거리와 거물들 사이의 관계를 볼 때 나는 이곳에 이른바 '흑사회'가 있다고 생각하지 않는다. 먼저 저장촌의 사업의 양상을 통해 살펴볼 수 있다. 진정한 흑사회 조직은 견고한 경제적 기초에 의존해야 하며 '시장 패권'을 달성하기 위해 공포적인 방식으로 특정 사업 단계를 독점하고자 한다. 예를 들어, 당시 황진롱黃金榮과 두웨성杜月笙의 수하들이 '장악'한 영역이 있긴 했지만(전당포, 전장錢莊, 인분 처리, 채소 등) 저장촌 내부의 사업은 완전히 자유경쟁이었다. 일상적인 경제 교류에서 큰손들은 먼저 선불하거나 대신 지불하는 것을 통해 신용을 과시하고 자신의 사회적 명성을 높이고자 했다.

흑사회도 하나의 '사회'이기 때문에 자신의 '규칙'을 발효시키기 위해서는 권위, 조직, 심지어 규율이 있어야 했다. 진정한 흑사회는 최소한 겉으로는 점잖게, 심지어 질서 있게 행동해야 했다. 그런데 저장촌 패거리들이 엉망진창인 점을 미루어 볼 때 흑사회 조직으로의 발달은 제대로 이루어지지 않고 있다고 보는 것이 바람직하다. 저장촌의 패거리들은 일종의 '회사회灰社會'라고 부를 수 있을 것이다.

다. 만약 정부가 대부분의 거물의 힘을 활용하는 동시에 공정하게 법을 집행하고, 또한 그들의 '중개자' 역할을 배제할 수 있었더라면 패거리에 대한 사람들의 수요도 감소했을 것이고 성인화된 패거리 두목에게 유리한 조건들도 줄었을 것이다. 이렇게 해야만 패거리의 성장이 억제될 수 있다.

연락사무소와 연합방범대

저장촌의 치안 상황이 악화된 데다 베이징의 지방정부가 징원센터를 설립하는 등의 방식을 통해 저장촌에 직접적으로 개입하기 시작하는 것을 보고[85] 원저우 당국도 저장촌에 대한 개입을 생각하기 시작했다.

1992년 12월, 러칭현 당위원회의 지시와 현 당위원회 조직부 부부장의 인솔하에 러칭樂成, 훙차오, 푸치, 푸룽, 톈청, 옌푸 등 여섯 개 향진과 현 당위원회 조직부의 관계자 총 열 명으로 구성된 팀이 베이징에 가서 저장촌에 있는 러칭 출신 당원을 대상으로 1주일 동안의 실태 조사를 실시했다.

조사팀의 조사 대상 당원은 총 84명이었고 당 조직 내외에서

---

[85] 펑타이구는 그해 「저장촌 관리 방안關於浙江村的治理方案」을 만들고 3월에 전담사무실을 설립했다. 주임이 공안 업무를 책임지고 두 명의 부주임이 공상과 세무 업무를 담당했지만 효과가 좋지 않았다. 4월에는 분산 근무로 조정하고 서로 조율했다. 내가 1993년 현지의 간부들과 간담회를 했을 때 관리 방법은 거의 원래의 모습으로 돌아갔고 계속 이 사업을 추진할 것인가 라는 질문에 대해서는 "기다려봐"라는 답변만 했다.

직책을 맡고 있던 사람은 26명이었다.(1992년 당시에도 여덟 명이 직책을 맡고 있었음.) 조사팀은 저장촌에 세 가지 문제점이 있다고 했다. 첫째, 당원과 조직의 약한 유대, 둘째, 열악한 위생 및 치안 환경, 셋째, 현지의 공상 및 세무 당국의 불합리한 수금과 개별 직원의 낮은 자질 등이었다.

조사팀은 다음과 같이 제안했다.

러칭 주재 베이징 연락사무소, 베이징 러칭 임시당위원회를 설립하고 회사 하나를 창립한 후(이 세 조직은 모두 같은 사람으로 구성됨) 이 회사를 현 당위원회의 직속 기관으로 정한다. 연락사무소의 주요 기능은 첫째, 베이징의 정치, 경제, 문화, 과학기술 등과 관련된 정보와 동향을 적시에 파악하고 보고하는 것, 둘째, 베이징에 거주하는 러칭 사람들에 대한 행정 관리를 강화하는 것 등이다. 회사의 주요 목적은 베이징 연락사무소의 행정 비용을 해결하고 현의 내부와 외부를 연결하는 가교 역할을 하는 것이다. 임시당위원회는 산하에 여러 개의 지부를 설립하고, 지부는 베이징에 있는 당원들의 거주 지역을 중심으로 구성하고, 동시에 한 개의 직속 지부를 설립하여 베이징의 다른 지역에 산발적으로 거주하는 모든 당원을 이 지부에 소속되게 한다.

조사팀은 연락사무소에는 자질, 성실성, 능력 및 '강한 투지'를 겸비한 동지들이 배치되어야 한다고 강조했다. 임시당위원회

(연락사무소)는 펑타이에 설립할 것을 제안했다.

그해에 있은 베이징 펑타이구 주재 러칭현 연락사무소의 설립은 유출지의 지방정부가 저장촌에 대해 실행한 가장 강력한 개입 조치였다.

하지만 연락사무소의 업무는 시작부터 난관에 부딪혔다.

우선, 이 조직은 베이징 지방정부의 운영 체계에 편입될 수 없었다. 1993년부터 1994년 사이, 연락사무소 주임은 나에게 업무의 어려움에 대해 여러 번 이야기했다. "베이징에 금방 와서 부처마다 일일이 방문했어. 그들은 예의상 우리를 맞아줬고, 더 자주 소통하자느니 연락하자느니, 그런데 지금까지 경공업시장 파업을 제외하고는 모두 우리가 그들을 찾아다녔지, 그들이 우리를 찾아온 적이 없어. 솔직히, 어떤 일들은 우리와 상의도 하고, 최소한 미리 알려줘야 할 거 아니야. 내가 보기에 베이징의 관료주의가 너무 심각해. 너의 지위를 보고 네가 어느 등급인지를 먼저 따져. 구체적인 사실에서 출발하는 게 아니야. 그들 눈에 우리는 아예 없어!"

베이징 다훙먼의 공상소 간부는 나에게 이렇게 말했다. "우리는 기본적으로 그쪽(연락사무소를 가리킴)과 연락을 하지 않아. 그들이 처음 설립되었을 때 나를 찾아온 적 있어. 그런데 제안한 것들이 전부 다 어떻게 돈을 벌 것인가에 대한 내용이야. 관리를 어떻게 할 것인가에 대한 것이 아니었어. 우리는 그런 것에 관심이 없거든. 우리는 베이징의 공상소야. 우리는 우리 상급의 직접적인 지도를 받기에 그들과 관계가 너무 밀접해지면 안 돼." 이 사람이 말한 '돈벌이'는 연락사무소가 제안한 것이 맞았다. 연락사무소가 회사를 등록하고 공상소가 협조하고 개체호와 연동하여 운영하면서 수입의 일부를 연락사무소와 공상소가 관리비 명목으로 받아가는 계획이었다. 원저우의 간부들에게는 이것이 곧 관리였다. 나는 공상소의 간부에게 물었다.

"그렇다면 더 적절한 관리 방법은 무엇이라고 생각해?"

"국가의 등록법을 따르는 거야!"

"만약 그게 어렵다면?"

"그러니까 정리해야지."

연락사무소가 베이징의 정부 운영 체계에 정식으로 편입되지 못했기 때문에 공동체 내에서의 연락사무소의 위상도 영향을 받았다. 연락사무소가 설립되고 얼마 지나지 않아 일부 사업자는 나에게 이렇게 말했다. "이 연락사무소가 어떤 문제를 해결할 수 있어? 베이징에서 문제를 해결하려면 결국 베이징 친구를 찾아야 하잖아." 연락사무소 주임은 저장촌에서 글자도 제대로 읽을 줄 모르는 사람들이 자신보다 베이징 인맥이 더 많다고 한탄했다. 일을 처리하고 사람을 만나기 위해 연락사무소가 오히려 사업자들에게 도움을 요청해야 했던 것이다.

연락사무소의 또 다른 어려움은 '다리'가 없다는 것이었다. 주임은 "러칭에서 나는 부하 직원이 있어. 일이 제대로 안 풀리면 나는 행정명령을 통해 해결해. 여기서 누구에게 명령할 수 있어?"라고 말했다.

따라서 연락사무소의 대안 전략은 사업자들처럼 '친척과 친구에 의존할 수밖에 없었다. 러칭현 정부는 전임 전국인민대표대회의 간부를 연락사무소 주임으로 초빙했지만 1992년 말 베이징에 와서 둘러본 후 바로 사임했다. 나중에 임명된 두 명의 주임이 베이징에 오게 된 가장 큰 이유는 이들 중 한 명은 칭장 사람, 다른 한 명은 훙차오 사람이었는데 두 명 모두 저장촌에 친척이 적지 않아 도착하자마자 업무 수행이 가능했기 때문이었다.

내가 연락사무소에서 처음 일을 돕기 시작했을 때 이곳의 일상 업무 중 하나가 바로 사업자를 불러 끊임없이 대화를 나누는 것이었다. 미팅이 끝나고 돌아갈 때면 연락사무소 주임이 사업자들에게 다음과 같이 부탁하곤 했다. "혹시 친척이나 친구들이 있으면 함께 데리고 와." 이 사람들이 연락사무소 업무의 기초가 되었다. 그중 류스밍은 처음부터 핵심 인물이었다. 당시의 주임과 류스밍은 친척관계였고 류스밍은 그가 업무를 수행하는 데 있어 주요 조력자였다. 류스밍과 몇몇 새로운 동업자의 장부에 4만 위안의 돈이 적자가 난 일이 있었다. 류스밍은 "연락사무소가 가장 공정한 기관이야"라고 말하면서 연락사무소가 중재해줄 것을 제안했다. 연락사무소는 당사자 모두 책임이 있기에 손실을 공동으로 분담해야 한다고 했고 장부를 관리한 사람이 조금은 더 큰 책임을 져야 한다고 했다. 모두가 기본적으로 동의한 후 류스밍은 이 4만 위안에 대한 모든 책임을 자신이 지겠다고 말했다. 그와 연락사무소는 손발이 척척 잘 맞았다.

그러나 정부기관으로서 연락사무소는 민간의 관계 연결망이 자신을 위해 일하기를 희망했지만 동시에 이 연결망에 너무 깊게 빠지는 것을 경계했다. 이는 쉽지 않은 일이었다. 1995년, 단지를 설립할 때 연락사무소와 류스밍의 갈등은 더욱 분명해졌다. 가장 큰 이유는 류스밍은 자신의 동업자와 친구들을 책임져야 한다고 주장했고, 연락사무소는 류스밍이 스스로의 이익과 연락사무소의 이익을 우선시하기를 희망했던 것이다. 그 외에도 여러 문제를 놓고 이러한 갈등을 겪은 후 류스밍은 다양한 자리에서 연락사무소와 결별하고 싶다는 뜻을 내비쳤다.

류스밍이 떠나자 연락사무소는 크게 원기를 잃었다. 류스밍은 확신에 찬 어조로 나에게 말했다. "이 연락사무소는 오래 가지 못할 거야. 여기에 자기편이 없거든. 어제처럼 가오좡에 한 집이 털렸는데, 나는 이미 오늘 아침에 얼마나 털렸는지, 왜 털렸는지 알아냈고 점심에는 누가 뺏어갔는지, 그 사람은 지금 어디에 있는지도 다 알아냈어. 그들(연락사무소를 가리킴)이 할 수 있을 것 같아? 어림도 없어." 류스밍의 예언은 거의 모두 적중했다. 다른 곳에 연락사무소를 두면 위로는 '모자'(현재의 행정적 틀에 부합되는 명분이 없고, 동시에 지방정부의 관리체계에 편입될 수 있는 자격이 없다는 의미)가 없고 아래로는 '다리'가 없기에 이러한 정부 개입 방법은 아직까지 실질적인 효과를 거두지 못하고 있었다.

1993년 연합방범대 사례는 또 다른 정부 개입의 실패 사례다.

1993년 마촌에 큰 사건이 발생했다. 저장성 사람 몇 명이 저녁에 다른 한 저장 사람을 찾아갔다. 건물주가 문을 열어주지 않았고 게다가 몇 마디를 한 모양이었다. 한밤중에 그들은 흉기를 들고 담을 넘어 건물주한테 보복하러 달려들었고, 한창 자고 있던 건물주의 아들을 몽둥이로 때려죽였다. 사망자가 베이징 제1 노동개조수용소의 간부라는 것을 그들은 몰랐던 것 같다. 이 사건은 펑타이 공안당국에 큰 충격을 안겼고 당국은 전담반을 러칭으로 보내 범인을 체포했다.[86] 동시에 러칭현 공안당국과 앞으로 일부 공안 인력을 베이징에 파견하여 사건 처리를 도울 수 있는지 여부를 상의했다. 원저우 공안국은 동의했고 러칭과 융자 두 곳에서 두 명의 공안 인력을 베이징에 파견했다.

비록 저장촌의 치안 상황이 원저우 현지에도 일정한 영향을 미치지만 이는 원저우 지방정부의 행정 범위를 훨씬 초월하는 영역이었다. 원저우에서 두 명의 경찰 간부를 파견하고 그들의 임금까지 별도로 책정한 것은 이미 파격적인 결정이었기에 추가적인 인력 배치와 정책 시행은 없었다. 펑타이 정부의 입장에서도 이 사람들은 필요한 인력인 것은 맞지만 정부의 관할 범주에 속할 수 없었다. 펑타이 공안국은 연합방범대를 열렬히 환영했고 경찰복까지 제공(옷에는 줄여서 '연방' 두 글자가 표시되어 있음)했지만 다른 것은 제공할 수 없었다. 연합방범대가 사용하는 전

---

[86] 이주민 집거지는 도시 사회를 위협할 때만 관심을 받았다. 이런 점에서 미국 뉴욕의 차이나타운과 비슷한 경험을 하고 있었다. 1960~1970년대에 차이나타운 내부의 패거리와 범죄 문제는 이미 매우 심각했지만 '집안싸움' 단계였기에 미국 정부와 사회는 크게 관심을 가지지 않았다. 1980년대 초, 패거리들이 길거리에서 무고한 사람을 총으로 쏴 죽이는 사건이 발생하면서 미국의 언론도 주목하기 시작했고, 차이나타운은 총을 든 패거리들이 통제하는 곳으로 상상되기 시작했다. 나중에 한 미국 여성 관광객이 차이나타운에서 성폭행 및 살해당하면서 미국 사회와 정부의 많은 관심을 끌기 시작했고(Chin, 1996: 9~14쪽), 차이나타운은 사람이 들어가면 안 되는 곳으로 이미지화 되었다. 저장촌도 치안 상황이 최악이 되어서야 비로소 도시 사회의 큰 관심을 받을 수 있었다. '공포스러운' 이미지로 시민과 정부의 인식 속에 스며들었기에 사람들은 이곳을 없애야 후환도 없어진다고 생각했다.

기봉 및 기타 장비도 평타이구 공안국에서 구입해준 것이었다.

연합방범대에는 사람이 10여 명 있었다. 대장과 부대장이 정식 경찰 간부인 것을 제외하면 모두 저장촌에서 모집한 젊은이들이었다. 일상적인 지출은 저장촌의 각 가구로부터 모금했는데 그 액수도 작지 않았다. 이로 인해 "연합방범대는 위장한 패거리야. 그들이 저들(패거리를 가리킴)보다 더 노골적으로 돈을 가져가!"라는 말이 나올 정도로 '저장촌 사람들'의 불만이 컸다.

설립된 지 얼마 되지 않아 연합방범대와 현지의 파출소는 또 마찰을 빚었다. 파출소는 연합방범대가 '정품' 기관이 아니기 때문에 중대 사건 처리에 참여할 수 없고 더욱이 독립적으로 사건을 처리할 수 없다고 생각했다. 하지만 연합방범대는 자신이 이 지역 공안국으로부터 한 푼도 받지 않았고 또 저들이 원저우 사람들의 일에 대해서 전혀 모르면서 무슨 자격으로 텃세를 부리는지 이해할 수 없다는 입장이었다. 모집된 방범대원들은 촌에서 원래부터 말썽을 자주 일으켰던 사람들이었는데 이들은 "방범대원이 되었는데도 파출소의 갈굼을 받는다"고 다소 앙심을 품기도 했다.

1993년 12월의 어느 날 오후, 연합방범대는 마촌에서 도박하는 일당을 검거했다. 도박 참가자 세 명은 원저우 사람이고 한 명은 베이징의 건물주였다. 건물주는 서둘러 파출소에 있는 지인에게 전화를 걸었다. 도박 기구들을 압수하고 사람을 문 앞까지 데려갔을 때 파출소 사람 두 명이 도착했다. 방범대가 "우리가 막 이 사람들을 너네 쪽으로 데려가던 참이었어"라는 말을 하기 바쁘게 "사람들 다 풀어줘. 여기는 너희가 할 일이 없어"라고 파출소 사람이 말했다. 그리고 앞으로 다가가 연합방범대가 몰수한 도박 기구를 빼앗았다. 방범대원 몇 명은 화가 치밀어 올랐고 이 두 파출소 직원을 붙잡아 연합방범대 본부(하이후이사에 임대한 방)으로 끌고 가 구타하고 찬물을 끼얹었다. "분이 풀릴 때까지 계속할 거야!" 파출소장은 소식을 듣고 뛰어왔지만 제지할 방법이 없었다. 방범대장은 "나도 방법이 없어. 너의 안전밖에 책임질 수 없어. 나도 쟤네를 통제할 수 없어"라고 말했다. 구타는 약 두 시간 동안 지속된 후에야 중단되었다.

파출소는 신속하게 상부에 보고했다. 파출소의 경찰 간부들은 이번 사건이 제대로 해결되지 않으면 즉각 파업하겠다는 입장을 밝혔다. 이 사건은 베이징시정부와 국가 공안부까지 놀라게 했고 연합방범대는 즉시 해체되었다. 폭행에 가담한 대원 몇 명은 체포되어 실형을 선고 받았고 대장은 다행히 톈진을 거쳐 베이징을 탈출했다. 최종적으로 어떻게 처리되었는지는 알려진 바가 없다.

한 펑타이 현지 경찰은 나에게 "이런 일(방범대 설립을 가리킴)을 다시는 하지 않을 거야! 너희가 베이징에 왔으면 우리의 관리를 받아야 해"라고 했다. 그 후 어떤 정부부처도 감히 '두 지역의 합동 관리'를 언급할 수 없었다.

1994년 이후, 류스밍과 현지 파출소 및 기타 기관과의 관계는 더욱 밀접해졌다. 당시 파출소는 지역공동체 의식을 가지기 시작했고, 종종 저장촌의 일부 주요 인사를 소집하여 상황을 파악하고 관련 문제를 논의했다. 류스밍은 핵심 연락책이었다. 1994년 10월, 그는 다훙먼파출소에 범죄자를 체포하여 사건을 해결한 후 사람들이 많이 다니는 시장과 단지 입구에 처리 결과에 대한 공고를 적시에 게시하라는 아이디어를 냈고, 이 아이디어는 파출소에 의해 즉시 채택되었다. 이렇게 하면 한편으로 공안 기관의 위상을 높여줄 수 있고 다른 한편으로는 류스밍도 파출소의 고충을 이해하고 있다는 것을 보여줄 수 있었기 때문이다. 저장촌에서 범죄자들이 잡혔다가 바로 풀려나는 것에 대해 대중은 큰 불만을 가지고 있었다. 이에 대해 사람들은 파출소의 탓으로 돌렸는데 사실 진짜 문제는 다른 곳에 있었다. 따라서 파출소에서 사람을 체포한 후 관련 공고를 붙이면 사람들에게 파출소가 해야 할 임무를 다 했다는 것을 알려주는 동시에 나머지 일은 파출소의 관할권 밖에 있다는 것을 동시에 알려주는 효과를 가져올 수 있었다. 이렇게 류스밍과 파출소의 교류를 형식적인 관계로만 볼 수는 없었다. 설이나 추석이 되면 류스밍은 당직 근무 중인 경찰 간부에게 담배와 과일 몇 박스를 보내 '위로'의 뜻을 전하기도 했다.

안타깝게도 류스밍과 파출소의 이런 관계는 1995년의 대철거로 인해 완전히 끊겼다.

제 8 장

1995: 굴곡과 역조

애심협회의 설립

1994년 말부터 1995년 초까지 저장촌에는 과거에 볼 수 없었던 새로운 현상이 출현했다.

징원의류도매센터에 입주한 원저우 매대 주인들은 자체적으로 페인트와 솔을 구입한 후 폐장 시간을 이용하여 떨어진 벽면과 화장실을 새로 칠했다.

그들은 스스로 하이후이사에서 시장으로 통하는 좁은 길을 청소했다. 이곳은 많은 상공인이 반드시 거쳐야 하는 길목이지만 쓰레기가 산더미처럼 쌓였고 먼지가 흩날렸다. 그들은 며칠 동안 여러 번 오가면서 청소했다. 평소에는 깔끔한 양복 차림으로 다니던 사장들도 이런 일에는 매우 진지했다. 하수도가 막혀 통하지 않자 한 매대 주인은 악취가 진동하는 도랑으로 뛰어내렸다. 오수가 허리까지 왔지만 그는 더러운 쓰레기를 손으로 퍼 냈다!

매일 오전 물건이 들어오는 피크 타임에는 일부러 시장 입구에 가서 질서를 유지했다.

자체적으로 500여 위안을 모금한 후 보온병, 물받이통, 다기 및 기타 용품을 구입하여 사업자와 고객에게 끓는 물을 무료로 공급했다. 또한 특별히 사람을 고용하여 그곳을 관리(누군가 와서 파괴하거나 독극물을 넣는 것을 방지)하게 했다.

사업자의 자기 교육, 자기 관리, 금연, 예절 교육 등과 관련된 10개조를 1000부 인쇄해 시장 내에서 배포했다. 또한 현역 군인, 재학생, 장애인, 노인에게 우대 가격(구매 원가에 관리비 등 기본비용만 추가)을 시행하는 '애심 부스'의 설치를 장려했다.

공상소 사무실과 관리 직원을 자주 찾아가 시장 관리 문제를 논의하고 사업자의 생각을 공유했다. 저장촌에는 공동체 내의 첫 번째 공식 조직인 베이징시징원의류도매센터애심협회北京市京温服裝批發中心愛心小組가 설립되었다. 내가 말하는 '공식적'이란 말은 패거리 등과 대조되는 의미로, 필요한 절차를 따랐고 기본적인 법적 절차에 부합한다는 의미다. 그러나 성격상 완전한 민간 기관 또는 '비정부기구'다.

이 애심협회는 나에게 저장촌 조사 과정의 세 번째 역할을 맡겼다. 즉, 사회봉사자 또는 '준사회봉사자'다. 인류학 연구자가 이런 역할을 맡는 것이 적절한지는 논란의 여지가 있다. 하지만 내가 여기서 강조하고 싶은 것은 내가 이 역할을 맡게 된 것은 내가 계획한 것이 아니고 내가 희망한 것은 더더욱 아니라는 점이다. 나는 단지 공동체 내의 일부 사람의 요구에 따라 이 일을 하게 되었을 뿐이다. 내가 능동적으로 그들의 행위에 개입했다고 말하기보다 내가 오히려 그들의 삶에 더 깊이 말려들었다고 하는 것이 더 적절하다.

1994년 12월 21일 오후, 나는 학교에서 갑자기 저장촌의 완자유가 나를 찾는다는 전화를 받았다.

완자유와 함께 온 취샹치瞿想奇는 숙소에 들어오자마자 신발을 벗고 나의 맞은편 침대에 다리를 꼬고 앉았다. 그들은 단도직입적으로 '애심사愛心社' 이야기를 꺼냈다. "TV에서 여러 번 너의 베이징대학의 '애심사'를 보았는데, 우리도 '애심사'를 만들고 싶어!"

그때 꽤 갑작스러웠다. 베이징대학의 애심사는 당시 학생들이 사회적 무관심을 문제로 보고 '사랑을 불러일으키자'는 캠페인을 조직하기 위해 결성한 동아리였다. 이 조직이 제시한 슬로건과 활동은 사회적 반향을 불러일으켰을 뿐만 아니라 정부부처, 특히 중앙 선전부에서도 여기에 동조하면서 뉴스 홍보 및 보도의 핫이슈가 되기도 했다. 그렇다면, 이와 같은 젊은 학생 티가 많이 나는 조직을 어떻게 그들과 연결시킬 수 있을까?

완자유는 계속해서 설명했다.

저장촌이 얼마나 혼란스러운지 나보다 더 잘 알거잖아. 지금은 좋은 일을 하는 사람은 감히 말도 못하고 나쁜 일을 하고 아편이나 피우는 것들이 오히려 가슴팍을 치면서 "나는 아편 피우는 사람이야!"라고 대놓고 말하고 있어. 가끔 생각해 보면 정말 사람이 살 곳이 아니야. 선한 마음이 보이기나 해? 전부 역겹고 증오심뿐이야!

지금 징원도 어지러워. 죽봉을 두드리는 사람, 싸우고 다투는 사람, 때로는 이런 일들이 하루에도 몇 번씩 일어나. 며칠 전에도 저장 사람 몇 명이 2층의 매대에 가서 3만 위안을 요구했어. 1층 1332호 매대 주인은 아직 젊은 애야. 그날 맞아서 얼굴이 시퍼렇게 멍들고 눈물을 흘리고 있더라고. 견딜 수 없지. 며칠 뒤에 매대를 다른 사람에게 전대했어. 너도 한번 생각해봐. 계속 이렇게 혼란스러우면 누가 너한테 와서 옷을 사겠어? 안에 있는 우리도 안심할 수 없어.

지금 저기 도매시장 몇 개가 더 생겼고 경쟁도 더 치열해졌어. 우리도 이런 애심 활동을 통해 시장 환경을 좀 더 좋게 만들고 인지도를 높이고 싶어. 전체 시장이 잘 안되는데 우리가 무슨 돈을 벌겠어? 고향에서도 마찬가지야. 다리를 수리하고 도로를 보수하는 건 우리가 다 하고, 용주나 정월 15일 등불 설치할 때 100~200위안씩은 또 내야 하잖아.

나: 그럼 구체적으로 어떤 방법을 생각하고 있어?

두 사람은 막연한 눈빛이었다. "우리도 어떻게 해야 할지 모르겠어. 너의 베이징대학 '애심사'의 한 개 지부가 되면 좋을 것 같은데. 우리는 베이징대학에 의존해야 돼. 우리가 하면 놀림 받아."

나는 즉시 이 일과 관련하여 '베이징대학 애심사'에 연락했다. 공교롭게도 나는 이 일을 우연한 자리에서 학교의 보직 교수에게 보고했다. 모처럼 '체제 내'에 있는 베이징대학이 이 문제에 대해 예상외로 긍정적인 반응을 보였다.

12월 27일, 나는 베이징대학 '애심사'의 몇몇 학생과 함께 저장촌에 갔다. 완씨와 취씨 및 징원센터 공상소, 러칭시 연락사무소의 관계자를 만나 그들의 분명한 찬성 입장을 얻어냈다. 28일 오전에는 몇몇 간부와 애심협회의 소속 문제를 논의했다. 우리는 다음과 같이 합의했다. 첫째, 애심협회는 민간의 자발적인 조직이라는 것이고 둘째, 징원의류도매센터 공상소에 등록하고, 공상소가 이 협회에 대해 업무 '지도'를 한다는 것이다. 동시에 애심협회와 공상소의 관계를 더욱 명확히 하기 위해 나는 공상소의 서기를 애심협회의 명예 회장으로 초빙할 것을 제안했고, 이에 대해 완자유 등 전원이 동의했다. 민간 성격일수록 어딘가에 더욱 의존해야 한다는 것을 모두 잘 알고 있었다.

28일 오후, 시장 애심협회는 공상소 서기 사무실에서 제1차 회원총회를 열었다. 나는 조금은 걱정스러운 마음에 "장사가 다들 바쁜데 올 수 있을까?"라고 물었다.

취샹치가 고개를 들면서 말했다. "문제없어. 좋은 일을 하면 모두 오고 싶어해! 돈을 좀 손해 보는 건 아무것도 아니야."

역시, 2시가 조금 지나자 여덟 명이 속속 도착했다. 시간 개념에 있어서는 '농민 습성'이 전혀 없었다.

자리에 앉자마자 모두가 한마디씩 하기 시작했다. 주로 시장의 공상관리에 관한 몇 가지 문제를 토론했다. 칭찬과 비판이 골고루 있었다. 어쨌든 '시장'은 모두의 공통된 주제였다. 이런 미리 설정한 어젠다 없는 '만담'은 농촌에서의 '예비 회담碰頭會'을 방불케 했다.

나는 완자유에게 "주제를 정하고, 오늘 이야기할 내용을 좀 분명하게 해줘"라고 귀띔했다.

완자유는 참석자들을 향해 입을 열었다. "다른 건 둘째 치고! 다들 어차피 좋은 일을 하고 싶은 의향이 있어 모인 거니까, 오늘 온 건 애심협회를 만들기 위해서 모인 거야. 애심이라고 하면 자기를 사랑하고, 시장을 사랑하고, 올바른 기풍을 만들고, 나쁜 기운을 없앤다는 뜻이야. 베이징대학 애심사의 인지도는 매우 높으니 우리도 인지도를 높여야 해. 의류라는 것이 전국을 상대하는 것인데, 베이징의 저장촌이 잘 되면 전국에도 영향을 미칠 수 있어."

말을 마치고 나를 쳐다봤다.

이때 누군가 "샹씨 말도 들어보자고!"라는 제안을 했다.

갑자기 말을 하려고 하니 꽤 긴장되었다. 나의 경험을 떠올렸다. 그들이 알아들을 수 있게 말하면서 동시에 심금을 울려야 하고, 나의 역할도 잊지 말아야 했다. 이 정도로 생각하고 말했다.

"베이징에 있는 원저우 사람들의 이미지는 매우 좋지 않아. 저장촌에서는 이치를 따지지 않고 누구의 주먹이 강한지를 보고 있어. 이런 상태에서 누가 너희와 장사를 하고 싶겠어? 이미지가 좋지 않으면 결국 사업에 지장을 주잖아. (지금) 우리는 자신의 노력을 통해 적어도 작은 범위 내에서 좋은 사회 풍토를 확립하고, 생활을 안정시키고, 나아가 자신의 좋은 이미지를 구축할 필요가 있다고 봐. 우리 원저우 사람들 다들 모범적이잖아."

"오늘 회의 안건은 세 개야. 하나는 생각을 통일하는 것이야. 이것은 문제가 되지 않을 것 같아. 둘째는 조직을 구성하기 위한 권자를 만드는 일이고, 셋째는 다음 단계에서 우리가 무엇을 할 수 있을지 아이디어를 내는 것이야."

나의 말은 조금 효과가 있었던 것 같다. '안정 추구'와 '이미지 개선'은 역시 모두가 공감하는 내용이었다.

시장과 저장촌 내부가 왜 혼란스럽고 원저우 사람들의 이미지가 어떻게 나쁜지에 대해 다시 논의한 후 사람들은 두 가지 아이디어를 제안했다. 하나는 끓인 물을 무료로 공급하는 것이었다. 왜냐하면 시장에 오는 사람들은 모두 외지의 먼 곳에서 온 도매상들이기에 그들이 가장 필요한 것이 뜨거운 물이었다. 다른 하나는 군인을 포함한 네 가지 유형의 고객에게 혜택을 준다는 내용을 발의하는 것이었다. "군인이나 학생은 돈도 얼마 없는데 우리가 왜 그들을 통해 돈을 벌어야 해? 그리고 그들은 인원도 많지 않아서 크게 영향도 없어. 군인들은 고생하니까 혜택을 주는 것도 당연하지."

나는 당시 작업 노트에 다음과 같이 적었다.

과거 원저우 사람들은 타지에서 생활하고, 환경이 급변한데

다가 새로운 환경에서의 사회에 대한 통제와 장기적인 계획이 부족했기 때문에 그들은 큰 파도가 몰아치고 항로 표지도 보이지 않는 바다 한가운데 들어간 것 같았다. 이로 인해 원래의 지역공동체에서 형성되었던 전통적인 도덕의식은 얇은 나무배처럼 산산조각나고 부스러기가 될 수밖에 없었다. 이른바 사회 전환기에 도덕적 '해이'가 발생하기 쉬운 것도 이 때문이다. 이제 원저우 사람들은 항로 표지판을 보았고, 평온한 항구에 정박했다. 눈이 밝으면 마음도 밝아지듯이, 질서 있는 생활이 필요하다. 애심이 그들의 새로운 목표가 되었다. 원저우 사람들이 집단의 이익과 개인의 이익이 일치한다는 점을 알고, 의식적으로 집단을 위해 생각할 수 있도록 해야 한다.(비록 결국에는 개인의 이익을 촉진할 수 있어야 함) 과거에는 모두 불가능한 일이었다. 원저우 사람들이 현재 이런 일을 하려고 하는 이유는 직접적인 이익에 대한 고려 외에 일종의 '소속감'을 추구하기 때문이다. 사람에게는 항상 자신의 자리가 있다. 자신이 어떤 집단에도 속하지 않는다는 것을 알게 되면, 이른바 '주변인' 혹은 '경계인'이 된다. 이는 매우 고통스러운 일이다. 사람들은 전통적 공동체에서 적극적으로 다리를 건설하고 도로를 보수하고 사원을 건설하는데 이런 행동의 전제는 나는 이 지역 사람이고 이 큰 집단 사람들의 일부라는 의식이 깔려 있다. 동시에 잠재적 목적은 공공사업을 통해 이 지역과 더욱 밀접하게 연결됨으로써 이 사람들 사이에서 더 높은 인정을 받는 것이다. 눈에 보이는 기반(정원 시

징원시장 애심협회의 책임자가
회원 명부를 작성하고 있다.

장을 가리킴)이 생성되고 정부가 생각을 바꾸면서 '저장촌 사
람들'은 다시 '소속감'을 가질 수 있게 되었다!

하지만 나는 여전히 '우리'가 형성되기 위해서는 '너희'를 마주
보아야 한다는 점을 충분히 파악하지 못했다.

'골격 세우기'와 계약 전략

애심협회의 몇몇 발기인은 자연스럽게 주요 책임자가 되었다.
완자유는 애심협회의 첫 번째 발기인이다. 취샹치는 제대군인이

어서 하는 말들이 호소력이 있었고 항상 '투쟁'을 강조했다. 애심협회의 회원도 그가 대부분 모집했다. 린쉐친林學勤은 전형적인 저장촌 사람으로서 실속을 중요시했고 동시에 아이디어가 많아 '네 가지 유형의 사람을 우대'하는 방안도 그가 제안했다. 이후 일련의 활동에서 완자유는 줄곧 높은 권위를 누렸다. 나는 처음에 그가 단지 발기인이기 때문에 자연스럽게 이 위치에 가게 된 것이라고 생각했다. 나중에 다른 회원이 나에게 추가적인 이야기를 해주었다. "완자유는 저장촌에서 인지도가 높고, 안팎으로 친구와 친척도 많고 (…) 그와 공상소의 관계도 아주 좋아. 지난번에 징원이 아직 다 건설되지 않았을 때 돈이 부족했는데, 그가 혼자서 공상소에 20만 위안을 빌려줬다고 들었어. 무슨 일이 있으면 그가 공상소를 찾아가 이야기를 하면 공상소도 그의 체면을 세워줘야 하는 상황이야. 다른 사람은 이런 관계가 없어."

징원애심협회의 설립과 동시에 완자유의 요청 그리고 베이징대학 애심사 회원들의 열정에 힘입어 나는 '베이징대학 저장촌 사회사업팀北京大學'浙江村'社會工作小組'을 조직했다. 베이징대학 사회학과, 정치학과, 행정관리학과, 법률학과 등 학과 학생 다섯 명으로 구성해 2주에 한 번씩 저장촌을 방문했다. 우리가 계획한 업무는 서면 자료를 만들거나 그들을 도와 협회 사업을 기획하는 등 완자유의 사업을 도와주는 것이었다.

1995년 3월 4일 오전. 우리 저장촌 사회사업팀이 처음으로 '촌'에 들어간 날이다. 시장 공상소에 도착하자마자 우리는 최근에 '일이 있었다'는 말을 들었다.

알고보니, 춘절 이후 시장의 일부 통로와 거울벽(매대 바깥쪽을 거울벽으로 만들어 고객이 옷을 입어볼 수 있게 하는 용도)이 임대되었다. 거울에 옷이 걸리고 통로에 화물이 쌓였다. 일부는 사업자들이 개인적으로 임대를 놓았고, 일부는 공상소가 임대해줬다. 이로 인해 통로가 혼잡해졌고 안쪽 매대 사업자의 장사가 영향을 받으면서 사람들은 불만이 쌓여갔다.

2월 중하순, 10여 명의 사업자가 펑타이구 공상국에 이 상황을 보고했다. 애심협회 부회장이자 '취대포'라는 별명을 가진 취샹치는 항상 말과 행동이 과감했고 이번에도 그들과 동행했다. 취대포의 '애심협회'의 '가시성'이 너무 높아서인지, 이 일은 나중에 '애심협회가 국에 보고했다'고 전해졌다. 시장 내의 빈 공간을 함부로 임대 주지 말라는 국의 입장은 분명했지만 이 문제는 해결이 쉽지 않았다. 취의 동행은 양쪽을 동시에 불편하게 했고, 공상소의 간부도 당연히 매우 불쾌했다. 그는 두 가지 직무상의 과실을 범했던 것이다. 하나는 사업장을 무단으로 임대 놓은 것이고, 다른 하나는 사업자에 대한 통제 및 관리를 제대로 하지 못했다는 점이다. "문제가 있으면 조용히 해결해도 되잖아. 이렇게 바로 윗사람에게 가서 고자질하면 우리로서는 너무 난감하고, 이건 적절하지 않다고 봐."(공상소 간부가 나에게 한 말) 그밖에 원래 혜택을 받던 개체호들의 미움까지 샀다. 린쉐친은 거울벽을 임대줘서 1년에 4만 위안을 받았다. 그런데 갑자기 임대를 할 수 없게 되자 바로 공상소에 달려가 이유를 물었고, 소장은 "애심협회가 요구한 것이야"라고 답했다. 린쉐친은 자신도 애심협회의 부회장이라는 사실에 더욱 분노가 치밀었고, 바로 1층 홀에 달려가 욕설을 퍼부었다. 당연히 취씨를 향한 욕설이었다. 취씨와 막 설립된 애심협회는 모두 어려움에 빠졌다.

취와 린의 갈등은 완자유 덕분에 우리가 도착하기 전에 이미 해결되었다. 린쉐친이 욕설을 퍼붓자 완씨가 나와서 말렸다. "다 같은 협회 사람인데, 이렇게 하면 조롱거리가 되잖아!" 린쉐친이 나를 만났을 때는 여전히 화가 가라앉지 않은 상태였다. "말로만 애심, 자기 자신도 사랑해야 하잖아! 1년에 4만이 넘는데, 벌 수 있는 돈을 왜 안 벌어?!" 말은 그렇게 하지만 그는 여전히 애심협회에 대해 열정을 가지고 뛰어다니면서 회의를 했다.

나는 이번 소동에 대한 협회원들의 의견을 물었다. 왕진룽王進龍은 나의 손을 잡고 진지하게 말했다. "애심협회 전체를 대표해서 말할 수 있는 사람은 아무도 없어. 필요하다면 정회장의 동의를 얻어야 해. 물론 모든 사람의 의견을 수렴하면 가장 좋겠지만—문제는 의견 통일이 매우 어렵다는 것이지."

"그럼 만약 협회에 상무위원회가 있고, 일이 생기면 8~9명이 함께 상의하면 더 좋지 않을까?"

왕진룽은 고개를 끄덕이며 "한번 해볼만 해"라고 말했다.

내가 제안한 '상무위원회'도 나 혼자만의 바람이 아니었다. 그 당시에 비록 '핵심 계'라는 개념이 만들어지지 않았지만 나는 이미 대략적인 그림을 그릴 수 있었다. 여러 사람이 자주 만나 '이야기'해야 문제가 해결되고, 관계가 더 넓어져야 오래 유지될 수 있다고 보았다. 동시에 나는 애심협회의 구성이 저장촌의 구조와 완전히 동일한 것은 아니라는 점도 어렴풋이 깨달았다. 1995년 3월, 애심협회 회원은 32명으로 늘었는데 거의 모두 취씨가 개인 관계를 통해 모집한 사람들이었다. 이 32명 사이에는 공식적인 연결 고리가 없었고, 심지어 완자유와 린쉐친도 그들 중 상당수를 몰랐다. 하지만 내가 그들과 함께 회의를 할 때 느낀 점은 그들의 참여 열기가 나의 상상을 훨씬 뛰어넘었다는 것이다. 징원시장의 설립은 확실히 그들에게 새로운 자아의식을 갖게 했다. 이런 이유로 나는 개별 조직자와 그 '아래' 사람들의 관계에만 의존하지 않고 지도층과 의사결정층을 적절하게 확장하는 것이 필요하면서도 가능하다고 생각했던 것이다.

완자유와 취씨는 처음에는 관심이 없었지만 나중에는 상무위원회의 구성 제안을 받아들였다. 그들이 우리의 가설을 신뢰했기 때문이 아니라 이 파문을 직전에 경험했기 때문이었다.

완자유 일행과 우리가 생각하는 '조직' 개념은 달랐다. 완자유는 사람들이 '자연스럽게' 모여서 일이 있으면 함께 하는 것을 생각했고, 계층, 구조, 효율적 운영 등과 같은 개념은 없었다. 그가 상무위원회의 구성이나 효율적인 조직 체계의 구축에 그다지 열정적이지 않았던 이유는 그가 한 사람이 모든 것을 책임질 수 있다고 생각해서가 아니라 오히려 다른 사람을 곤경에 빠트리는 것에 부담감을 느꼈기 때문이었고, 또한 그 개인이 권력 지향적이어서가 아니라 오히려 자신의 권위에 대한 믿음이 부족했기 때문이었다. 그는 항상 웃는 얼굴로 나에게 물었다. "다른 사람을 상무위원으로 뽑는데, 이게 인민대표대회나 정치협상회의도 아닌데 사람들이 우리를 비웃지 않겠어? 그리고 어떻게 뽑아? 누구를 뽑아?" 그는 결국 '상무위원회' 인원을 정하는 방법을 생각해냈다. 처음(지난해 말) 회의에 참석한 사람을 모두 상무위원으로 하자고 했다. 그에게 '상무위원회'는 '일이 있으면 내가 먼저 찾아가서 상의하고, 찾아가 말을 할 수 있는' 사람들이었다.

일종의 '골격 세우기'인 셈이었다.

위에서 언급한 파문은 동시에 대부분의 협회원에게 또 다른 공통적인 문제의식을 만들어주었다. 애심협회는 '고자질'하는 조직이 되어서는 안 된다는 것이다. 한 협회원은 나에게 이렇게 말했다. "우리 애심협회는 아직 갓난아이이고, 갓 태어나서 걸음마도 떼지 않았는데 어떻게 감히 호랑이 엉덩이를 만질 생각을 해?" 당시 대부분의 협회원의 생각이 이러했다.

3월 4일 오후 2시, 공상소의 허름한 식당에서 애심협회의 새 회원 회의가 열렸다. 애심협회와 우리 사회사업팀의 명의로 공상소의 관련 간부를 초대했다. 취씨가 회의 사회를 맡았고, 나는 회의 전에 취씨에게 명확한 회의 의제를 설정하고, 핵심 의제를 중심으로 진행하도록 상기시켰다. 앞의 회의 경험을 통해 나는 그들에게 주의를 환기시키고 회의 진행 절차를 숙지하게 하는 것이 매우 필요하다는 것을 깨달았다.

우리가 손님이라 그런지 먼저 발언권을 얻었다. 이어서 공상소 간부의 연설이 이어졌다. 두 사람은 모두 애심협회의 설립을 높이 평가하고 지지를 표명했다. 하지만 동시에 "애심협회는 좋은 일을 하고, 사랑을 베풀고, 고객을 위해 봉사하는 것을 위주로 하고, 행정관리에는 참여하지 말아야 한다"고 강조했다.

그때 나는 밑에서 누군가가 원저우 말로 "맞아, 지금은 공상부문과 싸울 수 없어"라고 하는 말을 들었다. 이 부분은 오전에 몇몇 책임자가 합의한 원칙이기도 했다.

어쨌든, 간부들은 연설을 통해 모두를 크게 격려했다. 다음은 취씨가 애심협회를 대표하여 일곱 명의 상무위원회 명단을 발표했다. 그러나 취씨는 상무위원회의 책임과 기능을 설명하지 않았고, 협회원을 여러 팀으로 나누고 각 상무위원이 책임을 분담하는 우리의 제안도 따르지 않았다.

마지막 안건은 회의 전에 이미 논의되었다. 공상소는 징원시장에 에어컨을 설치할 예정이었지만 16만 위안이 부족한 상태였다. 공상소의 간부들은 완자유와 상의했다. 사업자들로부터 먼저 일부를 빌릴 수 있을까? 완자유는 전혀 문제없다고 생각했다. 과연, 완씨가 이 말을 꺼내자 왕진룽이 통 크게 말했다. "당연히 빌려줘야지! 공상소가 어렵다는 것은 모두가 아는 일이야. 에어컨은 우리 모두의 일이야. 나는 최소 5000위안을 내겠어." 이어 리캉건李康根(시장의 큰손이기도 함)이 말했다. "에어컨을 설치하지 않고, 시장의 환경을 좋게 하지 않으면 누구도 부자가 될 수 없어. 나는 1만 위안을 빌려주겠어." "좋아" 완자유가 손을 내저으며 "우리 상무위원 7명이 1인당 최소 5000이나 1만 위안 내고, 다른 사람들도 많을수록 좋아"라고 했다.

나는 개체호들의 이러한 열정에 공상소의 간부들도 크게 감동받았다는 것을 알 수 있었다. 우리는 마침내 하드웨어 시설 설치와 같은 가장 단순한 관리 문제와 관련하여 정부와 사업자가 '합작'하는 모습을 보게 되었다.

마지막으로 회의에서는 화장실 페인트칠, 도로 청소, 홍보 게시판 설치 등 애심협회의 다음 사업이 논의되었는데 (…) 사람들은 알아서 호주머니를 털어 모금에 동참했다. 불과 몇 분만에 취씨의 손에는 2000여 위안이 쌓였다.

사회사업 분야의 용어를 차용하면, 이번 회의를 통해 사회와 정부가 먼저 잠재적인 충돌을 피하고 서로 공감하고 협력하는 관계를 구축하기 위해 노력하는 전형적인 '계약合同' 전략을 볼 수 있었다. 조직 내부의 '골격 세우기'와 함께 이 계약 전략의 구현은 애심협회가 생존하고 발전하기 위한 전제 조건이었다. 이 부분에 대한 완자유의 이해는 우리보다 전혀 뒤지지 않았다. 시장에 무슨 일이 생겼는지, 공상소의 간부들이 어떤 어려움을 겪고 있는지, 그는 항상 간부들의 생각을 민첩하게 파악하고 적극적으로 협조하고자 했다. 그 개인과 간부 사이의 '계약'은 때로는 조직 간의 계약보다 더 중요했다.

계약 전략에는 다음과 같은 내용도 포함되었다.

'자율성'이다. 우리는 공동으로 합의한 징원애심협회의 기본 취지를 자신을 사랑하고 사람을 사랑하고 시장을 사랑하고 나라를 사랑하는 '네 가지를 사랑하자'로 요약할 수 있다. 모든 대화에서 우리는 '자신을 사랑하자'를 강조했다. 그 내용은 자신의 가치를 발견하고 자신은 수준 있고 품격이 있는 사람이고 해야 할 일과 하지 말아야 할 일을 구분할 줄 알아야 한다는 것이다.

취샹치는 이렇게 말했다. "우리와 공상 당국의 관계를 보면, 시장에서 추가 매대를 설치해서 1년에 몇 만 위안을 더 버는 것은 일도 아니야. 그런데 우리는 안 하잖아. 지금 아내는 나에게 불만이 많아. 이익이 생기면 양보할 줄 알아야 하고, 문제가 생기면 앞장설 줄도 알아야 해. 저장촌은 원래 부정한 방법으로 문제를 해결했고 공식 경로를 통하면 그 사람이 손해를 보는 곳이야. 그런데 나는 만족해. 이게 마음 놓이고 편해!" 형식주의 풍조가 강한 사회에서 오랫동안 생활한 사람들은 종종 완자유가 하는 이런 일에 대해 회의적이거나 심지어 비웃기도 하지만, 나는 내가 본 그들의 열정과 진정성은 나의 상상을 초월했다는 것을 강조하고 싶다.

'감화'다. 애심협회는 매달 300여 위안을 들여 끓인 물을 무료로 공급했고, 1995년 6월부터는 구식 차 통을 큰 생수통으로 교체했다. 그 결과 2, 3, 4층의 사업자들도 이를 모방하여 자발적으로 애심 급수대를 만들었다. 애심협회가 시장 앞의 골목길을 몇 차례 청소하자 애심협회에 가입하지 않은 사업자들도 빗자루와 삽을 들고 신나게 청소 대열에 참여했다. 몇몇 베이징 주민은 "이 길은 적어도 10년은 아무도 청소한 적 없는데 결국 당신들이 먼저 시작하네!"라며 감탄했다. 가오좡의 80대 후반의 할머니도 작은 빗자루를 들고 나와 청소하는 사람들의 뒤를 따랐다. 귀위안촌 촌장은 쓰레기 운반을 돕기 위해 트레일러를 보냈고, 도로 질서를 유지하기 위해 경비원 세 명을 부르기도 했다. 원저우 개체호들에 대한 애심협회의 감화는 내부 결속력을 강화하고 지역 내 인지도를 높여주었다.

'대화 방법을 배우다'이다. 우리는 사업에 몰두하는 것만으로는 부족하고, 관계 부처에 애심협회를 많이 알릴 필요가 있다고 생각했다. 우리는 애심협회 이름의 단체 명함을 만들고 완자유 등과 함께 난원향과 인근 촌의 촌당위원회를 '방문'하여 취지를 설명하고, 상대방의 '지도편달'을 부탁했다. 길거리를 청소하는 한편 난위안향 정부를 방문하여 환경이 아름답고 질서가 좋은 다흥면 지역을 만들기 위해 공헌하겠다는 뜻을 전달하기도 했다. 대화는 실질적인 내용이 없었고, '브랜드'를 만드는 것이 주목적이었다. 동시에 이는 '공동체의 리더'를 단련시키는 한 가지 방법이기도 했다. 완자유는 이를 두고 우스갯소리로 "대화 방법을 배우다"라고 했다.

'홍보'다. 사회사업팀의 도움으로 『광밍일보光明日報』 『베이징만보北京晚報』 『중국청년보中國靑年報』, 중국국제방송 등은 연이어 징원센터의 애심협회를 보도하고 호평을 보냈다. 특히 1995년 4월 『광밍일보』에 실린 기사가 같은 날 중앙인민방송의 『전국신문연보全國新聞聯播』 〔가장 영향력 있는 CCTV1 채널의 7시 뉴스〕에 나와 큰 반향을 불러일으키기도 했다. 그간 미디어가 정부의 입으로 여겨져 왔기에 '큰 신문에 실리는 일'은 이 조직의 위치를 공고히 하고 다음 단계의 사업을 추진하는 데 도움이 되었다.

하지만 이러한 문제에 있어서 완자유 등과 우리 사회사업팀의 견해는 달랐다. 우리는 그들의 조직 구성을 도와주고, 활동 과정에서 출현하는 기술적인 문제를 해결해주고, 또한 다양한 정보를 제공하는 일이 우리의 주요 업무라고 생각했다. 그들을 도와 언론과 사회로부터 관심을 받는 등 외부 자원을 확보하는 것은 우리의 최우선 과제가 아니라고 생각했다. 모든 업무는 그들 자신의 업무에 대한 이해와 능력을 향상시키는 데 주안점을 두고자 했다. 그러나 완자유 등은 우리를 '빽'으로 여기면서 뉴스 홍보가 더욱 강화되어야 한다고 생각했고, 우리에게 '유명인'을 찾아 고문으로 위촉하거나 제자題詞를 받아오기를 요구하는가 하면 그들을 이곳에 초대하여 '둘러보게' 해달라고 거듭 요구했다. 완자유는 항상 우리가 그들의 처지를 이해하지 못한다고 생각했다. "네가 아무리 잘 해도, 위에서 해체하고자 마음먹으면 금방 해체해. 그때 가면 말할 곳도 없어져! 빽이 없이 어떻게 해? 어디서 유명인을 불러오는 게 제일 좋은데……" 이후 애심협회의 운명은 완자유의 예견이 합리적이었다는 것을 증명했다. 그러나 그가 찾고자 했던 '빽'은 그가 '빌붙기' 위해 필요했던 것이 아니라, 그것을 하나의 수단으로 삼고 '사업을 더욱 내실 있게' 펼치기 위해서였다는 점에서 우리의 생각은 일치했다.

경쟁 전략의 좌절

'계약'에 비해 '경쟁對弈'은 사회와 행정 관리자의 '일치성'이 아닌 '견제와 균형'의 관계를 달성하는 것을 목표로 한다.(莫泰基, 1995: 李豔紅, 1995) 완자유가 초기에 애심협회를 결성할 당시,

나에게 설명한 이유 외에 사실 '경쟁'의 의도도 잠재되어 있었다. 완자유 등은 당시의 공상소 소장에게 불만이 매우 컸다. 들리는 말에 따르면 소장이 여분의 매대를 진金 아무개에게 내부 가격으로 도매했고. 진 아무개는 마을의 '2급 시장'에서 전대하여 매대당 최소 6만 위안을 벌었다고 한다. 애심협회가 설립된 후, 취 씨가 소장에 관하여 짧게 뭐라고 한 적이 있는데 이 일로 시장의 발코니에 끌려가 위협받기까지 했다. 소장은 몇몇 사업자와 단합하여 애심협회를 반대하고 나섰다. 다행히 서기와 소장 간의 불화로 애심협회는 유지될 수 있었다. 1995년 초 소장이 다른 곳으로 전출되었다. 완자유는 좋은 일이라고 생각했고 이 과정에서 애심협회도 일정한 역할을 했다고 생각했다. 왜냐하면 그들이 사업자들이 파악한 내용을 상부에 알렸기 때문이다.

그러나 경쟁 전략을 펼치자 바로 좌절했다.

1995년 4월 18일, 우리는 징원시장의 개체호인 루젠둥盧建東이 치안 요원에게 심하게 폭행당했다는 소식을 들었다. 루씨의 매대는 2층에 있었는데 원래는 길가에 붙어 있어 지나다니는 고객도 많았다. 하지만 나중에 누가 설치했는지 모를 매대 하나가 추가되어 길목을 가로막았다. 이웃 매대 주인이 빽이 있는 사람이라는 것이 확실했고 루젠둥은 별 수 없었지만 이것이 늘 눈에 거슬렸다. 4월 11일 오전, 양측은 마네킹을 잘못 배치한 것 아니냐를 놓고 실랑이를 벌였다. 이웃 매대 주인은 4층으로 달려가 시장 치안팀(현지 파출소 소속)에 고발했고 애증이 있었던 게 분명했던 치안 요원이 내려와 루젠둥을 강제로 끌고 올라갔다. 3층 모퉁이에서 구타가 시작되었다. 4층 치안 사무실에 도착해서도 문을 닫고 라디오 소리를 크게 틀어놓고 구타를 이어갔다고 한다! 점심에 루씨의 남동생 루화둥盧華東이 상황을 물으러 갔다가 함께 폭행을 당했다. 그날 밤, 두 형제는 파출소로 보내져 하룻밤 구금되었다.

루씨 형제의 진술과 병원 증명에 따르면 당시 전기봉으로 몸을 때리고 발로 머리를 걷어차거나 주먹으로 가슴을 때리는 등 구타가 매우 심했고 이로 인해 몸의 거의 전체가 붓고 큰 멍이 생겼다.

13일, 치안팀은 루씨의 매점을 폐쇄했다. 루씨의 아버지가 사업 복귀를 요구하자 치안팀은 "앞으로 이웃 매대에 무슨 일이 생기면 모두 네가 책임진다는 각서를 쓰면 매대를 다시 열어주겠어"라고 했다. 루씨 아버지는 따르지 않았다. 하지만 29일이 되어 루씨네는 부득이 지인에게 위탁하여 1000위안을 보내주고 매대를 다시 열었다.

이 일을 전후하여, 루씨 가족은 최소 1만5000위안 이상의 손실을 입었다고 한다. 이후 루씨 아버지는 관련 부처에 구두로 '억울함을 호소'했지만 그렇다 할 '답변'을 듣지 못했다.

같은 2층에 있는 왕유성王友生도 분노했다. "어디 이 일뿐이겠어! 4월 12일 2층에 있는 우캉건吳康根이 베란다에서 담배를 피웠는데, 치안 요원이 보자마자 목을 조르고 사무실로 끌고 들어가 10분 동안 때렸어. 그리고는 500위안 벌금까지 내게 했어! 어제는 1층에서, 무슨 영문인지도 모르는데 치안 요원 두 명이 원저우 사람 한 명을 쫓아가 때렸어. 치안 요원의 이런 행태를 우리는 받아들일 수 없어."

'사회사업팀'은 애심협회를 도와 이 문제를 해결해보기로 결정했다. 우리는 먼저 애심협회 회원들을 동원하여 이 사건의 중요성과 해결 가능성을 인식하게 했고, 완자유 역시 '해볼만 한 일'이라고 생각했다. 5월 3일, 우리는 증거를 수집하러 시장에 갔고 류젠둥 매대 근처의 매대 주인 네 명에게 사건의 경위를 자세히 물었다. 사건의 목격자로서 '증언'을 하겠다는 서명 약속까지 받았다. 5월 4일, 우리는 당사자들의 생각과 요구를 다시 한 번 확인했다. 5월 5일, 루씨의 집에 가서 사건의 자세한 경위를 확인하고 일부 세부 사항을 명확히 했다. 학교로 돌아온 후, 법학과 학생들이 집필하여 당사자들을 위한 '사실 진술'과 '항변 사유'를 작성했고, 애심협회를 위해 '징원의류시장 내 애심협회를 공동으로 설립하고 시장 치안팀의 업무 태도 개선에 관한 건의'([부록 6])를 작성하여, 애심협회 대표와 당사자가 함께 상급 부문에 가서 이 문제와 관련한 '대화'를 할 수 있기를 바랐다.

5월 12일 오후, 우리는 큰 비를 무릅쓰고 저장촌에 가서 애심협회가 이 문제 해결에 앞장서기를 바랐다. 하지만 뜻밖에도 몇몇 협회원은 자신이 '말주변이 없다'거나 심지어 '두려워 못 가겠다'고 뒤로 물러섰다. 4월 18일까지만 해도 분개하고 격앙되었던 매대 주인들까지 공안국에 가야 한다는 사실에 갑자기 고개를 가로저으며 "나는 평생 거긴 가지 않을 거야! 지금 세상이 그래. 화가 나면 말로 풀면 돼. 실제로 뭘 어떻게 하겠어? 게다가 내가 알바도 아니야"라고 말했다.

"아무도 안 가고 이 욕설과 구타를 이대로 놔둔다고?"

"안 그러면 뭐 어쩔 건데! 네가 공안국에 가서 무슨 말을 할 수 있어?"

"이렇게 하다가는 언젠가 당신도 이렇게 당할지 몰라!"

"그건— 그때 가서 다시 볼 일이고. 어쨌든 나는 안 가. 소용없어."

우리는 결국 완자유를 찾아가 밤 10시가 넘도록 함께 의논했다. 완자유는 우리가 쓴 건의를 이리 저리 훑어본 후 이렇게 말했다. "나도 이 문제를 해결하려고 노력했는데, 아무리 생각해도 아닌 것 같아. 네가 공안과 '싸우'겠다고 하는데 '싸울' 수 있어? 너희가 '대화'를 하겠다고 하는데, 우리는 대화를 할수록 공안이 더 반감을 가질까봐 두렵고, 결국 이 피해는 전부 우리한테 올 게 뻔하잖아! 누가 가면 누가 재수 옴 붙는 거야. 여기 사람들 모두 자기만 문제없으면 된다고 생각해. 너와 함께 책임지려고 하는 사람이 없어."

우리의 노력은 여기서 끝났다. 우리는 사회사업 대상의 가치관과 선택을 존중해야 했기 때문이다. 나는 여기서 그들의 '우리의식我們感'에 대해 다시 생각해보았다. 이치대로라면, '경쟁' 전략은 '계약' 전략보다 내부 결속을 더 자극할 수 있지만, 징원애심협회의 경우는 정반대였다. '계약'할 때는 사람들이 매우 열정적이었지만 대화를 하고자 할 때는 하나의 힘으로 조직되지 않았다. 이번 일과 1994년 파업의 다른 점은, 1994년의 파업은 모든 사람의 이익과 직결된 데다 하나의 갑작스러운 '사건'이었기 때문에 모든 사람이 함께 들고 일어날 수 있었다. 하지만 지금은 하나의 조직의 이름으로 행정 관리자와 향후의 상호작용 관계의 장기적인 변화를 가져오는 것을 목표로 한 이성적인 협상을 준비하고 있었다. 그 뒤, 한 번은 비공식적인 자리에서 저장촌 관련 업무를 직접 담당했던 한 간부는 이렇게 말했다. "무슨 놈의 애심협회야! 이 사람들 전부 공안국을 향하고 있어. 게다가 무슨 관리까지 참여하겠다고 하던데, 뭘 하자는 거야?" 완자유의 걱정과 이 간부의 견해가 일치했다.

1995년 7월 1일, 국가 공상국의 요구에 따라 징원시장은 명목상 펑타이구 공상국과 분리되어 '시장서비스센터'에 의해 관리되었다. 당시 나는 노트에 다음과 같이 적었다.

이것은 하나의 추세다. 시장은 더 이상 행정 기관이 아니라 사업 주체로 바뀌어야 하고, 공상 간부는 더 이상 공무원이 아니라 경영자로 바뀌어야 한다. 그들의 행동에서 핵심은 '개체호를 잘 관리하자'에서 '개체호와 협조하고 함께 더 높은 이익을 추구하자'로 바뀌어야 한다. '권력, 명령, 상하 위계' 등 이런 낡은 개념은 '합작, 이윤'과 같은 새로운 개념으로 바뀌어야 한다. 이는 행정 부문이 직접 통제하는 영역이 더 줄어야 한다는 것을 의미하고, 동시에 애심협회의 운영 공간이 더 넓어져야 한다는 것을 의미한다.

하지만 나는 곧 '이 말이 틀렸다'는 것을 알게 되었다. '센터'의 신임 간부는 비록 더 이상 공무원은 아니었지만 관방적 분위기를 공상소의 간부보다 훨씬 더 풍겼다. 게다가 애심협회를 터무니없는 짓이라고 보았다. 형식적인 분리는 아직 실질적인 변화를 가져오지 않았다. 정부의 '자기 개조'만으로는 여전히 해결되지 않는 문제가 많은 것 같다. 나중에 또 다른 일들이 겹치면서 애심협회의 사업은 '저조'로 돌아섰다. 정부와 비정부 간에서 '경쟁' 없는 '계약'만으로는 진정한 통합을 이룰 수 없다.

류가 단지

징원애심협회의 일을 도우면서 나는 사회사업을 저장촌의 주거지로 확장할 수 있을지 생각했다. 주거지에는 비록 '경쟁'이나 대화의 문제는 없지만 그들이 스스로 조직할 수 있도록 도와주고 공동체의 삶의 질을 개선하는 데 있어서도 할 수 있는 일이 적지 않았다. 우리의 활동 장소는 류스밍이 새로 지은 JO단지로 정했다.

이곳은 저장촌의 규모가 가장 크고 가장 고급스러운 단지로 면적은 60무, 1000개 이상의 주택, 3000명 이상의 인원을 수용할 수 있다. 실제 투자액은 약 800만 위안이지만 대외적으로는 1000만 위안이 들었다고 했다.

이렇게 큰 공정이었지만 설립 과정은 '상황을 보면서 추진'되었다. 류스밍은 다음과 같이 말했다.

나는 줄곧 언제 마촌에서 떠나 우리 일행이 좀 제대로 살아
볼 수 있을까 생각했어. 작년(1993년) 7월, 사촌 남동생 관팡
밍管方名이 란저우에서 왔어. 애가 사람과 친해지는 데 아주
능숙해. 어떻게 왕라오펑汪饒風까지 알게 되었는지 모르겠어.
왕라오펑은 주징좡(난위안향의 또 다른 행정촌으로 행정 등급은
'스촌'과 같다) 3소대 사람이야. 서류상으로는 그렇게 부르지
않고, 다훙면 농공상연합본사제3지사農工商聯合總公司第三分公司
라고 해.

왕라오펑은 재작년(1992년)에 지사가 보유한 토지를 임대하
여 1년에 18만 위안을 내고 35명의 촌민의 월급까지 책임졌
어. 먼저 연못을 파서 물고기를 기르다가 크게 손해를 보고,
나중에는 연못을 메워서 토끼를 키웠지만 역시 얼마 벌지 못
했어. 저장촌에 이렇게 많은 사람이 단지를 세우는 것을 보
고 우리를 떠올린 거야. 관팡밍이 이 생각을 대대('본사')에
보고했고, 대대는 개발에 동의했어. 그들의 뜻은, 저장 사람
들이 스촌을 부유하게 했으니, 이제는 주징좡도 잘 살게 해
야 한다는 거야!

처음에는 우리도 이렇게 크게 할 생각을 못했는데 계약할 때
가 되어서 60무를 하기로 결정했어. 크게 하면 기세도 커지
지. 처음에는 다섯 명이 상의하고 자금이 부족하면 새로운
주주를 찾아나섰어. 필요한 만큼 찾아다녔어. 우리가 섭외한

주주는 모두 평소 사이가 가까운 친척이야. 처음에는 우리 다섯 명 중에 친척과 친구들이 있었는데, 나중에는 거의 다 친척들만 왔어.[87] 주주들이 스스로 찾아오기도 해. 이렇게 오면 당연히 환영하지만, 그들에게 지분을 얼마를 주는 것이 적당한지는 생각해봐야 해.

우리는 일을 추진하면서 상황을 살폈고, 투자나 기획도 모두 한발씩 천천히 추진했어. 이게 전체 분위기와 관련 있거든. 저장촌에서 이렇게 눈길을 끄는 단지를 세우는데, 우리뿐만 아니라 왕라오펑이나 대대도 확실하게 자신이 있는 것은 아니었어. 왜냐하면 위에서 어떻게 생각하는지 모르잖아. 게다가 우리는 다른 사람이 어떻게 행동하는지 눈치도 봐야 했어. 처음에 우리가 60무를 정할 때도 한 번에 다 지을 계획이 없었는데, 나중에 보니까 원저우 사람들이 여기서 엄청 많이 집을 빌리는 걸 보고 그냥 단숨에 다 지어버렸어. 솔직히 말하면, 이 단지는 절차를 다 밟지 않았어. 하지만 어쩌겠어. 그걸 제대로 다 하면 단지는 절대 완공될 수 없거든.

류스밍을 중심으로 25명의 주주가 'TPY의류총회사TPY服裝總公司'라는 이름으로 왕라오펑과 계약([부록 7] 참조)을 체결하고 이 회사 이름으로 사업을 시작했다. 자금 조달, 건설, 관리 등은 모두 원저우 사람들이 담당하고, 수도나 전기 등 베이징과 직접 접

---

[87] 류스밍은 친구들과 함께 '어깨를 나란히 한' 합작은 비교적 편하지만 함께 하는 협력자들 중에 크고 작은 차이가 있거나 높고 낮은 위계가 있으면 친척을 찾는 것이 가장 좋다고 생각했다.

촉해야 하는 부분은 왕라오펑이 맡았다. 첫 해에 단지가 제3지
사에 지불해야 하는 토지 임대료는 30만 위안, 두 번째 해는 35
만 위안, 이후부터는 매년 40만 위안이었다. 이 돈은 '죽은 돈'[고
정 지출]이고, 그 외에 '살아 있는'[변동 지출] 돈도 있는데 매년 토
지 임대료 외에 단지 운영 이익의 30퍼센트를 지불해야 했다.

대외적으로는 '상황을 보면서 추진했다'고 하지만, 대내적으
로는 '잘해야 해. 그냥 잘하는 것만으로는 안 돼"라고 거듭 강조
했다.

이제 우리는 전력을 다해 단지를 잘 가꾸어야 해. 나는 치안
혼란을 없앨 거야. 누가 우리 단지에서 1만 위안을 도둑맞거
나 강도를 당하면 우리 단지에서 1만 위안을 배상해줄 거야!
밤에 문을 닫지 않고 잘 수 있는 수준으로 만들어야 해. 위
생도 완전히 바뀌어야 해. 지난달에야 우리는 돈을 주고 물
약을 한 차 사서 집집마다 나누었어. 파리를 박멸하고 파리
없는 단지를 만들려고 해. 공용과 개인 화장실, 기계 우물,
쓰레기장, 하수도 등은 우리가 반드시 추가하려는 대상이야.
공중화장실 몇 개만 추가해도 20만 위안 이상이 더 들어가.
그런데 이게 가치가 있는 일이거든. 이렇게 할수록 사람들이
더 많이 오고, 그래야 단지도 지킬 수 있어.(여기서 말하는 '지
킬 수 있어'는 정부를 상대로 한 말이다.)

류스밍은 공정을 기획하는 일을 매우 중요하게 생각했다. 그

는 마촌의 중심에 있는 작은 길을 사거나 임대하여 '보행 상업 거리'를 만들 수 있다면 얼마나 좋을까라고 나에게 여러 번 말했다. JO단지는 여섯 개 구역으로 나뉘었다. 어느 구역이 가죽재킷 가공업이고, 어느 구역이 유행 의류 가공업인지 명확하게 구분되었다. 정문과 연결된 중심 도로는 '상업가'로 계획되어 우체국, 입주자들이 운영하는 곡물 매점, 상점, 미용실 등으로 채워졌다. 단지의 한 가운데는 단지관리위원회의 사무실과 회의실이 위치했다. 단지의 대주주들은 전부 단지의 가장 남쪽에 한 줄로 연결된 집에 모여 살았다. 나는 '고위간부지역'이라고 놀렸다.

우리 사회사업팀은 세 개 측면의 내부 관리 작업에 참여했다. 이러한 사항은 모두 그들이 먼저 제안했지만 최종적으로는 그들이 스스로 구현해야 했다. 우리는 단지 그들의 토론에 참여하고 그들이 작성한 문서에 대해 문구 수정만 했을 뿐이다.

첫 번째는 자기관리 체계의 구축이다. 25명 주주가 단지 관리위원회를 구성했고, 관리위원회는 수금재무팀, 조정치안팀, 유지보수팀, 전기업무팀, 위생팀, 계획생육관리팀, 화재예방팀 등 일곱 개 팀으로 나뉘었다. 그중 17명이 상무관리자로서 월 1500위안을 받았다. 매일 밤 교대로 근무하면서 단지 내 안전을 책임졌다. 치안 및 위생을 위해 17명의 경비원과 청소원을 별도로 고용했다.

그러나 사람들은 여전히 '부처의 권위'가 아닌 '개인의 권위'에 더욱 익숙했기 때문에 류스밍의 집은 매일 사람들로 가득 차 있었다. 내가 1995년 추석을 그의 집에서 보낼 때 그가 두 개의 분쟁을 처리하는 것을 보았다. 하나는 단지 내 일가 사장과 피고용자 사이에 발생한 분쟁이었다. 뜻밖에도 쌍방은 함께 류씨 집으로 달려갔다. 노동자는 문 앞에서 소리를 지르고 사장은 집안에서 이를 갈며 단지 회장의 중재를 요청했다. 분쟁 쌍방은 결국 이구동성으로 "회장 당신이 그렇게 말하는데 우리가 무슨 더 할 말이 있겠어?"라고 했다. 이 일은 원래 관리위원회를 대신하여 전문 인력이 조정하도록 했지만 양측은 전혀 듣지 않았고 결국 '잘잘못'을 따지러 류스밍의 집까지 찾아간 것이었다.

또 다른 일은 더욱 말도 안 되는 일이었다. 한 젊은이가 누군가가 자기의 여자친구 앞에서 자신의 험담을 한다는 소식을 듣고 류스밍을 찾아와 그 사람한테 '까불지 말라'고 경고해달라고 했다.

노사간의 분규, 부자간의 분가, 부부 싸움 등 '사람'과 관련된 일이면 모두 류스밍에게 가서 해결하려고 했다. 류스밍은 이에 대해 우쭐하면서도 피로감을 느꼈다. 나는 그에게 단지 내 여섯 개 구역에서 각각 책임자를 선출하고, 각 '팀'에 대응하여 '교차 관리'를 하는 것이 가능한지 제안했다. 류스밍은 좋은 제안이라고 생각했다. 동시에 단지 관리위원회의 통계에 따르면 단지 내에는 열 명 이상의 당원이 있었고 그중 한 명이 초창기 다섯 명 주주 중 한 명이었다. 류스밍은 그에게 당 지부를 조직하도록 요청할 생각을 하고 있었다. 나는 그가 정말 이 방법이 가능하다고 생각했는지 아니면 이렇게 하면 단지가 더욱 '정규적으로 보일 수 있다'고 느껴서 그랬는지 알 수 없었다. 하지만 어쨌든 그

건설 중인 JO단지

는 '사람을 조직'하는 재미를 보았기 때문에 이런 일에 있어서는
꽤 적극성을 보였다.

두 번째 관리 업무는 공공 서비스를 제공하는 것이었다.

류스밍은 "저장촌에서 가장 마음에 걸리는 것이 돈을 버는 것
외에 아이들의 학교 문제야. 올해 3월에 인근 초등학교에 연락해
겨우 120명을 배정받았어"라고 말했다. 1995년 7월, 우리는 류
스밍의 아내를 도와 아이를 학교에 등록하기 위해 방문한 부모

에게 서류를 만들어줬다. 9월, 류씨의 아내는 직접 아이와 학부모를 데리고 학교에 등록하러 갔다. 추석 전날 나는 류스밍의 집에서 이 학교의 교장을 만났다. 웃는 얼굴로 담소를 나누는 이들은 '단지-초등학교 우호 관계'를 맺을 기세였다.

단지가 자체적으로 운영한 유치원도 1995년 9월에 개원했고 70여 명의 어린이가 있었다. 여섯 명의 아주머니와 교재 세트는 모두 펑타이구 소년궁과 베이징의 다른 유치원에서 '데려'왔고, 펑타이구 소년궁 주임이 원장을 맡았다. 내가 10월에 갔을 때 아이들은 이듬해 쑹칭링기금회宋慶齡基金會의 행사에 참가하기 위해 한창 집단체조를 연습하고 있었다. 뜻밖에도 단지는 미니버스 네 대를 빌려 단지에서 무시위안까지 왕복 운행하는 '셔틀버스' 노선을 개통했다. 아침 6시부터 저녁 7시까지, 15분 간격으로 운행되었다. 단지 주민들은 월 정기권을 사거나 탈 때마다 표를 살 수 있었다.

8월, 둥가오디東高地 우체국이 사업 확장을 위해 이곳에 찾아왔다. JO단지에 우체국이 공식 설립되면서 저장촌에 우체국이 없던 역사도 끝났다.

JO단지의 세 번째 눈에 띄는 점은 '홍보게시판'이다. 국가의 정책을 홍보하는 것 외에 더 중요한 기능은 관리위원회의 결정을 대중에게 알리고 교류를 통한 관리를 강화하는 것이었다.

여기서 나는 몇 개의 대표적인 홍보 내용을 요약하여 열거하고자 한다.

3월 29일: 긴급 통지. 단지 내 거주자 전원은 즉시 파출소에 가서 임시거주증을 신청하기를 바란다.

4월 3일: 모든 가정은 마당에 나무를 심고, "학부모는 아이들에게 나무를 사랑하고 단지의 녹화를 함께 하도록 교육해야 한다."

4월 27일: 위생에 주의, "이렇게 큰 단지는 모든 사람의 주의가 필요하고, 함께 해야 한다." 그리고 위생 업무를 담당하는 관리자 이름을 발표했다.

5월 4일: JO단지주택규정, 총 10조.

6월 1일: 단지 내에서 행패 부리는 사람에 대해 '엄중하게 처벌하고 강력하게 타격'해야 한다고 했다. 이른바 '행패'는 어린 청년들의 주폭과 단지 내에서 말썽을 일으키는 것을 말한다.

7월 15일: 유치원과 초등학교에 입학하기 위한 구체적인 절차.

8월 2일: JO단지의 계획 생육 시행세칙([부록 8]).

저장촌 사람은 이러한 문자 고시에 대해 매우 신기해했다. 그들은 종종 게시된 내용을 주의 깊게 읽었고, 많은 사람이 사무실에 찾아가 문의하거나 토론하기도 했다.

가장 대표적인 것은 6월의 '사실은 사실이다'라는 제목의 고시였다. '셔틀버스'가 개통된 후 일부 가구가 관리위원회를 찾아와 요금이 너무 비싸다고 했지만(한 장에 2위안) 실제로 단지에서는 이 네 대의 차량에 매달 1만 위안 이상의 비용을 부담하고 있었다. 따라서 게시판에는 '셔틀 버스를 운행할 것인지 말 것인지, 한다면 어떻게 할 것인지, 입주자들이 제안을 해주기를 바라고 사무실에 가서 논의하기를 바란다'는 공개 제안 고시가 붙기

도 했다. 최종 협의 결과 버스는 각 운전기사가 도급하고, 단지
는 월 정기권 수속을 대행하는 것으로 결정했다.

단지가 세워진 후 정부와 교류하려는 류스밍의 열망은 눈에
띄게 커졌다. 그는 나에게 여러 번 말했다.

"정부에 의지하지 않고는 제대로 하기 힘들어. 내 마음도 불안
해. (…) 나는 파출소가 나에게 압력을 좀 줬으면 좋겠어! 예를
들어, 파출소가 아편을 피우는 사람을 잡으면 1만 위안 벌금을
물린다는 얘기를 공개적으로 해주면 나도 할 말이 있게 되는 거
야. 벌금 8000위안만 물리거나, 좀 더 유명한 사람이면 5000위
안을 물려도 사람들은 교훈을 얻게 돼. 지금은 아니야. 잡든 안
잡든 똑같아. 파출소가 이런 태도를 가지고 있는데 내가 어떻게
고향 사람들에게 엄격하게 할 수 있겠어?"

JO단지는 마약 문제에 대한 특별 '공지'를 만들어 집집마다 배
달했다.(〔부록 10〕)

이 시기, 류스밍과 패거리들의 관계도 달라지기 시작했다. 그
는 일단 패거리와 연루된 일에서 손을 떼려고 매우 노력했고,
'조정팀調解組'의 업무를 쉬룽수이許龍水에게 맡겼다. 이른바 '조정
팀'은 사실 단지 외부의 어두운 세력을 상대하는 일을 했다. 류
스밍이 이 일에 관여하지 않으면서 단지 내에 쉬룽수이의 '세력'
이 커졌다. 그가 차린 단지 당구장은 분쟁이 가장 많은 곳이 되
었다. 완자유도 JO에 살면서 그에게 이 사업을 그만하라고 했다.
쉬룽수이는 "이걸 그만두면 우리 애들은 먹고 살 수 없어. 그때
가면 너의 조정팀을 누가 거들떠보기나 하겠어!"라고 답했다.

그가 말하는 우리는 패거리 혹은 패거리 성격의 청년들을 가리켰다. 당구장은 류스밍도 관심이 있었지만 쉬룽수이에게 관리를 잘하라는 말만 할 뿐 배후의 패거리 문제에 대해서는 말을 아꼈다.

어느 깊은 밤, 내가 류스밍 집에 머물 때였다. 그가 밖에서 돌아왔을 때 나는 책을 보고 있었다. 그는 나를 보며 갑자기 "저 패거리들과 계속 하면 더는 미래가 없을 것 같아⋯⋯"라고 말했다. 나는 그의 곤혹스러운 눈빛에서 그가 묻고자 하는 질문의 뜻을 유추할 수 있었던 것 같다. 나의 사업과 권력은 어디에서 보장받을 수 있을까?

잠깐의 풍파

류스밍이 자신이 기획한 청사진에 도취되어 있을 때 그 유명한 대철거가 찾아왔다.

대철거는 하늘에서 갑자기 떨어진 것이 아니라 여러 단계를 거쳤다.

1994년 말, 주징좡 촌민 38명은 공동으로 모 단지가 경작지를 무단으로 점령했다고 신고했다. 그들은 먼저 구 정부에 갔지만 답변이 없어 구 인민대표대회를 찾아갔다. 인민대표대회는 기획국의 기준에 따라 조사했고 이 단지 및 바로 인접한 JW단지 모두 '레드 라인'을 밟고 있다는 것을 발견했다.

JW단지의 저우칭차오周慶朝는 서둘러 지사(생산대) 사람들을 보냈다. 결국 큰 손실 없이 14무만 철거하고, 나머지는 매 제곱미터당 60위안씩 총 3.9만 위안의 벌금을 부과했다. 기획국의 「불법건설에 대한 행정처벌 결정違法建設行政處罰決定書」에 근거하면 이 건물은 '공장 건물'로 분류된다. 따라서 첫째, 불법 건물은 철거를 잠시 보류하고 계속 사용할 수 있고, 둘째, 국가 건설에 필요할 경우 무조건적으로 철거해야 하고, 셋째, 사용자의 안전 문제는 해당 단위에서 책임져야 한다는 등의 조항이 적용되었다. 여기서 말하는 '단위'는 다훙면 제1생산대를 말한다. 처벌 결정문의 첫 시작도 생산대로 시작했다. 앞뒤에 모두 생산대의 이름이 들어갔다. 3.9만 위안을 주고 정식 벌금 계산서 한 장을 산 것에 저우칭차오는 매우 만족했다. 내가 가자마자 그는 나에게 벌금 계산서를 보여주면서 신이 나서 "거기서 벌금을 때리면 이 일은 다 끝난 거야!"라고 말했다.

이것이 첫 번째 풍파다.

1995년 4월, 당시 베이징시 상무부시장이 난위안 공항으로 가는 길에 다훙면 철교 아래의 두 단지를 보고 이상하다며 조사를 요구했다고 한다. 펑타이구 정부는 4월 1일에 「다훙면 지역 불법건축물 철거에 관한 통보關於拆除大紅門地區違章建築的通告」를 발표했다. 4월 10일과 20일에 이 두 단지를 철거했다. 두 단지 주요 주인들의 개인 손실은 50~60만 위안에 달했다.

철거를 당한 두 단지의 주인은 거리로 나가 시위하겠다고 떠벌렸다. 이 말이 퍼지자 지방정부가 아닌 다른 단지 주인들이 격정했다. 왜냐하면 이 두 단지 주인의 가장 큰 불만은 철거 자체에 있는 것이 아니었기 때문이다. 왜 하필이면 우리 것만 허물고 다른 사람은 허물지 않는가?—철거할 거면 전부 철거하라! 원저우 사람들은 이 방법을 '들이 받는다ⅲ'라고 불렀고, 이 방법은 다른 단지의 생존을 직접적으로 위협했다. 류스밍은 두 가지 작업을 했다. 하나는 왕라오펑의 지사로 하여금 빨리 구와 향에 편지를 보내 먼저 '잘못을 인정'하는 한편 보호를 요청하는 것이고(〔부록 11〕참조), 다른 하나는 '윗선'과 관계가 돈독한 푸톈랑한테 중앙의 모 고위 간부한테 편지를 보내 JO단지는 푸톈랑이 운영하는 시장의 '생산 기지'이기 때문에 대부분의 절차는 합법적이며 나머지는 가능한 한 빨리 보완할 것이라고 전하게 했다. 류스밍과 푸톈랑의 관계가 너무 가까운 것이 아니기 때문에 이 일에서 어떻게 푸톈랑의 도움을 받을 수 있을지 궁금했다. 다만 한 번은 내가 푸톈랑이 "도울 수 있으면 도와야지. 언젠가 또 그를 활용할지도 모르잖아"라고 말하는 것을 들었다. 이것이 바로 거물들의 교제 방식이기도 했다. "언젠가 또 그를 활용할지도 모른다"는 생각에 서로 체면을 세워줬다. 동시에 러칭 펑타이 연락사무소도 펑타이구의 관련 부문에 보고서를 제출하고 나머지 몇 개의 단지를 '잠시 보류'할 것을 호소했다.

이것이 두 번째 라운드였다.

5월이 되어 이 일은 다 지나간 것 같았고 단지의 건설은 계속되었다. 1995년 5월, 러칭시 당위원회의 간부들이 베이징에 와서 사장들과 좌담회를 열고 '내부 관리 강화'에 대해 논의했다.

1995년 6월까지 JO단지는 사람들이 거의 다 찼다.

같은 시기, 유동인구 문제는 국무원 주요 지도자들의 관심을 다시 불러일으켰다. 당시 국무원은 "베이징의 유동인구 문제를 서둘러 관리해야 한다"고 말했다고 한다. 베이징시는 1995년 4월 차오양구 신좡촌辛莊村을 시범사업지역으로 삼고 유동인구 관리의 일정표에 포함시켰다. 업무의 핵심은 두 가지였다. 하나는 '3무 인원'을 정리하는 것이다. 이른바 3무자는 필요한 증빙서류가 없고 공식적인 직업이 없고 고정적인 주거지가 없는 사람을 말한다. 그다음은 '5점 주택'을 정리하는 것이다. 이른바 5점은 도로의 녹지를 점령, 개발 대상 토지 등을 점령한 것을 말한다. 주택을 정리하는 목적은 사람을 정리하기 위해서였다. 구체적인 작업 방법은 이러했다. 현지 동사무소와 향정부가 주축이 되고 공안, 공상 및 기타 부처가 공동으로 법을 집행하면서 마을로 내려가 집집마다 검문했다. 증명서 발급이 필요하면 발급하고 벌금을 내야 할 경우 내고 철거가 필요한 경우 집 주인이 책임지고 세입자를 정해진 기한 내에 내보내도록 했다. 주택 철거는 '단지 외부를 관리하고, 단지 내부를 표준화'한다는 지침을 따랐다. 만약 외래인구를 수용한 불법 건축물이 단지 밖에 세워졌을 경우 도로를 복구하는 것을 기준으로 철거해야 하고, 만약 단지 내에 세워졌으면 집 주인과 과도한 갈등을 피하기 위해 입주자를 규제했다. 시범사업에서 모두 1만 채 정도의 집을 허물었지만 나쁜 결과를 가져오지는 않았다. 이후 베이징시의 저장촌 철거에 관한 초기 아이디어가 바로 이 결과에 기초하여 형성되었다.

1995년 6월 19일, 베이징시정부는 시유동인구관리사업회의를 개최했고 시 당위원회와 시정부의 주요 지도자가 모두 참석했다. 회의에서는 11개의 관련 규정을 공포하고 베이징시의 유동인구를 300만 명 이내로 통제하기로 결정했다. 이 회의를 전국유동인구관리사업회의(7월 샤먼에서 개최)에 앞서 개최함으로써 베이징이 전국의 선두에 서야 한다고 했다. 정부 내에는 '베이징의 핵심은 펑타이이고, 펑타이의 핵심은 다훙먼'이라는 주장이 형성되었다. 저장촌이 핵심 중의 핵심이 되었다.

1995년 6월, 나는 베이징시 공안국의 몇몇 간부와 저장촌 문제에 대해 체계적으로 논의했다. 나는 저장촌의 경제적 운영 방식과 자체적인 사회구조의 특징에 따라 관리를 강화할 것을 제안했다. 예를 들어, 가공 구역을 남쪽으로 계속 유인하고 표준화된 주거 지역을 만들어 단지를 대체하는 등의 방법이다. 그들은 이 방법이 '개념이 많고 실현 가능성이 없다'고 했다. 그들은 '실현 가능성'이 관건이라고 생각했다. 다훙먼은 몇 명을 수용해야 하는가? 어떤 사람을 내보내야 하는가? 어떤 사람을 남게 해야 하는가? 철거할 때 어떻게 하는 것이 좋고, 철거 이후에 남은 사람들을 어떻게 관리하는 것이 좋을까? 분류, 단속, 철거가 세 개의 주제어였다. 당시 이미 '철거'에 대한 생각이 결정된 것으로 보였다.

7월 1일, 펑타이구는 공안, 공상, 노동 등 여덟 개 부처의 500여 명을 스촌에 파견하여 일주일 동안 조사한 후 저장촌에 관한 보고서를 제출하게 했다. 보고서의 기조는 부정적이었다. 왜 기층정부는 한편으로 저장촌과 사실상 협력을 하면서도 보고서에서는 그것을 부정하려고 할까? 그 이유는 첫째, 다양한 기능 부문(이른바 '조괴 관리條塊管理'의 '조'), 특히 공안(예를 들어, 종합 관리 사무실)의 간부는 '괴'에 포함된 기층정부 혹은 기층 관리 기관(예를 들어, 촌)에 비해 얻는 이익이 훨씬 적었다. 저장촌이 지역 주민에게 가져다준 혜택에 대해 '괴'에 포함된 정부 부문은 관심이 많지만 '조'에 포함된 정부 부문은 그렇지 않았다. 반대로, 이 지역의 혼란스러운 치안, 열악한 위생 조건 등은 주로 '조'가 책임지는 부분이었다. 지방 기층 관리 기구(행정촌 혹은 '지사' 등 유형)와 저장 사람들의 협력으로 인해 기능 부처의 많은 관리 기능이 무의미해졌다. 둘째, 얻은 이익을 놓고 볼 때, 지역의 기층 관리 조직은 종종 불법과 합법 사이의 애매한 방법을 통해 이익을 얻었다. 예를 들어, 토지를 임대하여 단지를 짓는 방법이 대표적이다. 하지만 '조'에 있는 단위가 얻는 이익은 높은 합법성에 근거했다. 당시 공상 부문도 저장촌을 엄격하게 정돈해야 한다고 하면서, 다훙면 동사무소에서 운영하는 아침 시장은 공상 부문의 관리를 받지 않기 때문에 '시장 질서를 심각하게 교란한다'고 보았다. 하지만 저장촌을 쫓아내도 징원센터는 버릴 수 없었다. 따라서 '조'의 단위들이 저장촌을 부정한다고 해서 자신들의 직접적인 이익은 위협받지 않았던 것이다. 셋째, '조'의 개별적인 사람들이 이익을 얻었다고 해서 그들이 공개적으로 저장촌을 보호하겠다고 주장하지 않는다. 그들은 주로 몇몇 사람으로부터 집중적으로 이익을 얻기 때문에 이 소수의 사람들을 전체 저장촌과 동일시하지 않는다. 게다가 자신의 결백을 보여주기 위해서는 이런 사람일수록 더욱 철거를 외쳐야 한다. 마지막으로, 보고서 초안을 작성하도록 지시받은 모든 정부 단위는 먼저 상급자의 기본 의도를 고려해야 한다. 그 당시 베이징시당위원회와 시정부는 비교적 특수한 상황이었고 '관리'를 해야 한다는 입장이 우세했다. 따라서 조사가 이뤄지기 전에 이미 보고서가 긍정적인 입장을 취할 수 없다는 것을 확신할 수 있었다.

베이징시의 관련 부처는 이 보고서를 베이징 주재 저장사무소를 통해 저장성에 전달했다. 저장성의 주요 지도자들은 저장촌이 모든 저장 사람의 이미지에 영향을 줄 수 있기에 관심을 기울일 필요가 있다고 했지만 보고서의 내용에 대해서는 별도의 논평을 하지 않았다. 성정부는 이 보고서를 원저우시 당위원회에 전달했고, 원저우시 당위원회와 시정부의 승인을 받아 러칭에 보내졌다. 원저우시 당위원회의 주요 지도자는 이 문제 때문에 특별히 러칭시 당위원회의 주요 지도자를 두 번이나 찾아갔다. 공문서가 여행한 경로를 볼 때 저장성은 이번 일을 매우 중시한다는 것을 알 수 있다. 하지만 베이징의 문서는 구체적인 조치를 언급하지 않았고 저장성에 어떠한 제안도 하지 않았다. 따라서 저장성과 원저우시 측도 명확한 답장을 하지 않았다.

이와 동시에 저장성 당위원회와 성정부는 베이징 주재 저장성사무소에 이 보고서에 대응하는 보고서를 한 부 보내 베이징시에 제출하라고 했다. 해당 보고서는 저장촌의 경제적 공헌을 강조하는 한편 범죄를 단속하고 자기 관리 등의 방법을 격려하는 것을 통해 저장촌을 관리할 것을 제안했다. 저장성 당국은 이 보고서를 '실사구시하고' '실행 가능한 방법'이라고 평가했다. 그런데 저장성 측이 이 보고서를 베이징시 측에 제출하지 않은 것으로 기억한다. 이것이 행정 관례에 부합하지 않기 때문인 것인지 아니면 다른 이유 때문인지는 분명하지 않다.

1995년 8월, 베이징시공안국외래인구관리처가 공식 설립되었다. 이 관리처는 베이징시외래인구관리업무지도그룹의 사무실이 있는 곳으로서 시정부 산하 외래인구 관리와 관련된 여러 위원회 및 국의 업무를 조정하는 역할을 했다. 이는 베이징시정부가 외래인구 관리를 전면적으로 시행할 예정이라는 것을 의미한다.

전국과 베이징시가 유동인구 관리에 박차를 가함에 따라 정부도 저장촌에 대한 조치를 준비하고 있었다. 그러나 촌에서는 이 사실을 아는 사람이 거의 없었다.

갑작스러운 변화

1995년 9월 말, 분위기는 갑자기 바뀌었다. 중앙의 모 대형신문 기자는 저장촌의 치안 상황이 '끔찍하고' '통제 불능' 상태라고 평가한 내부 보고서內參를 작성했다. 당시 유동인구 관리 문제가 '핫이슈'였기 때문에 이 보고서는 국무원의 주요 지도자에게까지 전달되었다. 이 지도자들은 베이징에 명확한 지시를 내렸다. 통제 불능 상태가 확대되는 것을 내버려둘 수 없다고 했다. 저장촌의 철거는 기존의 베이징시정부의 일상적인 관리 사업에서 '당중앙과 국무원의 지시에 따라'(이는 나중에 뉴스 보도에 사용된 문구)로 승격된 중대 임무이자 베이징시정부의 핵심 사업이 되었다. '대철거'는 가장 높은 수준의 합법성을 얻었다.

철거는 세 단계로 나뉘었다. 첫 번째 단계는 홍보 및 동원과 조사를 통한 탐색이고, 두 번째 단계는 '자체 해체 동원'이고, 세 번째 단계는 '강제 철거, 전면 종료'다. 대철거 작업의 기조는 국무원 지도자의 지시를 따랐고 1995년 7월의 두 부처(중국공산당 중앙판공청, 국무원판공청)의 문건 정신을 기준으로 했다. 철거 작업에는 16개 정부부처가 포함되었고 작업 목표는 저장촌의 외래 인구와 현지 인구를 1:1로 줄이는 것이었다. 이 목표대로라면 최소 70퍼센트 가량이 베이징에서 추방될 것으로 보였다.

1995년 10월 25일, 다훙먼파출소 경찰은 마촌과 하이후이사 일대의 주민들에게 불법 건축물이 철거될 예정이므로 미리 준비하라는 통보를 구두로 전달하기 시작했다. 내가 10월 27일 JW 단지의 저우칭차오周慶朝를 만났을 때 그는 놀란 기색이 역력했다. "파출소 친구한테 물어봤어. 두 명한테 물었는데 위에서 정말 손을 댈 거라고 해. (…) 요 며칠은 매일 그들과 마주치는데, 계속 물어봐. 갑갑해 미치겠어."

일련의 징후들도 사람을 긴장하게 만들었다. 원래 매월 하순마다 저장촌의 원저우 사람들은 삼륜차 관리비를 냈는데 이

번에는 관리비를 보내도 받지 않았다. 임시거주증을 발급받지 못한 사람들에 대해서도 추가 발급을 하지 않았다. 시작한 지 5~6일밖에 안 되는 노동국의 노무증 발급 업무도(위에서 언급한 11개 규정 중 노무관리에 관한 규정에 따라 외래인구에게 발급하는 노무증) 중단되었다. 징원시장에서 운영하는 매대를 제외하고 공상국은 다른 매대의 사업자등록증을 갱신해주지 않았다. 저장촌에 경찰이 대거 나타나 각종 증빙 자료를 수시로 확인했다. 사람들의 마음은 불안했다. '수요가 있으면 공급이 있다'는 저장촌의 법칙은 여전히 작동했고, 곧 각종 증명서의 발급을 전문적으로 대행해 주는 중개자들이 등장했다. 이들은 증명서 하나를 대행할 때마다 80~200위안의 '수수료'(일반적으로 관계를 활용하여 인근 구와 현에 가서 발급받았다)를 챙겼다. 그러나 경찰에 의해 위조 증명서가 발견되면 그 자리에서 찢어버렸고, 이로 인해 증명서를 위탁한 사람과 대행한 사람 사이에 분쟁이 생기기도 했다. 결국 파출소와 기타 부처는 저장촌은 펑타이구에서만 증명서를 발급받을 수 있고, 다른 지역에서 발급받은 것은 전부 인정하지 않는다고 발표했다. 그제야 이 중개자 집단은 온데간데없이 사라졌다.

10월 26~28일, 하이후이사, 둥뤄위안에서는 사람들이 이사하기 시작했고, 단지 주인들은 "철거는 절대 불가능해"라고 단언했다.

후린산胡林山(단지 주인 중 한 명)은 자신의 세입자에게 경거망동하지 말라고 권고했다. "그(정부)가 쫓아낸다고 해서 무슨 소용 있어? 이 단지에서 나오면 다른 단지로 가야 하는데. 철거를 해도 사람은 펑타이에 있다고. 여기서 옷을 만들고 옷을 보내고, 원하면 보내주고, 보내면 도착하는데 말이야. 다싱으로 이사하는 게 진짜 무슨 의미가 있어? (…) 베이징에 있는 러칭의 유동자금이 20억 정도 있고, 전국으로 흘러 들어간 것은 50억이 될 건데, 그들이 우리를 쉽게 쫓아낸다고? 이번 철거는 내가 구에 가서 물어봤는데 주로 마촌을 겨냥한 거래."

27일 오후, 7~8개 단지의 주인들이 JO단지에 모여 현재의 상황을 논의했다. 이는 아마도 철거 소식이 들린 후 첫 번째 회의였을 것이다.

회의에서는 일반적인 문제가 논의되었다. 단지 주인들은 "너희(베이징 측)가 우리를 오지 말라고 했으면 오지 않았어. 그런데 오라고 했으니 책임도 반반으로 져야 해."

"우리는 개혁개방 때문에 여기에 왔어. 만약 너희가 잘한 것과 잘못한 것을 구분하지 않고 모두 쫓아낸다면, 너희 개혁개방이 실패했고 덩샤오핑의 노선을 따르지 않았다는 것을 의미해."

이어서 현재의 형세를 분석했다. "어차피 쫓아낼 수 없어. 이 많은 사람이 고리대를 빌려 나왔는데 어떻게 돌아가?"

"아무개(당시의 베이징시 시장을 가리킴)가 말했다고 하던데, 베이징 사람이 베이징 사람을 보호해야 한다고. 우리가 그들을 너무 비참하게 만들었다고 했어."

"그럼 아무개와 아무개(저장성 출신의 중앙 지도자 두 명을 가리킴)에게 달렸네. 그들은 그래도 동향 개념은 있는 편이야."

"요 며칠 매일 신문을 사서 읽었는데, 옛날 신문도 찾을 수 있는 것은 전부 뒤져서 읽었어. 그 아무개(베이징시 시장)는 이곳을 성남(자금성의 남부)의 명소로 만들겠다고 했고, 아무개(상무 부시장)는 너무 옥죄어 죽이지 말라고 했어. 그러니까 이렇게 말이 안 되게 추진하지는 않을 거야."

마지막으로 대안 세 개를 제시했다. 하나는 계속 관찰하는 것이고, 둘은 기자나 변호사를 찾는 것이고(찾은 다음 무엇을 할 것인지에 대해서는 합의한 것이 없지만 일단 찾고 보자고 함), 셋은 저장성 정부에 사태의 진행 상황을 수시로 전달한다는 것이었다.

10월 27일 밤, 왕라오펑이 와서 시에서 회의가 열렸다고 말하면서 일부를 철거하고 일부를 남겨둔다고 했다. 정말 이런 회의가 있었는지는 아무도 모르지만 작지 않은 위로가 되었다.

10월 29일, 『베이징만보』는 하이뎬구 둥펑향의 유동인구 철거 성과를 게재했다. 단지 주인 한 명이 신문을 들고 나를 찾아와 여기서 무슨 낌새를 읽을 수 있냐고 물었다.

10월 31일, 원저우시 베이징사무소의 주도하에 저장촌 단지 주인을 대상으로 한 첫 번째 공식 간담회가 열렸다. 사람들은 전날의 TV프로그램에 대해 논의했다. 중앙방송의 채널2는 톈진시의 모 부처가 허핑구에 위치한 1억 위안 이상을 투자한 쇼핑센터에 50만 위안의 벌금을 부과했다는 뉴스를 방송했다. 두 부구청장은 시장 질서를 잘 관리해야 한다고 말하면서 외래인구 문제에 대해서도 언급했다. "톈진이 베이징 쪽으로 바람을 불어넣는 것 같아."

소집자는 먼저 펑타이구가 베이징시에 제출한 보고서를 모두에게 소개하면서 "이 부분을 우리는 잘 봐야 해. 지금 저장촌에 대해서 부정적이야"라고 설명했다.

그는 이제 모든 단지는 베이징시의 종합 관리에 적극적으로 협조해야 하고 최소한 그런 태도를 보여야 한다고 강조했다. 또한 모두에게 나가서 함부로 말하지 말라고 당부했다. "베이징의 이런 일은 우리가 강대강으로 밀어부치면 안 돼."

저우칭차오 등은 돈을 모아 소송을 제기하려고 했다. "단지마다 2만 위안씩 내고, 100만 위안 이상을 써서 소송을 해야 해. 이길지 말지는 두고보고 일단 이 돈부터 써버리자고." 이 방안은 소집된 사람들에 의해 즉시 거부되었다. "돈이 만능이라는 생각은 여기서는 옳지 않아. 지금 이게 일의 규모가 엄청 크고, 국무원에서 명령을 내리고 시정부가 손을 댔는데 누구를 상대로 소송할 거야?"

간담회에서는 다음의 몇 가지 사항을 집중적으로 논의했다.

1. 가능한 빨리 베이징시의 철거 방안을 정확하게 알아본다. 세 가지 가능성이 있을 수 있다. 전부 철거하는 것, 하나도 철거하지 않는 것, 일부를 철거하고 일부는 남겨두는 것이다. 사람들의 생각은 똑같았다. 하나도 철거하지 않는 것은 불가능하고, 다만 베이징시는 이 정책을 단칼에 집행하지 않을 것이라는 점이다. 따라서 지금은 그쪽이 도대체 어느 부분을 철거하고 어느 부분을 남겨두려고 하는지 지켜봐야 한다. 적게 철거하고 많이 남겨두는 방법이 있는지도 살펴봐야 한다. 사람들은 모두 각 단지

내부의 관리에 각별히 주의를 기울여야 하며, 절대 중대한 사건이 발생해서는 안 되고, 차질 없이 잘 해야 한다고 했다. 또한 단지 내에서 발생하는 분쟁은 반드시 내부에서 해결해야 한다고 의견을 모았다.

2. 외부로 흩어질 가능성이 있는지 의논했다. 일부 사람은 펑타이 인근의 몇 개 구가 원저우 사람을 환영한다고 했다. 예를 들어 팡산구房山區, 시커잔西客站, 퉁현通縣 등 지역이 지리적 위치도 좋다고 했다. "안되면 우리도 베이징 사람들 틈에 끼어들면 돼." 능동적 이주나 흩어지는 전략은 꽤 좋은 방법으로 볼 수 있었지만 몇몇 사람만 여기에 관심을 보일 뿐이었다. 회의 후 "코앞에 닥친 더 큰 일도 많은데 맨날 쓸 데 없는 얘기만 해"라고 나에게 푸념하는 사람도 있었다. 단지가 출현한 이후 확실히 예전에 비해 도주 전략이 달라진 것은 분명하다.

3. 먼저 손을 써서 수비에서 공격으로 전환하는 방법을 제안했다. 왕원리王運利의 아이디어였다. "우리가 먼저 단지를 점검하고 철거도 먼저 하는 거야. 우리 단지는 골목길과 화장실을 막았으니 이 부분을 내가 먼저 철거하려고 해. 모두 이렇게 하면 돼. 그런 다음 우리가 보고서를 쓰는 거야. 올해 철거해야 할 것, 2년 후에 철거해야 할 것, 5년 후의 일은 나중에 다시 보면 돼."

저우칭차오는 여전히 불안해하면서 "당신이 먼저 움직이면 다른 사람(세입자를 가리킴)들이 먼저 이사 갈 수도 있어"라고 했다. 왕원리는 다급해졌다. "지금 상황이 이렇잖아! 당신이 물러서지 않으면 그들이 무조건 잡으러 온다고! 좋기는 마촌의 저 지은

지 4~5년 되고 본전을 이미 다 뽑은 단지부터 먼저 철거하라고 해.—봐봐, 걔들은 오늘 오지도 않았잖아! 걔들은 하나도 급하지 않다고."

다른 사람들도 그의 말에 동의했다. "지금은 들이받는다고 해서 그쪽이 움츠리는 그런 상황이 아니야." 따라서 간담회 참가자들은 일부는 철거하고, 일부는 늦추고, 일부는 남겨두는 방안을 먼저 주도적으로 시정부에 제출하자고 합의했다.

4. 철거와 유지 사이의 간극을 어떻게 조율할 것인가? 어디를 철거하고 어디를 남길 것인가? 간담회에서 가장 떠들썩하게 논의된 부분이다. 천춘성이 한 가지 방법을 제안했다. "47개 단지가 연합하여 돈을 모금하는 거야. 소송은 걸지 말고, 이 돈을 (원저우 베이징) 사무소나 은행에 넣어두자고. 누가 먼저 철거하면 이 돈으로 그를 지원하는 거야. (…) 아무래도 펑타이에서 철거하러 오는 사람들이 그래도 우리 원저우 사람들과 정이 쌓인 사람들이어서 내가 보기에 서너 군데만 철거해도 될 것 같아."

이의를 제기하는 사람도 있었다. "그건 좀 곤란해. 지금 말은 이렇게 하지만, 철거당하지 않은 사람들이 철거당한 사람을 지원한다고 하잖아. 그러면 철거 이후에 철거당하지 않은 사람들이 정말 지원해줄까? 철거하든 말든 자기와 상관없다고 할 걸. 이런 일에서 누가 남의 사정을 신경이나 쓴다고……"

천춘성은 계속해서 자신의 생각을 설파했다. "이게 바로 우리 원저우 사람들이 항상 단결하지 못하고 손해를 보는 이유야! 지금 이런 상황에서도 자기 이권만 따지다가는 다 죽어. 내기 싫으

면 안 내면 돼. 철거하면 아무도 신경 쓰지 않을 거야. 이 일은
사무소에서 나서서 '회'처럼 해야 해."

또 한 사람은 단지의 크기와 투자 금액이 다르기 때문에 내야
하는 돈과 손해 보는 돈의 규모도 다른데 이런 경우 어떻게 할
것인가 물었다. 류스밍은 "보험회사처럼 당신이 많이 내면 나중
에 많이 가져가는 거야. 비율로 정하면 돼"라고 말했다.

최종적으로 며칠 뒤에 모금하기로 결정했다.

소집인이 최종적으로 간담회에서 나온 여덟 개의 의견을 요약
했다.

1. 가장 눈에 거슬리는 부분은 직접 철거하고 단지 내부의 관
리를 강화한다. "베이징 사람들이 기세등등해서 찾아왔는데 성
과가 없으면 안 돼. 그러니까 우리가 졌다고 인정하고, 먼저 스
스로 철거하는 게 그들에게도 위로가 되는 거야."

2. 베이징시의 관련 부처에 보고하는 기초 자료로 사용하기
위해 사람 몇 명을 조직하여 실제 단지가 몇 개 있는지, 단지에
거주하는 사람은 몇 명인지, 투자 금액은 얼마인지 등에 대해 조
사한다.

3. 주요 단지가 연합하여 '위험호조기금風險互助基金'을 설립하지
만 행정 기관(사무실과 연락사무소)은 참여하지 않고, 각 단지 주
인으로 구성된 연합관리위원회가 관리하게 한다.

4. 언론 매체의 힘을 빌리고, 베이징에 있는 원저우 출신 기자
의 도움을 동원한다.

5. 각 시장의 사장과 연합한다. 왜냐하면 시장도 임시 건물이

고 철거의 위험이 있기 때문이다.

6. 사무실과 연락사무소는 베이징의 동향을 파악하기 위해 펑타이의 관련 부처와 연계를 강화한다.

7. 다양한 상황을 준비하고 상호 연계를 강화하며 준비할 시간이 없어 당황하지 않도록 정보가 있으면 가능한 한 빨리 공유한다.

8. 사람마다 제각기 솜씨를 발휘하고 각자의 인맥을 활용하여 위를 향해 '호소'한다.

하지만 곧 5번은 통하지 않는다는 것이 증명되었다. 비록 시장 주인들도 조마조마했지만 처음부터 단지와 연대하기를 꺼렸다. 이유는 두 가지였다. 첫째, 일부 '단위'가 그들의 뒷배가 되었기 때문이다. 비록 시장도 완벽하게 설립 절차를 밟는 것은 아니지만 관련 부처와 계약을 체결했기 때문에, 철거팀도 외래인구와 촌이 맺은 계약은 단호하게 부정할 수 있지만 국가 및 베이징시의 관련 부처와 맺은 계약까지 간섭하면서 부정하는 것은 어려운 일이었다. 둘째, 도시 단위들과의 관계 때문에 시장의 소유주들은 단지와 얽히는 것을 지양했다. 시장의 이런 입장은 합작 파트너 단위가 원하는 것이기도 했다. 나도 한번은 어느 단지의 비공식적인 부탁을 받고 몇몇 시장의 입장을 알아보았다. 몇몇 시장은 모두 입장이 모호했고, 사장 한 명은 대놓고 이렇게 말했다. "이틀 전에 나는 모 국에 찾아갔어. 그들이 나보고 움직이지 말라고 했어. 움직이지 않는 게 가장 좋고, 문제가 생기면 저쪽 (베이징의 합작 파트너 단위)이 해결하게 하라고 했어. (…) 그들은 나더러 절대 저장촌의 활동에 가입하지 말라고 했어." 몇몇 단지 사장은 이러한 반응을 듣고도 매우 침착했다. 그들은 시장 사장들의 이러한 입장을 받아들였고 그들이 인간적으로 별로라고 생각하지 않았다.

천씨가 제안한 '배상 기금'도 실행하기 매우 어려웠다. 첫 번째 단지를 철거한 후 배상액을 어떻게 정할 것인가? 모두 몇 개의 단지가 철거될지는 아무도 예측할 수 없었다. 만약 돈을 적게 주거나, 비록 철거 규모는 몇 개 단지에 불과하고 배상액 규모도 문제가 없지만 철거된 사람의 마음은 여전히 편치 않을 것이 뻔하다. 만약 철거 규모가 큰데 기금이 충분하지 않으면 문제가 더 커진다. 나중에 철거된 단지일수록 사람들의 관심에서 멀어진다.—이미 철거된 단지의 주인더러 나중에 철거된 단지의 주인을 위해 돈을 더 갹출하라고 할 수 없다. 결국 이 방법은 시행되지 못했다.

자체 철거 단계

11월 초, 베이징시의 철거팀이 설립되고 철거작업대가 결성되었다. 러칭 연락사무소는 내부 안정 및 상호 단결의 중요성과 서로 상대를 해쳐서는 안 된다는 점을 강조하기 위해 단지 주인 회의를 다시 소집했다. 동시에 펑타이구 정부와 공안당국에 다음의 두 가지를 제안했다. 첫째는 단계적으로 추진하기를 바라고,

둘째는 철거 과정에 원저우 정부가 참여할 수 있기를 희망했다. 이와 동시에 지방정부에 경제적 영향과 '안정에 대한 영향', 즉 저장촌의 경제적 공헌과 철거로 인해 발생할 수 있는 부정적인 영향을 강조했다.

11월 3일. 경찰이 다홍먼로에 위치한 의류 매대 주인에게 철수를 요구하면서 매대 철거가 시작되었다. 이 매대는 다홍먼 동사무소가 만들었고, 양말, 속옷 등을 주로 판매했다. 공동체 구성원의 생활 수요를 충족시킨 것뿐만 아니라 일정한 규모의 도매도 가능했다. 매대 주인은 산둥과 안후이 출신으로 약 절반의 매대가 저장성 사람의 손에서 전대한 것이었고, 연간 임대료는 적게는 1만 여 위안, 많게는 3만 여 위안(가격 차이는 매대의 위치 때문이 아니라 먼저 임대한 매대일수록 임대료가 저렴했다)이었다. 매대 주인들은 임대료를 돌려받을 것을 기대하지도 않았다. "저장 사람들 다 자기가 손해를 봤다고 하는데, 우리에게 돌려줄 돈이 어디 있겠어!" 철거가 한창 진행될 때 이곳에 방문한 안후이와 산둥의 고객들은 징원시장과 새로 개설된 톈하이시장으로 발길을 돌렸다. 11월 6일까지, 다홍먼로에 위치한 매대 약 200여 개가 거의 모두 철거되었다.

11월 4일. 분위기는 하루가 다르게 긴박했다. 단지 간의 소규모 만남도 많아져 서로 소통하고 힘을 실어주었다. 천성장이 단지 주인들과 만난 자리에서 한 말이 꽤 대표성이 있었다. "국가에서 땅을 사용하겠다고 철거하라고 하면 나도 할 말이 없지만 그래도 시간이 필요해. 건물을 짓고 공사를 하는 데는 항상 시간이 필요해. 그런데 철거해놓고 아무것도 하지 않고, 땅을 그대로 방치해두면 말이야, 나는 절대 가만히 있지 않을 거야! 네가 철거하면 내가 다시 세운다고!" 저우칭차오 밑에서 단지 내부를 관리하던 사람은 모 촌의 당지부 서기를 역임했다. 이 노인은 말하는 도중에 눈물을 흘리기도 했다. "정말 우리 이런 멀쩡한 단지를 이유 없이 철거하겠다고 하는데, 사람이 몇 명 실려나간다거나, 죽어나가지 않으면 해결이 안 돼. (…) 나는 지금 농약과 폭탄을 사려고 해. 죽어도 베이징 귀신이 되어야지."

이번 철거의 합법성에 대한 그들의 질문은 "대체 철거한다고 해서 무슨 소용이 있는가?"였다. 이 실용적인 논리 때문에 그들은 베이징의 행동을 지극히 이상한 행동으로 여길 수밖에 없었다.

그들은 저장촌이 펑타이에서 얼마나 많은 이윤을 창출했는지 계산하기 시작했다. 약 열 명의 사장이 참석한 작은 회의에서 사람들은 다음의 수치를 열거했다.

1만 개 이상의 매대, 세금과 공상비를 합치면 연 5000만 위안이다.

임대료의 경우, 초기에는 집 한 채에 월세 15위안이었는데 지금은 500위안으로 인상되었다. 연간 임대 수입은 적어도 5000만 위안 정도가 될 것이다.

위생비는 연 500~600만 위안이다.

임시 주거비는 연 4000~5000만 위안이다.

또 어디에서 가져온 데이터인지 모르지만, 1991년과 1992년

에 펑타이구가 납부한 이윤과 세금은 모두 2억 위안인데 그
중 1억은 저장촌이 제공한 것이라고 했다.

그 외에도 두 가지 '보이지 않는 수입'을 가져갔다. 하나는 지
역 발전을 전면적으로 추진한 것이다. 단지 주인 한 명은 이렇게
말했다. "다른 건 몰라도 우리가 왔을 때 저장촌 전체에 매점 하
나도 없었어. 지금 마촌에는 10미터 정도면 하나씩 있고 물건은
시내보다 훨씬 비싸. (…) 장거리버스터미널은 말할 것도 없고,
우리가 떠나면 장거리버스는 최소 80퍼센트는 줄어들 걸!" 다른
하나는 현지에서 소비되는 '관계 비용'이다. "우리가 10위안을 벌
면, 2위안 정도 남는다고 봐야 해. 나머지의 절반은 여기 베이징
'탕얼터우糖兒頭(폄하적인 표현. 저장촌 사람들이 베이징 사람을 부를
때 사용하는 용어)들에게 들어갔다고 볼 수 있어. 우리는 무슨 일
에 부딪히면 돈을 써야 하잖아. 큰일이든 작은 일이든 일단 한번
쓰면 몇 만 위안이야."

그러나 거의 모든 회의는 행동으로 옮길 만한 방안을 마련하
지 못했다.

11월 5일을 전후하여 많은 가공업자가 가죽 구입을 중단했다.

11월 6일. 정부의 정비 사업은 준비를 끝냈고 2000여 명의 작
업대원이 대기하고 있었다. 6일과 7일에는 교육과 홍보, 연락 체
계를 구축했다. 구의 재정에서 수백만 위안을 마련하여 정비사
업 경비로 사용했다. 이 돈은 전체 정비사업 예산의 극히 일부에
불과했다고 한다.

11월 8일. 저장촌 철거 작업팀이 마을에 들어왔다. 무장경찰을 포함하여 각 국과 각급 정부에서 소집된 인원 2000여 명이 작업대로 나뉘었다. 각 작업대에는 공안, 공상, 노동, 동사무소, 구, 향, 촌의 간부를 포함하여 10~20명으로 구성되었다. 이들은 집집마다 다니며 선전하기 시작했고, 일부 선전대는 거리 및 골목 어귀에서 스피커로 외래인구는 다른 곳에 가서 숙소를 찾고, 베이징 사람은 한 가구당 외래인구 한 가구만 수용할 수 있다는 점을 반복적으로 강조했다. 사람들은 때때로 작업대 직원을 둘러싸고 이해가 되지 않는 부분을 질문했다. "너희가 우리의 증명서를 확인한다고 하면서 왜 우리에게 임시거주증과 취업증을 연장해주지 않는 거야?" "지금이 한창 생산 성수기인데 왜 굳이 이때 우리를 떠나라고 하는 거야?" "성실한 사람만 쫓아내고, 그 범죄자들은 전부 쫓아낼 수 있어?" 작업대원은 이런 다양한 질문을 기록만 할 뿐 별다른 답변은 하지 않았다.

작업대원의 요약에 따르면, 당시 저장촌 사람들은 다섯 가지 반응을 보였다. 하나는 대세에 따르면서 상관없다는 반응이다. 하라고 하면 하고, 하지 말라고 하면 하지 않는다는 입장이다. 두 번째는 제대로 일을 하지 않는 사람을 내쫓아야지, 옳고 그름을 구분하지도 않고 전부 내쫓는 것은 바람직하지 않다는 입장이다. 세 번째는 철거는 막대한 손실을 초래할 것이고 작지 않은 저항에 직면하게 될 것이라는 입장이다. 네 번째는 이해할 수 없고 철거하지 말아야 한다는 입장이다. 다섯 번째는 철거가 성공하지 못할 것이라고 보는 입장이었다. 이와 동시에 개인적으로 정보를 주고받으면서 서로 의논하는 사람도 있었다. 작업대는 '대중은 관리와 정돈을 환영한다'고 했다. 여기서 말하는 '대중'은 현지 선주민으로서 '외래인구'와 대조되는 개념이다.

11월 11일. 정부는 철거 작업 궐기대회를 열었다. 2000여 명의 작업대원과 600여 명의 공안과 무장경찰이 회의에 참석했다. 주 회의장은 광차이체육관光彩體育館이었고 여섯 개의 지회장을 동시에 설치했다.

11월 12일 저녁 6시. 작업대는 보안업체를 통해 마촌의 여섯 개 대대의 경비원들에게 철수를 명령했고, 단지의 주인들은 "망했다"라고 울부짖었다. 이는 한편으로 정부가 단지의 철거를 결심했다는 것을 예고하는 것이었고, 다른 한편으로는 경비원이 철수하면 치안 사고가 발생할까봐 주인들이 두려워할 것이라는 심리를 이용하는 전략이기도 했다. 류스밍은 이 소식을 듣자마자 의자에 털썩 주저앉았다. "지금이 사회가 가장 혼란스러울 때야. 경비원이 철수하면 갈취하고 약탈하는 그놈들이 바로 올 것이고, 무슨 일이 생기면 모두 우리 책임이 되는 거야!"라고 나에게 말했다.

11월 12일. 삼륜차 관리사무소는 20일까지 모든 삼륜차의 통행을 금지한다고 통지했다. 작업대는 단지를 돌며 상황을 파악하는 한편 선전을 계속하면서, 11월 말까지 철거한다는 것을 분명히 전달했다.

11월 13일. 베이징시인민정부의 「통보」를 저장촌의 여러 곳에 게시했다.(〔부록 12〕 참조)

11월 13일. 마촌 채소 시장에 대한 강제 철거가 시작되었다. 천춘성은 급히 서둘러 '춘성단지'라고 쓰인 간판의 글씨를 칼로 긁어 없앴다. 그는 반농담조로 나에게 "과거에는 악귀를 쫓기 위해 사용했는데 이제는 귀신을 불러오는 말이 돼버렸어"라고 말했다.

일부 주인들은 베이징의 촌 간부를 찾아가 "정말 이렇게 밀어버리면 너희도 괴로울 것"이라고 압박했다.

11월 14일. 나는 베이징시 공안국의 한 간부와 이야기를 나누었는데, 그는 나에게 철거의 '영광'을 엄청 강조했다. 동시에 "우리가 조사한 바에 따르면 현재 저장촌에는 아직 아무런 움직임이 없어. 저 사람들이 지금 모두 지켜보고 있거든. 큰 것 몇 개를 노리고 있는 것 같아. 그들의 말로는 북쪽은 LQ, 남쪽은 JO가 중요하다고 보는 것 같아"라고 했다.

나는 '북쪽은 LQ, 남쪽은 JO'라는 말을 처음 들었다. 11월 10일부터 15일까지 작업대는 저장촌에 자체 철거 징후가 없고 입주자의 이동도 적극적이지 않으며, 심지어 10월에 처음 통지했을 때보다 더 못하다고 보고했다. 의사결정자들은 '강력 추진'하기로 결정했다.

11월 15일 저녁. 천성장이 구속되었다.

11월 15일 저녁부터 경찰은 주징촹 도로에서 지나가는 차량을 검문하기 시작했다.

11월 16일. 류스밍이 불안한 말투로 나에게 말했다. "너도 들었는지 모르겠는데, 밖에서는 북쪽은 LQ를 보고, 남쪽은 JO를 본다는 얘기가 파다해. 나 너무 힘들어."

11월 17일부터, 각 단지의 벽에는 모두 '철거拆'라는 글자를 쓰기 시작했다. 작업대는 단지에 들어가 단지 주인들이 불법 건물 철거 통지서에 서명하도록 요구했다.

11월 17일 오후. 베이징 주재 저장성사무소는 베이징시 관련 간부들과 협상을 진행했다. 당시 베이징 측은 저장성 측에서 제시한 몇 가지 의견에 원칙적으로 동의하며, 11월 20일에 서면 보고서를 제출할 것을 요구했다.

저장촌과 관련된 외부인에게 저장촌에 더 이상 가지 말 것을 눈치 주거나 요구했다.

17일 밤. 나와 류스밍이 이야기를 나누던 중, 갑자기 단지에 고용된 베이징 전기공(베이징 사람)이 조용히 류스밍을 불러내 파출소 소장이 '잡혔다'(이후 전출된 것으로 밝혀짐)면서 조심하라고 알려줬다.

17일 밤. 단지 주인들의 소규모 회의가 다시 열렸다. 메이안광梅安光의 입장은 이러했다. "단지 내부에도 압력을 줘야 해. 오늘 내가 시 검찰원의 한 친구에게 전화를 걸어 물어보니 소송은 이미 의미 없는 일이 되었다고 했어. 이제는 대대를 끌어들여야 해. 우리가 여러 조로 나누고, 돌아가며 시에 보고하자고. 이렇게 계속 하다가는 사람이 죽을 수도 있다는 걸 그들이 알아야 해!"

이번이 마지막 소규모 회의였고, 류스밍은 모두에게 다시는 오지 말라고 완곡하게 말했다. "오늘 오전에 파출소로부터 어제 저녁에 무슨 이야기를 했는지 확인하는 전화를 받았어. (…) 작업대 사람이 나에게 하는 말이 지금 공안에서 이런 말을 한대. 만약 나의 단지를 철거하면 내가 뭔가 행동에 나설 거라고 하더라고. 내가 언제 그런 말을 했어! 요 며칠……"

류스밍의 파트너인 야오신안은 욕설을 퍼부었다. "더 이상 그것들과 상의하지 마. 상의해봤자 무슨 소용 있어! 두 차례 회의는 모두 우리가 조직했다고 말해. 모든 압력도 우리한테 넘겨."

단지 주인 간의 동맹 결성의 가능성은 완전히 없어졌다.

그날 밤 늦게, JO단지는 내부 회의를 열어 다음 달 월세를 받을지 말지를 논의했다. 또한 만약 철거된다면 세입자가 처음에 낸 보증금을 돌려줘야 하는지 여부도 논의했다. 류스밍은 전혀 망설임 없이 말했다. "만약 철거하면, 우리 계좌에 돈이 얼마 남아 있든 보증금 명목으로 돌려줄 거야. 보증금을 돌려주면 명성이 오히려 높아지고, 이후에 다른 사업을 하기도 쉬워져. 임대료는……" 그는 고개를 돌려 나에게 물었다. "네가 보기에 받아 안 받아?—제일 중요한 것은 이 사람들을 안정시킬 수 있는 방법을 찾는 것인데 (…) 그래도 받자! 그들에게 말해서 집이 철거되지 않는다고 할 거야."

11월 18일 오전. 베이징 주재 저장성사무소는 JO단지 등을 찾아가 사무소가 최선을 다할 것이지만 모든 단지는 자체 관리를 강화해야 한다고 말했다.

11월 18일. 하이후이사 일대의 원저우 세입자는 베이징시정부의 민원실에 편지를 보내 하이후이사 일대는 '문제없다'고 하면서, 이곳은 저장촌과 같은 개념이 아니기 때문에 철거해서는 안

된다고 강조했다.

11월 19일. 베이징 러칭사무소는 성과 시정부에 각각 보고서를 제출하고, 20일에 베이징 측과 최종 조율을 할 것이라고 했다. 만약 그래도 효과가 없으면 원저우 측은 더 이상 이 일에 관여하지 않고 모든 책임은 베이징 측에 있다는 것을 분명히 밝혀 달라고 했다.

11월 20일. 저장성 측은 3단계에 걸쳐 단지를 철거하는 '3단계론' 보고서를 제출했다. 1단계는 원단 전까지 지저분하고 혼잡하고 기준 미달인, 사회 문제를 야기하고 교통에 심각한 영향을 미치는 마촌, 덩촌, 스촌, 둥뤄위안 및 하이후이사의의 불법 건축 단지 33개, 전체 불법 건출물의 68.7퍼센트에 달하는 부분을 먼저 철거한다는 계획이다. 2단계는 춘절 전까지 가오좡, 궈위안 및 4환 이내의 열 개 단지, 전체 불법 건축의 20.8퍼센트를 철거할 계획이고, 3단계는 춘절 이후에 마지막으로 JO, JW, AG, JX, JH 등 5개 단지, 전체 불법 건축물의 10.5퍼센트를 철거한다고 했다. 그러나 이 방안은 채택되지 않았다.

강제 철거

11월 21일. '강제 철거'가 시작되었다. 마촌을 시작으로 작업대는 철거하지 않은 단지를 매일 찾아가 상황을 물었다. 이사하지 않은 세입자에게 가능한 빨리 이사할 것을 촉구했다. 상황은 가장 심각한 단계에 이르렀다.

11월 21일. 원저우의 모 회사가 나서 류스밍과 본격적으로 '두 번째 방안'을 논의하기 시작했다. 회사와 류스밍은 다른 곳을 찾아 개발하는 계획을 세웠다. 개발의 첫 후보지는 허베이성과 베이징의 접경인 옌자오진燕郊鎭이었지만 류스밍은 망설이는 분위기였다. 회사는 소수의 사람들이 투자하고 주도해야 하며 참여자가 너무 많으면 안 된다고 했고, 류스밍은 오히려 지분 참여를 제한해서는 안 된다고 생각했다. "홍보만 해서는 소용이 없어. 사람들이 너의 말을 듣지 않아. 만약 20명의 큰 손이 지분에 참여하게 해봐. 홍보도 필요 없어지고 사람도 알아서 모이게 돼. 그들은 회사제를 하려고 하는데, 나는 주식제를 해야 한다고 봐." 류스밍이 말하는 회사제는 위계가 뚜렷하고 권력이 집중된 경제조직을 의미하고, 주식제는 '모두가 함께 하는' 것을 강조하는 제도다. 이러한 차이가 저장촌의 특징을 반영하기도 한다.

11월 22일~25일. 나 자신이 관련 부문의 조사를 받고, 저장촌과의 연계도 잠시 중단되었다.

11월 24일. 대면적의 단지가 철거되었다.

작업대는 JO단지에 가서 철거 동의서에 서명할 것을 요구했다. 이 단지는 서명하지 않은 마지막 단지였다. 류스밍은 왕라오펑한에 어려움을 호소했고, 11월 30일까지는 반드시 움직임이 있을 것이라고 말했다.

완자유는 자신의 비디오카메라로 단지를 찍으며 자손들에게 보여주겠다고 말했다. "그들의 조상이 이런 집을 지었다고 말이야!" 작업대가 앞으로 다가가 빼앗으려고 한 탓에 하마터면 몸 싸움이 일어날 뻔했다. 파출소 부소장이 싸움을 말렸다.

이사하는 사람이 너무 많아 저장촌의 남쪽으로 향하는 길이 막힐 지경이었다.

개별 작업대원과 심지어 경찰들까지 혼란을 틈타 옷을 함부로 가져가거나 이유 없이 벌금을 부과했지만 다행히 충돌은 없었다.

11월 26일. 베이징시정부의 통보가 다싱 등 지역에 전달되었다. 지역 경찰들은 집주인에게 저장에서 온 외래인구는 일체 받지 말라고 통지했다. 천춘성은 다싱의 모 식품공장에 연락하여 자신의 단지에 입주했던 일부 세입자를 그쪽으로 보내겠다고 연락한 상태였지만 이 통보로 인해 계획을 부득이 취소해야 했다.

일부 가구는 차오양구의 모 향에 이사 가기로 했고 그곳의 향 당서기의 동의까지 얻어놓은 상태였다. 하지만 막 도착하자마자 현지 파출소가 저장성 사람이란 사실을 발견하고 즉시 나갈 것을 명령했다.

베이징의 한 단위는 류스밍에게 사람을 보내 단위의 모처에 20여 개의 빈 방이 있다고 알렸다. 류스밍은 아내를 보내 확인하게 하면서 "우리가 퇴로가 있다는 걸 (정부가) 알면 더 몰아붙일 것"이라며 비밀로 해야 한다는 것을 거듭 당부했다.

류스밍의 생각에 변화가 생겼다. '버틸 수 없다는 것을 알고 허베이에 가서 사업하는 것을 고려하기 시작했다.

천춘성과 왕원리는 자신의 단지에 세입자의 이사를 독려하는 안내문을 붙였다. 단지 주인들은 세입자와의 연맹을 결성하기를 희망했다. "사람이 나가지 않으면 불도저도 들어올 수 없어. 노친네들을 입구에 앉혀 울게 하면 그들도 어쩔 방법이 없어!" 단지 주인들이 세입자들에게 "우리 단지는 철거되지 않아"라고 선포할 수 있던 동기 중 하나였다. 하지만 지금 세입자들이 나가지 않으려고 하자 단지 주인들이 급해졌다. "당신들이 나가지 않으면 우리가 정부에 항의하는 꼴이 돼."

저장촌은 이미 난장판이라고 할 수 있었고, 또한 평소보다 이용객이 현저히 줄었음에도 불구하고 징원센터는 정상 운영되고 있었다.

11월 27일 오전. 작업대는 JO단지를 다시 찾아와 세무자료와 단지의 장부를 가져갔다. 12시에 류스밍을 저장촌에 설치된 '철거총지휘부'로 소환했다. 2시부터 세무자료를 가지고 단지의 '탈세' 문제를 지적했다. 6시에 끝났다.

류스밍은 단지를 포기하기로 결정했다. "모든 가구는 정부의 철거 정돈 사업에 협조하여 새로운 주거지를 찾기를 바란다"라는 통지문을 붙였다.

작업대가 요약한 내용에 따르면 저장촌의 909개 불법 건물이 철거되었지만 일부 사람은 여전히 관망하는 분위기였다. 다훙먼 지역은 자체 철거 단계를 완료하고 강제 철거 단계에 진입했다. 이미 철거된 건물은 철거 목표치의 89퍼센트에 달했다.

11월 28일. 베이징의 언론들은 다훙먼 지역에 대한 정비 성과를 발표했다. 신문은 "당중앙과 국무원의 지시하에 베이징시와 펑타이구는 다훙먼 지역에 대한 철거 및 정비 작업을 실시했다"며 이날까지 22개 단지를 비웠다고 밝혔다.

베이징의 한 주요 지도자는 저장촌 정비 사업의 단계적 성과에 대해 만족감을 표시하면서 세 가지 요구 사항을 제시했다. 첫째, 시정부의 「통보」 내용을 성실히 이행하고, 베이징의 주거 조건에 부합하지 않는 외지인에 대해 가능한 빨리 베이징을 떠나도록 홍보 및 동원한다. 둘째, 다훙먼 북로 건설을 서두른다. 셋째, 다훙먼 의류쇼핑센터의 건설 계획을 서두른다. 그 외에 환경위생 부문은 쓰레기 처리 업무를 확대하고 교통 부문은 장거리 운행을 늘릴 것을 요구했다.

11월 29일. 뉴스를 보고 베이징시 지도자의 연설을 들은 후 뜻밖에도 저장촌 사람들은 자신감을 되찾았다.—"철거도 이미 일부를 했고, 성과도 있으니 아마 더 이상 철거하지 않을 거야."

베이징시는 '첫 승전' 보고서를 발표했다. 국무원의 주요 지도자는 "베이징의 당과 정부의 각급 조직이 전투력이 있다는 것을 보여줬다"라고 평가했다. 베이징시의 주요 지도자는 국무원 지도자의 평가는 우리 베이징시에 대한 가장 큰 지지이자 가장 큰 애정이므로 신속하게 모든 동지에게 전달하라고 지시했다.

베이징 자오궁커우趙公口 장거리버스터미널에서 출발하여 원저우 러칭으로 가는 버스는 사람들로 꽉 찼다. 베이징의 관련 지도자들은 "차량을 증설하고 서비스를 제고하라"고 교통 부문에 요구했다.

12월 1일. 원저우의 관련 지도자들이 베이징에 와서 협상을 했지만 아무런 성과가 없었다.

12월 5일. 저장성의 관련 지도자들이 다시 한 번 우려를 표명했지만 여전히 실질적인 효과가 없었다. 오히려 '현지 관리' 원칙을 따라야 한다는 통보를 받았다.

12월 6일. 다훙먼 북로 확장 공사가 전면적으로 시작되었고 단계적 성과를 거두었다.

JO단지 주주들은 다시 회의를 열어 허베이로 옮기기로 결정했다.

12월 7일. 허베이 옌자오진과 230무 토지 임대 계약을 체결했다. 공동 개발하고 이윤은 2:8로 나눈다고 합의했다. 당시 이미 300가구의 원저우 사람이 허베이의 이곳으로 이주한 상태였다.

원저우의 회사는 저장촌의 분위기를 이해할 수 없다고 느끼고 철수했다. 허베이 개발은 주로 류스밍이 주도했다.

12월 8일. 류스밍은 허베이에서 연락할 수 없어 나에게 전화를 걸어 베이징시 세무국과 검찰원에 연속으로 전갈을 보내달라고 했다. 그는 관련 부문의 지도자들과 대화를 하고 싶다고 했고 철거는 차질 없이 하겠지만 세입자들이 이사할 수 있도록 시간을 주기를 희망했다. 나는 그의 의견을 전달했지만 대화는 무익하다는 답신을 받았다.

12월 10일 전후. 베이징시의 관련 부문은 마촌의 일부 주민이 국무원의 주요 지도자에게 보낸 편지를 전달받았다. 편지는 불법 외래인구를 철저히 단속하기를 희망했고, 정부의 저장촌 철거에 큰 박수를 보냈다.

12월 13일. JO단지 입주자 대부분이 이사했다. 강도 사건이 발생했다. 류스밍은 매일 밤 순찰하는 주주의 수를 늘려야 한다고 했다.(JO단지는 저녁마다 주주들이 돌아가며 순찰하는 제도가 있었다.) "입주자들의 물건은 보호 받아야 해. 앞으로도 우리는 그들과 함께 할 거야"라고 말했다.

베이징시 공안국은 고물상 유동인구가 다훙면에 유입되지 않도록 수용 작업을 강화했다.

12월 17일. 불도저가 JO단지의 절반을 밀었다.

12월 18일. JO단지의 건물이 전부 무너졌다. 전체 저장촌의 철거와 정비 사업이 종료되었다.

그러나 저장촌에는 여전히 단지 세 개가 남아 있었다. 둥뤄위안의 3단지, 마촌의 동단지, 왕라오펑의 작은 단지(이 단지는 JO와 연결되어 있었음)다. 이 세 곳은 모두 베이징의 촌위원회 혹은 이른바 '지사'가 투자하여 건설한 단지였다.

12월 21일. 마촌. 사람들은 떠났고 마을은 텅 비었다. 10여 명의 베이징 촌민 아주머니들이 부녀주임의 인솔하에 허물어진 단지를 청소했다. 나를 본 한 촌민은 "네가 가서 빨리 좀 전달해. 이곳을 도시에 포함시켜 우리가 출근할 수 있게 하든가 아니면 저장 사람들을 다시 돌아오게 하든가. 왜 이 땅을 이렇게 비워? 우리보고 어디 가서 밥을 먹으라는 거야! 정부는 정말 우리가 굶어 죽는 꼴을 보고 싶어하는 게 아닌가 몰라! 이리 저리 쫓아내고 대체 뭘 하려는 거야"라고 말했다. 내가 물었다. "저장 사람들이 와서 치안이 이렇게 어지러운데 무섭지 않아?" "치안은 너희가 관리하면 되잖아. 돈을 좀 주면 바로 풀려나는데 어지럽지 않을 수 있겠어? 우리도 밥을 먹고 살아야 할 거잖아!" 그들의 답이었다.

3개월 후

대철거 과정에 저장촌 사람의 발길은 주로 세 지역을 향했다. 첫째는 다른 도시의 저장촌, 둘째는 고향, 셋째는 허베이의 옌자오진이었다. 나와 류스밍 등은 옌자오진의 조건이 매우 좋아 새로운 생산과 도매의 기지로 발전할 가능성이 충분하다고 생각했다. 나는 이곳에 만약 새로운 저장촌이 건설되면 저장촌 사람이 갈 곳이 생기는 것은 물론 이 기회를 이용하여 기존에 존재했던 일련의 내부적인 사회문제를 해결할 수 있다고 생각했다. 베이징의 입장에서도 이 사람들이 다시 들어와 대도시의 인구 압력을 가중시키는 것을 더 이상 걱정할 필요가 없었다. 옌자오는 저장촌의 이전을 열렬히 환영하면서 지역 경제를 활성화할 수 있는 기회로 삼았다. 당시 옌자오 입구의 도로변에는 "옌자오 경찰은 원저우 사업체를 환영한다!" "옌자오 인민은 원저우 친구를 환영한다!" 등의 표어가 적힌 현수막이 적지 않았다.

11월 10일, 몇몇 단지 주인은 왕차오호텔王朝飯店에서 회의를 열고 함께 옌자오로 이사하는 일을 논의했다. 11월 15일, 류스밍은 처음으로 옌자오에 갔다. 옌자오 측은 비상조치로 두 곳을 제공하여 저장촌 사람의 피난처를 마련했다. 하나는 버려진 술 공장이고 다른 하나는 샤오장거좡小張各莊에 새로 지은 주택 건물이었다. 술 공장 건물의 대부분은 융자 사람 한 명이 도급 맡아 전대했다. 입주자들도 주로 융자 사람들이었다. 류스밍은 주택 건물 임대의 중개자가 되었다. 그는 옌자오 측이 임대료를 정하는 것을 도왔다. 주택 건물의 집은 한 채가 54제곱미터였다. 6층의 임대료는 1제곱미터당 10위안으로 하고 층이 낮아질수록 매 제곱미터당 3위안을 인상했다. 이렇게 1층의 경우 1제곱미터의 임대료는 25위안이 되었다. 그리고 그는 건물 세 채를 70만 위안을 내고 임대했다. 전대 과정에서 그는 한 푼도 추가하지 않았다. JO단지의 셔틀버스를 허베이로 이전하여 계속 사용했고 옌자오에서 징원시장까지 요금은 1인 왕복 10위안을 받았다.

11월 말이 되어 옌자오는 저장촌 분위기를 물씬 풍기기 시작했다. 술 공장으로 향하는 길목에는 '신 저장촌'이라는 큰 간판이 세워졌다. 술 공장 입구에는 작은 시장이 형성되었고 허베이 사람들은 쌀과 채소를 팔았다. 원저우 사람들은 비록 소수지만 해산물과 원저우 특산품을 판매했다. 샤오장거좡 주택 건물 옆에는 작은 원저우 식당 두 곳이 문을 열었다.

생산은 큰 영향을 받지 않았다. 일일 생산량은 베이징에 있을 때의 75~90퍼센트를 유지했다. 사람들은 비록 이사했지만 관계 연결망은 그대로 남아 있었다. 차이점이라면 생활이 약간 불편하고 생산에 드는 비용이 조금 높아졌다는 것뿐이다. 예를 들어, 쌀 가격을 놓고 보면, 베이징은 1근에 1.85위안인데 옌자오는 2.05위안이었다. 내장 솜(겨울옷을 만드는 데 필요한 보조 재료)은 베이징에서 롤당 24위안이지만 옌자오에서는 26위안이었다. 나는 당시에 시장 체계가 곧 생겨날 것이고 이곳이 제2의 저장촌이 될 거라는 확신을 더욱 크게 가졌다.

1996년 새해가 막 시작되었고 일찌감치 상황의 변화가 감지되었다. 일부 사람은 베이징의 옛 집주인을 찾아갔고 며칠을 묵었지만 아무런 이상이 없었다. 옌자오에는 바로 소문이 퍼졌다. '베이징이 또 느슨해졌어!' 사람들은 분석하기 시작했다. "돌아가도 내쫓지 않을 거야. 한번 쫓았으니 이제는 끝난 거지." "그들이 (다훙먼) 의류쇼핑센터를 세운다는데, 우리 없이 뭘로 돈을 벌어?" 사람들은 하나 둘씩 돌아갈 채비를 했다. 마촌, 가오촹 등지의 길목에는 주택 임대 광고가 대거 출현했다. 어느 지역의 어느 단위에는 아직 빈 집이 몇 채 남아 있고, 전기와 수도가 전부 갖추어져 있어 협상하러 오는 것을 환영한다는 등의 내용이었다. 류스밍은 단지가 철거될 때처럼 화를 내지 않았다. 다만 안타깝다는 표정으로 "어쩔 수 없어. 베이징에 돌아갈 수만 있다면 그들은 틀림없이 돌아갈 거야. 나는 원래 베이징이 좀 더 엄격하게 나와서 우리 이곳의 방바닥이 더 뜨겁게 데워지기를 바랐어. 사람들이 돈도 이미 투자했으니 일도 이제 슬슬 시작할 거잖아. 그런데 베이징이 이렇게 빨리 풀릴 줄이야!"

나는 그에게 물었다. "이 사람들에게 좀 더 두고보라고 하면 안 될까? 그렇지 않으면 너의 손해가 너무 커!" 류스밍은 쓴웃음을 지으며 말했다. "이 사람들을 어떻게 붙잡을 수 있겠어. 사람을 붙잡는 사람은 체면이 구겨져. 누가 어디로 가는가는 그 사람 자유야. 나의 친척과 친구들이 묻더라고. 갈지 말지, 그래서 나는 돌아가라고 했어. (…) 돈을 밑지는 것은 나는 개의치 않아." 그는 친우 두 명에게 이곳에서의 마무리 작업을 부탁했다.

떠들썩했던 철거가 끝난 지 4개월도 채 안 되는 1996년 3월, 다훙면 저장촌은 활기를 되찾았다. 9월쯤 되어 "돌아올 사람은 다 돌아왔다." 철거 이전의 규모를 거의 다 회복했다. 그리고 놀랍게도 임시거주증 발급은 이전보다 더 쉬워졌고, '1:1'이라는 규정도 더 이상 언급되지 않았다.

나의 예측이 완전히 빗나갔던 것이다. 두 가지를 '예측'하지 못했다. 하나는 막대한 재원과 인력을 투입한 정부의 행동이 이렇게 '일회성'일 것이라고 예상하지 못했다. 비록 완자유 등은 일찍이 나에게 거센 바람일수록 빨리 잦아드는 법이라고 말했지만 말이다. 하지만 나는 그들이 요행을 바란 나머지 상황을 충분히 예측하지 못했다고 생각했다. 사실로 밝혀졌듯이 틀린 사람은 나였다. 그다음, 나는 거물의 힘을 다소 과대평가했다. 거물의 위상은 주로 '영향력'에서 나타났고 사람들은 거물의 행동을 자신의 중요한 참고 기준으로 삼았다. 그러나 일반인에 대한 거물들의 직접적인 통제는 이루어지지 않았다. 사람들은 '대세를 따라 움직일 수' 있었지만 이 대세를 '역행'하기는 어려웠다. 필경 거물은 엄밀한 행정화된 위계 체계가 아닌 다양한 계의 중첩에 기반을 두고 있었고, 동시에 각자의 자율적 선택을 충분히 존중하는 것을 자신의 일 처리 방식의 전제로 삼았기 때문이다.

류스밍은 옌자오에서 돌아온 후 매우 우울해했다. "마음속으로 견딜 수 없어. 경제적인 손실은 나중에 만회할 수 있는데, 위신이 땅에 떨어졌어! 사람들이 철거하는데 딱 너의 것만 철거하잖아. 게다가 쫓아내도 너만 쫓아내잖아. 너의 단지에 사는 사람 한 명도 보호할 수 없고, 네가 정착할 곳조차도 없는데 앞으로 누가 너와 함께 하겠어! 가끔 이런 생각을 해. 정말 사람을 암흑가로 내모는구나." 다행히 그의 친우들이 주위에서 잘 단결하면서 그를 '암흑가'로 몰아넣지는 않았다.

단지의 권토중래

류스밍이 베이징으로 돌아오자마자 그를 붙잡고 단지를 함께 다시 세우자는 제안을 하는 사람이 있었다. 그것도 이미 폐허가 된 JO단지 위에 짓고 싶다는 제안이었다. 류스밍은 두려웠다. 1996년 4월까지 최소 두 그룹의 사람들이 단지 재건을 위해 관계를 찾아나섰다. 1996년 5월, 펑타이구 난원향의 신푸하이회사鑫福海公司가 투자한 '다훙먼 의류타운' 기공식이 성대하게 열렸고 베이징시의 주요 지도자들이 현장에 와서 축하했다. 6월과 7월 사이, 난딩춘南頂村에는 첫 번째 신 단지가 출현했다.

과거의 단지와 차이점이라면, 새로운 '단지제大院制'는 원저우 사람, 현지 촌과 향의 간부들 사이의 긴밀한 협력을 기초로 했다.

첫 번째 방법은, 촌에서 단지를 지을 때 원저우 사람들에게 도움을 요청하는 것이다. LY단지는 난위안로 북쪽 골목에 위치했다. 1996년, 러칭 사람 몇 명과 융자 사람 한 명이 공동으로 연간 15만 위안을 내고 현지의 모 행정촌으로부터 토지를 임대했다. 원저우 사람들은 건물을 다 지은 후 촌의 뒤편에 간이 건물 몇 채를 추가했다. 1997년 8월, 어떤 이유에서인지 촌은 원저우 사람들에게 일정한 금전적 보상을 해주고 땅과 건물을 모두 자신의 소유로 가져갔다. 그런 다음 대대는 이를 세 명의 러칭 사람에게 '도급'을 주었다. 이 세 명이 어떤 조건으로 합작했는지에 대해서는 나는 잘 모른다. 세 명의 러칭 사람은 자신의 친우권에서 한 명의 융자 사람과 한 명의 러칭 사람을 불러와 단지를 관리하게 했다. 그 두 명의 임무는 내부의 치안 관리와 월세를 받는 일이었다. 융자 사람은 융자 사람한테, 러칭 사람은 러칭 사람한테 받았다. 나는 그들에게 입주자의 증빙서류를 확인하는지 물었다. "우리는 간부도 아닌데, 동향이 왔는데 무슨 증빙서류를 확인해? 임시거주증은 알아서 만들 거야. 만약 관계가 좋으면 우리가 대신해서 해주고, 따로 돈을 받지도 않아." 그들 두 사람의 대우는 다음과 같았다. 공짜로 사용하고 있는 큰 집의 월세는 600위안, 월급은 1500위안이었다. 전체 단지는 총 50여 가구, 월세는 400~700위안, 집의 크기에 따라 차이가 났다.

LY단지와 비슷한 것은 DLJ단지다. 이상한 이름을 지은 이유는 러칭의 유명한 회사와 발음을 같게 함으로써 고향 사람들의 마음속에서 이 단지의 등급을 높이고 싶어서였다. 운영 방식은 1995년 이전과 거의 같았다. 원저우 사람이 토지를 임대하고 건물 짓고 관리하고 돈을 받았다. 그러나 명목상으로는 현지 촌의 부동산이었고, 다섯 명의 사장은 대대의 '고용 노동자'에 해당했다. 이는 1996년 이후 단지의 합법성 문제를 처리하는 가장 일반적인 방법으로서 정부가 원저우 사람이 세운 단지만 철거하고 베이징 사람이 지은 집은 철거하지 않는 것에서 영감을 얻었다.

두 번째 단지는 아예 베이징 사람과 합작하여 회사를 설립한 후 건설했다. 류스밍이 허베이에서 베이징으로 돌아온 후, 현지 향의 간부는 신속하게 그와 연락하고 친척인 정鄭씨를 소개하여 합작하게 했다. 정씨는 원래 이 향 의류공장의 대표였는데 의류 공장이 원저우 사람들과의 경쟁에서 패배하면서 그들과 합작하여 부동산 개발을 시작한 것이다. 그들은 연이어 회사 두 개를 설립했다. 하나는 정씨의 원래 공장 이름으로 등록하고, 다른 하나는 정씨를 법인 대표로 하는 새로 설립한 회사다. 류스밍의 노력으로 앞의 회사는 11명의 주주를 모아 징원시장의 맞은편에 단지를 세웠다. 단지의 명목상 주인은 정씨지만 어려운 문제에 부딪히면 항상 류스밍을 앞세웠다. 단지는 또한 전문적으로 창고를 만들어 다른 사람에게 임대해주거나 근처의 대형시장에 입주한 사업자들에게 서비스를 제공했다. 두 번째 회사의 명의로 류스밍은 일곱 명을 조직하여 6주로 나누어 원단 시장을 새로 열었다.

류스밍 등은 정씨와 '탄력적 합작'을 통해 JN단지를 건설했다. JN단지가 건설된 곳은 원래 현지 행정촌의 공장 부지였다. 1995년 류스밍은 촌과 계약을 맺고 1년 토지 임대료 40만 위안과 공장 건물 사용료 50만 위안은 본인이 부담하기로 했다. JN단지는 저장촌에서 임대료가 가장 높은 단지가 되었고, 1제곱미터에 월 70위안의 임대료를 받았다. 류스밍은 노하우를 알려줬다. "사람을 잘 골라야 해. 1996년에 밖에서 옷을 만드는 사람들 대략 40퍼센트는 손해를 보고 나머지는 본전을 챙기는 수준이었는데 우리 단지에서 하는 사람들은 돈을 벌 뿐만 아니라 방식도 깔끔했어. 사람들은 거기에 재물운이 있다고 생각했어. 사실은 이게 관리가 중요해. 누구를 들어오라고 하고, 누구는 들어올 수 없게 할지, 다 계획을 잘 세워야 하거든." 정씨는 JN단지의 지분은 없어 보였지만 뭔가 이익은 챙겨가고 있는 것 같았다.

천칭안陳淸安의 단지는 단지라고 부르지 않고 'DB의류회사'라는 간판을 내걸었다. 이는 단지의 세 번째 자기 보호 방법이었다. 그는 1990년 베이징에 오기 전에 산시성의 모 현에서 장사를 했고, 그 현 공상국의 모 간부와 '좋은 친구'가 되었다. 그는 1995년 대철거를 교훈 삼아 그가 산시에 임시로 등록한 'DB의류회사' 이름으로 현지 행정촌과 토지 임대 계약을 체결했다. "나는 일이 생기는 것이 두렵지 않아. 내가 확실하게 말할 수 있는 것은 이게 정식 회사라는 거야. 안에 입주한 건 모두 회사 아래의 기업이고, 여긴 단지가 아니야."

1996년 이후, 저장촌에서 가장 주목 받는 단지는 'HQ가죽의류타운'이었다. 이 거대한 부지와 건물은 원래 베이징시 HQ고무 공장의 공장건물이었다. 1995년, 공장은 경영난으로 생산을 중단했다. 쑹더칭宋德淸 등은 공장 부지를 임대한 후 작업장을 작은 방으로 나누어 전대했다. 단지 내에는 식당과 유치원, 사우나도 들어섰다. 이 공장 부지의 1년 임대료는 230만 위안으로, 고무 공장에서 해고된 150명 직원의 주요 소득원 중 하나가 되었다. 이 단지의 합법성은 아마도 가장 확실할 것이다. 그 이유는 첫째, 사용된 대부분의 작업장은 원래의 공장 건물로서, 불법 건물이라고 할 수 없었다. 둘째, 합작 파트너는 '국유기업'이고, '하강 노동자의 문제를 해결함으로써 사회 안정에 이롭다'라는 논리와 직접적으로 연결시킬 수 있었다(HQ가죽의류타운의 홍보 자료). 이것이 바로 그가 감히 단지 입구에 큰 간판을 세울 수 있었던 이유다.

새 단지를 짓는 또 다른 방법은, 다훙먼과 인접한 양차오洋橋 동사무소의 관할 지역으로 옮겨가 짓는 것이다. 베이징에서의 다년간의 생활 덕분에 사람들은 행정구역이 다르면 거리 하나를 사이에 두고도 정책이 크게 다르다는 것을 배울 수 있었다. 앞선 철거들에서 양차오도 철거민들의 '과도 지대'가 되었는데— 허베이나 다싱 등지에서 돌아올 때 다훙먼의 상황을 잘 알지 못한 사람들은 먼저 양차오 일대를 둘러보았다. 양차오의 단지 임대료가 현저하게 낮고 모든 면에서 시설이 비교적 좋았기 때문에 1996년 이후 많은 사람, 특히 융자 사람들이 양차오에 줄지어 이주했다. 최근에 양차오에서 단지를 지은 한 사장은 나에게 "양차오는 1993년, 1994년의 저장촌이야"라고 말했다. 그의 말은 그 동네는 아직 원저우 사람을 환영하고 있다는 뜻이었다. 그는 말을 이었다. "나는 1995년 하반기부터 단지를 짓고 싶었어. 어떤

1995년 대철거 이후, 단지에서 쫓겨난 저장촌 사람은 현지의 공장 건물을 임대하고,
기존의 공장 작업장을 주택과 공방으로 개조하여 사용했다.

사람이 나에게 말하기를, 너를 쫓아내는데 단지를 왜 지어? 쫓아낼수록 나는 지으려고 했어. 쫓아내도 결국 사람들은 돌아오게 돼 있어. 단지가 부족하고, 바로 기회인 거지!"

내가 이 책을 쓸 당시 저장촌의 단지는 이미 남아도는 상태였고, 특히 다훙먼 일대의 단지 가격은 지속적으로 하락하고 있다는 것을 알게 되었다. 푸톈랑 등은 '헛소문'이라고 생각했고, 원래의 JO단지의 북쪽으로 약간 떨어진 곳에 새로운 저장촌 건설을 위한 삽을 떴다. 부지 면적은 100여 무, 완공하면 주거, 오락 및 가공을 통합하겠다고 했다. 푸톈랑은 역사가 반복되는 것을 전혀 걱정하지 않았다. "예전에는 그들이 다 몰라서 그랬어. 지금 우리는 절차를 모두 밟았어." 나도 푸톈랑 같은 사람들이 이미 충분한 능력과 기술을 보유했기에 1995년의 역사를 되풀이하지 않기를 바랐다—되풀이했다 해도 잠시 한 번 정도 중단되는 것뿐이 아니겠는가?

신 열풍

대리제

'계'에 관한 우리의 논의는 저장촌 내의 가장 기본적인 관계, 즉 만드는 사람(가공업자)과 파는 사람(매대 임대자) 사이의 관계에서 시작되었다. 이 관계도 현재 변화 중에 있다. 원래 매대를 임대한 사람은 사업권에서 더 큰 주도권을 가지고 있었고 옷을 만드는 사람은 파는 사람에게 부탁하는 관계였다. 1995년 이후, 가공업자의 주도성이 점점 더 강해졌고, 대리 판매의 가격도 지속적으로 인상되었고 위탁 판매의 비율도 확대되었다. 심지어 위탁 판매업자가 가공업자에게 일정량의 현금을 지불하지 못하면 옷을 가져갈 수 없었다. 또한 대리 판매 과정의 연체금은 이전보다 훨씬 적어졌다. 그 이유는 첫째, 도시에 상점과 매대가 많아졌고, 둘째는 적지 않은 가공업자들이 공동체 내부의 시장에 자체 매대를 보유했기 때문이다. 옷만 좋으면 팔리지 않을까봐 두렵지 않았고 수중에 좋은 물건이 없으면 매대를 임대해도 손해를 보았다. 1995년부터 1998년까지, 베이징의 대형 쇼핑센터든 저장촌 내의 도매시장이든 사업장이 과잉되면서 가공업자들이 유리해졌다.

이러한 추세 하에 일부 대형 가공업자는 대리제代理制를 탐색했다.

대리제의 특징은 다음과 같다. 첫째, 가공업자와 판매업자 사이의 관계는 위탁 판매 관계이고, 가격은 가공업자가 결정하지만 판매업자의 의견도 중요한 역할을 한다. 가공업자의 기본 원칙은 자신의 대리상이 돈을 벌지 못하게 해서는 안 된다는 것이다. 둘째, 대리상과 비대리상 사이에서 가공업자는 먼저 대리상의 이익을 고려해야 한다. 예를 들어, 판매 성수기에 공급이 수요를 따라가지 못하는 경우 먼저 대리상에게 상품을 공급하고 가격도 할인해야 한다. 셋째, 대리상은 주로 한 가지 브랜드의 의류를 판매하거나 한 가지 양식의 제품만 판매해야 한다. 대리상이 특정 제품만 다룰수록 가공업자로부터 더 큰 혜택을 받게 된다. 그 이유는 가공업자들이 이 방법을 통해 해당 지역에서 자체 제품의 브랜드를 알리고 안정적인 시장 점유율을 확보하기를 희망하기 때문이다. 넷째, 대리상은 가공업자에게 자주 정보를 알려줘야 한다.

대리제의 형성 과정은 대리 판매 제도의 형성과 다소 비슷했고, 친우관계와 사업관계가 교차한 결과이기도 했다. 류저보는 현재 전국에 10개 정도의 대리점을 가지고 있다. 주로 화베이 지역의 여러 성과 베이징의 근교(본인도 베이징 시내 쇼핑센터에 전용 매대를 두고 있지만 교외의 쇼핑센터는 거리상 멀고 시장 상황을 제때에 파악하는 것도 어렵기 때문에 대리점은 자체 운영보다 편리했다)에 분포했다. 나는 그의 집에서 산시, 허베이 등지에서 온 친척들이 이야기를 나누고 술을 마시는 것을 자주 보았다. 자세히 물어보니 전부 그의 대리상이었고 물건을 가지러 온 것이었다. 류둥劉東은 나에게 이렇게 말했다. "이 친척들이 원래는 우리 물건을 대리 판매했는데, 하다보니 우리 한 집과 전문적으로 하는 것이 낫겠다 싶었던 거지. 힘도 덜 들고 돈도 더 많이 벌 수 있고."

"그럼 왜 위탁 판매로 바꿨어?" 내가 물었다.

"그들이 위탁 판매를 원해! 우리 물건이 잘 팔려. 위탁 판매를 하면 수입 원가가 낮아서 그들이 버는 돈도 많아지는 거지." 류둥은 1997년에 자신의 대리상을 적극적으로 확대했다. 베이징의 셰씨小謝를 만났다. 셰씨의 어머니는 예전에 향에서 일했고, 류저보는 일찍이 그녀의 단위에서 제복을 만들었다. 류둥과 셰씨는 잘 아는 사이였다. 류둥은 그녀에게 "당신이 딱 30만 위안만 출자해봐. 이 30만 위안을 나에게 주면 내가 다롄에서 관계를 잘 맺어줄 테니, 당신에게 물건을 주면 반년 사이에 15만 위안을 무조건 벌 수 있어!"라고 했다.

나는 류둥이 왜 셰씨에게 30만 위안을 요구했는지 이해가 되지 않았다. 그는 이렇게 설명했다. "30만 위안을 투자해서 반년에 15만을 벌면, 이런 장사가 어디 있어! 그녀가 나에게 30만 위안만 주면 아무 것도 안 해도 돼. 쇼핑센터는 내가 찾아주고, 물건도 처음은 내가 거저 보내주지. 다 팔면 또 보내주는 거야. 운이 나빠서 15만 위안을 벌지 못하더라도 우리 관계 때문에 내가 30만 위안을 먹고 튀지 않을 거라는 걸 잘 알거든. 나 같은 경우 유동 자금이 좀 더 많으면 일을 더 많이 할 수 있어 좋잖아. 다롄에 전문 매대가 있으면 내 브랜드도 영향력이 커질 수 있지."

다이밍가오戴明高는 53세이며 류씨의 먼 친척이자 대리상으로서 다퉁에서 매대를 운영했다. 그는 나에게 "그들의 물건은 산시에서 인기가 엄청 많아. 국경절에는 내가 여기서 2~3일을 기다려야 물건을 가질 수 있어. 우리 대리상을 하는 사람들이 모두 여기서 기다리고 있어. 그가 만들어내면 너에게 10벌, 저 사람에게 5벌 주고, 나머지 사람은 그다음 차례를 기다려. 이렇게 하면 자기 물건을 더 넓게 퍼지게 하고, 각지에 다 흩어지게 하는 거지. 돈도 가능하면 많이 벌려고 하는 거지. 사람들이 가져가는 게 이 집 물건뿐이니까, 다른 사람 물건을 도매해가지 못하잖아"라고 말했다.

"그렇게 잘 팔리면 위조품이 나오지 않아?"

"우리는 모두 친척인데, 우리가 위조품을 만들 수는 없지. 다른 사람이 만들면 우리가 가서 혼내줄 거야. 누군가 위조품을 만들면 명성도 떨어지고, 돈도 그쪽이 벌어가잖아."

대리제를 채택한 가공업자는 일반적으로 정식으로 등록된 회사였다. 1995년 이후, 공식 회사의 출현도 이 공동체 내의 작은 열풍이라고 할 수 있었다. 하지만 공식화된다고 해서 이들이 기존의 연결망에서 벗어난다는 것은 아니다. 오히려 공식화는 기존의 연결망에 합법성을 부여하면서 더욱 강한 생명력을 가질 수 있게 했다.

아침 시장

1994년부터 아침 시장은 저장촌의 중요한 시장 유형이 되었다. 다홍먼로 양쪽에 사람들이 자발적으로 노점을 설치하여 물건을 팔기 시작했고, 1997년 둥뤄위안촌의 한 공터에 아침 시장이 집중적으로 출현하면서 일시에 큰 인기를 얻었다.

둥뤄위안의 이 시장은 홍차오의 장씨 성을 가진 두 남동서가 제일 처음 현지의 정부와 협상을 시작했다. 하지만 경쟁에 뛰어든 저장 사람들을 이길 수 없다고 보고 그들은 가오젠핑을 참여시켰다. 가오젠핑이 합류하자마자 경쟁 상대가 없어졌다. 그들은 3년에 200만 위안을 내고 이곳을 임대했고, 3일 뒤에 300만 위안의 가격으로 다홍먼 가도판사처[동사무소]에 전대했다. 아침 시장에는 고정된 매대가 없고, 사람들은 와이어 침대를 가져다 개장할 때 열고 종료할 때 접었다. 매대 하나(즉 침대 하나)에 월 임대료는 700~800위안이었고 공상비, 세금 등은 추가로 납부하지 않았다. 아침 시장에는 1000여 개의 매대가 있었고 가도판사처도 당연히 돈을 벌었다. 가도판사처에서 매대를 임대한 사람은 전대할 때 가격을 크게 인상할 수 있었다. 위치가 좋은 매대 임대료는 한 달에 3000~4000위안이었고, 반년 또는 1년 임대료를 한 번에 지불해야 했다. 아침 시장 장사가 가장 잘 될 때는 전대한 매대의 임대료를 1일을 기준으로 받았다. 최고로 200위안까지 오른 적도 있다.

여름에 날씨가 더우면 새벽 4시에 개장하고 9시에 문을 닫았다. 겨울이 되면 아침 시장은 6~7시에 시작하여 10시쯤 끝났다.

천창이陳強乙는 1997년에 베이징에 온 후 매대 하나를 1만50위안의 임대료를 내고 6개월을 임대했다. 하루 약 4시간의 영업시간 동안 천씨는 자신이 혼자 양복을 파는 매대에서 1만 위안 정도의 물건을 다루고 1400위안의 이윤을 챙길 수 있었다. 이는 한 달 임대료와 비슷했다. 그의 양복은 스자좡에서 도매가로 약 70위안에 들여왔고 한 벌에 10~15위안을 벌었다. 이윤은 다른 시장보다 조금도 낮지 않았다.

아침 시장이 이렇게 번창하는 것을 보고 1997년 4월, 다훙먼 도로변의 DH시장은 고정 매대를 철거하고 큰 공간을 만들어 사람들이 접이식 침대를 들여놓을 수 있게 했다. 공식시장이 아침 시장으로 '퇴화'했고, 일 방문자 수는 만 명을 넘었다.

아침 시장과 저장촌의 다른 시장의 고객은 모두 외지에서 온 도매상이었다. 이곳의 가장 두드러진 특징은 물건이 싸다는 것이다. 물건들은 종종 가공업자의 재고품이나 사이즈가 맞지 않는 것들로서 공식시장에서 진열할 수 없는 물건인 경우가 많다. 저장촌에는 꽤 많은(1998년까지 총 22개) 정규적인 도매시장이 있었기에 이러한 정규 시장에서 도태된 상품을 다루는 보충 시장이 한두 개 출현했다는 것은 놀라운 일이 아니었다. 매대는 단기로 임대하기 때문에 시장의 상황에 따라 보다 유연하게 조정할 수 있고 임대료도 더욱 저렴하게 할 수 있었다.

1995년 이후 저장촌 시장의 또 다른 주요 변화는 사업자의 출신지가 매우 '복잡'해졌다는 점이다. 저장 출신뿐만 아니라 장쑤, 쓰촨, 산둥 출신의 상인도 있었다. 그들은 현지에서 생산된 의류를 판매할 뿐만 아니라 저장 샤오산蕭山과 항저우에서 생산되는 커튼(1996년까지 다훙먼로 북쪽의 점포는 거의 모두 창문 커튼 원단을 판매했다) 및 기타 지역에서 생산되는 다양한 의류를 판매했다.

캐시미어 코트와 모피 코트 열풍

과거의 가죽재킷 열풍과 달리 이 두 신제품 열풍은 주로 큰손들에 의해 시작되었다. 캐시미어 코트는 1996년부터 1997년까지 베이징에서 매우 유행했고, 모피 코트는 저장촌 사람이 사용하는 용어였다. '모피'는 밍크 가죽처럼 보이지만 사실 인조 모피의 일종으로 품질이 좋지 않았고 롱코트 한 벌의 도매가도 200여 위안에 불과했다. 하지만 이윤율은 30~40퍼센트에 달했다.

모피 롱코트는 주로 대외무역 용이였고 야바오로雅寶路에 가서 도매로 넘겼다. 저장촌에서는 주로 홍차오 사람들이 만들었다.

　일부 큰손의 수중에는 자금이 적어도 200~300만 위안 이상은 있었다. 그들은 원단을 통일적으로 구입하고 노동자를 모집하여 통일적으로 재단한 다음 원단과 샘플을 함께 가공업자들에게 넘겼다. 모피 코트와 캐시미어 코트의 가공 수당은 모두 한 벌에 20위안이었다. 큰손들은 먼저 친척이나 친구들에게 만들어준 다음 천천히 다른 사업자들에게도 확대했다. 가공업자들은 위험성이 낮고 투자가 적기 때문에 이런 대리 가공 방식을 환영했고, 밤낮으로 열심히 일하는 습관 덕분에 돈도 많이 벌 수 있었다. 재봉틀이 네 개밖에 없는 한 가공업자는 반년 동안 캐시미어 코트를 만들어 14만 위안의 가공비를 받았다. 그리고 모피 코트를 만드는 다른 집도 기계가 네 대밖에 없었지만 하루에 1000위안을 넘게 벌었다. 노동자 한 명이 하루 몰아서 하면 열 벌 정도 만들 수 있었다.

　그러나 이러한 사업 방식의 조직자는 큰 위험을 감수해야 했다. 홍차오에서 모피 롱코트를 만들던 큰손 한 명은 1997년 상반기에 100만 위안 이상을 벌었지만 원단 가격이 급락하면서 (몇 달 만에 1미터에 29위안에서 20위안 이하로 떨어졌다), 하반기에는 200만 위안 이상의 손실을 입었다.

소송 열풍
'소송'은 저장촌 철거 또는 복귀 이후에 출현한 핫이슈 중 하나다.

먼저는 단지 주인과 촌 사이의 소송(제6장 참조)이 있었고, 그 뒤에는 징원시장의 계약 변화에 관한 소송(제7장 참조)이 있었다. 1997년 11월, 다훙먼의류타운의 입주자들과 난위안향 정부 사이에 갈등이 생겼다. 다훙먼의류타운은 난위안향 정부 산하의 신푸하이회사鑫福海公司가 투자하여 건설했다. 의류타운에는 총 2600여 개의 매대가 있었고, 저장촌에서 규모가 가장 큰 시장이었다. 이 회사는 시정부의 지지를 받은 회사다.[88]

시장은 임대 계약서에 '지하 반층'의 영업 홀은 높이 3미터, 지표면보다 1.5미터 높다고 했다. 하지만 실제는 지표면보다 1미터도 채 안 높은 데다 계단(사업체들은 완만한 경사를 설치해야 한다고 생각했다)을 설치했기 때문에 물건을 들고 오르내리기가 매우 불편했다. 사업체들은 현실과 계약서가 일치하지 않고, 사업에 영향을 미치므로 소송을 해야 한다고 주장했다. 소송에 진심인 한 사람은 나에게 이렇게 말했다. "장사하는 공간이 작아지면, 그들보고 배상하라고 해도 배상할 수 없어. (우리) 부득이 강하게 나가야 해. 그들이 정규 시장이고 '지명도'를 따지기 때문에 소송하면 그들이 오히려 두려워해." 지하 영업 홀의 160개 사업체들이 연합하여 모금하고 기자와 변호사를 고용했다. 첫 번째

---

[88] 앞에서 언급했듯이 저장촌 대철거가 끝나자마자 다훙먼의류타운 기공식이 성대하게 열렸다. 정부는 한편으로 사업체가 너무 많다면서 대부분을 쫓아냈고, 다른 한편으로 거금을 투자하여 시장을 설립했다.(시장의 구조는 완전히 저장촌의 외래인구를 겨냥하여 설계되었다.) 같은 시기에 이처럼 모순된 정책을 내놓은 것은 정부 부처마다 각기 다르면서도 분명한 이해관계가 있음을 보여준다.

변호사에게는 5만 여 위안을 썼지만 사람들은 별로 능력이 없다고 보고 해촉했다. 두 번째 변호사는 만약 승소할 경우 배상금의 0.2퍼센트를 변호사 수임료로 요구했다. 결국 재판이 열리기 전에 신푸하이회사는 조정을 수락하기로 동의했고, 사업체들의 매대 임대료와 이 기간의 이자까지 합쳐 총 9만 위안을 전부 돌려주기로 결정했다.[89]

이 '소송 열풍'도 외부 사람들에게 감지되었다. 1998년 3월 19일, 베이징 LH변호사사무소는 저장촌에 가서 '간담회'를 개최하고 7~8개 테이블 규모(70~80명)의 식사에 사람들을 초대했다. 저장촌에서 인지도가 높은 인물들을 모두 초대했다. 식사 전에 사람들은 몇 마디씩 인사말을 했는데 모두 보통말을 사용했다. 변호사 사무소는 "변함없이 수도의 저장 사람과 저장 기업을 도와주고 고품질의 효율적인 법률 서비스를 제공할 것"이라고 했다. 류저보는 보통말과 푸룽 방언을 함께 사용하면서 "우리처럼 장사하는 사람은 한 척의 배와 같아. 변호사 사무소가 있으면 배는 방향을 잡을 수 있게 돼. 앞으로 우리는 성실하고 평안하게

---

[89] 이 우여곡절과 그 이후의 과정에, '2급 시장'에서의 다훙먼의류타운의 매대 가격은 주식처럼 급격한 등락을 반복했다. 소송 전과 조정 과정에서 매대 가격이 크게 하락한 탓에 매대를 전대할 수 있는 사람이 아무도 없었다. 신푸하이회사가 갑자기 조정을 수락하자 매대 임대료는 바로 반등했다. 춘절 이후, 새로운 경제 연도가 시작되자 매대 가격은 다시 최고치를 찍었다. 중상급의 매대는 16~18만 위안에 거래되었고 가장 비싼 것은 30만 위안 이상에 팔렸다. 하지만 3월 초 정식 개장을 앞두고 16만 위안이었던 매대는 8만 위안 전후로 떨어졌다. 의류타운은 상황이 좋지 않다고 판단하여 징원센터에서 니트와 솜옷을 만드는 사람을 통해 그곳으로부터 니트를 만드는 사업체 70개를 끌어들였다.(이 사람들은 대부분 원저우 루이안에서 온 사람들이다.) 이로 인해 저장촌에서는 갑자기 다훙먼의류타운의 매대 인기가 급상승했고 일반 매대의 가격은 다시 13~14만 위안, 위치가 좋은 곳은 20만 위안으로 올랐다.

사업만 하면 돼"라고 말했다.

류저보의 말은 형식적인 말이 아니었다. 그들은 평안한 사업 환경을 희망했고 실제로 법을 가장 중요한 보증 중 하나로 여겼다.(또 다른 보증은 '관계'였다.) 나의 저장촌 친구들은 모두 내가 변호사가 될 마음이 없는 것에 대해 유감스럽게 생각했다.

마지막으로 추가하고 싶은 말은 저장촌에서는 '소송'을 매우 중요하게 생각했지만 이는 어디까지나 정부 부처와의 분쟁에 국한되어 있었다는 것이다. 사업체 사이의 내부 갈등에서 '소송'을 떠올리는 사람은 거의 없었다.

제 9 장

토론: 관계총

분리와 중첩

저장촌 사람에게 지난 몇 년 동안 대인관계에 어떤 변화가 있었는지 물으면 그들은 종종 실망스러운 대답을 해준다. 처음 왔을 때보다 친구가 더 많아지고 친척들이 과거처럼 뭉치지 않는다는 것 외에는 아무런 변화가 없다는 것이다. 그들이 항상 하는 말처럼, 친척이 가장 좋고 친구는 매우 중요하고, 하지만 결국 장사는 자기 몫이다. 그럼에도 저장촌이 전체적으로 이렇게 큰 변화를 경험하게 된 이유는 무엇일까? 그 이유는 친우관계와 기타 사회관계, 특히 친우권과 사업권의 분리-중첩의 상호작용 과정이 변화했기 때문이다. 이 변화를 저장촌이 지속적으로 성장하는 동시에 응집과 개방의 통일을 달성할 수 있었던 이유를 설명하는 기본 단서로 볼 수 있다.

우리는 여기서 저장촌의 생활사生活史를 다시 한 번 집중적으로 돌아볼 필요가 있다.

1. 유출지의 전통적인 친우관계가 매우 자연스럽게 사람들의 관계 발전의 출발점이 되었다. 1986년 이전까지 이주든 사업이든 사람들은 주로 친우권으로 조직되었고 친우권 내에서 각자의 사업을 했다. 그러나 사업의 내용과 방식은 거의 비슷했다. 이주 과정에서 친우권이 수행한 기능은 주로 사람들의 이른바 '심리적 비용'을 줄이는 것이었다. 베이징에 와서야 친우권이 경제적 기능을 발휘하기 시작했지만 사람들이 함께 물건을 들여오거나 팔기 위한 간단한 합작에 불과했다.

2. 1986년, 저장촌은 '매대 임대'를 통해 공식 시장에 진입했다. 사람들이 완전한 자체 생산과 자체 판매는 한계가 있다는 것을 깨닫게 되면서 친우권 내에는 최초의 분업, 즉 매대 임대업과 의류 가공업이 출현한다. 매대를 임대한 사람과 의류를 만드는 사람은 대리 판매의 방식으로 연결되었다. 사람들은 또한 '능력자'와 '자기 사람'을 통해 친우권의 범위를 확장했다. 친우권의 이러한 변화는 당시 저장촌의 인구를 급속하게 확장시킨 원인이 되었다. 사람들은 대리 판매를 통해 자신의 친우와 사업적으로 명확한 '합작'(과거에는 '도움'에 속했다) 관계를 형성했고 동시에 친우권 밖의 사람들과 합작관계를 형성했다. 이런 관계의 형성은 '계'의 초보적인 행태의 형성으로 이어졌다. 이때의 친우권과 사업권의 중첩 범위는 비교적 크다.

3. 1988년 가죽재킷 열풍과 대외무역 사업이 갑작스럽게 시작

되면서 사업상의 합작관계가 원래의 친우 범위를 초월하게 되었다. 이로 인하여 별도의 '사업권'이 출현했고 '고객'이 저장촌의 중요한 관계 유형이 되었다. 사업이 지속적으로 발전하면서, 특히 1992년 무시위안경공업도매시장과 같이 공동체 내에 시장이 건설됨에 따라 사람들의 사업권과 친우권 사이의 중첩은 감소하게 된다. 동시에 단일 계 내부의 친우관계와 사업관계의 중첩도 감소하면서 서로 다른 계 중첩의 확대가 촉진되고 서로 다른 친우권들도 연결될 수 있었다. 이로써 전형적인 '계'의 구조가 출현했다.

개별 친우권과 사업권의 중첩 범위의 감소는 또한 '핵심 계'의 출현을 촉진했다. 여기에는 친우관계에서 발전한 사업관계와 사업의 합작과정에서 형성된 친구가 포함된다. 이러한 것들은 사람들의 생활 속에서 교류가 가장 빈번하면서 동시에 가장 중요한 관계가 되었다. '거물'의 경우 핵심 계는 종종 '대형 사업'의 주주총회로 발전했다.

그렇다면, 이후의 발전 과정에서 친우권과 사업권이라는 이 조합은 왜 다른 조직적 방식에 의해 대체되지 않았을까?

우선, 친우권을 주요 생활 영역으로 삼고, 친우권에 의존하여 사업권의 조직 방식을 감독하기 때문에 기업이 필요로 하는 관리 구조가 형성되기 어려웠다. 친우권과 사업권의 상호 중첩을 통해 사업하면 공동체 내의 모든 사업의 이윤을 단기간에 평균화하기 때문에 그 누구도 초과 이윤을 독점하거나 혼자 점유할 수 없었다. 따라서 '확산형 이동'과 같은 보완적 형태가 등장하면서 독특하면서도 중요한 '전국 이동 사업 연결망'이 형성되었다. 분명한 것은, 거꾸로 '전국 이동 사업 연결망'의 형성은 저장촌 내부의 사업 연결망의 효율성을 크게 향상시켰다.

기업의 출현이 어려운 이유는 알겠는데, 그렇다면 왜 무역[도매]센터도 출현하지 않았을까? 저장촌이 이러한 센터를 시도하지 않은 것은 아니다. 첫 번째 시도는 완팅광의 도매점이었다. 그의 도매점은 친우권에 기반을 두고 있었고—따라서 그는 두 대가족의 젊은이들을 통해 중요한 문제들을 해결할 수 있었다. 이런 도매점이 지속되지 못한 이유는 그것의 조직적 기능이 급부상한 도매시장에 의해 대체되었기 때문이다. 도매시장이 도매센터에 비해 상대적으로 우세한 점은, 도매시장은 만드는 사람, 파는 사람, 사는 사람을 직접적으로 통합시키는 등 친우권과 사업권의 관계를 총동원할 수 있다는 것이다. 두 번째 무역센터는 1996년 이후에 출현한, 대형 업체가 재료를 구입하고 가공업자들이 나누어 맞춤 제작하는 형태였다. 그러나 이 방법은 위험부담이 너무 컸기 때문에 넓게 보급되지 못했다. 운영 방식은 도매점과 비슷했다. 대형 업체들이 각각의 가공업자들의 제품, 그리고 고도로 분산된 위험을 집중시켰지만 외부 시장을 독립적으로 통제할 수 있는 능력이 없기 때문에 운이 좋을 때 한 번 정도 돈을 벌 수는 있지만 안정적인 사업으로 이어가는 것은 어려웠다. 요컨대 저장촌의 가장 기본적인 구조적 특징은 모든 사람의 상호 연결 및 중첩된 작은 연결망들의 결합과 확장을 통해 매우 강력한 '수평적 발전'의 능력은 확보했지만 조직화될 수 있는 기반이 없다는 점이다. 저장촌의 대형 업체들도 상황 파악을 제대로 하는 한편 공동체의 기본 구조에 순응하면서 '중심'이 되는 것이 아니라 '장소'(시장) 제공자가 되려고 했다.

큰 것과 작은 것의 조화 : 공동체의 기본 구조

한 공동체 내에서, 거물의 형성과 지위 유지의 메커니즘은 종종 이 공동체의 사회구조를 집중적으로 설명할 수 있게 해준다. 거물과 '엘리트'의 개념적 차이는, 엘리트는 외부 연구자가 부여한 개념이라는 것이다. 우리는 특정 이론적 기준에 따라 공동체 내의 일부 사람을 '엘리트'라고 부르는 경우가 있다. 하지만 이 공동체의 사람들은 전혀 그렇게 생각하지 않을 수 있다. 대조적으로 '거물'은 공동체 구성원이 만든 개념이다. 우리가 말하는 '엘리트'가 그들의 눈에는 거물이 아닐 수 있다. 나는 그들의 사회 분류 기준을 사용할 경우 공동체의 구조를 더 잘 이해할 수 있다고 생각했다. 예를 들어, 우리의 일반적인 기준에 따르면 천춘성은 엘리트라고 할 수 있고, 그는 저장촌에서 정부와 가장 긴밀한 관계를 맺고 있는 인물이다. 그러나 저장촌 사람들은 그렇게 생각하지 않았고, 적어도 그가 류스밍과 같은 거물과는 거리가 멀다고 생각했다. 판리화潘利華의 기업은 저장촌에서 둘째가라면 서러운 규모지만 촌의 사람들은 그를 공동체의 중요한 인물로 여기지 않았다. 그들의 기준에서 거물이란 시장이나 단지를 건설하고 사업도 크게 해야 하지만 동시에 '따르는 사람'이 있어야 했다.

이에 따라 우리는 또 다른 문제에 직면하게 된다. 내가 저장촌의 특징이 '수평적 발전'에 있다고 했는데, 그렇다면 이 '거물'은 어떻게 출현했고 또한 거물들의 역할을 어떻게 이해할 수 있을까?

먼저 거물과 일반인의 관계에 대한, 우리가 과거에 가지고 있었던 몇 가지 이해를 살펴보도록 하자.

첫 번째는 계층 모델이다. 이 모델은 우리가 사회를 이해하는 가장 보편적인 사고방식 중 하나다. 계층론의 관점에서 볼 때, 대형 사업체들은 서로 경제적 지위와 사회적 영향력 등의 조건이 동일하거나 유사하기 때문에 행동의 양식과 의식이 서로 수렴된다. 이로 인해 그들은 소규모 사업체들과 자신을 구별되게 하고자 한다. 같은 맥락에서, 소규모 사업체도 자신들만의 생활 양식과 이념을 형성한다. 교류는 주로 계층 내부에서 이루어지며 계층과 계층 간에는 비교적 명확한 경계가 있다. 일정한 조건 하에서 동일한 계층 사람들은 공동의 이익을 형성하게 되고 이로 인해 다른 계층 사람들과 충돌한다. 사회 질서는 이 계층 내부의 동질성과 상이한 계층 간의 구분에서 비롯된다.

두 번째 모델은 재분배와 중심 모델이라고 할 수 있다.

이 모델은 계층 모델처럼 큰 것과 큰 것, 작은 것과 작은 것이 각각 다른 전체를 형성하는 것을 강조하지 않고, 오히려 큰 것과 작은 것 사이의 연결과 큰 것과 작은 것의 존재가 지속될 수 있는 원인에 주목한다. 이 모델에서 큰 것은 사회 분배의 어떠한 중심적 위치에 있는 것으로 간주되고, 사회 자원은 먼저 그에게 집중된 다음 그에 의해 사회에 분배되는 것으로 본다. 이러한 분배 권력의 점유는 그들이 자신의 대형 사업체의 지위를 유지하는 핵심 기초다. 계층론이 큰 것-작은 것 사이의 구분과 충돌을 강조한다면, 재분배의 사고방식은 상호 의존의 관계를 강조한다. 비교적 작은 원시 공동체, 관료제가 핵심적 규칙이 된 사회, 그리고 사회주의 사회 등에서 이 모델은 모두 적용 가능하다.

세 번째 모델은 해외 화인 이주민 공동체에 대한 연구에서 나왔고 '층첩層疊' 모델이라고 부른다. 이 형태는 저장촌과 직접적인 비교가 가능하기 때문에 지면을 할애하여 추가 설명을 하고자 한다.

왕(Wong, 1988)과 우징차오(吳景超 1991[1928])의 미국 뉴욕과 샌프란시스코 차이나타운에 대한 연구와 리이위안李亦園, 화더잉 華德英의 동남아시아 화인 공동체에 대한 연구에서 우리는 차이나타운에는 두 가지 주요한 사회적 요소가 있다는 것을 알 수 있었다. 하나는 사단社團[사회단체]이고, 다른 하나는 교령僑領[화교/화인 지도자]이다.

해외 화인 공동체의 사회단체 수는 놀라울 만큼 많다. 인구가 1~2만 명 정도밖에 안 되는 공동체에도 60~70개의 단체가 있고 종류도 매우 다양하다. 가장 근저에는 혈연으로 맺어진 종족회宗族會가 있고, 다음은 지연과 방언 체계에 따라 형성된 동촌회, 동향회와 동방언회가 있다. 또한 성씨별로 구성된 '종친회'도 있다. 일부 '종친회'는 지역에 상관없이 성만 같으면 참여할 수 있고, 일부는 출신을 추가하여 출신 지역별로 종친회 하나만 조직할 수 있다. 범위가 조금 넓은 공동체에는 오락 단체, 종교 및 자선 단체 등이 있다. 그 외에는 업종별 단체가 있는데, 미국의 경우 세탁 산업과 요식 산업에 종사하는 사람들이 구성한 협회가 크다. 사회단체가 많으면 필연적으로 단체 회원들의 중첩 현상이 발생한다. 즉 동촌회 회원이 종친회 회원이 될 수 있고 같은 종교나 산업을 기반으로 한 협회에 동시에 가입할 수도 있다. 리이위안李亦園(1996:366)은 공식적인 행정체계가 없는 화인 커뮤니티 내에서 이러한 많은 사회단체들이 서로간의 겹침, 즉 '첩疊'을 통해 대형 연결망을 만들었고 이를 통해 "매우 미세한 부분까지 촉수가 뻗어나가고" "최대한 다양한 구성원을 유입하여 조직의 체계 속에 포함시켰다"라고 주장했다.

사회단체는 공동체의 '거물'인 교령을 배출했다. 사회단체 간의 중첩은 교령 사이에 이른바 '중복 집사關聯執事', 즉 한 명의 교령이 여러 단체에 동시에 참여하는 현상을 만들었다. 교령과 비교령의 구분, 큰 교령과 작은 교령의 분화는 여러 단체의 사무에 동시적으로 참여할 수 있는 자격과 연결되었다. 만약 넘나드는 사회단체가 많으면 그 사람의 지위도 높다. 리이위안은 동남아시아의 화인 커뮤니티가 구조적으로 하나의 체계를 형성하고 원활하게 작동할 수 있었던 이유가 "전적으로 각 사회단체의 리더들이 종종 서로 중첩되어 하나의 연결망을 형성"했기 때문이라고 보았다.(367)

이렇게 사회단체 간의 '첩'은 크기가 서로 다른 '층層'을 만들어 냈다. 뉴욕 차이나타운의 최고 조직인 중화공소中華公所는 산하에 60여 개의 연합회가 있고, 공소의 연합대회great assembly는 각 연합회에서 선출된 70여 명의 대표로 구성되었다. 그중 19명이 상무위원회에 선출되어 모든 조직을 조율할 수 있는 자격을 가지고 있다. 공동체 내에서 분쟁을 조정할 때 층의 관계를 준수해야 한다. 이 층을 넘어서는 사건은 받아들여지지 않는다. 층이 높을수록 조정 절차도 더 공식적이다. 가족 내부의 일은 집에 앉아 해결할 수 있고, 씨족이나 지역 조직의 일은 호텔에서 논의한다. 공소 층위의 일은 사무실에서 '재판'을 통해 해결한다. 왕Wong은 차이나타운의 이러한 얽히고설킨 체계가 계급과 계층의 분화를 부추겼다고 보았다. "차이나타운에서 발전하기 위해서는 교령을 만나는 것이 필수다."

그러나 사회단체 간의 중첩은 공동체 내부 구조의 전부가 아니었다. 지연과 종족 관계가 전체 차이나타운 공동체의 구조적 '기초'였다. 큰 성씨와 큰 방房일수록 그들의 지도자가 다른 사회단체에서 한 자리를 꿰찰 가능성이 높았다. 1965년 이전, 중화공소의 조정은 한 가지 방언으로만 이루어졌고, 다른 말을 사용하는 사람은 부득이 낮은 층의 조직으로 가서 해결할 수밖에 없었다. 리이위안(李亦園 1996: 375~378쪽)은 화인 공동체는 출신지와 사용하는 방언의 차이에 따라 서로 구분되었다고 한다. 그는 화더잉이 제안한 '직접적 패러다임直接範式'(나는 누구인가), '내재적 관찰 패러다임內在觀察範式'(너는 누구인가), '이상적 패러다임理

想範式'(우리는 누구인가)의 개념을 인용하여 서로의 관계를 설명하고자 했다. 외부로부터 가해지는 압력이 상대적으로 작으면 앞의 두 개의 문화적 패러다임이 지배적이 되기 때문에 서로 다른 방언집단 간의 분쟁이 비교적 심해지고, 외부로부터 가해지는 압력이 증가하면 앞의 두 개의 패러다임은 이상적 패러다임과 거의 합쳐지기 때문에 언어별 집단들이 단결하고 연합하게 된다. 공동체 내에서는 장취안漳泉 사람과 차오저우潮州 사람으로 나뉘지만 밖에 나가면 모두 '중국인'이다. 이는 페이샤오퉁이 제안한 가까운 곳부터 먼 곳으로 층층이 등급화 된 '차등적 서열 구조差序格局'와 유사하다. 리이위안은 한발 더 나아가, 이러한 분리와 통합을 거듭하는 구조는 전체 화인 공동체의 생존을 보장할 뿐만 아니라 화인들이 새롭게 정착한 사회에 적응할 수 있도록 다양한 문화 자원을 제공한다고 보았다. 이것이 화인 사회가 비록 철판만큼 단단하지는 않지만 식물 덩굴처럼 매우 강한 생명력을 가질 수 있었던 이유다.

이 모델은 크고 작은 교령을 핵심으로 하고 각종 사회단체를 기반으로 하는 '층층이 덧씌운層層套' 모델이라고 볼 수 있다. 이 사회단체는 때로는 분리되고 때로는 통합한다.

그러나 저장촌의 큰 것-작은 것의 관계는 이러한 이미 주목받은 몇 가지 모델과 다르다.

우선 그것은 계층 모델과 거리가 멀었다. 저장촌의 거물들은 생활 방식을 비롯하여 표면적으로 보여지는 부분은 거의 유사했다. 그들은 심지어 이러한 유사성을 의도적으로 추구하기도 했다. 이미 빚더미에 올라앉은 지 오래된 사람도 이런 허세를 부리고자 했다. 그러나 이러한 것들이 그들이 공동의 이익을 가지고 있다는 것을 의미하는 것은 아니었다. 오히려 거물 한 명이 이런 허세를 부리는 이유는 다른 거물에 도전하거나 적어도 패배를 인정하지 않는다는 것을 보여주기 위해서였다. 진짜 중요한 상호작용은 그와 그의 '아래' 사람들 사이에서 발생했다. 방사선의 범위가 클수록 당신의 권위는 높아졌다. 공동체의 사람들은 '사람이 사람을 치켜세워주는 것'의 중요성을 거듭 강조했다. 류스밍은 '자기 사람'을 모으고 싶은 염원을 반복적으로 말했다. 천춘성은 아마도 류스밍과 친한 몇몇 거물 중에서 가장 부자이고 외부 인맥도 가장 넓다. 또한 그는 류스밍이 가장 총명하다고 인정하는 사람인 동시에 류스밍과 왕래도 가장 많은 사람이다. 그러나 다른 사람들은 그가 '힘 있는' 사람이라고 생각하지 않았다. 장창훙은 이렇게 말했다. "자기 친척이나 친구가 (그에게) 도와달라고 해도 그는 돈을 받아. 그런 그가 어떻게 큰 사람이 되겠어?"

저장촌의 대다수 거물은 또한 재분배 모델의 중심자가 아니었다. 거물과 일반인은 모두 각자 자기의 일을 했다. 가공하는 소규모 사업자와 판매하는 소규모 사업자 사이에 형성된 연결망은 공동체가 작동하는 기본적인 구조였다. 거물은 전적으로 내부 관계의 조직에 의존하여 권위를 유지했다.

저장촌과 동남아시아의 화인 공동체는 수직적 의사소통이나 교차적 중첩과 같은 비슷한 특징이 있기는 하지만 동시에 그들과 다른 몇 가지 특징도 있다. 우선 다른 화인 공동체는 사람들의 회원 자격의 중첩을 통해 조직되고 이 조직의 핵심은 거물이다. 하지만 저장촌에서 중첩된 것은 전적으로 사람들의 사업과 일상생활에서 형성한 관계다. 거물과 사회단체에 의존하여 공동체의 생활을 조직하지 않았다. '층층이 위를 향한 보고層層上報'는 저장촌에서 상상할 수 없는 일이다. 둘째, 저장촌에도 하나의 방언만 있는 것은 아니었지만, 같은 지역에서 온 사람들이 같은 물건을 만드는 동시에 서로 다른 지역에서 온 사람들 사이에 교환과 합작관계라는 최종적 구조가 형성되었다. 동향이나 친우관계가 위주였고 타 지역 출신 사람들은 주로 사업관계를 형성했지만 이 관계들은 모두 하나의 '계'에 포함될 수 있었다. 서로 다른 지역의 사람들은 관념적으로 서로를 구분했지만 행동하는 과정에는 구분이 없었다. 마지막으로 다른 화인 공동체와 큰 차이를 보이는 부분은, 본질적으로 저장촌은 '거물이 내부를 향하고 일반인이 외부를 향하는' 구조였다는 점이다. 공동체의 일상적인 대외 교류는 소규모 사업자들이 각자 수행했고 거물들은 공동체의 내부에 단지나 시장과 같은 공공장소를 제공하고 내부 분쟁을 조정하는 역할을 수행했다. 류스밍의 경우 외부와의 교류는 상당히 제한적이었다. 하지만 일반적인 차이나타운에서는(다른 이주민 집거지도 마찬가지다) 외부와의 교류는 엘리트들의 특권이었다. 이러한 특징은 저장촌이 본질적으로 개방되어 있음을 반영했다. 저장촌에서 보이는 거물과 일반인 사이의 이러한 관계는 친우권과 사업권의 분리와 중첩이라는 상호작용의 산물이기도 했다. 초기에는 거물 혹은 특정 희소 자원(예를 들어, 사업자등록증 사본)을 장악했거나 조직력이 강하면 친우권의 중심이 될 수 있었다. 만약 이 친우권이 비교적 크고 사업도 잘하면 이 친우권의 중심은 자신의 친우들의 서로 다른 사업권을 통해 자신의 영향력을 다른 계로 확장했다.

합작관계가 친우권 범위의 경계를 허문다거나 또는 서로 다른 계의 중첩이 증가하면 각종 분쟁도 많아진다. 영향력이 비교적 큰 사람은 중재에 나서는 것을 통해 자신의 영향력을 강화한다. 분쟁은 패거리의 출현을 야기했고 패거리는 거물들이 자신의 지위를 확립하는 것을 도왔다.

1992년 이후, 거물들은 단지와 시장 건설 사업에 몰두했고, 대형 사업을 통해 형성한 협력권이 그들의 핵심 계가 되었다. 그렇다면, 신분 및 사회적 지위가 비슷한 사람이 출현하고, 그들 사이에 일정한 합작관계가 형성되었다면 이들을 상호 연합한 하나의 계층 집단으로 볼 수 있지 않을까? 거물의 핵심 계에 대한 분석을 통해 우리는 다음과 같은 특징을 발견할 수 있었다. 첫째, 이 작은 권자 안에도 구조가 있었다. 보통은 한두 명의 높은 지위의 거물이 자신이 '움직일 수 있는' 사람을 데리고 하나의 조직을 형성한다. 각자 '자기 사람'을 데려오고, 세력 기반은 당연히 이러한 자기 사람이다. 따라서 그들은 모두 자기 사람에게 책임져야 했다. 거물의 핵심 계는 거물들 사이의 연합이라기보다 다양한 거물들이 구성한 계들의 중첩이었다. 둘째, 이렇게 구성된 작은 권자는 하위의 계(그중에서도 작은 권자 안의 중심인

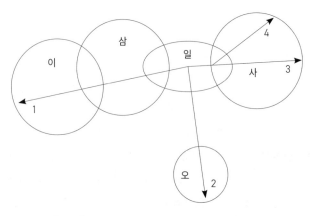

[그림 8] 거물의 조합은 사실상 서로 다른 계의 중첩이다.

물의 계를 위주로 한다)와 상호작용을 했다. 다른 거물들의 핵심
계와는 겉으로만 교류하는 경우가 많았다. 만약 이 작은 권자가
다른 거물의 권자 하위의 계에 끼어들면 양측의 충돌은 불가피
해진다.

우리가 '1992~1995: 혼돈 속에서 돈을 벌다'의 장에서 그린
그림은 거물 한 명과 계의 관계를 나타낸 것이다. 만약 우리가 거
물과 거물이 구성한 '핵심 계'를 염두에 둔다면 거물과 계의 관
계는 다음의 그림으로 나타낼 수 있을 것이다.

그림의 일번 원은 몇몇 거물이 형성한 핵심 계를 나타낸다. 이
번, 삼번, 사번, 오번 원은 서로 다른 거물들이 '데려'온 자신의
계를 나타낸다. 그림의 1번, 2번, 3번 화살표는 핵심 계의 중심
인물이 미치는 영향력의 범위를 나타내고 4번 화살표는 거물의

핵심 계의 부차적인 인물이 미치는 영향력의 범위를 나타낸다. 핵심 계에서 핵심적 위치에 있는 거물의 영향력은 다른 모든 계에까지 미치지만, 만약 핵심 계에서의 지위가 아래로 처질수록 그의 영향력은 자신 속한 계에만 국한된다. 이에 따라 핵심 거물들의 영향력은 한 단계 더 높아지고, 동시에 서로 다른 계 사이의 소통이 더욱 강화되어 공동체 내부의 연결이 더욱 긴밀해진다. 예를 들어, 이계 사람과 오계 사람 사이에 갈등이 발생한 경우—과거 이들 사이에는 거의 관계가 없었지만 지금은 '내부 갈등'으로 보고 거물들이 나서서 중재할 수 있다.

저장촌의 거물은 전적으로 일반인의 계에 기반했다. 중첩된 서로 다른 계 사이의 중개자로서의 지위는 그들 영향력의 기초였다. 이렇게 거물이 위치한 계는 비록 수직적 구조를 가지고 있지만 전체 공동체를 놓고 볼 때 여전히 공동체의 '수평적' 발전을 촉진했던 것이다. 그러나 수평적 발전을 촉진하는 동시에 또한 공동체의 통합도 촉진하기 때문에 '수평적' 발전과 계의 중첩은 동시에 이루어졌다.

'잠금'

그렇다면, 저장촌이 빠르게 확장되고 활력이 넘칠 수 있었던 것은 계의 어떤 내부 특징 때문이었을까?

저장촌과 같은 분명한 연결망의 특성을 가진 경제 체계에 대해 이야기할 때 사람들은 종종 내부 '신뢰'의 역할을 생각한다. 신뢰는 경제사회학의 가장 중요한 개념 중 하나로서, 사람들은 신뢰를 우리의 전체적인 경제 체계를 유지하는 기초라고 주장한다. 그렇다면 신뢰란 무엇일까? 가장 일반적인 이해는 '상대방이 그렇게 할 것이라고 믿는다'는 예상이다. 그렇다면 무슨 근거로 믿을까? 일반적인 답은 '경험'이다. 즉 사람들이 그 사람의 일관된 행동 혹은 비슷한 사례에 대한 오랜 관찰을 바탕으로 형성한 판단이다.[90]

이 견해에 따르면—사업은 신뢰와 떼려야 뗄 수 없고 신뢰는 경험에 근거하여 구축될 수밖에 없다. 우리는 이 견해에 근거하여 두 가지 결론을 바로 도출할 수 있다. 첫째, 사람들은 모든 사업을 하기 전에 작은 '시행착오'를 겪게 되고, 조심스럽게 상대방을 알아간 이후 진정한 거래가 가능하다는 것이다. 이것이 바로 블라우Blau가 우리에게 설계해준 방법이다. 그는 사람들은 처음에 소량의 거래만 했지만 나중에 교류가 신뢰를 강화하자 거래가 더 커졌다고 한다. 시간이 지남에 따라 사회적 교환은 신뢰의 '자연적 형성'의 방식을 제공했다.(Blau, 1968) 이는 논리적으로는 매끄럽지만 사실과 부합하지 않을 수 있다. 장사하는 사람의 경우 협상 하나가 끝나면 거래 하나를 한다. 큰 거래를 하기 전

---

90 신뢰는 부득이한 위험 투자라고 보는 매우 경제학적이면서도 흥미로운 설명이 있다. 왜냐하면 당신은 이런 어려움에 처할 수 있기 때문이다. 즉, 당신이 다른 사람과 관계를 맺기 전에 상대방이 신뢰할 수 있는 사람인지 알 수 없기 때문에 우선 그를 믿고볼 수밖에 없다는 것이다. 이러한 '우선'적 신뢰는 상대방에 대한 정보를 얻고 진일보한 판단을 내리기 위한 투자다. 다른 사람에 대한 경험적 파악을 토대로 그 사람을 신뢰한다는 점에서 이 설명도 '경험론'에 포함시킬 수 있다.

에 일련의 작은 거래를 설계하여 탐색하는 것은 불가능하다. 여기서 우리는 두 번째 결론을 도출할 수 있다. 우리의 사회는 사기꾼의 세상이라는 것이다. 몇 가지 별로 중요하지 않은 작은 장사를 한 후에 우리는 마침내 큰 투자를 하기로 결정한다. 그런데 왜 사기꾼은 앞의 몇 차례의 거래를 투자로 생각하지 않고 그 사람이 자신을 신뢰했을 때 사기를 치려고 할까? 만약 교제가 이러한 제한된 경험을 바탕으로 한 심리 상태(신뢰)를 토대로 이루어진다면 사기의 비용은 너무 낮아 보인다.

우리는 또한 종종 '신뢰'의 해석 능력을 과대평가한다. 그래너베터는 자신의 유명한 글에서 극장과 가정에서 발생한 화재의 예를 인용했다. 극장에 있는 사람들은 모두가 냉정하게 차례대로 퇴장하면 가장 좋은 결말을 맞이할 것이라는 것을 누구나 알고 있지만 그 누구도 다른 사람이 '순서대로 나갈 것'이라는 기대를 걸지 않기 때문에 앞다퉈 서로를 짓밟으면서 비극을 초래했다. 하지만 가정에서 이런 일이 발생하지 않은 이유에 대해 그래너베터는 서로의 '신뢰'가 있기 때문이라고 했다. 그런데 신뢰는 도대체 어떻게 사람들을 불길에서 벗어날 수 있게 했을까? 설마 신뢰가 자연적으로 질서 있는 행동으로 이어진다는 말일까? 사실 우리는 이런 비극을 자주 마주한다. 어머니가 뛰쳐나왔지만 아이가 아직 안에 있다는 것을 떠올리고 다시 집으로 들어갔다가 참변을 당하는, 신뢰와 사랑이 낳은 비극 말이다. 가족이 극장보다 더 나은 결말을 맺을 수 있는 것은 가족 내에는 가장이 가족 구성원을 조직하여 질서 있게 도망칠 수 있는 구조가 있기 때문이다. 극장에 불이 났을 때 잘 훈련된 병사들이 앉아 있었다고 가정하면, 사람이 밟히는 비극이 일어날 가능성은 훨씬 낮아질 것이다. 혹은 마침 연설을 하고 있던 카리스마적 인물이 명령을 내린다면 상황 전체가 뒤바뀔 수 있다. 그래너베터가 이 사례를 통해 강조하고 싶었던 것은 '관계'를 통해 신뢰를 봐야 한다는 것이었지만, 내가 강조하고 싶은 것은 신뢰와 관계는 분리해서 볼 수 없다는 것이다. 신뢰는 바로 관계의 일종이다.

개념적으로 볼 때 '신뢰'는 주관적이고 개인성이 매우 강한 단어로 개인의 심리 상태를 말하는 '좋다' '싫다' 등과 유사하다. 사회학적 시각에서 볼 때 그것은 그다지 큰 분석적 잠재력을 가지고 있지 않다.

그렇다면, 장사꾼들이 '협상 하나를 끝내고 거래 하나를 할 때', 어떤 방법으로 자신의 위험을 줄이려고 할까? 간단하다. 일단 '미리 곰곰이 생각하고', 일어날 수 있는 여러 가지 상황을 사전에 잘 생각하고, 두 번째는 무슨 일이 생기면 '제압制'할 수 있게 상대방의 '속셈'을 최대한 파악하는 것이다. 실생활에 사기꾼이 그렇게 많지 않은 것도 사실 사람들이 주로 이른바 '신뢰'를 통한 판단보다 '제압'하는 방법이 존재하기 때문이기도 하다. 직업 사기꾼이 해야 할 일은 전화번호를 남겨주는 등 한편으로 상대방이 그를 '제압'할 수 있다고 느끼게 하거나, 지인을 시켜 길을 안내하게 하는 등 상대방에게 누군가가 보증을 서는 것 같은 느낌을 줘야 한다. 이와 동시에 사기꾼은 상대방의 '제압'에서 벗어나는 방법을 찾아야 한다. 따라서 사기꾼들이 자신에 대한 상대방의 신뢰를 대상으로 사기 친다기보다 사기를 당하는 사람들의 자기 자신의 '제압' 능력에 대한 신뢰를 사기 친다고 하는 것이 더 적절하다.

일상적인 거래에서도 마찬가지다. 옛날 상점들은 종종 입구에 '팔순 노인과 삼척동자는 속이지 않는다'는 거짓말 문구를 걸어 자신의 정직함을 보여주고자 했다. 사실 장사꾼들이 노인과 아이들을 속여 물건을 파는 것은 매우 흔한 일이었다. 이러한 현상은 '신뢰'로 설명하기 어렵다. 왜 이 장사꾼들은 어떤 사람 앞에서는 신뢰할 수 있는 사람이고 다른 사람 앞에서는 신뢰할 수 없는 사람이 될까? 이유는 매우 간단하다. 노인과 어린이는 그들의 사기 행각을 발견해도 제압할 수 있는 힘이 약하기 때문이다. 보통 상점에 가서 물건을 살 때 고객이 먼저 판매원에게 돈을 주거나, 혹은 판매원이 고객에게 물건을 건네줄 때 '나는 당신이 분명히 돈(혹은 물건)을 줄 것이라고 믿는다'보다 '나는 당신이 돈(혹은 물건)을 안 줘도 걱정하지 않는다'는 논리에 기초한다고 보는 것이 더욱 현실에 부합한다.

내가 보기에 하나의 안정적인 관계 구축의 실질적인 의미는 쌍방 간의 제약 관계를 구축하는 데 있다. 이 제약은 두 개의 층위를 포함하고 있다. 하나는 상대방이 '유혹되게' 함으로써 자신에게 관심을 갖거나 심지어 의존하게 하는 것인데 이를 '자발적 제약軟制約'이라고 부를 수 있다. 두 번째는 상대방의 행동이 특정 선을 쉽게 넘지 못하도록 하는 '강제적 제약硬制約'이다. 저장촌의 한 사업자가 원저우로 돌아가 한 국유기업과 합작 프로젝트를 협상했다. 그가 가장 중요하게 생각하는 것은 당연히 이 합작을 통해 얻을 수 있는 이익의 규모지만 그에게 있어 더 큰 걱정은 미래의 합작관계에서 자신이 어떤 자리를 차지할 수 있는지, 나중에 상대방이 자신을 먹어치우겠다고 하면 그대로 먹히는 것은 아닐지 등이었다. 그래서 그는 나를 찾아와 어떻게 하면 자신의 특출한 점을 보여주고, 상대방을 조금이라도 자신에게 의존하게 만들 수 있는지, 동시에 어떻게 실질적인 '비장의 무기'를 만들어 상대방을 '제압'할 수 있는지를 상의했다.

이 '제압'의 능력이 바로 내가 말하고자 하는 '잠금鎖住'이다.

'잠금'에 대해 정의를 내리자면, 기본적으로 예상을 뛰어넘는 상대방의 행동에 대한 처벌과 시정 능력이라고 할 수 있다. '제압'이라는 단어를 말할 때 우리는 종종 법률이나 계약을 떠올린다. 그러나 법률은 자고이래 있었던 것이 아니다. 법률은 사람들의 행동 규칙을 요약한 것일 뿐이고, 그것이 제공하는 것은 처벌 방법에 대한 '근거' 또는 '참고'다. 뒤르켐의 유명한 말이 있다. "계약은 새로운 규칙을 만드는 것이 아니라, 그것의 과거의 규칙을 구체적인 사례에 적용하고 있다."(Durkheim, 〔1893〕 1984) 우리에게 법률과 계약은 당연히 제약 능력의 전제 조건이 되겠지만, 자신의 제약 능력의 진정한 구현은 구체적인 관계와 '사례'에서 드러난다. '잠금'의 정의에서 나는 두 가지를 강조하고자 한다. 첫째, '잠금 능력'은 무조건 현실적인 능력이어야 한다. 왜냐하면 만약 당신이 상대방의 관련 정보를 제때에 파악하지 못했다면 사기 친 사람은 활개를 치며 도망 다닐 수 있기 때문에 법이 아무리 잘 갖춰져도 소용이 없다. 둘째, '잠금'은 처벌 능력뿐만 아니라 '시정' 능력, 즉 상대방이 실제로 위반하기 전에 발견하거나 위반 후에도 즉각적으로 시정하게 한 후 지속적으로 합작할 수 있는 능력이 포함되어야 한다. 만약 처벌과 처벌에 대한 공포를 통해 사회 전체의 질서를 유지한다면 비용이 너무 많이 든다. 정직한 사람은 손해를 본 후에야 하소연할 수 있게 되고, 사기꾼은 가능한 먼저 사기를 치고 보려고 한다. 이런 상황에서 장사는 불가능하다.

실제 잠금 능력에는 두 가지 요소가 포함된다. 하나는 상대방을 손쉽게 감독할 수 있는 능력이고, 다른 하나는 상대방을 제재하기 위해 특정 자원을 적시에 사용할 수 있는 능력이다. 만약 관계들 속에 세 번째 요소, 즉 적은 비용으로 상대방에게 상대적으로 큰 타격을 줄 수 있다면 잠금 능력은 더욱 강해진다. 관계가 가까운 사람일수록 '신뢰'가 강하다는 것은 틀린 말이라고 볼 수 없다. 우선 관계가 가까울수록 당신은 상대방의 문제를 신속하게 알아차릴 수 있고 문제가 악화되기 전에 '체면을 구기지 않는' 다양한 방법을 통해 그를 바로잡을 수 있기 때문이다. 다음, 관계가 비교적 가깝고 당신과 관계가 있는 사람이 그와도 관련이 있다면, 당신이 사용하는 자원은 당신에게 편리할 뿐만 아니라 그에 대해서도 '살상력'이 있게 된다. 이 '살상력'에는 여러 가지 방식이 포함되며 반드시 그래너베터가 말하는 '추방驅逐'만 있는 것은 아니다. 관계가 가까울수록 잠금 능력도 강해진다.[91] 우리가 느끼는 '신뢰'가 바로 그것의 표현이다.

친우로 고객을 잠그다

저장촌에서의 친우관계와 사업관계 사이의 상호작용이 바로 친우관계를 이용한 사업관계에 대한 '잠금'이다. 이는 사람들이 왜 자신의 친우와 관계가 있는 사람들과 사업하는 것을 선호하는지 설명해준다. 1996년, JDQF타운의 원단 시장이 사업체를 유치할 때 리원후는 돈을 냈지만 영수증을 받지 않았다. "가오젠핑의 처남이 내 사촌동생이야. 문제가 생기면 처남에게 가서 말하라고 하면 돼. 내가 두려울 게 뭐가 있겠어!" 그런데 뜻밖의 일이 벌어졌다. 가오젠핑의 협력자의 문제로 리원후가 예약한 매대의 위치가 변경된 것이다. 이 일을 책임진 사람이 푸자톈付家天이었는데, 리원후는 친구들에게 전화를 돌려 이 일을 한바탕 '광고하고' "너희도 푸자톈을 잘 알지만, 그가 정말 이런 식으로 나온다면 나도 다른 방법이 없어"라고 말했다. 이 사람들은 또 푸자톈에게 전화를 걸어 일부는 심하게 꾸짖고 일부는 가볍게 주의를 환기시켜줬다. 리원후는 손쉽게 자신의 이익을 보호했다. 우리는 친척과 친구가 많은 사람이 사업을 더 잘한다는 것을 볼 수 있었다. 그들은 직접적으로 친구와 사업하는 것이 아니라 친구를 자신의 뒷배로 활용하고 있었다. 이는 또한 왜 사람들이 사

---

91 '잠금' 개념을 통해 '관계가 가까울수록 더욱 신뢰한다'는 명제를 설명할 때 두 가지 전제가 있음을 강조하고자 한다. 첫 번째는 주로 경제활동에서의 신뢰를 말하는 것으로 정치에서의 신뢰를 '잠금'으로 설명할 수 있는지는 아직 충분한 사례를 확보하지 못했다. 두 번째 전제는 일정한 범위 내에서만 가능하다는 점이다. 만약 부부나 친자 간의 신뢰 같은 가족 내 관계는 여러 가지 복잡한 요소가 있기에 '잠금'만으로는 설명하기 어렵다.

업을 확장할 때 자신의 친우관계를 유지 및 발전시키는 것도 잊지 않는지 그 이유를 설명해주기도 한다. 이른바 "돈을 벌었다고 해서 친척에 변심하면(얼굴이 변함) 안 된다"는 말은 최소한 저장촌에서는 어떤 윤리적 충성심 때문만은 아니었다. 사람들은 이러한 변심은 친우를 잃게 되고 나아가 사업에도 영향을 미칠 수 있다는 것을 잘 알고 있기 때문이다.

이런 시각에서 보면 우리는 큰 친우권을 가진 사람일수록 거물이 되기 쉬운 이유를 알 수 있게 된다. 우선, 이런 사람은 다른 사람을 신뢰하기 쉽고 일반인보다 사업권의 개방 수준이 더 크다. 류스밍이 둥베이에 있는 형제들과 손을 잡았을 때 그와 협력한 사업자는 거의 모두 그가 저장촌에서 직접 고른 사람들이었다. 그는 "우리는 가장 좋은 사람을 골라야 해. 물건의 품질도 차이가 커. (…) 사람들은 잘 모르는 사람과 하면 불안해하고, 몇 사람 사이에 둘러싸여 괴롭힘을 당할까봐 두려워 해. 그렇게 장사하면 안 돼"라고 말했다. 류스밍은 남들이 감히 사업권을 확장하지 못하는 이유를 '인식 수준'의 문제 때문인 것으로 봤지만, 사실은 그의 친우권이 크기 때문에 그는 걱정할 필요가 없었던 이유가 더 컸다. 남들이 뭔가 걱정하는 데는 다 이유가 있었다. 동시에 합작하는 상대방도 친우권이 큰 사람을 더욱 쉽게 신뢰한다. 왜 그럴까? 첫째, 친우권이 많은 사람은 다른 사람과 계가 중첩될 가능성이 크기 때문에 일이 생기거나, 아직 일이 생기지 않았지만 작은 변화가 발생해도 비교적 쉽게 중개자를 찾아 조정할 수 있다. 둘째, 친우권이 큰 사람은 다소 대기업과 비슷하다. 사람들이 대기업을 소기업보다 신뢰하는 이유는 대기업의 사회적 '가시성'이 높아 사기는커녕 언행이 조금이라도 부적절하면 바로 잡음이 생길 수 있어 누구보다 조심하기 때문이다. 장창홍, 류스밍 같은 이들은 자신에 대한 요구는 확실히 매우 엄격하다. 류스밍이 나와 촌의 일을 논평할 때 항상 "일을 이렇게 처리하면 이렇게 보일 수 있어(보일 수 있다는 말은 사람들에게 드러내 보여줄 수 있고 대중의 평판을 견딜 수 있다는 뜻)!"라고 말했다. 이것도 일종의 '잠금'이다.

흥미롭게도 류스밍은 다른 사람들과의 상호 신뢰를 이용하여 자기 사업권의 범위를 '확대'하지는 않았다. 무슨 사업을 하든지 그는 항상 친척 몇 명을 끌어들였다. 그는 매우 강한 관념을 가지고 있었다. 자신의 친척도 다른 사람의 수준을 따라갈 수 있어야 하고, 자신은 반드시 이 사람들을 이끌어간다는 것이다. 예를 들어, 가죽재킷을 만들 때 다른 사람들로부터 어떤 새로운 스타일의 옷을 받으면 친척에게 보여주거나, 때로는 옷을 가지러 일부러 친척을 다른 사람에게 보내 눈으로 직접 유행을 확인하게 했다. 이러한 방식이 류스밍의 경제 발전과 전혀 모순되지 않았다. 그가 한 일은 바로 '간접 투자'로서 더 큰 사업권을 맞이하기 위한 뒷배를 만드는 작업이었다.

그렇다면, 만약 가까운 사람일수록 신뢰도가 높고 더 잘 잠글 수 있다면 저장촌 사람은 왜 자신의 친척들과 직접 거래하지 않을까? 왜 사업권과 친우권 두 권자가 분리되었을까? 이는 '잠금'의 또 다른 메커니즘, 즉 하나의 잠금 관계는 이 관계 자신을 잠글 수 없다는 것을 설명해준다. '잠금'의 목적은 서로 다른 규칙이 효과적으로 상호작용하도록 하는 것이고, 효과적인 상호작용의 전제 조건은 서로 다른 규칙의 내용을 존중하는 것이어야한다. 사업관계와 친우관계의 중첩을 너무 강조하면 다음과 같은 몇 가지 문제가 발생한다. 첫째, 사업 선택의 범위가 제한되어 시장을 불완전하게 하고 이익에 직접적인 영향을 미친다. 둘째, 사업의 규칙을 파괴한다. 예를 들어, 일부 동남아시아 국가에서 발견된 것처럼 하나의 가족기업에는 공장장과 부공장장이 여러 명 있는데 이들이 전부 이모와 고모라면 이 공장은 가족 클럽과 다름없어지고 외부 경쟁은 생각지도 못하게 된다. 셋째, 더 중요한 것은 과도한 중첩은 '잠금' 능력을 감소시키거나 심지어 사라지게 할 수 있다. 저장촌 사람이 반복적으로 깨달은 것처럼 사업관계는 친우관계를 해칠 수도 있기에 사업이 어려워지는 것은 물론 친우 사이에도 간극이 생겨 나중에 그들이 외부인을 잠글 수 있는 능력을 현저히 저하시킬 수 있다. 사업관계와 친우관계의 분리는 잠금 관계를 '잠가 죽이는' 것, 즉 하나의 작은 권자 안에서 맴돌면서 발전할 수 없게 하는 것을 방지한다.

제2장의 두 개의 겹친 타원형 그림(그림 2 참조)은 단일 '계'에 대한 설명이었다. 그러나 사실 '계'와 '계'의 중첩 관계는 '계' 자체보다 더 중요하다. 다음의 그림으로 나타낼 수 있다.

가운데 원은 친우관계를 나타낸다. 우리는 공동체 내에서 사람들은 기본적으로 친우관계를 기반으로 일상생활을 조직한다는 것을 보았다. 주거 구조가 전형적이었다. 그리고 사람마다 자신만의 사업권, 즉 외곽의 이 타원들이 있다. 동일한 계의 사람들은 잠금 능력이 있는 하나의 친우관계를 공유한다. 이 그림에서 잘 드러나지 않은 또 다른 특징은, 각 사업권 사이에도 상이한 수준의 중첩이 발생할 수 있다는 것이다. 당신이 자신의 친우권으로 다른 사람을 잠그면, 그 다른 사람도 자신의 친우권으로 당신을 담근다. 이렇게 친우권, 사업권은 서로 잠그면서 중첩되어 공동체의 전반적인 질서를 구성하고 다양한 활동의 기반을 구성한다.

위에서 강조한 것은 경제행위에 대한 비경제적 관계의 '잠금'이다. 경제행위에는 더 풍부한 '잠금' 전략이 있다. 예를 들어, 대리 판매의 '선불' 제도는 비경제적 관계의 잠금 능력이 충분하지 않을 때 경제적 관계를 보완적으로 사용한 예다. 순수한 경제적 관계에서의 잠금은 저장촌의 특성이 아닌 일반적인 현상이므로 자세히 분석하지 않겠지만, 우리가 저장촌의 구체적인

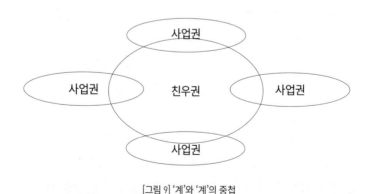

[그림 9] '계'와 '계'의 중첩

사례에서 도출한 개념은 이러한 일반적인 현상을 분석하는 데
도 적합하다.

관계총

잠금에 대한 앞의 논의에서 우리는 '관계의 관계'의 중요성, 즉
서로 다른 관계가 어떻게 결합되는지 그 중요성을 알 수 있었다.

우리는 과거에 '관계'에 대해 이야기할 때 종종 그것을 두 개
의 점(행위자) 사이의 연결로 이해했다. 그러나 나는 그 어떤 장
기적이고 안정적인 관계도 양끝에만 주목해서 이해하는 것은 바
람직하지 않다고 본다. 왜냐하면 이 관계에는 많은 '부재중인 참
가자'도 포함되기 때문이다. 따라서 나는 이런 관계를 더욱 큰 행
위의 단위에서 봐야 한다고 생각한다. 사람이 어떠한 관계를 맺
을 때 그는 이미 존재하는 많은 관계를 동반한다. 그와 현재 상
호작용하는 사람이 어떤 관계를 맺게 되고 또한 어떻게 관계를
맺어야 하는지 등은 그와 눈앞에 있는 이 상호작용하는 사람의
원래의 관계망이 어떤 관계인지에 따라 크게 좌우된다. 당신의
관계망과 나의 관계망이 어떤 관계인지가 당신과 나 사이의 관계
의 본질이다. 내가 '개인 이름으로' 당신에게 식사를 대접하고 거
래를 협상하고 호형호제 하는 것은 모두 그 관계에 대한 실행이
나 수정이다. 승려의 얼굴이 아닌 부처의 얼굴이 중요하듯이, 분
명 마주한 것은 승려인데 부재중인 '부처의 얼굴'에 대한 책임을

져야 한다. 따라서, 관계의 본질은 '관계총關系叢'이라고 할 수 있다. '계'는 저장촌에 대해 제안한 개념이고, 관계총은 계를 기반으로 제안한 개념이다. 계는 관계총의 일종으로 이해할 수 있다.

'사슬형 이동'에 관해서, 특히 이주민 집거지에 대한 연구에서, 이주민 사이의 '상호 도움'은 특별히 중요한 것으로 간주된다. 그렇다면 사람들은 왜 '자기 사람'에게 도움을 주려고 할까? 가장 일반적인 이해는 이 도움을 시장에서의 교환과 동일한 '호혜'로 간주하는 것이다. 다만 이 교환을 통한 수익은 '즉시' 나타나는 것이 아니라 장기간에 걸쳐 나타난다. 분명히 이러한 해석은 '단선적 관계'에 대한 해석이다. 적절해 보이지만 다음의 질문에는 답할 수 없다. 만약 한 사람이 다른 사람을 도울 때와 시장에서 거래할 때의 마음가짐이 똑같다면, 즉 모두 미래의 수익을 위한다면, 도움과 같은 '투자 방식'의 장점은 무엇인가? 다시 말해, 사람들은 왜 사람을 돕는 이러한 노력을 시장에 투자하지 않을까? 우리가 억지로 말할 수 있는 것은, 내가 다른 사람을 도울 때 내가 주는 것은 지금 나에게 부족하지 않은 자원이고, 내가 나중에 보답 받을 때는 나에게 중요한 것을 얻을 수 있다는 것이다. 그러나 조금만 더 생각해보면 이러한 분명한 '유무상통互通有無'의 도움은 실생활에서는 소수에 불과하다는 것을 알게 된다. 사실, 한 사람이 다른 사람을 도울 때, 자신이 얻을 수 있는 수익을 정확하게 예측하고 계산하기란 쉽지 않다. 실생활에서도 자신의 이익에 민감한 사람일수록 다른 사람을 돕지 않는 것을 자주 볼 수 있다. 이것이 바로 우리가 말하는 '자사자리

自私自利〔자기 이익만 생각하는 사람이나 행동을 가리키는 부정적인 표현〕다. 방대한 규모의 이기주의자의 존재가 '훗날 도움을 준 사람으로부터 보상 받는 것이 지금 도움을 주는 동기'라는 논리의 한계를 증명해준다.(하필이면 이론은 꼭 '자사자리'를 우리가 다른 사람을 돕는 이유라고 한다!) 만약 상대방으로부터 보답을 받는 것이 이유라면 이 사회에는 도움이라는 것이 존재하지 않을 것이다. 왜냐하면 시장에서의 즉각적인 거래는 결국 '주고받음'이라는 논리를 실현하기 위한 가장 간결하고 합리적인 안배이기 때문이다.

그렇다면 도와주는 것은 또 하나의 자기희생이 아닐까? 그렇지도 않다. 사람들이 도움을 줄 때, 특히 경제활동에서 도움을 주는 것에 대해서 사람들은 '가치' 있는 일이라고 생각한다. 왜 도와야 하는지에 대한 저장촌 일반인들의 설명은 두 가지다. 첫째는 '당연한 일'로서, 돕지 않으면 구설에 휘말리고 "친구가 없게 된다." 둘째는 "다른 사람을 도와주면(도와줘야) 다른 사람도 자신을 도와줄 것"이라는 생각 때문이다.

먼저 두 번째 설명을 보도록 하자. 여기서 말하는 '다른 사람'은 누구를 가리킬까? 우리는 도움은 실제로 호혜적 관계로 이해될 수 있지만 이러한 호혜는 도움자와 수혜자 간의 일대일 대응의 호혜가 아니라 전체 관계총 속의 호혜라는 것을 발견했다. 우리는 종종 A가 B를 돕고 C가 A를 돕는 '교차 호혜'의 사례를 발견할 수 있었다. 만약 우리가 여전히 '합리적 인간' 가설을 고수한다면, 우리는 도움이 본질적으로 자신이 처한 '관계총에 투자하는 것이라고 말할 수 있고, 도움자와 상호작용하는 것은 특정 개인이 아니라 연결망이라고 할 수 있다. 하나의 안정적인 관계 총에서 종종 다음과 같은 '분업'이 형성된다. 비용이 가장 적게 발생하는 사람이 도움이 가장 필요한 사람을 돕는 것이다. 예를 들어, 메이젠광의 '계'에서 사업자등록증이 필요하거나 베이징의 쇼핑센터와 접촉하고자 하는 사람들은 메이젠광을 찾아가지만, 다른 사람과 싸워야 할 때는 메이젠광의 조카를 찾아갔다. 사람들은 모두 자신의 특기를 발휘하여 집단에 봉사했다. 흔히 말하는 '사람을 돕는 자 사람의 도움을 받는다'에서 말하는 '사람'이 바로 이들이다. 도움에 대한 저장촌 사람의 첫 번째 설명—"도와주지 않으면 구설에 휘말린다"—은 한 사람이 다른 사람을 도울 때 실제로 '다른 사람에게 보여주기 위해 돕는다'라는 것을 말해준다. 남을 도와주는 것과 남을 도와주는 것을 다른 사람이 알게 하는 것 둘 모두 많은 사람에게 똑같이 중요하다. 그래서 '좋은 일을 하고 이름을 남기지 않는 것'이 특히 고귀해 보인다. 저장촌은 생활의 투명성이 매우 높고, 이는 사람들의 상호 도움의 적극성을 촉진하기도 했다. 류스밍 같은 거물은 다른 사람에 비해 남을 돕는 적극성이 훨씬 높았다. 아마 어느 사회나 이런 선한 도움을 주고 싶어하는 사람들이 있을 것이다. 그들은 도움을 줄 때 도움을 받는 사람이 보답하기를 전혀 기대하지 않는다. 또한 그들은 보답할 수 없는 사람들을—예를 들면 가난한 사람—더욱 도와주려고 한다. 그들의 의도는 이 도움을 다른 사람에게 보여줌으로써 관계총 속에서 자신의 위신을 높이는 데 있었다.

단선적 관계의 시각에서만 볼 때 우리는 이른바 '반복 게임多

次博弈 '과거의 경험以往的經驗' 등의 개념으로 인간의 관련 행동과 선택을 설명할 수 있다. 그러나 관계총의 시각에서 보면 사람들이 참조해야 할 지표가 훨씬 더 많아진다.

1996년, 류둥은 나에게 다시 한 번 '마주친 현실만이 진실이다'라는 그의 이론을 설파했다. 다음은 우리의 대화 내용이다.

류둥: "우리에게 현실이란 무엇일까? 원래부터 아무런 관계들이 없었잖아. 머리를 숙여야 한다면 숙이고, 허리를 굽혀야 한다면 굽혀야 해. 90도로 굽혀야 하는데 80도로 굽히면 안 되지. 지금 우리는 관계들이 생겼지만 새로운 일에 부딪혔을 때 여전히 예전처럼 (관계) 찾아야 해. 뭔가 관계를 좀 쌓았다고 해서 그걸(머리 숙이고 허리 굽히는 것을 가리킴) 안 하면 안 돼. 우리는 여전히 배경背景[뒷배가 될 만한 힘. 빽을 말함]이 없는 사람이고, 배경과 관계는 다르거든."

"어떻게 달라?"

류둥: "배경이 있는 사람은 관계를 쌓는 게 우리처럼 힘들지 않아. 그가 자기 아버지가 아무개다 라고 말만 하면 사람들이 몰려들고, 길도 쉽게 뚫리거든."

"너의 말은 배경이 있는 사람들도 분명 관계가 있지만 이 관계는 그들이 굳이 가서 만들지 않아도 되고, 처음부터 보통 사람들에게 없는 많은 관계를 가지고 있어서 다른 관계가 필요하면 누군가가 자연스럽게 그를 위해 만들어준다는 뜻이야?"

류둥: "맞아."

"그럼 저장촌에서 배경이 가장 확실한 사람은 누구라고 생각해?"

류둥: "배경은 보통 중앙, 베이징 혹은 저장의 간부들과 무슨 관계가 있는지를 가지고 말해. (…) 하지만 마을에도 센 사람과 세지 않은 사람이 있어. 마을에 가족이 크고 친구가 많으면, 특히 류스밍 같은 사람과 친하게 지내면 일처리도 편해져. 이런 것이 배경의 유무와 같은 도리야. 다른 사람이 네가 이런 관계를 가지고 있다는 것을 알면 알아서 길을 양보하고, 적어도 너를 괴롭히지는 않아."

"그럼 배경이 없는 사람은 평생 열심히 일하고, 관계를 만들어야만 한다는 뜻이야?"

류둥: "꼭 그렇지는 않아. 내가 보기에 기업의 성공 여부는 없는 배경을 있게 만들 수 있느냐에 달려 있어. 관계가 넓고 확실하고, 장관도 7~8명을 알고 지내서 무슨 일이 생겼을 때 국무원에 바로 전화할 수 있다면, 너도 배경이 있게 된 거야!"

그가 이해하는 '배경'과 '관계'의 차이는 좁은 의미의 관계와 넓은 의미의 관계의 구분과 연계를 명확하게 보여주고 있었다. 요즘 사람들이 누가 마을에서 배경 있는 사람인지 말하지 않는 이유는 '배경'이라는 것이 주로 정부와의 연계를 의미하기 때문이기도 하지만 '이치는 똑같았다.' 저장촌에서 사람들이 '국局'을 만들고,[92] 영향력이 큰 거물을 통해 새로운 관계를 쌓는 등은 모두 이 '관계총' 논리의 활용 과정이었다.

나는 '배경'이 중국사회의 일상적인 담론 중 매우 분석할 가치가 있는 개념이라고 생각한다. 만약 '배경'을 영어로 번역하면 background가 된다. 이 두 단어의 고유의 의미는 완전히 일치한다. 모두 주목하는 사물이 가지고 있는 맥락적 특징을 나타내고 있기 때문이다. 그러나 그것들을 사회생활에 적용할 때는 확연히 달라진다. 영어의 background는 개인의 과거 경력을 의미하고, 중국의 '배경'은 당신이 현재 가지고 있는 다양한 '관계'를 의미한다.

페이샤오퉁 교수(1996: 25~26쪽)는 기능주의 역사관을 논의할 때 '다차원적 시점多維的一刻'이라는 개념을 제안하여 사람들이 현재의 말로 과거의 기억과 미래에 대한 기대를 표현한다고 지적했다. 여기서 우리는 '다차원적 시점'에 해당하는 '다차원적 위치多維的一點'를 제안할 수 있다. 영어의 background는 '다차원적 시점'에 해당한다고 할 수 있다. 한 사람의 과거를 이해해야 현재 어떻게 상호작용하는지 확인할 수 있고 나아가 미래를 예측할

---

92 원저우 방언에는 원래부터 '국'이라는 말 자체가 없었다. 이는 북방 언어에서 차용한 말이다. '국'과 '배경'은 밀접한 관계가 있다. '배경'은 주로 객관적으로 존재하지만 다른 사람이 단번에 알아내기 어려운 '관계총'을 말하고, '국'은 이 배경을 다른 사람에게 드러내 보여주기 위한 것이다. 대표적인 예가 1995년 원저우의 모 그룹회사와 류스밍이 허베이 옌자오에서 저장촌 재건과 관련하여 논의할 때, 그들은 특별히 당시의 원저우시 시장을 데리고 가서 허베이 측과 협상했고 동시에 100여 명의 사업자들도 데려갔다. 차량 행렬은 위풍당당하고 기세등등했다. 그들은 사전에 논의할 때 이 '국'은 어쨌든 해야 하고, 이를 통해 원저우 정부가 지지할 뿐만 아니라 많은 사업체의 지지도 받고 있음을 허베이 측이 알게 해야 한다고 했다.

수 있다. 하지만 중국어의 '배경'은 '다차원적 위치'에 해당한다고
할 수 있다. 우리가 누군가와 상호작용할 때, 우리가 상대하는
사람은 단순한 한 명의 개인만 있는 것이 아니라 많은 잠재적 참
가자도 있기 때문이다.

이 두 개념의 공통점과 차이점은 '개인'에 대한 서로 다른 이
해의 방식을 반영하는 동시에 사회적 연속성과 사회의 조직 방
식에 대한 서로 다른 관념을 반영하기도 한다. background 개념
에서 선형적 시간은 중요한 변수다. 과거, 현재, 미래는 다르지만
연속적이다. 개인과 사회는 모두 시간의 흐름과 대응하는 '발전'
속에 있다. 하지만 중국의 배경에 대한 관념 속에서는 수평적인
(시간의 수직적이면서 선형적 특징과 상대적으로) 인간관계의 연결
망이 가장 중요하며 사회 전체가 공간적 구조로 상상되는 경향
이 있다.

이에 따라 우리는 앞서 언급한 '경작만 생각하고 수확은 생각
하지 않는다'는 식의 도움에 대한 새로운 이해를 도모할 수 있
다. 중국 사람들의 '윤회輪回'라는 시간관에 사회의 공간화에 대
한 이해가 더해져 다음과 같은 역사관이 생겨났다. 현재의 사회
는—나와 다른 사람의 일련의 관계—언제든지 역전될 수 있다는
것, 즉 지금의 높은 나와 낮은 당신의 관계는 언제든지 높은 당
신과 낮은 나의 관계로 바뀔 수 있다는 것이다. "옛날 왕사당 앞
제비가 평범한 백성 집으로 날아들었다"는 역사적 감회는 줄곧
우리의 공감을 불러일으켰다. '옛날'과 '오늘'의 구분은 그 자체로
의미가 없고, 사람들을 진정 감개무량하게 만든 것은 '왕사'와

'백성'의 대립과 순환이었다. 여기에 제비의 역할이 하나 더 추가되었다. 제비는 여전히 그대로이고, 초목도 아직 바뀌지 않았다. 즉 강조하고자 하는 것은 '물시인비物是人非〔사물은 그대로인데 사람은 예전 모습이 아니다〕다. 여기서 말하는 '사물은 그대로인데'가 바로 역사의 시간성을 희석시키기 위한 의도다. 역사는 관계의 공간 구조가 왕복적으로 변화하는 과정이다. 우리는 관계 사이의 변화, 특히 관계의 극단적인 반전을 통해 사회와 인생의 변화를 이해하기에 시간 자체는 중요한 변수가 아니다. 오늘 다른 사람이 도움을 필요로 하지만 언젠가는 나도 그의 처지가 될지도 모른다. 이것이 사람과 사람이 서로를 이해하고 서로 돕고자 하는 중요한 사상적 기초다.

따라서 기독교 문화의 '우리에게는 하나의 하나님만 있다'는 의식하에 만들어진 정체성과 달리 '관계총' 의식은 사람들로 하여금 다원적 연결에 기반한 후 다시 '외추外推〔밖으로 밀다〕하는 것을 통해 정체성을 형성하게 한다. 나는 초보적으로 이것을 우리의 일상생활에서 보여지는 '공공성公共性의 매개라고 간주하고자 한다.

그러나 '호혜' '쌍방향성' '교환' 등의 개념은 사회학과 인류학 이론의 주류 용어일 뿐만 아니라 더 중요한 것은 그것들이 일반적인 사회 구성원의 보편적 의식을 반영한다는 것이다. 예를 들어, 한 연구는 '보報'가 중국 사람을 설명해줄 중요한 개념이라고 강조한다. 설마 이 실천자들이 '틀린' 것일까? 내가 특별히 제안하고 싶은 것은 쌍방의 균형적인 관계관을 강조하는 것은 곧 사람들이 주관적으로 구성한 사회 질서에 대한 상상인바 이는 사람의 실제 일상 행동과는 거리가 있고 나아가 이러한 담론을 사람들 행동의 진짜 논리로 간주할 수 없다는 것이다.

중국 가정의 세대 관계를 예로 보자. 서로 다른 세대 간의 관계 확립은 '호혜'와 상호 균형의 원칙에 따라 구성된 것으로 보이며, 이른바 부모가 어린 자녀를 키우고, 자녀는 늙은 부모를 돌본다. 그러나 오늘날의 중국 농촌에서 부자간의 '호혜 균형' 관념은 과거에 비해 크게 달라지지 않은 반면 노인들의 처지는 점점 더 어려워지고 있다.(郭於華, 1998: 793~808쪽) 만약 우리가 세대 간 관계가 부양과 봉양 사이의 교환으로 유지된다고 생각한다면 이 현상을 설명할 방법이 없다. 이 사실을 이해함에 있어 치명적인 문제는 호혜 균형에 대한 관점이 세대 관계에 대한 사람들의 이상적인 상상이었다는 점이다. 사실상의 세대 관계는 쌍방의 '교환'을 원칙으로 하지 않는다. 자녀가 부모를 성심성의껏 봉양할지 여부는 감정적 요소를 제외하고(이는 '교환'으로 설명할 수 없다. 감정은 수시로 표현되고 봉양은 표현 방식 중 하나이며, 자녀와 부모의 평소 감정 교류를 교환에 의한 것이라고 할 수도 없다) 객관적으로 가족의 세력, 기성세대의 가족 경제 권력에 대한 장악 등 다른 관계의 제약에 따라 달라진다. 현재 농촌 지역 노후의 삶은 점점 더 문제가 되고 있는데 이는 가족의 쇠퇴와 가족 내 관계의 변화—다시 말하면 전체 가족의 '관계총'의 변화—와 관련이 있다. 또 다른 예로, 자녀에 대한 부모의 사랑이 날로 증가하고 있는 이유는 다른 사회적 관계의 변화에서 비롯되는 것이지 부모가 자녀로부터 더 많은 보상을 받고 싶어서가 아니다.

대인관계의 호혜 의식은 경제학에서의 '균형'과 '출청出清' 개념과 매우 비슷하다. 그것은 완전히 허구가 아니기에 만약 시간을 충분히 연장하면 우리는 서로 다른 사람들 사이의 '균형'을 볼 수 있을 것 같다. 그것을 일종의 '이상형'이라고 부를 수도 있다. 사람들은 결국 사회에 대한 심리적 도식을 필요로 한다. 이 도식의 기능은 '사람의 마음을 안정시키는' 것이고 사회에 대한 통일된 이해를 형성하는 데 있다. 아마도 극소수의 사람들만 진정한 갈등주의의 도식(예를 들어, '사람 대 사람의 관계를 늑대 대 늑대의 관계로 설정')을 품고 살 것이다. 이는 교환과 호혜의 상상이 오랫동안 유지되고 다른 문화와 사회에도 보편적으로 존재하는 이유이기도 하다.

'보'의 개념도 마찬가지다. 우리가 자세히 검색해보면 '보'라는 글자는 대부분이 설교적 성격이 비교적 강한 말에서 나타나는 '큰' 개념임을 발견할 수 있다. 예를 들어, '정충보국' '물방울같은 은혜도 용솟음치는 샘으로 보답해야 한다' '사회에 보답하다' 등이다. 한 기업가가 희망 공정〔빈곤 퇴치 사업〕이나 재해 지역에 기부하면서 이를 '사회에 대한 보답'이라고 말한다. 하지만 주의해야 할 것은, 그는 이 단어로 자신의 행동을 요약함으로써 사람들이 상상하는 사회 질서하에서의 행동의 의미를 설명하고자 할 뿐이라는 점이다. 그가 이 결정을 내릴 때, 아마 '보'라는 개념과 아무 관련이 없을 수 있다. 그가 고려하는 것은 자신의 행동이 직접적 소비자, 잠재적 소비자, 직접적 수혜자 및 정부와 여론에 어떤 영향을 미칠지 등이다. 기부 여부를 결정하지 못할 때 사장은 자신을 격려하기 위해 이런 말을 한다. 사회에 보답하는 것은 당연한 일이야! 이렇게 '보'는 실제로 일종의 '이념'이라는 것을 알 수 있다. '주는 만큼 받는다'와 같은 '두 점 사이를 오가는' 호혜적 관념은 '이상적 관념'이 분명하다.

관계 속의 사람

관계총은 서로 다른 관계의 조합이다. 그렇다면 관계는 무엇을 통해 조합될까? 여기서 중심 고리는 여전히 '사람'이기 때문에 우리는 반드시 행위자와 관계총의 관계에 대해서도 논의해야 한다.

'배경' 개념을 논의할 때 우리는 개인에 대한 서로 다른 견해를 언급했다. background의 맥락에서 개인은 명확한 경계를 가진 통일적인 실재이고, 개인의 행동 능력과 이성 등은 다양한 사회 현상의 기초이자 출발점이다. '배경'의 맥락에서 볼 때, 개인은 훨씬 더 모호하고, 사람은 구체적인 관계와 맥락 속에 배태된 것으로 이해된다. 우리가 반복적으로 들었던 이른바 중국 문화는 개성을 중시하지 않을뿐더러 개인의 능력도 중시하지 않는다는 말이 바로 그 증거다.

분명히, 행위자에 대한 위의 첫 번째 견해가 현재 사회과학의 주류 사상이고, '단선적 관계'는 이런 사고방식과 일맥상통한다.

모든 사람은 경계가 명확하고, 서로 다른 자원을 점유하고, 충분한 계산 능력을 가지고 있기 때문에 교환이 잘 이루어지고, 하지만 동시에 이렇게 잘 이루어지는 교환 때문에 다른 더 일반적이고 깊은 교류의 가능성은 필요 없어 보인다.

행위자에 대한 이러한 이해에 근거하여 이른바 사회학의 핵심 문제, 즉 구조와 개인의 관계 문제가 등장했다. 사회구조를 강조하는 이론은 사람을 구조에 의해 결정되는 행위자로 간주하고, 개인의 능동성을 강조하는 이론은 개인의 구성적 역할을 강조한다. 두 그룹은 이론적으로 서로 대립하지만 개인에 대한 견해는 일치한다. 즉, 모두 사람을 독립된 원자로 간주하고 완전한 자주적 행동 능력과 자주적 의지를 가지고 있는 것으로 본다는 점이다. 현재, 이러한 이원적 대립을 해결하기 위해 어떤 이론적 전략을 효과적으로 제안할 것인가가 사회학과 인류학의 이론 발전의 기본 단서 중 하나가 되었다. 하지만 나는 중국 사람으로서, 나의 삶에 대한 관찰과 반성을 통해 사회생활을 이해할 때 필연적으로 이 이원적 대립이 일어난다는 것을 느끼지 못했다.

첫째, 우리가 보기에 사람은 통일되고 일관된 이익과 원칙을 가지고 있지 않고 통일된 명확한 경계도 없다. '사람을 보면 사람 말을 하고, 귀신을 보면 귀신 말을 한다' '무슨 산에 가면 무슨 노래를 불러야 한다' '체격을 보고 옷을 재단하고, 음식을 보고 접시를 준비한다' 등 사람은 상이한 관계와 상황에 따라 다른 이익과 생각을 가진다. 우리가 말하는 '실천적 이성' '실용주의'도 이런 뜻을 내포하고 있다. 행위자의 원칙과 의지는 사회 구성의 출발점이 아니다. 그렇다고 사람이 관계에 완전히 '용해'되어 통일성이 전혀 없는 조각이 되었다는 말도 아니다. 내가 강조하고 싶은 점은 이 통일성이 그의 마음에 처음부터 고착되어 있던 것이 아니라는 것이다. 이 부분은 뒤에서 더 논의하겠다.

한 사람이 서로 다른 측면으로 구성되었다면, 이 각각의 서로 다른 측면과 역할은 어떻게 만들어졌을까?

주류사회학의 '역할' 개념 자체가 이 역할은 사회 규범에 의해 결정된다고 알려준다. '역할'이 '개인'보다 높고, 사람은 규범에 따라 역할을 '수행'한다. 그렇다면 사람은 어떻게 역할 수행의 기술을 배울까? 과거의 이론은 종종 '사회화'로 이 질문을 뭉뚱그려 답했다. 하지만 내가 보기에 사람은 사회화 과정에서 주로 '관계' 의식과 역할에 관한 유형별 지식을 배우는 것 같다. 하나의 구체적인 역할을 어떻게 수행할 것인지는 그 당시의 '관계총'에 의해 결정된다.

한 아주머니가 방금 첫 외손주를 가졌다고 가정해보자. 외할머니가 되기 전에는 '외할머니' 역할을 어떻게 해야 할지 몰랐다. 그녀는 자신의 외할머니를 떠올릴 수 있고 동시에 다른 사람들이 어떻게 외할머니 역할을 수행하는지에 대해 관심을 기울일 것이다. 그녀도 외할머니 역할에 대한 세간의 일반적인 기대를 알 것이다. 그러나 이 모든 것은, 그녀가 일상 행동을 설계하기에 충분하지 않은 건 물론이고 조잡하기까지 하다. 현실에서 이 아주머니가 어떻게 외할머니의 역할을 수행하는지는 그녀와 그녀의 딸의 관계, 사위와의 관계, 그녀와 며느리의 관계, 며느리와 그녀의 딸의 관계 등에 의해 결정된다. 그녀는 자신이 일찍이 딸에게 충분한 기쁨을 주지 못했다고 느끼면서 외손주에게 각별한 사랑을 보낼 수 있고, 자신과 며느리의 관계를 완화하고 아들과 사위의 관계를 조정하는 차원에서 외손주에게 지나친 관심을 주지 않을 수도 있다. 그녀도 이러한 관계의 피드백에 따라 끊임없이 자신의 역할을 조정할 것이다. 천하의 외할머니의 역할은 하나라고 할 수 있지만, 천하에 완전히 똑같은 외할머니는 없고, 같은 외할머니라고 해도 외손주들을 대하는 태도는 종종 크게 차이 나기 마련이다. '친구' '동료'와 같은 역할의 유연성은 더욱 크다. 이렇게 사회 규범 속의 '역할'은 사람들에게 행동의 '마지노선'만 제공할 뿐이라는 것을 알 수 있다. 핵심적인 내용은 행위자에 의해 창조되며 이 창조는 기존의 관계에서 비롯된다.

원저우와 저장촌에서 외할머니의 역할은 점점 더 어려워지고 있다. 아이가 '만월滿月'[태어나서 30일]이나 '대주對周'[돌]가 되면 사회는 노부인이 아이에게 각종 장난감과 용품을 선물하기를 '기대'하고, 집집마다 서로 비교한다. 돈이 없는 많은 할머니도 이 일을 성공적으로 해낸다. 그녀가 돈을 빌린 것이 아니라 자녀가 몰래 그녀에게 돈을 주고 선물을 사게 한다. 돈을 준 사람은 아이의 부모일 수 있고 다른 후배일 수도 있다. 역할 이론에 따르면 한 가지 역할의 수립과 규범의 준수는 관련 관계의 설립보다 선행되어야 한다. 당신이 먼저 외할머니의 역할에 대한 사회적 기대에 부응해야 다른 사람들도 이 역할에 근거하여 당신을 받아들인다. 하지만 이 사례에서 볼 수 있듯이 역할의 수립과 일련의 관계의 작동은 동시에 이루어지고, 개별적 역할은 관계보다 앞서지 않으며, 개별적 역할은 전적으로 많은 관계와의 상호작용을 통해 형성된다는 것을 알 수 있다. 개인이 규범에 따라 행동하는 것도 이러한 '관계'가 중개 역할을 했기 때문이다.

이렇게, 사람이 특정 상황에서 어떻게 행동하는지는 규범에 의해 직접적으로 결정되는 것 아니고 완전히 독립적인 개인에 의해 결정되는 것도 아니라는 것을 알 수 있다.

그렇다고 해서 내가 개인과 역할을 '관계'의 부산물로 취급하려는 것은 아니다. 서로 다른 관계의 조합이 관계 자체의 발전에 필연적인 것은 아니다. 앞에 언급한 외할머니의 선물에 있어, 어떤 할머니들은 돈이 없는 동시에 자녀들과의 관계까지 원활하지 않으면 그저 한숨만 쉴 수밖에 없다. 사람이 다르면 관계를 처리하는 능력도 다르기 때문에 그의 처지도 좋고 나쁨의 차이가 발생한다. 관계총은 사람이 조직하고 작동한 결과이고, 관계총 개념은 관계에 대한 행위자의 인식, 파악 및 계산 능력을 매우 강조한다.[93]

---

93 '계산 능력'은 인식과 파악 능력의 전형적인 표현이다. '계산'은 인간이 이성적이라는 것을 암시하고, 이러한 암시가 또한 이 책을 관통하는 하나의 실마리다. 나는 사회학과 인류학(특히 최근 몇 년 사이의 국내 사회학과 인류학)이 경제학의 이성 가설에 비판을 가하는 이유를 잘 이해할 수 없다. 내가 보기에 '이성'은 인간의 행동이 '이해할 수 있는' 것이고 추론할 수 있다는 것을 의미한다. 만약 우리가 인간이 '비이성적'이라고 강조해야 한다면 사회과학 연구는 거의 불가능에 가까워진다. 또한 '인간은 때로는 이성적이고 때로는 비이성적'이라고 말하는 것도 비판을 위한 비판의 전략으로 보인다.(현학에 대한 비판을 통해 자기 학문의 주의를 환기시키는 것) 성숙한 학문과 이론적 잠재력이 있는 사상의 출발점은 같아야 한다. 이론 작업의 기본 과제는 겉으로 보기에 '때로는 그

1998년, 나는 저장촌에서 시장을 건설한 모 회사의 책임자이
자 나의 친구로부터 회사의 내부 관계를 '규범화'하는 것에 관한
문서 작성을 부탁받았다. 문서의 내용은 모두 그의 뜻이었고, 그
의 확인을 받고 수정했다. 다음은 핵심 내용이다.

　　우리 회사의 내부 운영 방식을 요약하면 전통적인 관계, 즉,
모호한 합작 관계라고 할 수 있고 상황을 보면서 추진하고
추진하면서 상황을 보는 방식이다. 지분과 경영권이 분리되
지 않고 의무와 권리의 관계가 명확하지 않다. 일상적인 업무
는 임박하면 논의하고, 성숙한 규칙과 규정이 없다. 이런 방
식의 장점은 회사를 시작할 때 도움이 되고 회사의 초창기에
는 적합하다. 그러나 이런 방식은 개인의 자각과 책임자의 개
인적 능력에 전적으로 의존한다. 지금까지 이런 방식은 심각
한 폐단을 드러냈고 우리 회사의 지속적 발전에 가장 큰 제

렇고, 때로는 그렇지 않은' 현상을 일련의 해석으로 통합하는 것이다. 경제학은 이성에 대한 가설
을 견지하여 큰 성과를 거두었다. 만약 계속 분류만 한다면 이론의 진정한 발전은 없고 오히려 점
점 더 많은 새로운 개념만 나올 것이다.
　그러나 경제학이 해결하지 못한 문제는 이성이 어떻게 구체적으로 표현되는지, 인간은 어떻게 자
신의 이성을 형성하는지, 그리고 이성은 왜 다양한 형태를 가지고 있는지, 왜 많은 경우 서로 다른
이성이 서로 부딪히면 소통은커녕 격렬한 충돌을 일으키는지 등이다. 내가 이 책에서 이성이나
계산 능력을 말하는 것은 "사람이 이렇게 하는 이유는 그들이 이렇게 해야 한다는 것을 알기 때
문이다(좋은 점이 있음)"를 말하려는 것이 아니고, 또한 이성이면 모든 것이 해결된다고 말하려는
것도 아니다. 예를 들어, 저장촌에서 '대리 판매' 제도가 생겨난 것은 사람들의 '선택'이 아니고, 또
한 사람들이 사전에 여러 가지 준비 옵션을 가지고 이성적 추론을 거쳐 하나를 선택한 것도 아니
다. 이 제도는 다양한 관계의 충돌 속에서 점차적으로 형성된 것이었다. 인간은 확실히 한 번에 새
로운 제도를 만들 수 있는 이성적인 능력이 없다. 그러나 매번 관계에서의 충돌과 처리 과정에서
인간은 이성적이며, 그렇지 않으면 이런 결과를 달성할 수 없다.

약이 되었다.

1. 선 지분 분할 후 투자의 방식을 사용하면 실제 투자액과 명목 지분 점유율이 일치하지 않아 회사에 대한 주주의 기여, 개인이 감수해야 할 위험 및 얻어가야 하는 수익이 '어긋나는' 상황이 발생한다.

지분 분할을 먼저하고 실제 투자가 나중에 이루어지기 때문에 일부 주주의 실제 투자액은 명목 지분 점유율보다 크고 다른 일부의 경우 실제 투자액은 명목 지분 점유율보다 적다. 더 많이 투자한 주주일수록 회사에 대한 기여도가 크고 개인이 감수해야 할 위험도 크다. 위험이 큰 것은 물론 그들이 더 많은 일을 하도록 강요하지만 정작 그들이 얻어가야 하는 수익은 증가하지 않는다! 반대로 투자를 적게 한 사람은 자본 기여도가 낮고 스트레스와 위험도 적다. 이런 현상은 필연적으로 돈이 많고 투자를 원하는 주주들이 과감히 투자하지 못하고 유능한 사람이 일을 하지 않는 문제로 이어진다. 일부는 동기가 없고 일부는 압력이 없다. 한 집단이 '생기'를 잃으면 무슨 장기적인 생명력이 있겠는가?

나는 이 체제의 불공평함을 강조하는 것이 아니다. 개별 사례의 불공평은 쉽게 처리할 수 있지만 회사의 기본 제도가 그렇고, 개혁조차 하지 않는다면 회사는 장기적인 발전의 가능성을 근본적으로 잃게 된다.

2. 내부의 '모호한 합작 관계'는 대외 협력에 심각한 영향을 미쳤다. 시장에서의 합작 관계는 두 가지 유형이 있다. 하나

는 돈을 지불하고 물건을 받는 즉시 거래이고, 다른 하나는 장기 수익을 위한 투자다. 많은 파트너가 현재 우리를 돕고 싶어 하고, 그들은 우리와 향후의 합작을 도모하고자 한다. 지금 우리에게 가장 필요한 것이 바로 이런 합작이다. 그러나 이는 상대방이 우리에 대한 분명한 예측 가능성을 가지고 있고, 우리를 잘 파악해야 한다는 전제를 요구한다. 현재 우리 내부의 관계가 규범적이지 않기 때문에 우리 중 누군가가 다른 사람과 약속할 때 상대방은 당신이 당신의 그룹 내에서 도대체 어떤 위치에 있는지, 말을 신뢰할 수 있는지 의심하지 않을 수 없다. 상대방이 우리에게 도움을 주고 싶을 때, 그도 어쩔 수 없이 그의 이 인정人情은 도대체 누구의 장부에 기록될지 고려하지 않을 수 없다. 만약 각 당사자와 회사의 전반적인 관계가 명확하게 정의되지 않으면 외부 사업도 수행하기 어렵게 된다.

자금 조달을 예로 보자. 현재 우리 회사의 가장 큰 어려움은 자금이다. 자금 조달의 효과적인 방법은 하나는 내부 증자이고 다른 하나는 외부에서 합작 파트너를 찾는 것이다. 그러나 기존의 회사 체계에서 내부인의 적극적인 증자가 없고 외부인은 당신과 합작하기를 꺼려한다. 따라서 이런 규범적이지 않은 체계는 고쳐지지 않으면 안 되는 지경에 이르렀다.

이 회사의 구조는 저장촌의 대형 사업체의 전형적인 구조였다. 대주주가 '핵심 계'를 구성하고, 각자 주변의 친우를 동원하여 지지를 얻었다.(제7장 참조) 위에서 언급한 '선 지분분할 후 투자'는 다섯 명이 투자하기 전에 각자의 투자 비율을 먼저 결정하는 것을 의미한다. 주도하는 사람이 40퍼센트를 가져가고 나머지 네 명 중 한 명은 20퍼센트, 두 명은 각 15퍼센트, 한 명은 10퍼센트씩 나누었다. 가장 큰 지분은 주도한 사람에게 가는데 그가 더 많은 책임을 지고 더 많은 이익을 가져가게 하기 위해서였다. 다른 사람들 사이의 차이에 대해서는 특별한 설명이 없다. 누구는 돈이 많고 누구는 경제적으로 어렵다는 차이뿐이다. 하지만 그들은 합작 과정에 완전히 평등한 권리를 누렸다. 사업을 진행하는 과정에서 회사가 자금이 필요하면 이 비율에 따라 투자했다. 그 결과 위의 문서에서 언급한 내용처럼 지분과 실제 투자액수가 점점 괴리가 발생하면서 합작의 걸림돌이 되었던 것이다.

지분 재조정은 하나의 방법이었고, 더욱 중요한 것은 주변에서 도움을 준 친구들의 계산이다. 남을 도울 때 자신의 '인정 빚'을 누구에게 기록해야 하는지 등을 분명하게 하는 것이 '쌍방향 호혜 규칙'의 구현이었을까? 그렇지도 않았다. 지금 이 회사가 다른 사람의 도움을 받지 못하고 있는 것도 아니다. 도움을 주고자 하는 사람은 주로 두 가지 유형이다. 하나는 회사의 여러 주주와 좋은 관계를 맺고 있는 사람이고, 다른 하나는 공동체 내에서 상당한 위신을 가지고 있기 때문에 손해 볼 걱정이 없고, 동시에 자기가 사람을 도와준다는 것을 다른 사람에게 보여줄 필요가 있는 사람이다. 그러나 분명한 것은 도움을 주고자 하는 이런 사람은 제한적이라는 사실이다. 지금 필요한 것은 모든 주주가 회사의 발전을 촉진하기 위해 자신의 다양한 관계를 동원해야 한다는 것이다. 주주의 핵심 계와 직접적으로 중첩되거나 대부분의 사람을 잠글 수 있는 능력이 있는 사람은 인정 빚을 누구에게 기록할지 정확하게 알 필요가 없다. 반대로 인정 빚을 특정 누군가에게 기록할 수 없는 사람일수록 그들을 지지하려는 열의가 높아진다. '장부 기록 방식'을 명확히 해야 하는 사람은 이쪽의 관계총과 중첩하지 않는 사람들이다. '장부 기록의 문제가 제기되었다는 것은 사람들이 주주를 단순한 개인으로 보지 않는다는 것을 의미하고—개인으로서, 그들의 관계는 과거에 이미 경계가 정해진 상태다. 이제 재정의할 때 그의 배후에 있는 다양한 관계를 고려하고, 주주 간의 관계가 자신과 그의 관계에 어떤 영향을 미칠지 고려해야 한다. 위의 예에서, 나의 이 친구는 그들 개인의 평판, 성품, 교제 등 측면이 아니라 주주 내부의 관계가 그들이 새로운 관계를 발전시키고 새로운 자원을 쟁취하는 것을 제한한다는 것을 분명히 느꼈다는 것을 알 수 있었다.

최근 '관계'에 대한 기존 우리의 이해 방식에 두 가지 새로운 관점이 등장했다. 첫째, 부르디외 등의 개념에서 영감을 얻어 관계나 체면을 '자본화'하는 관점이다. 이 관점은 '관계 자본'과 같은 개념을 제시하고 '지위' 등의 개념과 연관시켜 '관계'가 중국 사회생활의 독특한 '자본'(또는 자본 형태)이라고 생각한다. 둘째, 푸코나 부르디외 등의 다른 개념들에서 영감을 얻어 추상적 '관계'를 통해 문제를 볼 것을 강조하는 관점이다. 예를 들어, 푸코는 '권력'이 행위자에 의해 점유된다기보다 어떠한 관계들 속에 존재한다고 강조했고, 부르디외는 '방법론적 관계주의'를 직접 제안했다. 이 두 관점은 상반되는 측면이 있는데, 전자는 관계가 점유될 수 있다는 것을 암시하고, 후자는 관계를 '관계화'하려고 노력한다.

　나는 관계의 '자본론'에 전혀 동의하지 않는다. 첫째, '자본'은 가치 증식이 가능하고, 전환될 수 있는 자신만의 고유의 특징이 있다. 하지만 '관계'는 이러한 특징을 가지고 있는가? 자본 개념을 무한대로 확장하지 않는 한 의심스럽다. 한 사람이 자신감이 높아 '심리적 자본'이 있다고 한다거나, 가정이 화목하여 사업에 도움이 된다고 해서 '가족 자본'이 있다고 한다거나, 개혁기에 태어나면 '긍정적 시대 자본'이 있다고 하거나, '문혁' 시기에 태어나 특별한 역사적 경험을 했기에 '부정적 시대 자본' 또는 'B형 시대 자본'이 있다고 말하듯이 말이다. 더 중요한 것은 내가 서론에서 말했듯이 '자본'으로 관계를 요약하면 "맛이 사라진다." 더 중요한 것은 '자본'은 인간에 비해 완전히 수동적인 요소로서 구매, 양도 그리고 취소가 가능하다. 그러나 '관계'는 사람과 사람의 연결이지 완전히 사람의 외부에 있으면서 개인 마음대로 통제되는 '물건'이 아니다. 또 다른 예로 자본은 필연적으로 '소유권' 개념과 연결된다. 하지만 '관계'의 소유권은 어떻게 정의할 수 있을까? 만약 이것을 정의하지 못하면 우리는 '자본' 개념의 논리에 따라 논의를 이어갈 수 없다.[94]

　하지만 나도 문제를 추상적으로 '관계화'하는 것에 완전히 동의하는 것은 아니다. '배경'과 같은 개념은 매우 관계 지향적이지만 그렇다고 해서 배경은 개별화된 관계 속에서만 인식되는 것은 아니다. 우리는 일부 사람이 다양한 관계와 서로 다른 상황에서 '배경이 있고 가진 것이 많은' 사람으로 간주될 확률이 다른 사람보다 높다는 일종의 확률 분포를 볼 수 있다. 푸코가 말하는 권력도 같은 맥락이다. 권력의 본질은 고유한 자원이 아니라 관계에서 생겨나고 관계로 표현되며 우리는 반드시 관계 속에서 그것을 이해해야 한다. 하지만 만약 우리가 서로 다른 사람들의 서로 다른 관계를 관찰할 때 특정 권력 관계가 나타날 확률은 사람에 따라 확연히 차이가 난다는 것을 알게 된다. 이런 차이 때문에 우리는 일상생활에서 권력의 '유무'라는 개념을 갖게 되었다. 원저우 말에는 '배가 두껍다背厚不厚'는 말이 있다. 여기서 말하는 '배'는 곧 배경으로서 행위자의 몸에서 자랄 수 있는 것처럼 보여진다.

한 사람이 '가진 것이 많아' 보이는 이유는 그의 관계총이 더 많은 사람과 닿아 있기 때문이다. 시장의 아들이 현장의 사위보다 가진 것이 많고, 은행 총재의 부인은 잡화점의 형제보다 가진 것이 많다. 시장과 은행 총재와 모두 관계가 있게 되면 그의 관계총은 더 강한 방사력을 가지게 되고 더 많은 사람에게 영향을 줄 수 있다. 이러한 확률의 차이는 사회의 전반적인 구조 및 제

---

94 여기서 내가 반대하는 것은 이론 연구에서의 '자본관'이지만, 일반인들이 일상생활에서도 관계를 '자본'이라고 말하는 경우가 많다는 점을 주목하게 되었다. 이는 매우 분석적 가치가 있는 현상이라고 본다. 하지만 문제는 일상생활 속 용어를 연구에 그대로 옮겨 쓸 수 없다는 점이다.

도와 관련이 있다. 만약 우리가 이 차이를 완전히 무시한다면 구조와 제도의 역할을 너무 간과하게 된다. 동시에 특정 관계를 중시하지 않으면서 행위자의 행동 표현의 통일성에 주목했다면 우리가 보는 사람은 파편화된 사람이 될 것이고, 이는 또한 사회에 대한 우리의 관찰을 직접적으로 방해할 것이다. 사람을 보면 사람 말을 하고, 귀신을 보면 귀신 말을 할 때, 한 사람의 입에서 나온 사람 말과 귀신 말이 전혀 관련이 없는 것은 아니다. 오히려 그가 귀신 말을 어떻게 해야 할지 결정할 때 참고해야 하는 것이 바로 그가 한 사람 말이다. 그는 사람 말과 귀신 말의 관계 속에서 그가 원하는 것을 찾아야 한다. 그러나 우리가 말하는 '통일'과 방법론적 개인주의가 강조하는 개인의 내적 통일성은 다르다. 그들에게 통일은 선험적이고 전제적이지만 우리에게 있어서 이 통일은 서로 다른 관계와 행위의 조화와 함께 이루어진다.

우리는 여기에서 두 쌍의 '변증법적 관계'를 논의했다. 첫째, 사람의 행위는 관계 속에서 형성되지만 사람은 주체적이며 관계를 파악하고 계산하고 창조할 수 있다. 둘째, 우리는 개인주의적 개인관에 반대하면서도 사람의 행위와 의식은 통일된 측면이 있음을 강조한다. 이 두 가지를 요약하면, 내가 강조하고 싶은 것은 행위자는 관계와의 상호작용을 통해 끊임없이 구성된다는 것이다. 자신을 구성하고 관계를 만드는 것은 사회를 구성하는 것과 같은 과정이다.

이는 닭이 알을 낳고 알이 닭을 낳는다는 논리와 다르다. 왜냐하면 사람이 마주치는 관계에는 선후 순서가 있고, 사람도 끊임없이 변화하기 때문이다. 우리가 강조하는 것은 행위자, 관계총과 사회구조의 '과정'에서의 통일성이지 그것들이 이른바 동일한 사물의 서로 다른 측면이라고 생각하지 않는다.

행위자와 관계총의 관계에 대한 이러한 이해는 우리가 개인과 제도에서 관찰을 시작할 수 있다는, 즉 관찰 가능성의 문제에 주목할 수 있게 했다. 이와 동시에 하나의 분석적 논리로서 이러한 관찰은 관찰 자체를 넘어 우리의 이해 능력으로 상식에 의해 가려진 것들을 볼 수 있게 했다. 따라서 이 분석적 논리는 구체적인 연구에서 비교적 강한 활용 가능성을 보여주고 있다.

비교: 개방 속의 응집

이쯤 되면 우리는 '계'와 '권자'의 차이를 쉽게 구분할 수 있다. 첫째, '권자' 개념은 종종 내부 구성원의 동질성을 강조하고, 뜻이 맞는 사람들끼리 이 권자를 구성하는 반면, '계'의 구성 요소는 다양해야 한다. 둘째, 권자의 내부 구조는 단순하고 '수평적'인 것이 특징이다. 권자는 이러한 상호 평등하고 구속하지 않는 왕래에 의해 유지되고자 하지만 '계'는 훨씬 더 복잡하다. 특히 거물의 계에 있는 몇 사람은 말로 표현할 수 없는 등급이 있다. 뿐만 아니라 그들 각자의 원래의 친우가 그들을 따라다니며 다층적 구조를 형성한다. 셋째, 쿨리의 개념을 빌리면, 권자는 '1차 집단'에 속하고, 현대 사회에서 그것의 주요 기능은 감정 소통이다. 하지만 '계'는 1차 집단도 아니고 2차 집단도 아니다. 2차 집단에 비해 계는 공식적인 형식화된 규칙이 없고 대신 특정 인물을 강조한다. 그러나 1차 집단에 비해 내부 관계가 완전히 개방된 것도 아니다. 따라서 계는 1차 집단의 모습으로 2차 집단의 많은 기능을 담당하고 있다고 할 수 있다. 요컨대 '계'의 특징은 다양한 관계의 종합으로서 내부적으로 새로운 관계를 파생하고 외부적으로는 서로 다른 계의 중첩을 통해 더 큰 사회적 단위를 생성할 수 있는 사회 구성의 능력을 가지고 있다는 것이다.

나는 세 번째 차이점이 특히 중요하다고 생각한다. 기존의 사회학 이론에서는 권자 내부의 관계를 '특수주의'적이고 대외적으로는 폐쇄적인, '전통'과 연결되어 있는 것으로 간주한다. 권자와 대립되는 것은 통일된 제도로 유지되는 '2차 집단'이다. 2차 집단의 관계의 원칙은 '보편주의'적이고 개방적이며 '현대'와 연결되어 있다. 과거의 이론에서 '면대면'의, 실질적인 관계가 있는 곳(추상적이고 실질적인 내용이 없는 '관련'들, 예를 들어 고객-판매원 사이의 '관계'가 이런 형식의 관련들 중의 하나다)은 필연적으로 특수주의로 간주되고, 이런 조직 방식은 '내권식內卷式'으로 발전하기 때문에 광범위하고 효율적인 자원 동원의 능력이 부족하다고 했다. 따라서 현대적인 시장경제와 초지역적인 국가의 부상은 필연적으로 관계를 초월한 '제도'의 출현을 요구한다. 전통에서 현대로의 전환은 한 조직 방식에서 다른 조직 방식으로, 한 가지 주의에서 다른 주의로의 전환을 말하기 때문에 우리가 토론한 '계' '관계총' 등 개념은 이 이론틀 속에 자리할 수 있는 위치도 없고 기존 이론에 의해 설명될 수도 없다.

이러한 시각은 동시에 이주민 집거지에 대한 우리의 연구에서도 일관된다.

이주민 집거지 경제 체계의 형성 과정에 대한 설명 중 '민족〔종족이라고 할 수도 있음〕 집거지 경제' 이론은 아마도 가장 영향력 있는 설명 중 하나일 것이다. 이 이론은 민족 집거지는 외부 사회로부터 독립되어 자기완성형의 독특한 구조를 형성함으로써 사람들에게 독특한 경제적 기회를 제공한다고 보고 있다. 전형적인 예가 사장과 노동자의 관계다. 사장과 노동자가 같은 지역 출신이기 때문에 사장은 처음에는 매우 낮은 임금으로 노동자를 고용할 수 있고, 노동자는 친척이나 동향 사람을 위해 일하기 때문에 특히 열정적이었다. 이러한 방식으로 업주는 막대한 자본을 절약하고 노동자는 이곳에서 신속하게 기술을 배울 수 있고 동시에 공동체와 연계되어 곧 독립하여 사업체를 설립하는 등 독특한 '비공식적 교육 메커니즘'을 경험한다.(Bailey and Waldinger, 1991) 집거지가 폐쇄적이기 때문에 사람들이 번 돈은 모두 공동체 내에서 쓰인다. 부자가 된 사람들은 공동체 내에서 공공 서비스 사업을 적극적으로 발전시킨다. 비료와 물이 외부인 논으로 흘러가지 않은 덕분에 집거지의 경제는 확장될 수 있었다.

포르테스(Portes 1993)가 이주민 공동체를 설명하기 위해 '사회 자본' 이론을 차용한 연구도 광범위한 영향을 미쳤다. 간단히 말해서, '사회 자본'은 사회관계가 거래에 미치는 영향을 말하고, 신뢰, 상호 도움과 같은 행동으로 나타난다(12쪽). 포르테스와 센센 브레너(Sensen Brenner 1993)는 "사회 자본은 개별 구성원의 집단적 기대에 대한 복종(일치)에서 비롯된다"고 보았다.(1325쪽) 거주하고 있는 사회로부터 집거지가 단절될수록 사람들은 더 많이 뭉치고 사회 자본도 더 풍부해지면서 집거지의 경제는 발전한다. 포르테스는 '사회 자본'이 미칠 수 있는 부정적인 영향도 충분히 주목했다. 예를 들어, 공동체의 내부 응집력이 강할수록 사람들의 동질성이 높아지고 사상 이념적 제약도 많아져서 기업가의 혁신 능력이 약화된다는 것이다. 샌프란시스코 차이나타운의 경우, 가족과 '6대 기업'이 공동체의 내부 질서를 보장하는 역할을 했지만 동시에 이들로 인해 공동체 내의 기업의 발전이 제약을 받았다. 그들은 '침범성'(공동체의 외부에서 발전)이 있는 기업을 제재하거나 추방했다.(Victor Nee and Brett de Bary Nee, 1973)

이 이론이 묘사한 집거지 경제의 발전 과정은 이러했다. 이주민이 외부 사회에 들어갈 수 없기 때문에 부득이 강제로 폐쇄적으로 밀집하고, 이 폐쇄성은 경제 발전을 촉진하는 독특한 구조를 제공한다는 것이다. 하지만 다른 이론은 이주민 집거지의 폐쇄성과 낙후성을 강조한다.

나는 저장촌을 조사하는 와중에 베이징의 다른 이주민 집거지에 대한 비교 조사도 실시했다. 나는 응집성聚合性이 강한 공동체일수록 외부 개방 및 방사력 수준이 높다는 사실을 발견했다.

'응집성'은 모호한 개념이다. 나는 크게 세 가지 지표로 분류하고자 한다. 첫째, 공동체 내에서 사람과 사람 사이의 상호작용 빈도의 높낮이와 깊이가 어떠한지, 즉 사람들의 상호 의존성이 어떠한지다. 둘째, 공동체 내부의 분업 수준과 서비스의 전문화 수준이다. 셋째는 주관적인 인식의 측면에서, 자신의 공동체에 대한 비교적 강한 개념이 형성되었는지 여부와 이에 대한 정체성의 수준이다. 예를 들어, 저장촌은 자신만의 체계적인 역사와 공통적인 이야기를 가지고 있지만 베이징 서북쪽의 '안후이촌安徽村'은 스스로를 사람들이 임시로 '모인' 곳으로 생각했다. 이 세 가지 지표는 사람 사이의 상호작용, 구조적 특성과 주관적 인식이라는 세 개의 층위를 포함하기 때문에 관찰 가능성이 크고 다른 공동체와 쉽게 구분할 수 있게 한다. 이른바 '개방성과 방사력'에는 두 가지가 포함된다. 하나는 일상 활동 반경의 길이가 어디까지인지이고, 다른 하나는 공동체와 외부 사이에 형성된 관계의 깊이가 어디까지인지다. 예를 들어, 장기적인 합작 관계가 임시 매매 거래보다 훨씬 더 깊은 관계인 것처럼 말이다.

'신장촌新疆村'은 두 곳으로 나뉘어져 있다. 큰 곳은 50가구 이상이 살고 있는 간자커우甘家口에 있고 다른 곳은 이보다 조금 작은 30여 가구가 살고 있는 웨이궁촌魏公村에 있다. 모두 식당을 주요 산업으로 하고 총 500여 명 규모다. '신장촌'의 연원은 인근의 시위안호텔西苑飯店이다. 시위안호텔은 1950년대에 건설되었고 당시에는 시위안여관으로 불렸다. 무슬림 민족의 단결을 도모하기 위해 건설되었다. 신장웨이우얼자치구의 베이징사무소도 근

처에 있다. 호텔이 이 기능을 더 잘 발휘하도록 하기 위해 1950
년대부터 국가는 신장에서 베이징으로 요리사를 데려다 고용했
다. 초기에 요리사는 호텔에 머물렀다. 이후 방문자가 지속적으
로 증가하자 호텔은 1970년대에 웨이궁촌과 간자커우 일대에 요
리사들의 숙소용으로 새 집을 건설했다. 이 요리사들의 이주는
'체제 내부의 이주'에 속했지만 그들의 이주는 체제 외부의 이주
를 유발했다. 처음에는 요리사들이 조용히 자신의 가족을 데려
왔고 나중에는 고향 사람들을 데려왔다. 요리사들이 '교두보'가
되어 위에서 말한 두 공동체가 형성되었던 것이다. 그들의 산업
은 분명 공동체의 외부를 겨냥했다. 이곳을 방문한 고객 중 하
이뎬 지역 사람이 가장 많았지만 멀리 차오양, 펑타이에서 온 사
람도 적지 않았다. 베이징에 막 도착한 신장 사람들은 건포도와
양꼬치 등 소규모 장사를 하는 사람부터 자기 명의의 작은 가게
를 운영하는 사람, 근사한 식당을 차린 사람 등 계단식의 경제
구조를 형성했다. 하지만 공동체의 외부 방사력이 증가함에 따
라 '신장촌'에는 요식업을 위한 도축과 같은 새로운 산업이 출현
했다. '장거리 브로커'도 출현했다. 이들은 베이징에서 비단을 가
지고 신장으로 갔다가 중앙아시아 국가로 진출했다. 최근 몇 년
사이 사업이나 성지 순례를 위해 해외로 나가는 사람이 많아지
면서 여권 발급을 대행하는 일도 전문적인 직업이 되었다.

　베이징에는 '허난촌'도 여러 개 있다. 그중 가장 대표적인 곳
이 차오양구의 더우거좡豆各莊과 웨이즈컹葦子坑(모두 베이징 교외
의 자연촌임) 일대로서 약 1000여 명이 살고 있다. 이들 대부분

은 허난성의 신양信陽(특히 구스현固始縣), 주마뎬駐馬店 등지에서 왔고, 쓰레기 수거 산업을 주도하고 있다. 마을 전체가 세 개의 직업군으로 나뉜다. 하나는 매일 수레를 끌고 나가 쓰레기를 줍는 사람인데 이들은 '구매'를 위주로 한다. 이 일을 하는 사람들은 전부 상대적으로 고정된 구역이 있고 집집마다 또는 단위에 가서 수거한다. 지금은 보조 노동력으로 일하는 일부 여성이 줍기만 하고 사지 않는다. 둘째는 '약삭빠른' 사람들인데, 이들은 쓰레기장의 일부 토지를 임대하고 다른 사람이 매일 밖에서 주워온 폐품을 구매한다. 다른 하나는 '약삭빠른' 사람이 고용한 '단순 노동자'로서 이들은 쓰레기를 저울질하거나 정리하는 등의 일을 한다. '약삭빠른' 사람 한 명이 나에게 말했다. "5~6만 위안이 없이는 개점할 수 없어, 평소에 수중에 7~8만 위안이 없으면 움직일 수 없어. 내가 요만한 땅을 맡았는데 한 달 임대료가 2000위안이야. 쓰레기 처리장에 보내줘. 그리고 공장들과 관계 처리를 잘해야 해. 내가 지금 탕산의 제지공장과 거래를 많이 하는데, 일반 종이는 잘 모아서 그곳으로 보내고, 이런 종류의 동판지는 상하이로 보내. 최근에 내가 직접 130(트럭)을 한대 샀어." 그가 말한 '쓰레기장'은 국유 폐기물 구매소로서 '허난촌' 옆의 작은 단지에 있는, 이 쓰레기장의 소유주다. '허난촌'의 형성은 두 가지 경로가 있었다. 첫째, 1980년대 초 일부 허난 사람들이 이곳에서 일을 했는데, 여유가 있을 때 쓰레기를 주워 근처의 쓰레기장에 가서 팔았다. 나중에 쓰레기를 주워 모으는 것이 일하는 것보다 더 많은 돈을 벌 수 있다는 것을 알게 되면서(나의 추산에 따르면 쓰레기 줍는 일의 월수입도 500위안 이상에 달함) 하나의 업종이 되었다. 둘째, 도시 쓰레기의 증가와 쓰레기 수거 노동자 모집의 어려움으로 인해 국영 쓰레기장은 자신의 땅을 조금씩 외부에 임대하기 시작했다. 처음에는 자체 직원과 베이징 근교의 농민에게 임대했지만 나중에는 허베이성 지현薊縣 등지에서 온 농민에게도 임대했다. 이 두 경로가 합쳐져 '허난춘'의 지금의 모습을 만들었다.

'안후이촌'은 가장 느슨한 공동체다. 일반적으로 말하는 '안후이촌'은 두 지역이 포함된다. 하나는 하이뎬구 즈춘로知春路의 시우다오커우西五道口이고, 다른 하나는 하이뎬구의 란치잉藍旗營이다. 첫 번째 지역은 사람이 비교적 많지만 주거지가 분산되고 다른 곳에서 온 인구가 더 많이 섞여 있다. 란치잉은 인구수는 적지만 출신 지역이 집중되어 있기에 내부 관계가 비교적 긴밀하다. 이 두 곳은 모두 1980년대 중후반에 형성되었고, 처음에는 이곳에서 채소를 팔았다. 다중사大鍾寺와 같은 대형 집산 시장의 파생물로(이 시장에서 채소를 도매한 후 길거리에 나가 팔았다) 볼 수 있다. 그러나 곧 이곳의 업종도 다양해졌다. 현재는 주로 쓰레기 수거, 인테리어, 환풍기 청소, 시간제 노동자와 근처 단위에서 일하는 노동자 등의 직업이 위주다. 직업과 출신지는 어느 정도 연결성이 있다. '안후이촌'의 허베이 사람은 주로 이현易縣에서 왔고, 그들은 거의 모두 채소 과일 분야에 집중된다. 마을의 소수인 장쑤 사람은 보통 인테리어를 했고, 안후이 사람은 무엇이든 다 했다. '안후이촌'의 가장 중요한 구조적 특징은 다름 아닌 주거지 분포였다. 주거지 분포는 앞의 두 요인을 포함하는 동시에 새로운 상호작용 방식으로 구현되었다. 친척 또는 같은 업종에 종사하는 사람들이 가급적 함께 살았다. 각 단지 내부에는 비교적 친밀한 상호작용이 있고 단지마다 행동 규칙이 달랐다. 그러나 분명한 것은 '안후이촌'은 업종이든 거주든 모두 상대적인 '이산'의 특징을 보였다.

아래의 표는 내가 중점적으로 조사한 4개 공동체의 상황을 간략하게 요약한 것이다.

베이징의 주요 이주민 집거지 조직과 도시 사회와의 관계

마을 이름	지역	출신지	업종
저장촌	베이징 성남 펑타이구 다훙먼 ('도농 경계지역')	저장성 원저우 지역 러칭시(현) 융자현	의류산업과 판매
신장촌	하이뎬구 간자커우, 웨이궁촌(시구)	신장위구르자치구 (난장 지역 위주)	요식업, 소수 원단사업과 출국 및 성지순례 여권 발급 대행
허난촌	베이징시 도농 접경지역의 여러 곳	허난 주마뎬, 신양 지역	쓰레기 회수
안후이촌	하이뎬구 즈춘로 시우다오커우, 하이뎬구 란치잉 및 기타 도농 접경지역	안후이 우웨이無爲, 푸양阜陽, 차오후巢湖 등 지역 및 허베이, 허난, 장쑤 등 지역	채소 판매, 쓰레기 회수, 시간제 노동자, 청소 노동자, 기타 가사 서비스업

마을 이름	응집성	내부 갈등	최대 방사 범위
저장촌	최강	최다	중국, 동유럽, 러시아
신장촌	강	다	베이징, 동아시아 국가
허난촌	약	소	베이징, 상하이, 허베이 등지의 가공 공장
안후이촌	최약	최소	지역사회 부근

다양한 집거지를 비교해보고 또한 저장촌의 상황을 보면 이주민 공동체와 그들에 대한 우리의 과거 상상이 일치하지 않는다는 것을 알 수 있었다. 이주민 집거지 경제 이론은 전통적이고 특수주의적인 관계가 현대 사회에서 여전히 합리적이고 다양한 방식으로 존재할 수 있다는 점을 강조하는 경향을 보이고 있다. 그러나 내가 여기서 강조하고 싶은 것은 이러한 관계가 존재 '가능한' 것은 물론 현대 사회의 중요한 구성 요소라는 것이다. 특수주의와 보편주의 사이에는 우리가 상상하는 것 같은 경계가 없다.

　현재의 이러한 공동체는 모두 외부 사회와의 충분한 상호작용을 거쳐 형성되었다. 이 형성은 인구 응집의 과정이지만 동시에 경제 연결망의 확장 과정이기도 하다. 긴밀한 합작이 반드시 폐쇄와 연결되는 것은 아니다. '마음이 맞는 사람끼리' 함께 한다고 해서 반드시 효율적인 것도 아니고, 심지어 그렇게 할 수조차 없을 수 있다. 저장촌에서 당신은 외부 활동 능력이 있어야만 공동체 내에서 더 긴밀한 합작 관계를 맺을 수 있었다. 이렇게 '특수'와 '보편'은 서로 얽혀 있었다.

　우리는 여전히 "사회 자본은 집단적 기대에 대한 개별 구성원의 복종에서 나온다"는 포르테스의 주장에 동의할 수 있지만, 이 '집단'을 경직된 것으로 이해해서는 안 된다는 점을 강조하고자 한다. '집단'은 그 구성원에 의해 만들어지며 끊임없이 '재구성'되고 있다. 동시에 개인은 집단에 반드시 절대적으로 '복종'하는 것도 아니다. 집단적 기대는 구성원으로부터 나오고 구성원 사이에 존재한다. 따라서 집단적 기대에 대한 '복종'이라기보다는 '조정'이라고 하는 것이 더 적합하다.(사회 규범에 관해서도 나는 사람들이 단순히 규범을 '따른다'고 생각하지 않고, 오히려 끊임없이 자신과 규범의 관계를 조정한다고 본다.)

작은 집단과 큰 사회를 구분할 수 있는 분명한 경계선을 긋는 일은 논의가 필요하다. 사람들은 종종 전통 사회의 농촌 공동체를 폐쇄적인 것으로 간주하면서 이 공동체의 구성원은 공동체 내부와 외부를 완전히 별개의 세계로 볼 것이라고 생각한다. 그러나 사실 공동체 내부의 관계도 매우 복잡하다. 가족 구성원 간에는 육체적 관계가 있고, 동족 간에는 혈연과 경제적 관계가 있으며 평범한 마을 사람들 사이에는 지인 관계가 있다. 동시에 그들은 결혼과 무역 등의 활동으로 인해 다른 마을 사람과의 관계를 피할 수 없다. 이렇게 복잡하고 다양한 관계 속에서 관계의 일반적인 특성에 대한 사람들의 상상이 형성된다. 이런 상상은 탄력이 있어 확장될 수도 있다. 한 사람이 마을을 떠나거나 낯선 사람이 마을에 와도 사람들은 전혀 당황하지 않고 새로운 세상 및 새로운 사람과 소통할 수 있다. 공동체 안팎, 지인과 낯선 사람 간의 소통은 우리가 상상하는 것보다 훨씬 더 활발할 수 있다. 저장촌이 다른 집거지에 비해 강한 응집성과 개방성이 있는 핵심 이유 중 하나는 '저장촌 사람들'이 내부의 긴밀한 연결로 인해 더 많은 관계의 기술을 획득했기 때문이다. 예를 들어, 다방향적인 합작 관계 속에서 균형을 형성하는 방법, 낯선 사람과 교류할 때 '잠금' 문제를 처리하는 방법 등이다.

'특수주의-보편주의'를 구분한 기존의 이론은 우리에게 '현재' 사회가 '과거'와 어떻게 다른지 설명해주었고 우리에게 사회가 변화한다는 것도 알려주었다. 우리가 지금 해야 할 일은 아마도 이러한 변화를 묘사하는 과정에서 발생하는 절대적인 경향을 성찰하는 것이고, 더 중요한 것은 한층 더 깊이 들어가 변화 전후의 현상을 통일된 논리적 틀에 포함시켜 사람과 사회의 '본성'과 변화를 더 잘 설명하는 일이다. 기존 이론의 원산지 밖에서 온 중국적 개념이 이 분야에 기여할 수 있을 것으로 본다.

제 10 장

미래: 신사회공간

신공간

중국사회의 '관계'〔보통은 관계를 꽌시라고 부르는데 이 책은 중국사회의 관계를 특별한 현상으로 간주하지 않기 때문에 관계로 번역했다〕에 관한 연구에서 학자들의 최대 관심사는 비공식적 관계와 공식적 제도가 어떤 관계를 맺고 있느냐였다. 일찍이 1960~1970년대에 사람들은 사회주의 행정체계 속의 '관계' 문제에 주목했다. 예를 들어, 농촌에 대한 연구에서 셔먼(Schurman 1964)은 사회에 대한 국가의 전면적인 관리와 통제를 실현하고 나아가 기층사회에 완전히 침투하기 위해 기층간부는 공식 체제에 따라 움직여야 하는 동시에 농촌 구성원과의 '관계'도 발전시켜야 했다고 지적했다. 버스타인(Berstain 1967)은 간부와 대중의 '관계'가 '동원형 정치動員型政治'의 실천 과정에서 매우 중요하다고 보았다.

매드슨(Madsen, 1984)은 다른 시각에서 이 문제를 다루었다. 그는 재분배 체제하에서 기층간부는 국가로부터 더 많은 자원을 기층사회에 가져오기 위해 자신과 상급 간부 사이의 '관계'를 발전시켜야 했다는 것이다.

왈더(Walder 1986)와 오이(Jean Oi 1989)는 각각 『공산주의적 신전통주의』와 『당대 중국의 국가와 농민』에서 서방의 사회주의 국가 연구의 세 가지 패러다임을 제시했다. 전체주의, 다원주의, 그리고 내가 '관계 연결망關系網絡'이라고 부르는 패러다임이다. 이 두 사람의 연구는 세 번째 패러다임을 대표하는 연구다. 그들은 개혁 이전에 중국 도시의 '단위'에서든 농촌의 공사-생산대 체계든 '지도자'와 '대중'은 보편적으로 '비호 연결망庇護網絡'을 형성했다고 보았다. 국가에 대한 사회 구성원의 충성과 지도자 개인에 대한 충성은 하나로 합쳐졌다. 이 패러다임은 개혁 이전의 중국에서 국가와 일반인의 일상생활이 '관계'를 통해 어떻게 혼합되었는지를 통찰력 있게 보여준다.

개혁 이후의 중국 연구는 크게 두 가지 시각으로 나뉜다. 하나는 니(Victor Nee)의 '시장 전환' 이론으로 대표될 수 있다. 예를 들어, 그는 베버의 관료 체계와 시장 이론을 기반으로 중국에서 국가는 시장의 '조산부助産婆' 역할을 하지만 시장의 발육과 발전은 점점 더 법제적이고 합리적인 정부를 요구하기 때문에 국가와 시장 사이에는 최종적으로 명확한 경계가 발생한 것이고, 다양한 체제의 '혼합' 현상은 과도기적일 뿐이라고 했다.(1989) 그러나 주지하다시피 그의 견해는 많은 연구의 과녁이 되었다. 린난(Nan Lin 1994)은 톈진 다추좡大邱莊과 장쑤 등지에 대한 연구를 통해 향토관계, 시장경제, 사회주의적 행정모델과 이데올로기는 일정한 구역 내에서 안정적으로 통합된다는 '향토시장 사회주의鄕土市場社會主義, local market socialism' 개념을 제안했다. 피케(Pieke 1995)는 베이징의 인류학 조사를 통해 '사적 관계'는 행정체계 및 시장과 병렬된 사회적 행위의 영역이라고 했다. 이를 통해 행정체계와 시장이 상호 침투하여 이른바 '자본 사회주의資本社會主義, capital socialism'라는 독특한 형태를 구성했다고 한다. 오이(Oi 1992)는 재정 개혁을 단서로 농촌의 기층정부와 지방공업이 밀접하게 결합되어 '지방 조합주의地方法團主義, local corporatism'를 형성했다고 주장했다. 이런 연구의 연장선에서 나온, 중국에 '시민사회'나 '공공영역'이 존재하는지에 대한 논의를 보면 점점 더 많은 실증 연구가 이들의 존재를 부정하는 쪽으로 기울고 있다. 동시에 이러한 분석적 범주가 중국에 적용되는지에 대한 의문도 제기되었다.(顧昕, 1994) 예를 들어, 왈더(Walder 1989)는 어떤 현상은 독립적인 시민사회의 형성보다는 '체제 내의 다원주의'로 보는 것이 더 적절하다고 주장했다. 사람들은 '시민사회'가 중국에 적용될 수 없는 이유 중 하나를 비공식적인 관계가 국가와 사회 사이의 경계를 모호하게 하기 때문이라고 보았다.

솔링거(Solinger 1992)와 윈크(Wank 1996)의 중국의 국가-사회 관계에 대한 연구는 이 책과 더 직접적인 관련이 있다. 두 사람은 모두 사영기업가를 주요 연구대상으로 삼았다. 솔링거에 따르면 사영기업은 관료들의 지지를 얻기 위해 노력하고 심지어 자신도 국가에 소속된 기업으로 변화하고자 한다. 동시에 정부는 경제발전이 당의 정치적 합법성의 원천이 되고 관료들이 이 과정에 혜택을 얻을 수 있기에 이러한 신흥 기업가를 높이 평가한다. "경제적 자원에 대한 국가의 점유는 오늘날의 상인뿐만 아니라 관료까지 만들었다. 그들은 상호 의존적이고 상호 침투적인 준계급을 형성했고, 심지어 새로운 형태로 국가에 의존하고 있다. (…) 그들은 국가의 자금, 보조금 및 시장을 차지하기 위해 경쟁하지만 때로는 서로 거래하고 함께 엮이기도 한다."(127~129쪽, 136쪽) 원크(Wank 1995)의 샤먼 지역 현지 조사에 따르면 국가를 상대할 때, 기업들의 행위 지향은 서로 다르다. 대기업 소유주는 관료와 연합하고자 하고 중소기업 소유주는 자기들끼리 연합(예를 들어, 공상연합회를 조직하는 등)하는 것을 선호하지만 결과적으로는 성공하지 못한다. 더 작은 기업의 소유주는 누구와 연대할 마음이 없는 것으로 나타났다. 원크는 이러한 새로운 경제 집단 내부의 이질성, 특히 대기업 소유주들이 관료들과 연합하려는 경향성으로 인해 그들만의 사회적 연대가 형성되지 못함으로써 국가와 사회는 여전히 착종된 상태가 되고 있다고 지적했다.

'관계-혼합' 모델은 현재 중국 문제 연구의 주요 패러다임이 되었다고 볼 수 있다. 이 패러다임에서 국가, 시장, 사회는 내 안에 너 있고 너 안에 내가 있는 관계이고, 다양한 사회 영역은 개인 사이의 '관계'를 통해 통합된다. 사람들은 이 모델을 사용하여 두 가지 문제를 설명한다. 첫째, 중국사회의 '탄력彈性'이다.

즉, 상부의 공식 정치적 명령이 어떻게 바뀌든 하부에는 항상 다른 논리가 있는 현상이다. '관계'는 공식 제도 외부의 또 다른 운영 법칙을 가능하게 하여 공식 정책을 실제 시행 과정에서 지속적으로 변형시킨다. 이는 많은 문제가 충돌을 통하지 않고 평화적으로 해결될 수 있는 이유이기도 하다.(孫立平, 1996) 둘째, 왜 중국은 경제적으로 신속한 시장화 조치를 취했지만 소련 및 동구권과 같은 정치적 운명의 전철을 밟지 않았을까? 이는 국가와 사회가 분화되지 않음으로 인해 국가의 외부에 독자적인 정치 행위가 형성되지 못했기 때문인 것으로 설명된다.(Wank 1995)

이 '관계-혼합' 모델은 체제에 대한 이러한 인식을 담고 있다. 첫째, 현존하는 체제는 강력하다. 예를 들어, 솔링거는 유동인구가 국가에 의해 완전히 통제되지는 않지만 그들은 여전히 국가에 의존해야 한다고 보았다. 국가는 그들을 성문 밖으로 내쫓을 수는 없지만 그들에게 일련의 공식적인 권리를 부여하지 않을 수도 있다. 이로 인해 유동인구는 더 취약해졌고, 정부 부처는 문제가 심각하거나 이들이 불필요하다고 판단되면 언제든지 이들을 성문 밖으로 내쫓을 수 있게 되었다.(1993) 둘째, 구조의 연속성이다. 솔링거는 또 다른 글(1995)에서 유동인구가 국가의 규정을 우회하여 생존 자원을 얻으려고 해도 국가 자원의 '파수꾼'에게 뇌물을 주는 등 구체제에서 배태된 일부 방법을 사용할 수밖에 없기 때문에 이는 국가에 대한 의존을 다시금 초래한다고 주장했다. 그녀는 '인적 자본'의 연속성도 강조했다. 이주 과정에서 더 많은 기회를 얻을 수 있거나 더 많은 능력을 가진 사람들은 일반적으로 원래의 체제에서 더 우수한 교육을 받고 심지어 더 나은 대우를 받은 사람이기 때문에 그들은 국가에 더 강한 친화력을 갖게 된다. 또 일부 연구자는 현재의 발전은 기존의 구조, 특히 '관계' 연결망 위에서 전개되었다고 한다.(Pieke 1995) 따라서 '혼합'은 하나의 자연스러운 현상이다.

나도 조사과정에 저장촌은 틈새에서 자라는 것으로 봐야 하고, 이 틈새가 일단 메워지면 그들은 자신의 세상을 잃게 될 것이라는 '체제 결정론體制決定論'적인 생각을 가지고 있었다. 1993년, 나는 조사 노트에 이렇게 적었다.

저장촌이 직면한 세 가지 문제

1. 베이징시 시정 건설의 확대. 난쓰환로南四環路가 건설되면 다훙먼이 신시가지에 편입되고, 베이징시의 외곽이 확장되면 현재의 저장촌을 무조건 덮게 된다. 광차이체육관에서 덩촌을 거쳐 스류좡에 이르는 도로 건설은 이미 삽을 뜬 상태다. (1993년) 3월 20일, 일부 지역 농민은 주민 호구로 전환되었다. 이곳도 점차 가도판사처 관리로 바뀐다. 도농 접경지의 도시화, 관리의 정규화로 인해 저장촌의 활동 여지도 줄어들었다.

2. 올림픽(베이징시정부가 신청한 2000년 올림픽을 말함) 개최는 저장촌에 큰 영향을 미칠 수밖에 없다. 이미 1990년 아시안

게임의 전례가 있다. 하지만 사람들은 지금 올림픽 유치에 대해 불평하지 않을뿐더러 오히려 베이징 시민들과 비슷한 수준으로 적극적이다. '방법은 항상 있으니 그때 가서 얘기하자'고 한다. 그러나 저장촌은 더 멀리 이사해야 하는 등 전체적으로 양향을 받을 것으로 보인다.

3. 전국시장의 진일보한 건설. 저장촌이 존재 및 발전할 수 있고, 원저우의 '촌놈泥腿子'이 시장의 선봉장이 될 수 있었던 것은 우리나라의 현재 '계획-시장'이라는 두 경로가 조화롭지 못한 틈새에 크게 의존하여 탈세하고 위조 불량 상품을 만들어 비용을 낮출 수 있었기 때문이다. 진정한 통합된 현대 시장이 건설되면서 저장촌 같은 사업 방식은 좌절될 수밖에 없다. 이런 외압은 그들을 개조할 수도 있을 것이다. 이 원저우 농민들이 어디까지 갈 수 있을지 누가 알겠는가!

하지만 현실은 우리의 예상을 훨씬 뛰어넘었다. 베이징이 올림픽 유치에 실패하여 저장촌에 미친 영향을 검증할 수 없게 된 것을 제외하면, 시정 건설의 확대, 시장 경쟁의 심화 등은 모두 저장촌에 영향이 없었다! 그것은 위축되지 않았을 뿐만 아니라 계속 발전했다. 현행 체제는 유동인구에 걸림돌을 만든 동시에 그들의 혁신 정신을 불러일으키기도 했던 것이다.

예를 들어, 체제와 신분의 구별은 이방인인 저장촌 사람이 동등한 '시장 진입권市場進入權'을 얻을 수 없게 했다. 이런 상황은 그들이 단지 판매에만 의존해서는 안 되고 가공에 혁신을 불러일으키도록 강요했던 것이다. 우부장吳步江은 다음과 같이 말했다.

우리가 어떻게 베이징의 개체호와 같을 수 있겠어? 자리 잡은 호랑이와 싸돌아다니는 고양이라는 속담이 있잖아〔호랑이는 정해진 자기 영역/지역이 있고, 고양이는 정처 없이 다닌다는 특징을 빗대어 선주민과 이주민의 처지를 표현한 원저우 속담〕. 그들은 자기 가게(상점)가 있고 관계들도 있어. 게다가 국가가 육성하는 것은 이동하지 않는 개체호야. 우리처럼 외지에서 온 사람은 대놓고 반대하지는 않지만 그렇다고 혜택을 주는 것도 아니야. 아직 우리를 '개체호'라고 부르는 사람이 하나도 없어, '외지에서 장사하러 온 농민'이라고 불러! 개체호는 베이징 시장에 있는 사람이고, 그래서 그들은 '팔기만' 하면 돼. 그런데 우리는 처음에 시장에 들어갈 수 없어서 가공 같은 '만드는' 일에 의존할 수밖에 없었어.

그러나 외지인이 가공업을 시작할 때 두 가지 문제에 직면해야 했다. 하나는 높은 비용이다. 예를 들어, 1983년 류저보는 베이징에 입성하기 위하여 부득이 원저우로 돌아가 수속을 밟아야 했고, 베이징의 시장 정보도 신속하게 얻기 어려운 등의 문제가 있었다. 둘째는 규모가 제한적이고, 세를 얻어 살아야 했고, 언제 쫓겨날지 몰라 대규모 투자도 불가능했기 때문에 시장에서의 경쟁력이 높지 못했다. 이들의 이러한 상황은 새로운 제도에 대한 수요를 유발했다. 외래인구도 제도 혁신의 다양한 가능성을 가지고 있었다. 예를 들어, 베이징의 개체호와 합작하거나 집체 혹은 국유기업을 찾아 '의지'하거나, 체제 내부의 '보호망'을 찾는 등이다. 그러나 안정적인 신뢰와 예측을 확보하기 위해서는 장기간의 거래, 시행착오, 수정이 필요하다. 류저보 등의 방법은 동향 사람들이 함께 하는 것이었다. 예를 들어, 한 사람이 고향에 가서 여섯 가구를 대신하여 증명서를 발급받거나, 베이징에서 통일적으로 재료를 들여오고 통일적으로 생산하는 것을 통해 경제 관계가 없는 내부의 느슨한 이주 연결망(예를 들어, 우하이)을 다시 긴밀하게 만들었다. 그들은 자신들이 보유한 기존의 조직적 자원과 사회적 기반을 충분히 활용했다. 이러한 것들이 그들에게 있어 가장 쉬운 방법이었다는 점은 의심의 여지가 없다.

저장촌이 지속적으로 확장하는 '이동 사업 연결망'을 이용하여 기업 규모의 확대를 대체한 것도 비슷한 체제의 원인에서 비롯되었다. 일반적인 경제적 경험에서 볼 때 생산 규모를 확대하는 것이 주요 시장에서의 경쟁력을 높이는 가장 흔한 방법이지만 저장촌 사람은 상당 기간 이 전략을 제한적으로만 채택했다. 사람들이 초기에 축적한 자본은 크게 세 개의 목적지가 있었다. 하나는 소비를 늘리는 것이다. 높은 소비는 종종 강한 집단적 성격을 지니고 있었다. 예를 들어, 친구들과 놀러가기, 외지 고객에게 식사 대접하기 등은 그 자체로 연결망을 강화하는 기능이 있기 때문에 많은 경우 투자로 볼 수 있었다. 두 번째는 제품의 등급을 높이는 것이다. 예를 들어, 고급 재료를 들여오고 고임금으로 기술이 좋은 '라오쓰'를 고용하는 것 등이다. 세 번째는 친우 연결망을 통해 시장이나 단지 건설과 같은 '대형 사업'에 참여하는 것이다.

유동인구가 명목상 공식적인 권리를 얻지 못했다고 해서 그들이 아무것도 할 수 없는 것은 아니었다. 그들은 자신의 이주 행위, 특히 '경계를 넘는' 특징을 통해 기존 체제의 약점을 포착하고 이 체제와 상호 제약하거나 심지어 상호 강요하는 관계를 형성했다.

예를 들어, 우리나라 행정체계의 가장 큰 특징 중 하나가 높은 수준의 지역화다. 베이징은 저장의 일에 관여할 수 없고 반대로 저장이 만약 베이징의 일에 왈가왈부하면 베이징뿐만 아니라 중앙에서도 적절하지 않다고 생각한다. 서로 다른 지역의 동급 행정 기구는 서로 교차할 수 없고, 서로 다른 등급의 행정 기구도 지역을 넘으면 등급의 높낮이가 의미없게 된다. 베이징이 원저우의 일을 관리하고자 할 때 원저우는 무시해도 된다. 저장성이 펑타이구의 일에 관여하려고 하면 펑타이는 가볍게 되받아치면 된다. 많은 학자가 중국의 지역경제 및 사회구조를 설명하기 위해 '벌집화蜂窩化' '분할화割裂化' 등의 개념을 제안한 것도 어쩌면 당연한 일이다. 개혁 이전, 중국은 고도로 통합된 것처럼 보였지만 자세히 보면 수많은 '지역사회'로 쪼개져 있었다. 다양한 지역에서 사람들은 '비슷한 완전함小而全大而全〔중국 경제학에서 자주 사용되는 표현, 각 지역마다 자신의 우세를 부각하여 경제발전을 촉진하기보다 경쟁적으로 서로 비슷한 산업 구조를 구축하고자 하는 행위〕

을 추구하면서 제후 경제諸侯經濟를 영위했다. 돼지 대전, 양털 대전, 누에고치 대전, 석탄 대전 등은 모두 이 구조를 반영한다. 호구제도도 행정체계 지역화의 대표적 사례다. 호구제도가 사람의 자유로운 영구적 이주를 제한하지만 사람이 일단 이동하면 곧 원래의 관리 체계를 넘어서게 된다. 내가 1994년 주장삼각주에 가서 농민공 문제를 조사했을 때 많은 도시에서 외래인구는 이미 현지 인구를 훨씬 초과한 상태였다. 그러나 그들의 규모가 아무리 커도 여전히 행정체계의 일상적인 시야 밖에 있었다. 그들은 거의 지역 통계 데이터에 포함되지 않았고 경제사회 발전 계획에 포함되지도 않았다. 이러한 '행정 지역화'를 보완하기 위해 정부는 '속지 관리'의 원칙을 제시하기도 했다. 즉 만약 지역을 넘어선 사건이 발생할 경우 이 사건의 발생지를 기준으로 그 지역의 지방정부가 가장 절대적인 권한을 가진다는 것이다. 하지만 속지 관리는 '사건'에만 초점이 맞춰져 있었기 때문에, 사건이 발생하지 않으면 '속지 관리'가 일상적인 관리의 역할을 수행하기 어렵다는 것은 자명했다. 저장촌이 그런 경우다. 처음 몇 년은 베이징 지방정부의 목표가 분명하지 않았다. 추방할까 말까? 추방해야 한다는 의견이 우세하면 갑자기 철거를 서두르고 철거가 끝나면 '원만한 성공을 거두었다'고 했다. 하지만 작업대가 돌아가기 전에 저장 사람들이 먼저 돌아왔다. 추방하지 말아야 한다는 의견이 우세한다고 해서 일상적인 관리가 뒤따를리 만무하다. 한 중진 간부는 이렇게 말했다. "우리가 어떻게 하면 그들을 관리한다고 말할 수 있을까? 정말 관리하기 시작하면, 이

건 정말 큰 짐이야! 무슨 일이 생기면 우리가 모두 책임져야 해. 우리가 이렇게 하는 거 너희 저장에서도 동의하지 않을 거잖아! 이렇게 많은 저장 사람을 베이징에 포함시킨다고 해도 바로 포함시킬 수 있는 것은 아니야." 사건이 발생한 후의 속지 관리도 원활하지 않았다. 사건은 베이징에서 발생했지만 사람은 여전히 저장 사람이었기 때문이다. 따라서 정부 부처는 행정구역의 경계를 넘는 이 공동체에 경직된 방법으로 대처할 수 없었다. 심지어 이들이 다른 지방정부 간의 갈등을 유발하기도 했다. 그러나 이로 인해 공동체는 더 큰 자유를 얻었고 번창할 수 있었다.

우리가 저장촌의 사업자와 베이징의 개체호를 비교할 때, 저장촌의 사업자가 베이징의 개체호보다 더 빨리 '성장'하고, 상당수가 베이징 개체호가 따라잡기 어려운 수준에 도달했음을 발견할 수 있다. 원저우 사람들이 초기에 가진 자원은 당연히 베이징의 개체호보다 많지 않았지만 베이징의 일반 개체호보다 더 빨리 성장할 수 있었던 것은 바로 그들만의 공간을 형성했기 때문이었다. 베이징의 개체호들은 기존 체제와 더 많이 연계되어 있었기 때문에 오히려 성장이 억제되었을 것이다. 오늘날 중국에는 하나의 새로운 구조가 형성 중에 있다. 많은 경우에 '체제'가 체제 내의 사람을 제약하고 대신 체제 밖의 사람은 오히려 더 많은 자유를 얻고 있다는 것이다.

현재 학계에서 논의 중인 중국의 국가와 사회의 관계에 관한 견해에는, 위에서 언급한 '혼합' 모델 외에 세 가지가 더 있다. 하나는 중국에는 이미 비교적 자치적인 사회가 생겨났다거나(Gold

1990: Ostergard 1989) 중국의 '시민사회'가 '구축'될 수 있다(鄧正來·景躍進, 1992)는 견해다. 그러나 중국에 시민사회가 출현했다고 보는 논자들은 일부 특수한 사례를 근거로 삼는 경우가 많아 논증이 포괄적이지 않은 게 사실이다. 두 번째는 중국사회의 자주성은 증대되고 있지만 그것이 반드시 국가와 분명하게 분화되는 것은 아니라는 견해다. '민간 통치 엘리트' 개념(孫立平, 1992)이나 역사적 경험을 바탕으로 제안한 황(Huang 1992)의 '제3의 영역' 개념이 이 견해에 가깝다. 또 다른 견해는 중국은 당분간 이른바 시민사회가 등장하기 어렵다고 보지만 그렇다고 하여 '혼합' 모델을 사용한 것도 아닌, 주로 개념적으로 논증하는 연구다.(夏維中, 1993)

그러나 유동인구, 특히 저장촌의 사례를 놓고 보면 적어도 일정한 영역 내에서는 이미 국가와 사회의 분화가 나타났다고 할 수 있을 것 같다. 그러나 이 분화는 '유실무명'한 것으로서 현실에서는 존재하지만 정책, 법률 및 일반적인 사회 의식에서는 분명하게 인정받지 못하고 있다. 아마도 이런 '유실무명' 때문에 사람들은 그것을 소홀이 대하고, 또한 이런 '유실무명' 때문에 이 새로운 공간이 서구적 의미의 '시민사회'와 다른 것은 물론 중국의 전통적인 '민간사회'(즉 하늘은 높고 황제는 멀리 있는 상태)와도 차이나게 되었다. 나는 일단 이 공간을 두루뭉술하게 '신사회공간'이라고 부르고자 한다. 앞으로 이 공간이 어떤 경로를 따라 발전할지는 좀 더 지켜봐야 한다.

저장촌 발전의 역사는 나의 이러한 관념을 강화시켰다. 즉 이

러한 '비국가적 공간'이 중국의 개혁을 성공시키는 중요한 보증
이라는 것이다. 지난 20년을 종합하면, 개혁의 각종 어려움은 모
두 '자기 개조'의 어려움으로 귀결시킬 수 있다. 중국의 개혁은
경직된 계획 체제에서 시작되었고 그것의 외부에 다른 공간이
없었기 때문에 시장화의 대가와 그로 인한 위기는 전부 이 체제
가 부담할 수밖에 없었다. 위기가 어느 정도 증가하면 부득이 계
획적 수단을 다시 동원하여 '응급'처치를 하는 등 개혁 과정을
끊임 없이 반복했다. 시장화의 성과는 또한 종종 과거의 계획 체
제의 기득권자 호주머니로 들어갔기에 시장을 제대로 활성화하
지 못하는 것은 물론 거꾸로 비시장적이고 비계획적인 사불상四
不像의 상태에 빠지게 되었다. '쌍궤제雙軌制'든 1980년대의 인플
레이션이든, 그리고 권력 하방이 낳은 문제든 모두 '자기 개조'의
고통이 아닌 것이 없다.

내가 이 책을 쓰고 있을 때 사람들은 한창 국유기업 개혁과
'하강' 문제를 치열하게 논의하고 있었다. 나는 일부 베이징의 하
강 노동자들이 저장촌에서 '재취업'하는 것을 보았다. 저장촌과
국유기업의 합작으로 노동자들의 기본 임금이 보장되었고 국가
의 자산도 새로운 사용처를 찾았다. 1998년의 시장 약세에도 저
장촌 사람은 크게 당황하지 않았다. 오히려 기술을 향상시키고
새로운 일거리를 만들어야 한다고 생각했다. 동시에 그들은 나
에게 인터넷이 대체 어떻게 된 일인지 물으면서 가능한 빨리 수
준 높은 국제시장에 진입할 준비를 하고 있었다. 이러한 '경계를
넘는' 공간이 있어야 개혁의 다양한 비용이 소화되고 회전할 여

지가 있고 시장체제의 건설도 실질적인 추동력을 얻을 수 있다. 저장촌에서 발생한 문제에 대해서 나는 '개혁의 대가'라고 보지 않는다. 오히려 이런 문제 덕분에 우리는 전반적인 행정관리 체계와 시장의 발육 과정이 조화롭게 어울리지 않는다는 것을 알 수 있었다.

비록 개혁의 과정에는 문제가 많았지만 사람들은 중국의 발전 방향을 의심하지 않는다. 우리가 큰 자신감을 가질 수 있었던 가장 큰 이유가 바로 이런 공간이 출현했기 때문이다.

'덧씌우다套'

4장과 8장에서 말한 '도피'는 저장촌이라는 새로운 공간을 형성한 중요한 구성 부분이었다. 그러나 '피'한다고 모든 문제가 해결되는 것은 아니다. 체제는 결국 대량의 자원을 장악하고 있고, 특히 당신은 일정한 규모로 발전한 후에는 체제를 직접적으로 대면하게 된다. 1992년 이후, 저장촌은 국가와의 상호작용을 통해 다음과 같은 새로운 전략을 발전시켰다. 이 전략들은 공통적으로 이미 상대적으로 자주적인 사회공간이 된 저장촌에 기반하고 있었다.

1. 교환. 단지를 짓는 과정에서 토지, 물, 전기 등의 문제는 모두 이 방법으로 해결했다. 예를 들어, 후자푸胡家富의 단지는 인근의 폐업한 국유기업에서 전기를 빌렸다. 50킬로와트에 20여

만 위안이었다. 촌에서 해결하려고 해도 전기 1도[1,000W/1h]에 0.487위안으로 공업용 전기 가격이었다.

2. 표현. 완자유는 이 전략에 열중했다. 그는 일찍이 촌에서 모금 활동을 시도했다.

1990년에 아시안게임이 열리는데 TV에서 단위와 개인들이 많이 나와서 돈을 기부하는 걸 봤어. 베이징의 개체호들도 이 근처에 광차이체육관을 기부하지 않았어? 나는 문득 이런 생각이 들었어. 우리 저장촌은 왜 기부하면 안 되지? 1000명이 기부해도 100위안씩 내면 벌써 10만 위안이 되잖아. 이렇게 되면 저장촌 사람도 나라를 위해 기꺼이 헌신한다는 것을 사람들이 알게 될 것이고, 게다가 우리가 베이징과 아시안게임을 위해 힘을 보탠 이상 그들이 우리를 쫓아내지 않을 수도 있잖아.

내가 이 생각을 몇몇 친구에게 말했는데 모두 좋다고 했어. 그런데 이 돈을 어떻게 기부해야 할지, 예를 들어, 누구에게 기부하고, 어떻게 사회에 알려야 할지, 우리는 머릿속이 하얀 상태였어. 나는 아예 수중의 장사를 제쳐놓고 이 일에만 매달렸어─우리 상황이 그렇잖아, 자기 돈을 기부하면서 남에게 부탁까지 해야 해!

제일 먼저 군대에 있는 사람을 찾아갔는데 자기는 군 계통 밖의 일은 관여하지 않는대. 나중에 어렵게 시정부의 비서 한 명─비서 맞을 거야─과 연락이 됐어. 다른 사람에게 부탁해서 우리 생각을 전하게 했지. 그런데 최소 100만 위안은 돼야 한다고 회답을 준 거야. 그렇지 않으면 관심이 없고, 말할 가치도 없다고 했어. 100만이면 100만 하면 되지, 나 혼자 1만을 기부할 수 있어. 그런데 우리가 움직이기도 전에 새 '태풍'(정부의 철거 사업)이 불어닥친 거야. 내 계획도 모두 수포로 돌아갔어.

징원센터의 '애심협회'도 이 전략의 대표주자였다. 비록 결국 성공하지는 못했지만 사람들은 이러한 의식을 갖기 시작했고 자아에 대한 새로운 정체성을 갖게 되었다.

3. 합작. 1986년부터 시작된 매대 임대는 유동인구와 공식 상업 부문 사이의 합작으로 볼 수 있다. 1992년 이후 징원의류센터의 건립, 류스밍과 파출소의 잠깐의 관계, 특히 1996년 이후 새로운 패션타운의 투자는 유동인구와 지방정부기관의 합작관계를 보다 전형적으로 보여주었다.

4. '덧씌우다'(중국어로 '타오'라고 한다). 일상생활에서 가장 많이 사용되는 전략이다.

1995년 6월의 어느 날, 딩차오팡丁朝方이 임대한 징원빌딩 4층의 매대가 이유 없이 폐쇄되었다. 그는 인근 진두반점金都飯店에서 식사 중인 시장 치안 요원을 찾아갔다. 치안 요원은 그의 상황에 관심이 없었고, 그에게 식사비 400여 위안을 대신 내라고까지 했다. 딩차오팡은 순순히 돈을 지불했고 종업원에게 영수증을 끊어달라고 했다. 딩차오팡은 둥청구 공안분국에 근무하는 베이징 친구에게 이 사실을 말했다. 딩차오팡은 둥칭에서 2년 정도 살았는데 그 기간 동향 사람은 적게 만나고 외부와의 관계를 많이 만들려고 했다. 저장촌에 온 뒤에는 동향이 많아서 3년이 넘도록 펑타이 공안들과 관계를 맺지 못했다. 둥칭의 친구가 이 사실을 펑타이 공안국 보도과의 한 친구에게 알렸고, 보도과는 이 일을 진지하게 시에 보고했다. 결국 위로부터 파출소와 분국을 엄중히 처리하라는 지시가 내려왔다. 파출소 부소장은 황급히 딩차오팡을 찾아와 몇 백 위안 때문에 감정을 상할 필요가 있냐고 했다. 400위안을 돌려줬고, 돈을 요구한 경찰도 징원빌딩에서 다른 곳에 전근을 보냈다. 딩차오팡은 의기양양하게 자신의 이야기를 들려줬다. 그는 또 이렇게 말했다.

어쨌든 우리는 여기서 오래 일하고 싶으니 진심으로 경찰을 저렇게 만들고 싶은 생각은 없어. 네가 아무개(부소장을 가리킴)의 체면을 세워주면 앞으로 펑타이 쪽 길도 잘 트이게 될 거야. 외지에서 장사하려면 반드시 이런 지인 몇 명은 있어야 해! 우리는 뇌물을 주거나 물건을 보내는 그런 것은 안 하고, 자주 그의 집에 놀러가고 그를 추켜세워줘.(상대방을 존중하면서 사람이 많은 자리에서 그 사람의 체면을 살려주는 것을 말함.) 때가 되면(명절을 말함) 옷이나 원저우 새우를 좀 보내줘. 그가 일이 있어 우리를 찾으면 우리는 가급적 도와주면서 그를 '덧씌우는' 거야. 나중에 우리가 일이 생기면 그때 호미 끝은 그를 향하게 되는 거지.(정확하게 조준하고 명중한다는 뜻, 확

실하게 '엮어' 도망칠 수 없게 만든다는 의미다.) 틀림없이 힘을 써
주게 돼 있어.

내가 사용한 이 '덧씌우다'는 그의 말에서 인용한 것이다. '덧
씌우다'는 상대방이 나에게 어떤 의무감을 가지고 있기에 쉽게
도움을 거절하지 못한다는 것을 말한다. '덧씌우다'에도 '교환'의
요소가 있지만 교환 전략처럼 즉각적이지 않고 장기적이면서 안
정적인 관계를 강조한다. 그러나 이 장기적이라 함은 자기 사람
사이에서 서로 돕는 것과 달리 부득이 '장기적으로 계획'해야 한
다는 뜻이다. 왜냐하면 행정 공무원과의 즉각적인 교환은 비용
이 높고 '효율성'이 낮기 때문에 어쩔 수 없이 시간을 연장해야
한다.

1996년 춘절, 나는 융자에서 저장촌에서 온 '여행단'을 만났
다. 인솔자는 저장촌의 두 사업자였고, '단'의 주요 구성원은 다
훙먼 일대의 파출소, 공상과 세무 부처의 직원이었다. 그들은 원
저우에서 춘절을 보냈고, 난시강楠溪江을 둘러보고 옌당산雁蕩山
을 유람하는 등 한 번 가서 3만 여 위안을 썼다. 이런 관광단은
새삼스러운 일이 아니었다. 다훙먼 일대의 기층직원들 중 원저
우에 가본 적 있는 사람의 수는 내가 생각했던 것보다 훨씬 많
았다. 1998년 3월, 전국 '슈퍼컵' 축구 경기가 원저우에서 열렸
는데, 천춘성, 가오젠핑 등은 특별히 베이징의 몇몇 동업자를 데
리고 원저우로 가서 경기를 관람하고 곁들여서 여행도 했다. 물
론 이것도 '덧씌우는' 계략에 속했다. 몇몇 베이징 사람이 거리

구경을 나간 틈을 타서 '단장'은 그의 친구들과 여관에서 잡담을 나누었다. 친구는 "너도 그들과 이렇게 친하니, 내년 나에게 징원 매대를 하나 얻어줘! 비싸도 상관없어, 위치만 좋으면 돼"라고 했다. "징원은 어려울 것 같은데." 내가 끼어들었다. 그러자 단장은 "내가 말해줄게. 이 '탕얼糖兒'(제3자를 깔보는, '자식'과 비슷한 뜻이다)을 키워서 뭐에 쓰겠어, 우리를 도와주라고 키우는 거잖아!" '그들'은 여전히 '그들'이었고, '우리'는 여전히 '우리'였다. 우리는 우리의 발전을 위해 그들을 '덧씌웠고', 우리가 그들을 이용하는 것이지 그들이 우리를 변화시키고 있는 것이 아니었다. 천춘성의 사례는 동시에 정부와 밀접한 관계가 있다고 해서 공동체 내에서도 신망이 두터운 것은 아니라는 것을 말해줬다.

서로 다른 원저우 사람들이 간부 한 명을 '덧씌우는' 것은 흔한 일이지만, 한 명 또는 여러 명의 베이징 사람들과 동시에 관계를 맺는다고 해서 이 원저우 사람들이 더욱 가까워지는 것도 아니었다. 다시 말해, 이 베이징 사람을 중심으로 새로운 권자가 형성된다고 해도 원래의 '계'에 영향을 미치지 않는다는 것이다. 그 이유는 복잡하지 않았다. '덧씌우다'는 도구적 전략이기 때문에 상호작용이 전면적이지 않고 상대방도 공동체의 생활 속에 들어가지 않았다. 동향 사람들이 베이징 간부의 집 앞에서 우연히 만나면 눈치껏 고개만 끄덕일 뿐 더 이상 묻지 않았다. 사람들은 남에게 '덧씌움'을 당하는 일은 없었다.

경계를 넘는 공동체

저장촌은 어떤 모습으로 변화할까?

많은 사람을 놀라게 한 것은 도시호구가 없다고 불안해하는 저장촌 사람이 거의 없고 심지어 이것이 문제라고 보지도 않는다는 점이다. 그들은 '집에 돌아가겠다'는 말을 입에 달고 살지만 1년 또 1년을 베이징에서 살아간다. 집에 돌아가든 말든 그들에게 중요하지 않았고, 베이징에 남아 있다고 해서 꼭 베이징 사람이 되려고 하는 것도 아니었다. 저장촌에서 TV프로그램 소재를 발굴하던 한 프로듀서는 나에게 이런 말을 했다. "당신의 이 동향 사람들의 시공간 개념이 다른 사람들과 완전히 달라! 아무개는 48살인데 43살까지만 해도 전형적인 농민이었어. 그가 나에게 내일 광둥에 간다고 하더니 공항에 가서 표를 사고 그냥 가버리는 거야. 다른 두 사람은 내년에 싱가포르와 이탈리아에 간다고 했어. 언제 가냐고 물었더니 아직 정해지지 않았고, 한가할 때 간다는 거야. 간다고 하면 그냥 가더라고. 일반적인 중국 사람에게 이런 '지구촌' 개념이 어디 있어!" 나는 저장촌의 사업자들에게 핸드폰을 걸 때마다 "어디야?"라고 묻는다―집에 있는지 여부를 묻는 것이 아니라 지금 어느 성이나 시에 있는지를 물었다. 저장촌 사람은 이런 공간 불문의 상태에 살고 있었다.

마찬가지로 놀라운 사실은, 처음부터 베이징에서 교육을 받은 저장촌의 청소년들 사이에서 '회귀' 현상이 출현했다는 것이다. 류스밍의 두 자녀는 초등학교와 중학교 단계에서 매우 '베이징화'가 되었지만 그의 딸의 남자친구는 결국 저장촌에 있는 원저우 총각이었다. 그의 아들은 베이징체육대학에서 공부했는데 1998년 춘절 전, 저장촌의 또래 친척 및 친구들과 함께 부모 몰래 원저우로 '도망'쳤다.(겨울 방학에 류스밍이 집에서 너무 엄격하게 다스리는 것이 두려웠다고 했다.) 진이궈 등과 같은 다른 청소년들도 '저장촌의 길'을 따라 성장하고 있다. 이런 현상들은 나를 이 강력한 공동체에 자신만의 사회 이동의 메커니즘이 형성되었을 뿐만 아니라 자신만의 사회화 모델도 형성되었다는 것을 깨닫게 했다. 아이들이 완전한 베이징의 공식 교육을 받는다고 해서 바로 '베이징 아이'가 되는 것은 아니었다.[95]

이주 연구는 보통 시간이 지남에 따라 교류가 증가하고 이에 따라 이주민과 선주민은 융합될 것이라는 가설을 전제하고 있다. 적응, 변용, 동화, 통합 등의 개념은 모두 이 전제를 반영한다. 그러나 저장촌과 외부와의 빈번한 상호작용은 왜 이러한 결과를 가져오지 않았을까?

[95] 저장촌의 적지 않은 아이는 베이징에서 초등학교와 중학교를 다닐 때 성적이 매우 좋았고 그중에는 심지어 반장을 하는 아이도 있었다. 하지만 중3이나 고등학생이 되면 공부에 대한 흥미가 현저히 떨어지고, 아버지 세대처럼 장사를 하려고 했다. 비록 저장촌에서의 생활 형편은 좋은 편은 아니지만 이곳의 거물들, 그리고 끊임없이 출현하는 '대형 사업'은 아이들에게 큰 자극을 주었고 아이들은 이러한 것들을 보고 큰 장래성을 느꼈다고 한다. 성공으로 향하는 이러한 길은 공부해서 대학에 진학하는 것보다 훨씬 쉬웠다. 이는 오그부Ogbu가 말하는 '성공에 관한 민간이론folk theories of success', 즉 이주민 집단은 성공에 대해 주류사회와 다른 정의를 가지고 있다. 피케 (Pieke 1991)와 에릭슨(Erickson 1987)이 논의한 교육에서의 쌍방 신뢰 문제, 즉 선생님이 학생에 대해 어느 정도 신뢰를 가질 때, 학생도 선생님이 가르쳐준 지식이 그들에게 유익하다고 믿게 되고, 이런 관계가 수립되어야 공부도 효과적이라는 주장과 부합한다.(이 이론을 주목하게 해준 피케에게 감사한다.) 저장촌의 청소년들은 정해진 과정에 따라 정규 교육을 받는 것을 성공을 향한 효과적인 방법이라고 생각하지 않았다—비록 그들의 부모는 그들이 '많이 배울수록 좋다'고 생각했지만 말이다.

여기서 관건 중 하나는 사회질서에 대한 우리의 상상이다. 한 이주민 집단이 주류사회에 통합되기 위해서는 이 집단의 지위가 주류의 상상 속에서 인정되어야 하고, 동시에 이 집단도 자신에 대한 전체 사회 및 주류의 상상을 인정해야 한다. 우리가 7장에서 저장촌 사업자에 대한 쇼핑센터 사장의 태도를 보았듯이, 그들 사이의 교류가 깊지 않다고 말할 수 없고 심지어 공동의 이익도 있지만 사장의 인식 속에서 그들을 도시의 사람과 동일시하는 것은 어려운 일이었다. 저장촌 사람은 '외래인구外來人口'였다. '외래인구'의 '외'는 외지와 외적外籍 뿐만 아니라 다른 지역문화를 말하기도 한다. 그렇다고 해서 '외'는 현재 처한 경제적 및 사회적 지위가 상대적으로 낮아 도시의 핵심 부문에 진출할 수 없다는 의미도 아니다.('대약진'과 1977~1978년의 '양약진洋躍進' 기간에 모집된 농민공은 전혀 '외래자'로 간주되지 않았다.) 이 '외'는 많은 경우 '국가의 외부'와 체제의 외부를 가리켰다. 저장촌 사람은 이런 상상을 우습게 여겼다. 체제에 의한 구분은 그들에게 있어 이용할 수 있는 기회 구조였다. 저장촌 사람이 현지 주민들보다 경제적으로 더 큰 성공을 거둘 수 있었던 이유 중 하나가 바로 사회 모델에 대한 그들의 상상이 현실과 가까웠고, 체제가 그들의 의식 형성에 미치는 영향이 적었기 때문이다.

사실 비록 현재의 호구제도가 외래인구의 생존에 직접적인 제약을 가할 수 없게 된 지 오래 되었고, 동시에 외래인구와 도시 사회의 소통을 완전히 차단할 수도 없게 되었지만, 그것은 여전히 사람들로 하여금 '도시-농촌' 분리의 사회구조를 유지하도록 하고 있다.

　사회의 모든 부분과 밀접하게 관련되어 있으면서 정해진 총체적 사회 질서의 외부에 놓여 있다는 것이 내가 말하는 '경계를 넘는 공동체'의 의미다.

　'경계를 넘는 공동체'는 이주 연구에서 그다지 새로운 개념이 아니다. 이미 1970년대부터 사람들은 유출지와 유입지를 분리해서 보는 경향을 비판하기 시작했다. 예를 들어, 롬니츠(Lomnitz 1976)는 농촌(유출지)과 도시(유입지)를 동시에 포용하는 이주의 생태학적 모델 이론을 제안했다. 우젤(Uzzell 1979)은 이주 연구에서의 농촌-도시의 '양극 모델'을 비판하면서 '천리를 넘어선 마을'을 제안했다. 또한 화이트포드(Whiteford 1979)의 '확대된 공동체spatially extended communities', 지오르지(Georges 1990)의 '초국적 공동체transnational community' 등의 개념도 이주자가 단순히 유입지에서만 활동하거나 유출지의 영향만 받는 것이 아니라 이 둘을 포용하는 통합된 체계를 이루고 있음을 강조한다. 로즈(Rose 1991)는 '초국적 이민권transnational migrant circuit'을 분석단위로 제안하면서 이주는 일종의 '후기 근대적 사회공간social space of postmodernism'을 형성한다고 주장했다. 이른바 '후기 근대적 공간'이란, 나의 이해로는 이주에 따른 문화공간, 사회공간과 지리 및 행정공간이 서로 맞지 않는 상태를 말한다.

　그러나 저장촌의 '경계 넘기'에는 나름의 특징이 있다.

　1. 외부의 경제 체계와 '연결'되었을 뿐만 아니라 외부의 경제·사회 지형을 바꾸는 데도 적극적이다. 저장촌이 베이징은 물

론 중국의 의류 시장에 미친 영향은 모두가 아는 사실이다.

2. 유입지와 유출지를 연결할 뿐만 아니라 전국을 아우르고 나아가 외국까지 확장된 '이동 사업 연결망'을 형성하고 있다. 저장촌은 가시성이 매우 높지만 경계가 분명하지 않아 단번에 잡을 수 있는 실체가 아니다.

3. 저장촌은 완전히 분리되었던 사회 체계를 하나로 연결했다기보다 기존의 고도로 통합된 사회에서 분리되어 나온 것, 즉 우리가 위에서 강조한 '체제 밖'의 의미를 가지고 있다고 보는 것이 더 적합하다.

이렇게 저장촌은 지리적 경계를 넘는 동시에 조직체계(당 및 단 조직, 도시의 '단위', 농촌의 지역사회 조직), 행정체계(위계에 따른 책임, 분야별 합작)와 신분체계(도시 사람인지 농촌 사람인지, 농민인지 노동자인지) 등 일련의 더 은밀하고 깊은 사회적 경계를 넘었다. 위에서 말한 저장촌이 사람들의 상상적 질서에 의해 받아들여질 수 없다는 사실이 이를 종합적으로 보여준다.

'경계'는 사회질서의 형성과 유지에 중요한 역할을 한다. 정지되고 응고된 사회일수록 그 내부의 사회적 경계는 더 분명하고 넘을 수 없다. 중국 사람들의 말처럼 부자군신父子君臣과 고저상하를 가리지 않으면 '난장판'이 될 수밖에 없다. 과거에 만들어진 사회적 경계를 넘는다는 것은 동시에 국부적인 새로운 질서와 경제 및 사회생활 양식의 형성을 의미했다. 또한 전체 사회의 새로운 질서에 대한 요구를 의미하기도 했다.

유동인구는 '체제 밖' 그 자체라는 것을 인식한 이후 우리는 그들의 '위치 설정'의 문제를 더욱 강조하기 시작했다. 즉 그들이 사회구조 속에서 자신의 위치를 찾지 못한다고 생각했던 것이다. 저장촌도 이러한 지나친 걱정을 하게 만들었다. 왜냐하면 그들이 이미 동화되었다거나 더욱이 정해진 구조 속에 자리를 잡은 것이 아니라, '경계를 넘는 공동체'에서의 삶이 그들의 새로운 생활 방식이 되었기 때문이다. 그들은 스스로 자신의 '위치'를 매우 잘 선정했다고 생각했다! 우리가 직면한 것이 급격하게 변화하는 시대였기 때문에 그런 걱정을 했던 것 같다. 우리는 고정된 총체적 사회 범주(예를 들어, 도시 사람–농촌 사람)로 현실 문제를 보는 경향을 버리고 현실의 다양한 사회 부분의 구체적인 연결에 주의를 기울여야 할 필요가 있었다.

저장촌은 우리에게 기존의 체제 공간에서 새로운 생활 상태의 출현 가능성을 전형적으로 보여주고 있다. 그것은 일시적인 과도기가 아니고 '변종變態'은 더더욱 아니다. 이 새로운 사회 공간은 오랫동안 존재할 것이고 국내외 시장의 변화에 따라 지속적으로 빠르게 변화할 것이며, 행정체계가 그것에 미치는 영향은 점점 작아질 것이다. 저장촌 내부의 문제는 그것의 고유의 것이 아니라 외부 사회 및 관리 체계와의 연계 방식에서 비롯되었다. 이러한 관점에서 나는 이 공동체에 대한 '뿌리 뽑기'에 동의하지 않는다. 왜냐하면 불가능할 뿐만 아니라('전국적 이동 사업 연결망'을 취소할 수 있을까?) 이치에도 맞지 않기 때문이다. 또한 주류사회로부터 그들의 권익을 쟁취하기 위해 이 공동체를 '조직화하는' 것에도 동의하지 않는다. 이 공동체는 이러한 조직적 기초가 빈약할 뿐만 아니라 공동체와 기존 체제 사이의 모순도 대립적이지 않기 때문이다. 지금 가장 시급한 것은 현지의 기존 공동체 체계를 강화하거나 공동체의 거물들이 지역사회를 관리하고 정부에 협력하도록 격려하는 등 지역사회와 도시 사회의 다양하고 분산된 '연결 고리'를 잘 처리하는 일이다. 여기서 첫 번째 과제는 기존의 행정관리의 방법과 관리체계를 변경하여 이러한 새로운 사회공간을 획일적으로 '통제'하거나 심지어 취소할 것이 아니라 '상호작용'하는 것, 특히 다원적 견제의 시각을 수립하는 작업이다.

이해하는 지식

책의 첫머리에서 '이 책을 쓰게 된 이유'에 대해 논의했다면, 이제 나는 왜 이런 식으로 이 책을 썼는가에 대해 말하고자 한다.

1997년 춘절부터 글을 쓰기 시작하여 1998년 여름이 끝날 때까지 이 책은 거의 단숨에 완성되었다. 나는 '어떻게 쓸까'에 대해 깊이 고민하지 않았다. 글을 쓰는 동안 나는 심지어 메모해 둔 것조차 거의 보지 않았다. 몇 년 동안 잘 알고 있었던 일을 다른 사람에게 들려주는 것처럼 말이다. 이제 이 문제를 논의하기 위해 다른 후기를 써야 하는데, 그 첫 번째 이유는 인류학 보고서를 '어떻게 쓰는가'가 '무엇을 쓰는가'만큼 중요하다는 것을 알고 있고, 쓰는 방법 자체가 반성을 필요로 하기 때문이다. 두 번째는 수정 과정에서 나는 끊임없이 나의 '자연스러운' 서술 방식과 우리가 습관적으로 사용하는 사회과학의 글쓰기 방법이 많이 다르고 심지어 사람들이 일반적으로 생각하는 '과학'의 범위를 넘어섰다는 것을 깨달았다. 나는 이것에 대해 해명을 해야 한다.

이 책의 서술상의 가장 큰 특징은 '나'를 강조하면서 나의 '놀라움' '기쁨' 그리고 '싫증' 등을 자주 드러냈다. 조사뿐만 아니라 서술도 참여적이었고 이를 통해 '발견의 논리'에 대한 설명을 강조하고자 했다. 이는 기존의 '과학'적인 문장의 '객관적' 서술 방식과 다르다. 내가 '눈으로 직접 본 것'을 강조하다보니 책에 담긴 자료들은 매우 구체적이고 개별적인 것이 되었다. 이는 행위자를 다양한 역할로 처리하는 기존의 일반적인 서술 방식과—예를 들어, '가족 족장과 지역사회의 행정 책임자가 이견을 보일 때 지역사회의 문화권력을 쥐고 있는 승려가 나서서 가족과 행정 두 체계의 관계를 조율한다'는—크게 대조적이다. 사람들은 내가 쓴 것이 나의 가장 초기의 조사기록이고, '사고 조작'을 거치지 않은 '전前과학' 단계라고 생각할 수도 있다.

그렇다면 이러한 서술 방식의 학술적 '합법성'은 어디에 있으며, 왜 이것을 하나의 인류학적 보고서라고 부를 수 있을까? 이렇게 쓴 가치는 어디에 있을까?

우선, 나는 '사실로 돌아갔다.' 한 편의 인류학 조사는 사실상 개별적인 '나'가 본 것들이 아닌가?(그러나 기존의 인류학 보고서에서는 '우리'를 사용한다.) 또한 우리가 사회와 타인을 관찰할 때 우리가 직면한 것은 사실상 여러 가지 개별화된 사실이 아닌가?(그러나 과거에는 항상 '그들'로 쓰였다.) 인류학적 현지 조사 경험이 있는 사람이라면 누구나 하나의 그룹을 만들어 지역사회에 들어가는 것이 혼자 들어가는 것보다 훨씬 어렵다는 데 동의할 것이고, 이른바 '좌담회'의 방법—피조사자가 조사자의 의도에 따라 분류 및 조직되는—으로 자료를 수집하는 것은 더욱 황당한 일이라는 것을 알 것이다. 다시 말하면 인류학적 이해는 더 많은 경우 개별적인 교류에 기반을 두고 있다. 따라서 기존 보고서의 '우리' '그들'과 같은 '대변인'은 진실하지 않다. 현지 조사 경험이 있는 대부분의 사람은 내가 2장에서 말한 '상호작용 속에서 상대를 알아가는' 것에 동의할 것이라고 생각한다. 다만 그들은 이 과정을 문장 속에서 사실적으로 반영하는 것을 꺼릴 뿐이다.

최근 서구의 '포스트모던 인류학'과 '실험 민족지'에서 이 문제에 대한 논의를 많이 하는 것 같다. 특히 마커스와 피셔는 민족지 텍스트에 대한 문학비평적 분석을 통해 민족지 글쓰기에 많은 제도화된 허구가 있음을 지적했다. 가장 큰 문제 중 하나가 인류학자는 자신을 남의 눈에 보이지 않는, 그러나 모든 것을 꿰뚫어 보는 전지전능한 하느님처럼 연기한다는 점이라고 했다.

하지만 '사실로 돌아간 것'만 가지고 문제를 해결할 수는 없다. 연구자를 텍스트에 등장시키고 연구의 개성적 특징과 주관적 특징을 드러내면 당연히 한 가지 측면의 사실은 반영할 수 있다. 그러나 이런 인류학적 글쓰기를 '과학'이라고 할 수 있을까?

내가 보기에 이 문제의 의의는 민족지 방식의 학술적 합법성을 힐문하는 데 있는 것이 아니라 인류학적 실천을 통한 우리의 과학관과 지식관을 성찰하는 데 있다.

과학은 여러 가지 형태가 있을 수 있고 또 있어야 한다. 전통적으로 우리는 과학의 목적은 객관적 세계를 '파악'하고 지배하는 데 있다는 '지배성' 지식관을 가지고 있다. 비록 이 과학관이 말하는 '세계'는 자연적 세계와 사회인문적 세계를 동시에 포함하고 있지만, 이러한 세계의 현상들이 연구대상이 되면 이 과학관은 이러한 연구대상은 사고하는 사람과 독립적으로 존재해야하고 완전히 분리되어야 한다고 강조한다. 서술의 측면에서는, 일련의 엄격하고 명확하며 논리적으로 서로 관련된 명제로 서술하기 위해 노력한다.

그러나 나는 인류학은 (다른 사회과학도 어느 정도는 그래야 한다고 본다) '이해하는 지식'이어야 한다고 생각한다.

인류학과 같은 사회과학의 인식론은 '객관적 사물'에 대한 인간의 인식 능력에 기초하지 않는다. 사람과 사람 사이의 '주체간성主體間性'(내가 이 개념을 잘못 이해하지 않았다면), 가장 쉽게 말해 '사람과 사람은 서로 이해할 수 있다'는 이 사전 설정에 바탕을 둔다. '이 세상에서 가장 이해하기 어려운 것은 이 세상이 이해될 수 있다는 것'이고, 사람과 사람이 어떻게 서로를 이해할 수 있느냐도 똑같이 매력적이고 도전적인 문제다. 자연과학의 출발점인 '사람은 세상을 이해할 수 있다'는 이 말은 '사람은 사람을 이해할 수 있다'는 인문학적 사고의 시작으로 볼 수 있다.

인류학과를 탄생시킨 배경은 금세기 초부터 등장한 새로운 세계인문학적 구조라고 말할 수 있다. 이 구조의 핵심적 특징은 서로 다른 사람, 다른 문화, 다른 관념이 동시에 한 곳에서 '조우'하기 시작했다는 것이고, 이에 따라 서로에 대한 이해를 구축하는 것이 인류학의 목적이 되었다. 이후 서로 다른 문화 간의 '조우'가 깊어짐에 따라 인류학은 이해하는 방법을 더 잘 탐구하기 위해 발전했다.

'이해하는 지식'과 지배성 지식의 가장 큰 차이점은 서술자와 피술자 그리고 청취자의 관계에 대한 새로운 이해에 있다. 우선 피술자(조사 대상)를 외재적이면서, 특히 완전히 '파악'될 수 있는 객관적 존재로 취급해서는 안 된다고 생각한다. 서술자와 피술자는 서로 비치면서 존재하기 때문에 연구자는 하나 하나의 구체적인 맥락 속에서 연구대상을 관찰해야 한다. 연구자의 '유발引發'이 있어야 연구대상자의 '발성發聲'이 있다. 관찰자가 피관찰자를 관찰할 때 피관찰자도 관찰자를 관찰하고 생각한다. 상호작용 속에서만 피술자는 자신을 보여주고 서술자는 그에 따라 자기가 원하는 정보를 얻을 수 있다. 그러나 과거의 글들에서 피술자들은 마치 '대상이 없이' 자신의 '보편적 사실'을 서술하고 있는 것처럼 보여졌고, 모든 것을 꿰뚫어 볼 수 있는 연구자들은 이 모든 것을 마음 속에 완전히 '장악'할 수 있는 것처럼 보여졌다.

과거의 인류학 보고서를 보면 서술자와 청취자(독자) 사이에는 두 가지 관계가 있었다. 첫째는 '사정을 잘 아는 권위자'로서 서술자가 독자들에게 "저기 먼 곳에 이런 일이 있었다"라고 말하는 것이고, 두 번째는 서술자가 자신과 청취자가 공유하는 이념을 강조하는 것이었다. 이런 관계는 두 가지 결과를 초래했다. 하나는 청취자가 거의 완전히 수동적이 되거나 또는 일부는 속임수를 당할 수 있다는 것이다. 서술자는 처음부터 자신을 허구적인 '우리'(사실 이 '우리'가 누구를 지칭하는지는 아무도 모르지만 이단어를 사용하면 서술의 합법성이 증가한다)의 대표자로 설정하고, 자신이 어떻게 공동체에 진입했는지조차 자세히 설명하지 않기 때문에 독자들은 그가 한 조사에 대해 검증하고 비판할 권리를 잃게 된다. 두 번째 결과는 더 중요하다. 텍스트의 형식은 서술자의 '사실'과 '논평'(이론)을 두 부분으로 분리하도록 한다. 서술자는 사실을 완전히 '점유'하고 독자는 어두운 상자 속에 갇혀있다. 논평의 목적은 광범위한 독자의 관심을 끌기 위한 것으로서, 독자 마음속의 이념에 기초하고 있거나 때로는 독자의 관심을 끌기 위한 것이기도 하다. 따라서 서술자는 알게 모르게 먼저이론적 요구에 따라 사실을 조직하기 쉽고 이로 인해 독자는 검증할 방법이 없어진다.

서술자는 피술자와 청취자 사이의 매개여야 한다. 나는 이 책을 나와 저장촌의 사람들과 독자들 사이의 '2중 대화'의 형태로쓰고 싶었다. 서술자는 자신이 수행한 조사가 피조사와의 상호이해의 과정임을 인정해야 한다. 그가 사실을 발견하는 과정은그가 발견한 사실의 과정만큼이나 중요하다. 이론을 서술할 때에도 그는 자신이 어떻게 각각의 구체적인 사실에서 계발을 받았는지 보여줘야 한다.[96] 과거의 글들에서 강조된 주류적 작업과정, 즉 사실에 대한 전면적인 파악을 기반으로 엄밀한 과학적규범에 따라 체계적으로 아이디어를 제시하는 것은 신뢰할 수 없고 바람직하지도 않다. 구체적인 사실이야말로 이론의 출발점이다. 서술자는 자신의 사고 과정의 어려움과 모순을 드러낼 용기를 가져야 한다. 체계적인 논술은 학술적 작업에 필수인 것은 맞지만 우리는 체계적인 것에 대한 추구를 사고의 출발점으로 삼아서는 안 된다.

무대 뒤의 서술자를 무대 앞으로 내세워 그의 개인화된 내용을 적절하게 서술한다고 해서 '나'를 민족지의 중심에 둔다는 뜻은 아니다. '나'도 마찬가지로 대상화의 문제가 발생한다. 내가 2장에서 특별히 '원저우의 대학생'이라는 절을 추가한 것도 이런 의도에서였다. 나는 독자들에게 이 조사에서 내가 어떤 장점이 있는지(예를 들어 그들의 방언을 알아듣는 것), 어떤 단점이 있는지(예를 들어 경험이 제한적이라는 점), 그리고 읽을 때 어떤 부분을 주의해야 하는지 등을 알려야 했다. 내가 연구대상을 우리 이외의 존재로 대상화하는 것에 동의하지 않는 이유는 '균형적인 대상화'가 필요해서이지 대상화 자체를 하지 말아야 한다는 뜻이 아니다. 즉, 상대방을 대상화할 때 자신도 대상화함으로써 피아의 연관성에 주의를 기울이자는 말이다. 자신을 대상화하는 것은 학술연구 텍스트와 산문 텍스트의 주요 차이점 중 하나다.

---

96 이렇게 하는 이유는 연구 보고서의 토론 가능성과 검증 가능성을 높이기 위해서다. 사회과학에는 아마도 완전한 객관적 사실이 존재하지 않을 것이다. 한 편의 사회과학 연구가 잘 이루어졌는지 여부를 평가할 때 나는 다음의 세 가지 기준을 고집한다. 첫째는 사람에게 영감을 주는가, 둘째는 서술 방식이 간결하여 가능한 한 간단한 논리로 가능한 한 많은 사실을 요약할 수 있는가, 셋째는 연구가 '검증 가능성'이 있는가 등이다. 저자가 서술한 어떤 사실에 독자가 의문을 느낀다면 어느 부분에서 문제가 생겼는지 추측할 수 있어야 하고, 독자가 저자의 어떤 관점에 관심을 보였다면 그 관점이 얼마나 보편적일지 파악할 수 있어야 한다.

위의 관점은 많은 연구자를 난감하게 할 수 있다. 만약 체계적인 논술, 명확한 개념 등이 이론이 추구하는 기본적인 것들이 아니라면, 이론은 다른 무엇이 될 수 있을까? 그렇다. 이론은 다양한 양식이 있을 수 있고 또 그래야 한다. 과거 우리가 알고 있던 몇 가지 개념과 일련의 명제로 이루어진 이론은 그중 하나일 뿐이다. 이론도 일종의 '텍스트'로 충분히 표현할 수 있다. 그것은 명확하고 분명한 서술문식의 명제를 포함하지 않더라도 사람들에게 '그림'을 그려줌으로써 새로운 이해를 도울 수 있다. 지도는 지리적 형태의 특징을 정확한 방식으로 반영할 수 있어 '과학'으로 이해되지만, 한 폭의 사생과 큰 폭의 중국 수묵화도 사람들에게 이러한 형태에 대한 이해를 제공할 수 있는 것이 아니었던가? '과학'과 달리 정확하지는 않지만 지도가 반영할 수 없는 정보를 반영할 수도 있었다.

개별화된 서술 방식에 대해 우리는 추가적으로 이런 질문에 답해야 한다. 어떻게 하면 산발적이고 구체적인 사실을 통해 더 깊은 이해를 얻을 수 있을까? 과거 인류학 보고서에서 사용되었던 일반화의 서술 방식은 우리가 직접 관찰한 산발적인 현상보다 인식 수준이 높은 것으로 평가되었다. 내가 구체적인 사실로 다시 돌아온 이유는 민족지를 사회의 '얼굴'에 대한 묘사에서 사회 구성 방식에 대한 탐구로 전환해보기 위해서였다.

비록 래드클리프-브라운Radcliffe-Brown의 구조기능주의 이론은 많은 공격을 받고 있지만 내가 '저장촌에 들어가다'의 장에서 말한 것처럼 그 영향력은 상당하다. 그는 학문적 지식을 통해 사회를 파악하고 지배하려는 우리의 욕구를 만족시킨 전형적인 사람이다. 사회와 문화를 우리가 지배할 수 있는 것으로 만들기 위해서는 먼저 이들을 '실체'로 봐야 한다. 래드클리프-브라운은 우리더러 바닷가에서 조개껍데기를 줍는 모습을 상상하게 한다. 조개껍데기는 모두 다르게 생겼지만 종종 같은 부분도 발견된다. 우리가 충분한 조개껍데기를 주워(우리는 여유롭게 조개껍데기를 들고 관찰하고 가지고 놀 수 있다!) 서로 비교하면 모든 조개껍데기에 적용할 수 있는 일반화된 인식을 형성할 수 있다. 이 인식이 바로 사회구조다. 미국의 초기 인류학은 또한 '문화지역' '문화유형'이라는 개념을 제시하여 문화와 사회를 선명하게 보이는 것으로 만들었다. 이러한 개념이 말리놉스키 등의 '기능' 사상과 결합되면서 구조나 유형 등은 명확한 경계가 있는 자주성의 범주가 되었다. 문화는 서로 다른 유형으로 구분될 수 있었고, 각각의 문화 내부는 조리 정연한 구조로 분석될 수 있었으며, 우리는 인류사회 질서에 대한 명확하고 짜임새 있는 상상을 확립함으로써 사회도 그렇게 파악될 수 있게 되었다.

사회와 문화를 실체로 간주한 이상 사회는 필연적으로 완전한 '얼굴'(표면적인 집단적 표상이든 깊은 구조든)이 있게 된다. 이 얼굴을 묘사하는 것이 인류학 연구 사업의 핵심 과제였다. 우리는 종종 사회를 유기체 또는 건축물로 상상한다. 위에는 지붕, 아래는 계단, 겉면은 페인트, 각 방은 서로 다른 곳에 위치하고, 복도와 계단은 각 지점을 연결한다. 사회에 대한 이해는 이러한 얼굴에 대한 파악과 동일한 것으로 여겨졌다.

얼굴 묘사의 경향 아래 서로 다른 문화와 사회는 각각 분리되어 있다. 모든 문화는 각자의 고유한 구성을 가지고 있고, 서로 다른 문화 사이의 경계는 명확하다. 서로 다른 문화 사이의 공통점을 탐구하려면 기능, 구조 등과 같은 추상적이면서 사고적으로 구성된 개념으로 전환할 수밖에 없다. 이렇게 인류학도 하나의 거대한 서류철이 되었고, 인류학자들은 각각의 서로 다른 문화의 얼굴을 하나씩 수집하고 묘사하기 시작했다. 하지만 이런 방법은 끝이 없고 서류철도 결국 난잡한 집합이 될 수밖에 없다는 사실이 증명되었다.

더 중요한 것은, 이러한 경향 속에서 인류학자들은 자신의 임무가 '완전한 사회구조'를 구성하는 것이라고 생각할 수 있다. 이 구조는 완전히 머릿속에서 만들어진 구조이고, 인류학자는 보고 들은 것을 통합된 모델에 포함시키려고 노력한다. 하지만 이렇게 하면 사전에 설계된 사유에 기반하여 조사를 하게 될 뿐 사실적 논리에서 출발할 수 없다.

얼굴을 그리려는 노력 하에 우리의 연구대상은 종종 '역사 없는 사람'이 된다. 왜냐하면 우리는 그의 내부의 변화에 관심을 두지 않고, 완전한 구성에 포함하기 어려운 내용은 의도적으로 무시하면서 이런 사회는 '항상 그랬다'고 기록하기 때문이다. 에릭 울프는 '역사 없는 인간'이라는 표현을 사용하면서 서구 중심주의 경향을 비판하고 동시에 다른 문화와 서구 문화를 완전히 격리시키는 수법에 대해서도 비판했다. 얼굴 묘사의 경향 속에서 문화가 각자 분리되었다고 생각하면서 통합된 단순화된 '그들'을 정해놓고 자신과 다른 사람을 요약할 수 있다고 생각하는 사람, 그리고 이 문화들은 자신의 관찰을 통해 파악할 수 있다고 생각하는 사람 등이 모두 울프가 비판하고자 하는 대상이 아니었을까?

연구대상을 '역사 없는 사람'으로 만든 동시에, 또 다른 인류학자가 지적한 것처럼, 우리는 스스로를 '문화 없는 사람'으로 만들었다. 우리로부터 멀리 떨어진 사회는 질서정연하고 풍부한 의식과 명확한 구조를 가지고 있지만 우리 자신의 삶은 오히려 혼란스럽고, 인류학자들의 눈과 마음을 즐겁게 하는 문화 형태는 찾아볼 수 없다. 사실 연구자에 의해 이러한 얼굴로 '조형'된 것을 제외하면 다른 사회도 연구자가 처한 사회와 마찬가지로 갈등과 불확실성으로 가득 차 있다.

얼굴을 묘사한 보고서의 명확성은 도서관의 독자들에게는 즐거움을 주지만 현지인들은 종종 이러한 명확성에 동의하기를 꺼려한다. 그들은 눈살을 찌푸리며 말한다. "꼭 그런 것은 아니야. 이건 이렇고, 저건 저렇고……" 그들은 종종 다른 사람이 자신을 특정 부류로 유형화하거나 자신들의 사회를 격자무늬처럼 그리는 것에 대해 불안해한다. 하나의 낯선 사회를 대면할 때에만 우리는 행위와 의식이 일치하는 '그들'이 존재한다고 생각하고 동시에 외부로 두드러진 그들의 얼굴이 있다고 생각한다.

내가 말하는 '사회 구성 방식'에 대한 탐구는 적어도 얼굴 묘사에 대한 일종의 보완 작업이다. 그것은 사회를 정적인 실체가 아니라 끊임없이 구성되는 과정으로 간주하고, 전체를 내려다보는 데 중점을 두는 것이 아니라 서로 다른 사람들이 어떻게 연결되어 있는지에 초점을 맞춘다.

'사회 구성 방식'을 드러내고자 하는 텍스트가 비록 '첫째, 둘째, 셋째'의 순서로 사회의 기본 특성을 '한눈에 볼 수 있게' 나열하지는 못하지만 독자들이 이 텍스트를 통해 사회를 이해하고 경험하고 나아가 '체감'할 수 있기를 희망한다. 이러한 경향 아래에서 서로 다른 사회와 서로 다른 문화 간의 소통과 충돌은 두 개의 실체가 부딪힌 것으로 간주되는 것이 아니라 서로 다른 사회 구성 방식이 얽힌 것으로 간주된다. 한 사회의 일부 특징은 다른 사회에서 발견될 수 있고, 두 사회 간의 충돌은 그들 내부의 특정한 하나의 관계의 부조화 때문에 발생할 수 있다. 인류사회라는 바다 위에 떠오른 것은 각각의 독립적인 섬이지만 사실 이 섬들은 물밑에서 서로 연결되어 있다. 사회에 내재된 구체적인 구성 방식에 더 많은 관심을 기울여야 문화 간의 차이점과 통일성에 대한 이해를 높일 수 있다. 동시에 나는 상호 이해를 촉진하는 인류학의 사명에 대해서도 낙관적이다. 만약 우리가 문화를 하나 하나의 실체로만 본다면 '충돌'이나 '충격-반응'과 같은 용어로 서로 다른 문화 간의 관계를 상상할 수밖에 없지만, 서로 다른 문화의 구성 방식에 주의를 기울인다면 이 각각의 구성 방식들이 모두 자신만의 확장성을 가지고 있고, 그것과 다른 구성 방식 사이에는 소통이 가능하고 서로 엇갈릴 수 있다는 것을 알게 된다.

추가로 내가 저장촌을 표준적인 학술 연구의 대상으로 삼지 않은데다 패거리나 애심협회에 대해 사회 평론 같은 서술로 나의 견해를 드러냈기 때문에 독자들이 낯설게 느껴지는 부분이 있을 수 있다. 그렇다. 내 마음속에서 저장촌은 글을 쓰기 위한 제목보다 하나의 현실에 더 가깝다. 나는 사회과학 글쓰기에서의 '초탈한' 태도에 동의하지 않는다. 나는 '학술 작업의 독립성'이라는 말을 여전히 잘 이해하지 못한다.('사법 절차의 독립성'처럼 행정의 방해를 받지 않는 것을 강조하는 동시에 정치 분야뿐만 아니라 사회 전반으로부터의 '독립성'을 강조하는 것 같다.) '학술적 독립성'을 전제로 '정의의 회초리로 사회를 때리겠다'는 말은 더더욱 이해할 수 없다. 정의란 무엇일까? 우리는 물론 문자상으로 일부 조문을 규정하여 '정의'라고 부를 수 있고, 사회가 이 조문을 충족시키지 못할 경우 '회초리질'은 매우 자연스럽게 이루어지게 된다. 그러나 내가 보기에 '정의'는 일종의 실천과 역사의 범주이며, 끊임없이 실천하고 수정하는 과정 속에서만 의미를 얻을 수 있다. 정의는 실천자가 만드는 것이고, 모든 사람은 자신만의 정의관을 가지고 있다. '문화대혁명'에 대한 지식인들의 비판과 깊은 반성은 당연한 일이다. 하지만 동시에 광범위한 농민들의 비판과 반성이 지식인보다 작지 않다는 점도 알아야 한다. 이들의 비판이 없이는 지식인들이 아마 목소리를 낼 수 없었을 것이고 개혁개방도 시작할 수 없었을 것이다. 이 점은 이 책의 제3장에서 이미 생생하게 드러났다. 다만 농민과 일반 대중의 비판과 반성은 글로 표현되지 않았을 뿐이다. 현실에서 정의가 어떻게 정의되고 실천되는지를 이해하려고 하지 않는 당신이 무슨 자격으로 이 '정의의 회초리'를 손에 넣을 수 있는가? 지배성 지식관은 학술 연구가 사회적 실천을 초월하여 '객관적'으로 사실을 파악할 수 있다고 믿는다. 따라서 그것은 실천의 영역으로부터 독립하여 지식 권위자의 얼굴로 사람들에게 가르치려 한다. 하지만 내가 보기에 이러한 초월은 한계가 크다. 우리의 사고는 실천 과정의 매우 작은 일부에 불과하다. 오늘날 교육과 정보의 보급이 크게 발전한 탓에 실천자가 확보한 지식 기술과 사고 능력은 연구자의 수준에 근접한다. 나는 인문 지식과 실천 사이의 관계를 재고할 필요가 있다고 생각한다.

내가 이 책을 쓴 이유는 독립적인 학문 체계에서의 특정 개념을 발전시키려는 것이 아니라 사람들에게 자신의 실천 방식에 대해 반성할 수 있도록 상기시키는 목적에서였다. 나는 사람들이 이른바 '총체적 판단'을 행동의 전제로 삼으면 위험하다는 것을 알게 되었다. 왜냐하면 사회에 대한 '총체적 인식'은 허구일 수 있기 때문이다. 내가 '지배하는 지식'에서 '이해하는 지식'으로 바뀐 것도 이런 이유에서였다. 가장 강고한 사실에서 출발하여 진실한 문제점을 발견한 후 해결하려고 시도하는 것, 이것이 나의 출발점이다.

감사의 글

이 감사의 글은 나에게 있어 본문의 한 장절을 쓰는 것보다
결코 쉽지 않았다. 1992년부터 저장촌 조사는 내 삶의 가장 중
요한 부분이 되었다. 그 동안 내가 만났던 선후배들은 모든 면에
서 나에게 도움을 주었다. 책의 구성과 내가 조사한 시간에 근거
하여 아래의 개인과 기관에 대한 감사의 뜻을 전하고자 한다.

내가 이 조사를 시작할 수 있도록 영감을 준 사람은 당시 중
국경제및사회조사센터의 저우융핑周擁平 박사였다. 나의 외삼촌
인 허펑리何豐禮는 내가 이 공동체에 들어가는 과정에 결정적인
도움을 주었다. 가족은 처음부터 나에게 많은 지원을 해 주었다.

첫 번째 조사 보고서인 『베이징에 저장촌이 있다』가 완성된 후
베이징대학 사회학과의 위안팡袁方, 왕쓰빈王思斌, 샤오궈량蕭國亮,
류아이위劉艾玉 등 선생님들이 따뜻한 격려를 보내주었다.

이 보고서는 동시에 이후의 지도 교수인 왕한성王漢生 교수의

관심을 끌었다. 그녀는 내 조사를 하나의 연구 프로젝트로 만들었다. 그녀의 지지와 격려, 그리고 지도가 없이는 저장촌조사를 이렇게 오랫동안 지속할 수 없었고 눈앞에 놓인 이 책도 불가능했을 것이다.

왕한성 선생님을 통해 나는 베이징대학 사회학인류학연구소의 류스딩劉世定 교수, 베이징대학 사회학과의 쑨리핑孫立平 교수, 중국사회과학원 선위안沈源 교수를 알게 되었다. 그들에게 가르침을 청하는 과정에서 나는 큰 수확을 얻을 수 있었다. 그들은 나에게 각 방면에서 사심 없는 도움을 주었다. 이 책의 마지막 수정 작업도 류스딩 선생님의 숙소에서 이루어졌다.

베이징대학 경제연구센터 저우치런周其仁 교수, 베이징대학 사회학인류학연구소 왕밍밍王銘銘 교수, 베이징대학 법학과 주쑤리朱蘇力 교수, 베이징대학 사회학과 리멍李猛 선생 등으로부터 많은 가르침을 받았다.

베이징대학 지셴린季羨林, 페이샤오퉁費孝通, 마룽馬戎, 판나이구潘乃穀, 리창李强 등 교수, 중국사회과학원 루쉐이陸學藝 교수, 미국 포드기금 주중 대표부 마이쓰원麥斯文, 미국 하버드대학 맥파커, 영국 옥스포드대학 피케 및 왕샤오창王小强 선생 등도 나에게 격려를 아끼지 않았다.

베이징대학 당위원회와 행정간부인 런옌선任彦申, 주산루朱善璐, 량주梁柱 등, 베이징대학 단위원회 천젠룽陳建龍 등 선생님, 베이징대학 사회학과의 모든 교직원 선생님, 중국공산당 베이징시위원회, 시인민정부의 리즈젠李志堅 선생 등, 저장성 원저우시 당위원회, 시 인민정부의 첸싱중錢興中, 왕윈정王運正 선생 등, 그리고 베이징시 공안국, 펑타이구 정부, 러칭시 정부, 융자현 정부 및 관련 사회 기관은 모두 나에게 큰 지지를 아끼지 않았다.

책을 완성하는 과정에 중국사회과학원 황핑黃平 교수의 전폭적인 도움을 받았고, 이 책의 책임 편집자인 예퉁葉彤 선생은 나에게 많은 소중한 수정 의견을 보내왔다.

나는 조사과정에서 또한 미국 코넬대학의 장리張鸝 여사와 예일대학의 정종호 선생(현재 서울대 국제대학원 교수)을 알게 되어 매우 기뻤다. 그들도 저장촌에 대한 심층 조사를 진행했고, 나는 그들의 작업을 통해 영감을 얻을 수 있었다. 하루빨리 그들의 성과를 볼 수 있기를 기대한다.

마지막으로, '감사'라는 두 글자로 저장촌 친구들에 대한 나의 마음을 표현하기에는 역부족이라는 점을 강조하고 싶다. 여기서 나는 작은 일 하나만 언급하고자 한다. 1997년, 내가 린유푸林友福의 집에서 춘절을 보냈는데, 그는 내가 너무 말랐다면서 꼭 서양 인삼을 잘라서 마시게 하겠다고 했다. 그러다가 실수로 손가락의 큰 살점을 잘랐다. 피가 도마와 마루에 가득 튀었다. 섣달 그믐날 밤에 그는 톈탄병원에 가서 치료했고 나는 강제로 집에 남아 TV를 봤다.

나의 학부 논문의 '감사의 글'의 한 구절을 빌리자면, 그들은 사회 발전의 진정한 추동자이고 나는 실행자의 어설프고 무능한 비서일 뿐이다. 어떻게 이 비서의 역할을 덜 어설프게 하느냐가 내 평생의 임무다.

매대 임대 절차

1. 의지, 임대, 대리 판매 및 다양한 개인 관계를 통해 공식기업(주로 외지 향진기업)의 사업자등록증 사본을 준비한다.

2. 공장의 명의로 현지 공상국, 베이징의 구급 공상국에 '매대 임대신청보고'를 제출하고, 현지 공상국이 검토한 후 공상국의 명의로 베이징의 구급 공상국에 연락서한을 발행한다. 따라서 베이징에 도착한 이후 공상국에 제출해야 하는 서류는 두 개다. 나는 공상소의 당안에서 외지 공상부문의 연락서한을 많이 보았다. 서류의 앞부분은 백지상태, 사업자들이 가져가서 공란을 채워 넣게 만들었다. (아래의 두 서류 참조)

매대 임대 신청 보고

시청구 공상관리국:

사회 경제를 활성화하고 시장을 번영시키기 위해 우리 공장은 쑤야쇼핑센터에서 매대 3개를 임대하여 우리 공장의 의류를 판매하고자 한다.

허가를 요망한다.

러칭현 칭장싱하이의류공장

1991년 4월 17일

기업의 매대 임대에 관한 연락 서한

번호: 02183

베이징시 공상국:

러칭현 칭장싱하이의류공장이 우리 국에 등록번호(字) 14554497—9번으로 승인 및 등록되었다. 현재 해당 기업이 귀 관할지역의 관련 단위에서 매대를 임대하여 자사 제품을 판매하고 자 하니 규정에 따라 처리해주기를 바란다.

주: 이 연락 서한은 반드시 사업자등록증 사본과 함께 사용될 때 에만 유효하다.

러칭현 공상국
1991년 3월 25일

3. 임시 거주증이 필요했다. 베이징시 공상국이 승인할 때 이 조항을 요구했다. 이러한 이유 때문에 당시 국가가 임시거주증 을 발급해줄 때 실제로 일부 사람들이 신청해서 발급받았다.

4. 상점과 계약서를 체결했다.

계약서

갑: 쑤야쇼핑센터

을: 러칭현 칭장싱하이의류공장

협상 및 관련 규정에 따라, 갑은 쇼핑센터의 일부 빈 매대를 을에 게 임대한다. 계약 내용은 다음과 같다.

1. 갑은 을에게 매대 세 개, 선반 세 개를 임대하고, 을은 임대 1일 전까지 월 임대료 이1850위안과 영업세, 공상관리비 750위안을 납부한다. 세금은 갑이 대신하여 관련 부처에 납부한다. 기한 내에 납부하지 않으면 을이 더 이상 임대하지 않는 것으로 간주한다.

2. 공상관리규정에 따라 을은 갑에게 추가로 보증금 600위안을 납부한다. 을이 매대 임대료, 세금 납부를 연기하거나 계약을 해지한 후 3개월 이내에 상품의 품질로 인해 반품하는 고객이 있으면 갑은 보증금에서 공제할 권리가 있다. 보증금은 계약 해지 3개월 후에 당사자에게 반환된다. 을이 계약 기간 내에 중도에 매대를 해지하는 경우 보증금은 반환하지 않는다.

3. 을은 자체적으로 판매원을 파견하여 상품의 구매 및 판매를 책임지고, 자체적으로 수금하고, 갑의 관리를 받는다. 공상, 세무, 물가 등 정책을 준수하고, 위조 및 불량 제품을 판매할 수 없다.

4. 을은 상기 선반을 타인에게 전대할 수 없고, 발견된 즉시 을의 전부 매대와 선반을 회수하고 보증금 몰수를 벌금으로 대신하고, 공상 및 기타 부처로 이관하여 처리한다.

5. 본 계약에서 다루지 않은 문제에 대해 쌍방은 호혜적 정신에 따라 수시로 협상하고 해결해야 한다.

6. 본 계약의 유효기간은 1991년 4월 1일부터 4월 30일까지다.

7. 본 계약서는 2부다. 갑과 을이 각 1부씩 가지고, 쌍방 책임자가 서명하고 날인한 후 효력이 발생한다.

갑을 쌍방 서명

본 계약은 12월 말까지 연장한다.

러칭현 공상국

1991년 3월 25일

5. 위에서 언급한 서류와 매대를 임대해준 상점의 임대 신청
서를 가지고 임시영업허가증을 발급받으러 공상소에 간다. 일부
기관은 유출지의 향급 이상 정부에서 발급한 계획생육합격증명
서를 요구하기도 한다.

매대 임대 신청에 관한 보고

베이징시 시청구 공상관리국 기업관리 1개소:

경제를 활성화하고 효율성을 향상시키기 위해 본 상점은 매대 세
개와 선반 세 개를 임대 놓으려고 한다. 이에 특별히 신청한다.

주관단위: 신청단위:

중국*******회사 (인)   베이징시 시청구

쑤야쇼핑센터 (인)

노무 고용 계약

생산의 필요에 의해 갑이 을을 고용할 경우 성, 시, 현으로 가야 한다. 쌍방의 권리와 의무를 명확히 하기 위해 특별히 다음과 같이 계약을 체결하다.

1. 계약 기간:

2. 임금: 갑은 을의 숙식을 책임지고, 을에게 매 월 _____위안을 지급하고, 동시에 매월 1인당_____위안을 선지급할 수 있고, 연말에 한 번에 정산한다.

3. 계약 기간 동안 왕복 여비는 갑이 부담하고 을의 의료비는 원칙적으로 스스로 부담해야 하지만 업무상 산재를 입을 경우 국가의 관련 규정에 따라 갑이 책임진다. 1인당 _____위안을 선지급하고, 하반기 월급에서 공제한다.

4. 갑은 미성년자를 고용해서는 안 된다.

5. 갑은 을이 여섯 시간의 수면 시간을 갖도록 보장해야 한다.

6. 계약 위반 책임: 을이 허락 없이 떠난 경우 갑은 을의 나머지 임금과 왕복여비를 지급하지 않는다. 갑이 을을 중도에 해고할 경우 남은 계약 기간 동안의 임금과 왕복여비를 전액 지급해야 한다.

7. 갑이 다른 사람과 결탁하고 을의 신체에 대한 사고를 일으

킨 경우(유괴, 기타 형사 문제) 갑은 법적 책임을 져야 한다. 갑을
쌍방이 계약으로 인해 분쟁이 생길 경우 중개인은 증언할 책임
이 있다.

8. 갑은 반드시 국가의 관련 노동법규를 준수하고, 을을 아끼
고 사랑하며, 을은 반드시 갑의 안배에 복종해야 한다.

9. 본 계약서는 총 4부이며, 갑, 을, 중개기관이 각 1부씩 가지
고, 현지 공상소에 1부를 제출한다.

갑(서명)   을(서명)

중개기관(직인)

주소: 러칭현 훙차오싱 푸시로 XX호

저간浙赣인력소개소

서기   년 월 일

노무 위임장

저장성 러칭현 훙차오진 저간인력소개소

농촌의 잉여노동력의 취업 문제를 해결하고, 취업준비생들의 생활문제를 해결하기 위해 사회를 상대로 금일부터 _____ 의 위임을 받고 재봉사 _____명을 모집한다. 본 소개소가 취업절차를 책임지고 안내한다. 본 소개소는 러칭현 공상국이 승인한 산하 집체단위다. 본 위임 내용은 사실이며, 관련 부문에서 채용의 편의를 제공해주기를 바란다!

러칭현 훙차오진 저간인력소개소

본소 주소: 러칭현 훙차오진 싱푸시로XX호

199 년 월 일

NCQF단지 주택임대 계약서

갑: 베이징시 NCQF단지

을: _____ 주택 번호:_____ 주소:_____

단지를 더욱 번영하게 하고, 경제를 활성화하기 위해 갑과 을 쌍방은 공동으로 협의하여 다음과 같이 계약하고자 한다.

1. 갑은 을에게 주택_____실 _____㎡를 제공하고, 의류가공업 및 주거용이므로 불법활동을 할 수 없다. 발견된 즉시 갑은 을을 단지에서 퇴출시킬 권리가 있고, 정황이 엄중하여 법을 위반한 경우 갑은 관련 부문에 넘겨 처리하도록 할 권리가 있다.

2. 을은 사용 기간 동안 가스레인지 또는 전기난로를 사용할 수 없다. 계약 위반 시 모든 결과는 을이 책임지며, 갑은 어떠한 책임도 지지 않는다.

3. 을은 실내에서 전선 및 기타 유해시설을 함부로 설치해서는 안 되고 전기 사용과 화재 안전에 더욱 주의를 기울여야 하며 초래된 결과는 을이 책임진다.

4. 을은 단지 내에서 함부로 실내 시설을 철거할 수 없다. 갑이 발견한 즉시 갑이 정한 가격에 따라 배상한다.

5. 을은 사용 기간 양도 및 재판매할 수 없다. 특별한 사유가

있는 경우 갑의 동의를 얻은 후에만 집행할 수 있다.

6. 을의 세금, 공상비, 전기 요금 및 기타는 을이 부담하고, 수도, 위생, 보안 등 요금은 실제 납부 금액에 따라 균등하게 할당한다.

7. 을은 통로, 계단 입구 등 주요 교통로에 자전거, 삼륜차 및 기타 교통을 방해하는 물품을 배치할 수 없다.

8. 2층 사용자는 난간 입구에서 물, 쓰레기 및 기타 폐기물을 버릴 수 없고, 난간에서 옷이나 기타 물건을 말릴 수 없다.

9. 이 계약은 쌍방의 동의를 거쳐 체결되고, 법적 효력과 동일한 효력을 갖는다. 국가의 일부 법률과 상충되는 경우 국가의 법률 및 규정을 따른다.

10. 이 계약은 서명일로부터 효력이 발생한다. 계약서는 갑, 을 쌍방이 각 1부씩, 관계 부문에서 1부[이 '관계 부문'은 순전히 허구이고, 사장은 나에게 이렇게 쓴 의도가 계약서를 더 권위 있게 만들기 위해서라고 설명했다] 총 3부로 작성된다.

갑: 베이징시 NCQF단지

대표자 서명:

을 대표지 서명:

1995년   월   일

통지

최근 몇 년, 베이징에서 사업하는 우리 스판향石帆鄕 푸후촌撲湖村 사람들의 주택은 100여 곳이나 되었지만 업종이 다르고 여러 곳으로 흩어져 있어 일부 사업자는 다른 사람들에게 괴롭힘을 당하거나 심지어 나쁜 사람들에게 공갈과 약탈을 당하기도 했다. 이로 인해 일부 사업자는 사업을 할 수 없게 되었다. 우리 촌의 사업자들이 베이징에서 단결하고 서로 도우면서, 안심하고 사업을 잘 할 수 있도록 하고 동시에 실력을 크게 향상시키기 위해 우리 푸후촌의 상인들은 베이징에서 '우려해소협회'를 설립하기 위해 논의했다.

협회가 설립되면 베이징에 있는 우리 촌 사람들이 서로 왕래하고 지원하며 정보를 교환할 수 있게 될 것이고, 만약 괴롭힘, 공갈, 강도 등의 특수 상황이 발생하면 협회가 해결을 도울 수 있다. 협회가 직접 나서서 문제를 해결할 수도 있고 그 비용은 협회가 부담한다.

우려해소협회의 설립에 필요한 자금은 우리 촌 사업자들의 모금을 통해 해결한다. 방법은 다음과 같다. 가입자들은 가구당 일차적으로 100위안씩 낸 다음 이후 매달 20위안을 낸다. 이 돈은 회원들의 우려 해소에 사용된다.

협회 책임자: 전화:

연락 책임자: 전화:

징원의류시장 내 애심협회 공동 설립 및
시장 치안팀 업무 태도 개선에 관한 건의

존경하는 펑타이구 공안국, 다훙먼파출소 지도자:

우리 징원의류시장 애심협회는 1994년 12월에 설립된 저장성 출신 개체호들이 자발적으로 조직한 협회로서 시장 공상소의 직접적인 지도 및 기타 관련 정부 부문의 지도 아래 자기 교육, 자기 관리를 통해 시장의 경영 풍토를 개선하여 사회의 문화 수준을 향상시키는 것을 목표로 한다. 설립 이래 우리는 문명화된 사업문화를 만들 것을 제안했고 애심 급수장을 설치하고, 자발적으로 도로 및 시장을 청소하여 정부 지도자와 사회 각계의 높은 평가를 받았다. 『광밍일보』『베이징만보』『중국청년보』와 중국국제방송 등이 잇따라 보도하면서 호평했다.

정부 부문과의 연계를 강화하는 동시에 상급 및 하급과의 소통을 원활하게 하는 것을 통해 공동으로 시장을 잘 건설하고 저장촌을 잘 건설하는 것도 우리 협회의 중요한 과제다. 따라서 구의 국과 소의 지도자들에게 시장 내 치안 인력의 업무 상황을 보고하고자 하니 관심을 가져주기를 바란다.

다훙먼파출소가 시장에 파견한 세 명의 공안 동지들은 부임

이후 시장의 치안을 위해 많은 일을 해왔다. 그들의 노고가 없이는 시장이 안정될 수 없고 우리 공상업자들도 돈을 벌 수 없다는 것은 모두가 아는 사실이다. 애심협회는 시장의 직원들에게 안부를 전하고 모든 공상업자에게 감사를 표할 계획이었다.

그러나 최근 시장 내 매대가 급격하게 증가하면서 분쟁도 크게 증가했는데, 사람들은 치안팀 개별 근무자들의 업무 태도에 만족하지 못하는 분위기다. 분쟁 처리 과정에 인내심이 없고, 불공정하고, 부적절하며, 심지어는 자신의 직권을 남용하여 공민의 기본권을 침해하기도 했다.

루칭더 동지가 귀 국에 보고한 상황에 대해 우리도 독립적으로 조사를 했는데(당사자는 모두 회피함) 보고된 상황이 기본적으로 사실임이 증명되었다. 문제의 본질은 명확하다.

또한 올해 4월 초에는 파출소 직원 두 명이 시장에서 담배를 피우는 공상업자를 폭행하고 500위안의 벌금을 부과했는데, 이는 직권을 심각하게 남용한 것으로 보인다.

기타 싸움 분쟁에서도 파출소 동지들의 관리는 그다지 엄격하기 않았고 적합한 역할을 하지 못하고 있다.

이러한 사건은 광범위한 사회적 반향을 불러일으켰고, 시장에서의 공안당국의 위상과 위신에 심각한 영향을 미쳤다. 여기서 공상호가 안심하고 사업할 수 없게 되고 이대로 가면 시장의 치안이 호전되기 어려울 뿐만 아니라 경찰과 주민 사이에 화해하기 어려운 간극과 심지어 적대적인 감정이 생길 수도 있다.

우리는 이 1700여 개의 매대를 잘 관리하려면 다음의 두 가지에 의존할 수밖에 없다고 본다. 1. 경찰과 주민이 손을 잡고 공동으로 관리하고 쌍방이 긴밀히 협력하는 방식을 통해 집단적으로 예방하고 집단적으로 관리한다. 2. 경찰 근무자는 공정하게 법을 집행하고 개인 감정이 앞서지 말아야 하며 개인의 이익을 추구하지 말아야 한다. 이 두 가지는 모두 강화될 필요가 있다.

따라서 우리는 공안국과 파출소 지도자들에게 다음과 같이 정중하게 건의한다.

1. 이미 발생한 문제에 대해 반드시 조사 및 확인하고, 관련 규율 및 규정에 따라 처리하고 공상업자들에게 명확하게 설명해야 한다.

2. 개별 파출소 근무자들의 업무 방식을 철저하게 바꿔야 한다. 우리 애심협회는 공안의 관리를 받고 시장질서 유지에 협조하고, 안정을 보장하고 갈등을 해결하는 것을 자신의 임무로 여긴다. 우리는 앞으로 귀 국과 소의 시장 치안팀과 연계를 강화할 수 있기를 바란다. 우리는 시장 관련 동향을 즉시 지도자들에게 보고하고 우리의 제안을 전달하고자 한다.

우리의 '애심'이 필요한 곳에 전해지기를 바란다. 우리는 또한 국과 소의 동지들이 공정하게 처리하고 장기적인 안목으로 문제를 볼 것이라고 믿는다. 우리는 함께 손을 잡고 징원시장 사랑의 보금자리를 건설하고, 함께 번영하면서 안정된 수도 남부의 상업지역을 건설하기를 바란다!

이에 경례를 드린다.

징원의류시장 애심협회

1995년 5월 9일

연합경영 계약서

갑: 베이징시 펑타이구 난위안향 다훙먼 농공상연합회사 양
식장

을: 베이징시 TPY의류 본사

갑은 이미 제3지사의 어장 52무를 도급받았지만 현재 유휴
상태에 있다. 사원들의 생활 문제를 해결하고 집체의 소득을 증
대시키기 위해 흙을 매립한 후 부업 생산을 발전시키기 위해 파
트너를 찾고자 했다. 을은 갑의 의견에 동의하고 저장촌 의류 생
산의 낙후된 모습을 개선하고 다훙먼 일대의 집체경제를 발전시
키기 위해 갑이 도급 맡은 토지에 임시의류가공부업단지를 설립
하기로 했다. 느슨한 조직의 연합체가 될 것으로 기대한다. 쌍방
의 합의는 다음과 같다.

1. 임시 공정 위치: 동쪽으로 난위안로 중심선 서쪽 70미터
지점까지, 남쪽으로 허이농장 경계, 서쪽으로 스차오전기회사
뒷벽까지, 북쪽으로 와이징챵시로 중심선 50미터까지.

2. 공정 요구: 의류 생산에 사용되는 작업장, 창고 및 기타 생
산 및 생활 지원시설, 건물은 모두 간이구조이지만 품질과 안전
을 보장한다.

3. 연합경영 기간: 1994년 9월 1일부터 2001년 8월 31일까지

기간은 7년(기반시설 건설 기간 포함)이고 계약 만료 후 을이 계속 협력할 것을 요청하면 우선권이 있고, 구체적인 협의는 계약 만료 시 별도로 논의한다.

4. 투자 비율: 갑은 토지사용권을 제공하고, 전체 기반시설 투자의 20퍼센트를 추가로 투자하고, 을은 전체 기반시설 투자의 80%를 투자한다. 기반시설 건설 과정에 단계적으로 동시에 투자해야 한다. 갑과 을 쌍방은 연기해서는 안 된다.

5. 이익 배분: 을은 첫 해에 갑에게 30만 위안의 기본금을 지불하고 이후 매년 10퍼센트씩 증가한다. 쌍방의 연합경영에서 얻은 수익은 갑이 3, 을이 7의 비율로 나누고 부채도 동일한 비율로 부담한다.

6. 쌍방 책임:

갑의 책임:

1. 갑은 계획 부문으로부터 승인받게 될 임시건설 절차를 책임진다. 만약 절차가 모두 지켜지지 않아 건설에 손해를 보는 경우 갑은 을에게 손해액의 50퍼센트를 배상해야 한다.

2. 갑의 명의로 필요한 수도, 전기 및 하수 배출 작업을 연락하고 처리한다.

3. 공사 중 주변과 갈등이 발생할 경우 갑이 나서서 조정하고, 출입구, 차량 통행로 및 출입구 도로의 건설은 갑이 책임진다.

을의 책임:

1. 을은 시공을 책임지고, 건설 현장에서 품질을 관리하며 쌍방이 합의한 합리적 배치에 따라 치안, 소방, 위생, 급수, 하수 등 시설을 모두 갖추어야 한다.

2. 가공구역 내의 직원들을 지방정부의 지도에 복종하고, 성실하게 사업하며, 모범적으로 솔선수범하여 법을 준수하고, 문명단지를 건설하고, 문제가 없도록 보장하며, 주변 대중과의 관계를 잘 처리하도록 교육한다.

3. 가공구역 내의 생활 활동을 조직하고 적시에 갑에게 비용을 정산한다.

지불 방법:

계약 완료 10일 후에 을은 갑에게 기본금 30만 위안을 일회에 지불하고, 이후 매년 두 번 상반기에 한 번, 하반기에 한 번 지불한다.

본 계약 내용 중 명확하지 않은 부분에 대해서는 쌍방이 우호 합작의 정신에 따라 협상을 통해 해결하거나 추가 계약을 명시한다.

본 계약은 2부로 되어 있고, 쌍방이 각 1부씩 소지한다. 계약이 체결된 즉시 쌍방은 공동으로 성실하게 이행하고 계약을 위반하지 않아야 한다. 계약 위반 시 위반한 측이 계약 상대방의 경제적 손실을 배상한다.

계약서에 서명함:

갑: 베이징시 펑타이구 난위안향 다훙먼 농공상연합회사 양

식장

　을: 베이징시 TPY의류본사

JO단지 입주자 계획생육 시행세칙

계획생육 기본 국책을 단호히 시행하고 베이징시의 외래인구 계획생육 관리 강화 사업에 협조하기 위하여 「베이징시 외래인구 계획생육 관리조례」와 「저장성 유동인구 계획생육 관리 시행 방법」에 근거하여 본 단지 계획생육 사업을 다음과 같이 특별히 규정하니 성실히 이행하기 바란다.

1. 본 단지에 대한 거주지 정부의 지도를 단호히 따르고 계획생육 부문의 검사와 관리를 받는다.

2. JO단지의 관리팀은 단지 내 계획생육 관리팀을 겸하고, 동시에 단지는 겸직한 계획생육 전문 관리자를 둔다.

3. 새로 이사한 모든 입주자는 본적지에서 발급한 외출가임기 여성결혼및양육상태증명서를 제출해야 하고, 이미 입주했지만 아직 제출하지 않은 경우 반드시 정해진 기한 내에 절차를 완료하고 본 단지에 제출해야 한다.

4. 이미 초과 출산을 한 여성의 경우 즉시 불임조치를 취해야 하고, 불임수술 주소는 본적지 또는 진정부에서 결정한다.

5. 계획 외의 임신에 대해서는 반드시 유산 및 관련 치료 조치를 취해야 한다.

6. 이미 한 명을 출산한 여성은 피임기구를 즉시 착용해야 하

고, 매년 2회씩 지정된 장소에서 피임기구 검사를 받아야 한다.

7. 베이징에서 출산하는 여성은 반드시 본적지의 출생허가증을 가지고 먼저 단지에 신고한 후 단지의 관리팀이 주거지의 향 계획생육사무실에 보고하고 등록한다.

8. 외지에서 온 친우가 단지 내에서 출산하거나 계획생육 검사를 피해 도피하는 것은 엄격하게 금지된다.

9. 본 단지는 매월 1회씩 계획생육 현황을 점검하고 계획생육 정책을 위반한 경우 본 단지는 주거지 및 본적지의 계획생육 부문에 보고 처리한다. 본 단지는 위반자에게 생산 및 생활 장소를 제공하지 않으며 기한 내에 단지에서 퇴거하게 한다.

10. 본 세칙은 단지 관리자와 입주자에게 동일하게 유효하고 모두가 서로를 감독하고 공동으로 솔선수범하여 준수해야 한다.

JO단지 관리팀

1995. 8. 1

JO단지 주택책임 협약서

갑: JO단지 관리팀

을: 저장성 (시, 현) (향, 진) 촌

성명: 현재 JO단지 구 패 호, 총 실.

JO단지가 혼란스럽지 않고, 문명화된 생산과 생활의 장소를 보장하기 위해 갑과 을은 협의하여 다음과 같이 주택 책임을 이행하기 위한 협약을 체결한다:

을이 반드시 이행해야 하는 것들:

1. 「JO단지 주택 기본수칙」을 엄격히 준수하고 관리에 복종한다. 법을 준수하고 사업에 성실하며 예절을 지키고 공공기물을 사랑한다. 위생을 지키고 화재를 예방하며 도시 의식을 확립하고 훌륭한 시민이 되어야 한다.

2. 국가의 계획생육 관련 정책과 「JO단지 입주자 계획생육 시행세칙」을 엄격히 집행하고, 조혼, 조기 출산, 초과 출산을 엄격히 금지한다. 규정에 따라 계획생육과 관련된 네 가지 수술을 하고, 주거지 및 본적지의 계획생육 검사를 성실하게 이행해야 한다.

을이 「주택 기본수칙」과 「계획생육 시행세칙」을 위반한 경우, 갑은 공안부문과 계획생육 관련 단위에 보고하는 외에 별도로

을에게 벌금하고 기한 내에 퇴거시켜 거주할 수 없게 할 수 있다. 이때 주택 보증금은 반환하지 않는다. 갑은 을을 위해 양질의 서비스를 제공하고 우수한 환경을 조성해야 한다. 수도와 전기의 공급, 원활한 교통, 정결한 위생을 보장하고, 입주자의 의견을 주의 깊게 경청하여 서비스를 개선한다.

본 책임 협약서는 2부로 쌍방이 각 1부씩 보관하고 성설하게 이행한다.

부록 「JO 단지 주택 기본 수칙」과 「JO단지 계획생육 시행 세칙」

갑의 대표: 을의 대표:

1995년 9월 1일

JO단지 공지

1. 단지 내에서의 마약 판매 또는 흡입을 엄격히 금지하고, 마약 판매자 또는 흡입자가 입주자의 집에 들어가는 경우 입주자는 즉시 단지사무실에 보고해야 한다. 사무실은 24시간 근무하기에 방송을 통해 경고신호를 내보낸다.

2. 입주자의 집에 마약 판매자 또는 흡입자가 있지만 신고하지 않는 사람은 은폐 또는 비호자로 간주하여 즉시 공안 부문에 보내 처리하게 한다.

3. 외부인이 단지에 들어와서 공공연히 말썽을 일으키거나 협박 및 갈취하는 행위는 모두 우리 단지의 치안 질서를 어지럽히는 행위로 간주되기에 단호하게 다스려야 한다.

주택에서 위와 같은 상황이 발생하거나 발견되면 즉시 우리에게 연락하기 바란다.

모두가 한마음 한뜻으로 단지관리팀과 긴밀히 협력하고, 일이 있을 때 필요한 조치를 취하여 공동으로 단지 내의 각종 관리 업무를 잘 수행할 수 있기를 희망한다. 협조에 감사한다!

이에 특별히 공지한다!

왕라오펑의 반성문

펑타이구 정부:

난위안향 정부:

우리 회사는 다훙먼 농공상연합회사의 제3지사로서 1994년
초부터 촌의 양어장을 도급맡았다. 이 52무 규모의 양어장은 운
영 손실로 인해 방치되어 있었다. 우리 제3지사와 다훙먼 농공
상회사의 도급계약에 따르면 우리 제3지사는 매년 12만 위안을
내고 35명의 사원을 먹여살려야 하며 계약 기간은 8년이다. 이
35명의 사원은 노약자 및 장애인이고 촌에서조차 그들을 돌볼
방법이 없게 되면서 그들의 생계는 막막해져갔다. 그들이 촌 간
부들을 찾아가 밥을 먹여달라고 소란을 피우기 시작하면서 촌
의 큰 부담이 되었다. 우리 회사가 그들을 수용한 이후부터 그
들은 우리 회사의 큰 부담이 되었다. 우리는 원래 이 양어장에
흙을 매립한 후 가금 및 가축농장으로 변경할 계획이었지만 돈
을 벌기 어렵고 또한 경험이 부족하여 한동안 좋은 방법이 떠오
르지 않았다. 1994년 상반기에 우리는 베이징시 타이핑양의류총
회사의 일부 사람을 알게 되었다. 우리는 그들에게 부업으로 의
류를 공동으로 운영하자고 제안했다. 쓸모없이 방치된 이 땅을
살리기로 한 것이다. 우리 지사는 저장 사람들의 돈으로 이들을

먹여 살리는 동시에 회사의 수입을 늘리려고 했다. 이것이 우리의 원래 생각이었다.

타이핑양의류총회사는 저장의 일부 의류 대기업과 베이징 사람들이 베이징에서 설립한 회사로서, 그들도 이 일에 대해 매우 신중하게 접근했다. 여러 차례의 협상 끝에 연합경영의 방식으로 의류가공구역을 건설하면 저장촌의 현 상태를 개선하고 다훙먼 일대의 경제를 발전시키는 데 큰 의의가 있을 것으로 생각했다. 1. 저장촌의 흩어진 가내의류산업을 주식계약 합작의 길로 이끌 수 있고, 선별을 통해 규모를 형성하고, 점차적으로 그들을 표준화된 생산의 길로 안내할 수 있다. 내부적으로는 업종에 대한 관리를 강화하고 제품의 품질과 등급을 개선하는 것을 통해 이 지역 의류산업의 부정적 이미지를 개선할 수 있다. 2. 저장촌의 더럽고 혼잡하고 열악한 현재의 문제를 해결하고, 베이징에 오는 의류업체에게 보다 문명화되고 깨끗한 생산 및 생활환경을 조성하여 그들에게 좋은 본보기를 보여줄 수 있다. 3. 스촌 일대의 과도한 외래인구 유입과 주택과부하 사이의 문제를 해결하고, 의류 생산을 3환에서 4환 밖으로 이주시켜 3환로 인근의 과도한 외래인구 유입으로 인한 많은 문제의 압력을 줄일 수 있다.

이에 우리 쌍방은 지난해 8월 20일에 국무원의 「수평적 연합 강화에 관한 정책」에 따라 수평적 연합경영 계약을 체결했다. 계약서에는 우리 측이 토지 사용권을 내고 상대방(타이핑양회사)이 자본을 출자하여, 첫 해에 우리 회사에 기본금 30만 위안을 지불한 후 매년 10퍼센트씩 인상된 금액을 지불하기로 되어 있다.

앞으로 발생하는 이익은 쌍방이 3대 7로 나누는데, 우리가 3, 상대방이 7을 가져간다. 기간은 6년(기반시설 건설 기간은 제외)으로 내부의 구체적인 생산관리는 상대방이 조직하고, 채무는 쌍방이 공동으로 사람을 파견하여 공동으로 관리하고 상호 감독한다. 이 단지를 잘 관리하기 위해 우리 회사는 타이핑양의류총회사에 연합경영의 선결 조건으로 네 가지 요구를 제기했다:

1. 모든 것은 현지 정부의 지도를 따르고 법을 준수하고 성실하게 사업하며 동향 사람을 잘 관리하고 문제가 발생하지 않도록 보장한다.

2. 임시 작업장은 좀 더 잘 건설되어야 한다. 합리적인 배치가 있어야 하고, 치안, 위생, 급수 및 배수, 소방 등이 모두 갖춰져야 한다.

3. 우리에게 제때에 요금을 지불해야 한다. 그렇지 않으면 전기와 수도의 공급을 끊는다.

4. 만약 국가가 이곳을 필요로 할 경우 무조건적으로 철거하는 등 큰 형세를 따라야 하고, 어떠한 손실도 보상받지 않는다.

그들은 우리의 모든 요구에 동의했고, 이 의류단지를 문명한 단지로 건설할 수 있는 의지와 능력이 있다고 했다. 그러면서 외래인구 집거지의 이미지를 개선하고 베이징의 저장 사람들 이미지를 좋게 만들고 수도의 문명 건설을 위해 노력하겠다고 했다.

건설 공정은 지난해 9월에 시작되어 현재 마무리된 상태다. 상대방은 800만 위안을 투자하여 800여 채의 주택을 지었다. 물이 통하고 전기가 통하고 교통이 통하는 등 4월 말까지 입주한 의류업체가 만원이 되는 '3통1만'을 달성했다. 총 5000여 명의 의류업체들이 이미 생산에 몰두하여 정상 가동 중에 있다. 단지의 다음 단계의 관리에 대해 우리는 다음과 같은 상응하는 조치를 취했다.

1. 치안 문제에 관하여:

우리는 이미 다훙먼파출소의 관련 지도자에게 연락하여 내부 치안관리조례를 제정하고 강력한 치안관리팀을 조직했다. 다훙먼파출소를 위주로 하고 평타이인민보안회사를 보조로 하여 본 단지의 치안업무와 임시호구의 등록을 책임졌다. 입주자의 이동상황을 제때에 파악하기 위해 다훙먼파출소는 이미 단지에 입주하여 임시거주인구등록 작업을 시작했다. 가공구역에 경비를 배치하고 내부에는 24시간 경비원이 순찰하며 각 사업체 사이에는 상호 보호를 강화했다. 주택마다 경보장치를 설치하여 범죄자에게 어떠한 틈도 주지 않았다. 타이펑양의류총회사는 또한 단지 내에서 갈취, 강도, 도난 등이 발생할 경우 손해 금액이 얼마이면 그만큼 배상할 의지를 밝히면서, 공안부문과 협조하여 범죄자들과 싸우겠다는 결의와 대중의 이익을 보호하겠다는 용기를 보여줬다. 강도 및 괴롭힘에 밤낮으로 불안해하는 저장의 가공업자들에게 깊은 감동을 주었다.

2. 교통 문제에 관하여:

스촌과 무시위안 일대에 차량이 너무 많아 도로가 자주 막히는 문제를 해결하기 위해, 본 회사는 외부와 연락하여 네 대의 승합차를 하루 한 대당 25회씩 징원에서 주징좡까지 왕복으로 운행하게 함으로써 도로 교통에 대한 삼륜차 운송의 부정적 영향을 근절했다.

3. 위생 문제에 관하여:

쓰레기가 쌓이고 하수처리 등의 문제를 해결하기 위해 상대방은 이미 인근 다싱현 허이농장에서 세 지역(이미 지불 완료)을 임대했고, 차량을 이용하여 밤에 쓰레기를 소각장으로 운송했다. 하수 방류도 허의농장과 협의된 상태다. 도랑을 파서 허이농장에서 난위안하로 유입되게 하고, 단지 내에는 깨끗하고 청결한 문명화된 공중화장실 네 개를 건설할 예정이다. 청소노동자들이 청소를 시작했다. 양호한 생활환경과 위생조건을 제공하기 위해 단지 내에는 위료보건실 네 개와 생활용품 매장 10여 곳을 설치했다. 유치원 하나를 설립하여 단지를 나가지 않고도 생산과 생활의 문제를 해결할 수 있게 했다.

4. 소방 문제에 관하여:

각 작업장에는 두 개의 분말소화기를 비치했고, 가 구역의 건널목마다 소화전이 설치되었다. 주택 사이 간격이 넓고 소방안전통로가 있어 화재위험을 방지할 수 있고 안전한 생산을 보장할 수 있다.

5. 준비 중인 관련 사업들:

단지 내에 홍보게시판을 만들어 당과 국가의 정책과 방침을 정기적으로 홍보하고, 법률 교육, 시민의식 교육, 계획생육 교육을 실시한다. 계획생육 부문과 협력하여 계획생육 업무를 원활하게 수행하고, 공상 및 세무 등 부문과 협력하여 통일적인 비용 납부 업무를 관리한다. 구 및 향정부와 협력하여 외래인구 관리에 관한 작업들을 성실하게 이행한다.

우리 쌍방의 진지한 합작과 협력으로 우리의 연합경영 계약은 실천 과정에 이미 성과를 거두기 시작했고 소기의 목적을 달성했다. 그러나 우리의 법률 관념이 강하지 않은데다 생각도 짧아 의식적 및 무의식적으로 국가토지관리법과 도시계획법에 저촉하는 일을 했다. 4월 1일 펑타이구 정부의 「통보」와 인근의 기타 임시건물들이 철거되는 것을 보면서 우리는 영원히 잊을 수 없는 큰 교훈을 얻었다. 특히 구의 지도자에게 끼친 영향과 번거로움은 우리를 더욱 미안하고 후회하게 했다. 비록 건설 초기에 구 계획국의 처벌을 받았지만, 현재 우리의 경영 및 관리의 면적에 따른, 각급 지도자의 추가적인 처벌과 교육을 받을 준비가 되어 있다. 그러나 현재 이미 그렇게 많은 자본이 투입되었고 건설도 완료한 상태에서 만약 철거를 한다면 그 손실은 메울 방법이 없다. 동시에 저장 사람들에게도 많은 번거로움을 야기하게 되고 끝없는 소송에 휘말려 좋지 않은 결과들이 양산될 수 있다. 특히 5000명이 이미 입주하여 생산에 몰두하고 있는데, 만약 철거하면 그들은 길거리로 밀려나 사회적으로도 문제가 될 수 있어 우리는 더욱 불안하다. 따라서 우리를 교육하는 것을 통해 우리가 난관을 극복하면서 더 큰 공헌을 할 수 있는 기회를 주기를 간청한다. 단지를 유지하고 이를 개혁 과정의 외래인구에 대한 관리의 시범사업으로 삼을 수 있다. 우리는 구와 향정부의 지도

아래 모든 지시에 복종하고 구와 향정부의 모든 사업에 충실히
협조하는 것을 통해 우리에 대한 지도자의 사랑과 교육의 정에
보답하고자 한다.

다훙면 농공상연합회사 제3지사 양식장

왕라오펑

1995년 4월 27일

베이징시 인민정부의 펑타이 다훙먼 지역 철거에 관한 통보

펑타이 다훙먼 지역의 양호한 사회질서와 인민대중의 정상적인 생활을 보장하고, 경제발전을 촉진하는 한편 수도의 경제 안정과 사회 안정을 유지하기 위해, 「베이징 도시 총괄 계획」과 우리 시의 베이징에 온 외래노동자와 상업 종사자에 대한 법률 및 규정에 근거하여 펑타이 다훙먼 지역을 법에 따라 철거정돈하기로 결정했고 그 내용을 다음과 같이 통보한다:

1. 완전하고 유효한 신분증을 소지하고 임시거주증을 발급받은, 합법적 노동과 사업에 종사하고 있는 외래인구의 합법적 권리는 법률의 보호를 받는다.

2. 외래인구에 대한 주택임대 요구에 부합하고 관련 법률 및 규정에 명시된 의무를 이행한 모든 단위와 개인은 주택을 계속 임대할 수 있다.

3. 계획의 요구 사항에 부합하고 시정부의 관련 부문의 승인을 받은 모든 합법적 사업장은 유지한다.

4. 임시거주증을 발급받지 않았고 유효한 신분증이 없는 외래인구는 본 통보일로부터 15일 이내에 자동으로 이 도시를 떠나야 한다. 유효한 증빙서류가 있지만 임시거주증을 발급받지 않았

거나 임시거주증 발급기한을 넘긴 사람은 공안기관에서 법에 따라 처벌하는 외에 통보일로부터 15일 이내에 임시거주증을 보충 발급받을 수 있다. 고정적인 주거지가 없거나 거리에서 부랑하는 경우 공안기관에서 관련 규정에 따라 수용하고 추방한다.

5. 베이징에서 사업하는 무면허사업자는 공상행정관리기관에서 법에 따라 처벌하고, 베이징에서 사업할 수 있는 사람들은 본 통보일로부터 1개월 이내에 소재지 공상행정기관에서 사업자등록증을 신청할 수 있다. 기한 내에 신청하지 않으면 자격이 박탈된다.

6. 베이징에 와서 일하는 외래인구 중 외래인구취업증명서를 발급받지 않은 경우 노동행정관리기관에 의해 법에 따라 처벌받는 외에 본 통보일로부터 1개월 이내에 노동행정관리기관에 취업증을 신청할 수 있다. 기한 내에 신청하지 않으면 베이징에서의 노동활동을 지속할 수 없다.

7. 외래인구가 베이징에서 삼륜차 운수업에 종사하는 것을 엄격하게 금지한다. 위반자는 차량을 몰수하고 법에 따라 처벌한다.

8. 모든 단위 또는 개인이 다훙먼 지역의 촌 또는 대와 체결한 토지임대계약은 모두 불법이며 무효다. 불법으로 임대한 토지위에 건설한 모든 유형의 주택 혹은 도로, 녹지, 경작지, 공공장소를 점령한 개인 건물, 상가, 상업용 부스 및 기타 시설의 경우 불법 건설한 단위 혹은 개인은 11월 30일 이전까지 자체 철거해야 한다. 기한 내에 철거하지 않으면 법에 따라 강제 철거한다.

9. 정부의 관련 부문의 승인 없이 개설된 모든 종류의 불법

시장, 상점 및 매대는 법에 따라 전부 금지한다.

10. 임시거주등록, 주택임대, 노동, 공상행정관리, 세무, 계획생육, 도시건설, 계획, 도시환경위생 등 규정을 위반한 경우 관련된 관계부문에서 법에 따라 처리한다.

11. 총기, 탄약 및 규제하는 칼을 불법적으로 소지한 사람은 본 통보가 발표된 직후 즉시 지역 공안기관에 제출하고, 은닉 또는 제출을 거부하는 자는 공안기관이 법에 따라 처벌한다.

12. 국가공무원이 법에 따라 공무를 집행하는 것을 거부 또는 방해하거나, 유언비어를 퍼뜨려 대중을 현혹하고 소란을 피우는 경우 공안기관이 법에 따라 처벌하고, 범죄의 소지가 있는 경우 법에 따라 형사책임을 추궁한다.

이에 특별히 통보한다.

베이징시 인민정부

1995년 11월 13일

참고문헌

Bailey, Thomas and Waldinger, Roger, "Primary, Secondary and Enclave Labor Market: A Training System Approach," *American Sociological Review* 56, pp.432~445, 1991.

Berstain, Thomas, "Leadership and Mobilization in the Collectivization Campaigns of 1929~1930 and 1955~1956: A Comparison," *China Quarterly* 31, pp.1~47, 1967.

Blau, Peter M., "Social Exchange," *International Encyclo-pedia of Social Science*, vol.7, New York: Macmillan and Free Press, pp.452~457, 1968.

Caslets, Stephen and Kosack, Godula, *Immigrant Workers and Class Structure in West Europe*, London: Oxford Press, 1973.

Castell, Manuel, "Immigrant Workers and Class Struggle in Advanced Capitalism: The West European Experience," *Political and Society* 5(1), 1975.

Chin, ko-lin, *Chinatown Gangs: Extortion, Enterprise and Ethnicity*,

Oxford University Press(manuscript), 1996.

Douglas, Mary, *Purity and Danger*, London: Routledge, 1966.

Durkheim, Emile, *The Division of Labor in Society*, New York: Free Press, 1984(1893)

Erickson, Frederick, "Transformation and School Success: The Politics and Culture of Educational Achievement," *Anthropology and Education Quarterly* 18(4), pp.335~356, 1987.

Fernanderz-Kelly, Maria P., *For We are Sold: Women and Industry in Mexican Frontier*, Albany: SUNY Press, 1983.

Frank, Andre G., *Capitalism and Underdevelopment in Latin America*, New York: Monthly Review Press, 1967.

Georges, Eugenia, *The Making of a Transnational Community: Migration, Development and Cultural Change in the Dominican Republic*, New York: Columbia University Press, 1990.

Goffman, Erving, *Asylums: Essay on the Social Situation of Mental Patients and Other Inmates*, Harmondsworth: Penguin, 轉引自Pieke, 1995(1961)

Gold, Thomas, "The Resurgence of Civil Society in China," *Journal of Democracy* 1(1), pp.18~31, 1990.

Granovetter, Mark, "Economic Action and Social Structure: Problem of Embeddedness," *American Journal of Sociology* 91, pp.481~510, 1985.

Harris, J. R., "Economic Causes and Consequences of Migration Within the Context of Underdevelopment in West Africa," Working Paper 6, Africa Study Center, Boston University, 1978.

Hirschman, Albert, *Exit, Voice, and Loyalty*, Harvard University Press, 1970.

Kearney, Michael, "From the Invisible Hand to Visible Feet: Anthropological Studies of Migration and Development," *Annual Review of*

Anthropology 15, pp.331~361, 1986.

King, Ambrose Yeo-chi, "Kuan-his and Network Building: A Sociological Interpretation," Tu Wei-ming eds., *The Living Tree: The Changing Meaning of Being Chinese Today*, Stanford University Press, pp.109~126, 1994.

Lin, Nan, "Local Market Socialism: Local Corporatism in Action in Rural China," *Theory and Society* 24(3), pp.301~354, 1995.

Lomnitz, Larissa, "An Ecological Model for Migration Study," Guillet, D. Uzzel eds., *New Approaches to the Study of Migration* vol.62 No.3, Houston: Rice University, pp.131~146, 1976.

MacDonald, John S. and Leatrice D. MacDonald, "Chain Migration, Ethnic Neighbourhood Formation and Social Networks," *The Milbank Memorial Fund Quarterly* 42(1), pp.82~97, 1964.

Madsen, Richard, *Power and Morality in a China Village*, University of California Press, 1984.

Massey, Douglas S., "Economic Development and Interna-tional Migration in Comparative Perspective," *Population and Development Review* 14, pp.383~413, 1988.

Massey, Douglas S. and Felipe Garcia Espana, "The Social Process of International Migration," *Science* 237, pp.733~738, 1987.

Massey, Douglas S. and Luis Goldring, "Contunuities in Transnational Migration: An Analysis of Thirteen Mexican Communities," Paper presented at the Workshop on U. S. Immigration Research: An Assessment of Data Needs for Future Research, September, pp.17~18, 1992.

Meillassoux, Claude, *Maidens, Meal and Money: Capitalism and the Domestic Community*, Cambridge: Cambridge University Press, 1981.

Merton, K. Robert, "Foreword," Alejandro Portes, ed., *The Economic Sociology of Immigration*, New York: Rusell Sage Foundation, pp.vii~xi, 1993.

Mines, Richard, *Developing a Community Tradition: A Field Study in Rural Zacatecas, Mexico and California Settlement Areas*, La Jalla: Program in U.S.-Mexico Study, University of California, 1981.

Nee, Victor, "Peasant Entrepreneurship and the Politics of Regulation in China," Victor Nee and David Stark eds., *Rethinking the Economic Institutions of Socialism: China and Eastern Europe*, Stanford University Press, pp.169~207, 1989.

Oi, Jean., "Fiscal Reform and the Economic Foundations of Local State Corporation in China," *World Politics* 45(1), pp.99~126, 1992.

Ostergard, Clement, "Citizens, Groups and A Nascent Civil Society in China," *China Information* 4(2), pp.28~41, 1989.

Pieke, Frank, "Chinese Educational Achievement and 'Folk Theories of Success'," *Anthropology and Education Quarterly* Vol.22, pp.162~178, 1991.

Pieke, Frank, "Bureaucracy, Friends, and Money: The Growth of Capital Socialism in China," *Comparative Studies in Society and History* 37(2), pp.494~518, 1995.

Portes, Alejandro, "Economic Sociology and the Sociology of Immigration: A Conceptual Overview," *The Economic Sociology of Immigration*, New York: Rusell Sage Foundation, pp.1~41, 1993.

Portes, Alejandro and Julia Sensenbrenner, "Embeddedness and Immigration: Notes on the Social Determinants of Economic Action," *American Sociological Review* 98(6), pp.1320~1350, 1993.

Price, Charles, "The Study of Assimilation," J. A. Jackson ed.,

Migration(Sociological Studies 2), Cambridge: Cambridge University Press, pp.181~237, 1969.

Rouse, Roger, "Mexican Migration and the Social Space of Postmodernism," *Diaspora* 1(1), pp.8~23, 1991.

Rouse, Roger, *Migration and the Politics of Family Life: Divergent Project and Rhetorical Strategies in a Mexican Transnational Migrant Community*, La Jolla: Center for US-Mexican Studies, University of California, San Diego, Unpublished manuscript, 1987. 轉引自 Goldring, Luin Penelope, *Diversity and Community in Transnational Migration: Comparative Study of Two Mexico–U.S. Migrant Circuits*, Ph. D. dissertation, Cornell University, 1992.

Sauvy, Alfred, *General Theory of Population*, New York: Basic Books, 1966.

Schurman, Franz, *Ideology and Organization in Communist China*, Berkeley: University of California Press, 1964.

Snowden, Lynne S., "Collective versus Mass Behavior: A Conceptual Framework for Temporary and Permanent Migration in Western Europe and the United States," *International Migration Review* 24(3), pp.577~590.

Solinger, Dorothy J., "Urban Entrepreneurs and The State: The Merger of State and Society," Authur Leais, Rosenbaum eds., *State and Society in China: The Co-nsequences of Reform*, Boulder: Westview Press, pp.121~140, 1992.

Solinger, Dorothy J., "China's Transients and the State: A Form of Civil Society?" *Polities & Society* 21(1), 1993.

Solinger, Dorothy J., "The Floating Population in the Cities: Chances for Assimilation?" Deborahs, Davis eds., *Urban Space in Contemporary*

China: the Potential for Autonomy and Community in Post-Mao China, Cambridge: Wood-row Wilson Center Press and Cambridge University Press, pp.113~139, 1995.

Uzzell, Douglas J., "Conceptual Fallacies in the Rural-Urban Dichotomy," *Urban Anthropology* 8, pp.333~350, 1978.

Victor Nee and Brett de Bary Nee, *Longtime Californ': A Documentary Study of an American Chinatown*, New York: Patheon Books, 1973.

Walder, Andrew, "Worker, Managers and The State: The Reform era and the Political Crisis of 1989," *China Quarterly* 127, pp.467~492, 1991.

Walder, Andrew, *Communist Neo-Traditionalism, Work and Authority in Chinese Industry*, University of California Press, 1986.

Wank, David L., "Civil Society in Communist China? Private Business and Political Alliance, 1989," John A. Hall eds., *Civil Society: Theory, History, Comparison*, Cambridge: Polity Press, pp.56~73, 1995.

Weist, Raymond, "Anthropological Perspectives on Return Migration: A Critical Commentary," *Papers in Anthropology* 20(1), pp.167~187, 1979

Whiteford, Linda, "The Borderland As An Extended Community," Fernando C£mara and Robert V. Kemper, eds., *Migration Across Frontiers: Mexico and the United State*, Albany: SUNY Institute for Mesoamerican Study, pp.127~137, 1979.

Whyrte, William Foote, *Street Corner Society*, Chicago and London: The University of Chicago Press, 1981.

Wong, Bernard, *Patronage, Brokerage, Entrepreneurship and the Chinese Community in New York*, New York, AMS Press(manuscript), 1988.

Wood, Charles H., "Structural Changes and Household Strategies: A Conceptual Framework for the Study of rural Migration," *Human Organization* 40(4), pp.338~344, 1981.

Wood, Charles H., "Equilibrium and Historical-Structural Perspectives on Migration," *International Migration Review* 16(2), pp.298~319, 1982.

Xiang, Biao, "Expanding With Congregating: Studies on Migrant Communities in Beijing," Paper presented at International Conference on "Labor Mobility and Migration in East Asia," April 17~18, Beijing, 1998.

Yan Yunxiang, *The Flow of Gifts: Reciprocity and Social Networks in a Chinese Village*, Stanford University Press, 1996.

北京市人民政府研究室·北京市經濟社會發展研究中心, "北京市人口遷移及對策研究", 見八大城市政府調研機構聯合課題組, 『中國大城市人口與社會發展』, 北京: 中國城市經濟社會出版社, 1990.

曹建春, 『農村勞動力轉移的一個新模式』, 北京大學社會學系打印稿, 1993.

北京市宣武區服裝公司, 『北京市宣武區服裝公司志』, 打印稿, 1995.

布勞, 『社會生活中的交換和權力』, 孫非·張黎勤譯, 北京: 華夏出版社, 1989(1964).

王振忠, 『明清徽商與淮揚社會變遷』, 北京: 生活·讀書·新知三聯書店, 1996.

張海鵬, 王廷元主編, 『徽商研究』, 合肥: 安徽人民出版社, 1995.

鄧正來·景躍進, 『建構中國的市民社會』, 『中國社會科學季刊』(香港) 1(1), 1992.

費孝通, 『鄉土中國』, 北京: 生活·讀書·新知三聯書店, 1985.

費孝通, 『江村經濟』, 南京: 江蘇人民出版社, 1986.

費孝通, 『從馬林諾夫斯基學習文化論的體會』, 周星·王銘銘編, 『社會文化人類學講演集』, 天津: 天津人民出版社, 1~40等, 1996.

顧昕, 『當代中國有無公民社會與公共空間?: 譯西方學者有關論述』, 『當代中國研究』 第四期, 1994.

郭於華, 『國家力量·民間社會·文化象征: 從養老看文化變遷中農村的國家力量』, 馬戎·周星主編, 『田野工作與文化自覺』, 北京: 群言出版社, 1998.

科爾曼, 『社會科學理論的基礎』, 鄧方譯, 北京: 中國社會科學出版社, 1990.

樂清縣委組織部, 『關於樂清籍黨員在京情況的調查報告』, 打印稿, 1992.

李豔紅, 『城鄉結合部社會管理體制的新探索』, 北京大學社會學系學士論文, 1995.

李亦園, 『人類的視野』, 上海: 上海文藝出版社, 1996.

李宗凌等編, 『商業企業改革的"四起三落"』, 『探索的足跡: 北京市經濟體制改革重大事件研究』, 北京: 經濟管理出版.

옮긴이 후기

2022년 가을, 책의 번역 제안을 받았을 때, 나는 저자 이름과 책 제목을 듣고 망설임 없이 번역할 수 있다고 했다. 내가 서울의 가리봉동-대림동 조사를 바탕으로 박사학위 논문을 작성할 때 참고한 책 두 권이 있었다. 한 권은 화이트의 『길모퉁이 사회Street Corner Society』이고 다른 한 권은 샹뱌오의 이 책이다. 내가 번역에 나선 또 다른 이유는 중국에 대한 정답을 제시하는 듯한 거시적 담론과 연구들이 쏟아지는 작금의 현실에서, 중국의 독자들을 상대로 중국 사회의 모세혈관 같은 연결고리들을 밝혀내고자 했던 '사소한 중국'이 한국 독자들에게 중국에 대한 다른 차원의 이해의 시각을 제공할 수 있을 것이라고 생각했기 때문이다.

베이징 저장촌은 저장성 원저우 출신 농민들이 구성한 국내 이주민 집거지다.

이 책은 현장 연구 및 생활사 연구 방법으로 1980년대 중반부터 1990년대 중반까지 저장촌의 형성, 확장, 굴절 그리고 재도약의 과정을 설명한다. 의류 산업이 책을 관통하는 실마리다. 저자는 의류 산업으로 연결된 사람 간의 관계가 이 산업의 분업과 함께 어떻게 재설정을 거듭하면서 지역 공동체로 발전했는지에 대해 답하고자 한다. 일종의 경제와 사회의 관계에 대한 이론적 탐구서이기도 하다.

이 책은 국내 독자들이 한 번쯤은 들어봤을 법한 중국 정부의 정책, 개혁 개방의 이론, 공산당의 이념 등은 거의 등장하지 않는다. 등장한다고 해도 저장촌 사람들의 생활에 부차적인 것에 불과하다. 사회의 힘들이 구조 변동의 추동력이라는 점을 부각하고 있기 때문이다. 하지만 이 책이 중국 사회의 사소한 내용을 토대로 구성되었기 때문에 한국 독자들에게 익숙하지 않은 부분이 많다. 저자는 중국 사회의 가장 근저의 문화에 근거하여 남부 중국의 전통적이고 뿌리 깊은 농촌 공동체의 구성원들이 베이징이라는 체제 전환의 대도시에서 또 다른 뿌리를 내리는 이 과정을 설명하기 때문이다. 그들의 일상의 말투, 대화의 구조, 삶의 관습 등은 심지어 중국 내에서도 보편화된 익숙한 내용이 아니다.

국내 독자들의 이해를 도모하기 위해 나는 이 책을 크게 네 개의 부분으로 재분류하고자 한다. 첫 번째 부분은 책의 제1장과 제2장이다. 저자의 연구 배경과 문제의식을 엿볼 수 있다. 저자는 일상 행위에 대한 관찰을 시작으로 저장촌이 중국 사회의 체제 전환이라는 시대 배경 아래에서 어떤 조건들에 의해 출현했는지, 이 집거지는 국내외 다른 집거지와 어떻게 다른지, 나아가 이곳에 사는 사람들의 관계는 어떻게 서로 중첩되어 하나의 지역 공동체를 형성하게 되었는지 밝히는 것을 목적으로 했다. 이런 문제의식 아래 저자는 지역 공동체 연구의 이론들을 차용했다. 저자가 비중 있게 다룬 두 연구는 남부 중국의 농촌 공동체를 다룬 페이샤오퉁의 연구와 내가 위에서 언급한 미국의 이탈리아 이주민 공동체에 대한 화이트의 연구다. 저자는 자신이 관찰한 저장촌이 기존 연구에서 보여준 것과 차이가 있다고 보았다. 저자는 이 차이가 공동체를 구성한 사람들의 연결망적 특징에서 비롯되었다면서 '계'라는 개념을 제안했다. 저자가 사람 간의 복잡한 관계를 발견할 수 있었던 것은 논문을 준비하는 학생, 정부 기관의 인턴, 사회 사업자, 기업 고문이라는 네 가지 역할을 수행한 덕분이었다. 다양한 역할은 일반적인 사회 조사자보다 더 깊고 넓게 사람들의 관계를 관찰할 수 있게 했고 직접 찾아다니지 않아도 누군가 먼저 이야기해줌으로써 다양한 정보를 수집할 수 있게 해줬다.

두 번째 부분은 제3장으로서, 저자는 저장촌을 관찰하기 위한 첫 관문 또는 연구의 시작으로서 '저우가周家'의 하루를 설명한다. 저우가 구성원의 일상생활, 가족 구성원 관계의 변화가 주요 내용이다. 저우가는 두 자매의 가족과 그들이 공동으로 고용한 노동자를 포함한 '가족'이다. 두 가족은 처음에는 함께 살았지만 이후 분가했다. 분가한 뒤 두 가족은 각자 자신의 새로운 연결망을 형성하여 사업을 이어나갔다. 저우가에는 동네의 다양한 사람이 드나들면서 정보를 교환했다. 물건을 사고파는 일련의 절차들이 또한 저우가의 일과에 녹아 있다. 저우가는 저장촌 경제 활동의 압축판이기도 했다.

세 번째 부분은 제4장부터 제8장까지다. 책의 부제에 언급된 생활사의 구체적인 내용이다. 저자는 시기별 개인의 연보를 중심으로 이들의 종적이고 횡적인 삶의 관계들을 그림으로써 저장촌의 발생과 변화의 연결성 및 그 논리를 드러내고자 했다. 저자는 1984년을 시점으로, 누가 처음 베이징 저장촌에 왔는가에 대한 질문에서 시작했다. 농민들의 이동은 문화대혁명 후반과 직후, 그리고 개혁 개방 초기에 모두 있었다. 사람마다 자신의 경험과 기억에 따라 저장촌 초기의 흔적에 대해 말했다. 하지만 저자는 누가 먼저 왔는가보다 어떤 사람들(가족 또는 집단)이 먼저 저장촌에서 의류 산업을 시작했는지에 더 주목했다. 1986~1988년으로 이어지는 설명에서는 사람들이 어떻게 베이징에서 자리를 잡았는지에 대해 답했다. 구체적으로 저장촌에서 만든 옷이 어떻게 베이징의 주류 시장에 진출할 수 있었는지, 옷을 만드는 사람과 옷을 파는 사람 간에는 어떤 사업적 관계가 형성되었는지, 이곳에서 발을 붙이려면 어떤 사람과 많이 어울려야 하는지 등에 관한 이야기다. 이 시기에 저장촌에서 만든 제품들이 베이징의 상가에 진출했다면, 1988~1992년 저장촌의 확장 과정에 대한 설명은 저장촌의 상품이 중국의 다른 지역 그리고 해외까지 수출됨으로써 생산과 판매의 연결망이 더욱 길고 복잡하게 변화한 양상을 다룬다. 이 시기 저장촌에는 의류 생산과 관련된 부대 산업이 확장되고 인구도 더욱 많이 유입되면서 급격하게 성장했다. 하지만 이러한 성장은 저장촌 내부의 상황을 매우 복잡하게 만들었다. 사람 간의 분쟁이 증가하고 가족 내의 갈등도 증가했다. 저장촌과 출신지 사이의 관계도 재편되었다. 1992~1995년에 대한 설명에서 저자는 저장촌이 극도로 혼잡한 공동체가 되었다고 했다. 왜냐하면 저장촌 내부, 저장촌과 베이징의 시장, 저장촌과 전국 시장, 저장촌과 외국 시장의 관계가 고도로 중첩되었기 때문이다. 여기에 더해 저장촌 내부의 주택 단지 건설이라는 부동산업까지 추가되면서 저장촌 사람들의 관계는 더욱 복잡한 수준으로 교착되었다. 사람들이 많아지면서 치안 문제도 심각해졌고, 이를 이용하는 사람과 근절하려는 사람 사이의 경쟁이 발생하기도 했다. 1995년, 저장촌은 중앙 정부 및 베이징시 당국에 의해 강제 철거되었다. 하지만 이 공동체는 잠깐 위축되었을 뿐, 얼마 지나지 않아 본래의 모습을 되찾았고 동시에 새로운 모습을 창출했다. 그 비결은 역시 저장촌 사람들이 형성한 연결망의 특징에 있었다.

네 번째 부분은 제9장과 제10장이다. 저자는 계와 계의 중첩, 또는 관계의 관계로서 관계총 개념을 제안한다. 중국 사회의 복잡한 관계망에 대한 저자의 통찰이 부각되는 부분이다. 관계총은 개인과 집단의 발전을 촉진하는 매개로 작용하는 동시에 관계를 통한 개인의 행위를 제약하는 제도로 작용하기도 한다. 저자는 관계총이 일종의 신사회공간으로서 체제 전환기의 사회 문제의 완충지대로 작용할 것으로 내다보았다. 개혁의 심화는 신사회공간의 출현을 동반할 것이고 이러한 신사회공간은 개혁의 성패를 평가하는 하나의 시금석이 될 것으로 보고 있다.

저자는 이 책이 자신과 저장촌 사람 간, 자신과 독자 간 이중 대화라고 말한다. 한국어로 번역되어 국내 독자의 앞에 놓이는 순간 한국 독자와의 대화까지 중첩된 삼중 대화가 된다. 조사 현장의 언어로 쓰인 이 책을 가독성이 높은 한국어로 번역하는 작업은 쉬운 일이 아니었다. 하지만 그럼에도 독자들이 이해하기 어려운 부분이 있다면 이는 전적으로 번역자의 책임이다.

책의 번역을 제안해준 연세대학교의 조문영 선생님께 감사의 말씀을 드린다. 번역의 전 과정에 도움을 준 박은아 편집자와 글항아리 강성민 대표께도 감사한다. 저자의 말처럼 이 책이 한국과 중국의 평범한 사람들의 따뜻한 대화의 소재가 되길 기대한다.

2023년 11월 10일
서울-부산 KTX에서
박우

찾아보기

차례, 참고문헌, 감사의 말 등에서 출현한 주제어는 포함하지 않았고, 책의 핵심 주제를 관통하는 저장촌, 동향관계, 비공식경제와 같은 개념 그리고 베이징, 저장, 원저우 등의 지역명도 포함하지 않았다.

지명은 현급까지 수록했고, '저장촌 사람'과 직접 관련되는 지역은 향진급까지 수록했다. 인터뷰 대상자의 가명은 수록하지 않았다. 문헌의 저자들에 대해서는 부르디외, 페이샤오퉁 등 사회과학의 형성에 중요한 영향을 미친 인물들은 수록했고 일반 연구자는 수록하지 않았다.

항목 뒤에 붙인 괄호의 내용은 찾아보기의 구체적인 의미를 규정한다. '국가(통치적 주체)'의 경우 정치학적 의미(예를 들어 '국가와 사회')에서의 국가를 가리키는 것이지 일반적인 지역적 의미의 국가는 아니다. '농민(신분)'은 호구제도의 규정에 따라 형성된 사회적 신분으로서 농민이며 직업으로서 농민은 아니다.

ㄱ

175, 178, 180~182, 190~191, 205, 207, 211, 228, 231, 236, 244, 293, 301, 309~310, 327, 337, 340, 354, 362, 369, 384~386, 389, 391, 393~400, 404, 414, 416, 441, 470~471, 481, 483, 485~486, 491, 518, 587, 589~591, 602, 620, 624, 657, 728, 733, 741, 749, 756, 760, 772, 778, 780, 785, 815, 828, 879~881

간쑤 210, 215, 234, 297

개별 매체

『베이징일보』 258, 299

『베이징만보』 682, 842

『꽝밍일보』 654, 842

『런민일보』 266

중국국제방송 654

『중국청년보』 654, 842

중앙방송 682

중앙인민방송국 144, 654

개체호(개체기업) 66, 231, 243, 258~259, 261, 282, 334, 362, 509~510, 516~517, 533, 538, 561~562, 630, 647, 651, 653, 656, 660, 794~795, 798, 802, 842

거저우댐 171, 216

경찰

경찰 간부 484, 594, 633~636

계

관계층 86, 94, 125, 151, 380, 752~754, 756~757, 759~760, 762, 764, 766, 771, 773, 775, 777, 881

협력권 542, 545, 547, 560, 581, 737

핵심 계 131, 309, 336, 339, 345, 349, 356, 407, 417, 450, 550, 572, 581, 648, 727, 737~739, 769

친우권 130, 132, 150, 282, 285, 320, 355~356, 366, 371~372, 417, 431,

448, 451~452, 456~458, 547, 572, 577~578, 580~581, 595, 602, 607, 612, 616, 623, 709, 725~728, 736~737, 747~748, 750

    사업권 130, 150, 285, 355~356, 372, 417, 447, 449, 451, 513, 561~563, 616, 714, 725~727, 736~737, 747~748, 750

계급 69, 449, 733

계층 104, 110, 395, 649, 730, 733~734, 737

고리대 47, 568, 681

공사 218, 226

공소사 228, 230~231, 276

공소원 143, 186, 218~221

공자 600

광둥 203, 262, 330, 334, 348, 507, 542, 623, 807

광저우시(광둥성) 331, 422

국가(통치 주체) 10~11, 33, 35~36, 47, 62, 65~66, 81~84, 87~88, 113, 134~135, 144~145, 212, 217, 226, 229, 250~251, 253, 258~259, 262, 265, 281, 301, 311, 314, 326, 362, 389, 443, 479, 486~487, 490, 493~494, 508, 523, 543, 546, 551~552, 566, 630, 635, 660, 668, 672, 687, 689, 749, 776, 780, 787~792, 794, 798~801, 809, 832, 835~836, 829, 852, 857, 859

국경무역(변경무역) (본문 국경v무역) 85, 314~317, 325, 342, 451

국유기업 13, 24~25, 33, 51, 66, 99, 523, 712, 743, 795, 800~801

국유기업개혁

    승포 260~261

    연합경영파산 13, 51

    하강 523, 800

    인창진점 258, 263, 266, 268, 270, 274, 497~498, 506

ㄴ

난위안향(베이징시 펑타이구) 42, 44, 97, 160, 654, 662, 722, 846, 848, 855

회(금융조직)

정회 374, 377~381

대회 232, 381

요회 377~380

호조기금 686

후난 128, 165~166, 187, 200, 357

후베이 165, 171~172, 174, 210, 215~216, 278, 357, 366

후저우 모델 267

후저우시(저장성) 266, 351~352, 436, 558

홍차오방 234~235, 296, 585, 597, 615~617

홍차오진(저장성 러칭시) 14, 171~175, 178, 185~186, 188, 222, 234~235, 237, 332~333, 357, 360~362, 365, 369, 382~384, 391, 395, 405, 428, 444, 446~449, 464, 570, 587, 590, 612, 615, 627, 631, 718, 721, 837

경계를 넘는 공동체

1판 1쇄 2024년 1월 30일
1판 2쇄 2024년 4월 8일

지은이 샹뱌오
옮긴이 박우
펴낸이 강성민
편집장 이은혜
편집 강성민 홍진표
마케팅 정민호 박치우 한민아 이민경 박진희 정유선 황승현
브랜딩 함유지 함근아 고보미 박민재 김희숙 박다솔 조다현 정승민 배진성
제작 강신은 김동욱 이순호

펴낸곳 (주)글항아리 | 출판등록 2009년 1월 19일 제406-2009-000002호

주소 경기도 파주시 심학산로10 3층
전자우편 bookpot@hanmail.net
전화번호 031-955-8869(마케팅) 031-941-5161(편집부)
팩스 031-941-5163

ISBN 979-11-6909-201-2 93330

www.geulhangari.com